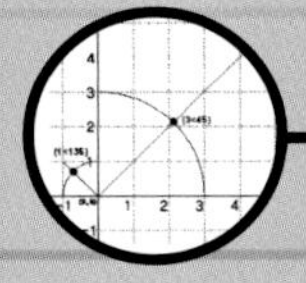

AutoCAD & 제품디자인

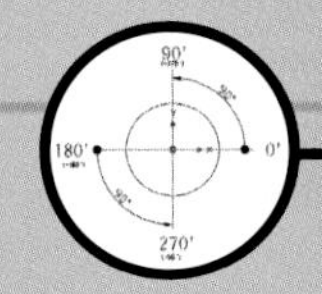

AutoCAD & 제품디자인

AutoCAD & 제품디자인

AutoCAD & 제품디자인

제품디자인 전문가가 말하는

AutoCAD &

제품디자인

유창국, 권순걸 지음

저자 유창국 / You, changkuk

홍익대학교 미술대학 산업디자인학과 졸업
홍익대학교 대학원 산업디자인학과 석사
주)기아자동차 디자인연구소 연구원
인터디자인 연구소 선임연구원
현)국립공주대학교 천안공과대학 산업디자인공학부 교수
한국기초조형학회, 한국컨텐츠학회 정회원
한국산업디자이너협회 이사
uchang@kongju.ac.kr

저자 권순걸 / Kwon, soongul

홍익대학교 미술대학 산업디자인학과 졸업
Central Saint Martins, Design Studies 석사
주)대우전자 디자인연구소
MOTOROLA, Consumer eXperience Design
현)숙명여대, 국립공주대, 서울시립대 출강
한국기초조형학회, 디지털디자인협의회 정회원
soongul.kwon@gmail.com

제품디자인 전문가가 말하는

AutoCAD & 제품디자인

초판 인쇄일 | 2011년 9월 23일
초판 발행일 | 2011년 9월 30일
지은이 | 유창국, 권순걸
발행인 | 박정모
등록번호 | 제9-295호
발행처 | 도서출판 혜지원
주소 | (130-844)서울시 동대문구 장안1동 420-3호
전화 | 영업부 02)2212-1227, 2213-1227 팩스 | 02)2247-1227
홈페이지 | http://www.hyejiwon.co.kr
ISBN | 978-89-8379-698-1
정가 | 23,000원

표지디자인 | 안홍준
영업마케팅 | 김남권, 황대일, 서지영

Prologue <<<<<

필자는 최근 디지털 기술과 함께 모바일 기반의 스마트 시대를 맞이하여 산업계의 실무 디자이너이자 대학에서 예비 디자이너를 양성하는 교육자로서 발 빠른 산업적 흐름과 혁신적 변화들에 순응하며 새로워진 일상과 변화된 주변 환경에 익숙해져가고 있습니다.

오늘날 스마트한 변화가 삶의 총체적 행위들을 변화시키고 있는 것처럼 지금의 디지털 기술로 무장한 산업디자이너들의 스마트한 역량과 창의적 사고는 새로운 부가가치를 창출하고 국가경쟁력을 높이는 소프트산업의 원동력이 되었다고 생각합니다. 과거 정착되지 않은 기초적 디지털 기술적용의 시행착오들은 이제 성숙된 디지털디자인 프로세스 환경으로 자리매김하였고, 지속적인 활성화를 통해 산업전반의 핵심적 생산성을 향상시키는 소중한 가치로 인정받고 있습니다.

이와 같이 산업디자인의 본질적 활용과 디자이너의 역할증대가 새롭게 요구되는 중요한 시점에서 필자는 지난 10여 년 동안 제품디자인 실무와 교직을 겸하면서 실효성 있는 디지털디자인 교육의 올바른 방향을 위해 끊임없는 고민과 많은 시행착오들을 경험해 왔으며 실무에서 얻어낸 값진 흔적들과 대학 강단에서 검증된 여러 결과들을 모아 한 권의 서적으로 출간하게 되었습니다.

많이 부족하고 부끄럽지만 필자는 책 내용과 관련하여 현장에서 제품디자인 실무를 처음 접하는 독자 또는 대학교재로 만나게 되는 학생들에게 꼭 당부하고자 하는 점이 있습니다. 이 책은 일반적인 오토캐드 프로그램의 기본 매뉴얼 서적이 아니라는 것입니다. 무엇보다 강조하고자 하는 책의 내용은 점점 잊혀져가는 전통적 수작업 방식의 제도 통칙 이론과 오토캐드를 통한 도면작성 방법들을 동시에 학습하는 것입니다.

구체적 설명으로 책에서 제시된 예제들을 따라 학습하면 오토캐드의 기본 매뉴얼은 물론이고 현장에서 활용되는 실무적 도면 과정들을 단계적으로 체계화하게 되는 '맞춤형 전공활용서' 라고 설명 드리고 싶습니다.

저자 유창국

필자는 대학생일 때 '제도'라는 수업에서 어떻게 도면을 작성해야 하는지에 대한 제도 통칙을 배웠고 이를 실습하기 위해 오늘날과 같이 컴퓨터를 사용하지 않고 손으로 직접 도면을 그렸습니다. 하지만 졸업과 동시에 입사한 회사에서는 오토캐드를 사용하여 도면을 작성했기에 다시 해당 프로그램을 배워야 했습니다. 그 당시는 손으로 그리던 도면이 컴퓨터를 이용한 도면 작성으로 넘어가던 과도기였기 때문이었습니다.

요즘은 대학교에서 오토캐드를 통한 도면 수업이 일반화되었고 학생들은 저와 같이 입사 후 다시 교육을 받아야 하는 번거로움을 경험하지 않습니다. 더 편리해진 것입니다. 하지만 이러한 현재의 추세는 또 다른 문제점을 발생시키고 있습니다. 학생들이 오토캐드를 어떻게 사용할 것인가에 집중한 나머지 가장 근간이 되는 제도의 법칙과 원리를 간과한다는 것입니다. 또한 서점에서 오토캐드 매뉴얼은 많이 찾아 볼 수 있지만 도면의 원리와 방법론을 가르치는 책은 찾기가 쉽지 않습니다.

이러한 맥락에서 본 책은 의미가 있다고 하겠습니다. 이 책은 독자에게 기본적인 제도의 원리와 법칙을 설명하면서 이를 바탕으로 어떻게 오토캐드를 활용하여 제품디자인을 위한 도면을 작성할지 설명하고 있습니다. 또한 오토캐드 명령어 하나하나에 얽매이거나 제품디자인과 관련 없는 물체를 따라하는 기존의 서적에서 벗어나 실무에서 실제 작성된 도면을 따라하며 오토캐드를 체화할 수 있게 구성되어 있습니다.

이와 같은 내용과 구성을 통해 독자들이 도면의 원칙에 근거하여 보다 빠르고 쉽게 오토캐드를 통한 제품디자인 도면 작성법을 배우는 계기가 되기를 바랍니다.

저자 권순걸

Preview <<<<<

PART 1 : 한글 오토캐드 2011 시작하기

처음 캐드를 시작하는 독자를 위해 오토캐드 활용분야를 소개하고 사용자 화면 인터페이스를 살펴봅니다. 그리고 도면을 관리하고 살펴보기 위한 오토캐드의 표준 도구막대에 대한 설명과 함께 편리하게 사용하기 위한 환경설정 방법에 대해서 설명합니다.

PART 2 : 도면 그리기

도면 그리기에서는 선이나 그 밖의 도형들을 어떻게 그리고 수정하는지 보여줍니다. 이는 도면 작성 시 주로 이루어지는 작업들로 오토캐드를 공부할 때 꼭 숙지해야 하는 부분입니다. 또한 그려진 도면에 치수를 기입하는 방법이 설명되어 있으며, 도면작성과 치수 기입 후 어떻게 출력해야 되는지에 관해 설명되어 있습니다.

PART 3 : 제품디자인 도면작성의 이해와 실무도면 따라하기

기초도면에서 실무도면 제작 과정에 이르기까지 오토캐드 초급 사용자도 쉽고 빠르게 명령들을 이해할 수 있도록 단계별 따라하기 방식으로 되어 있습니다. 명령 입력창을 함께 보면서 대화식 방법으로 도면작성을 할 수 있습니다.

PART 4 : 실무에 활용되는 제품디자인 도면작성 사례 따라하기

본격적으로 실제 제품도면을 어떻게 작성하는지 배웁니다. 알람시계와 주방기구(양수냄비)의 외형도면과 단면도를 단계별로 따라함으로써 현업에서 도면작성이 이루어지는 방법을 이해하며 체득할 수 있습니다.

PART 5 : 실무에 활용되는 도면예제와 오토캐드 응용사례

필자가 디자인한 다양한 분야의 제품 도면들과 응용사례인 포토샵 렌더링 결과가 수록되어 있습니다. 완성된 실무도면들을 보고 주어진 치수에 따라 하나씩 그려보면서 실무경험을 간접적으로 체험해볼 수 있습니다.

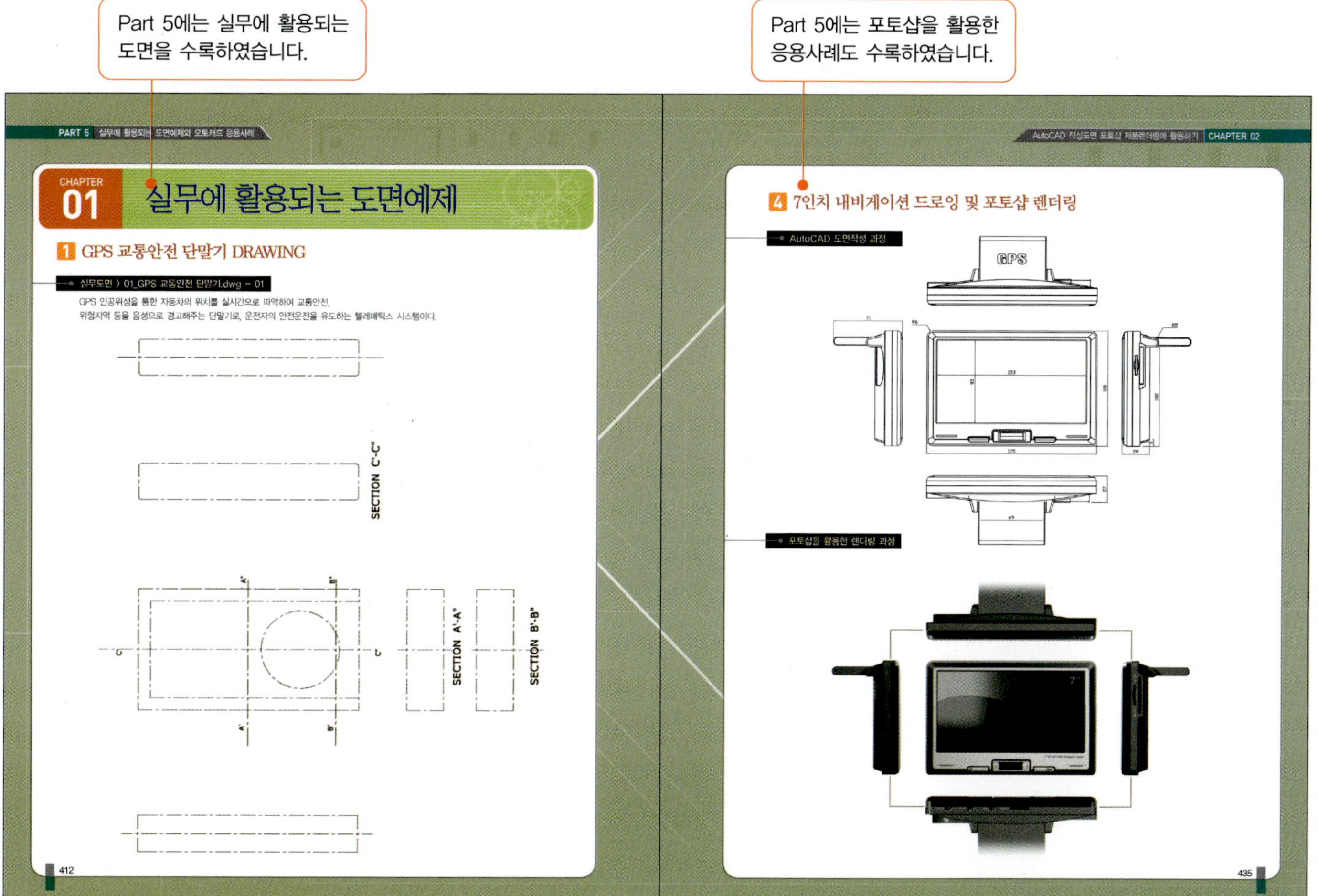

따라하기 예제 완성 파일 & 실무도면

『AutoCAD & 제품디자인』에서 작성하는 도면의 완성 파일과 실무도면 예제는 혜지원 홈페이지 (http://www.hyejiwon.co.kr) 자료실에서 다운로드 하실 수 있습니다.

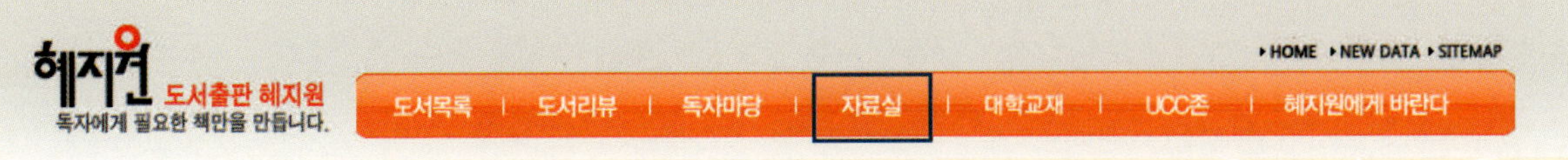

해당 파일은 〈따라하기 예제도면〉과 〈실무도면〉 폴더로 이루어져 있으며, 각각의 폴더를 열면 해당 관련 파일들이 저장되어 있습니다.

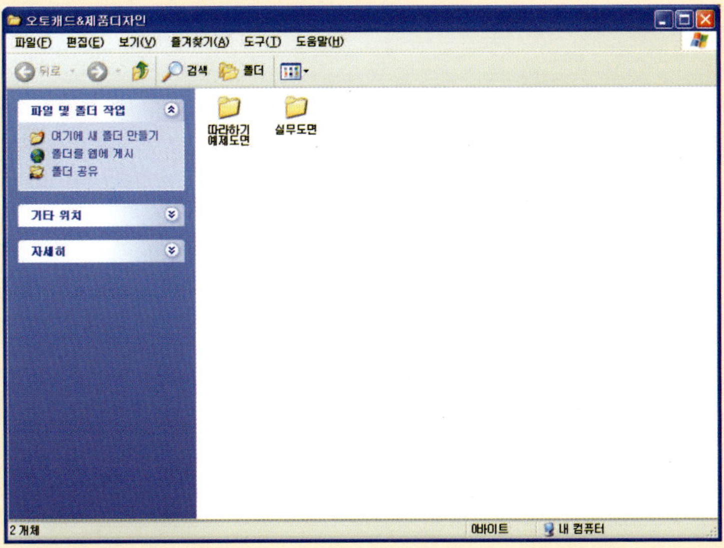

이 폴더 속에는 Part 3,4에서 실습할 수 있는 '실무도면 따라하기'의 완성예제가 수록되어 있습니다. 따라하기 예제를 진행하다가 도면영역이나 치수 등 책 내용을 통해 이해되지 않거나 부족한 부분이 있을 경우 이 폴더 내 완성예제 내용을 참고하기 바랍니다.

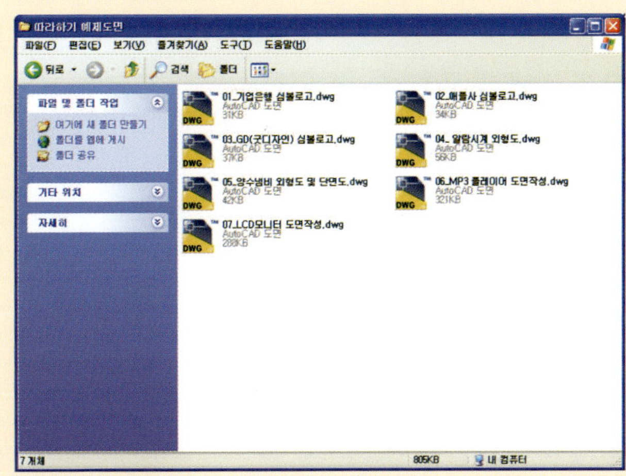

이 폴더 속에는 Part 5에서 보여주는 '실무에 활용되는 예제도면'이 수록되어 있습니다. 이 실무도면들은 필자가 제품디자인 연구개발을 하면서 실무과정 상에 활용되고 있는 프로토 타입 제작을 위한 디자인 목업(Mock-up) 도면으로써 제품디자인 도면제작에 실용적인 예제가 될 것입니다.

Gallery

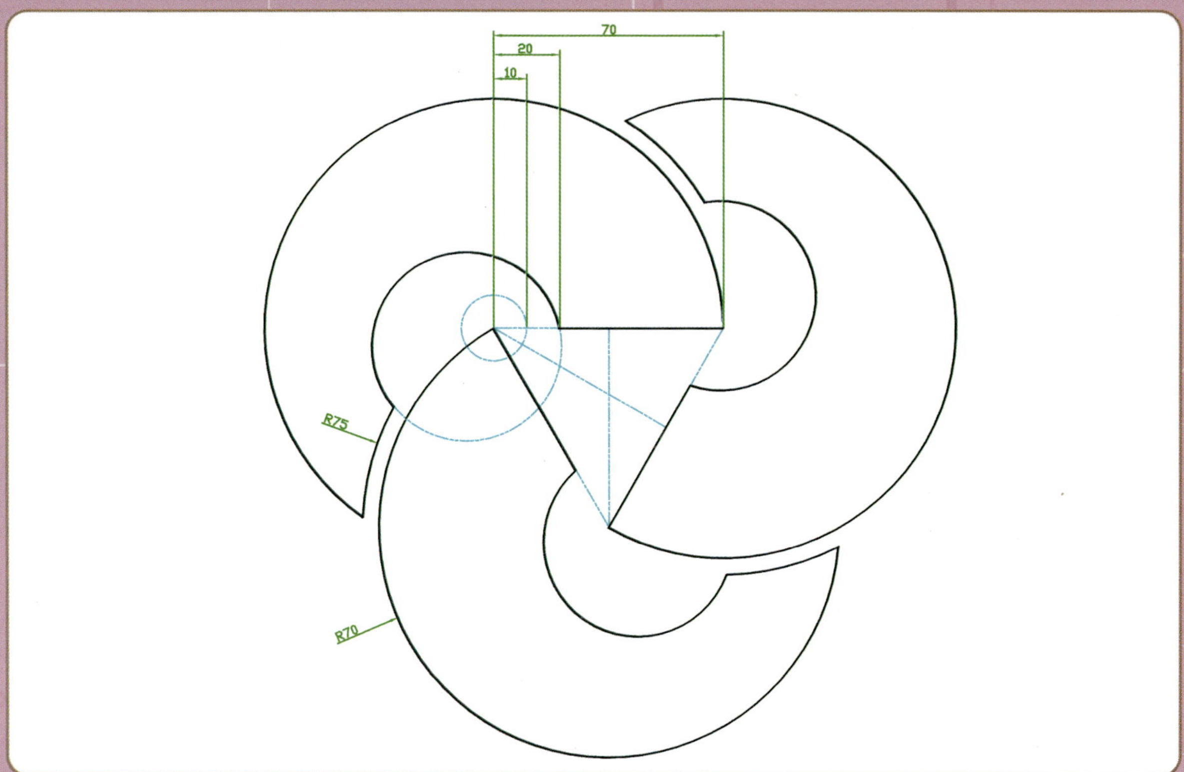

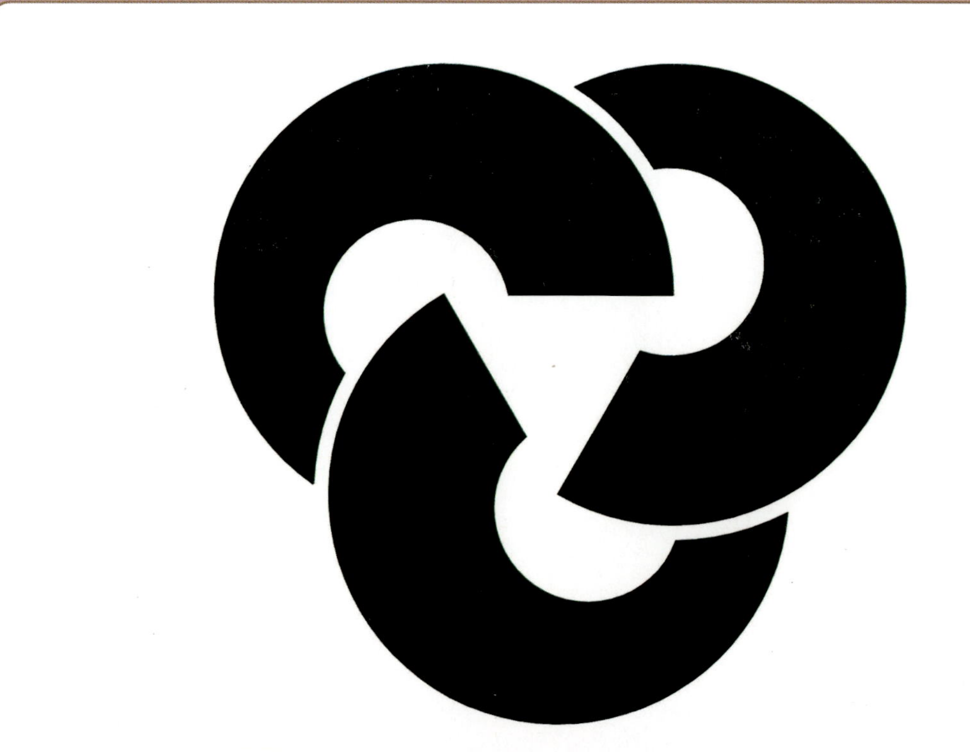

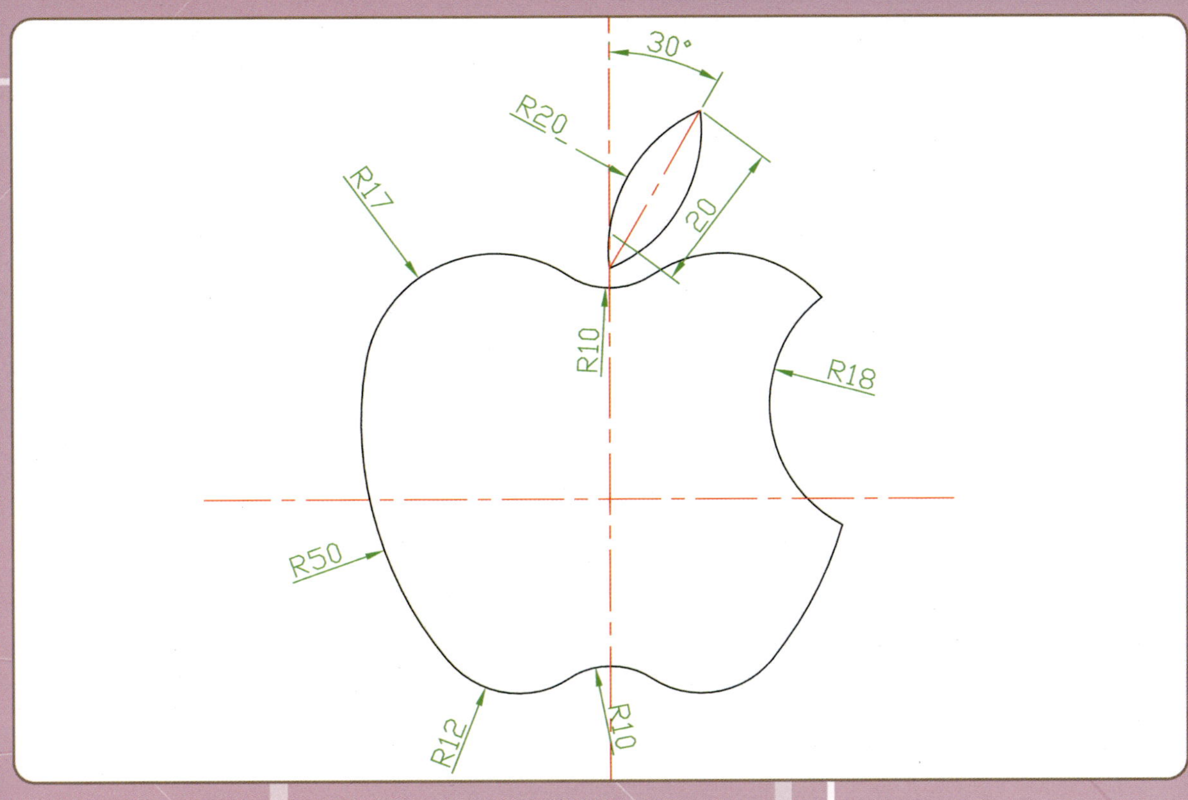
30°
R20
R17
20
R10
R18
R50
R12
R10

Gallery

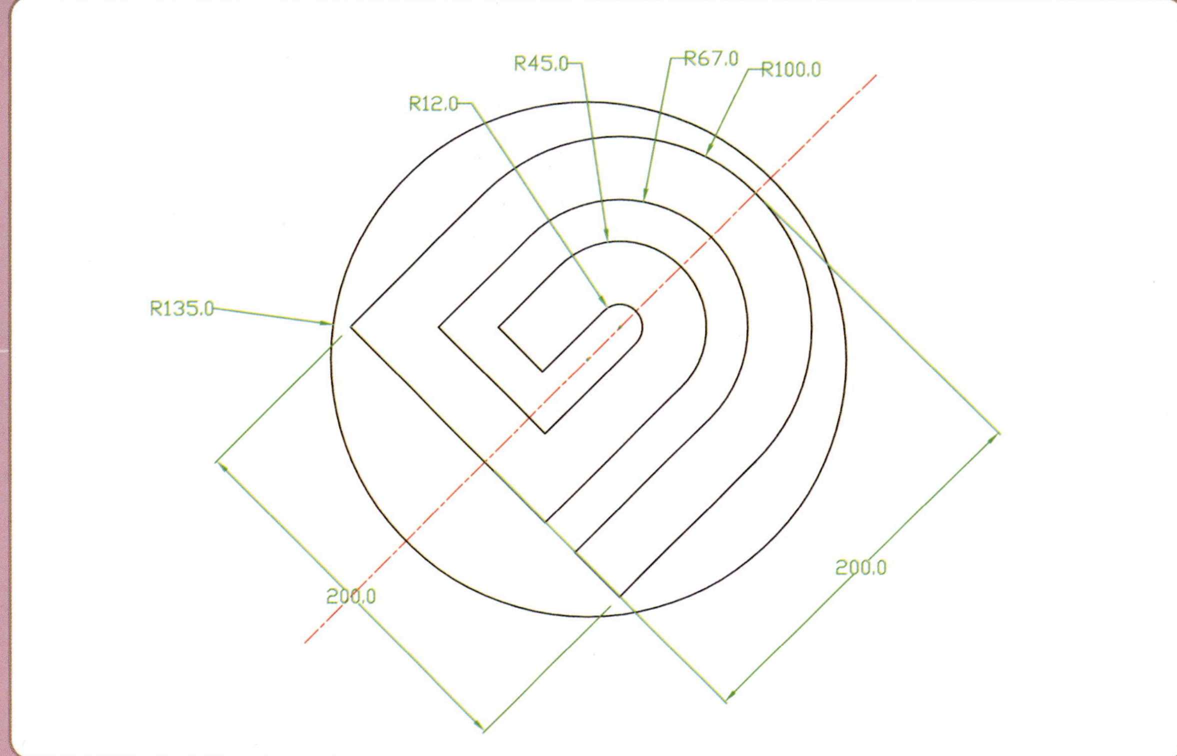

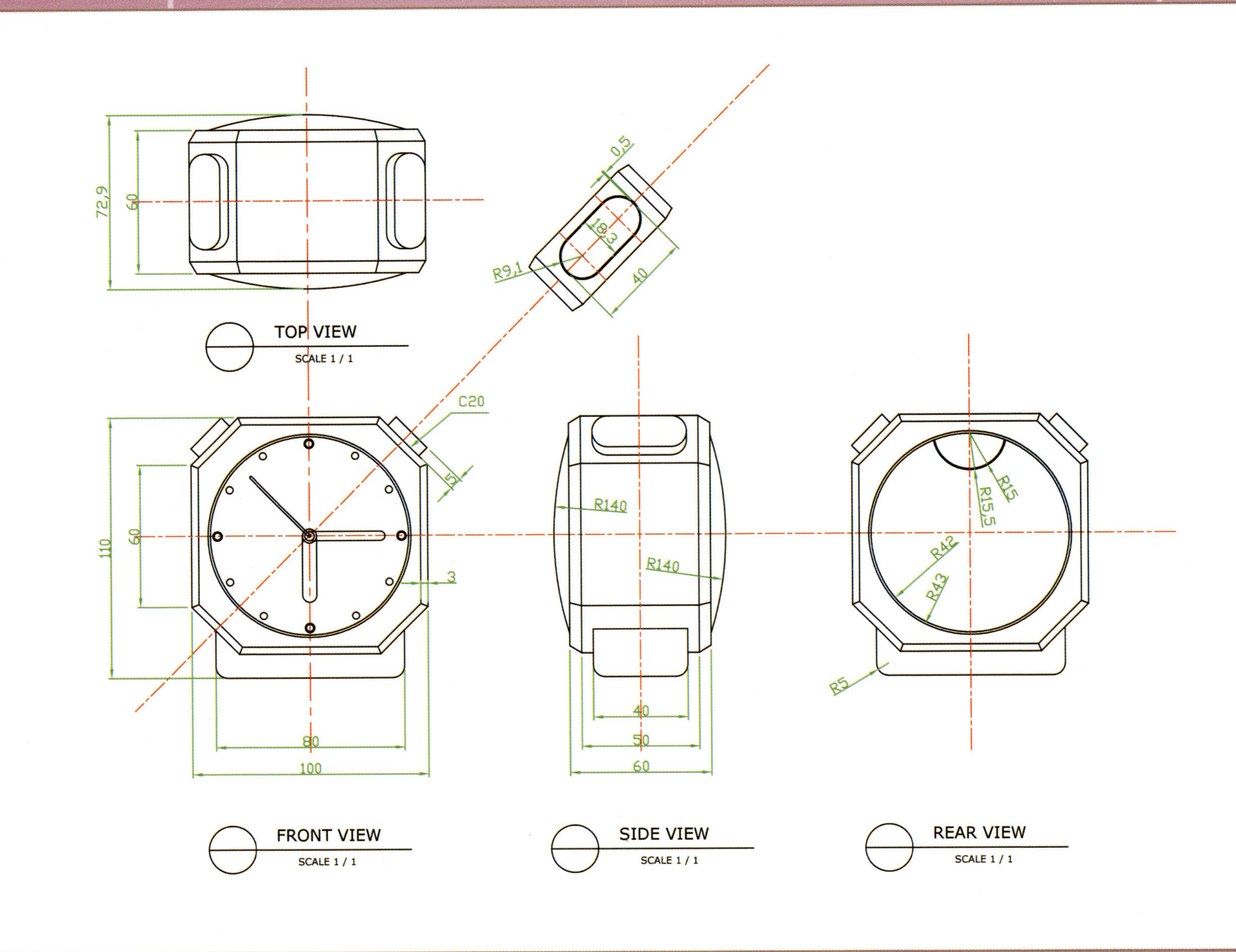
72,9
60
0.5
18.3
R9.1
40
TOP VIEW
SCALE 1 / 1
C20
R140
R140
15
R15
R15,5
R42
R43
R5
110
60
3
80
100
40
50
60
FRONT VIEW
SCALE 1 / 1
SIDE VIEW
SCALE 1 / 1
REAR VIEW
SCALE 1 / 1

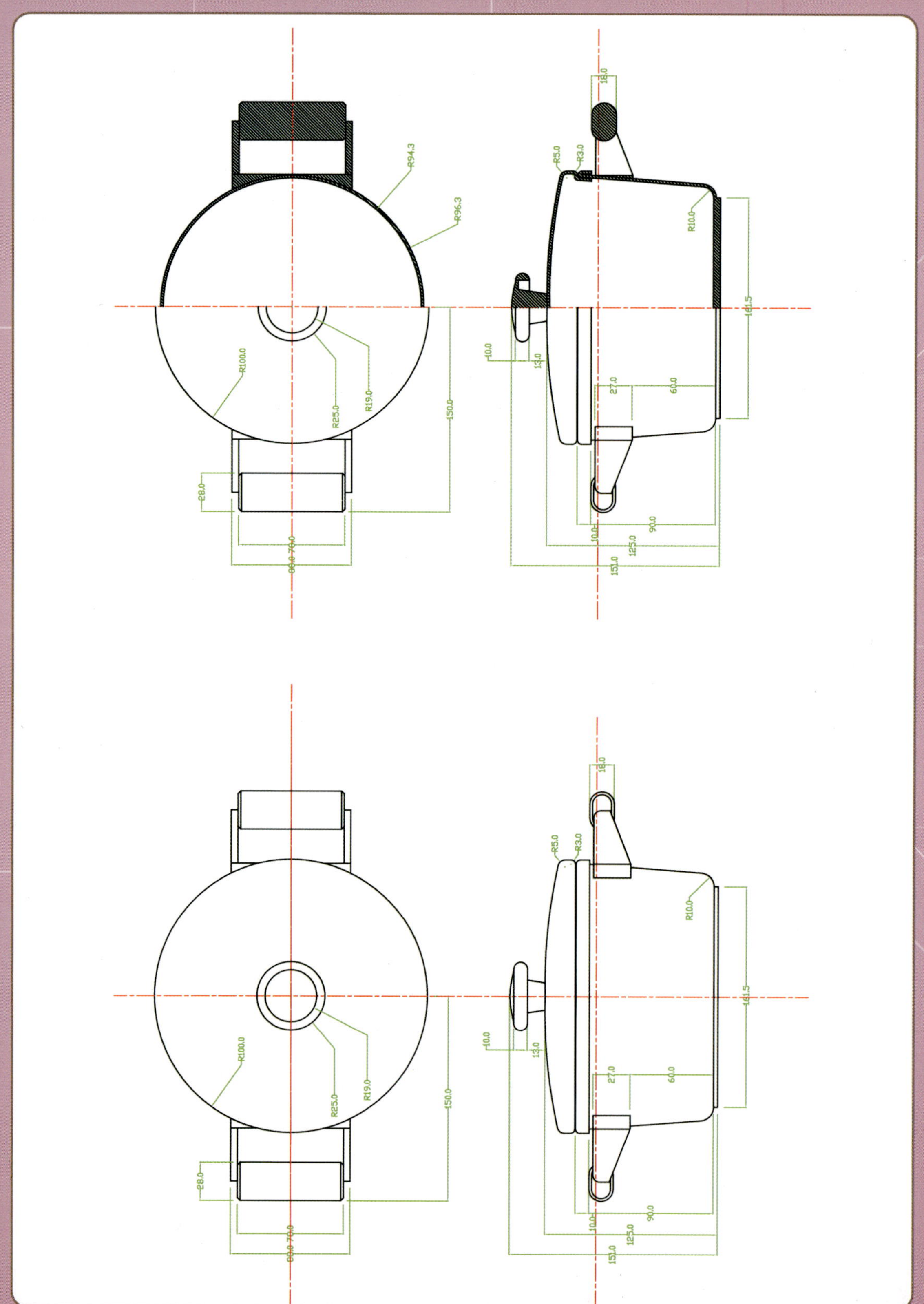

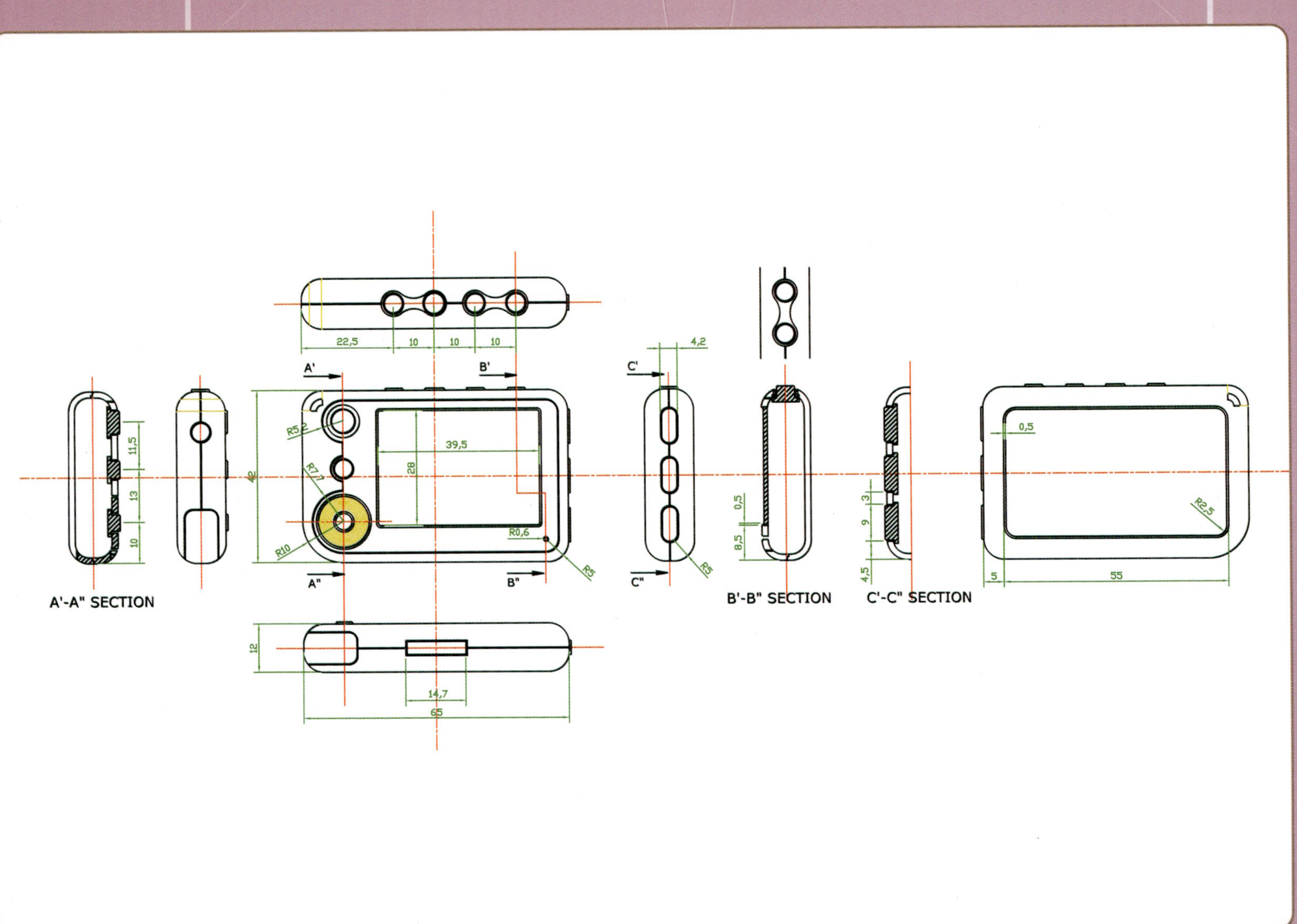
A'-A" SECTION
B'-B" SECTION
C'-C" SECTION

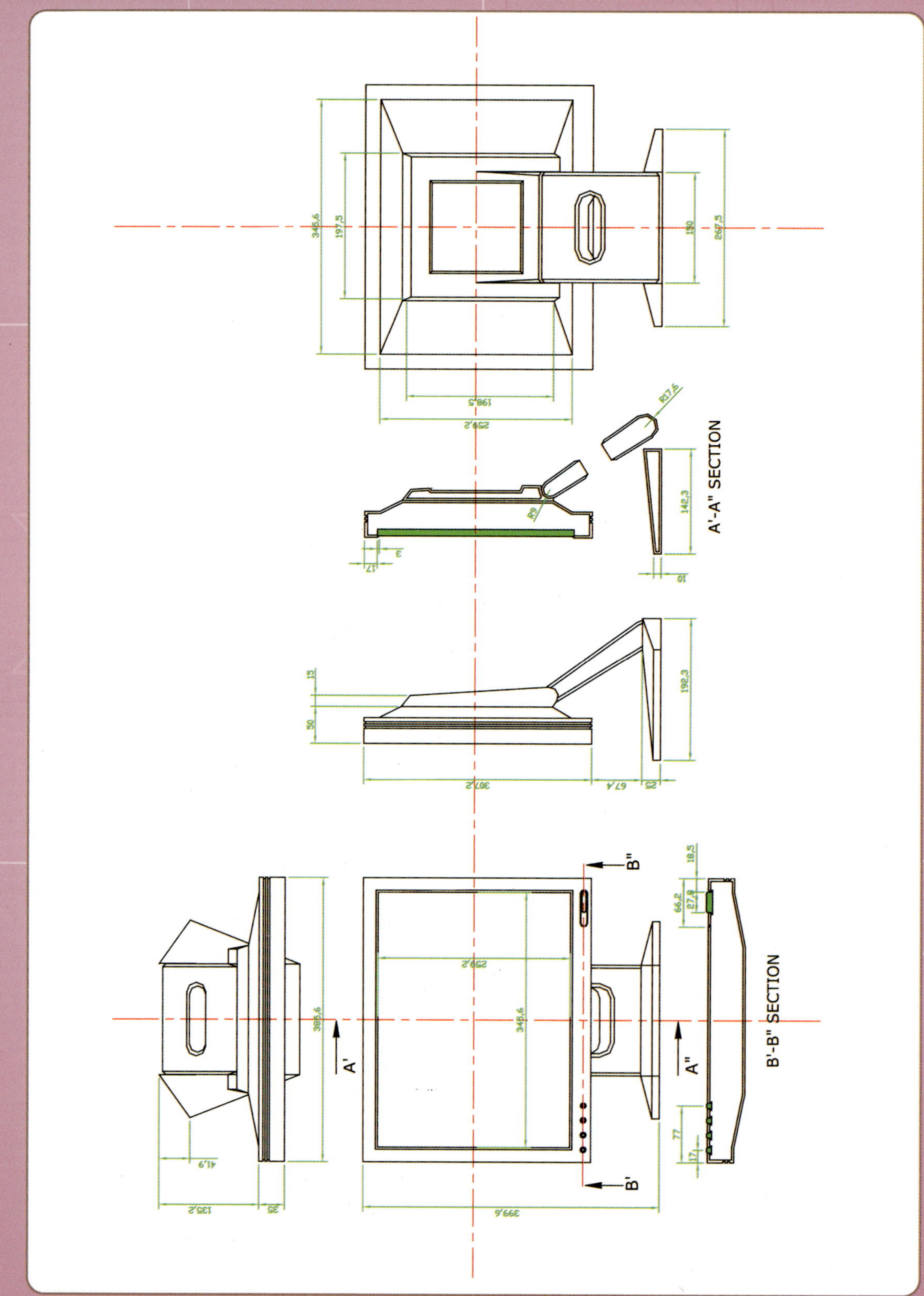

A'-A" SECTION
B'-B" SECTION
R17.5
A'
A"
B'
B"

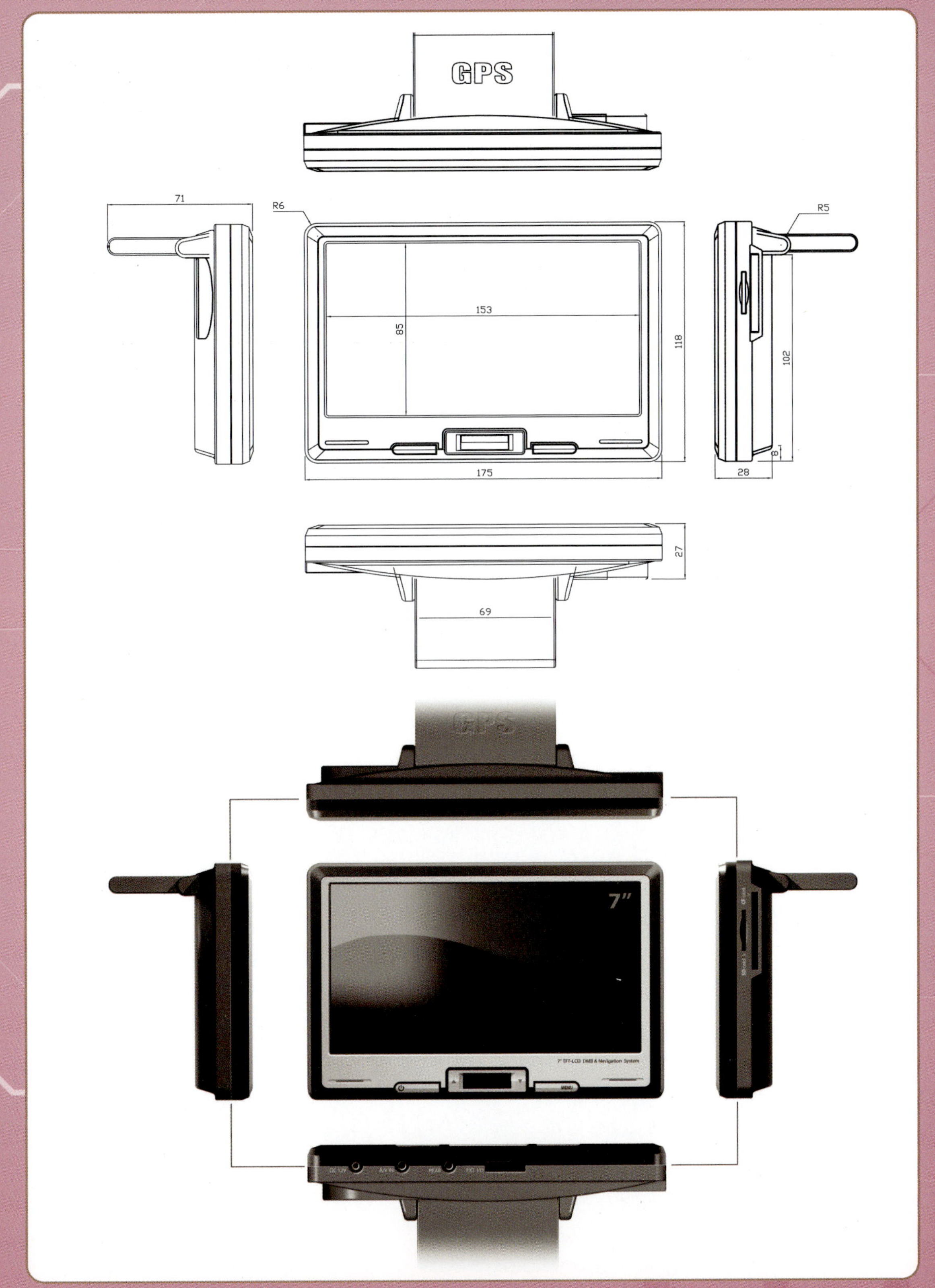

GPS
71
R6
R5
153
85
118
102
8
175
28
27
69
GPS
7"
7" TFT-LCD DMB & Navigation System
DC 12V
A/V IN
REAR
EXT VIB

Chapter 03 도면 관리

CONTENTS

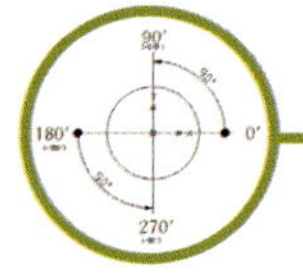

Part 2 | 도면 그리기

→ Chapter 02   도면 수정하기

CONTENTS

• Chapter 04

출력 명령

CONTENTS

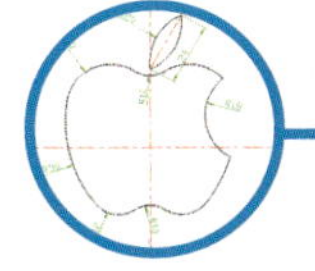

Part 3   제품디자인 도면작성의 이해와 실무도면 따라하기

Chapter 02

기초예제를 활용한 오토캐드 기본명령 다지기

Chapter 03

단계별로 배우는 기초 실무예제 그대로 따라하기

CONTENTS

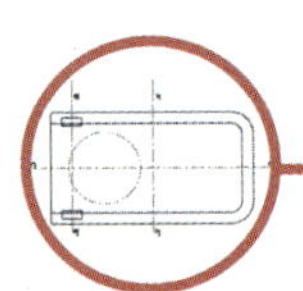

Part 4 | 실무에 활용되는 제품디자인 도면작성 사례 따라하기

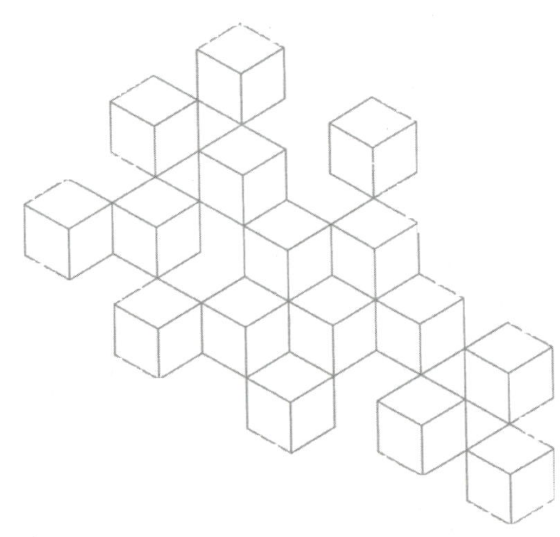

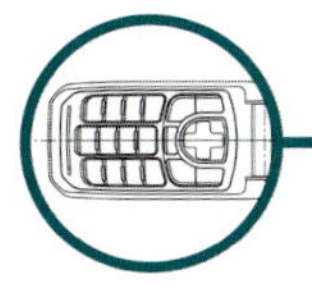

Part 5 | 실무에 활용되는 도면예제와 오토캐드 응용사례

Chapter 01　실무에 활용되는 도면예제

Chapter 02　AutoCAD 작성도면 포토샵 제품렌더링에 활용하기

P·A·R·T 1

한글 오토캐드 2011 시작하기

'오토캐드를 활용한 제품디자인'을 시작하기에 앞서서 처음 캐드를 시작하는 독자를 위해 오토캐드 활용분야에 대한 소개와 프로그램 설치방법 및 사용자 화면 인터페이스 등을 살펴봅니다.
다음으로 도면을 관리하고, 살펴보기를 위한 풀다운 메뉴 및 명령어에 대한 설명이 정리되어 있습니다. 특히 오토캐드의 특성과 도면에 대한 이해, 사용자가 편리하게 사용하기 위한 환경설정법 등이 포함되어 있습니다.

오토캐드 2011 프로그램 소개 및 활용분야

CHAPTER 01

오토캐드는 Auto Computer Aided Design의 약자로, 미국의 AUTODESK사에서 만들어 낸 도면 작성 전용 설계 프로그램이며, 산업 디자인 분야뿐만 아니라 제조 산업 전반에 걸쳐 다양하게 활용되고 있다.

1 오토캐드 2011 프로그램

AutoCAD는 다양한 2차원 도면 드로잉이나 3차원 오브젝트를 만드는 데 많이 활용되고 있다. 또한 사용자가 원하는 응용 분야에 맞게 값을 적절히 표준화할 수 있는 강력한 드로잉 툴이라고 말할 수 있다. AutoCAD를 활용하면 수작업으로 작성하는 디자인 제도 방식에 비해 훨씬 신속하며 정확한 드로잉을 그려낼 수 있고, AutoCAD로 작성한 드로잉 작업 파일은 컴퓨터 하드 디스크에 저장해 둠으로써 필요할 때마다 불러오거나 편집 또는 인쇄할 수 있다는 장점이 있다.

비교 항목	수작업 도면작업	오토캐드 도면작업
도면 작성툴	도면 작성에 다양한 도구와 재료가 요구됨	프로그램 설치만 하면 됨
도면 수정 방법	수정은 가능하나 부분 수정에 국한됨	간단하고 빠르게 수정이 가능함
도면 보관 방법	도면 종이를 보관하기 때문에 물리적 공간과 관리가 필요	컴퓨터 하드 디스크 또는 저장 매체에 손쉽게 저장 관리 가능
도면 작업 시간	수작업 특성상 도면 디테일에 따라 많은 시간이 필요	디지털 기반의 작업이므로 시간이 단축되며 특히 중복된 도면 요소에 큰 효과가 있음
도면 정확성	사람의 손으로 작성하는 것이므로 오차의 범위가 큼	오차 발생 빈도가 극히 낮으며, 정확한 도면 데이터를 얻을 수 있음

AutoCAD를 활용하는 분야는 매우 다양하며, 특히 산업 디자인 분야에서 매우 중요한 과정이므로 기본적인 이해와 많은 실습 단계를 거친다면 자신의 전공 학습에 큰 도움이 될 수 있다.

2 오토캐드 2011의 활용 분야

CAD는 산업 디자인뿐 아니라 전자회로, 공학, 건축, 토목, 군사, 과학 분야 등에 이르기까지 매우 폭넓게 활용되고 있다.

- 산업, 공업, 실내, 제품 디자인(Industrial/Interior/Product Design)
- 건축, 토목 설계(Architecture/Civil Engineering Design)
- 전기, 전자 설계(Electric/Electronic Design)
- 자동차, 항공기, 선박 등의 기계 설계(Mechanical Design)
- 조경 설계(Landscape Design)
- 지도 제작(Cartography)
- 군사, 과학 분야의 모의실험(Simulation)
- 각종 설계도면 작성

3 오토캐드 2011 설치를 위한 시스템 사양

오토캐드 2011 설치 및 디자인 도면 작성에 필요한 최적화 된 PC 시스템 사양은 다음과 같다.

CPU	인텔펜티엄4(Intel Pentium 4) 이상 급의 CPU 또는 호환되는 CPU
OS 소프트웨어	마이크로소프트 윈도우 XP/윈도우 Vista/윈도우 7
RAM	2GB 이상
HDD	2GB 이상의 프로그램 설치 가능 저장 공간
VGA	1280×1024 해상도 이상, 128MB 이상의 그래픽 카드
기타	마우스, 키보드, CD-ROM

4 오토캐드 2011 화면 구성 알아보기

오토캐드를 이용하기에 앞서 컴퓨터상에서 캐드를 운용하는 법을 먼저 익혀둘 필요가 있다. 화면상에 나타나는 오토캐드 툴의 명칭과 사용 방법에 대해 알아보자.

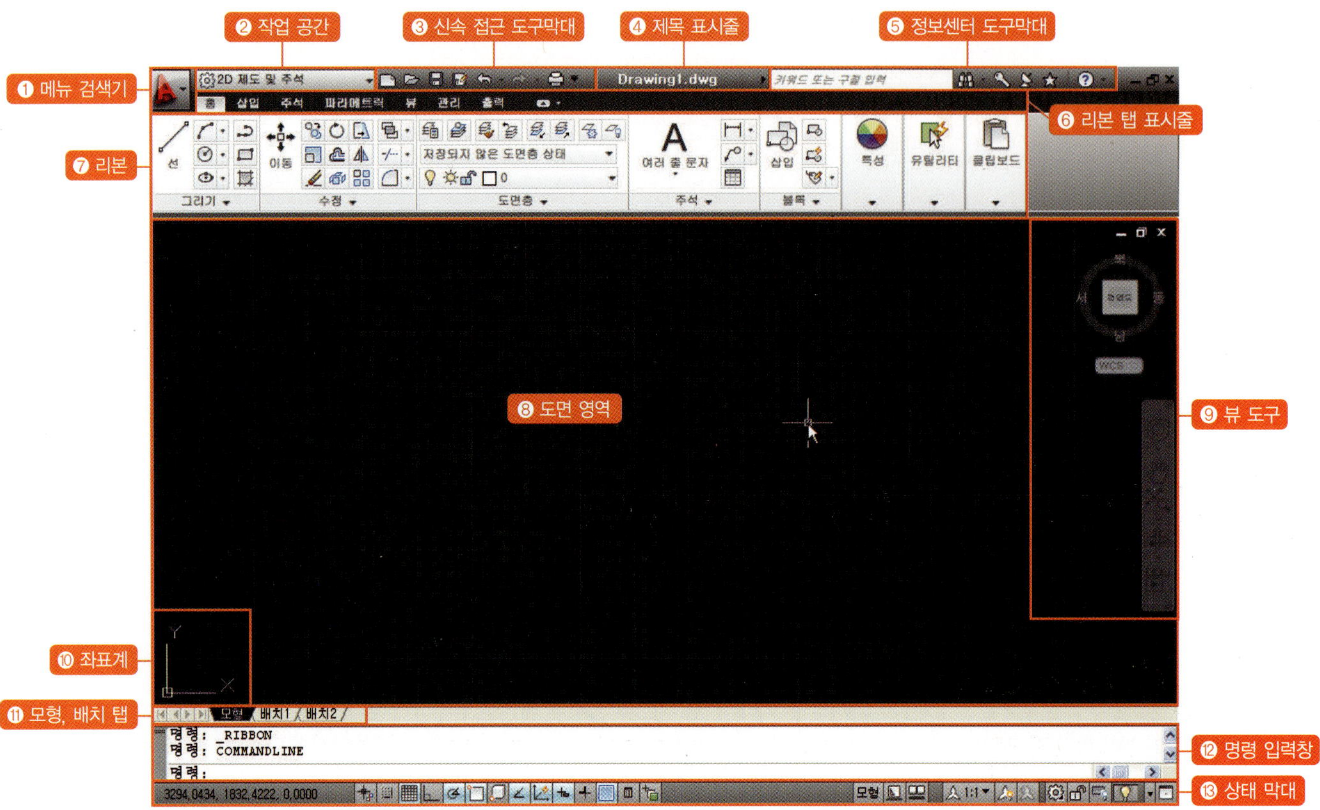

오토캐드 화면 구성 요소의 명칭은 캐드를 능숙하게 사용하거나 이 책을 쉽게 이해하기 위해 정확하게 알아두자. 화면 구성 요소를 잘 알아두면 신속하게 필요 메뉴나 명령 아이콘을 사용하여 효율적으로 도면을 완성할 수 있다. 또한 여러 가지 작업 중간에 보이는 창들을 최소화하면서 진행하는 요령을 터득해야 한다.

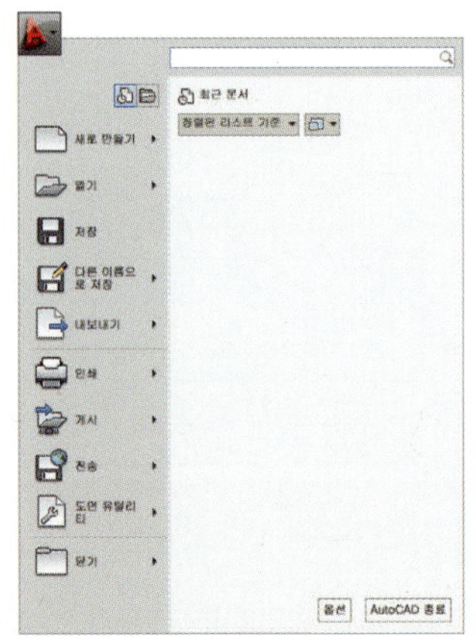

❶ 메뉴 검색기

열기, 저장 등의 기본적인 메뉴가 있으며, 명령어를 실시간으로 검색하여 해당 명령어 또는 부속 명령어에 대한 간략한 설명을 볼 수 있다. 메뉴 검색기 아이콘을 클릭하면 좌측 그림과 같이 풀다운 메뉴가 나타난다.

❷ 작업 공간

현재의 작업 공간을 바꿀 수 있다.

> **Tip** 예전부터 오토캐드를 사용해 왔던 이용자들은 명령 입력창에 직접 명령어를 입력하거나 도구막대 또는 메뉴막대를 사용하는 것에 익숙할 것이다. 하지만 AutoCAD 2011의 초기 화면에는 도구막대와 메뉴막대가 나타나지 않고 생소한 리본메뉴가 나타난다. AutoCAD 2011은 이러한 사용자의 불편함을 해소하기 위해 도구막대와 메뉴막대만을 사용하는 'AutoCAD 클래식'이라는 과거 버전의 오토캐드 작업 공간을 제공한다.

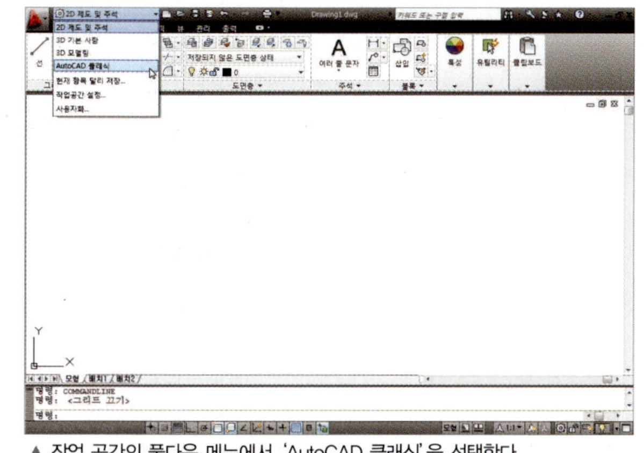

▲ 작업 공간의 풀다운 메뉴에서 'AutoCAD 클래식'을 선택한다.

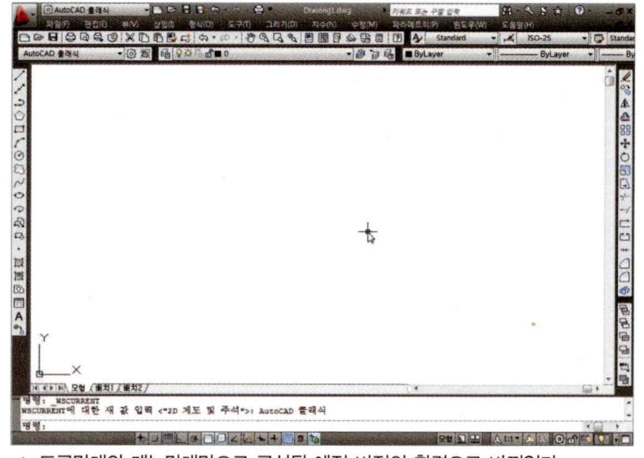

▲ 도구막대와 메뉴막대만으로 구성된 예전 버전의 환경으로 바뀌었다.

❸ 신속 접근 도구막대

등록 및 제거가 가능하여 자주 사용하는 명령들을 사용자에 맞게 최적화 할 수 있다. 사용자가 작업 시 주로 사용하는 명령들을 등록/그룹화 하여 작업을 신속하게 진행할 수 있다.

❹ 제목 표시줄

현재 작업 중인 도면의 이름을 표시한다.

❺ 정보센터 도구막대

입력한 명령어 및 기능과 관련된 모든 사항을 검색할 수 있으며, 구독 센터, 커뮤니케이션 센터, 즐겨찾기, 도움말에 접근할 수 있다.

❻ 리본 탭 표시줄

각각의 리본 이름을 표시하며, 리본 탭을 클릭하여 해당 탭의 하위에 있는 리본메뉴(그룹화된 명령어들)에 접근할 수 있다.

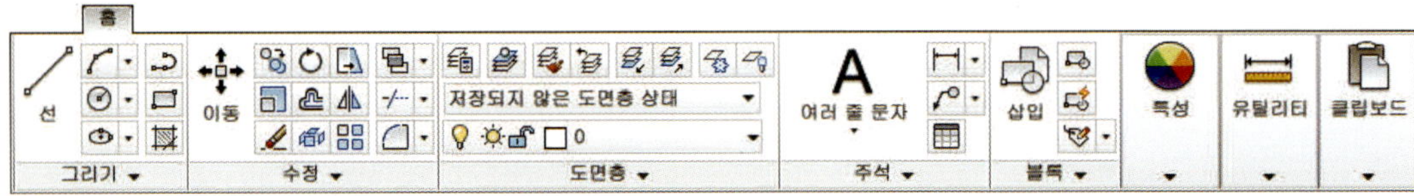

❼ 리본

리본은 그리기, 수정, 도면층, 주석, 블록, 특성, 유틸리티, 클립보드 패널들로 구성되어 있으며, 각각의 패널 안에는 오토캐드에서 사용되는 명령 및 설정 아이콘들이 기능별로 그룹화되어 있다. 패널의 아이콘을 클릭하여 해당 명령 및 설정을 쉽고 빠르게 수행할 수 있다.

- **그리기 패널** : 도면 작성에 필요한 객체들을 그릴 수 있는 그리기 명령 아이콘들이 모여 있다.
- **수정 패널** : 도면 작성에 그려진 객체들을 수정 및 편집할 수 있는 편집 명령 아이콘들이 모여 있다.
- **도면층 패널** : 도면층을 관리하는 곳으로 도면 작성 시 여러 개의 층(LAYER)을 만들어 나누어서 작성할 수 있다.
- **주석 패널** : 문자, 선형 치수, 다중 지시선, 테이블 등을 생성하고 변경할 수 있다.
- **블록 패널** : 블록을 작성, 편집, 삽입, 관리할 수 있다.
- **객체 특성 패널** : 도면 작성 시 객체마다 각각의 여러 특성(색상, 선 종류, 선 굵기) 등을 지정해 줄 수 있다.
- **유틸리티 패널** : 도면 작업 시 유용한 기능들(거리 측정, 선택 명령 옵션 관리, 계산기, UCS 좌표 값 표시, 점 스타일)을 사용할 수 있다.
- **클립보드 패널** : 도면 작성 시 도면 객체들을 복사 및 붙여넣기 할 수 있으며, 선택한 객체의 특성을 다른 객체에 적용할 수 있다.

> **Tip** 리본의 아이콘 위에 커서를 대고 조금 있으면 해당 아이콘의 명칭과 간단한 설명이 표시되는데 이를 '툴 팁'이라 한다. 그리고 툴 팁이 나타난 후 조금 더 기다리면 해당 명령에 대한 예가 그림과 같이 나타난다.

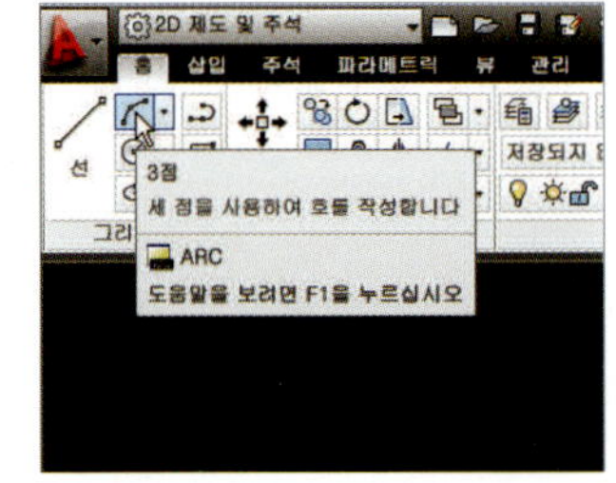
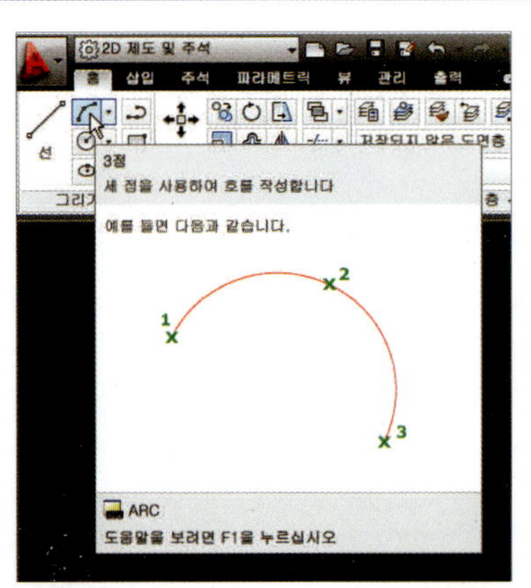

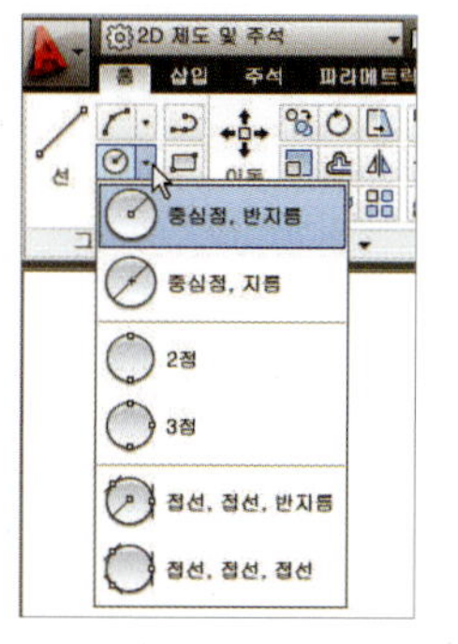

Tip 플라이 아웃

패널에 있는 아이콘의 오른쪽에 작은 삼각형 마크가 표시되 있으며, 이 마크를 누르면 해당 아이콘과 관련된 서브 아이콘이 표시된다. 가장 최근에 사용된 명령 아이콘이 맨 위에 놓인다.

❽ 도면 영역

하얀색 선들로 도면이 그려지고, 편집되는 영역이며 도면 영역의 색상은 변경이 가능하다.

❾ 뷰 도구

3D에서 작업할 때, 도면에서 3차원의 형상을 보고 확인할 수 있도록 다른 뷰(View)를 표시할 경우 사용한다.

❿ 좌표계(WCS)

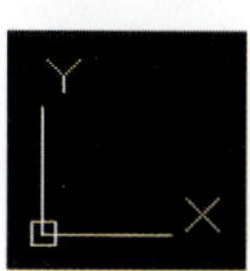

일반적인 2D도면 작성 시 X축(수평방향)과 Y축(수직방향)을 나타내는 좌표의 표시이다.

⑪ 모형, 배치 탭

작업하는 상황과 출력을 위한 배치 상태를 확인할 수 있는 탭이다.

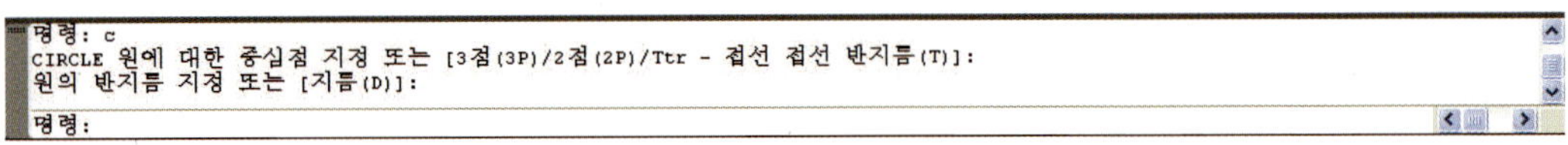

⑫ 명령 입력창

작업자에게 선택, 진행 메시지를 표시하고 명령을 입력할 수 있도록 하는 창이다.

```
명령: c
CIRCLE 원에 대한 중심점 지정 또는 [3점(3P)/2점(2P)/Ttr - 접선 접선 반지름(T)]:
원의 반지름 지정 또는 [지름(D)]:
명령:
```

> **Tip** 오토캐드의 가장 큰 특징인 사용자와의 '대화식 툴 활용 및 명령의 이해' 라는 측면에 있어서 명령 입력창의 역할은 매우 중요하다고 할 수 있다. 따라서 오토캐드를 통한 디자인 도면 작성 시 초보자일수록 명령 입력창의 내용을 반복적으로 이해하고 학습해야 한다.

⑬ 상태막대

현재 진행되는 상태나 기본 정보, 세팅 상태를 확인하며 토글 할 수 있는 곳이다.

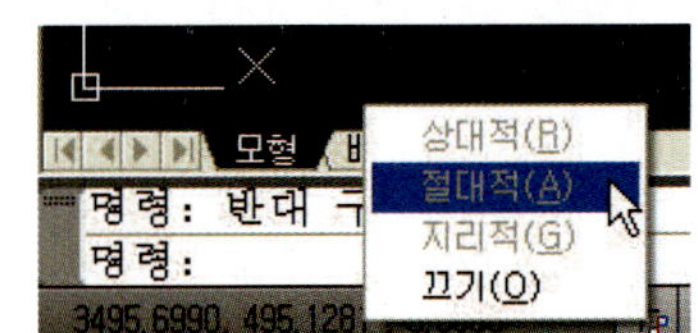

- **좌표(616,7532, 545,5056 , 0,0000)** : 현재 마우스 포인터가 위치한 점을 소수점 4자리까지 표시(소수점의 조정에 대한 내용은 units 명령을 참고)하며, 마우스 포인터를 좌표 위에 올려 놓은 후 마우스 오른쪽 버튼을 클릭하여 '절대적' 으로 변경하면 영역의 절대좌표 값을 알 수 있다.

- **구속 조건 추론( )** : 자동으로 계산된 적합한 구속 조건의 적용을 표시하고 조절하는 곳

- **스냅( )** : 마우스 포인터의 간격 띄우기를 표시하고 조절하는 곳

- **그리드( )** : 눈금을 표시하고 조절하는 곳

- **직교( )** : 수직, 수평 작업 모드를 표시하고 조절하는 곳

- **극좌표( )** : 지정된 각도로 스냅을 사용하는 것을 표시하고 조절하는 곳

- **객체 스냅( )** : 객체 스냅 기능의 사용을 표시하고 조절하는 곳

- **3D 객체 스냅( )** : 3D 객체에 대해 실행 중인 객체 스냅 설정을 표시하고 조절하는 곳

- **객체 스냅 추정( )** : 객체 스냅 추적 기능의 활성 상태를 표시하고 조절하는 곳

- **동적 UCS( )** : 동적 USC 기능의 사용을 표시하고 조절하는 곳

- **동적 입력( ) :** 동적 입력(포인터 입력, 치수 입력, 동적 프롬프트 및 제도 툴 팁의 모양)의 사용을 표시하고 조절하는 곳
- **선가중치( ) :** 선두께 표시 활성 상태를 표시하고 조절하는 곳
- **투명도( ) :** 설정된 도면층(Layer)의 투명도 레벨 사용을 표시하고 조절하는 곳
- **빠른 특성( ) :** 빠른 특성 팔레트의 사용을 표시하고 조절하는 곳
- **선택 순환( ) :** 중복된 객체 중에서 원하는 것을 선택할 수 있게 해주는 선택 사항 대화상자의 사용을 표시하고 조절하는 곳
- **모형( ) :** 현재 보이는 창이 도면작업을 위한 모형 공간인지 출력을 위해 도면의 레이아웃을 미리 볼 수 있는 배치 공간인지 표시하고 조절하는 곳
- **빠른 배치 보기( ) :** 열려 있는 도면과 그 도면의 배치를 작은 화면들로 미리 볼 수 있게 하는 기능을 표시하고 조절하는 곳
- **빠른 도면 보기( ) :** 여러 장의 열려 있는 도면들을 한 번에 작은 화면으로 볼 수 있게 하는 기능을 표시하고 조절하는 곳
- **주석 도구( ) :** 주석 축척 기능을 표시하고 조절하는 곳
- **작업 공간( ) :** 어떤 공간(2D, 3D, AutoCAD 클래식)에서 작업할지를 선택하고 조절하는 곳
- **잠금( ) :** 도구막대와 윈도우 위치의 고정 상태를 표시하고 조절하는 곳
- **하드웨어 가속( ) :** 하드웨어 가속 상태를 표시하고 조절하는 곳
- **객체 분리( ) :** 객체의 분리 또는 숨김 상태를 표시하는 곳
- **화면 정리( ) :** 작업 공간을 넓게 사용하기 위해 리본 탭, 리본, 상태 표시줄을 전체 화면에서 제외시킬 수 있음

5 입력장치

오토캐드 작업은 모두 마우스와 키보드로 진행된다. 마우스로 일반적인 선택과 방향, 리본의 패널을 지정하고 키보드로 수치와 단축명령을 지정한다. 과거 건축이나 복잡한 기계 제도를 했던 작업자의 경우 명령어가 입력되어 있는 태블릿을 사용하기도 했지만 윈도우 버전이 나온 이후로 거의 사라졌다 해도 과언이 아니다.

01 → 마우스

마우스는 대부분 작업할 객체를 선택하는 데 사용하지만 필요에 따라 간단한 중간 명령을 수행할 수 있다. 또한 마우스를 과거 버전처럼 Enter 키의 역할을 수행하도록 조정할 수도 있다.

1) 왼쪽 버튼( ) : 점, 선, 객체 선택 및 방향을 지정하는 용도로 가장 많이 사용하는 버튼이다. 선택 방법에 대해서는 '6. 객체 선택하기(51p)' 에 자세하게 설명되어 있다.

2) 오른쪽 버튼( ) : 오토캐드 작업의 진행 상황에 따른 다른 팝업 메뉴를 제공한다. 명령이 입력되어 있을 때는 실행, 명령이 진행되는 중일 경우는 현재 가능한 명령을 제공한다. 또, 입력이 없을 시에는 가능한 신속한 명령을 제공한다. 필요에 따라 이를 무시하고 Enter 키의 역할을 수행하도록 지정할 수 있다. 이와 같이 마우스 오른쪽 버튼은 작업 진행 중에 선택할 수 있는 가장 많이 사용되는 다양한 명령들을 제공한다.

❶ 기본 모드

명령어를 입력하지 않고, 객체도 선택하지 않은 상태에서 마우스 오른쪽 버튼을 클릭했을 때 제공되는 팝업 메뉴이다.

- **반복 옵션** : 바로 이전에 실행했던 명령을 다시 반복한다.
- **최근 입력** : 최근 사용한 명령어 리스트를 나열해주며, 그 중 원하는 명령을 선택할 수 있다.
- **클립보드** : 선택된 객체를 클립보드로 잘라낸다. 클립보드는 다른 프로그램으로 보낼 때 유용하다.
- **분리** : 객체 분리, 객체 숨기기 명령을 수행한다.
- **명령 취소 옵션** : 바로 이전에 진행된 명령 결과를 그 이전으로 돌린다.
- **명령 복구** : 되돌렸던 명령을 다시 복구시킨다. '명령취소' 명령이 겹쳐졌을 경우 차례로 복구한다.
- **초점이동** : 작업 화면의 비율을 유지하며 이동시킨다.
- **줌** : 작업 화면을 축소, 확대한다.
- **SteeringWheels** : '전체 탐색 휠' 명령을 수행한다.
- **동작 레코더** : 동작 매크로를 기록, 재생, 관리한다.
- **하위 객체 선택 필터** : 3D 환경에서 객체 선택을 면, 모서리, 정점 또는 사용 내역 하위 객체로 제한할 수 있다.
- **신속 선택** : 도면 상의 객체를 선택하기 위한 대화상자를 제시한다.
- **빠른 계산기** : 도면 작업 중 계산을 할 수 있도록 계산기를 제공한다.
- **찾기** : 도면 내에 있는 문자를 찾거나 대체한다.
- **옵션** : 오토캐드의 환경을 설정할 수 있는 대화상자를 제시한다.

❷ 편집 모드

객체를 선택하고 명령이 수행 중이지 않을 때 오른쪽 버튼을 클릭하면 제공되는 팝업 메뉴이다.

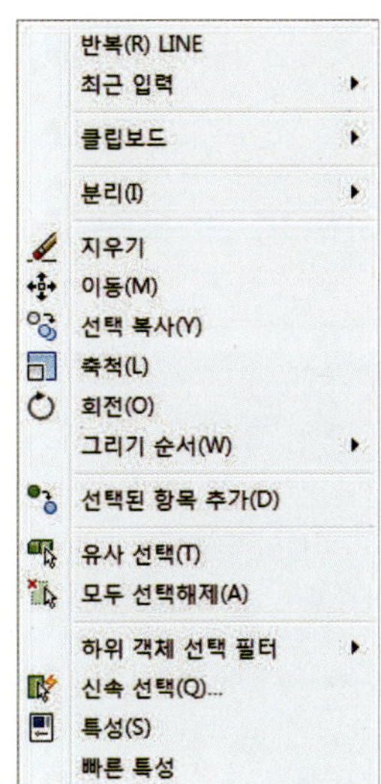

- **지우기** : 선택된 객체들을 지운다.
- **이동** : 선택된 객체들을 이동한다.
- **선택 복사** : 선택된 객체들을 복사한다.
- **축척** : 선택된 객체의 크기를 조절한다.
- **회전** : 선택된 객체를 회전시킨다.
- **그리기 순서** : 선택된 객체의 도면 내 다른 객체와의 전후 위치를 조정한다.
- **선택된 항목 추가** : 선택된 객체와 같은 특성(도면 층, 색상, 선 유형 등)으로 다른 객체를 작성할 수 있다.
- **유사 선택** : 선택된 객체와 유사한 특성을 갖는 모든 도면 상의 객체를 선택할 수 있다.
- **모두 선택해제** : 선택된 객체의 선택을 해제한다.
- **특성** : 선택된 객체의 모든 특성을 조절할 수 있는 대화상자를 제시한다.
- **빠른 특성** : 선택된 객체의 일부 중요한 특성을 조절할 수 있는 대화상자를 제시한다.

❸ 명령 모드

명령 수행 중일 때 오른쪽 버튼을 클릭하면 제공되는 팝업 메뉴이다.

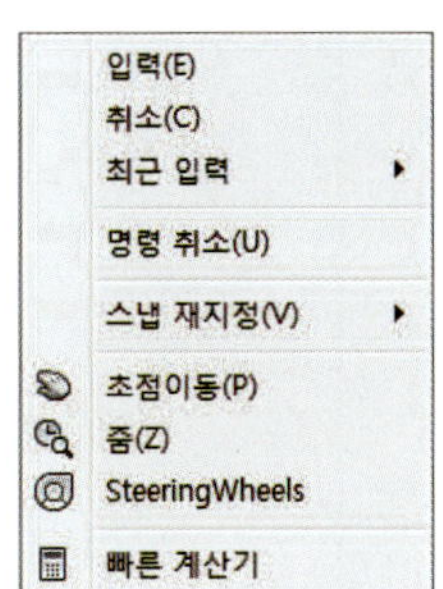

- **입력** : Enter 키에 해당하는 기능을 수행한다. (명령 실행)
- **취소** : 진행 중인 명령을 취소시킨다.
- **스냅 재지정** : 도면에서 정확한 스냅값을 지정하기위한 대화상자를 제시한다.

❹ 기타 모드

명령 입력창 위에서 오른쪽 버튼을 클릭했을 때 제공되는 팝업 메뉴이다.

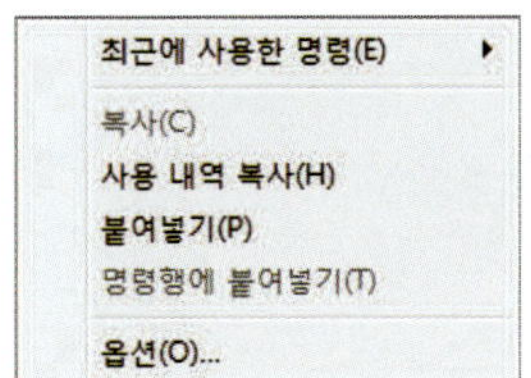

- **사용 내역 복사** : 명령 입력창의 작업 진행 과정을 클립보드로 복사한다.
- **명령행에 붙여넣기** : 클립보드에 저장된 텍스트를 명령 입력창의 명령행에 붙여넣는다.

Tip 오른쪽 버튼은 '메뉴 검색기 〉 옵션'을 클릭하여 나타나는 [옵션] 대화상자의 [사용자 기본 설정] 탭에서 그 기능을 바꾸어 설정할 수 있다. 오른쪽 버튼의 용도로 가장 많이 사용하는 '마지막 명령 반복'이나 'Enter 키'로 지정해두면 도면 작성 시에 필요 없는 클릭을 줄여 좀 더 빠른 작업이 가능하다.

01_ '메뉴 검색기'에서 '옵션'을 선택한다.

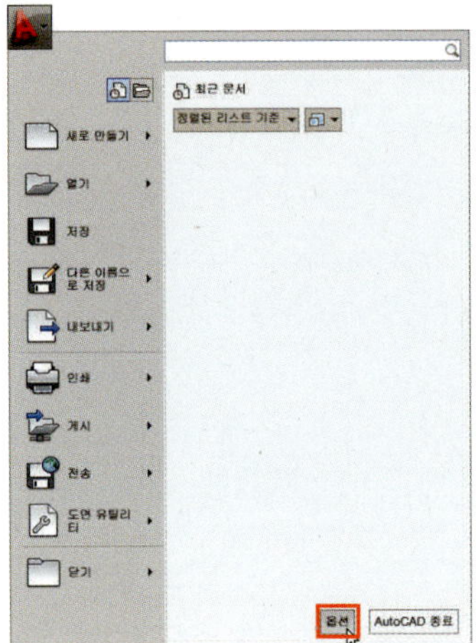

02_ [옵션] 대화상자 [사용자 기본 설정] 탭의 'Windows 표준 동작' 항목에서 [오른쪽 클릭 사용자화] 버튼을 클릭한다.

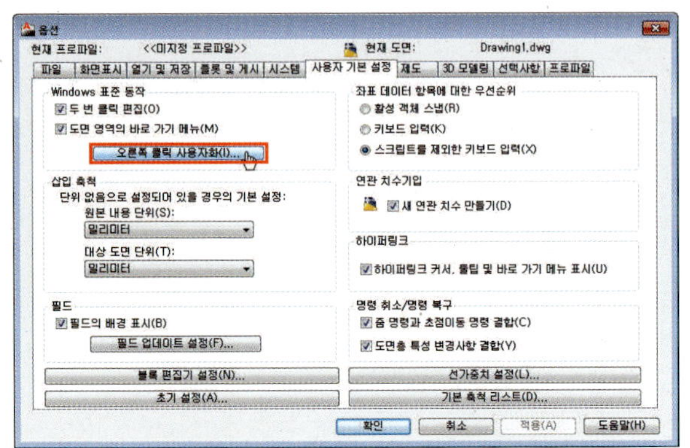

03_ 오른쪽 버튼을 '바로 가기 메뉴'가 아닌 '마지막 명령 반복'이나 'ENTER 키'로 설정할 수 있다.

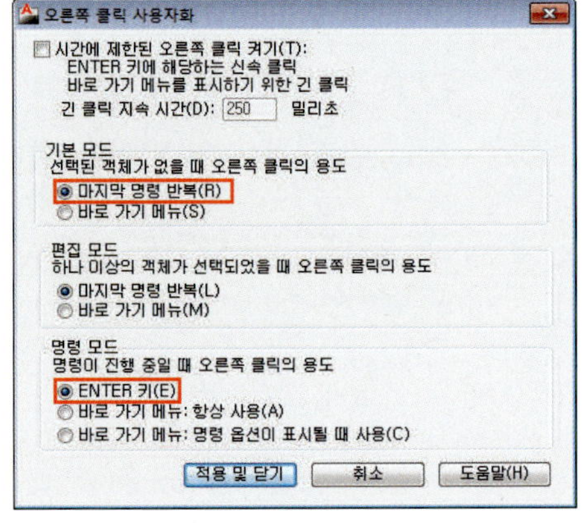

3) 휠 버튼

앞으로 굴리면 Zoom in, 뒤로 굴리면 Zoom out이 되며 클릭 후 드래그하면 화면 이동(Pan)이 된다. 마우스가 위치한 부분에서 급격히 진행되므로 작업을 원활히 하기 위해서는 Zoom 명령을 이용하도록 한다.

02 → 키보드

일반명령이나 단축명령을 직접 입력하거나 수치를 적용하는 데 사용한다. 진행 중인 명령을 완료하기 위해서는 마우스의 오른쪽 버튼을 실행 명령으로 설정해서 실행 중인 명령을 완료시킬 수도 있고, 키보드의 Enter 키나 Space Bar 키를 눌러서 실행 중인 명령을 종료할 수도 있다.

6 명령 실행

오토캐드는 손으로 그리는 작업이 아닌 컴퓨터로 도면을 그리는 것인 만큼 도면이 완성될 수 있도록 다양한 명령을 내려야만 한다. 이를 위해 화면 구성에서도 보았듯이 다양한 종류의 명령 입력 방법이 있으며, 실무에서는 단축키를 이용한 명령과 다른 명령 실행 방법을 적절히 섞어서 사용하고 있다. 다양한 명령 선택 방법과 성격을 배워보자.

01 → 리본

리본의 해당 패널에 있는 명령 아이콘을 클릭하여 명령을 실행한다.

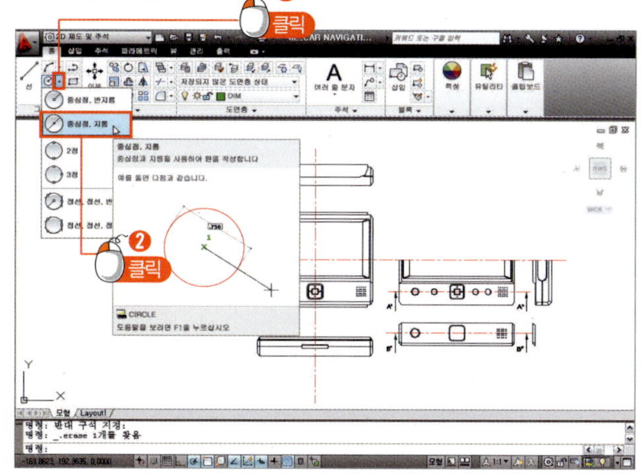

Tip 리본을 원하는 스타일로 수정할 수 있다. (리본 탭: 관리 〉 사용자 인터페이스(CUI))

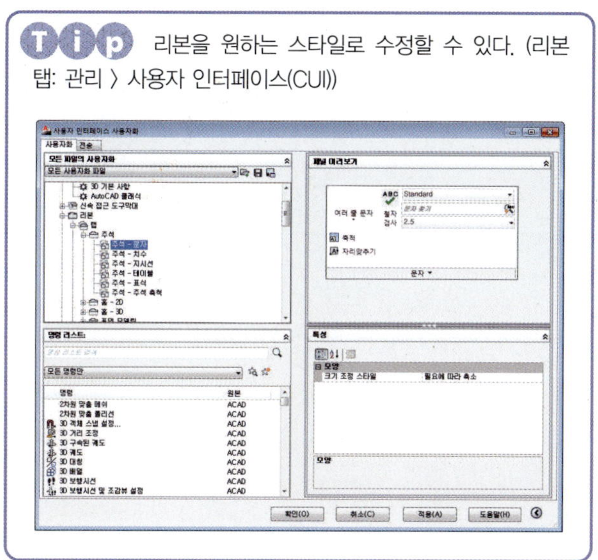

02 → 메뉴 막대 (풀다운 메뉴)

풀다운 메뉴를 이용해 명령을 실행할 때는 마우스를 이용해 원하는 명령을 차례로 선택하면 된다. 명령어의 이름과 간단한 아이콘이 있어 가장 정확하게 원하는 명령을 실행할 수 있는 방법이지만, 마우스 클릭을 두 번 이상 해야 하므로 명령을 실행하는 데 가장 시간이 오래 걸린다. 사용자 환경 세팅이나 복잡한 명령 수행 시 적합한 방식이다.

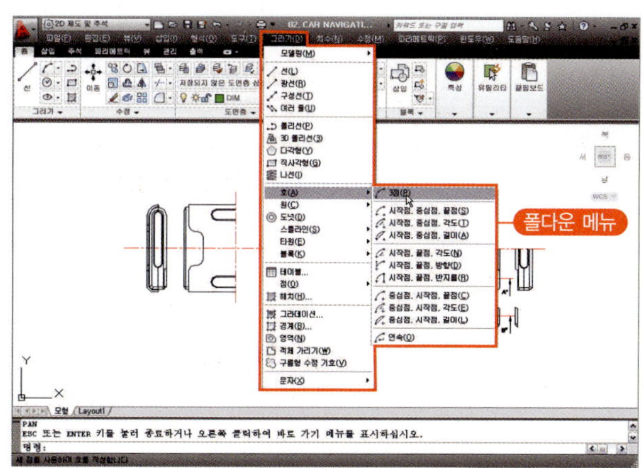

Tip   메뉴 막대는 AutoCAD 2007 이하의 버전에서 주로 사용되었으며 AutoCAD 2011의 초기 화면에는 메뉴 막대가 표시되지 않는다. AutoCAD 2011에서 메뉴 막대를 나타내기 위해서는 '신속 접근 도구막대'의 우측에 있는 역삼각형 아이콘을 클릭한다. 그리고 '신속 접근 도구막대 사용자화' 메뉴가 펼쳐지면 '메뉴 막대 표시'를 클릭한다.

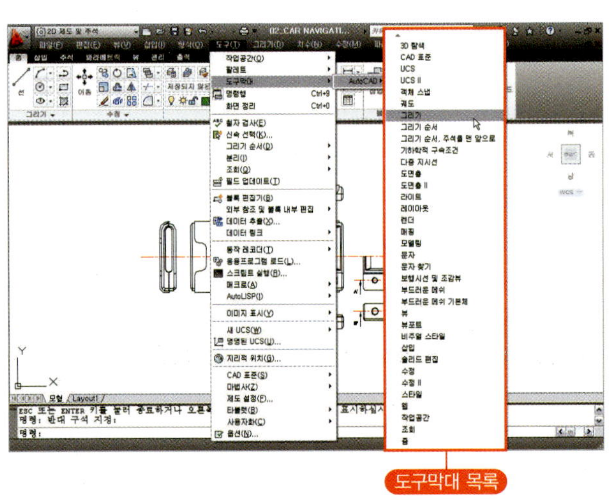

▲ 리본 탭 표시줄 위에 위치한 메뉴 막대

03 → 도구막대

명령을 아이콘 형태로 화면에 표시하여 클릭만으로 명령을 수행할 수 있다. 작업 공간을 많이 차지하므로 주로 쓰는 아이콘만 표시하는 것이 좋다. '메뉴 막대: 도구 〉 도구막대'를 이용해 도구막대를 표시할 수 있으며 또한 작업 중 필요한 도구만 따로 도면 영역에 빼내올 수 있다.

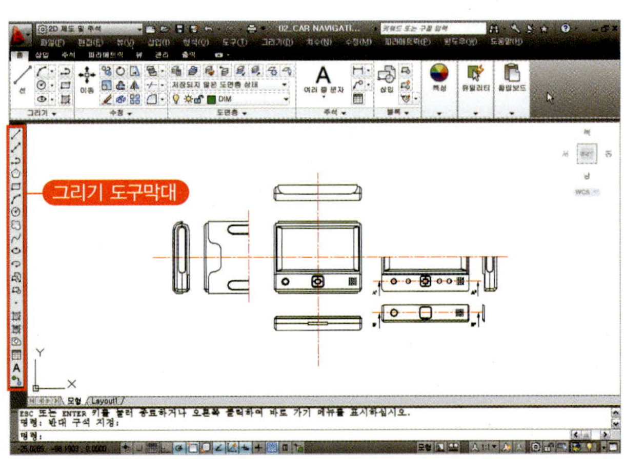

Tip   메뉴 막대와 마찬가지로 AutoCAD 2011의 초기화면에는 도구막대가 나타나지 않는다. 도구막대를 AutoCAD 2011에서 사용하기 위해서는 우선 메뉴 막대를 활성화시키고 '도구 〉 도구막대 〉 AutoCAD' 순서로 클릭하면 도구막대 목록이 펼쳐진다. 펼쳐진 목록 중 원하는 도구막대를 선택한다.

04 → 명령 입력창

캐드 초기버전부터 이용한 방식으로 작업자가 명령이나 단축명령을 키보드로 직접 명령 입력창에 입력하여 명령을 실행한다. 특히 단축명령을 이용할 경우 가장 빠르게 명령을 수행할 수 있다. 단축명령에 대한 설명은 다음 장에서 하도록 한다.

> **Tip** 이전 버전의 경우 사용자의 실수로 가끔씩 사라져 버리는 명령 입력창을 찾기가 쉽지 않았다. 숨겨진 명령 입력창은 `Ctrl` + `9` 키를 누르거나 COMMANDLINE 명령을 입력하거나 '리본 탭: 뷰 〉 팔레트 〉 명령행' 버튼을 클릭함으로서 다시 표시할 수 있다.

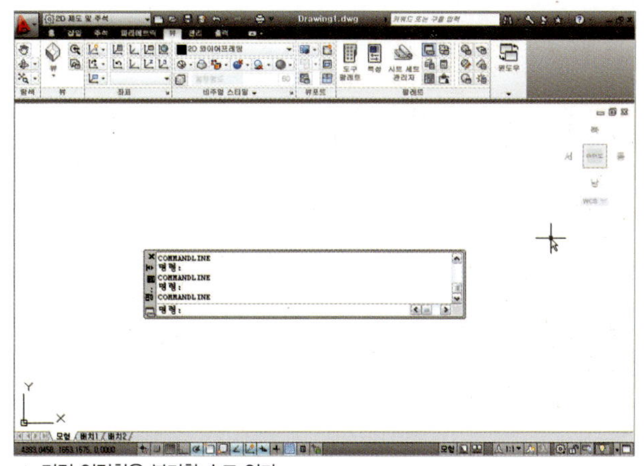

▲ 명령 입력창을 분리할 수도 있다.

05 → 메뉴 검색기

메뉴 검색기에서 실행하고자 하는 명령어를 검색하여 검색된 목록에서 원하는 명령을 선택함으로써 해당 명령을 실행한다. 입력된 글자를 포함하는 모든 명령어를 보여주므로, 명령어의 이름을 정확히 알지 못하거나 해당 명령 버튼의 위치를 모를 때 사용하면 유용하다.

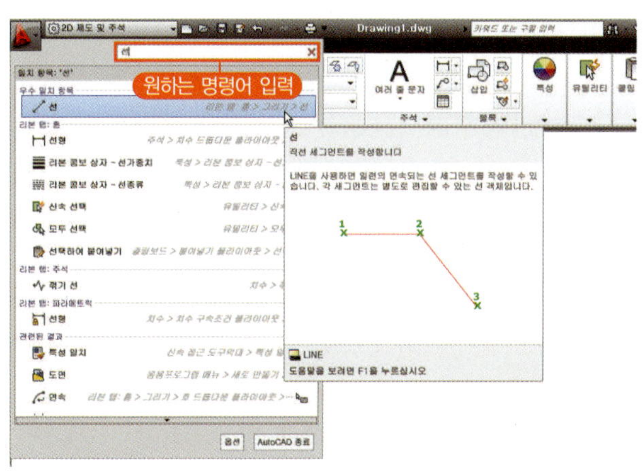

06 → 도구 팔레트

실행하고자 하는 명령어가 속한 그룹의 탭을 선택한 후 해당 명령어 아이콘을 클릭하여 명령을 실행한다. 예들 들어 '타원' 명령의 경우 '그리기' 탭을 선택 후, '타원' 아이콘을 선택한다.

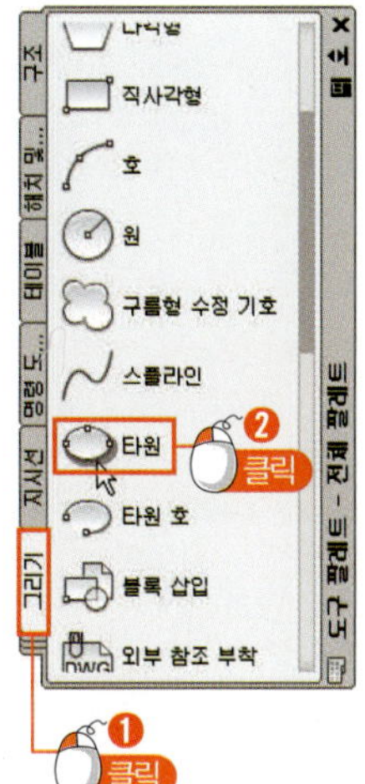

> **Tip** 자주 사용하는 명령어나 아이템(블록, 해치 패턴 등)을 사용자에 맞게 등록하여 사용할 수 있다. 도구 팔레트를 활성화시키기 위해서는 '리본탭: 뷰 〉 팔레트 〉 도구 팔레트' 버튼을 클릭한다.

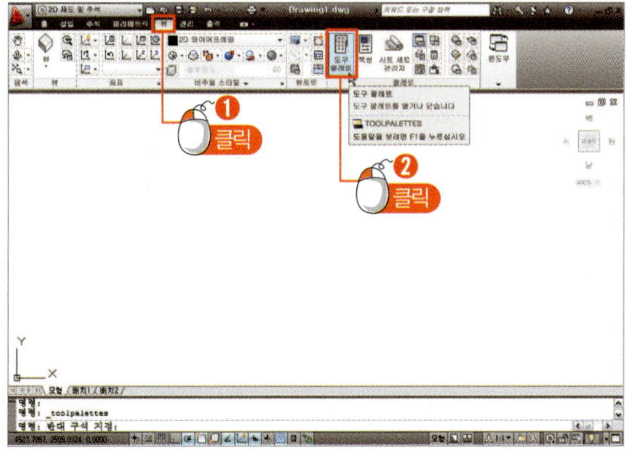

캐드의 환경설정과 이해

CHAPTER 02

오토캐드는 화면메뉴에서 도면크기, 명령어, 모양, 색상 등에 이르기까지 일반적으로 많이 사용되는 환경을 기본값으로 제공한다. 하지만 모든 사용자가 다 똑같은 환경을 원하는 것은 아니다. 도면을 작업함에 있어서 사용자의 성향이나 제품의 크기는 모두 다르므로 기본 값으로는 해결할 수 없다. 따라서 사용자는 오토캐드를 처음 시작할 때 또는 작업을 시작할 때 자신에게 맞는 환경설정을 할 필요가 있다. 환경설정이 최적화되면 작업 시간 단축은 물론 필요 없는 조작을 줄일 수 있기 때문이다.

1 단축명령 설정

01 — 단축명령 입력하기

단축명령은 도면작업을 빠르게 진행하기 위해 많이 쓰는 명령어를 짧게 쓸 수 있도록 약속하고, 명령 입력창에 전체 명령을 모두 입력하지 않고 약속된 명령을 입력하는 것만으로도 명령이 수행되는 방식을 말한다. 예를 들어 'offset'이라는 전체 명령 대신 'o' 라는 약속된 단축명령으로도 명령이 수행된다.

```
명령: offset
현재 설정: 원본 지우기=아니오  도면층=원본  OFFSETGAPTYPE=0
간격띄우기 거리 지정 또는 [통과점(T)/지우기(E)/도면층(L)] 〈통과점〉:
```

▲ 전체명령을 입력하여 실행

```
명령: o
현재 설정: 원본 지우기=아니오  도면층=원본  OFFSETGAPTYPE=0
간격띄우기 거리 지정 또는 [통과점(T)/지우기(E)/도면층(L)] 〈통과점〉:
```

▲ 단축명령을 입력하여 실행

02 — 단축명령 일람 확인 및 수정하기

오토캐드에 설정된 단축명령을 모두 기억하기는 어려우므로, 어떤 명령들이 있는지 확인하려면 '리본 탭: 관리 〉 사용자화 〉 별칭 편집(acad.pgp)'을 이용하면 된다. '리본 탭: 관리 〉 사용자화 〉 별칭 편집(acad.pgp)'을 선택하면 메모장이 실행되면서 현재 오토캐드에 지정된 단축명령 일람이 나타난다.

이 단축명령들은 자신에게 맞게 수정할 수도 있는데, 다른 단축명령과 중복되지 않도록 주의해서 바꾼 다음, 저장하고 오토캐드를 다시 실행하면 저장된 단축명령이 수행된다.

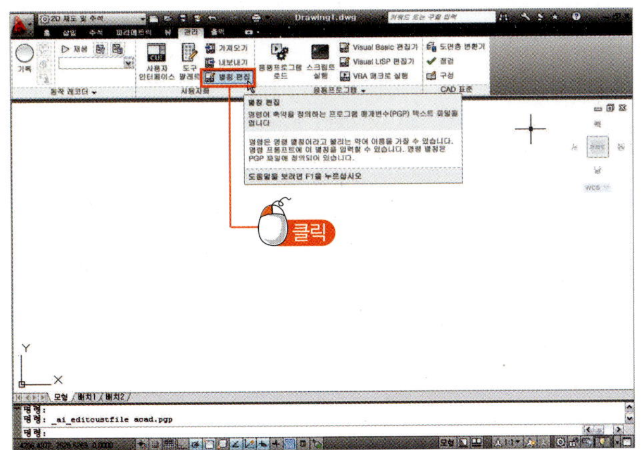 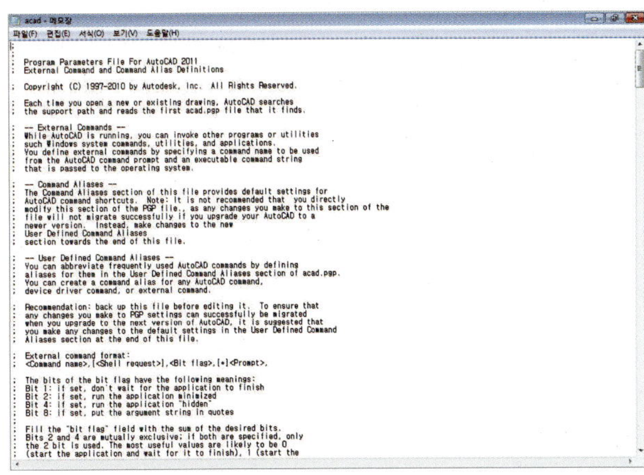

> **Tip** 프로그램을 실행하면 오토캐드는 단축명령을 인식하는 파일(acad.pgp)을 불러온다. 그러므로 단축명령을 수정했다 하더라도 다시 오토캐드를 실행하는 과정을 거치지 않으면 단축명령이 인식되지 않는다.

② 도면상태 설정

01 ─ 도면의 한계(limits) (풀다운 메뉴: 형식 〉 도면한계)

도면한계 명령은 도면의 전체 크기를 지정하는 명령이다. 오토캐드에서 도면을 그리는 것은 제품을 1:1로 그려나가는 작업이다. 따라서 작업자는 도면을 확인하기 위해 화면에 보거나 출력을 해야 한다. 그래서 일정한 크기의 도면한계가 필요한 것이다.

오토캐드 새 도면의 도면한계 기본값은 좌측 하단 (0,0), 우측 상단 (420,297)로, 이것은 A3 도면의 국제 규격(ISO) 크기이다. 이 도면한계 기본값을 다른 값으로 바꾸려면 'plot〉limits'를 이용하면 된다. 그리고 도면한계 변경 후 화면에 도면 전체가 나타나도록 하려면 'zoom〉all' 옵션을 이용한다.

예를 들어 도면작업을 A3에서 A2로 바꾸기 위해 도면한계를 수정하려면, 좌측 하단 좌표는 그대로 유지하고, 우측 상단의 좌표를 A2 크기로 바꿔주면 된다.

명령:**limits** [Enter] (또는 풀다운 메뉴의 도면한계 클릭)
모형 공간 한계 재설정:
왼쪽 아래 구석 지정 또는 [켜기(ON)/끄기(OFF)] 〈0.0000,0.0000〉: **0,0** [Enter]
오른쪽 위 구석 지정 〈420.0000,297.0000〉: **594,420** [Enter]

▲ 도면한계 수정하기

명령: **zoom** [Enter] (또는 '리본 메뉴: 뷰 〉 윈도우 〉 모두' 선택)
윈도우 구석을 지정, 축척 비율 (nX 또는 nXP)을 입력, 또는
[전체(A)/중심(C)/동적(D)/범위(E)/이전(P)/축척(S)/윈도우(W)/객체(O)] 〈실시간〉: **a** [Enter]

▲ 도면 전체 보기

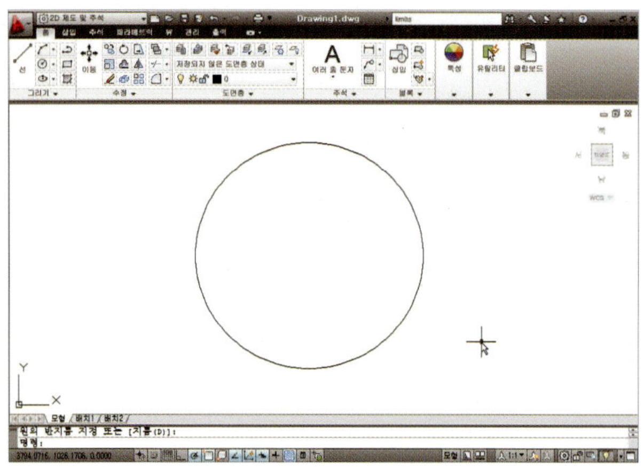

▲ 도면한계가 A3일 경우 (전체 화면 대비 원의 크기가 크다)

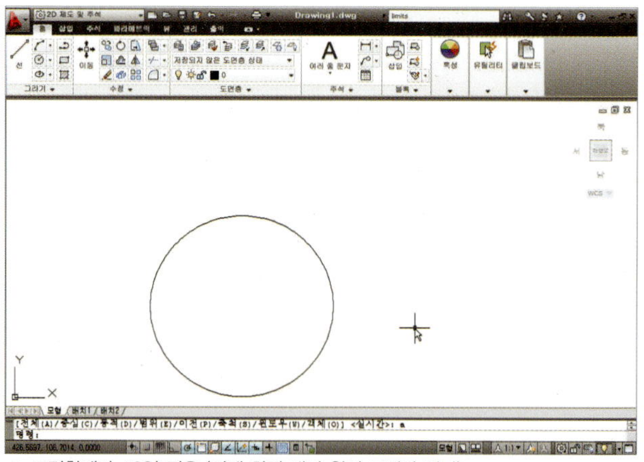

▲ 도면한계가 A2일 경우 (전체 화면 대비 원의 크기가 작다)

02 → 도면의 단위 (units) (메뉴 검색기: 도면 유틸리티 〉 단위)

도면에서 사용할 단위와 정밀도를 세팅한다. 일반적으로 도면 단위 유형은 십진, 정밀도는 소수점 2자리를 사용한다. 도면 단위를 바꾸게 되면 입력되는 모든 값이 변경되는 것은 물론 변경 전의 데이터도 달라진 단위에 맞게 세팅되므로 주의해야 한다.

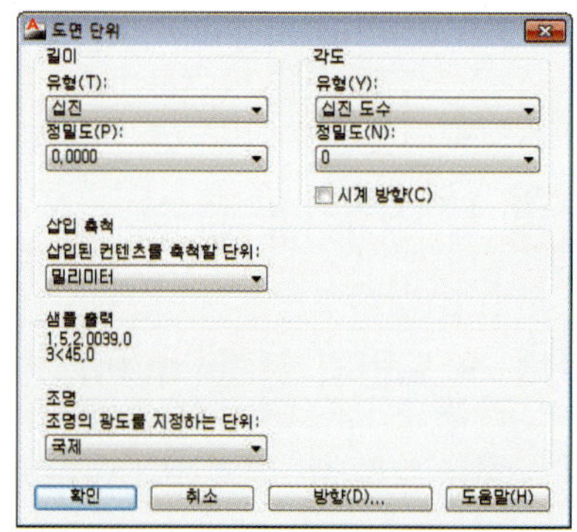

> **Tip** 도면 단위는 치수를 표현할 때 유용하게 사용된다. 일반적인 제품도면일 경우 기본세팅을 이용하는 것도 무난하다. 하지만 정밀한 정도에 따라 단위의 조정이 필요하므로 처음부터 도면 단위를 확인해주는 것이 좋다.

03 → 화면의 구성(option) (메뉴 검색기: 옵션 〉 화면표시, 제도)

작업의 편리를 위해 화면 구성 요소의 색상이나 모양 등을 세팅한다. 일반적으로 기본 설정을 사용하며, 예전 버전에 익숙한 사용자는 이곳에서 예전 버전 형태의 화면 구성으로 바꾸어 사용해도 된다. 도면 작업 시 객체 선택이나 위치를 표현하고 정하기 위한 표식기나 조준창의 크기를 조절함으로써 도면작업을 수월하게 할 수 있다.

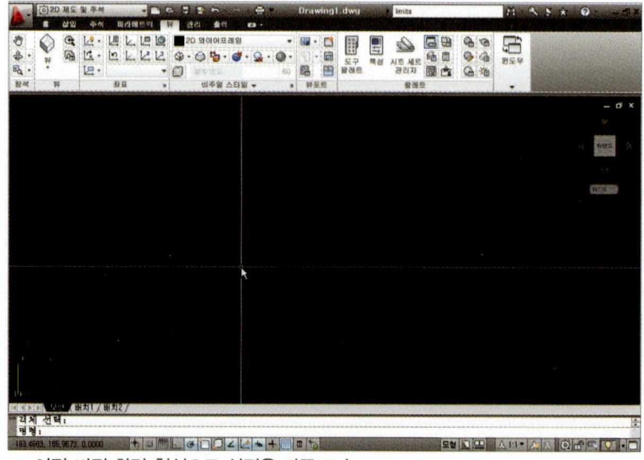

▲ 이전 버전 화면 형식으로 설정을 바꾼 모습

> **Tip** 오토캐드에서 사용되는 도면 영역의 화면색 기본값은 검은색이다. 검은색 화면의 경우 시각적 피로가 적고 모니터 수명을 연장하는 효과를 얻을 수 있으나, 이 책에서는 명시성을 높이기 위해 백색 화면을 기준으로 화면을 구성하였다.

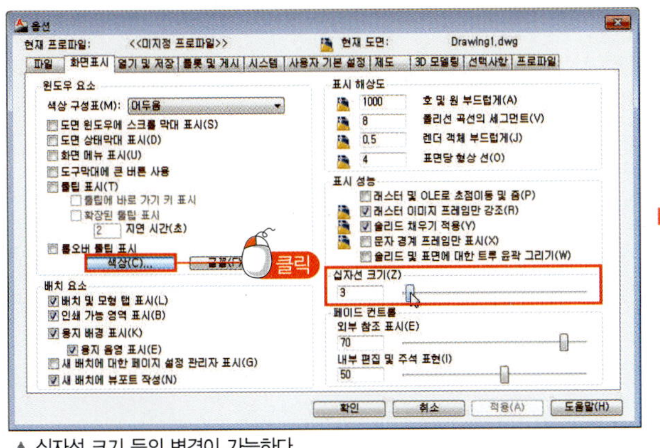

▲ 십자선 크기 등의 변경이 가능하다.

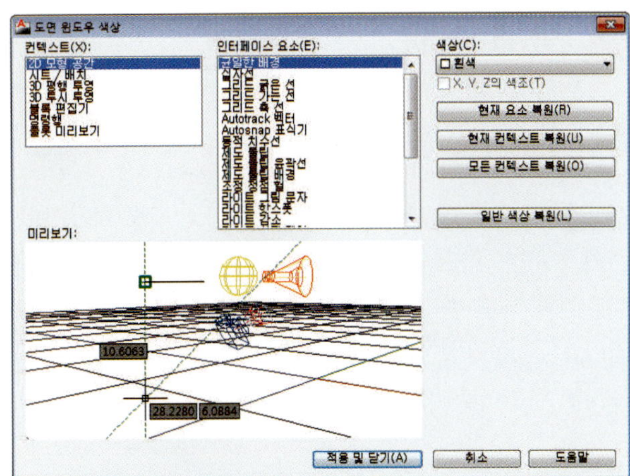

▲ 도면 요소의 색상 지정 등이 가능하다.

3 절대좌표와 상대좌표

도면 영역에서의 위치값을 우리는 '좌표' 라고 부르며, 이 좌표에는 절대좌표와 상대좌표가 있다. (이 책은 2차원 도면을 기준으로 하므로 3차원 축인 z축은 무시하기로 한다.) 간단히 말해서 절대좌표는 위치마다 있는 이름을 이용하는 것이고, 상대좌표는 기준에서 떨어져 있는 상태라고 할 수 있다. 여기서는 절대좌표와 상대좌표의 개념을 알아보고, 절대좌표 및 상대좌표를 설정하는 방법에 대해서는 추후 선긋기 명령을 배우며 다시 알아보기로 하겠다.

- 절대좌표 : 원점(0,0)을 기준으로 x값과 y값의 떨어져 있는 정도를 좌표로 지정
- 절대극좌표 : 원점(0,0)을 기준으로 떨어져 있는 길이와 각도를 좌표로 지정
- 상대좌표 : 작업자가 기준으로 삼는 점에서 x값과 y값의 떨어져 있는 정도를 좌표로 지정
- 상대극좌표 : 작업자가 기준으로 삼는 점에서 떨어져 있는 길이와 각도를 좌표로 지정

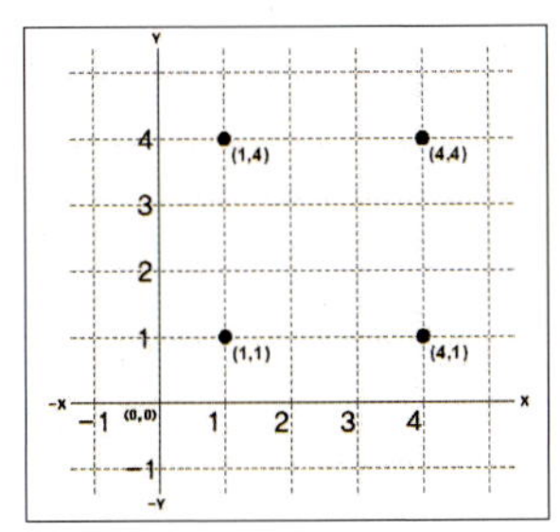

▲ 절대좌표

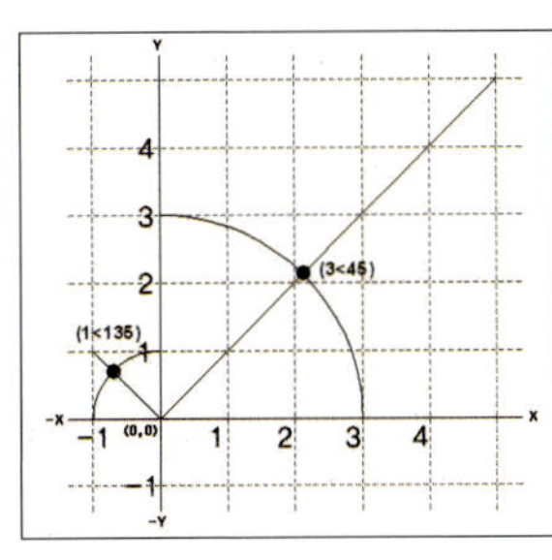

▲ 절대극좌표

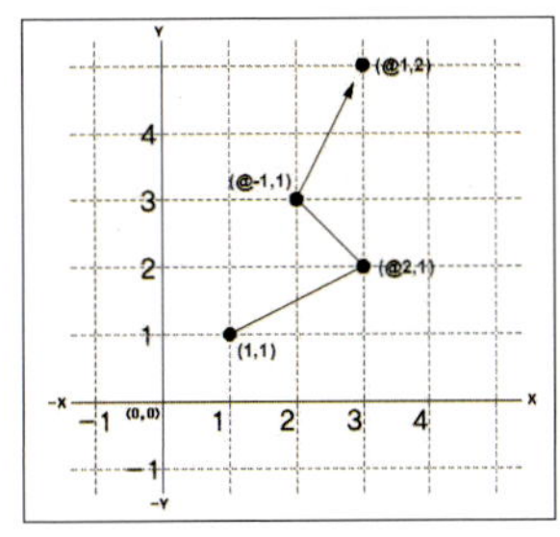

▲ 상대좌표

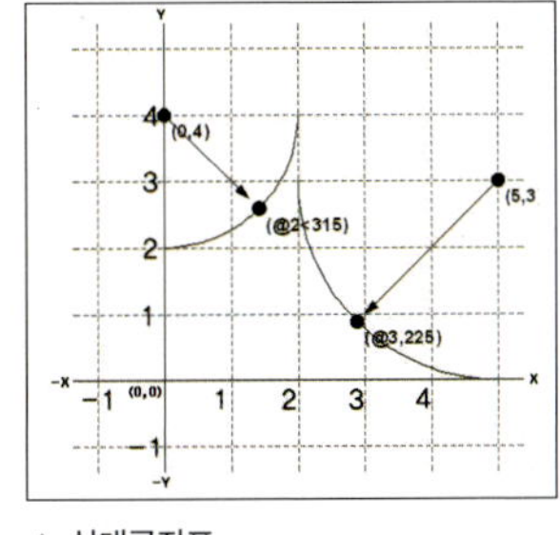

▲ 상대극좌표

Tip 좌표가 갖는 숫자는 위에서 말한 단위 세팅에 따라가기 때문에 단위가 바뀌면 좌표값도 바뀌게 된다. 또한 각도의 방향이나 시작점 또한 '메뉴 검색기 : 옵션 〉 화면표시' 에서 수정하면 작업자 임의대로 극좌표값이 정해지게 된다.

4 객체 스냅

01 ─● 객체 스냅(osnap) (풀다운 메뉴: 도구 〉 제도 설정 〉 객체 스냅)

객체들은 서로 연관을 갖거나 독자적인 위치를 형성하고 있는데, 이러한 위치에는 이름이 있고, 이 이름들을 '스냅점' 이라고 한다. 따라서 일일이 절대좌표나 상대좌표를 이용해 도면을 그리지 않고 도면 상의 객체들이 가지고 있는 스냅 점을 이용하면 편리하다. 오토캐드의 객체 스냅은 작업자가 작업에 필요한 스냅점을 쉽게 찾도록 도와주는 것으로 성 격이 다른 스냅점을 미리 지정하여 화면상에 작업자가 선택하고자 하는 위치에 근접하면 스냅점의 위치로 정확히 이 동시켜 작업을 편리하고 정확하게 해준다.

02 ─● 객체 스냅 설정하기

객체 스냅을 설정하려면 상태 막대의 객체 스냅 아이콘 위에서 마우스 오른쪽 버튼을 눌러 표시된 목록 중 '설 정'을 선택한다.

객체 스냅 창의 옵션들을 선택하면 지정한 모든 객체 스 냅이 항상 활성화된다.

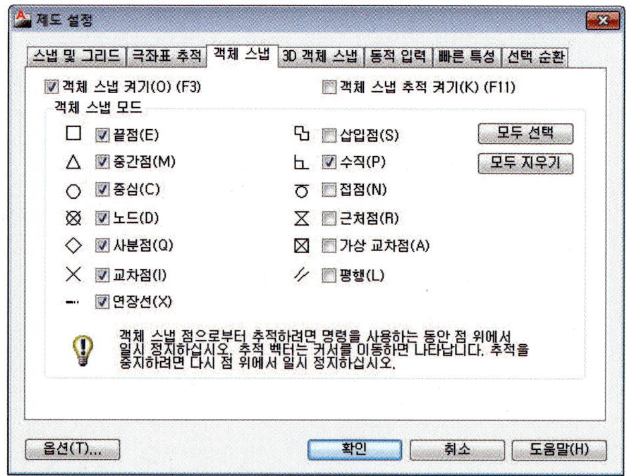

마우스의 커서를 도면상의 객체 근처에 놓았을 때 설정된 모든 객체 스냅이 적용되어 오히려 빠른 선택을 방해할 수 있다. 그러므로 꼭 필요하지 않는 객체 스냅 옵션은 꺼두는 것이 좋다.

작업 중 설정된 객체 스냅점이 아닌 다른 스냅점을 이용하려면 작업 중간에 'Shift 또는 Ctrl +마우스 오른쪽 버튼'을 누르면 된다. 이때는 지정한 스냅점만 이용할 수 있다.

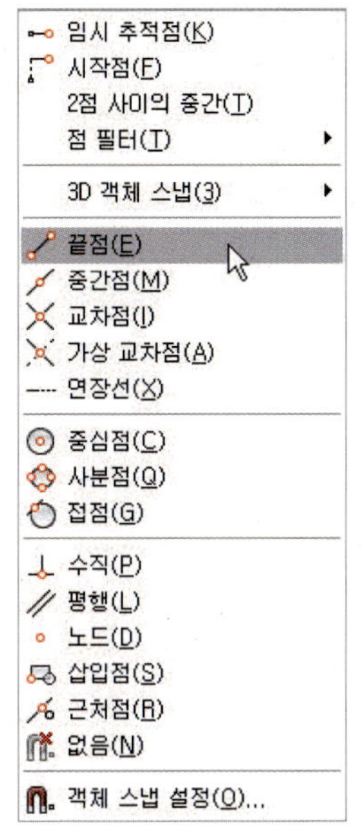

- **임시 추적점(tt)** : 연관된 모든 스냅 성격이 활성된 위치를 찾음
- **시작점(from)** : 객체의 데이터상 시작점을 찾음
- **끝점(end)** : 선이나 호와 같은 객체의 끝점을 찾음
- **중간점(mid)** : 선이나 호와 같은 객체 길이의 이등분점을 찾음
- **교차점(int)** : 객체가 겹치거나 교차된 점을 찾음
- **가상 교차점(appint)** : 연장이 될 경우 교차될 지점을 찾음
- **연장선(ext)** : 선이나 호가 연장될 경우를 추적하여 만나는 곳을 찾음
- **중심점(cen)** : 원이나 호와 같은 객체의 중심점을 찾음
- **사분점(qua)** : 원의 사등분점을 찾음
- **접점(tan)** : 원이나 호의 접점을 찾음
- **수직(per)** : 객체가 수직으로 만나는 점을 찾음
- **평행(par)** : 기존선에 평행하도록 하는 점을 찾음
- **노드(nod)** : 노드로 되어진 점을 찾음
- **삽입점(ins)** : 블록이나 그림 등이 삽입되어진 점을 찾음
- **근처점(nea)** : 타겟창에서 가장 가까운 객체 상의 점을 찾음
- **없음(non)** : 스냅 성격이 적용되지 않음
- **객체 스냅 설정** : 객체 스냅 성격을 지정함

> **Tip** 도면에서 객체 스냅이 활성화되면 자동으로 추적을 해주고, 근처에만 클릭해도 가까운 성격의 기준점이나, 데이터를 불러 들여 버린다. 또한 그 성격이 무엇인지를 나타내는 성격의 고유 아이콘을 기준 지점에 디스플레이한다. 따라서 작업자는 아이콘을 외워 두면 성격을 선택할 때 유용하게 이용할 수 있다. 물론 스냅 아이콘 근처에 가면 친절하게 성격을 따로 디스플레이해준다.

5 화면 재구성하기

오토캐드 작업을 하다보면 화면상에 작업 결과물이 아닌 중간 경과물을 화면에 남겨 놓거나, 작업 결과와 다르게 표현되는 경우가 있다. 이때 작업자는 자신의 작업 결과를 확인하기 위해 화면을 재구성하는데 이때 redraw와 regen을 사용한다.

01 → redraw (단축명령: r, 풀다운 메뉴: 뷰 > 다시 그리기)

모든 뷰포트의 화면 표시를 갱신한다. (화면을 실제 값으로 표시한다.)
오토캐드에서 도면작업을 진행할 때 작업 편의를 위해 화면에만 표시되며 출력은 되지 않는 점(블립:blip)을 생성하기도 하며, 이미 없어진 객체의 일부가 남아 있기도 한다. 이렇게 불필요한 부분을 정리하기 위해 사용하는 명령이 redraw이다. 이 명령이 수행되면 화면이 깨끗한 상태로 정리된다.

02 → regen (단축명령: re, 풀다운 메뉴: 뷰 > 재생성)

도면을 재생성시키고 현재의 뷰포트를 갱신한다. (파일을 다시 읽는다)
원이나 호를 작업했음에도 도면상에서 zoom을 했을 때, 곡선이 아닌 다각형으로 보이는 경우가 있다. 이는 프로그램이 원활하게 돌아갈 수 있도록 오토캐드 스스로 화면을 단순화시켰기 때문인데, 작업을 정확하게 확인하기 위해 실제 데이터 상태로 보려면 regen을 수행한다. regen을 수행하면 도면작업 시작 때 읽어 들였던 시스템 변수를 수정된 변수로 적용하는 작업이 진행된다. 시스템 변수에는 블록이나 단축명령 등이 있다.

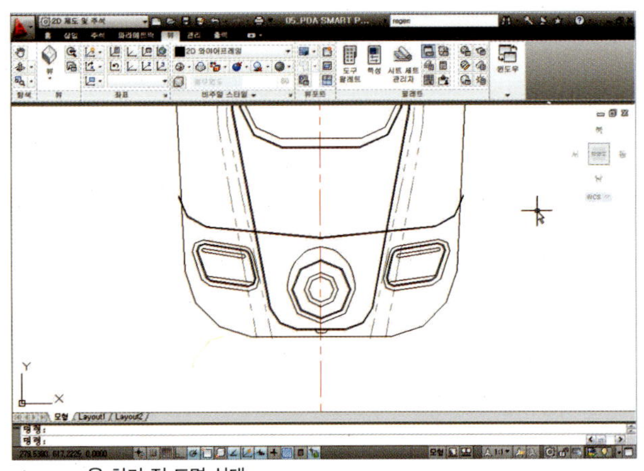
▲ regen을 하기 전 도면 상태

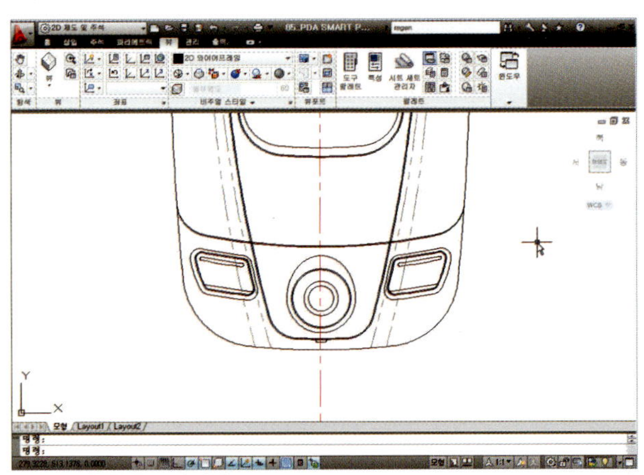
▲ regen을 한 후 도면 상태

> **Tip** 예전 버전을 사용할 때 필자는 작업 중 regen과 redrew를 버릇처럼 눌렀었다. 하지만 오토캐드 2011은 regen과 redraw를 사용한 경우가 드물었다. 그만큼 화면 표현이 작업 결과에 충실해졌다고 할 수 있다. 그렇지만 예전 버전에서 작업한 도면을 불러올 때는 regen 명령이 필요한 경우가 많았다.

6 객체 선택하기

작업자는 객체를 생성 및 변형시켜서 도면을 완성하게 되는데, 이때 객체를 변형하기 위해서는 객체의 선택이 필수적이다. 객체는 일반적으로 직접 객체를 클릭함으로써 선택할 수 있다. 그러나 다수의 객체를 선택할 때는 window select와 cross select의 형식을 사용할 수 있으며, 또한 작업 중간에 사용할 수 있는 다양한 선택 방법이 있다.

01 → window 선택법

왼쪽에서 오른쪽 방향으로 드래그하여 선택 영역을 정하며, 선택 영역은 파란색으로 표시된다. 선택하고자 하는 객체는 이 파란 사각형 안에 위치해 있어야 한다.

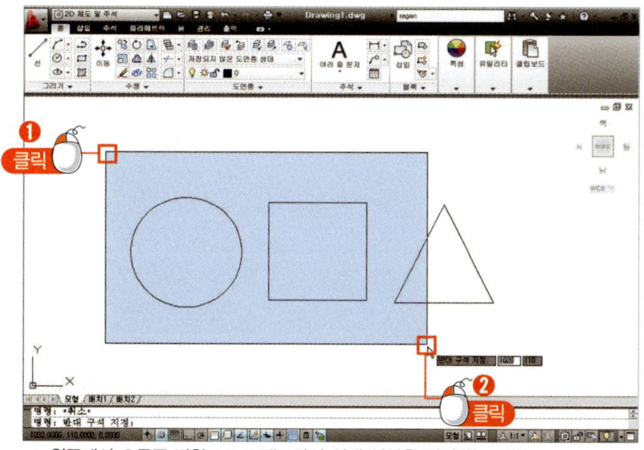

▲ 왼쪽에서 오른쪽 방향으로 드래그하여 선택 영역을 지정하는 모습

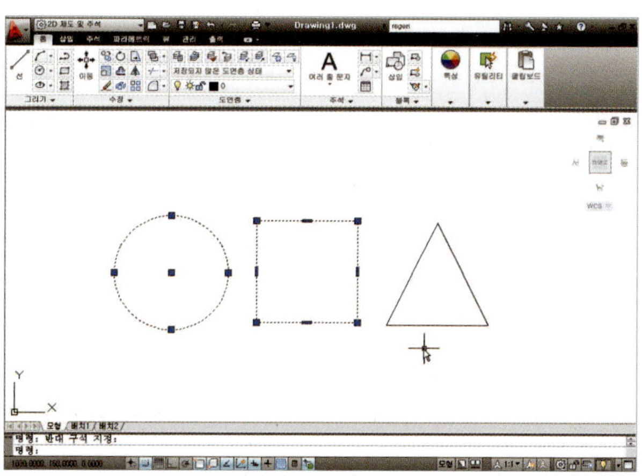

▲ 객체가 선택된 모습(오른쪽의 삼각형은 객체 전체가 선택 영역에 포함되지 않아 선택되지 않았다.)

02 → cross 선택법

오른쪽에서 왼쪽 방향으로 드래그하여 선택 영역을 정하며, 선택 영역은 초록색으로 표시된다. 이 초록색 사각형에 일부만 포함되어 있어도 객체는 선택된다.

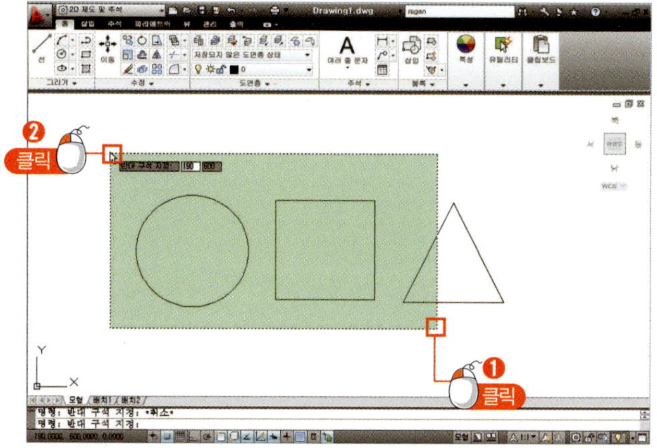

▲ 오른쪽에서 왼쪽 방향으로 드래그하여 선택 영역을 지정하는 모습

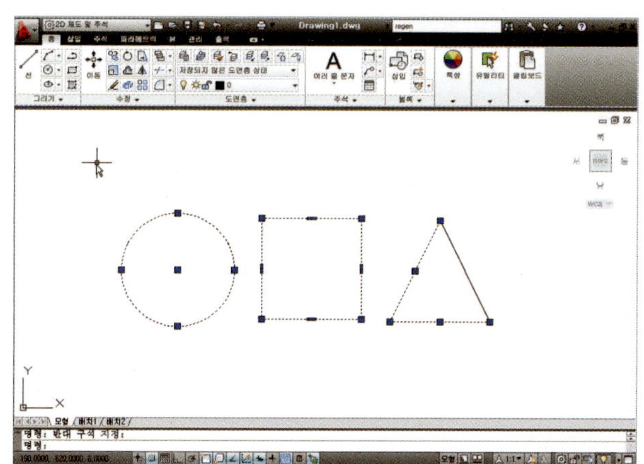

▲ 객체가 선택된 모습(선택 영역에 일부만 포함되어도 해당 객체가 선택됨)

03 ━ last (단축명령: l)

작업 중 제일 마지막에 생성된 객체를 선택한다.

04 ━ all (단축명령: all)

도면 내에 있는 모든 객체를 선택한다.

05 ━ fence (단축명령: f)

선을 그어 선택하며, 그려진 선에 겹쳐지는 모든 객체를 선택한다.

```
명령: trim Enter
현재 설정값: 투영=UCS 모서리=없음
절단 모서리 선택 ...
객체 선택 또는 〈모두 선택〉: (cross 선택법으로 객체 선택-클릭❶)
객체 선택 또는 〈모두 선택〉: 반대 구석 지정: (cross 선택법으로 객체 선택-클릭❷)
객체 선택 또는 〈모두 선택〉: 반대 구석 지정: 2개를 찾음
객체 선택: Enter
```

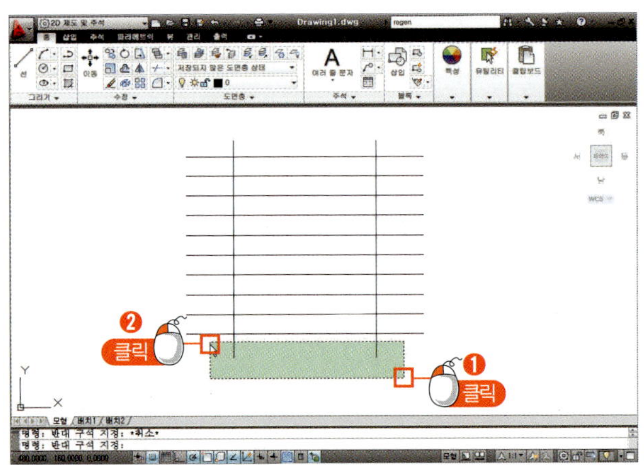

▲ 오른쪽에서 왼쪽 방향으로 드래그하여 선택 영역을 지정하는 모습

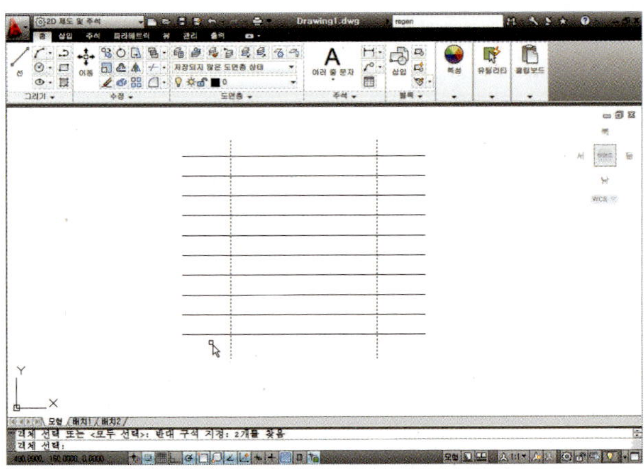

▲ 객체가 선택된 모습(선택 영역에 일부만 포함되어도 해당 객체가 선택됨)

자를 객체 선택 또는 Shift 키를 누른 채 선택하여 연장 또는
[울타리(F)/걸치기(C)/프로젝트(P)/모서리(E)/지우기(R)/명령취소(U)]: F (명령을 시작함)
첫 번째 울타리 점 지정: (울타리 시작 되는 지점 지정–클릭❶)
다음 울타리 점 지정 또는 [명령취소(U)]: (울타리 끝나는 지점 지정–클릭❷)
다음 울타리 점 지정 또는 [명령취소(U)]: Enter
자를 객체 선택 또는 Shift 키를 누른 채 선택하여 연장 또는
[울타리(F)/걸치기(C)/프로젝트(P)/모서리(E)/지우기(R)/명령취소(U)]: Enter

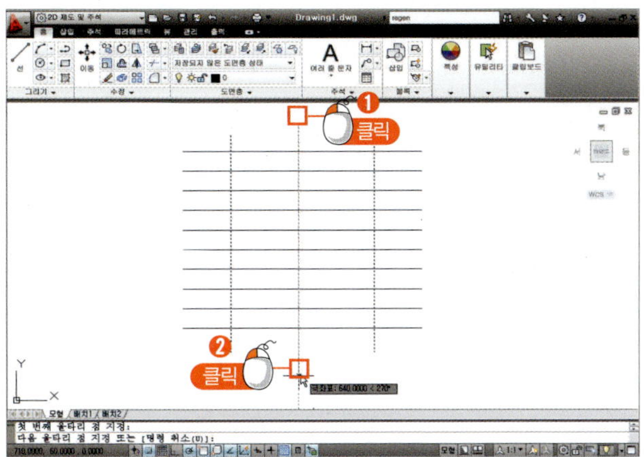

▲ 선을 그어 선택하는 모습

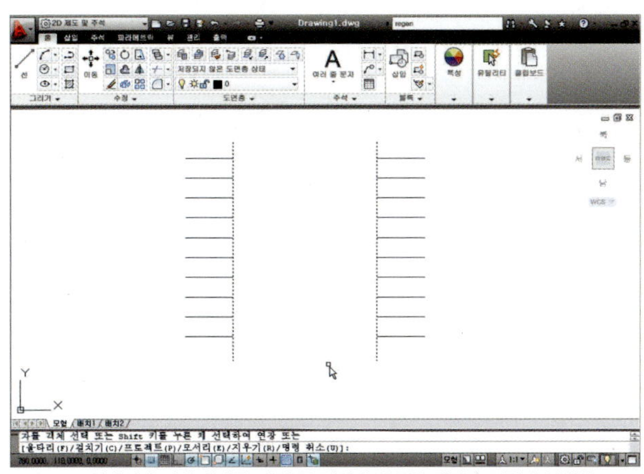

▲ fence 선택법에 의해 선택된 객체 중 명령에 유효한 객체만 명령이 실행됨

06 → remove (단축명령: r)

선택된 객체를 해제하는 데 사용한다.

명령: **move** Enter
객체 선택: (cross 선택법으로 객체 선택–클릭❶, 클릭❷)
반대 구석 지정: 3개를 찾음
객체 선택: r Enter
객체 제거: (window 선택법으로 해제할 객체 선택–클릭❸, 클릭❹)
반대 구석 지정: 1개를 찾음, 1개 제거됨, 총 2

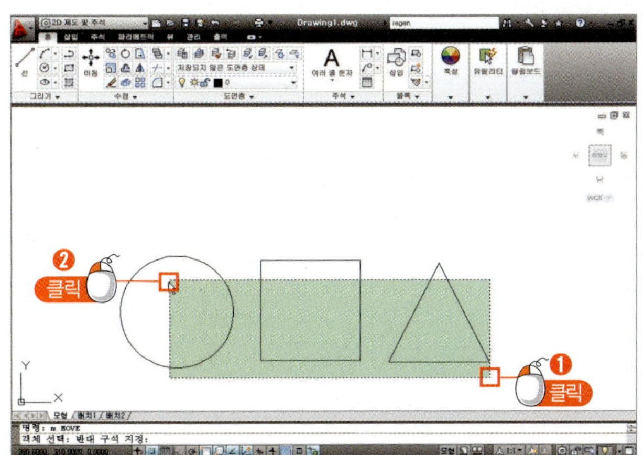

▲ cross 선택법으로 객체 3개 선택

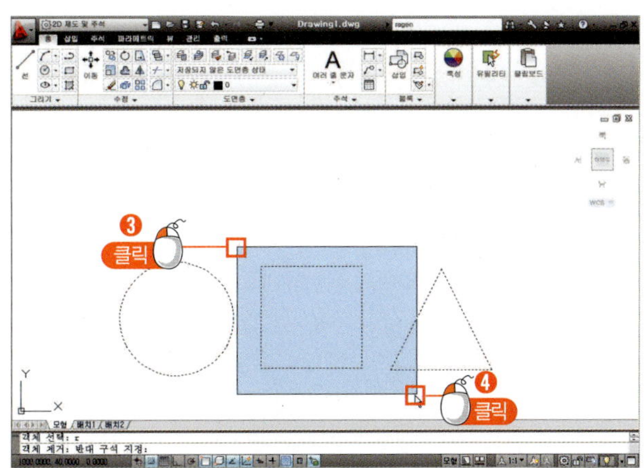

▲ window 선택법으로 1개 객체 해제

07 → add (단축명령: a)

객체 해제 작업 후 다시 선택 작업을 진행할 때 사용한다.

객체 제거: a `Enter`
객체 선택: 1개를 찾음, 총 3
객체 선택: (추가로 선택할 객체를 클릭-클릭❶)
기준점 지정 또는 [변위(D)] 〈변위〉: 두 번째 점 지정 또는 〈첫 번째 점을 변위로 사용〉: (도형의 현재 위치를 클릭-클릭❷)
두 번째 점 지정 또는 〈첫 번째 점을 변위로 사용〉: (이동할 위치를 클릭-클릭❸)

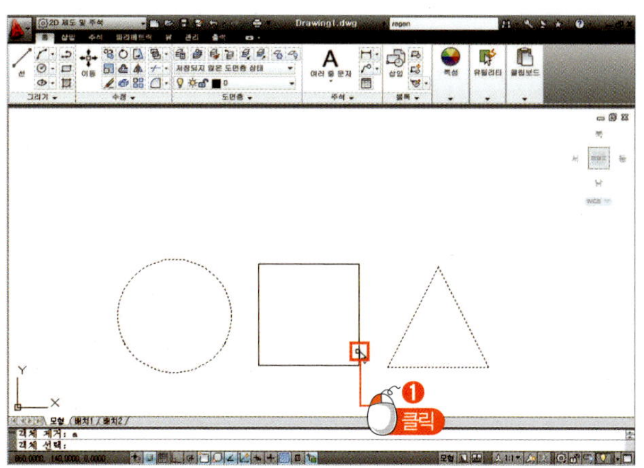

▲ cross 선택법으로 객체 3개 선택

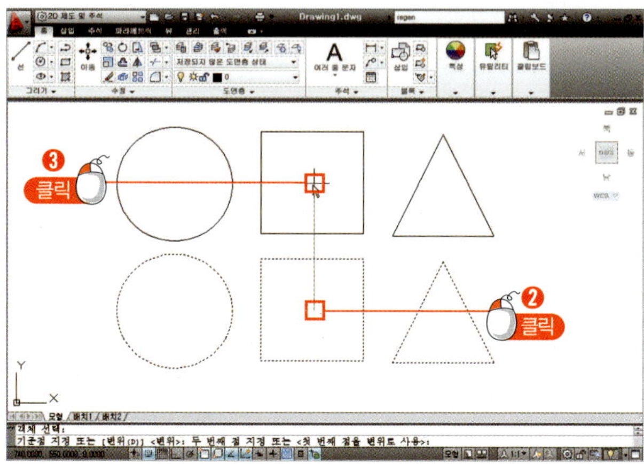

▲ window 선택법으로 1개 객체 해제

08 → previous (단축명령: p)

선택 작업 중 가장 마지막에 선택했던 객체들을 다시 선택한다.

명령: move `Enter`
객체 선택: p `Enter`
3개를 찾음 (가장 최근 선택 결과를 다시 나타냄)
객체 선택: r `Enter`
객체 제거: all `Enter`
3개를 찾음, 3개 제거됨, 총 0
객체 제거:

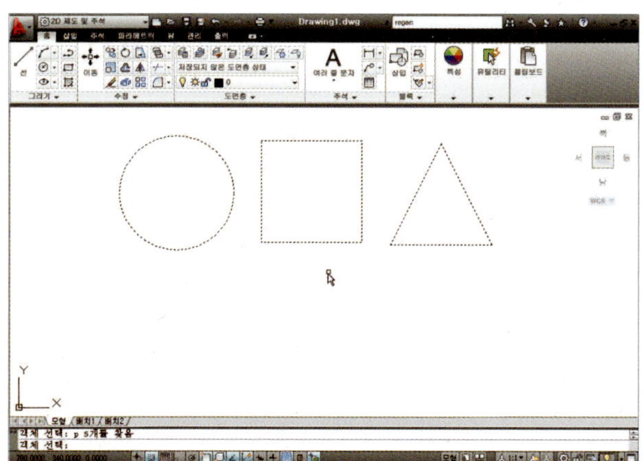

▲ 단축명령 p를 수행해 최근 선택 결과를 나타낸 모습

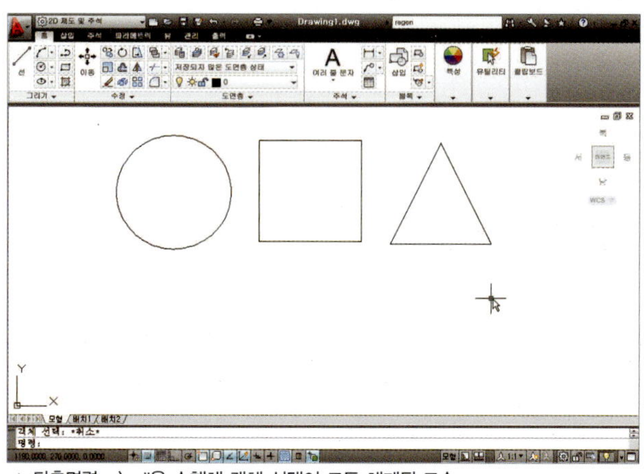

▲ 단축명령 r 〉 all을 수행해 객체 선택이 모두 해제된 모습

09 → undo (단축명령: u)

가장 마지막에 진행했던 선택 작업을 되돌린다.

> **Tip** 각각의 선택 방법은 단독으로 사용되기도 하지만 주로 보완관계를 가지며 함께 사용된다. 어떤 객체를 선택하는 명령 중이라면 선택 방법은 다양하게 영향을 줄 수 있다. 예를 들어 객체를 선택할 때 해제할 때, 모두 window나 cross 선택이 가능하다. 선택 방법에 대한 이해는 예제를 따라하다 보면 자세히 알 수 있을 것이다.

> **Tip** window와 cross 선택법은 작업 중간뿐 아니라 일반적인 선택에도 사용되지만, 나머지 선택 명령은 작업의 진행 중이나, select 명령으로 객체를 선택해야 하는 상황에 쓰이게 된다. 이 외의 선택법에는 wplogyon, cploygon, group, multiple, auto, single 등이 있으나 그리 활용도가 높지 않다.

7 Function key를 이용한 환경설정

오토캐드에서 도면을 그릴 때는 여러 가지 작업 환경이 존재한다. 이런 환경은 작업을 시작하기 전에 결정하기도 하지만, 작업을 진행하던 중 바꿔야 할 때가 있다. 예를 들어 객체를 옮기거나 복사할 때에 줄을 맞추어 진행하거나, 일정 간격으로 진행하고 싶을 때 간단히 키를 누름으로써 작업을 멈추지 않고 진행할 수 있다.

01 → Function key의 기능

Function key는 도면 작성을 빠르고 쉽게 하기 위해 수시로 활성과 비활성을 조절하는 키이다. Function key를 외워 두면 기본 세팅을 바꾸지 않고도 명령을 수행하기 쉬운 환경으로 변경할 수 있다.

❶ **F1** : 화면에 도움말 윈도우를 활성화시킨다. 프로그램에서 지원하는 여러 가지 도움말을 확인할 수 있다.

❷ **F2** : 화면에 별도의 명령 입력창을 활성화시킨다. 기존의 명령 입력창을 크게 하지 않고, 진행 명령어를 확인하는 작업이 필요할 때 유용하다.

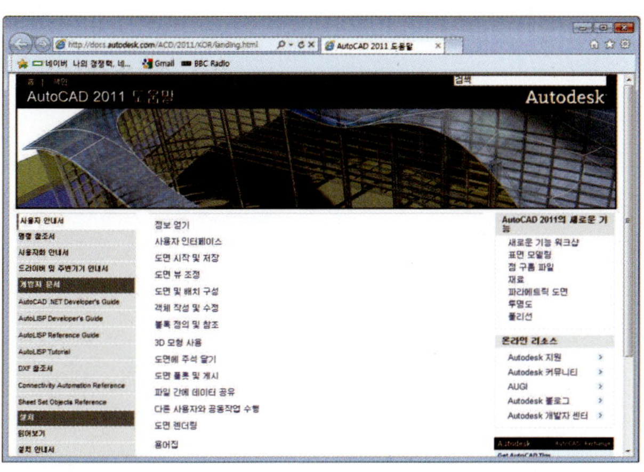

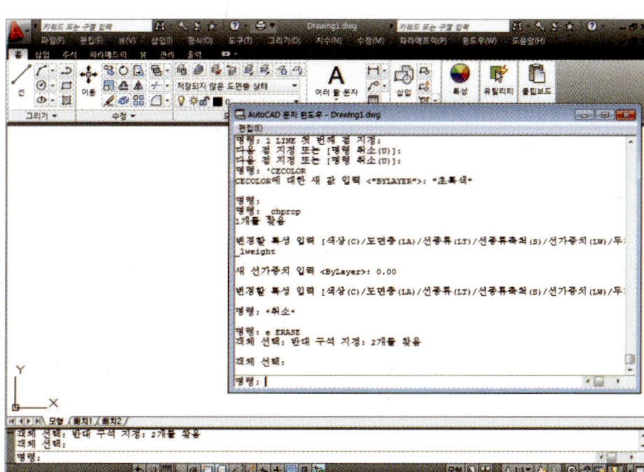

❸ **F3** : 누를 때마다 객체 스냅 모드가 활성화되거나 해지된다.

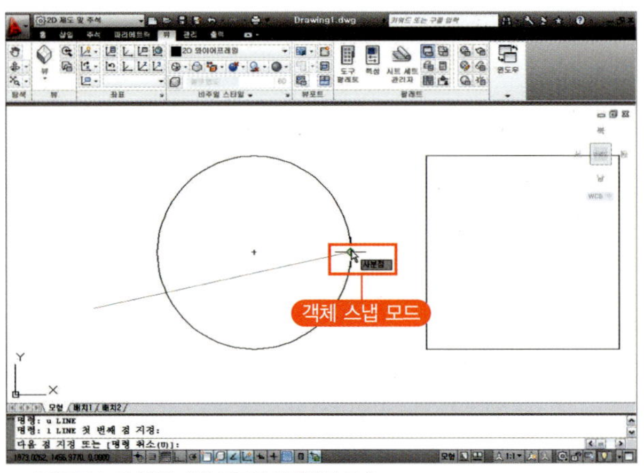

▲ **F3** 키를 눌러 객체 스냅 모드가 활성화된 모습

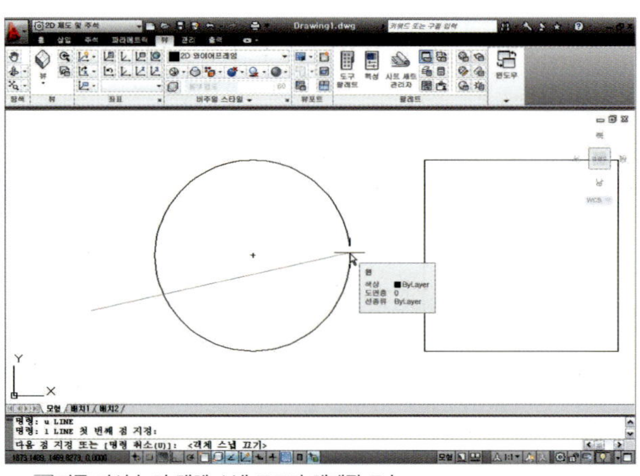

▲ **F3** 키를 다시 눌러 객체 스냅 모드가 해제된 모습

❹ **F4** : 태블릿 사용을 활성화한다.

❺ **F5** : 한 번씩 누를 때마다 등각평면도를 우측, 좌측, 평면도 순서로 보여준다.

❻ **F6** : 좌표 표시를 극좌표로 할 것인지, 2D좌표로 할 것인지를 결정한다. 좌측 하단의 좌표가 활성화되었는지를 확인하면 된다.

❼ **F7** : 도면에 모눈(Grid)을 활성화시킨다. (그리드의 설정은 'grid' 명령을 이용한다.)

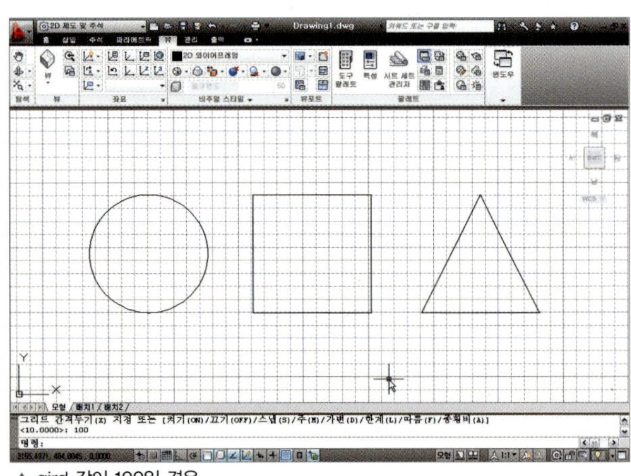

▲ gird 값이 100일 경우

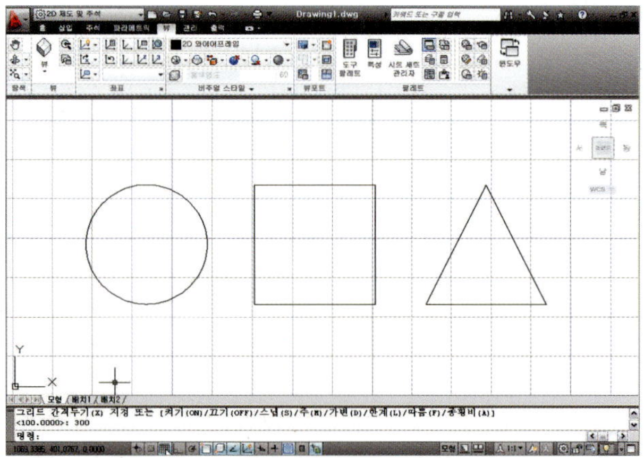

▲ grid 값이 300일 경우

Tip 모눈이 안 보일 때는 모눈의 간격이 너무 좁거나 도면 영역이 좁아서이다. 모눈 간격이 좁을 경우 grid 명령으로 숫자를 크게 입력하고, 도면 영역이 작은 경우는 도면 한계(limits)를 넓혀주면 된다.

❽ **F8** : 도면을 수직, 수평으로만 작업할 수 있도록 한다(직교모드 활성화).

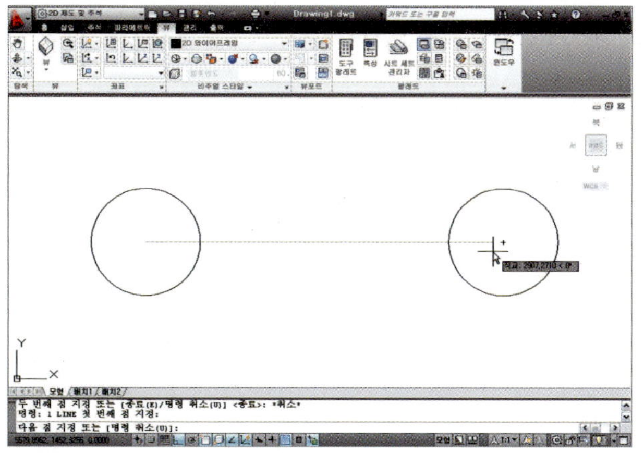

▲ **F8** 키를 눌러 직교모드를 활성화한 경우

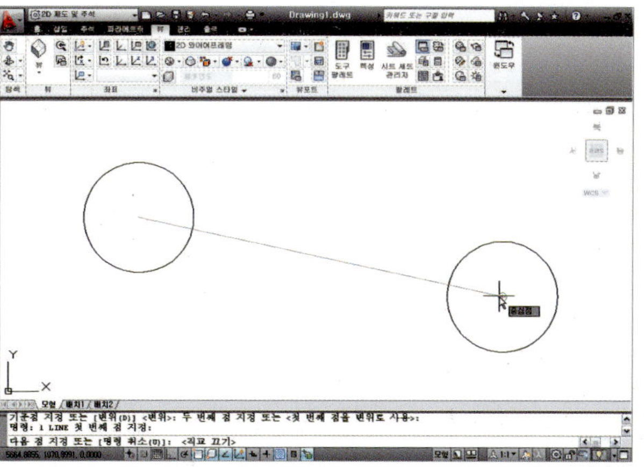

▲ **F8** 키를 다시 눌러 직교모드를 해제한 경우

Tip 직교모드가 활성화되면 객체의 이동, 복사, 신축 등의 작업이 전후, 좌우로만 가능하다. 단 객체 스냅이 직교모드보다 우선하기 때문에 변경된 위치가 객체 스냅의 영향을 받는다면 객체 스냅에 의해 그리기, 수정이 된다.

❾ **F9** : 스냅 모드를 활성화하며, 일정 간격의 값만 선택되도록 한다. (스냅의 설정은 'snap' 명령을 이용한다.)

❿ **F10** : 극좌표를 활성화하며 일정 간격의 각도만 선택되도록 한다.

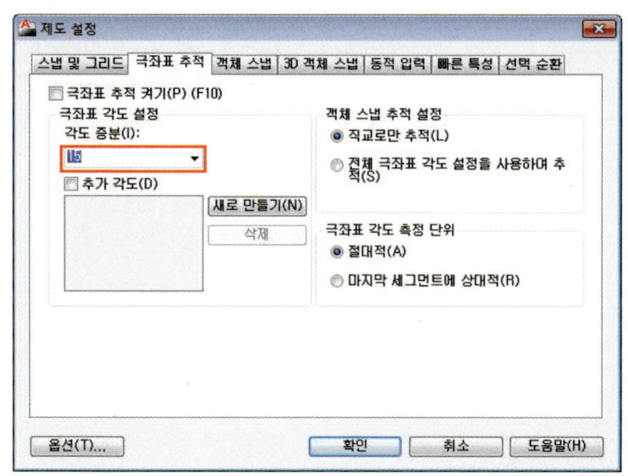

▲ '풀다운 메뉴: 도구 〉 제도설정 〉 극좌표 추적'에서 각도(15도)를 지정한 모습

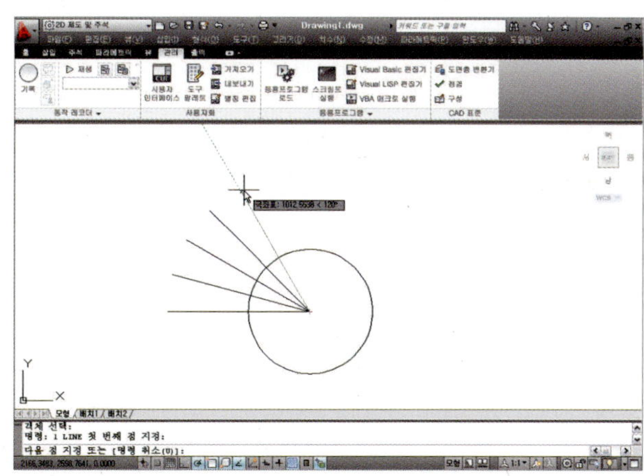

▲ **F10** 키를 눌러 극좌표 추적이 활성화됨으로써 15도마다 위치를 표시한 모습

⑪ F11 : 객체 스냅 추적하기를 활성화한다.

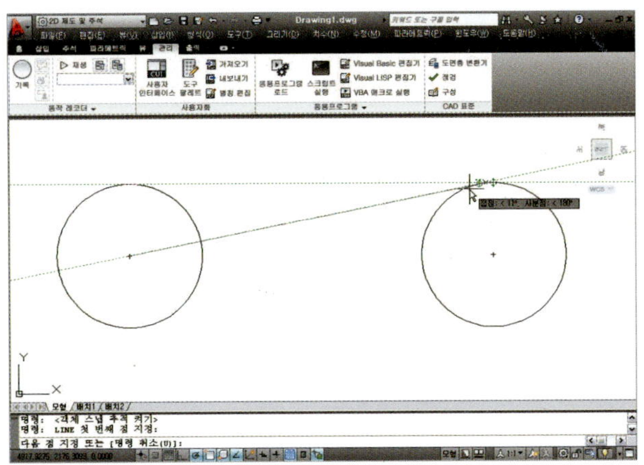

▲ F11 키를 눌러 객체 스냅을 이용한 추적을 활성화한 상태

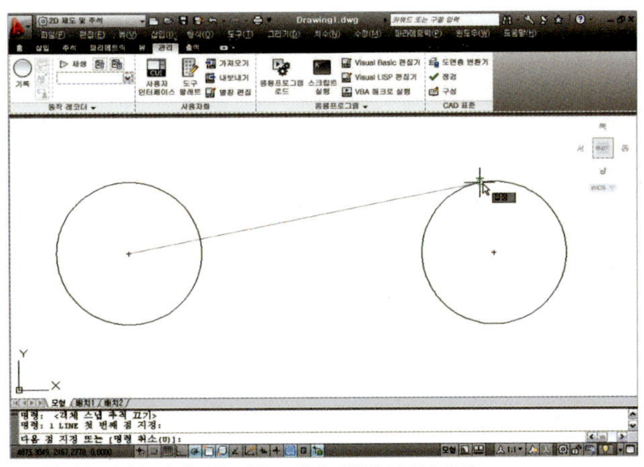

▲ F11 키를 다시 눌러 추적은 멈추고 객체 스냅만 나타난 상태

> **Tip** 위의 Function key 중에서 좌표, 모눈, 스냅, 극좌표의 세팅을 변경하려면 명령어를 통해 변경하거나 '풀다운 메뉴: 도구 〉 제도 설정'을 이용한다.

> **Tip** Function key를 이용해 설정을 변경할 수 있는 것들은 Function key를 누르지 않고 상태 막대의 버튼을 클릭함으로 활성, 비활성을 전환할 수도 있다.

8 도면층 설정

도면층은 도면을 투명한 종이에 그리듯 관리하는 것을 의미한다. 작업할 투명한 종이를 지정하거나, 일부 종이를 보이지 않게 하는 등의 모든 작업이 도면층 설정에 속한다. 도면층 설정은 도면 작업을 빠르고 쉽게 하며, 도면 관리를 수월하게 하는 명령이다. 도면층 관리를 통해 도면의 객체 정리, 고정, 감춤 등이 가능하고 필요한 부분만 추출, 수정할 수가 있다. 실무에서는 도면층을 어떻게 관리하느냐에 따라 작업 속도가 2배 이상 빨라질 수 있다.

01 → 도면층 특성 관리 (명령: Layer, 풀다운 메뉴: 형식〉 도면층, 리본 탭: 홈 〉 도면층 〉 도면층 특성)

도면을 처음 시작할 때 작업자는 도면에 그려질 여러 가지 내용을 예상할 수 있다. 이러한 도면 내의 내용을 모두 보여주는 경우는 문제가 없지만, 서로 구분되어야 할 객체가 겹쳐져 있을 때, 또는 출력 시에는 필요 없는 보조선들을 빼고 싶을 때가 있을 것이다. 작업자는 이를 위해 두 번의 작업을 할 필요 없이 그 내용을 도면층으로 구분하면 쉽게 문제를 해결할 수 있다.

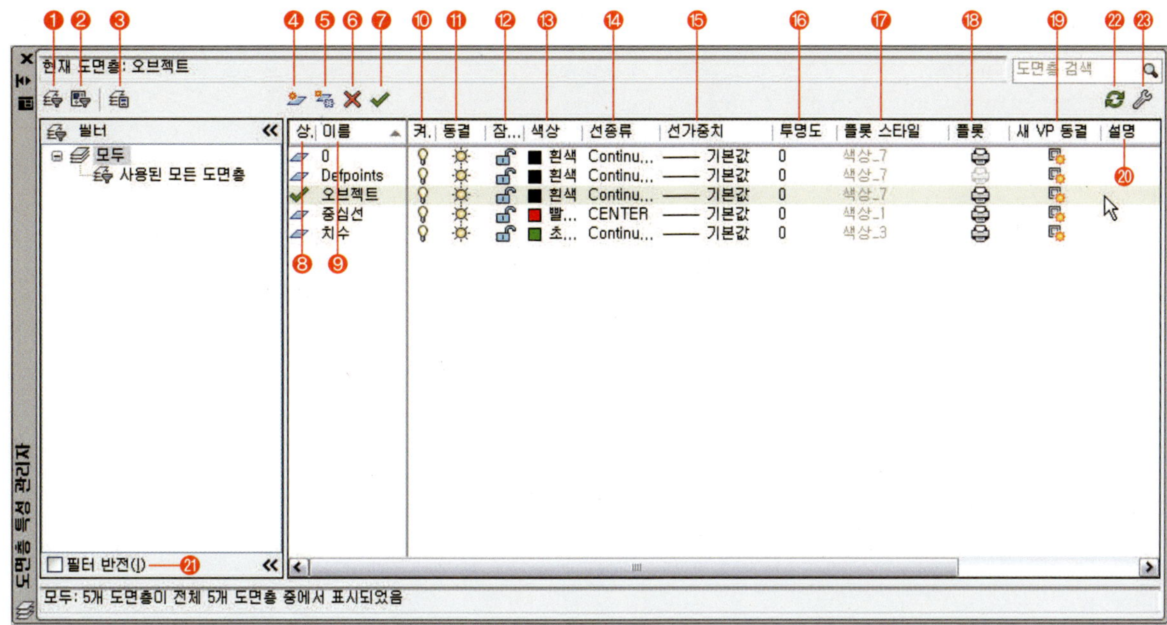

❶ 새 특성 필터 : 도면층이 지니고 있는 특성을 이용하여 필터링을 한다. 클릭하게 되면 [도면층 특성 필터] 대화상자가 뜬다. 여기서 자주 사용하는 필터의 성격을 필터 이름으로 지정해 두면 많은 도면층에서도 쉽게 원하는 도면층만 골라 낼 수 있다.

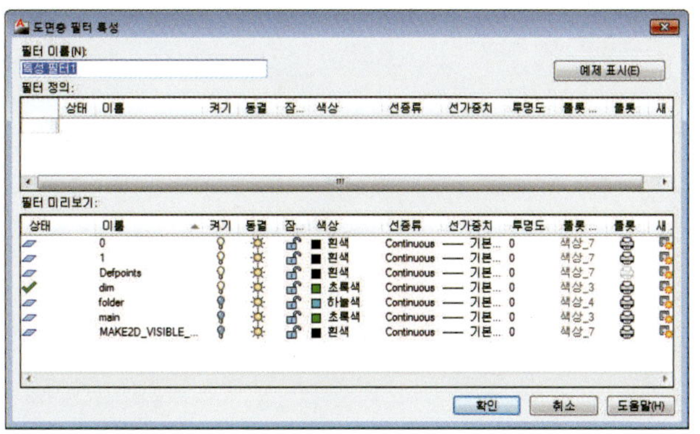

▲ 필터링이 되지 않은 도면층은 모두 보인다.

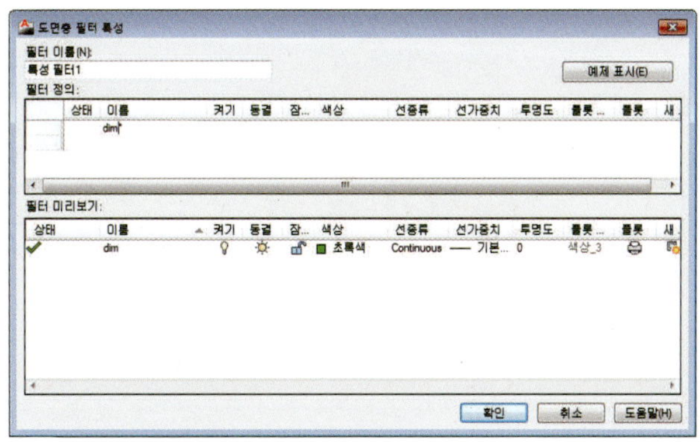

▲ 필터 이름으로 필터링을 진행하면 해당 도면층만 보인다.

❷ 새 그룹 필터 : 필터를 여러 단계 또는 다양하게 적용하여 원하는 도면층을 구분할 수 있다. 필터를 복합적으로 적용하는 것은 물론이고 원하는 도면층만 선별하여 필터링을 진행할 수 있다.

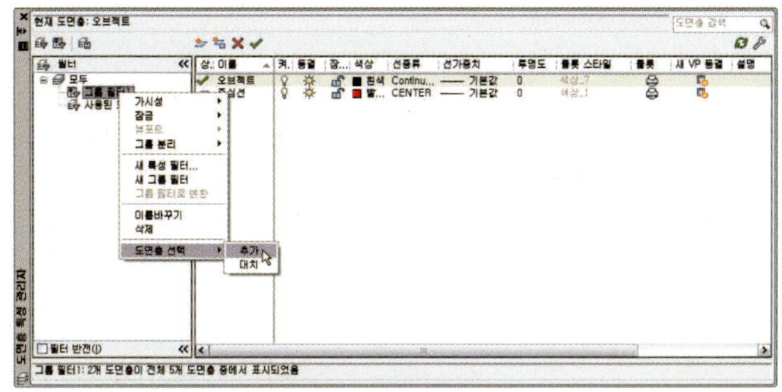

▲ 그룹 필터링을 진행할 도면층만 선별하여 추가한다.

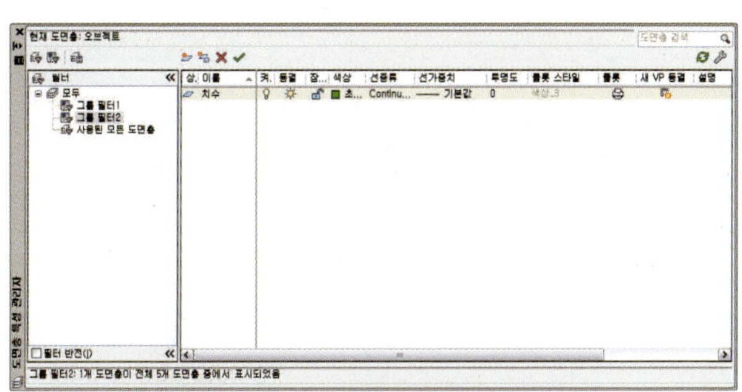

▲ 같은 조건 도면층을 가지고 다른 필터링을 추가할 수 있다.

❸ **도면층 상태 관리자** : 현재 운영되는 도면층을 관리하기 위한 것으로, 도면을 시작할 때마다 도면층을 설정할 필요 없이 현재의 도면층을 저장해 두거나, 과거에 작업했던 도면층을 불러올 수 있다.

❹ **새 도면층** : 새로운 도면층을 생성한다.

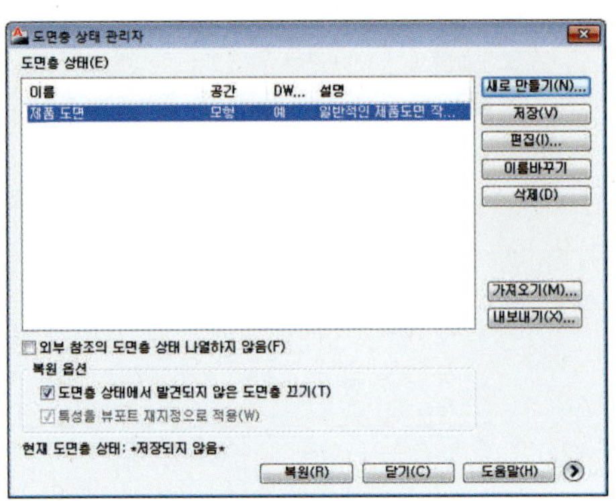

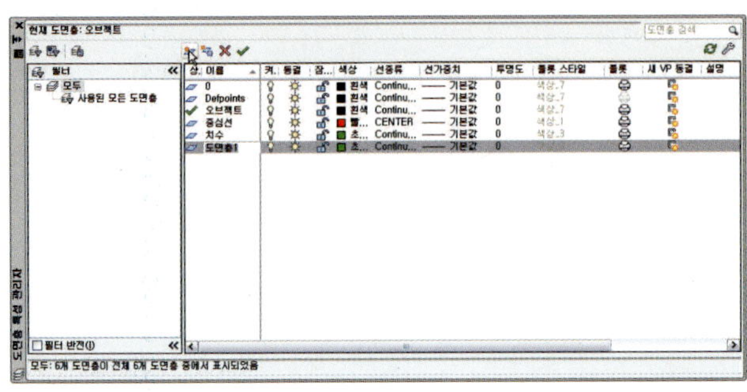

❺ **새 도면층 VP가 모든 뷰포트에서 동결됨** : 새 도면층을 작성하며, 이 도면층의 VP는 모든 뷰포트에서 동결된다.

❻ **도면층 삭제** : 도면층을 삭제한다. 삭제하려는 도면층을 클릭한 후 ✖ 버튼을 누르면 된다.

❼ **현재로 설정** : 특정 도면층을 작업이 진행되는 도면층으로 지정한다. 현재 도면층으로 설정하려는 도면층을 클릭한 후, ✔ 버튼을 누르면 해당 도면층이 현재 도면층으로 설정된다.

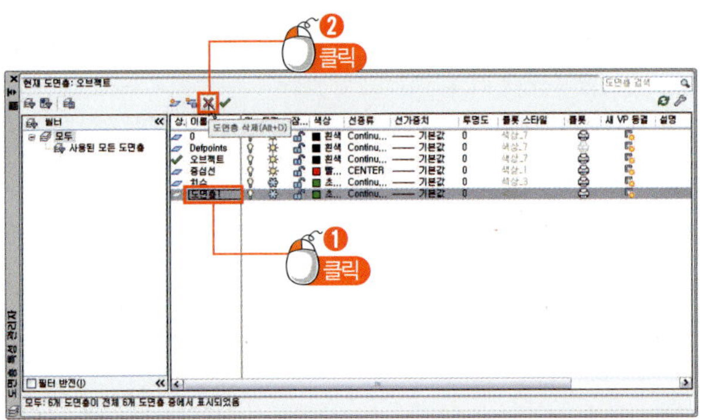

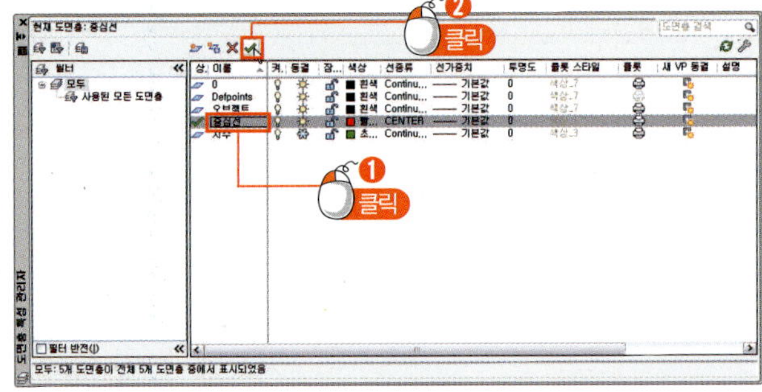

❽ **상태** : 도면층의 현재 상태를 보여준다. 상태 관리 중일 경우, 도면층은 '일반, 현재로 설정, 삭제' 등으로 나타난다.

❾ **이름** : 도면층의 이름을 보여준다. '0'은 기본 도면층으로 오토캐드를 시작할 때 지정되며, 'Defpoints'는 치수 명령을 수행하면 자동으로 만들어진다.

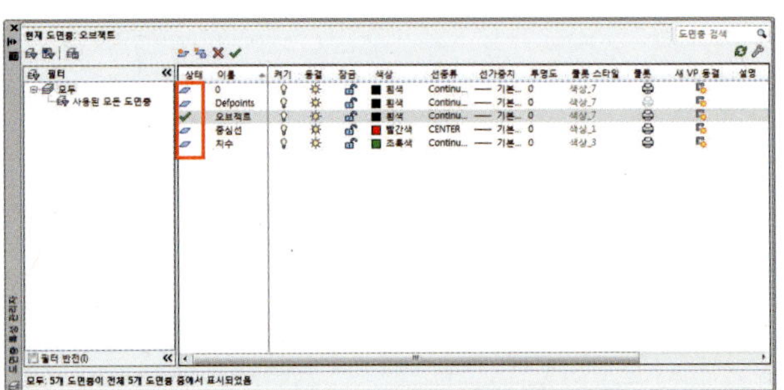

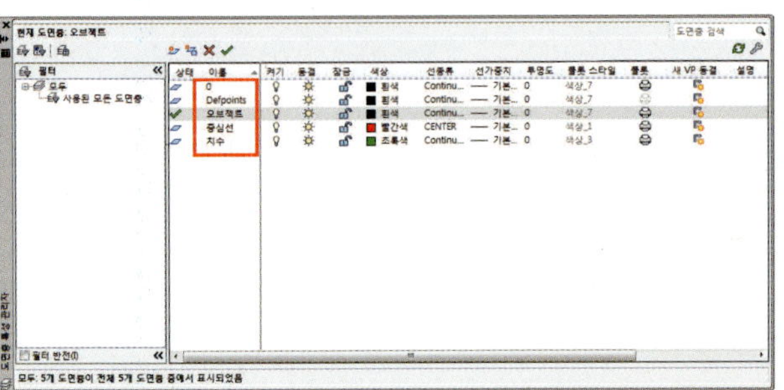

❿ **켜기** : 도면층을 보이거나 안 보이게 설정한다. 단 현재로 설정된 도면층은 안 보이게 할 수 없다.

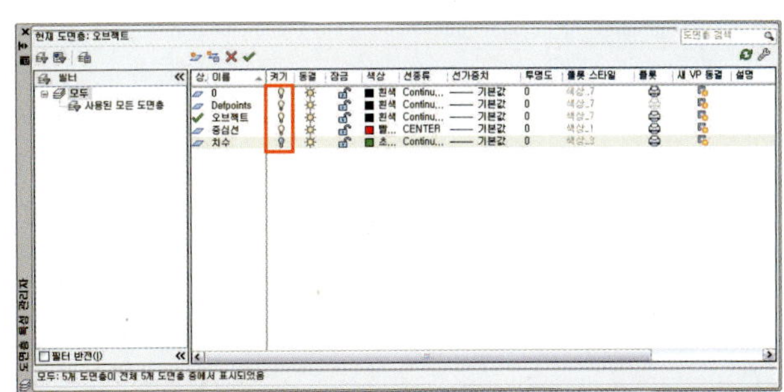

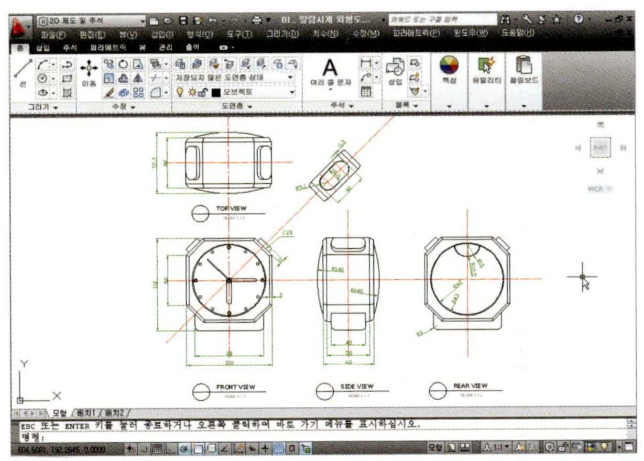

▲ 치수선 도면층이 켜져 있다.

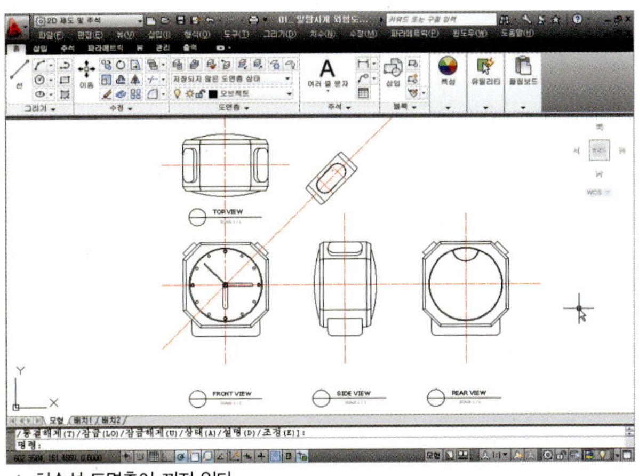

▲ 치수선 도면층이 꺼져 있다.

⓫ **동결** : 켜기와 비슷하나 메모리에서도 사라지게 하여 속도가 빨라진다. 단 현재로 설정된 도면층은 동결할 수 없다.

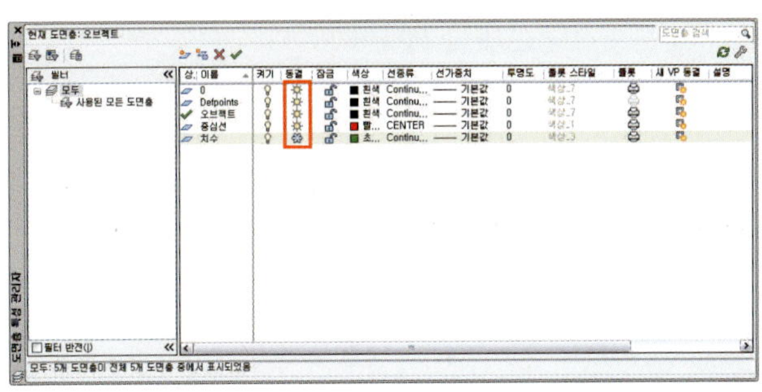

⓬ **잠금** : 선택한 도면층을 잠근다. 이때 선택한 도면층에 있는 객체는 어떠한 수정, 그리기 작업도 불가능하다. 단 다른 도면층의 객체들은 잠겨져 있지 않을 경우 작업이 가능하다.

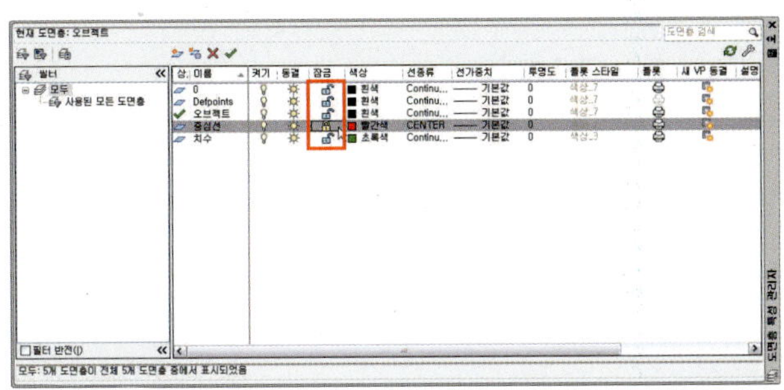

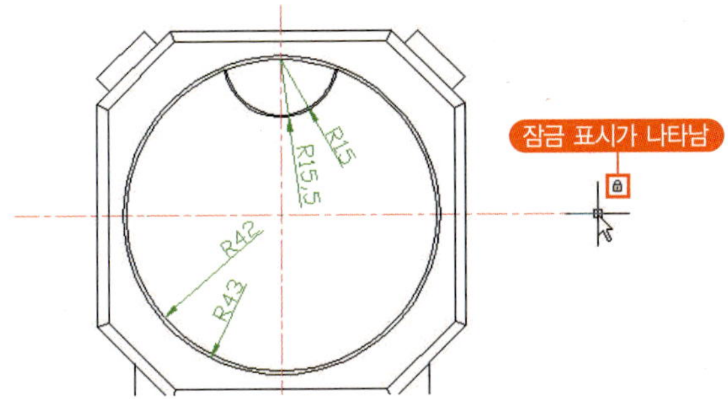

❸ **색상** : 지정한 도면층의 객체 색상을 지정한다. 객체는 색상 성격이 'By Layer' 로 되어 있다면, 해당 도면층에서는 항상 지정된 색상으로 표현된다.

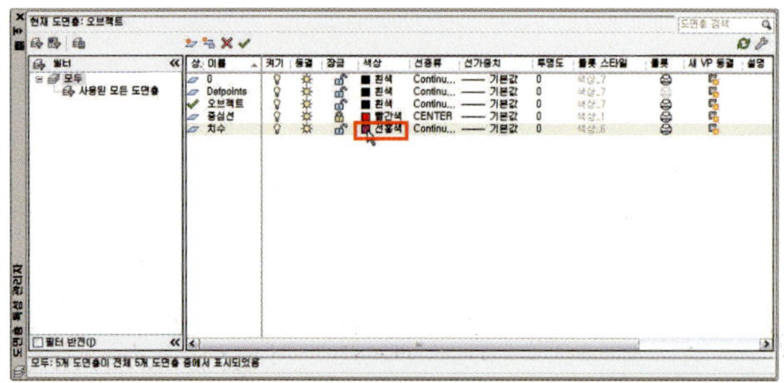

▲ '치수' 도면층의 색상이 선홍색으로 설정되어 있다.

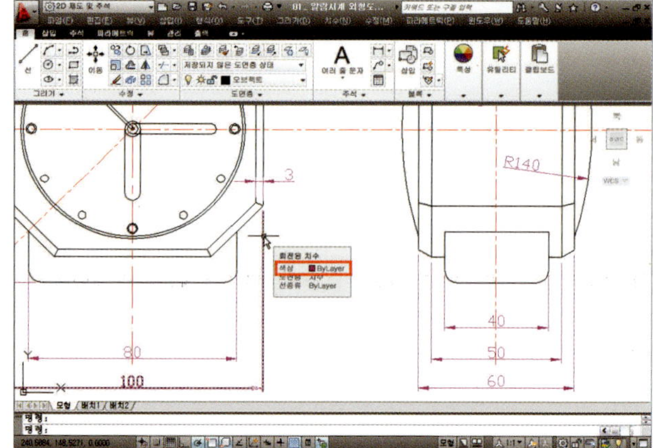

▲ 치수가 지정된 색상으로 도면에 나타난다.

❹ **선종류** : 지정한 도면층의 객체 선종류를 지정한다. 객체는 선종류가 'By Layer' 로 되어 있다면, 항상 지정된 종류로 표현된다.

❺ **선가중치** : 지정한 도면층의 객체 선 두께를 지정한다. 객체는 선 두께가 'By Layer' 로 되어 있다면, 항상 지정된 두께로 표현된다.

❻ **투명도** : 현재 도면의 선택한 도면층에 적용할 투명도 레벨을 선택하거나 입력한다.

❼ **플롯 스타일** : 출력 시에 도면층이 갖는 성격을 지정한다.

❽ **플롯** : 지정한 도면층의 출력 여부를 지정한다. 도면층은 화면에는 보이나 출력 시에는 나타나지 않는다.

❾ **새 VP 동결** : 새 배치 뷰포트에서 선택된 도면층을 동결한다. 예들 들면, 새로운 모든 뷰포트에서 DIMENSIONS 도면층을 동결하면 새로 작성된 배치 뷰포트의 해당 도면층에서 치수의 표시가 제한된다. 그러나 기존 뷰포트의 DIMENSIONS 도면층에는 영향을 주지 않는다. 나중에 치수가 필요한 뷰포트를 작성할 경우, 현재 뷰포트 설정을 변경하여 기본 설정을 재지정할 수 있다.

❿ **설명** : 도면층의 내용을 적어둔다. 도면층 이름만으로 설명하기 힘든 내용을 적어 두어 도면층을 확인하기 쉽도록 지정할 수 있다.

⓫ **필터 반전** : 선택한 필터에 제외된 모든 도면층을 표시한다.

⓬ **갱신** : 도면의 모든 요소를 스캔하여 도면층 사용 정보를 갱신한다.

⓭ **설정** : 도면층 설정 대화상자를 보여주며, 여기서 도면층의 설정사항을 변경한다.

02 → 도면층 특성 관리자의 오른쪽 버튼 이용

도면층 특성 관리자는 도면층 이름 위에서 오른쪽 버튼을 클릭하여, 창의 상태나 설정을 바꿀 수 있다.

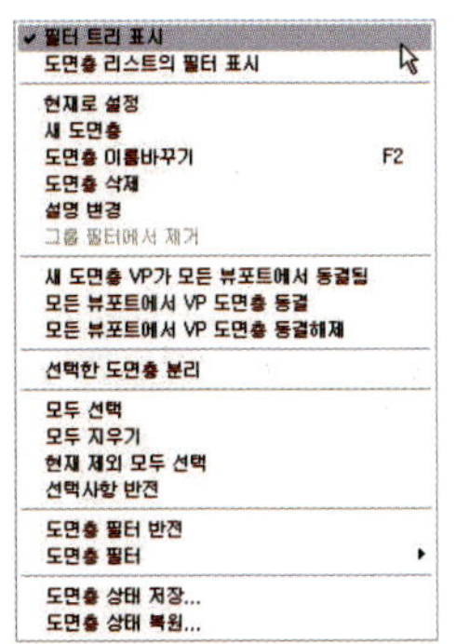
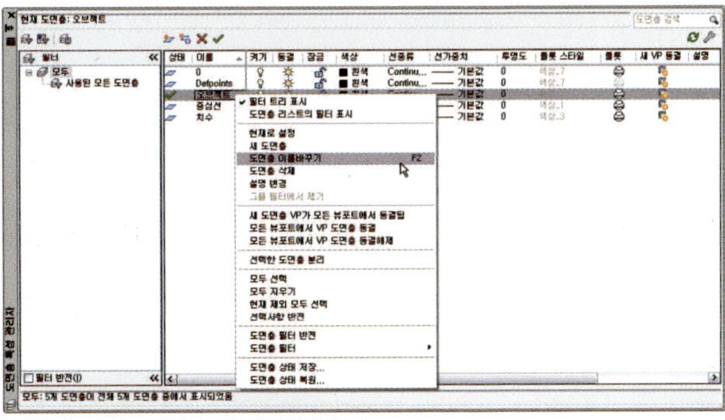

▲ 도면층 이름 위에서 오른쪽 버튼을 클릭하면, 직접 조정할 수 있도록 창이 뜬다.

03 → 도면층 패널

도면층 패널은 오토캐드가 시작되면 표시되는 리본의 기본적인 패널 중 하나이다. 도면층 패널은 도면층을 자주 오가야하는 작업자가 도면층 특성 관리자를 계속 열어야하는 불편을 줄이고, 쉽게 도면층 설정 변경을 할 수 있도록 한다.

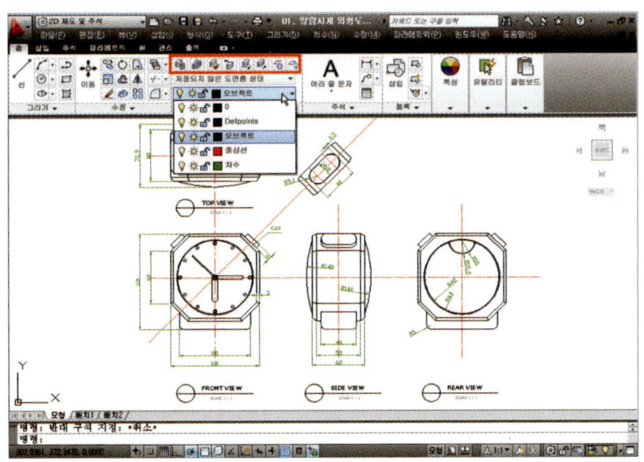

▲ 도면층 조절을 위해 창을 활성화시킨다.

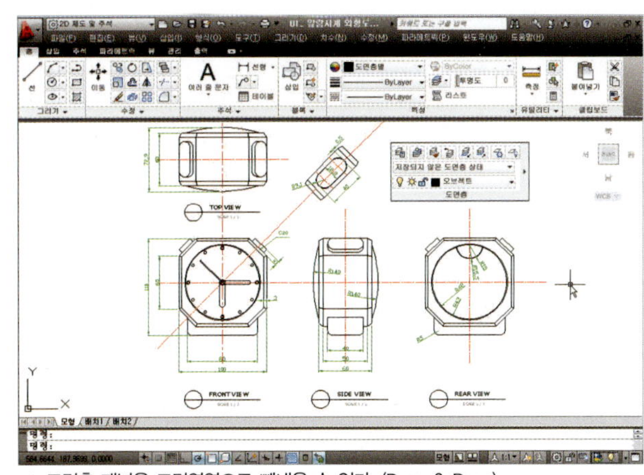

▲ 도면층 패널을 도면영역으로 빼내올 수 있다. (Drag & Drop)

❶ **도면층 특성 관리자(　)** : 도면층 특성 관리자 대화창을 활성화시킨다.

❷ **객체의 도면층을 현재로 설정(　)** : 객체를 선택하면 객체가 속한 도면층이 현재로 지정된다.

❸ **일치(　)** : 선택한 객체의 도면층을 사용자가 원하는 도면층에 맞게 변경한다.

❹ **이전(　)** : 현재 도면층으로 작업하기 이전의 도면층으로 돌아간다.

❺ **분리(　)** : 선택된 객체의 도면층을 제외한 모든 도면층을 숨기거나 잠근다.

❻ **분리(　) 해제** : 분리 명령으로 숨기거나 잠근 모든 도면층을 복원한다.

❼ **동결(　)** : 선택한 객체의 도면층을 동결한다.

❽ **끄기(　)** : 선택한 객체의 도면층을 끈다.

Tip By layer, By block은 동일 도면층과 블록일 경우 같은 성격을 나타내도록 조정하는 데 사용된다. 같은 도면층, 블록 성격은 화면에 표시하거나 출력할 때 쉽게 한다. 그러므로 되도록 By layer, By block 성격을 유지하는 것이 중요하다. 유의할 점은 블록은 삽입될 때 삽입되는 도면층의 성격을 따르기 때문에 이를 조절해주어야 한다.

Tip 객체 선택 후 색상이나 선 굵기를 바꿀 때 특정 색상이나 선 굵기를 선택하는 것보다는 도면층별(By layer) 또는 블록별(By block)로 선택하는 것이 좋다.

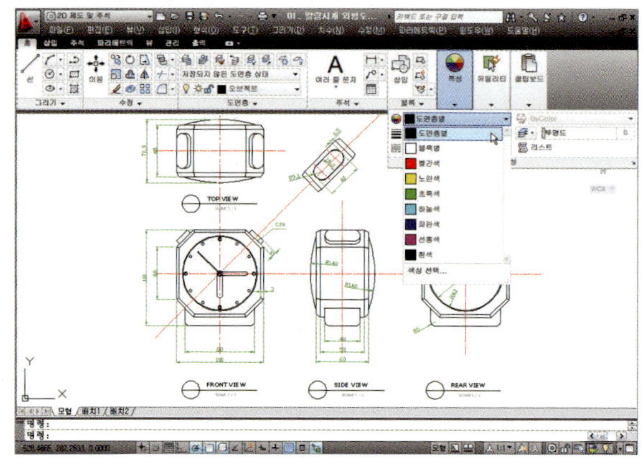 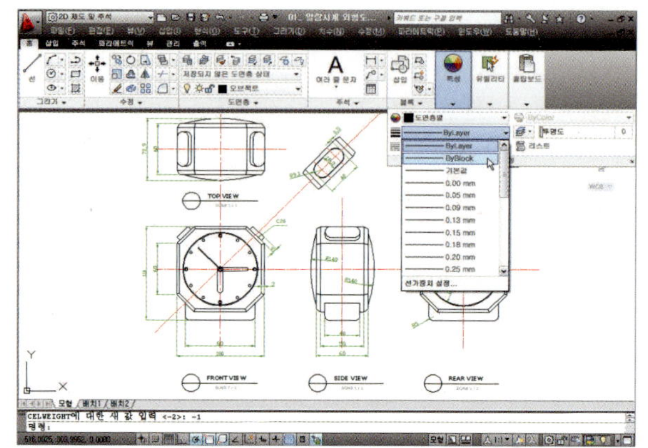

Tip 도면층을 작성하다 보면 처음 오토캐드가 생성하는 기본 도면층인 '0'이 아닌 작업자가 생성하지 않은 도면층(Defpoint, Ashade)이 자동으로 생성되기도 한다. 이 도면층은 치수 작업이나 렌더링 작업을 했을 때 나타나는데 오토캐드 스스로 생성하는 것이니만큼 작업자는 지우지 말고 관리하면 된다.

도면 관리

우리는 앞서 오토캐드를 시작해서 어떻게 도면을 설정해야 하는지를 배웠다. 그러나 어떻게 시작하고 어떻게 저장해야 하는지를 모른다면 아무 소용이 없을 것이다. 다른 대부분의 프로그램과 마찬가지로 오토캐드 또한 작업을 시작하고 관리하기 위한 명령이 있으며 사용하기 쉽게 신속접근 도구막대로 구분되어 있다.

1 도면 관리

01 → 새 도면

새로운 도면을 시작하며 이를 위한 템플릿이나 도면을 고를 수 있는 윈도우를 활성화시킨다.

| 명령: **new** | 메뉴 검색기: 새로 만들기 〉 도면 | 단축키: Ctrl + N | 신속 접근 도구막대 :  |

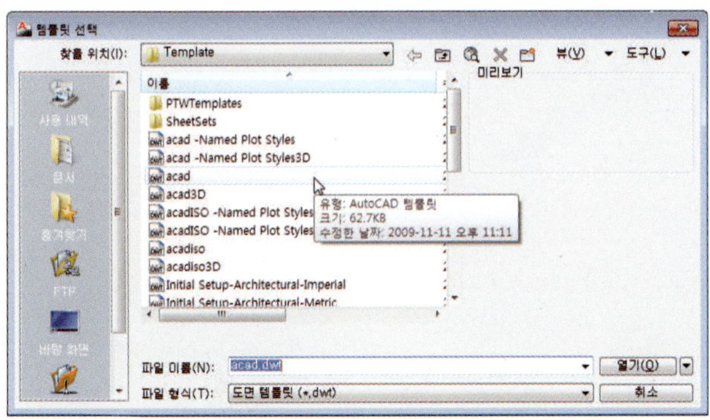

▲ 새 도면에 적용할 템플릿을 고르는 창이 뜬다.

> **Tip　템플릿 파일**
> 오토캐드는 도면을 시작할 때 템플릿 파일을 불러올 수 있다. 템플리트 파일은 위에서 배웠던 여러 가지 세팅을 미리 저장하여 잦은 도면작업에서 또 다시 세팅으로 시간을 낭비하는 것을 방지할 수 있다.

02 →• 열기

기존의 도면을 부르기 위한 탐색 윈도우를 활성화시킨다.

명령: open	메뉴 검색기: 열기 〉 도면	단축키: Ctrl + O	신속 접근 도구막대:

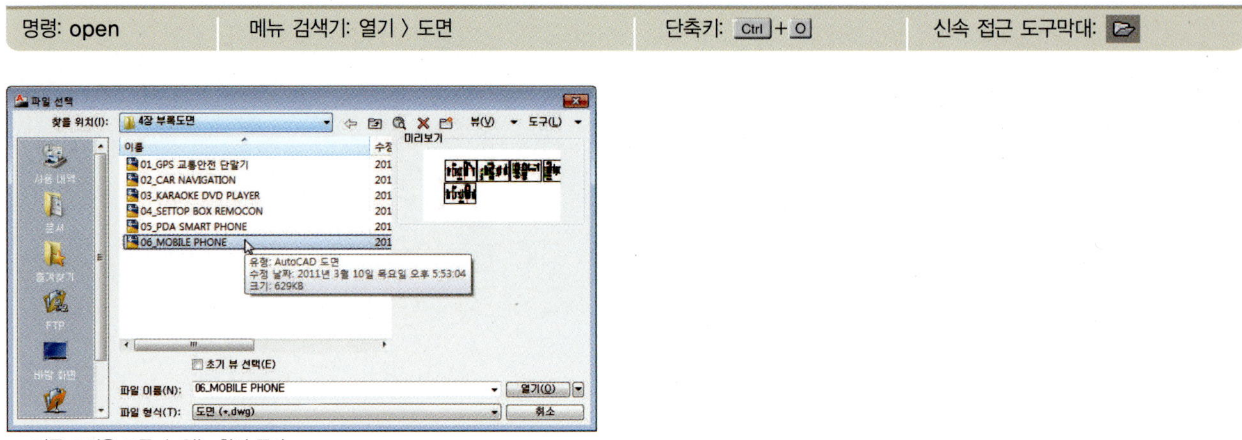

▲ 기존 도면을 고를 수 있는 창이 뜬다.

03 →• 저장

현재 진행된 데이터를 현재 도면 이름으로 저장한다. 도면 이름이 없을 경우 이름을 입력하도록 윈도우를 활성화시킨다.

명령: save	메뉴 검색기: 저장	단축키: Ctrl + S	신속 접근 도구막대:

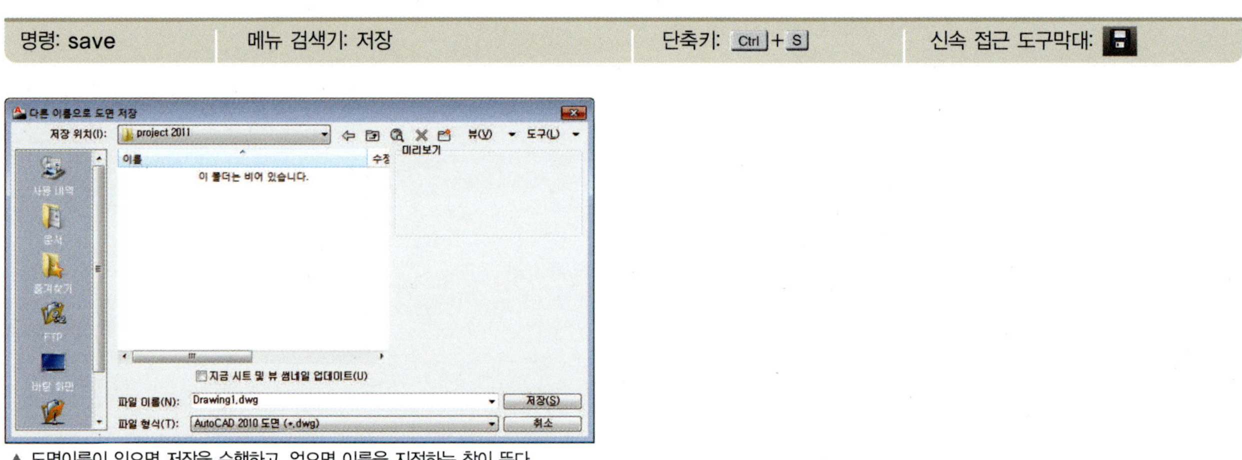

▲ 도면이름이 있으면 저장을 수행하고, 없으면 이름을 지정하는 창이 뜬다.

04 → 플롯

작업한 도면을 출력할 수 있는 윈도우를 활성화시킨다. 출력은 일반 프린터와 플로터 모두 가능하다.

| 명령: plot | 메뉴 검색기: 인쇄 〉 플롯 | 단축키: Ctrl + P | 신속 접근 도구막대: |

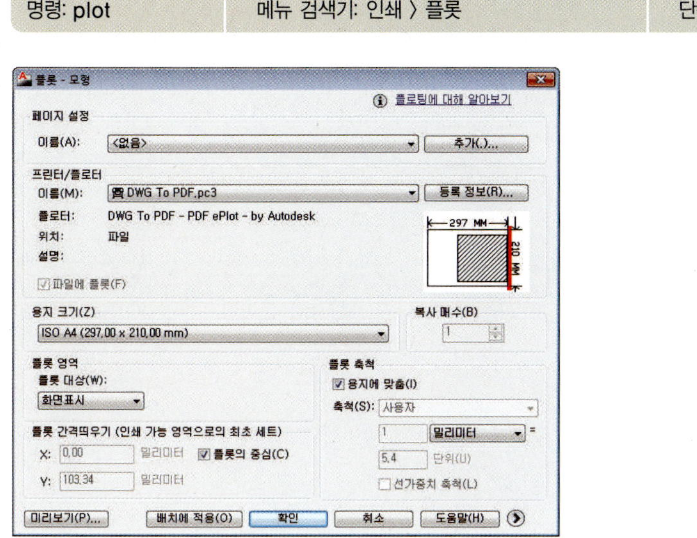

05 → 플롯 미리보기

지정된 플로터에 출력될 도면을 미리 보여준다.

| 명령: preview | 메뉴 검색기: 인쇄 〉 플롯 미리보기 | 단축키: Ctrl + P | 리본 탭: 출력 〉 플롯 〉 미리보기 |

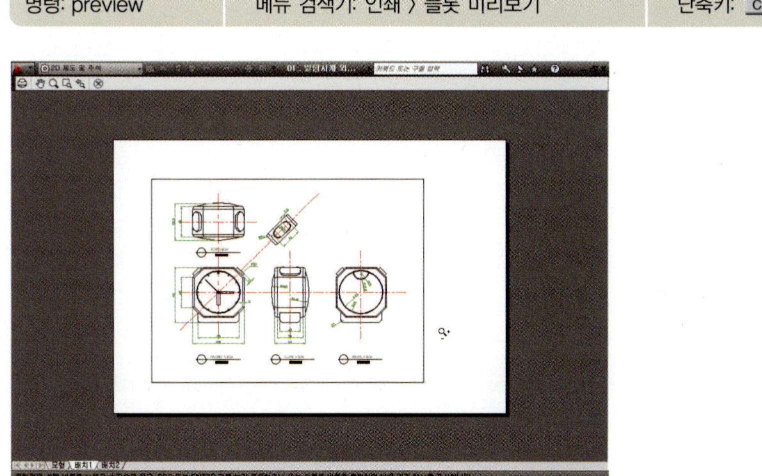

06 → 잘라내기

도면 일부 또는 전부를 클립보드로 저장한다. 이때 기존 도면은 사라진다.

| 명령: cutclip | 풀다운 메뉴: 편집 〉 잘라내기 | 단축키: Ctrl + X | 리본 탭: 홈 〉 클립보드 〉 잘라내기 |

07 복사

도면 일부 또는 전부를 클립보드에 복사한다. 기존 도면은 유지된다.

| 명령: copyclip | 풀다운 메뉴: 편집 〉 복사 | 단축키: Ctrl + C | 리본 탭: 홈 〉 클립보드 〉 클립복사( ) |

08 붙여넣기

클립보드에 저장되어 있는 객체를 도면에 삽입한다.

| 명령: pasteclip | 풀다운 메뉴: 편집 〉 붙여넣기 | 단축키: Ctrl + V | 리본 탭: 홈 〉 클립보드 〉 붙여넣기( ) |

09 특성 일치

최초 선택된 객체와 모든 속성이 같도록 이후에 선택된 객체의 속성을 바꿔준다.

| 명령: matchprop | 풀다운 메뉴: 수정 〉 특성 일치 | 리본 탭: 홈 〉 클립보드 〉 특성 일치( ) |

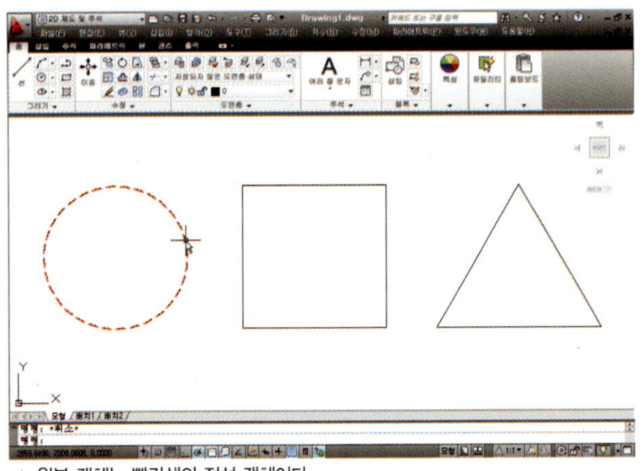

▲ 원본 객체는 빨간색의 점선 객체이다.

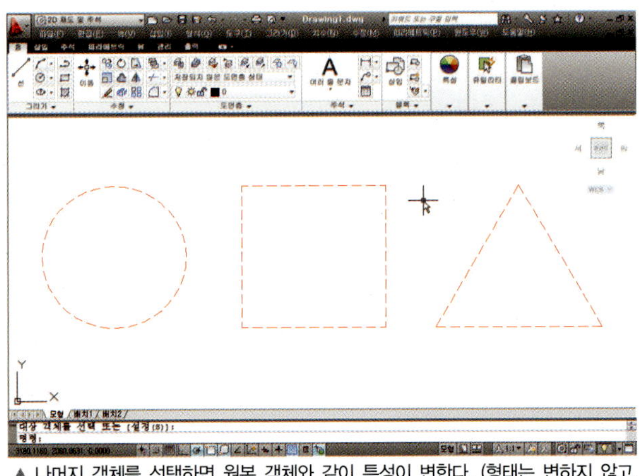

▲ 나머지 객체를 선택하면 원본 객체와 같이 특성이 변한다. (형태는 변하지 않고 특성만 바뀐다.)

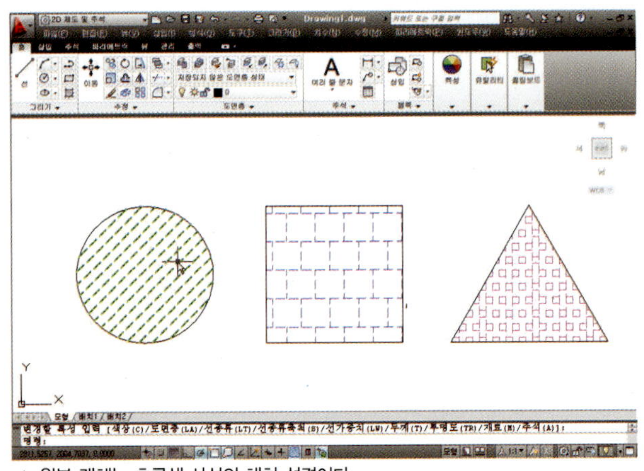

▲ 원본 객체는 초록색 사선의 해치 성격이다.

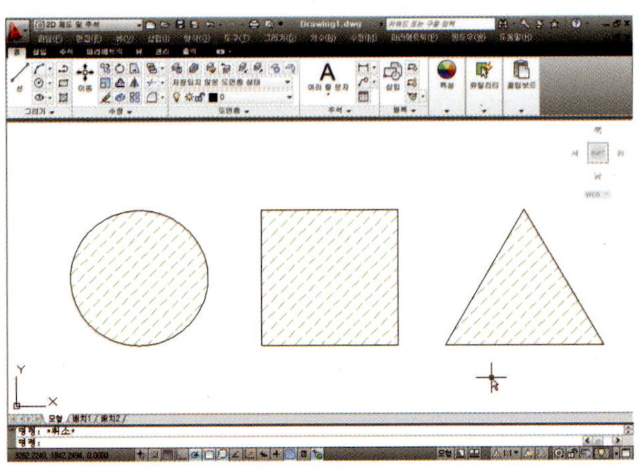

▲ 다른 해치를 선택하면 원본과 동일하게 바뀐다.

10 → 블록 편집기

도면 내에 있는 블록의 속성이나 형태를 변경한다.

| 명령: bedit | 풀다운 메뉴: 도구 〉 블록 편집기 | 리본 탭: 홈 〉 블록 〉 편집( ) |

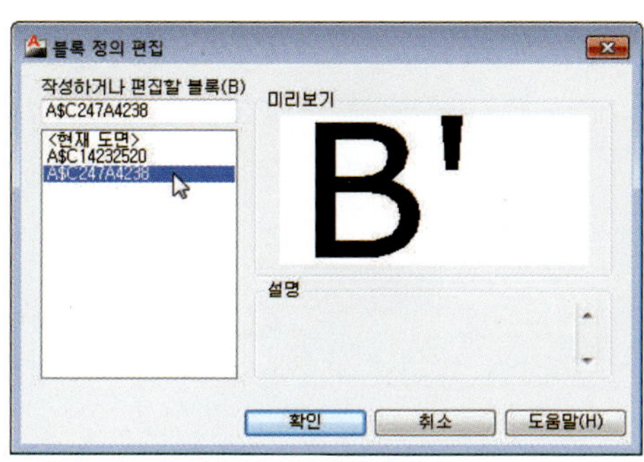

▲ 현재 도면 내의 블록을 선택할 창이 뜬다.

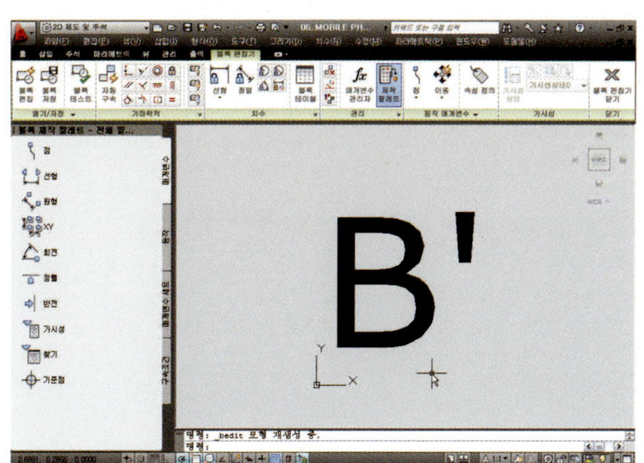

▲ 블록을 선택하면 편집을 위한 화면으로 변환된다. (블록 편집기 닫기를 누르면 편집이 종료된다.)

11 → 명령 취소

진행했던 명령을 되돌린다. 명령은 도면을 시작하거나, 처음 불러왔을 때까지 되돌릴 수 있다.

| 명령: undo | 풀다운 메뉴: 편집 〉 명령 취소 | 단축키: Ctrl + Z | 신속 접근 도구막대 : |

12 → 명령 복구

명령취소 작업을 복구시킨다. 명령은 도면 마지막까지 복구가 가능하나 'undo' 명령에 한해서 가능하다.

| 명령: redo | 풀다운 메뉴: 편집 〉 명령 복구 | 단축키: Ctrl + Y | 신속 접근 도구막대 : |

13 → 실시간 초점 이동

도면이 보이는 위치를 변경한다.

| 명령: pan | 풀다운 메뉴: 뷰 〉 초점 이동 〉 실시간 | 단축키: P | 리본 탭: 뷰 〉 탐색 〉 초점 이동( ) |

14 → 실시간 줌

도면이 보이는 크기를 드래그를 통해 변경한다. (마우스 휠을 이용한 화면 변경이 더욱 편리하다.)

| 명령: zoom | 풀다운 메뉴: 뷰 〉줌 〉실시간 | 단축키: z | 리본 탭: 뷰 〉탐색 〉실시간(🔍) |

> **Tip** 단축키는 윈도우상에서 공통되게 사용하는 키를 의미하며, 단축명령과는 다르다. 또한 오토캐드에서는 '리본 탭: 관리 〉 사용자 인터페이스 〉 키보드 바로가기'를 통해 단축키를 수정하거나 저장하여 작업에 적용할 수도 있다.

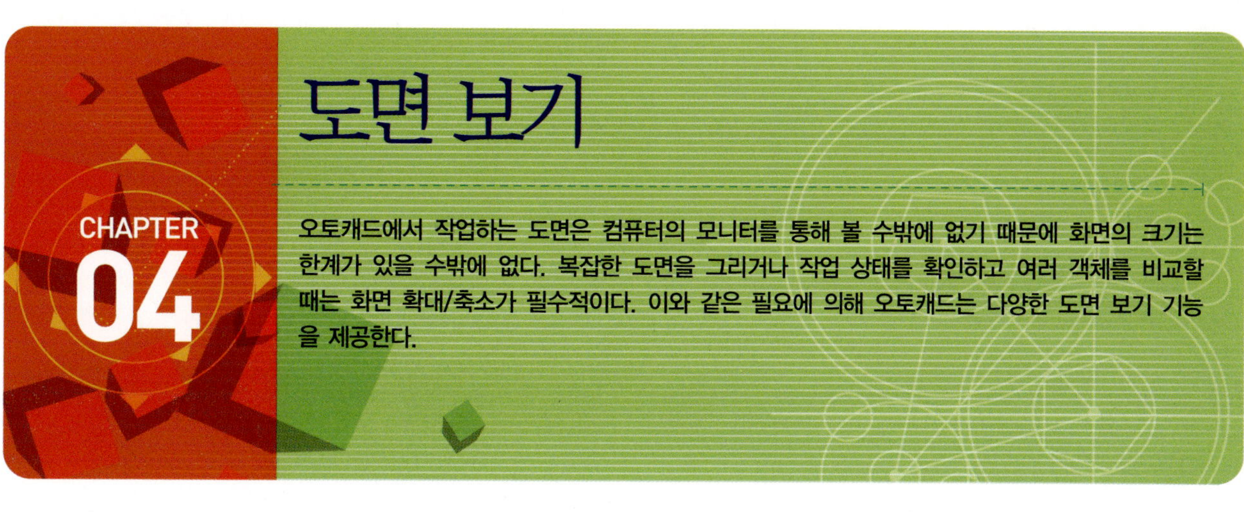

CHAPTER 04

도면 보기

오토캐드에서 작업하는 도면은 컴퓨터의 모니터를 통해 볼 수밖에 없기 때문에 화면의 크기는 한계가 있을 수밖에 없다. 복잡한 도면을 그리거나 작업 상태를 확인하고 여러 객체를 비교할 때는 화면 확대/축소가 필수적이다. 이와 같은 필요에 의해 오토캐드는 다양한 도면 보기 기능을 제공한다.

1 도면 보기

01 → 줌 윈도우 (명령: zoom 〉 window, 단축명령: z 〉 w)

도면의 지정한 영역만 보이도록 확대한다.

명령: **zoom** `Enter`
윈도우 구석을 지정, 축척 비율 (nX 또는 nXP)을 입력, 또는
[전체(A)/중심(C)/동적(D)/범위(E)/이전(P)/축척(S)/윈도우(W)/객체(O)] 〈실시간〉: **w** `Enter`
첫 번째 구석을 지정: (선택 영역의 시작 부분을 클릭-클릭❶)
반대 구석 지정: (선택 영역의 끝 부분을 클릭-클릭❷)

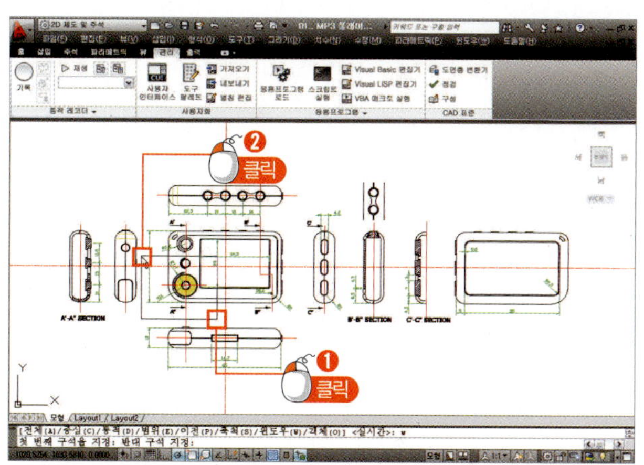

▲ 오른쪽에서 왼쪽 방향으로 드래그하여 선택 영역을 지정하는 모습

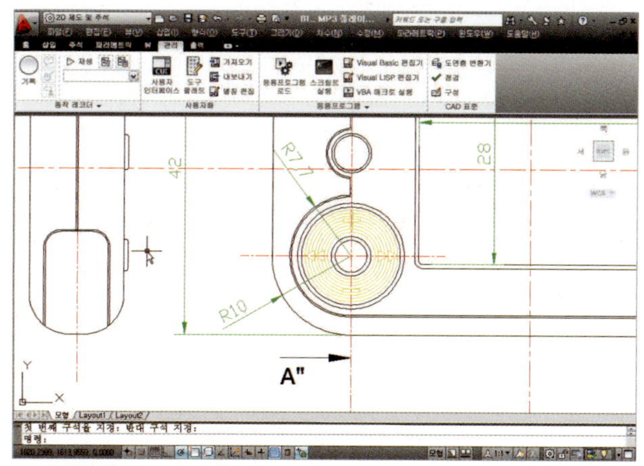

▲ 지정한 위치가 도면 영역에 확대 표시됨

02 → 줌 축척 (명령: zoom 〉 scale, 단축명령: z 〉 s)

도면이 보이는 크기를 지정한 축척에 맞게 변경하여 보여준다.

명령: **zoom** Enter
윈도우 구석을 지정, 축척 비율 (nX 또는 nXP)을 입력, 또는
[전체(A)/중심(C)/동적(D)/범위(E)/이전(P)/축척(S)/윈도우(W)/객체(O)] 〈실시간〉: s Enter
축척 비율 입력 (nX 또는 nXP): **40** Enter (140% 확대하여 보여주는 조건 입력)

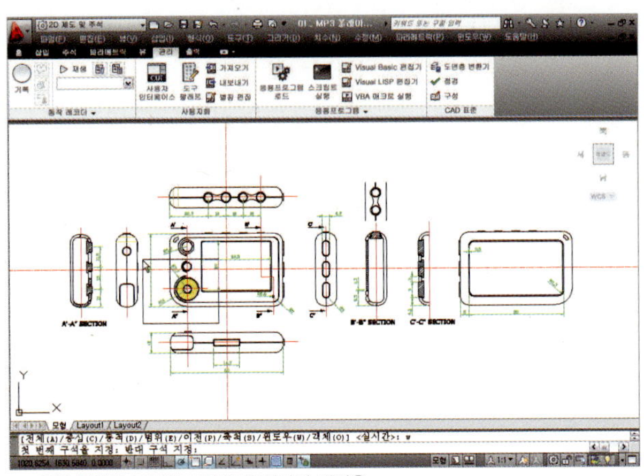

▲ 처음 화면은 자세한 부분은 확인하기 어려움

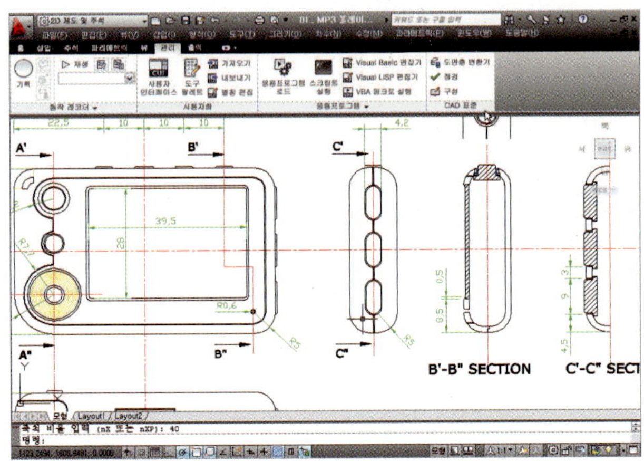

▲ 도면 영역 중심을 기준으로 축척에 의해 확대됨

03 → 줌 동적 (명령: zoom 〉 dynamic, 단축명령: z 〉 d)

도면 전체를 보여주고 화면에 나타낼 부분을 선택할 수 있도록 한다. 줌 동적 명령을 실행했을 때 나타나는 사각형 박스 중 가운데 +자 표시가 있는 것은 사각형의 위치를 바꾸는 데 사용하고, 우측 선에 화살표가 있는 것은 통해 사각형의 크기를 결정하는 데 사용한다. 이 사각형은 마우스 클릭(왼쪽)을 통해 조정하고 Enter 키를 눌러 명령을 종료한다.

명령: **zoom** Enter
윈도우 구석을 지정, 축척 비율 (nX 또는 nXP)을 입력, 또는
[전체(A)/중심(C)/동적(D)/범위(E)/이전(P)/축척(S)/윈도우(W)/객체(O)] 〈실시간〉: d Enter

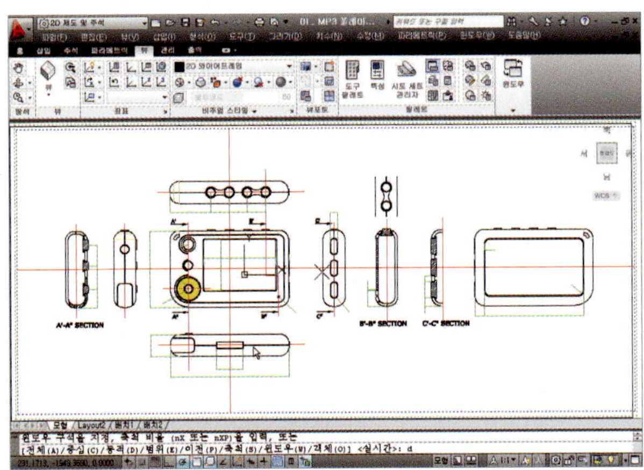

▲ 줌 동적을 실행하면 전체 화면이 보임

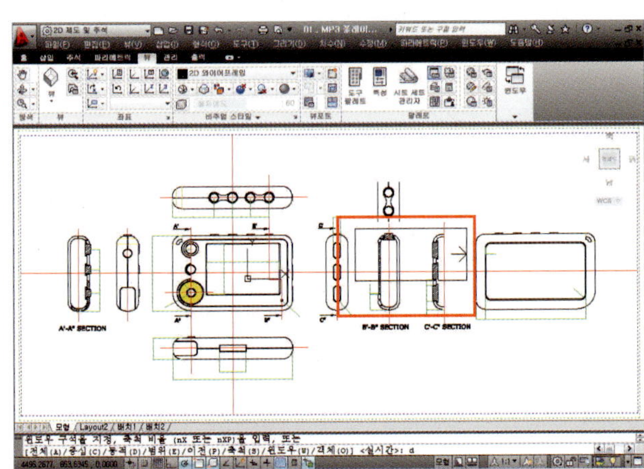

▲ 창의 크기를 조절할 수 있는 사각형

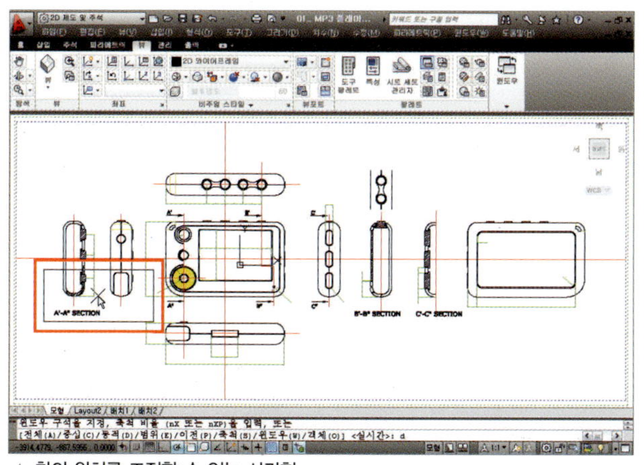

▲ 창의 위치를 조절할 수 있는 사각형

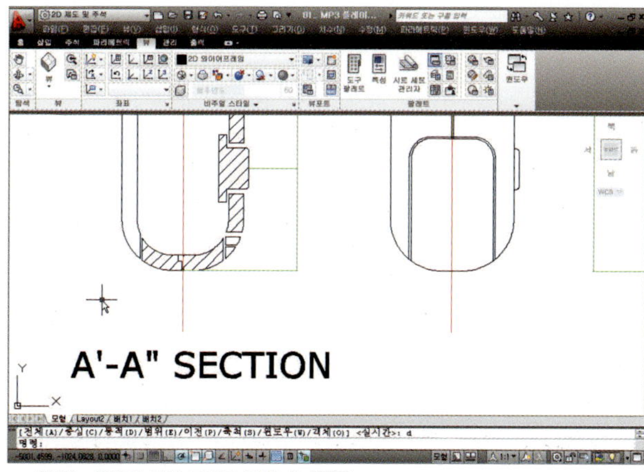

▲ 원하는 위치와 화면 크기를 정한 후 Enter

> **Tip** 줌 동적 명령에서 나타나는 파란 점선은 도면 전체를 의미하고, 초록색 점선은 현재 보이는 도면의 모습을 의미한다.

04 → 줌 중심 (명령: zoom 〉 center, 단축명령: z 〉 c)

도면이 보이는 위치를 지정된 점이 중심이 되도록 변경한다.

명령: **zoom** Enter
윈도우 구석을 지정, 축척 비율 (nX 또는 nXP)을 입력, 또는
[전체(A)/중심(C)/동적(D)/범위(E)/이전(P)/축척(S)/윈도우(W)/객체(O)] 〈실시간〉: c Enter
중심점 지정: (왼쪽 버튼을 클릭하거나 직접 좌표를 적는다.—클릭❶)
배율 또는 높이 입력 〈7800〉: Enter (비율 변함이 없을 경우)

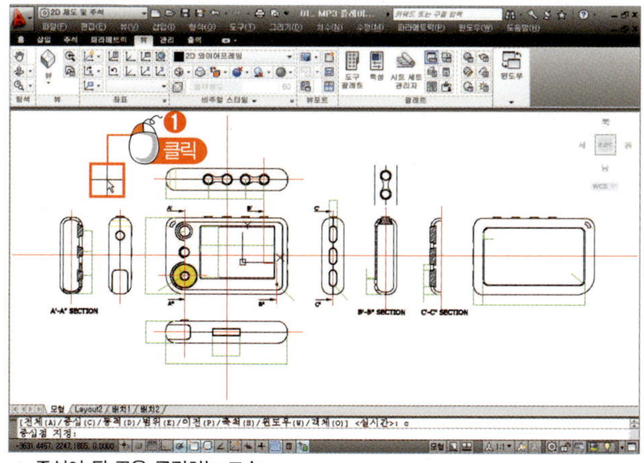

▲ 중심이 될 곳을 클릭하는 모습

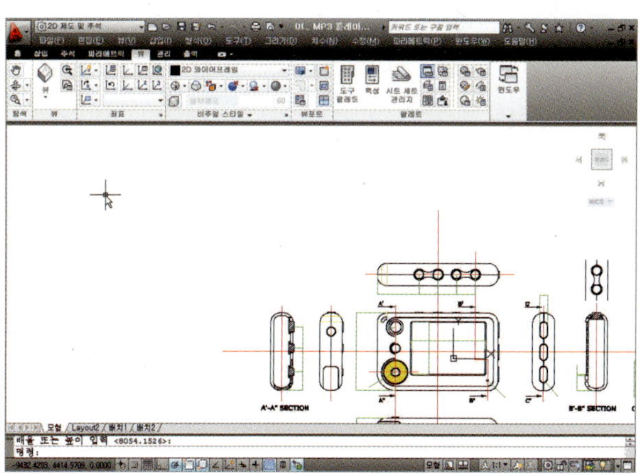

▲ 클릭한 지점이 도면 영역 중심으로 이동된 상태

05 → 객체 줌 (명령: zoom 〉 object, 단축명령: z 〉 o)

선택된 객체가 화면에 가득 차게 보이도록 한다.

명령: **zoom** Enter
윈도우 구석을 지정, 축척 비율 (nX 또는 nXP)을 입력, 또는
[전체(A)/중심(C)/동적(D)/범위(E)/이전(P)/축척(S)/윈도우(W)/객체(O)] 〈실시간〉: **o** Enter (선택법에 따라 객체를 선택)
객체 선택: 764개를 찾음
객체 선택: Enter

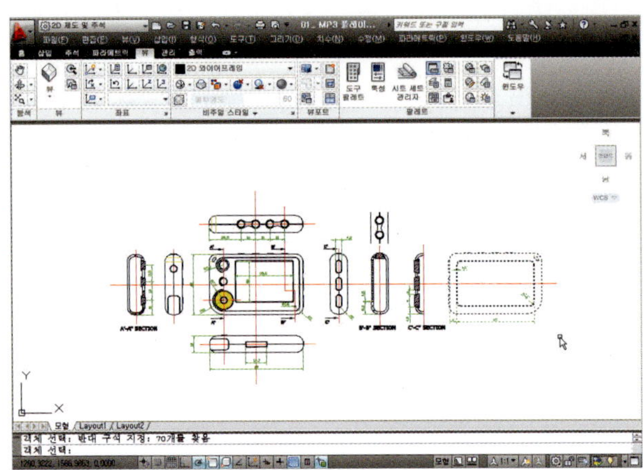

▲ 확대하고 싶은 객체를 선택

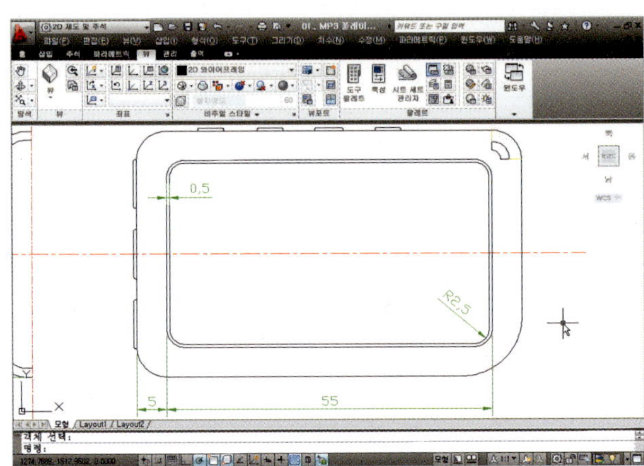

▲ 객체가 도면 영역에 가득 차게 확대됨

06 → 줌 확대 (명령: zoom 〉 in, 단축명령: z 〉 원하는 축적 배수 'x')

현재 보이는 크기를 원하는 축적 배수로 확대한다.

명령: **zoom** Enter
윈도우 구석을 지정, 축척 비율 (nX 또는 nXP)을 입력, 또는
[전체(A)/중심(C)/동적(D)/범위(E)/이전(P)/축척(S)/윈도우(W)/객체(O)] 〈실시간〉: **2x** Enter (현재 보이는 크기를 2배 확대)

07 → 줌 축소 (명령: zoom 〉 out, 단축명령: z 〉 .5x)

현재 보이는 크기를 원하는 축적 배수로 축소한다.

명령: **zoom** Enter
윈도우 구석을 지정, 축척 비율 (nX 또는 nXP)을 입력, 또는
[전체(A)/중심(C)/동적(D)/범위(E)/이전(P)/축척(S)/윈도우(W)/객체(O)] 〈실시간〉: **.5x** Enter (현재 보이는 크기를 1/2로 축소)

08 → 줌 전체 (명령: zoom 〉 all, 단축명령: z 〉 a)

도면의 모든 객체가 보일 수 있도록 한다. 단 도면한계 내부일 경우 도면한계를 기준으로 보여준다.

명령: **zoom** `Enter`
윈도우 구석을 지정, 축척 비율 (nX 또는 nXP)을 입력, 또는
[전체(A)/중심(C)/동적(D)/범위(E)/이전(P)/축척(S)/윈도우(W)/객체(O)] 〈실시간〉: **a** `Enter`
모형 재생성 중

09 → 줌 범위 (명령: zoom 〉 extend, 단축명령: z 〉 e)

도면의 모든 객체가 보일 수 있도록 한다.

명령: **zoom** `Enter`
윈도우 구석을 지정, 축척 비율 (nX 또는 nXP)을 입력, 또는
[전체(A)/중심(C)/동적(D)/범위(E)/이전(P)/축척(S)/윈도우(W)/객체(O)] 〈실시간〉: **e** `Enter`

P·A·R·T 2

도면 그리기

도면 그리기에서는 선이나 그 밖의 도형들을 어떻게 그리고 수정하는지 보여줍니다.
이는 도면작성 시 주로 이루어지는 작업들로 오토캐드를 공부할 때
꼭 숙지해야하는 부분입니다.
또한 본 파트에는 그려진 도면에 치수를 기입하는 방법이 설명되어 있으며,
도면작성과 치수 기입 후 어떻게 출력해야 되는지에 관해 기술되어 있습니다.

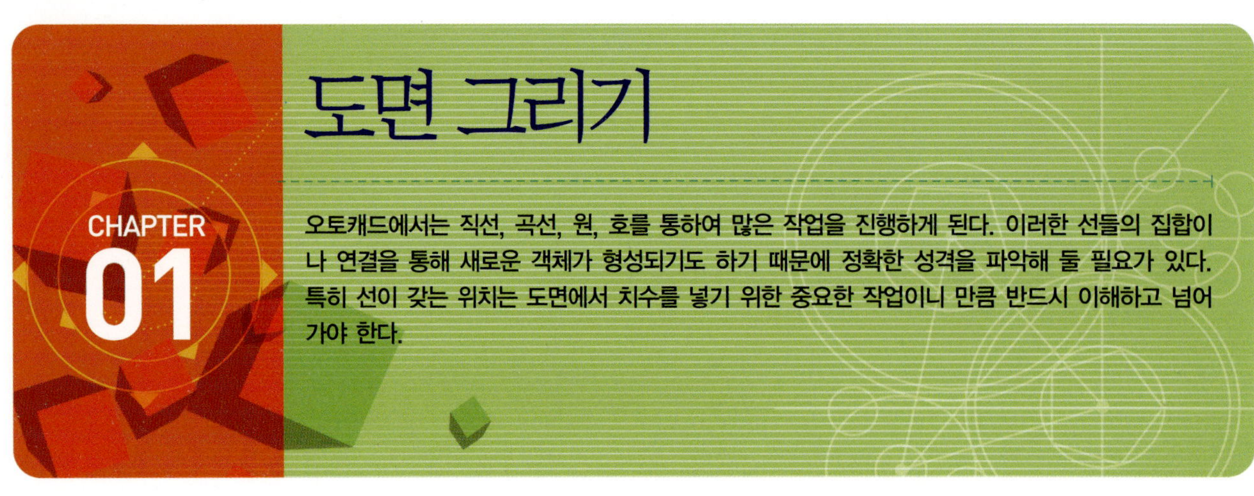

1 선 그리기 (명령: line, 단축명령: l, 풀다운 메뉴: 그리기 〉 선, 리본 탭: 홈 〉 그리기 〉 선)

선은 모든 오토캐드 도면의 기준이다. 선의 위치와 선의 만남을 통해서 도면의 90% 이상 형태가 나타나게 된다. 또한 선을 통해서 만들어진 객체는 나머지 다른 작업의 기준이 되기 때문에 선을 그리는 작업은 도면작업의 모두라고 해도 과언이 아니다. 그러므로 선을 그리는 것에 대한 정확한 내용을 익혀야 도면이 정확하게 표현될 수 있다. 선은 시작점 과 끝나는 점이 최단거리로 이어진 단일 객체이며, 두 점의 데이터는 좌표로 이루어져 있다. 사용자는 이 좌표를 이용 하여 선을 그릴 수 있다.

01 → **절대좌표를 이용한 선 그리기**

도면이 가진 원래의 좌표계를 이용하여 시작점과 끝점을 입력함으로써 선을 그리는 방법이다.

> **Tip 절대좌표, 상대좌표를 이용한 선 그리기**
>
> 절대좌표와 상대좌표는 오토캐드의 치수 개념을 이해하는 데 중요한 요소이다. 오토캐드에서 객체 그리기를 통해 도면을 완성함에 있어
> 서 객체간의 거리, 점과 점과의 거리는 바로 이러한 좌표를 어떻게 관리하느냐와 같은 내용이기 때문이다.

01_ 0,0 원점을 시작점으로 지정한다.

02_ 원점에서의 거리가 X축 200, Y축 300인 위치를 두 번째 점 위치로 지정하여 선을 긋는다.

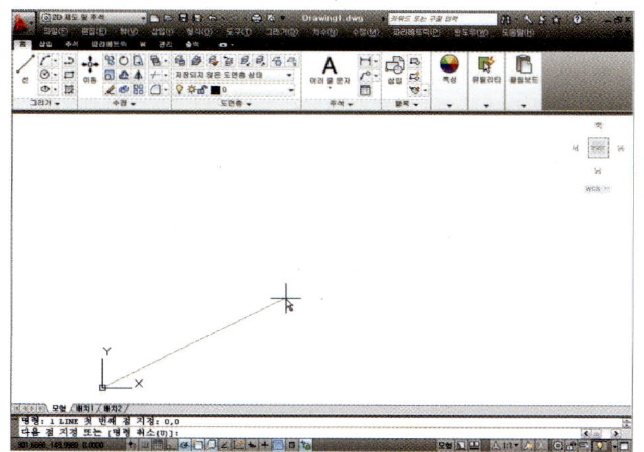

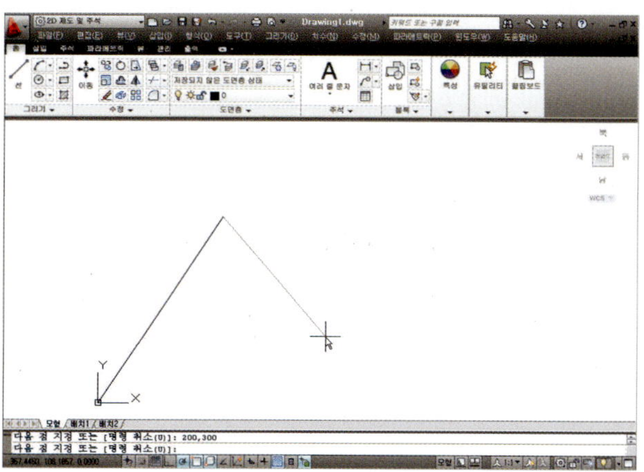

> **Tip** 평면상의 좌표는 X축과 Y축의 위치를 조합하여 이름 붙여진다. 그러므로 모든 좌표는 2개의 숫자로 이뤄지며 둘의 구분은 콤마(,)로 한다. 좌표는 원점인 (0,0)을 기준으로 위와 오른쪽은 '+'값을 갖고, 아래와 왼쪽은 '-'값을 갖는다.

03_ 원점에서의 거리가 X축 400, Y축 -50인 위치를 세 번째 점 위치로 지정하여 선을 긋는다.

04_ 닫기 명령을 통해 처음 좌표와 연결한다.

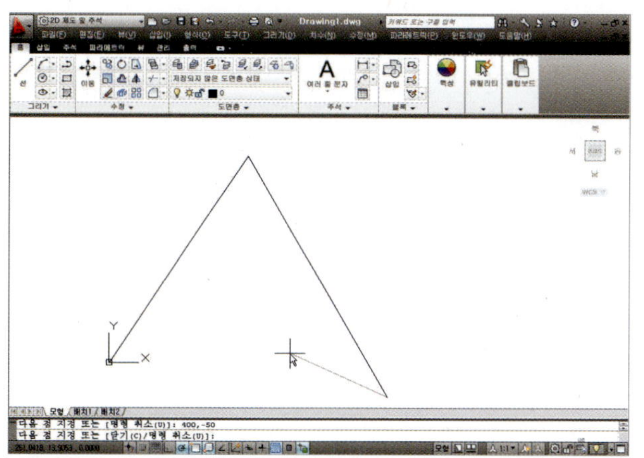

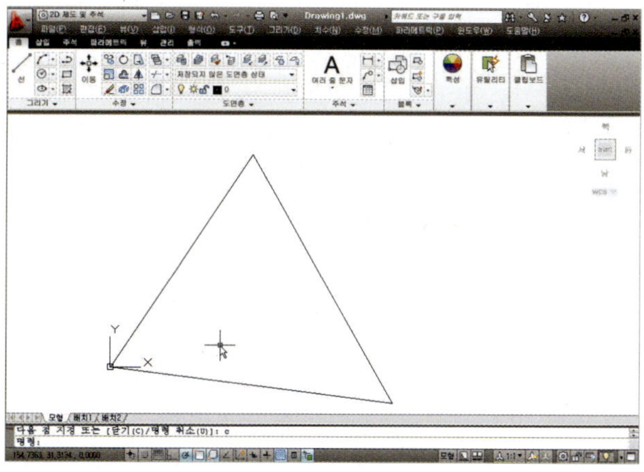

명령: **line** Enter (또는 리본 메뉴, 풀다운 메뉴 클릭)
첫 번째 점 지정: **0,0** Enter (따라하기 01)
다음 점 지정 또는 [명령 취소(U)]: **200,300** Enter (절대좌표 값 입력 → 따라하기 02)
다음 점 지정 또는 [명령 취소(U)]: **400,-50** Enter (절대좌표 값 입력 → 따라하기 03)
다음 점 지정 또는 [닫기(C)/명령 취소(U)]: **close** Enter (또는 닫기 단축명령 c → 따라하기 04)

> **Tip** 좌표 명령의 닫기는 2개 이상의 선이 형성되었을 때 나타나며, 다각형을 형성한다는 의미로 'close'를 입력하면 최초 시작점으로 선이 이어진다. 단축명령은 'c'이다.

02 → 절대극좌표를 이용한 선 그리기

좌표 원점(0,0)을 기준으로 떨어진 거리와 각도를 입력함으로써 선을 그리는 방법이다.

01_ 0,0 원점을 시작점으로 지정한다.

02_ 원점에서 거리는 300, 각도는 90도인 두 번째 점까지 선을 긋는다.

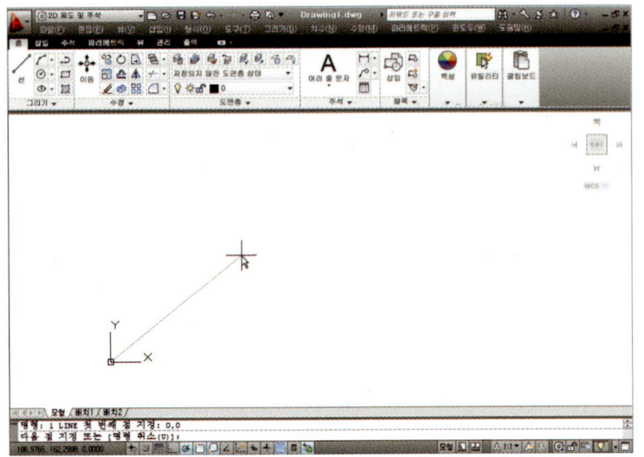

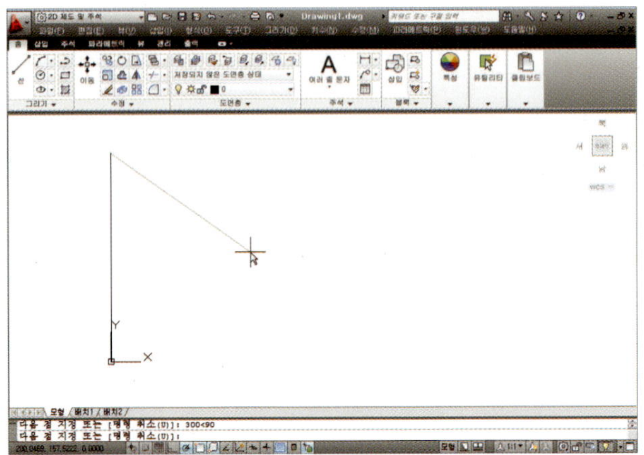

03_ 원점에서 거리는 400, 각도는 −5도인 세 번째 점까지 선을 긋는다.

04_ 닫기 명령을 통해 처음 좌표와 연결한다.

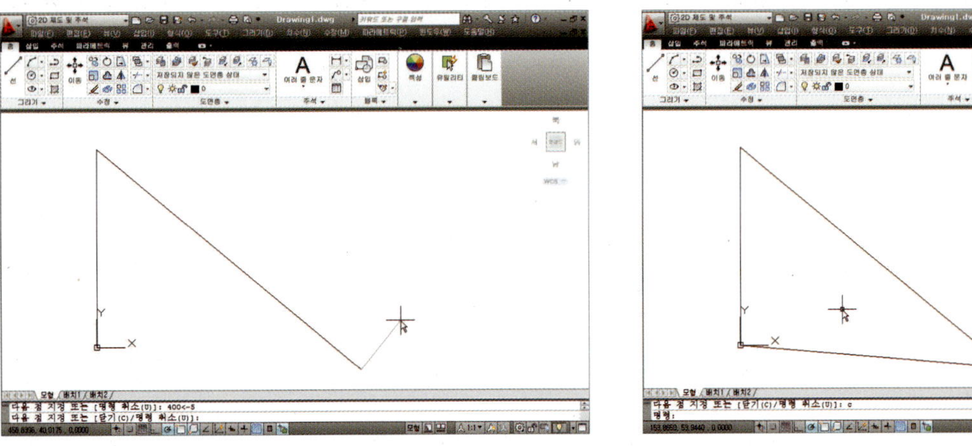

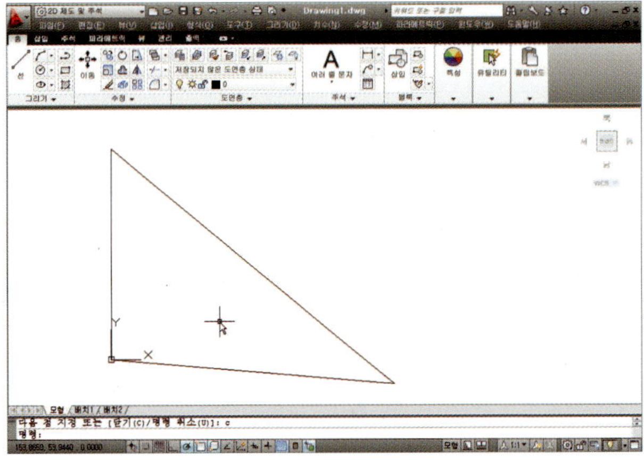

명령: **line** Enter (또는 리본 메뉴, 풀다운 메뉴 클릭)
첫 번째 점 지정: **0,0** Enter (따라하기 01)
다음 점 지정 또는 [명령 취소(U)]: **300<90** Enter (절대 극좌표 값 입력 → 따라하기 02)
다음 점 지정 또는 [명령 취소(U)]: **400<−5** (절대 극좌표 값 입력 → 따라하기 03)
다음 점 지정 또는 [닫기(C)/명령 취소(U)]: **close** Enter (또는 단축명령 c 입력 → 따라하기 04)

Tip 절대좌표가 원점(0,0)에서 X축과 Y축으로 이동한 거리를 좌표 이름으로 사용하는 것처럼, 절대극좌표는 원점(0,0)과 떨어진 거리와 각도를 통해 정해진 좌표 이름을 사용하는 것이다. 그러므로 길이는 '+' 값만 나오지만 각도는 '−' 값도 가능하다. 이해가 안 된다면 극좌표에 대한 설명을 복습하도록 한다.

03 ─• 상대좌표를 이용한 선 그리기

마지막 입력한 좌표를 기준점으로 X, Y축으로 떨어진 거리를 좌표로 입력함으로써 선을 그리는 방법이다.

01_ 0,0 원점을 시작점으로 지정한다.

02_ 원점에서의 거리가 X축 200, Y축 300인 위치를 두 번째 점 위치로 지정하여 선을 긋는다.

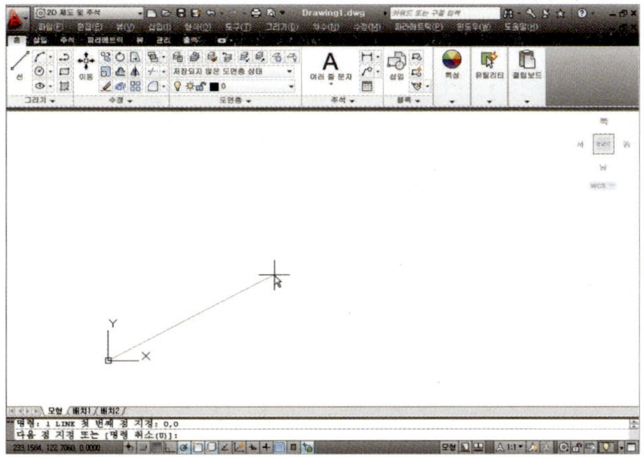

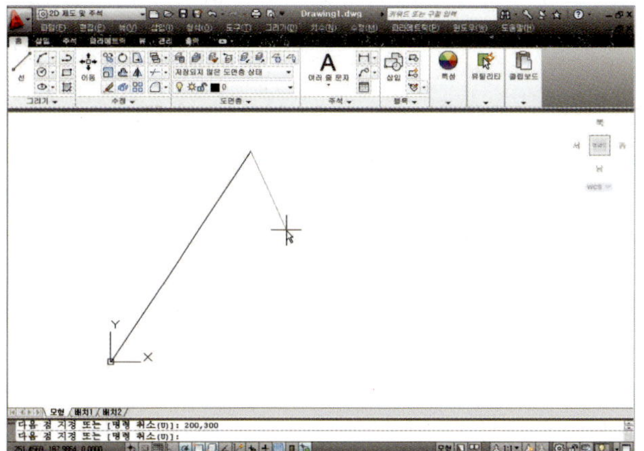

03_ 두 번째 점에서 거리가 X축 200, Y축 −350인 위치를 세 번째 점 위치로 지정하여 선을 긋는다.

04_ 세 번째 점에서의 거리가 X축 −400, Y축 −50인 위치를 네 번째 점 위치로 지정하여 선을 긋는다. (네 번째 점이 원점과 같아서 삼각형이 형성되었다.)

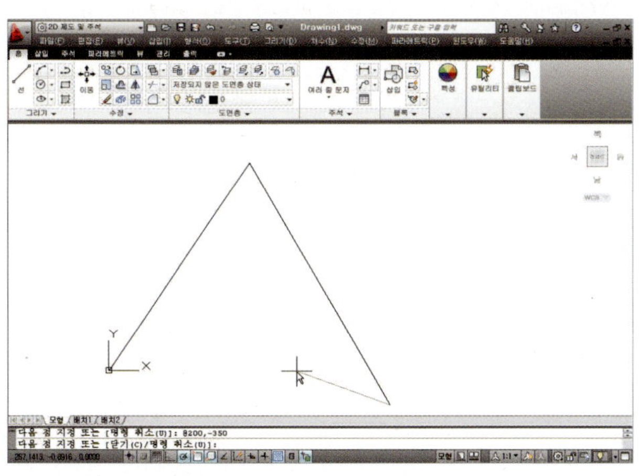

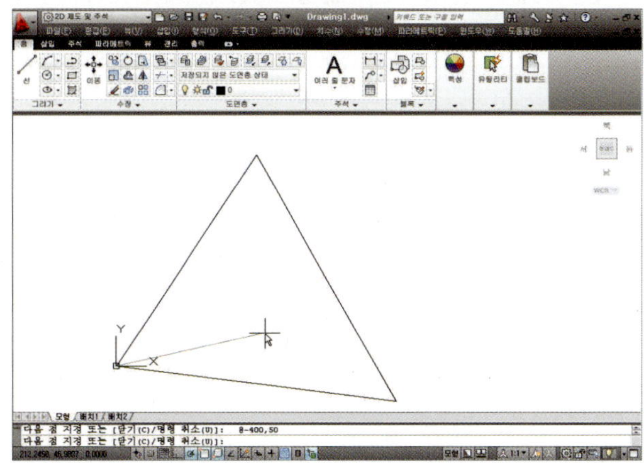

명령: **line** Enter (또는 리본 메뉴, 풀다운 메뉴 클릭)
첫 번째 점 지정: **0,0** Enter (따라하기 01)
다음 점 지정 또는 [명령 취소(U)]: **@200,300** Enter (상대좌표 값 입력 → 따라하기 02)
다음 점 지정 또는 [명령 취소(U)]: **@200,−350** Enter (상대좌표 값 입력 → 따라하기 03)
다음 점 지정 또는 [닫기(C)/명령 취소(U)]: **@−400,50** Enter (상대좌표 값 입력 → 따라하기 04)
다음 점 지정 또는 [닫기(C)/명령 취소(U)]: Enter (작업 종료)

Tip 상대좌표 값은 현재 가지고 있는 마지막 지점을 기준으로 삼고, 표시를 @로 한다. 즉 @가 붙어 있으면 마지막 지점에 대한 상대적인 값을 지녔다는 것을 의미한다. @를 읽을 때는 'at'으로 발음하면 된다.

04 — 상대극좌표를 이용한 선 그리기

마지막 입력한 좌표를 기준으로 거리와 각도를 입력함으로써 선을 그리는 방법이다.

01_ 0,0 원점을 시작점으로 지정한다.

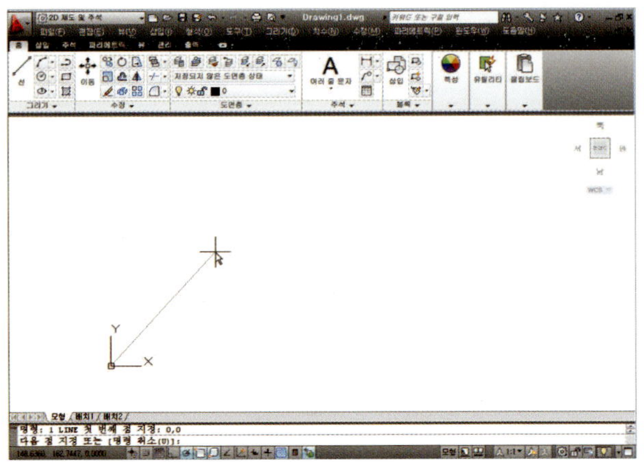

02_ 시작점을 기준으로 거리는 300, 각도는 90도인 곳을 두 번째 점 위치로 지정하여 선을 긋는다.

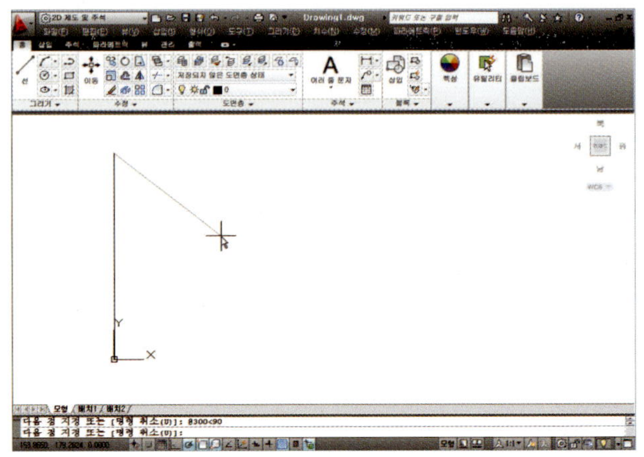

03_ 시작점을 기준으로 거리는 500, 각도는 −45도 인 곳을 세 번째 점 위치로 지정하여 선을 긋는다.

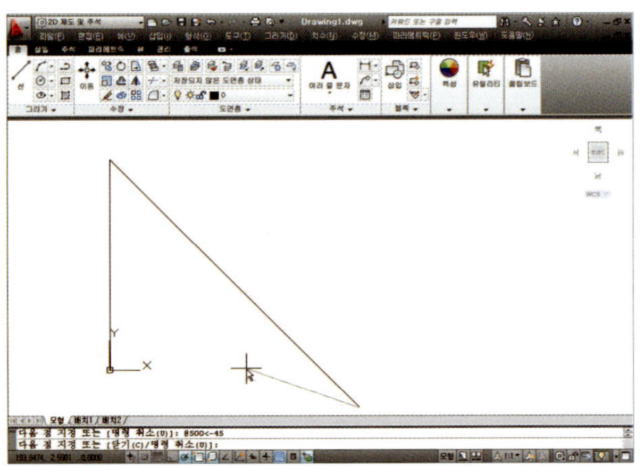

04_ 닫기 명령을 통해 처음 좌표와 연결한다.

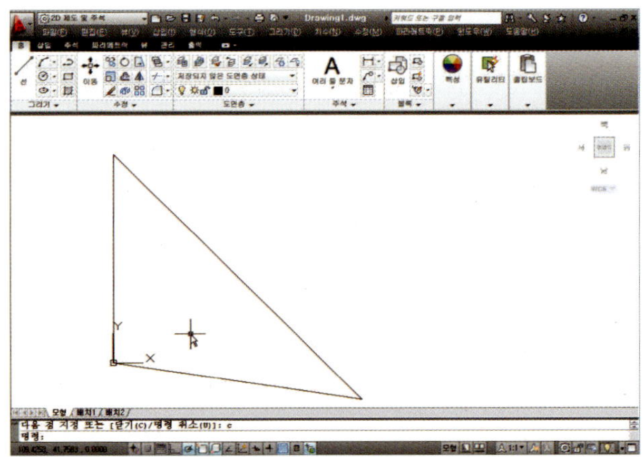

명령: **line** `Enter` (또는 리본 메뉴, 풀다운 메뉴 클릭)
첫 번째 점 지정: **0,0** `Enter` (절대좌표 입력 → 따라하기 01)
다음 점 지정 또는 [명령 취소(U)]: **@300<90** `Enter` (상대극좌표 값 입력 → 따라하기 02)
다음 점 지정 또는 [명령 취소(U)]: **@500<−45** `Enter` (상대극좌표 값 입력 → 따라하기 03)
다음 점 지정 또는 [닫기(C)/명령 취소(U)]: **close** `Enter` (또는 단축명령 c → 따라하기 04)

Tip 오토캐드는 데이터를 저장함에 있어서 점과 점의 관계(거리, 각도 등)와 점에 대한 데이터를 저장하는 벡터 방식을 취하고 있다. 이때 저장하는 점의 데이터는 1개 좌표축에 소수 16자리까지이다. 이러한 벡터 방식의 저장법은 용량이 작고, 압축도 쉽다는 장점이 있으며 비슷한 유형의 프로그램과 호환도 쉽다.

05 → 오토캐드에서 극좌표의 각도 계산하기

각도는 시계 반대 방향이 +값, 시계 방향이 −값을 갖는다. X축을 0도로 삼고 있으며 '원점(0,0) + 값'으로 각도를 계산한다. 일반적으로 극좌표 기준 세팅은 바꾸지 않지만, 필요할 경우 '풀다운 메뉴: 형식 > 단위'에서 극좌표의 방향을 바꿀 수 있다.

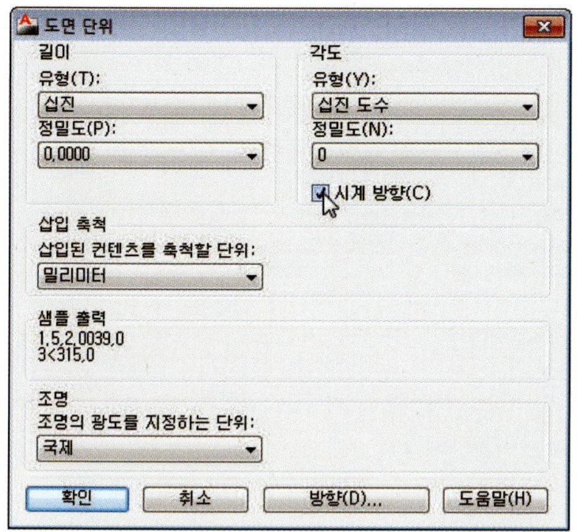

▲ 도면 단위에서 극좌표를 시계 방향으로 설정하면 시계 방향이 '+'값이 된다.

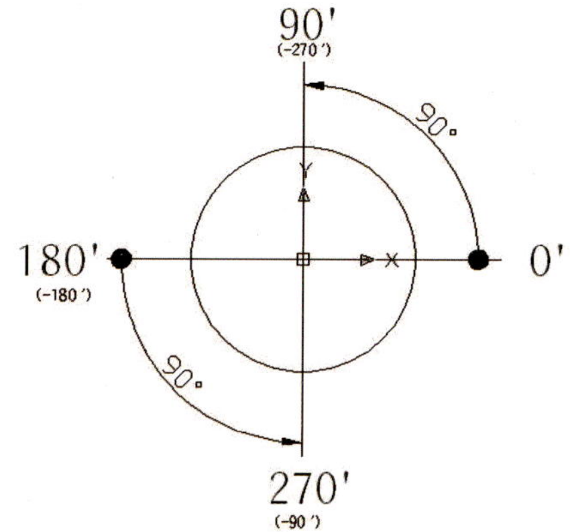

▲ 극좌표는 2개의 이름을 갖는다. 예를 들어 0도가 기준일 때 90도와 −270도는 같은 값이 된다.

06 → 구성선 그리기 (명령: xline, 단축명령: xl, 풀다운 메뉴: 그리기 > 구성선, 리본 탭: 홈 > 그리기 > 구성선 ↗)

오토캐드의 도면은 그 크기가 무한하다. 때문에 끝이 없이 무한히 긴 선의 생성이 가능하다. 구성선은 양쪽 끝이 없는 선을 의미하며, 구성선의 데이터는 지정된 점과 각도로 저장된다. 대개의 경우 중심선을 그릴 때 사용되나 도면이 완성되면 정리해야 한다. (2장에서 배운 도면층으로 출력에서 제외시키거나, 잠근 상태에서 기준선으로 활용할 수도 있다.)

07 → 폴리선 그리기 (명령: pline, 단축명령: pl, 풀다운 메뉴: 그리기 > 폴리선, 리본 탭: 홈 > 그리기 > 폴리선 ↩)

폴리선은 선들이 서로 연결되어 하나의 개체로 인식되는 선으로, 꺾어진 선을 의미한다. 앞에서와 같이 선 그리기를 하면 꺾어지는 지점마다 각각 다른 선이기 때문에 한꺼번에 선택하기 힘들지만 폴리선으로 만들어두면 필요시 한꺼번에 선택할 수 있어 편리하다. 폴리선은 폴리선 그리기 중간 중간에 필요한 명령을 입력하는 방식으로 직선뿐만 아니라 곡선도 포함할 수도 있다. 다음 장인 '수정명령' 항목의 '결합명령' 부분에 폴리선 수정명령인 'pedit'를 추가로 소개하였으니 함께 익혀두면 편리하다.

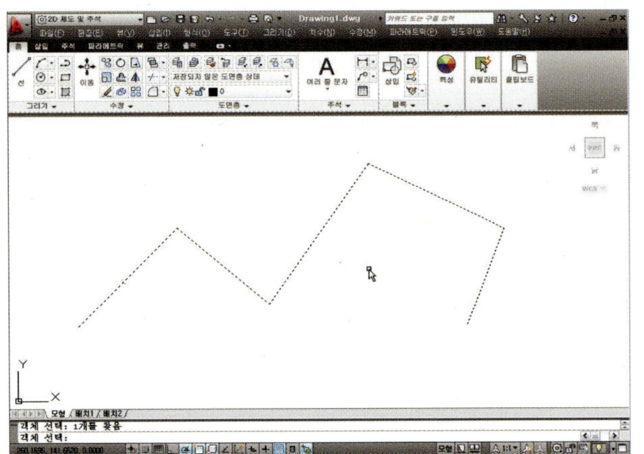

▲ 폴리선의 경우(그려진 선이 폴리선일 경우 한 개의 객체가 선택된다.)

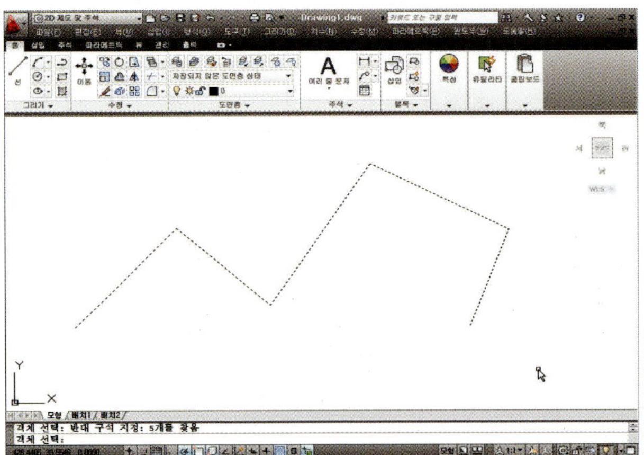

▲ 일반선의 경우(그려진 선이 일반선일 경우 다섯 개의 객체가 선택된다.)

명령: **erase** Enter (또는 리본 메뉴, 풀다운 메뉴 클릭)
객체 선택: 반대 구석 지정: (window나 cross 방식으로 객체 전체 선택)
1개를 찾음 (폴리선일 경우 1개로 인식됨)

명령: **erase** Enter (또는 리본 메뉴, 풀다운 메뉴 클릭)
객체 선택: 반대 구석 지정: (window나 cross 방식으로 객체 전체 선택)
5개를 찾음 (선일 경우 5개로 인식됨)

08 폴리선을 그리는 중간에 호 그리기

1) 호 그리기 옵션

- **각도** : 각도를 이용하여 연결된 호 그리기를 한다.
- **중심** : 중심점을 지정하여 연결된 호를 그린다.
- **방향** : 접선을 이용하여 연결된 호를 그린다.
- **반폭** : 호를 그리기 전에 선의 절반 두께를 지정한다.
- **선** : 연결된 호 그리기를 멈추고 선 그리기를 한다.
- **반지름** : 반지름을 이용한 연결된 호를 그린다.
- **두 번째 점** : 두 번째 점을 이용하여 연결된 호를 그린다.
- **폭** : 호를 그리기 전에 선의 두께를 지정한다.

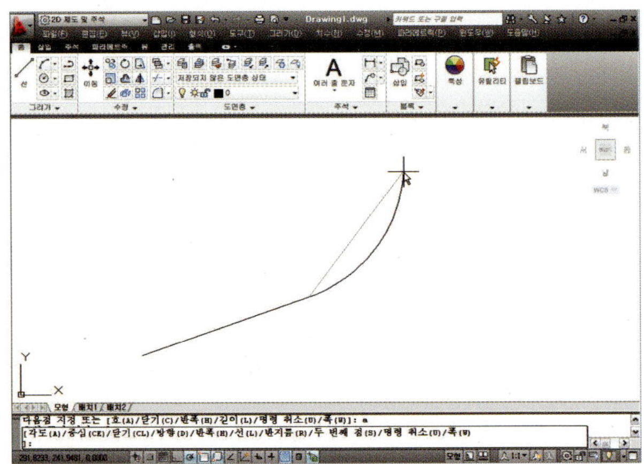

▲ 처음 직선이었던 폴리선이 중간에 호 그리기로 전환된 모습

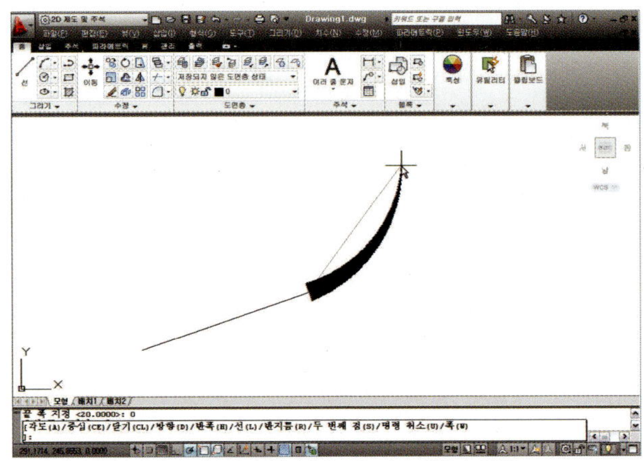

▲ 그려질 호에 두께가 지정된 모습(시작과 끝을 따로 정할 수 있음)

명령: **pline** Enter (또는 리본 메뉴, 풀다운 메뉴 클릭)

시작점 지정: **(폴리선 시작점 클릭)**

현재의 선 폭은 0.0000임

다음점 지정 또는 [호(A)/반폭(H)/길이(L)/명령 취소(U)/폭(W)]: **(폴리선 두 번째 점 클릭)**

다음점 지정 또는 [호(A)/닫기(C)/반폭(H)/길이(L)/명령 취소(U)/폭(W)]: **a** Enter (호 그리기 명령 입력)

호의 끝점 지정 또는

[각도(A)/중심(CE)/닫기(CL)/방향(D)/반폭(H)/선(L)/반지름(R)/두 번째 점(S)/명령 취소(U)/폭(W)]: **w** Enter (두께 지정 명령 입력)

시작 폭 지정 〈0.0000〉: **20** Enter (시작 지점 두께 값 입력)

끝 폭 지정 〈200.0000〉: **0** Enter (끝 지점 두께 값 입력)

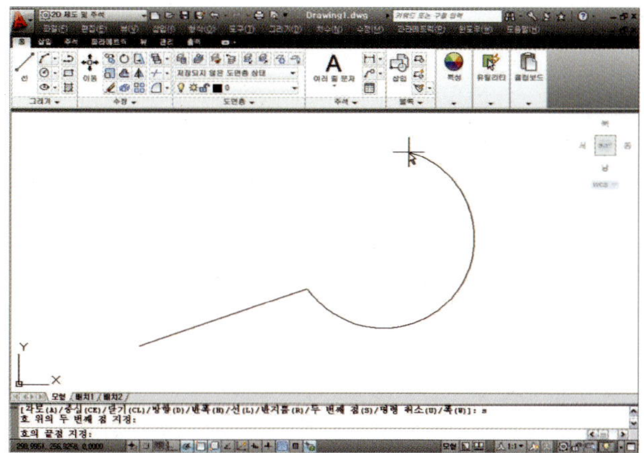

▲ 지나는 점과 끝나는 점을 지정

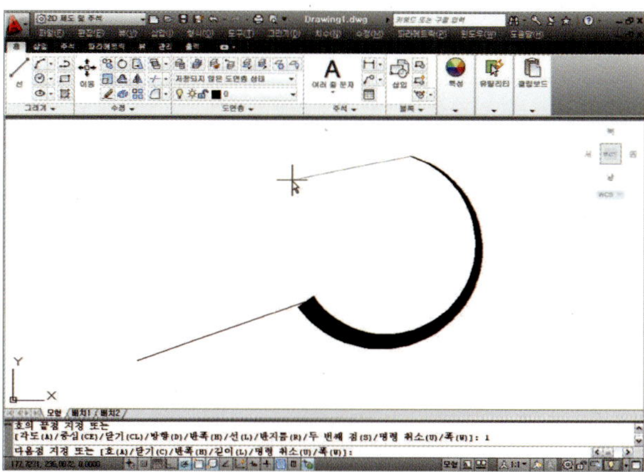

▲ 지정한 두께를 가진 호가 그려진 후 다시 선 그리기로 전환한 모습

호의 끝점 지정 또는

[각도(A)/중심(CE)/닫기(CL)/방향(D)/반폭(H)/선(L)/반지름(R)/두 번째 점(S)/명령 취소(U)/폭(W)]: **s** Enter (두 번째 점으로 호 그리기 명령 입력)

호 위의 두 번째 점 지정: **(호가 지나는 점 클릭)**

호의 끝점 지정: **(호가 끝나는 점 클릭)**

호의 끝점 지정 또는

[각도(A)/중심(CE)/닫기(CL)/방향(D)/반폭(H)/선(L)/반지름(R)/두 번째 점(S)/명령 취소(U)/폭(W)]: **l** Enter (선 그리기로 전환 명령 입력)

다음점 지정 또는 [호(A)/닫기(C)/반폭(H)/길이(L)/명령 취소(U)/폭(W)]: Enter (그리기 종료)

Tip 폴리선은 선 중에서 유일하게 두께를 지정할 수 있다. 물론 출력에서 선의 두께는 조정이 가능하지만, 보이는 화면상에서 두께를 줄 수 있기 때문에 실무에서 이를 이용한 작업을 하기도 한다.

- **반폭 설정** : 폴리선의 절반 두께를 지정한다.
- **길이 설정** : 선이 그려지는 방향으로 길이가 정해진다.
- **폭 설정** : 폴리선의 두께를 지정한다.

2 **다각형 그리기** (명령: polygon, 풀다운 메뉴: 그리기 〉 다각형, 리본 탭: 홈 〉 그리기 〉 다각형 ⬠)

한 개의 폴리선으로 그려진 다각형을 그리는 명령이다.

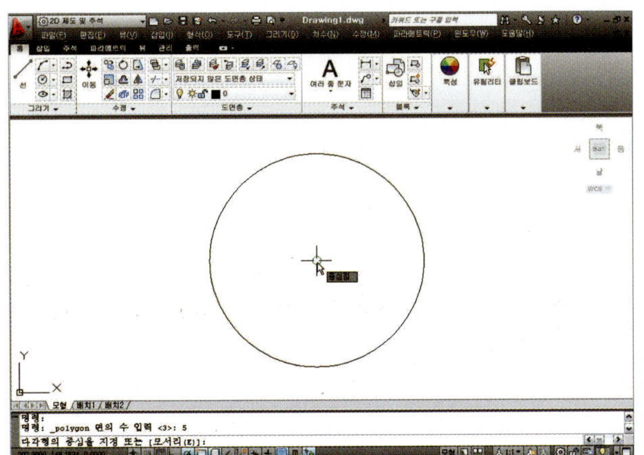

▲ 다각형의 모서리 수를 정한 후, 중심점이 될 곳을 지정한다.

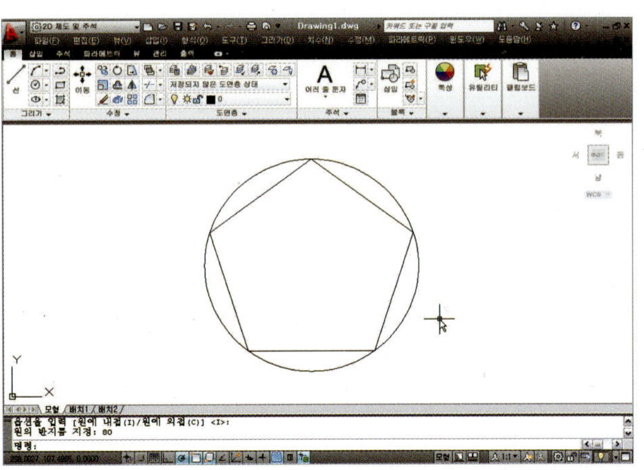

▲ 내접 또는 외접하는 객체인지를 정하고, 중심에서부터 거리를 입력한다.

명령: **polygon** `Enter` (또는 리본 메뉴, 풀다운 메뉴 클릭)
변의 수 입력 〈3〉: **5** `Enter` (그려질 다각형의 각의 개수 입력)
다각형의 중심을 지정 또는 [모서리(E)]: **(그려질 다각형의 중심점 클릭)**
옵션을 입력 [원에 내접(I)/원에 외접(C)] 〈I〉: **I** `Enter` (다각형 크기의 기준을 꼭짓점-내접으로 지정)
원의 반지름 지정: **80** `Enter`

Ｔｉｐ 다각형 그리기에서 내접하는 다각형을 선택하면 지정되는 원의 반지름은 다각형의 중심에서 꼭짓점까지 거리가 되고, 외접하는 다각형을 선택하면 원의 반지름은 다각형의 중심에서 변에 수직인 거리가 된다.

Ｔｉｐ 다각형은 폴리선이기 때문에 한 개의 객체로 인식된다. 선을 따로 이용하기 위해서는 '분해' 명령을 이용해야 하는데 수정 부분에서 소개해 두었으니 그때 다시 배워보도록 한다.

3 직사각형 그리기 (명령: rectang, 풀다운 메뉴: 그리기 〉 직사각형, 리본 탭: 홈 〉 그리기 〉 직사각형 ▭)

한 개의 폴리선으로 직사각형을 그리는 명령이다.

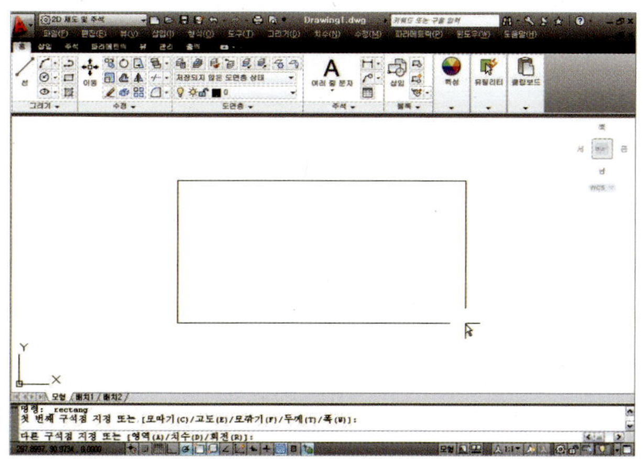

▲ 일반적인 직사각형 그리기는 시작점과 끝점을 클릭하면 형성된다.

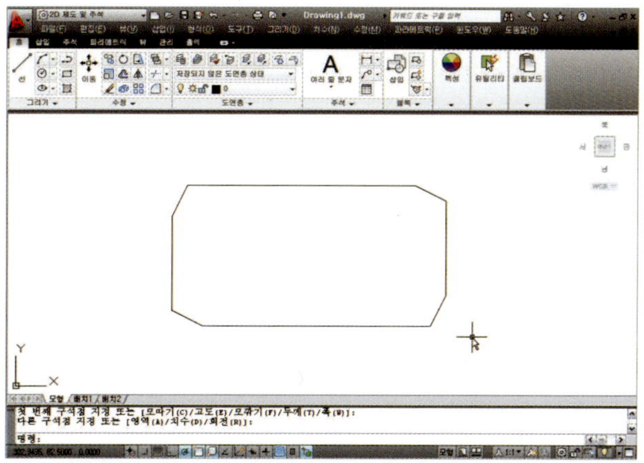

▲ 사각형의 모서리에 모따기, 모깎기 등의 변화를 줄 수 있다.

명령: rectang [Enter] (또는 리본 메뉴, 풀다운 메뉴 클릭)
첫 번째 구석점 지정 또는 [모따기(C)/고도(E)/모깎기(F)/두께(T)/폭(W)]: c [Enter] (모따기 선택)
직사각형의 첫 번째 모따기 거리 지정 〈0.0000〉: 20 [Enter] (꼭지점에서 깎여 나갈 한쪽 면의 거리를 입력)
직사각형의 두 번째 모따기 거리 지정 〈0.0000〉: 10 [Enter] (꼭지점에서 깎여 나갈 나머지 한쪽 면의 거리를 입력)
첫 번째 구석점 지정 또는 [모따기(C)/고도(E)/모깎기(F)/두께(T)/폭(W)]: **(사각형의 시작점을 클릭)**
다른 구석점 지정 또는 [영역(A)/치수(D)/회전(R)]: **(사각형의 끝을 클릭)**

4 호 그리기 (명령 : arc, 단축명령 : a, 풀다운 메뉴: 그리기 〉 호, 리본 탭: 홈 〉 그리기 〉 호 ◝)

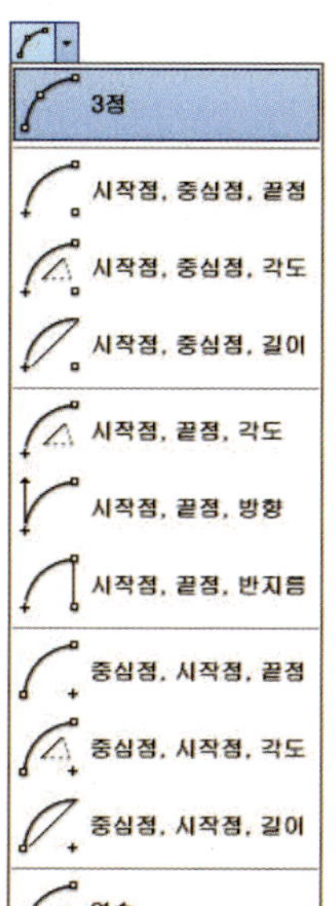

다양한 조건에 맞는 호를 그린다. 리본 메뉴에서의 기본 설정은 3점에 의한 호 그리기로 되어 있으며, 여러 조건을 활용하여 그릴 수도 있다. 사용자는 그때마다 필요한 조건에 맞는 명령어를 선택해주면 된다.
다음에 설명하는 4가지의 호 그리기는 10가지의 호 그리기 방법 중 가장 많이 사용하는 방법이므로, 능숙하게 사용할 수 있도록 연습한다.

Tip
• 호 그리기는 3개의 데이터를 갖추어야 객체가 형성된다.
• 연속은 호에 이어서 또 다른 호를 그릴 때 사용한다.

01 → 3점으로 호 그리기

01_ 호가 시작할 점을 지정한다.

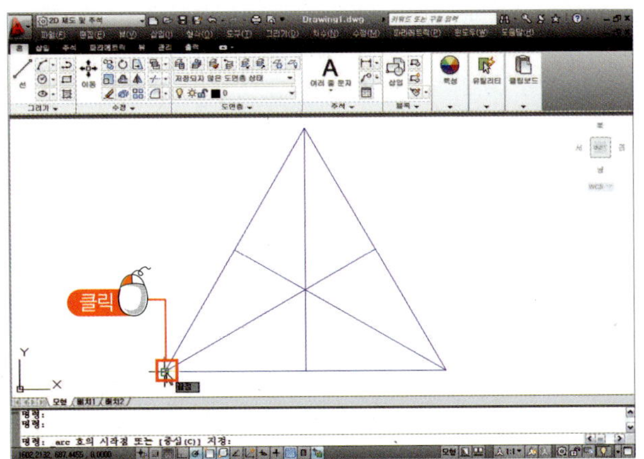

02_ 호가 지나가는 점을 지정한다.

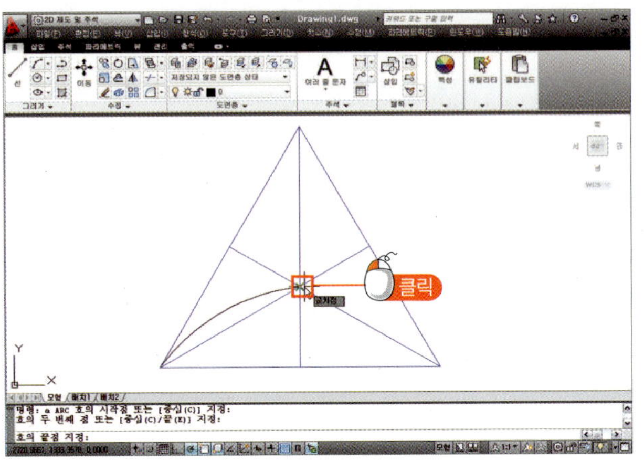

03_ 호가 끝나는 점을 지정한다.

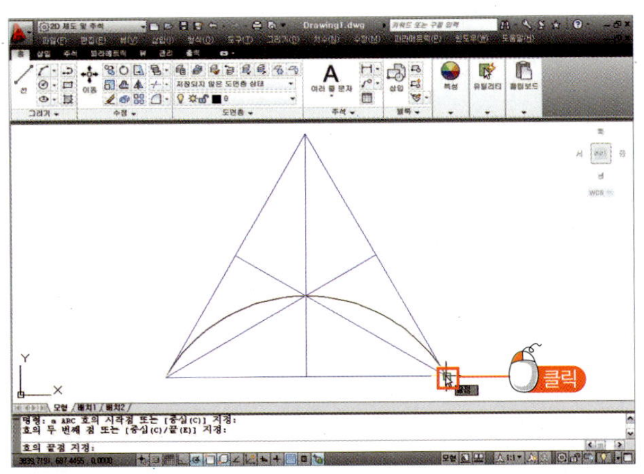

04_ 3점으로 호 그리기가 완료되었다.

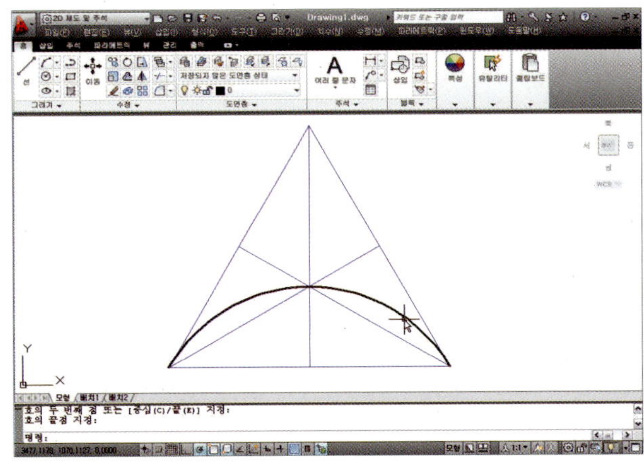

명령: **arc** `Enter` (또는 리본 메뉴, 풀다운 메뉴 클릭)

호의 시작점 또는 [중심(C)] 지정: (시작점 클릭 → 따라하기 01)

호의 두 번째 점 또는 [중심(C)/끝(E)] 지정: (중간점 클릭 → 따라하기 02)

호의 끝점 지정: (끝점 클릭 → 따라하기 03)

02 ─● 시작점, 중심점, 끝점으로 호 그리기

01_ 호가 시작할 점을 지정한다.

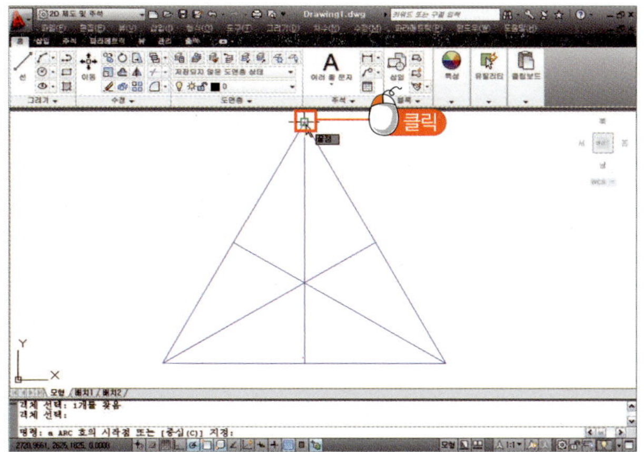

02_ 호의 중심점을 지정한다.

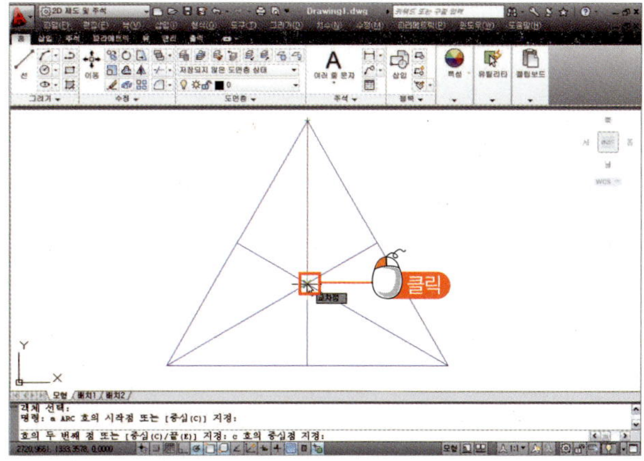

03_ 호의 반지름을 지정한다.

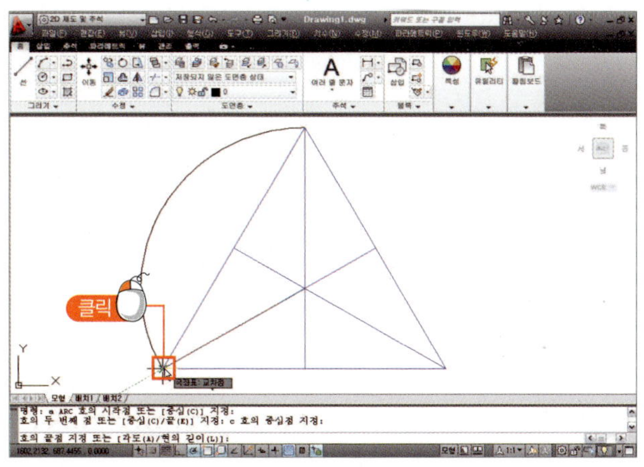

04_ 호 그리기가 완료되었다.

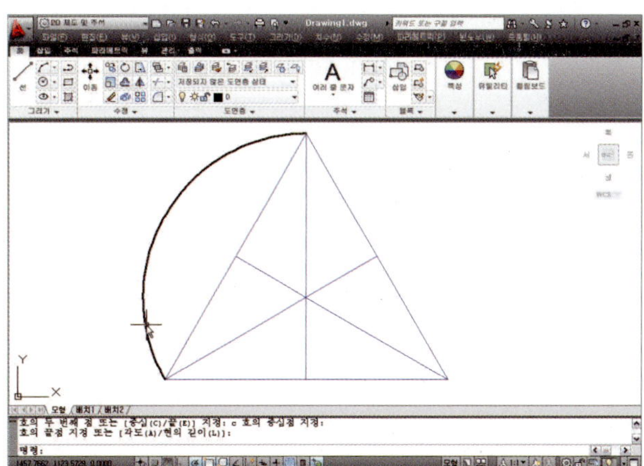

명령: **arc** Enter (또는 리본 메뉴, 풀다운 메뉴 클릭)
호의 시작점 또는 [중심(C)] 지정: (시작점 클릭 → 따라하기 01)
호의 두 번째 점 또는 [중심(C)/끝(E)] 지정: c Enter (중심점 옵션 선택)
호의 두 번째 점 또는 [중심(C)/끝(E)] 지정: c 호의 중심점 지정: (중심점 클릭 → 따라하기 02)
호의 끝점 지정 또는 [각도(A)/현의 길이(L)]: (끝점 클릭 → 따라하기 03)

03 시작점, 끝점, 반지름으로 호 그리기

01 호가 시작할 점을 지정한다.

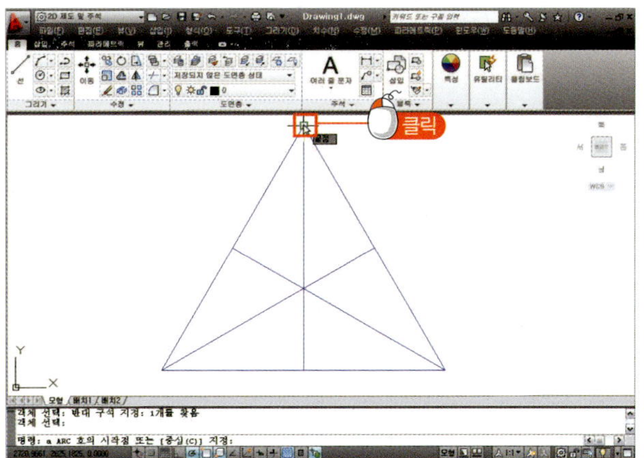

02 호의 끝점을 지정한다.

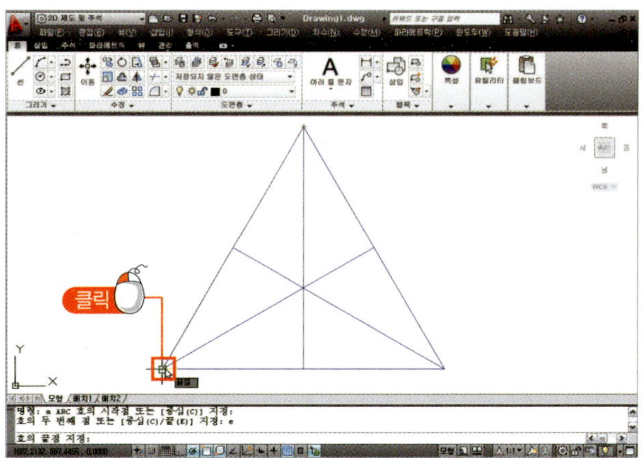

03 호의 반지름을 지정한다.

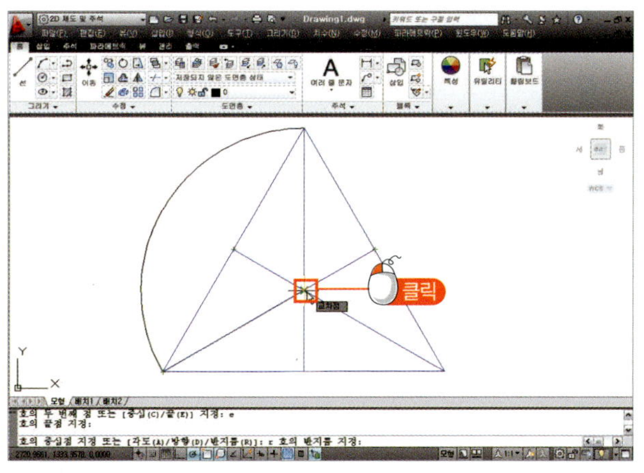

04 호 그리기가 완료되었다.

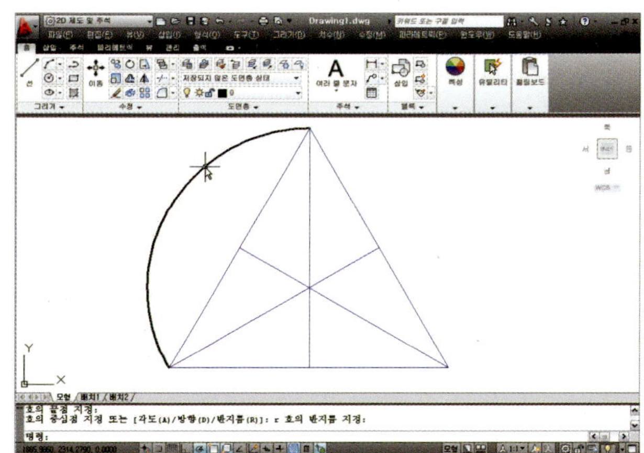

명령: **arc** Enter (또는 리본 메뉴, 풀다운 메뉴 클릭)

호의 시작점 또는 [중심(C)] 지정: (시작점 클릭 → 따라하기 01)

호의 두 번째 점 또는 [중심(C)/끝(E)] 지정: e Enter (끝점 지정 명령 입력)

호의 끝점 지정: (끝점 클릭 → 따라하기 02)

호의 중심점 지정 또는 [각도(A)/방향(D)/반지름(R)]: r Enter (반지름 지정 명령 입력)

호의 반지름 지정: (선택 점 클릭 → 따라하기 03)

04 → 중심점, 시작점, 각도로 호 그리기

01_ 호의 중심점을 지정한다.

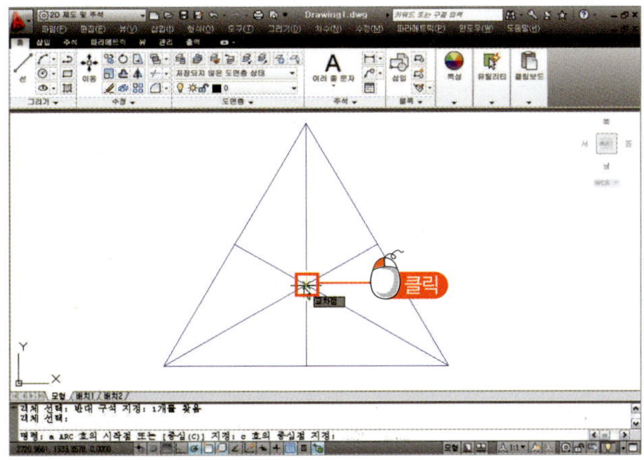

02_ 호의 시작점을 지정한다.

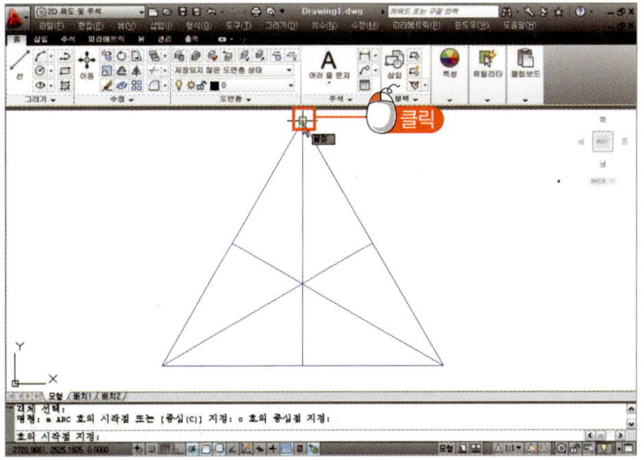

03_ 호의 각도를 지정한다.

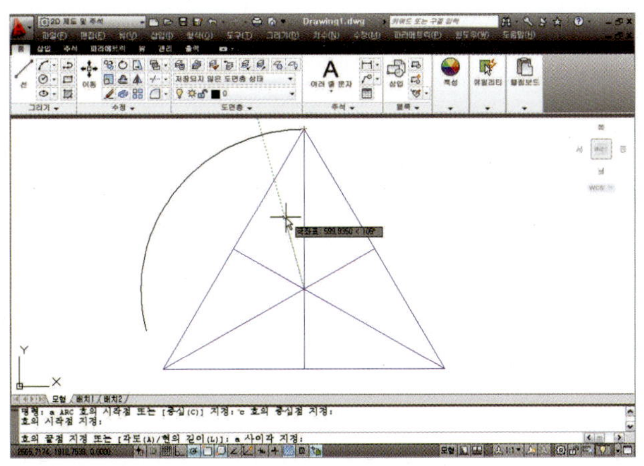

04_ 호 그리기가 완료되었다.

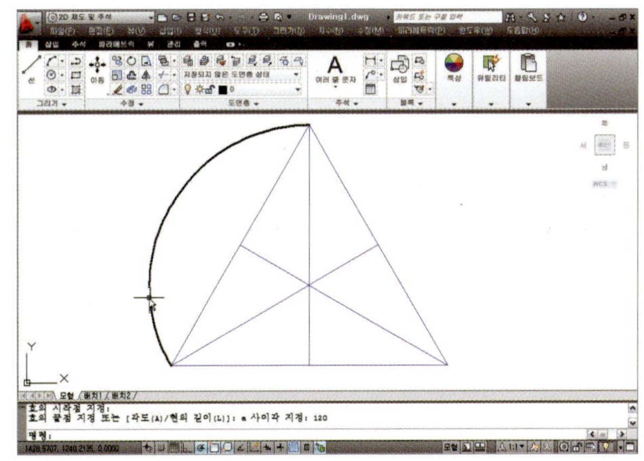

명령: **arc** (또는 리본 메뉴, 풀다운 메뉴 클릭)

호의 시작점 또는 [중심(C)] 지정: **c** Enter (중심점 지정 명령 입력)

호의 중심점 지정: (중심점 클릭 → 따라하기 01)

호의 시작점 지정: (시작점 클릭 → 따라하기 02)

호의 끝점 지정 또는 [각도(A)/현의 길이(L)]: **a** Enter (각도 지정 명령 입력)

사이각 지정: **120** Enter (각도 입력 → 따라하기 03)

Tip 호 그리기는 시계 반대 방향으로 진행하게 된다. 그러므로 시작점과 끝점의 방향을 계획하여 진행하여야만 두 번 그리는 실수를 하지 않게 된다. 단 3점을 이용한 호 그리기는 방향이 지정되므로 예외라 할 수 있다.

5 원 그리기 (명령: circle, 단축명령: c, 풀다운 메뉴: 그리기 〉 원, 메뉴 탭: 홈 〉 그리기 〉 원 ⊙)

다양한 조건에 맞는 원을 그린다. 원 그리기는 이전에 배운 호 그리기보다 단순하지만 도면에서 선 그리기만큼이나 중요한 그리기 요소이다. 원 그리기의 모든 조건을 능숙하게 활용할 수 있다면 보다 빠르게 도면을 완성시킬 수 있으며, 다양한 형태의 제품도 표현할 수 있을 것이다. 특히 접선을 이용한 원 그리기 방법은 호에서는 표현하지 못하는 방법을 제공하므로 눈여겨서 익히도록 한다.

01 ─● 중심점, 반지름으로 원 그리기

중심점 위치와 반지름의 길이를 아는 경우에 해당한다.

01_ 중심을 지정한다.

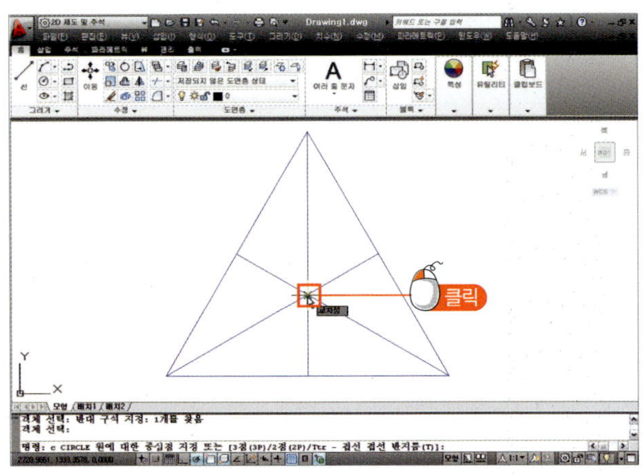

02_ 반지름을 지정하면 원이 생성된다.

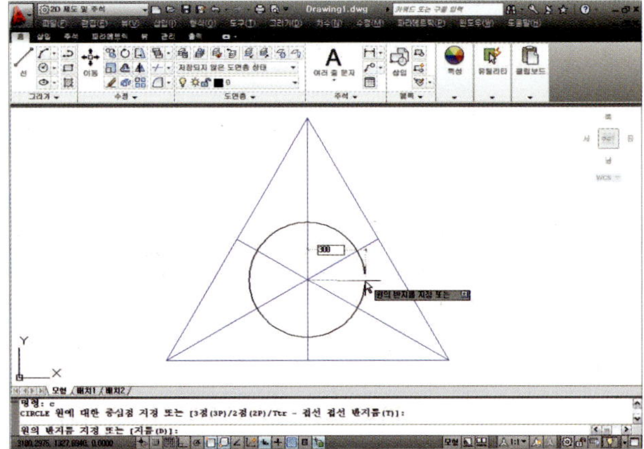

명령: **circle** `Enter` (또는 리본 메뉴, 풀다운 메뉴 클릭)
CIRCLE 원에 대한 중심점 지정 또는 [3P/2P/Ttr(접선 접선 반지름)]: (중심점 클릭 → 따라하기 01)
원의 반지름 지정 또는 [지름(D)] 〈500.0000〉: **300** `Enter` (반지름 길이 값 입력 → 따라하기 02)

03_ 원하는 점을 선택하면 해당 점을 지나는 원이 생성된다.

04_ 원이 생성되었다.

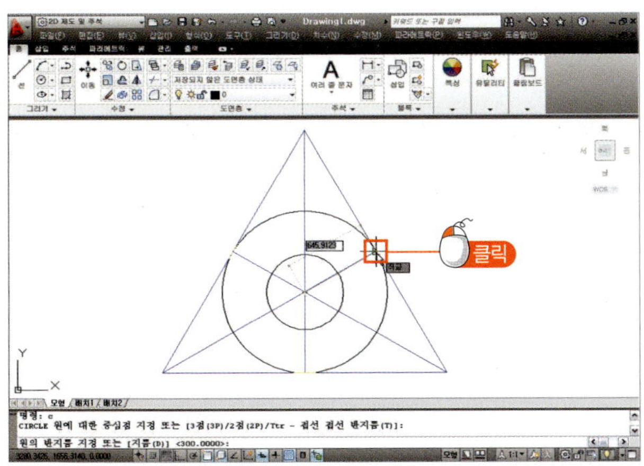

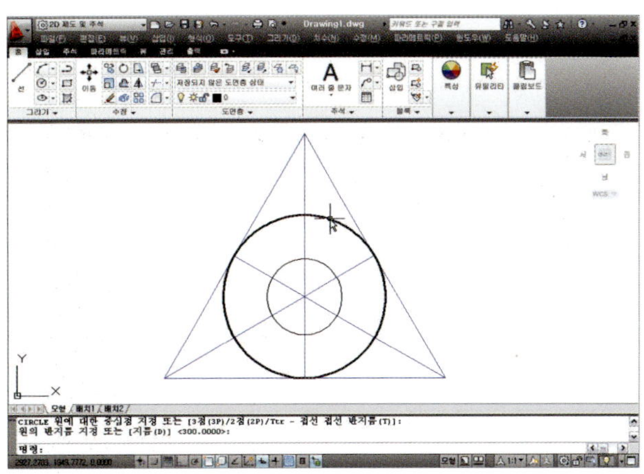

명령: **circle** `Enter` (리본 메뉴, 풀다운 메뉴 클릭)
CIRCLE 원에 대한 중심점 지정 또는 [3P/2P/Ttr(접선 접선 반지름)]: (중심점 클릭)
원의 반지름 지정 또는 [지름(D)] ⟨300.0000⟩: **(원이 통과할 점 클릭)** (따라하기 03)

02 중심점, 지름으로 원 그리기

중심점 위치와 지름의 길이를 아는 경우에 해당한다.

1) 중심점과 지름 길이를 이용해 그리기

01_ 중심을 지정한다.

02_ 명령 입력창에 지름을 지정하면 원이 생성된다.

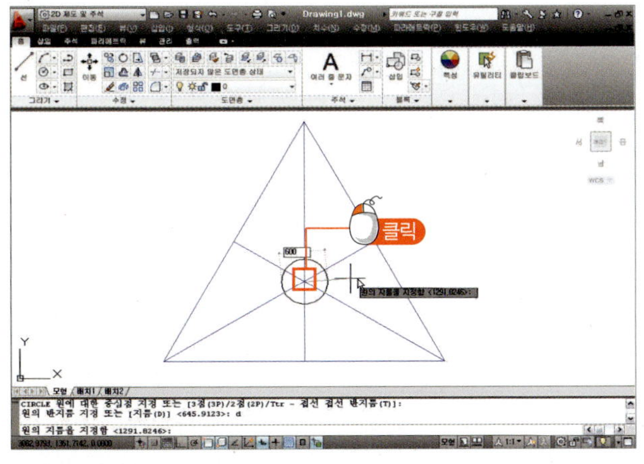

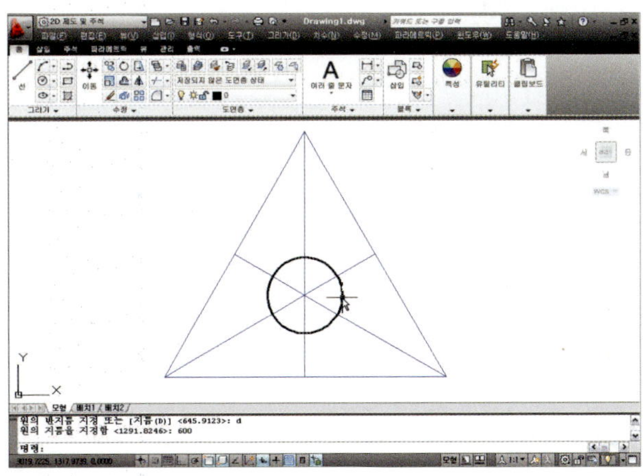

명령: **circle** `Enter` (또는 리본 메뉴, 풀다운 메뉴 클릭)
원에 대한 중심점 지정 또는 [3P/2P/Ttr(접선 접선 반지름)]: (중심점 클릭 → 따라하기 01)
원의 반지름 지정 또는 [지름(D)] ⟨520.0890⟩: **d** `Enter` (지름 지정 명령 입력)
원의 지름를 지정함 ⟨1040.1779⟩: **600** `Enter` (지름 길이 값 입력 → 따라하기 02)

2) 중심점과 지름이 되는 점을 이용해 그리기

01_ 중심을 지정한다.

02_ 원하는 점을 선택하면 해당 점이 지름이 되는 원이 생성된다.

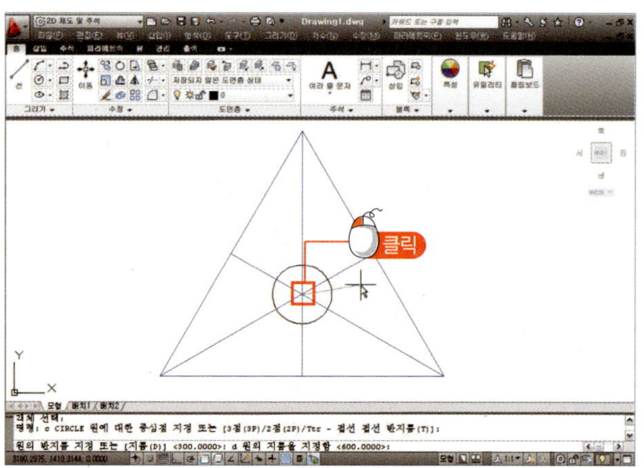

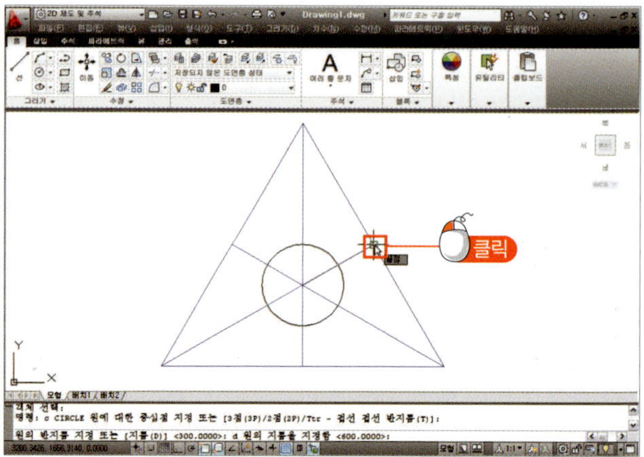

명령: **circle** Enter (또는 리본 메뉴, 풀다운 메뉴 클릭)
원에 대한 중심점 지정 또는 [3P/2P/Ttr(접선 접선 반지름)]: (중심점 클릭 → 따라하기 03)
원의 반지름 지정 또는 [지름(D)] 〈520.0890〉: **d** Enter (지름 지정 명령 입력)
원의 지름를 지정함 〈1040.1779〉: (원이 통과할 점 클릭 → 따라하기 04)

03→ 2점으로 원 그리기

2점을 잇는 선을 지름 값으로 갖는 원을 그린다.

01_ 첫 번째 점을 지정한다.

02_ 두 번째 점을 지정하면 두 점사이의 거리가 지름인 원이 생성된다.

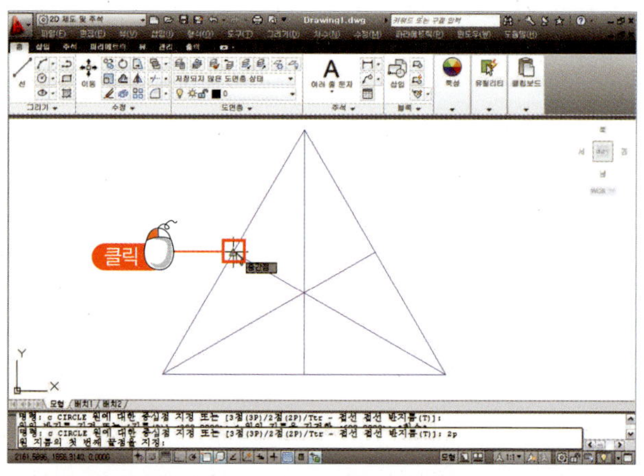

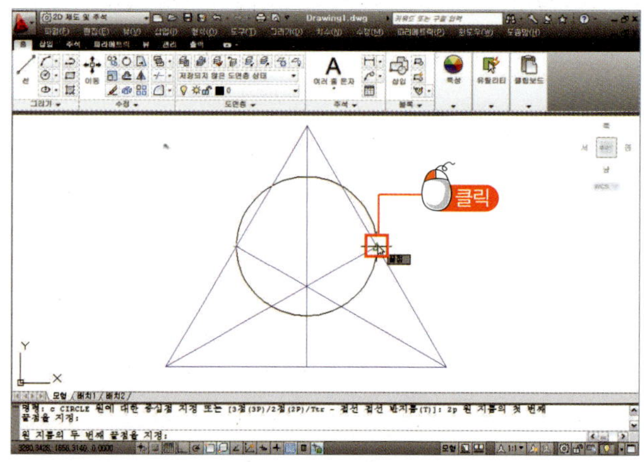

명령: **circle** Enter (또는 리본 메뉴, 풀다운 메뉴 클릭)
원에 대한 중심점 지정 또는 [3P/2P/Ttr(접선 접선 반지름)]: **2p** Enter (2점으로 원 그리기 지정 명령 입력)
원 지름의 첫 번째 끝점을 지정: (1번째 점 클릭 → 따라하기 01)
원 지름의 두 번째 끝점을 지정: (2번째 점 클릭 → 따라하기 02)

04 → 3점으로 원 그리기

3점을 통과하는 원을 그린다.

01_ 첫 번째 점을 지정한다.

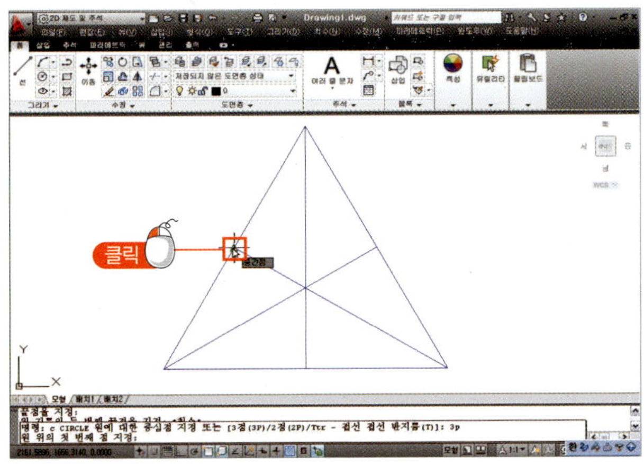

02_ 두 번째 점을 지정한다.

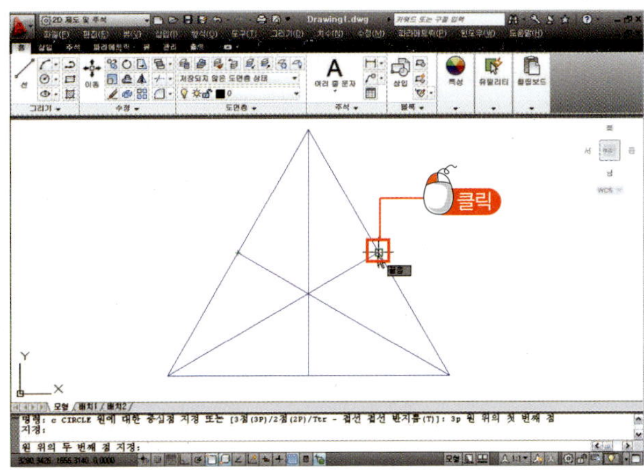

03_ 세 번째 점을 지정한다.

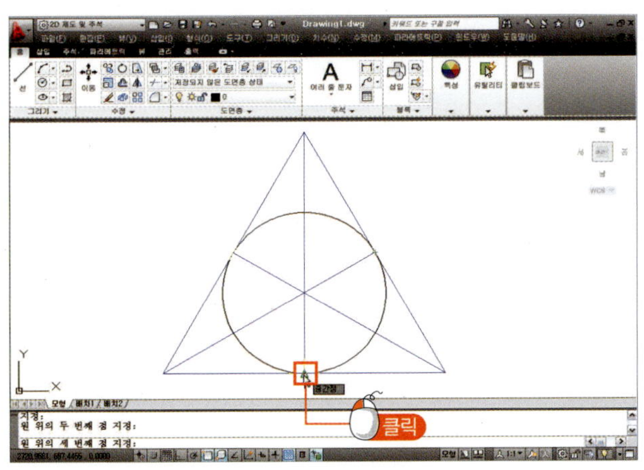

04_ 세 점을 통과하는 원이 생성된다.

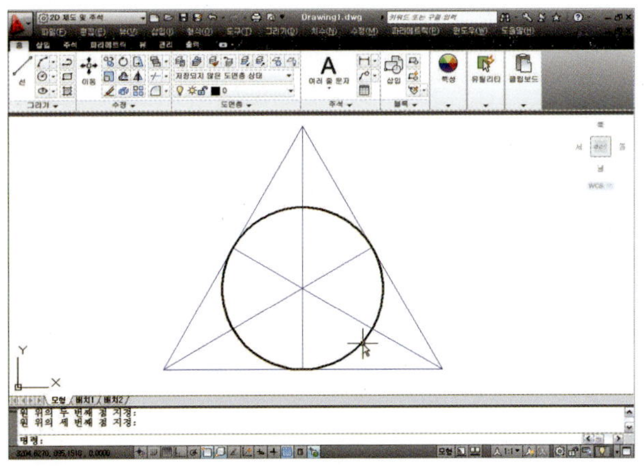

명령: **circle** `Enter` (또는 리본 메뉴, 풀다운 메뉴 클릭)

원에 대한 중심점 지정 또는 [3P/2P/Ttr(접선 접선 반지름)]: **3p** `Enter` (3점으로 원 그리기 지정 명령 입력)

원 지름의 첫 번째 끝점을 지정: (1번째 점 클릭 → 따라하기 01)

원 지름의 두 번째 끝점을 지정: (2번째 점 클릭 → 따라하기 02)

원 지름의 세 번째 끝점을 지정: (3번째 점 클릭 → 따라하기 03)

05 접선, 접선, 반지름으로 원 그리기

접하는 선 2개와 반지름으로 원을 그린다.

01_ 첫 번째 접선을 지정한다.

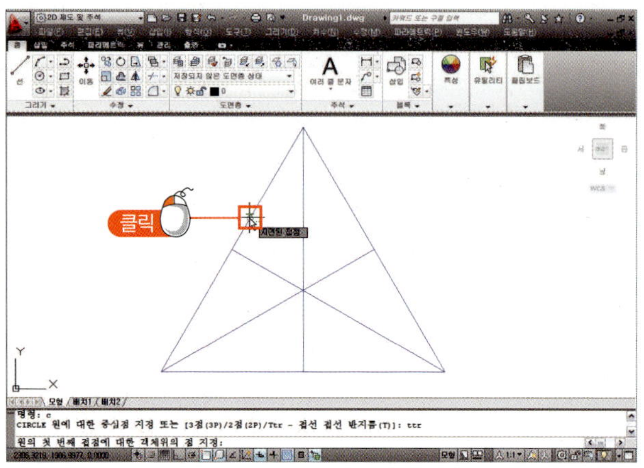

02_ 두 번째 접선을 지정한다.

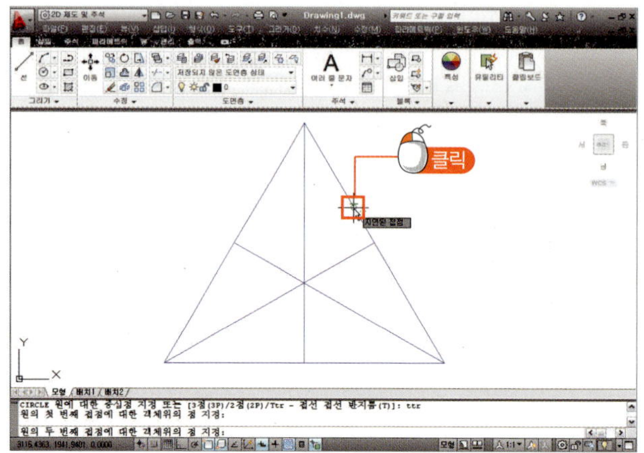

03_ 반지름을 지정한다.

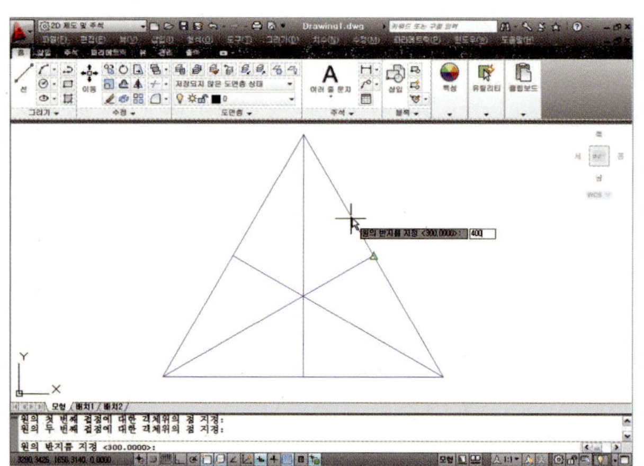

04_ 두선에 접하는 원이 생성된다.

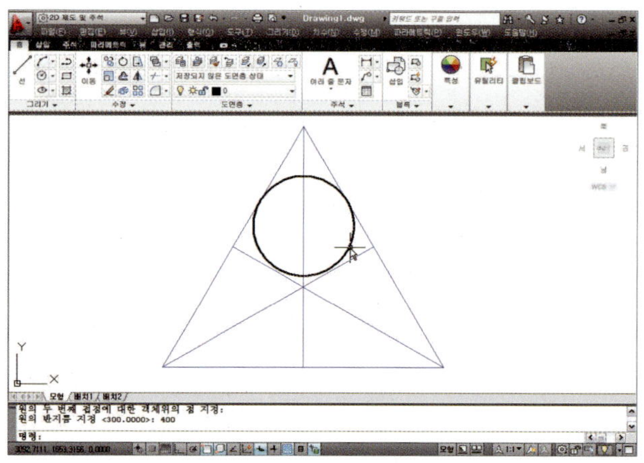

명령: **circle** Enter (또는 리본 메뉴, 풀다운 메뉴 클릭)

원에 대한 중심점 지정 또는 [3P/2P/Ttr(접선 접선 반지름)]: **ttr** Enter (2접점과 반지름으로 원 그리기 지정 명령 입력)

원의 첫 번째 접점에 대한 객체위의 점 지정: (1번째점 선 클릭 → 따라하기 01)

원의 두 번째 접점에 대한 객체위의 점 지정: (2번째점 선 클릭 → 따라하기 02)

원의 반지름 지정 〈300.0000〉: **400** Enter (반지름 값 입력 → 따라하기 03)

Tip 2접점과 반지름을 이용하는 원 그리기는 두 선이 평행하지 않아야 한다는 조건이 따르며, 조건이 허락되면 원 그리기는 선의 연장선 상에서라도 표현이 된다.

06 접선, 접선, 접선으로 원 그리기

세 선에 접하는 원을 그린다.

01 첫 번째 접선을 지정한다.

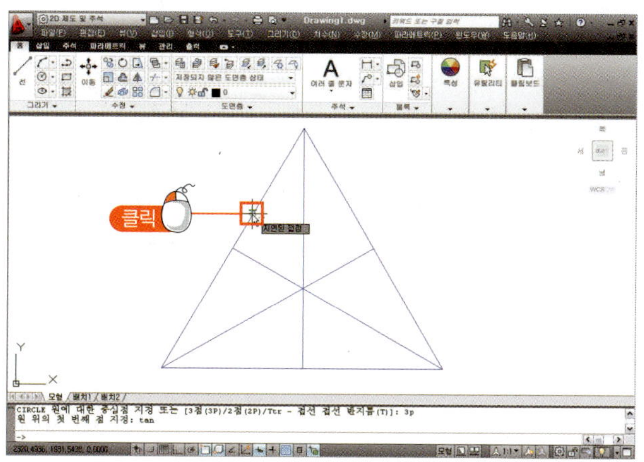

02 두 번째 접선을 지정한다.

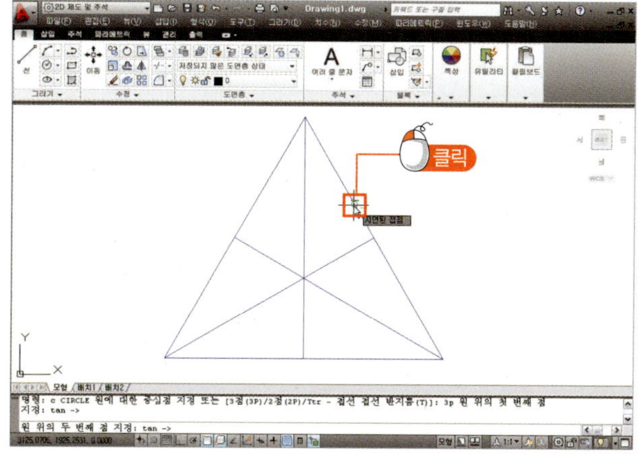

03 세 번째 접선을 지정한다.

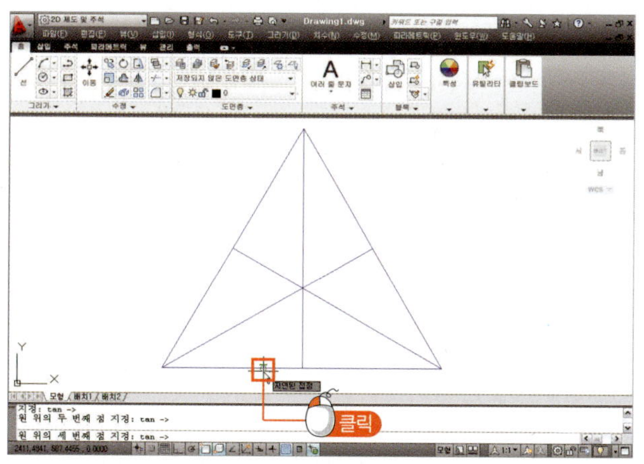

04 세 선에 접하는 원이 생성된다.

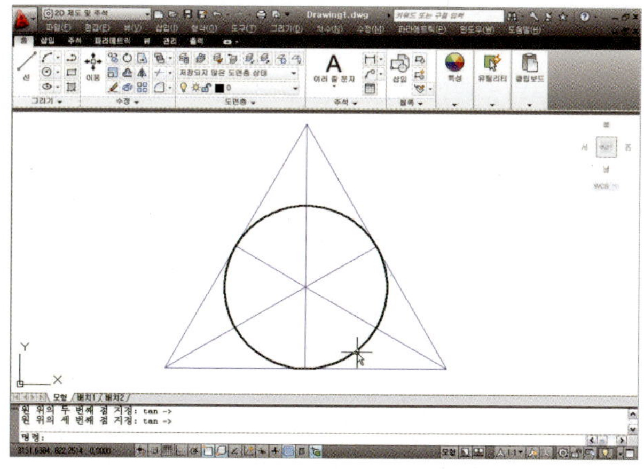

명령: **circle** Enter (또는 리본 메뉴, 풀다운 메뉴 클릭)
원에 대한 중심점 지정 또는 [3P/2P/Ttr(접선 접선 반지름)]: **3p** Enter (3점으로 원 그리기 지정 명령 입력)
원 위의 첫 번째 점 지정: tan Enter (선 위의 접점을 선택하는 옵션 명령 입력)
원 위의 첫 번째 점 지정: tan **(접점을 포함한 1번째 선 클릭)** (따라하기 01)
원 위의 두 번째 점 지정: tan Enter (선 위의 접점을 선택하는 옵션 명령 입력)
원 위의 두 번째 점 지정: tan **(접점을 포함한 2번째 선 클릭)** (따라하기 02)
원 위의 세 번째 점 지정: tan Enter (선 위의 접점을 선택하는 옵션 명령 입력)
원 위의 세 번째 점 지정: tan **(접점을 포함한 3번째 선 클릭)** (따라하기 03)

Tip 3접점을 이용하는 원 그리기는 세 선이 모두 평행하지 않아야 한다는 조건이 따르며, 조건이 허락되면 원 그리기는 선의 연장선 상에서라도 표현이 된다.

6 스플라인 그리기 (명령 : spline, 풀다운 메뉴: 그리기 〉 스플라인, 리본 탭: 홈 〉 그리기 〉 스플라인 ～)

통과점에 의한 자유 곡선을 그린다. 스플라인은 제품디자인 일반 실무에서는 거의 사용되지 않는 메뉴지만 자유곡선이 필요할 때 사용하면 유용하다.

01_ 첫 번째 시작점을 지정한다.

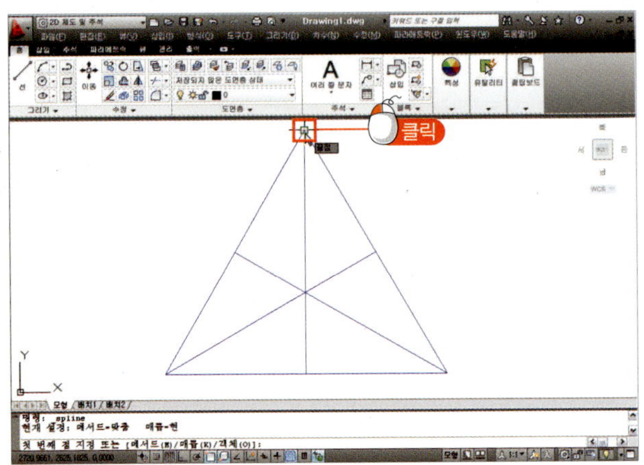

02_ 두 번째 통과점을 지정한다.

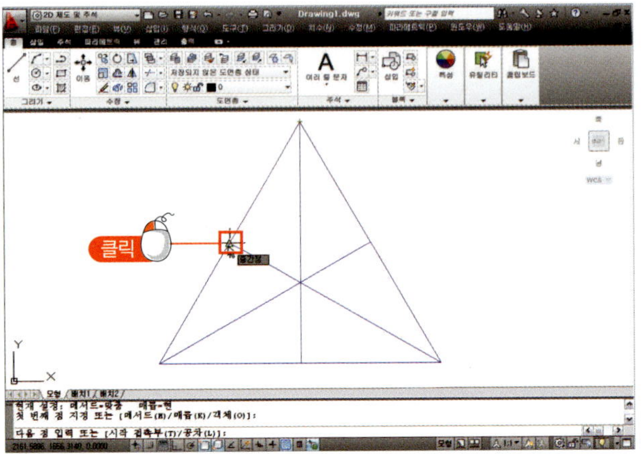

03_ 세 번째 통과점을 지정한다.

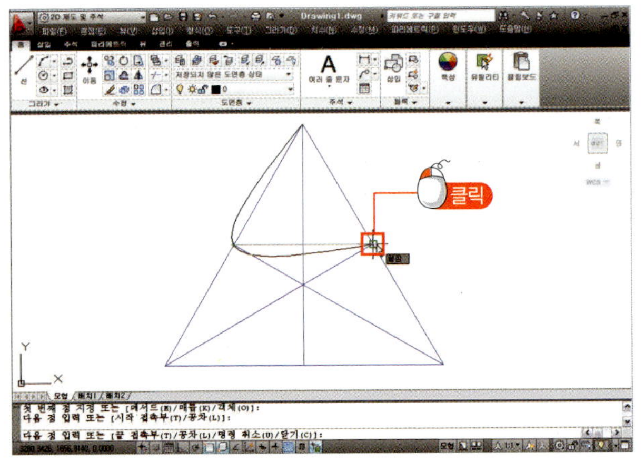

04_ 네 번째 끝점을 지정한다.

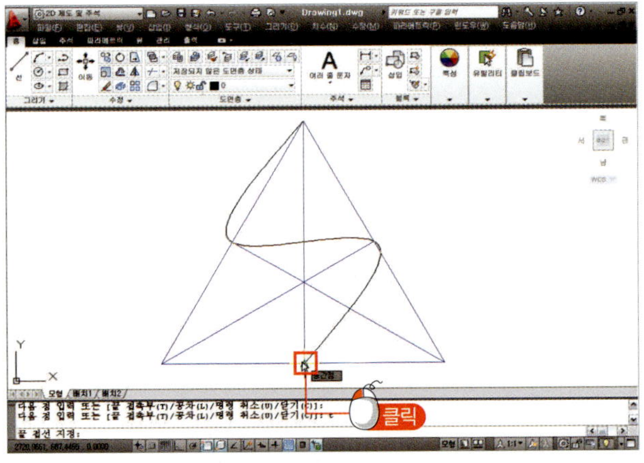

명령: **spline** Enter (또는 리본 메뉴, 풀다운 메뉴 클릭)

첫 번째 점 지정 또는 [객체(O)]: **(첫 번째 시작점 클릭)** (따라하기 01)

다음 점 지정: **(두 번째 통과점 클릭)** (따라하기 02)

다음 점 지정 또는 [닫기(C)/공차 맞춤(F)] 〈시작 접선〉: **(세 번째 통과점 클릭)** (따라하기 03)

다음 점 지정 또는 [닫기(C)/공차 맞춤(F)] 〈시작 접선〉: **(네 번째 끝점 클릭)** (따라하기 04)

다음 점 지정 또는 [닫기(C)/공차 맞춤(F)] 〈시작 접선〉: Enter (마지막점 지정 완료)

7 타원 그리기 (명령: ellipse, 풀다운 메뉴: 그리기 〉 타원, 리본 탭: 홈 〉 그리기 〉 타원)

타원 그리기는 원이나 호에 비해 사용 빈도가 그리 높지 않다. 유저가 원하는 정확한 디자인을 제공하는 것이 아니라 일률적인 각도에 의한 타원이 형성되기 때문이다. 그러므로 변형된 타원을 원할 때에는 수정을 해야 하는 불편도 따르게 된다. 그러나 타원 그리기는 정확한 치수 기입이나 초보자를 위한 도면작성에 반드시 필요한 요소라 할 수 있다.

01 중심점을 이용한 타원 그리기

중심점을 지정한 뒤 장축과 단축을 입력하여 타원을 그린다.

01_ 중심점을 지정한다.

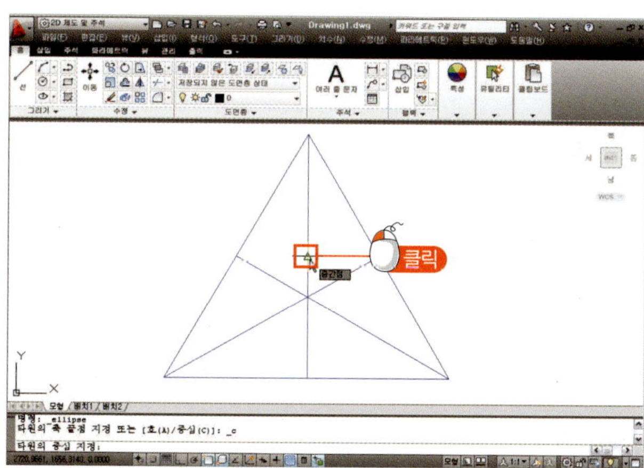

02_ 장축을 지정한다.

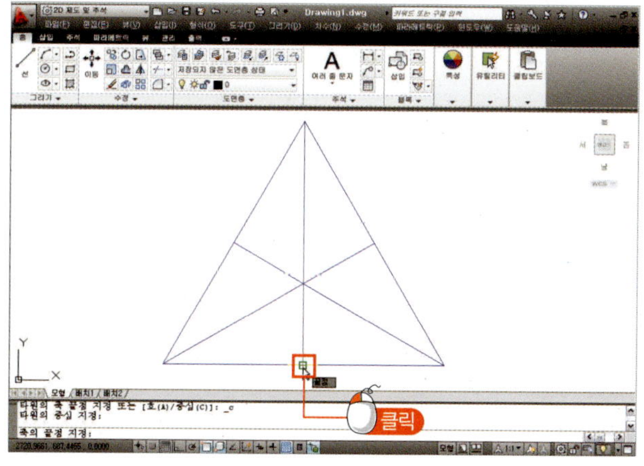

03_ 단축을 지정한다.

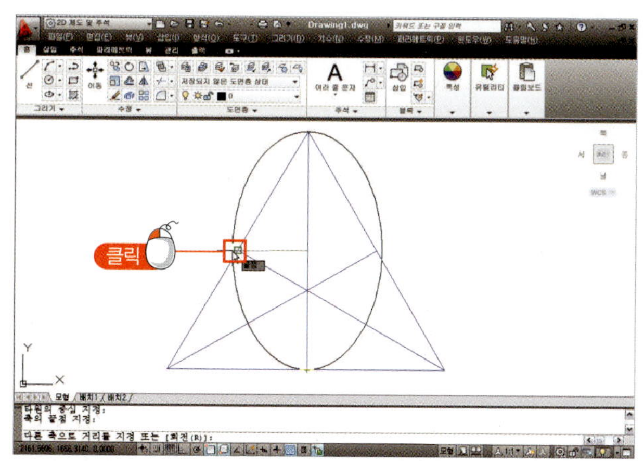

04_ 지정된 타원이 생성된다.

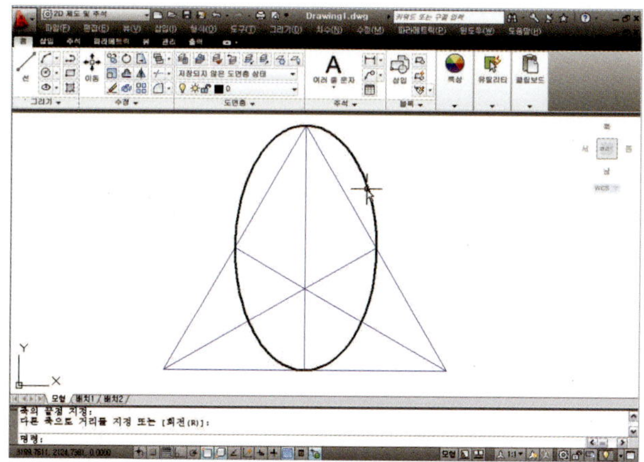

명령: **ellipse** Enter (또는 리본 메뉴, 풀다운 메뉴 클릭)
타원의 축 끝점 지정 또는 [호(A)/중심(C)]: **c** Enter (중심점 지정 후 타원 그리기 지정 명령 입력)
타원의 중심 지정: **(중심점 클릭)** (따라하기 01)
축의 끝점 지정: **(타원의 축 클릭)** (따라하기 02)
다른 축으로 거리를 지정 또는 [회전(R)]: **(타원의 다른 축 클릭)** (따라하기 03)

02 축, 끝점을 이용한 타원 그리기

한쪽 축의 끝을 지정한 뒤 나머지 축을 입력하여 타원을 그린다.

01 장축의 첫 번째 점을 지정한다.

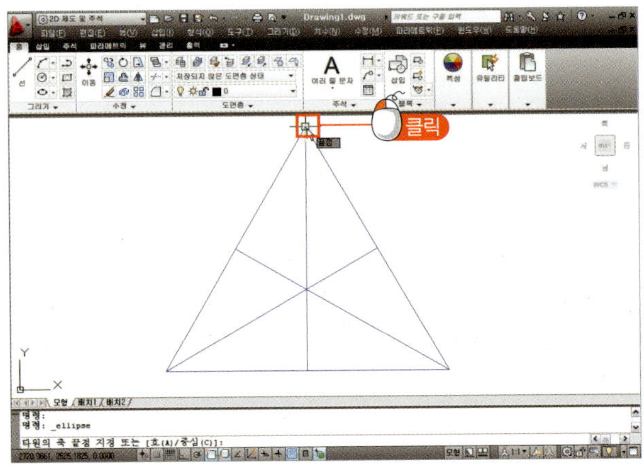

02 장축의 두 번째 점을 지정한다.

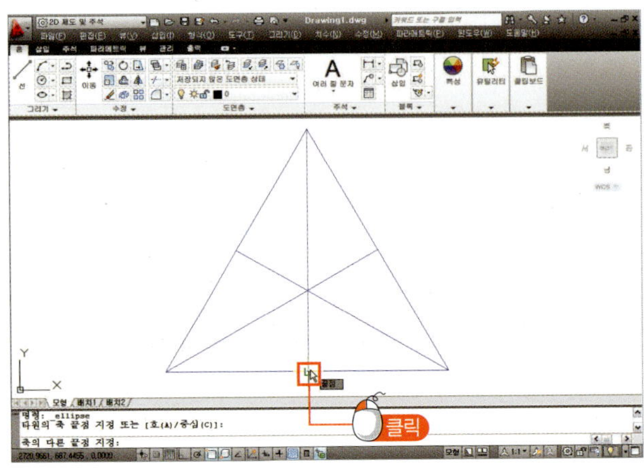

03 단축의 거리를 지정한다.

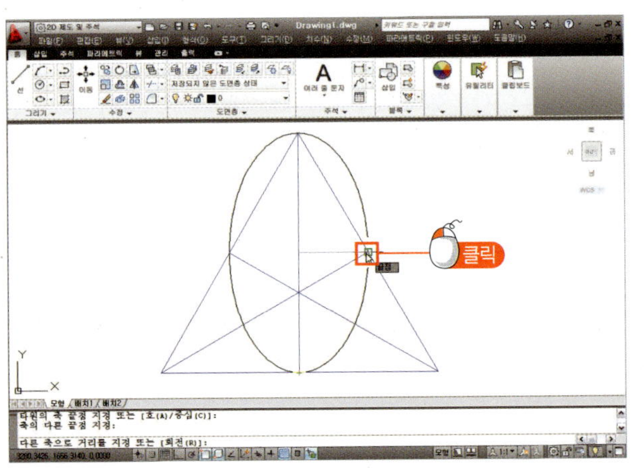

04 지정된 타원이 생성된다.

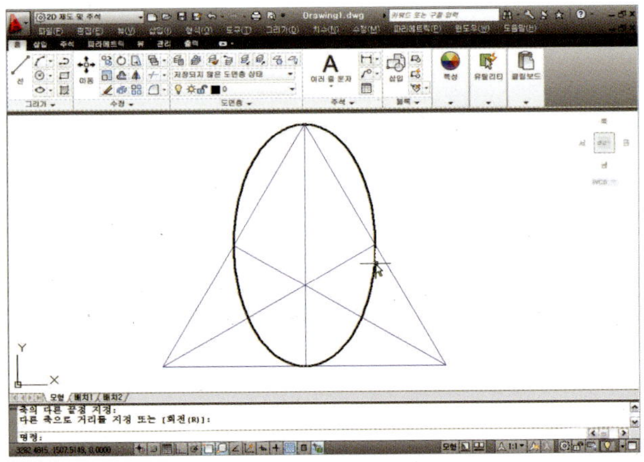

명령: **ellipse** Enter (또는 리본 메뉴, 풀다운 메뉴 클릭)
타원의 축 끝점 지정 또는 [호(A)/중심(C)]: **(타원의 축 끝점 클릭)** (따라하기 01)
축의 다른 끝점 지정: **(타원의 축 다른 끝점 클릭)** (따라하기 02)
다른 축으로 거리를 지정 또는 [회전(R)]: **(타원의 다른 축 끝점 클릭)** (따라하기 03)

> **Tip** 타원 그리기를 할 때 마지막에 회전을 통한 나머지 축을 지정할 수 있는데, 회전은 축을 기준으로 마치 원판이 회전하는 상태를 평면적으로 보이는 것처럼 그려낸다. 그러므로 회전(r) 명령 입력 후에는 각도로 타원을 그릴 수 있는데, 전혀 회전이 되지 않은 상태인 0도일 경우에는 원이 그려지고 90도일 경우 선이 되어 타원은 그려지지 않는다.

03 → 타원호 그리기

타원호는 원호가 원의 일부를 잘라낸 형태를 갖듯이, 타원의 일부를 잘라낸 호를 말한다.

01_ 타원의 장축의 첫 번째 점을 지정한다.

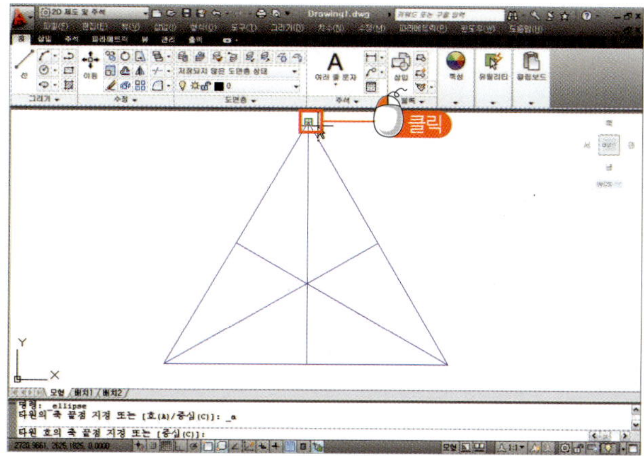

02_ 타원의 장축의 두 번째 점을 지정한다.

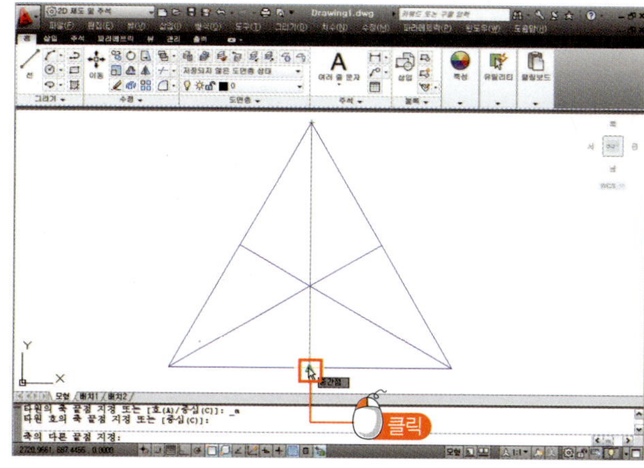

03_ 타원의 단축의 길이를 지정한다.

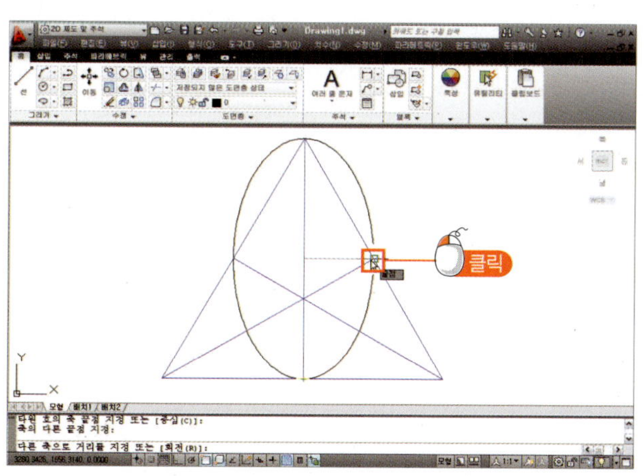

04_ 호의 첫 번째 점을 지정한다.

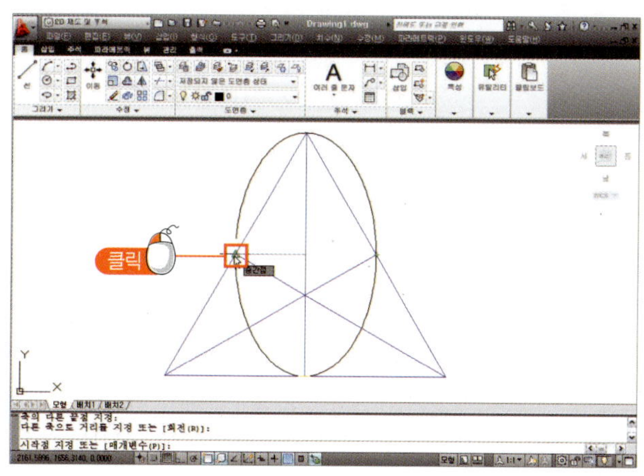

05_ 호의 두 번째 점을 지정한다.

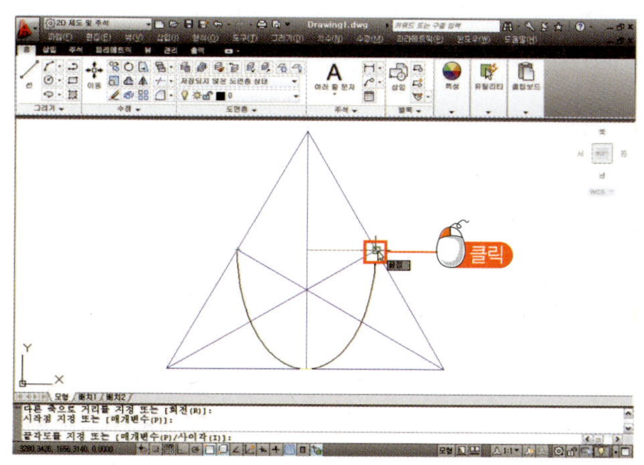

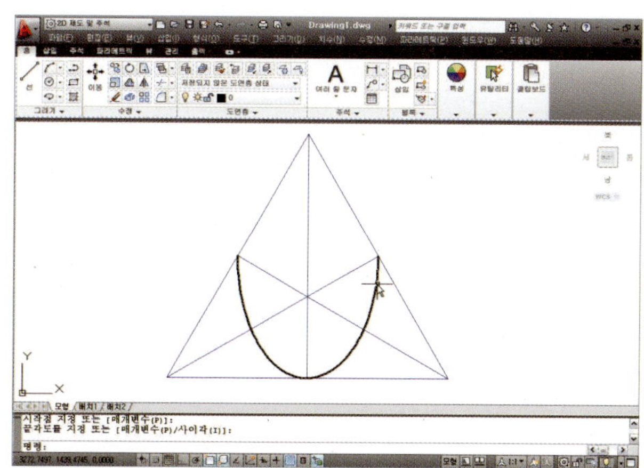

> **Tip**　호 그리기에서 이미 배웠지만 오토캐드의 모든 작업은 각도의 방향이 시계 반대방향이므로 시작점을 처음에 잘 고민해서 지정해야 한다.

명령: **ellipse** `Enter` (또는 리본 메뉴, 풀다운 메뉴 클릭)
타원의 축 끝점 지정 또는 [호(A)/중심(C)]: **a** `Enter` (타원 호 그리기 지정 명령 입력)
타원 호의 축 끝점 지정 또는 [중심(C)]: **(타원의 축 끝점 클릭)** (따라하기 01)
축의 다른 끝점 지정: **(타원의 다른 축 끝점 클릭)** (따라하기 02)
다른 축으로 거리를 지정 또는 [회전(R)]: **(타원의 다른 축 끝점 클릭)** (따라하기 03)
시작점 지정 또는 [매개변수(P)]: **(호가 시작할 지점 클릭)** (따라하기 04)
끝각도를 지정 또는 [매개변수(P)/사이각(I)]: **(호가 끝날 지점 클릭)** (따라하기 05)

8 블록 그리기 (명령: block, 단축명령: b, 풀다운 메뉴: 그리기 〉 블록, 리본 탭: 홈 〉 블록 〉 작성)

블록은 그린다기보다는 이미 그려진 작업을 저장한다고 보는 것이 맞다. 블록을 작성해두면 작업 용량도 줄어들 뿐 아니라 작업 속도도 빨라진다. 블록은 기본적으로는 사용할 수 있도록 되어 있으나, 파일로 저장하거나 파일을 불러들일 수도 있다.

01 → 블록 작성

그려진 도면의 일부를 블록으로 저장한다.

01_ 블록 이름을 작성한다.

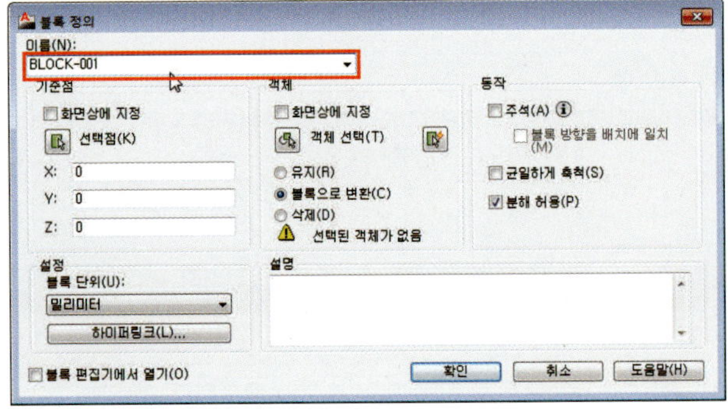

02_ 기준점을 지정한다.

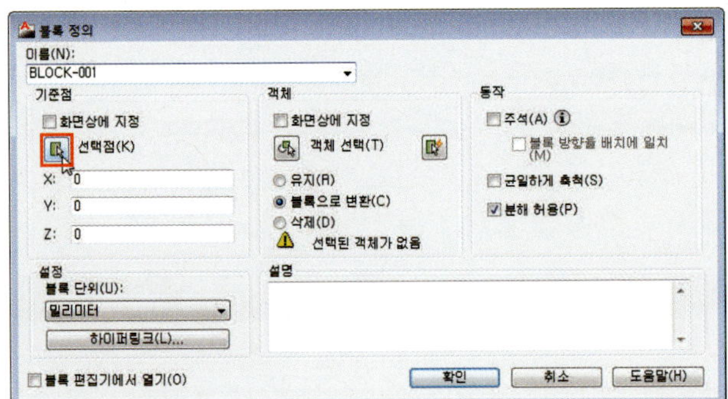

03_ 블록이 될 객체를 선택한다.

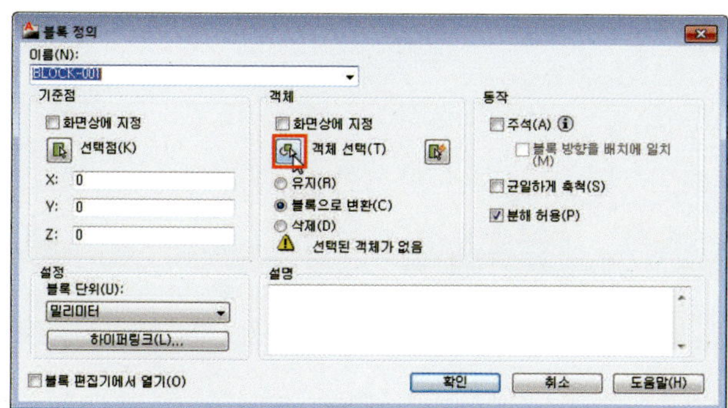

04_ 객체를 블록으로 만든다.

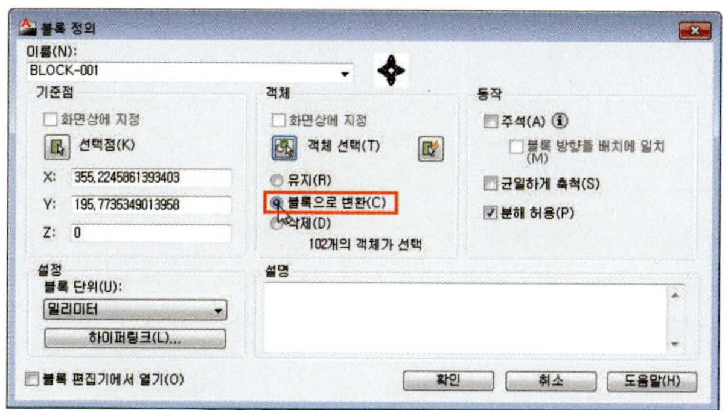

05_ 기준점을 지정할 때는 블록이 입력될 지점이 되므로 객체 스냅을 활용하여 지정하는 것이 좋다.

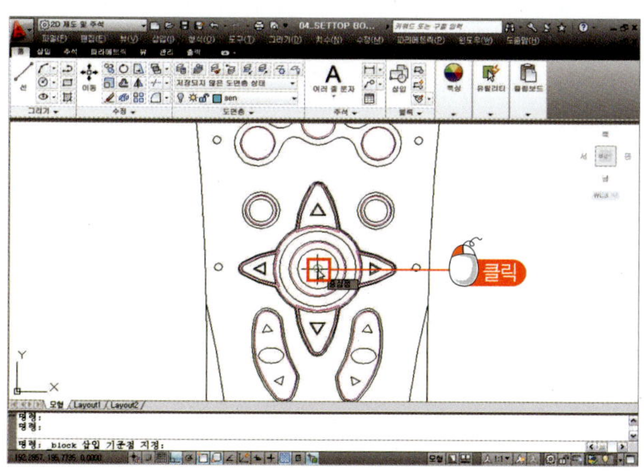

06_ 블록이 되는 객체가 선택되어졌다.

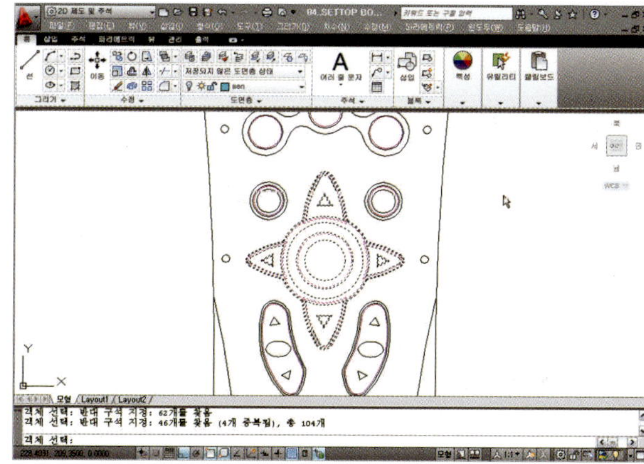

02 → 블록 입력 (명령: insert, 단축명령: i, 풀다운 메뉴: 삽입 〉 블록, 리본 탭: 홈 〉 블록 〉 삽입)

작성된 블록을 도면에 삽입한다.

01_ 작성된 블록을 선택한다.

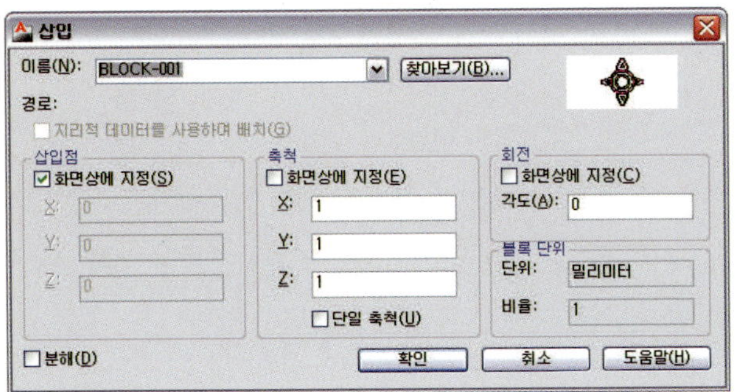

02_ 기준점을 이용하여 블록을 입력한다.

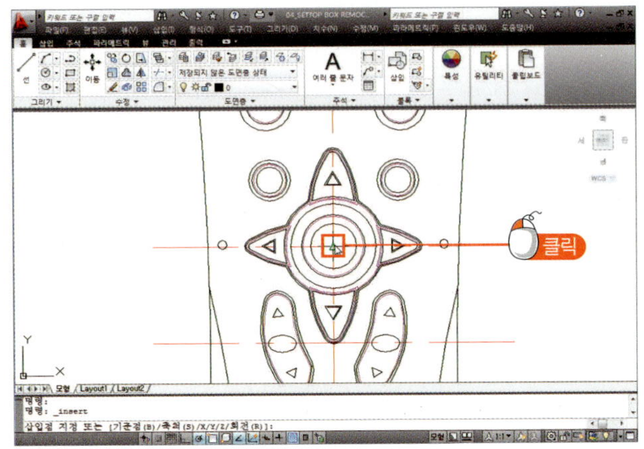

> **Tip** 블록의 삽입점은 블록 작성 때 지정했던 곳이 되므로 블록 관리에 유용한 점으로 지정해야 한다. 또한 삽입 시에 축척이나 회전을 미리 지정해두면 작업을 두 번 하지 않아도 된다. 블록 외에도 이미지를 넣을 수 있으나 제품디자인 도면에 많이 사용하지는 않는다.

> **Tip** **W 블록 입력 만들기(블록쓰기)**
> 블록은 도면 내에서만 이용할 수 있는 형태로 도면에 저장이 되지만, 다른 도면에 사용하기 위해서는 저장 방법을 다르게 하여야 한다. 오토캐드에서는 블록 입력에 dwg 파일을 선택할 수 있는데 이를 이용할 수 있도록 도면의 전체 또는 일부를 새로운 dwg 파일로 만드는 것을 'wblock'이라한다. 2011 버전에서는 리본 메뉴와 풀다운 메뉴에는 명령 아이콘 없으며 명령 프롬프트에서 'wblock'을 입력하여 블록 쓰기 창을 연다.
>
> 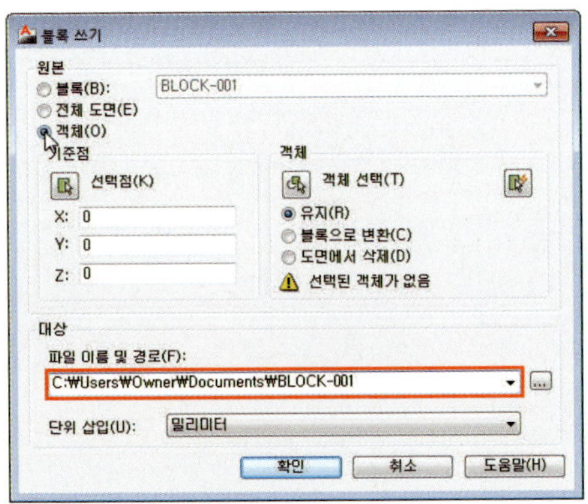
>
> ▲ W 블록의 저장 위치를 지정한다.
>
> 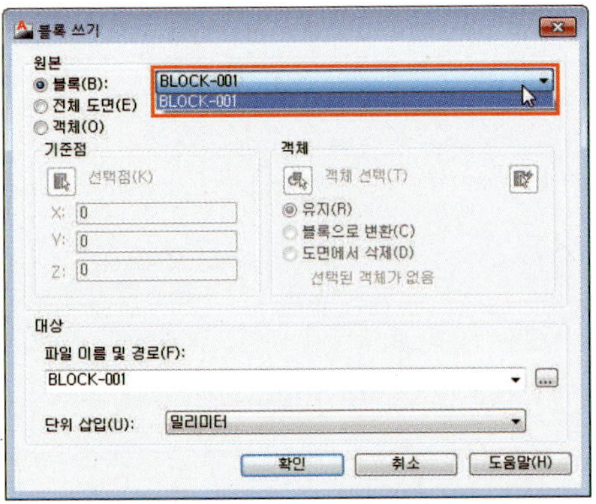
>
> ▲ W 블록은 기존 객체뿐 아니라 기존 블록을 선택할 수 있다.

> **Tip** 블록은 기존의 블록, 전체 도면, 객체를 선택할 수 있으며 객체를 선택할 때는 블록 만들기와 동일한 방법으로 기준점 지정과 객체 선택을 하면 된다. 블록을 불러올 때에는 '파일 이름 및 경로'를 통해 저장되는 위치를 확인한 후 블록 입력에서 대상을 불러오면 된다.

9 해치, 그라데이션 그리기

2차원 도면의 닫힌 공간에 무늬나 색을 넣는다.

01 해치 그리기 (명령: hatch, 단축명령 : h, 풀다운 메뉴: 그리기 〉 해치, 리본 탭: 홈 〉 그리기 〉 해치 🖾)

❶ **유형 및 패턴** : 표시될 해치의 모양을 결정한다. 유형에서 직접 사용자 지정으로 모양을 만들 수 있으며, 패턴/견본을 통해 이미 작성되어 있는 해치 패턴을 고를 수 있다.

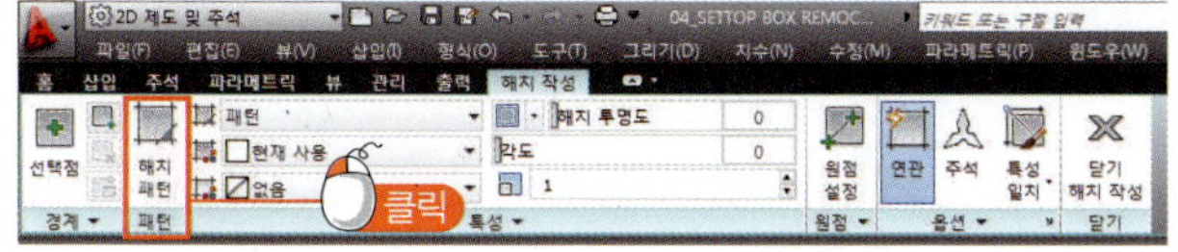

▲ 해치 유형을 패턴 명칭으로 선택하거나 견본을 통해 고를 수 있다.

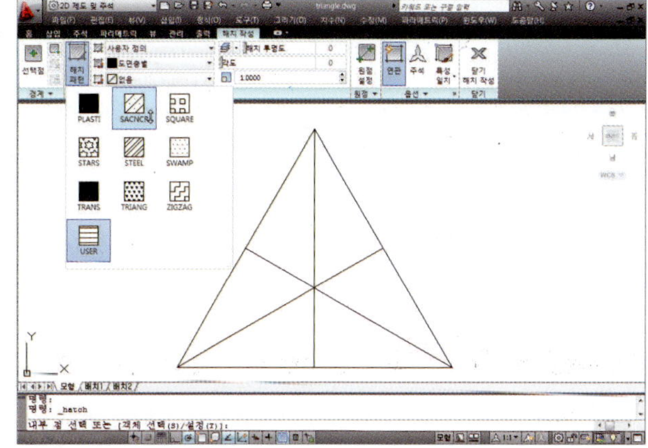

▲ 견본을 클릭하면 패턴을 선택할 수 있는 창이 뜬다.

❷ **각도 및 축척** : 해치 패턴이 입력될 때의 각도와 크기를 지정한다. 특히 이 메뉴는 제품의 크기에 따라 변화를 주기 위해 많이 사용되므로 잘 익혀두도록 한다.

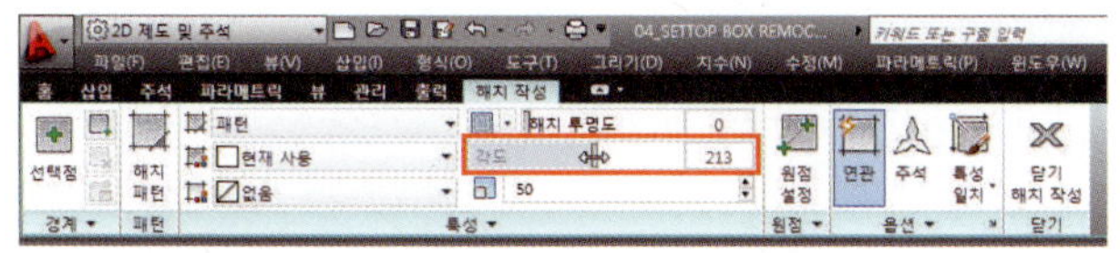

▲ 해치가 입력되는 각도를 지정할 수 있다.

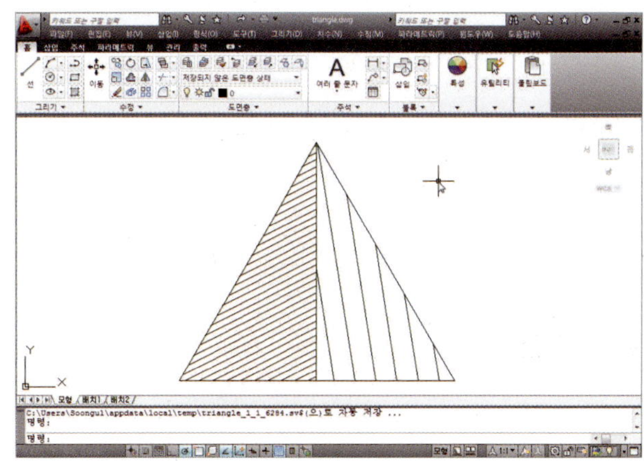

▲ 같은 유형의 패턴이라도 각도와 축척을 통해 다르게 표현할 수 있다.

❸ **원점 설정** : 해치 무늬의 처음 시작되는 지점을 지정한다. 불규칙한 패턴인 경우 시작 위치가 다르면 표현도 달라질 수 있기 때문이다.

❹ **경계(추가 : 선택점)** : 해치가 들어갈 닫힌 면을 선택하여 클릭한다. 다수의 면을 클릭할 수 있으며, 1개의 해치가 적용된다. 화면상에서 닫힌 면이 아닐 경우에는 경계를 찾을 수 없다는 오류창을 띄운다.

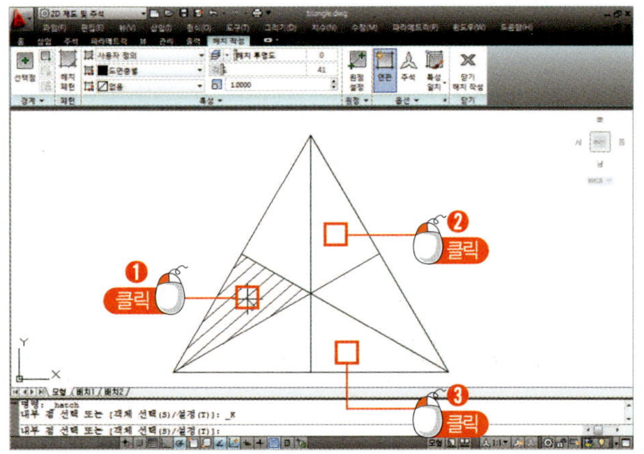

▲ 경계를 선택점 방식으로 지정하면 오토캐드가 클릭한 부분의 닫힌 경계를 찾는다.

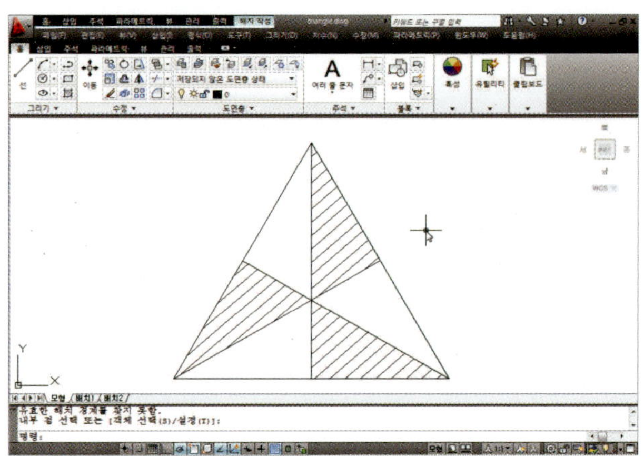

▲ 경계가 완성되지 않으면 그 부분은 해치되는 경계에서 제외된다.

❺ **경계(추가 : 객체 선택)** : 해치의 경계가 될 객체들을 선택한다. 오토캐드는 경계를 계산해서 닫힌 모든 부분에 대해서 해치를 그리게 되나 한 개의 닫힌 면도 발견하지 못하면 오류창을 띄운다.

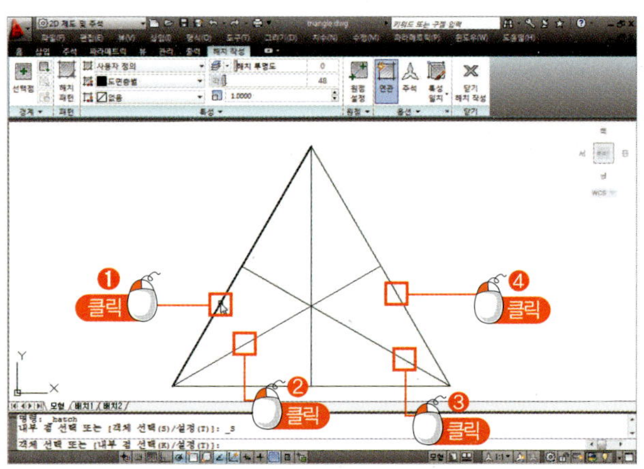

▲ 경계를 객체 선택 방식으로 지정하면 선택한 객체를 통해 닫힌 경계를 표현한다.

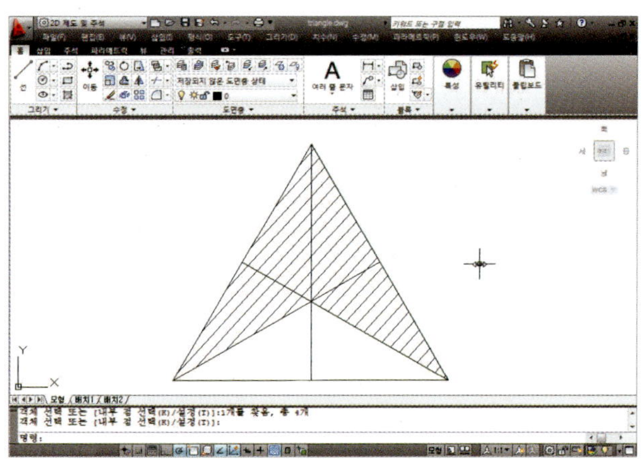

▲ 선택된 선에 의해 닫혀 있지 않은 부분은 해치되는 경계에서 제외된다.

❻ **옵션** : 그려지는 해치의 성격을 지정한다.

❼ **특성 일치** : 선택한 해치의 성격을 적용하여 새로운 해치를 그린다.

02 → 그라데이션 그리기 (명령: gradient, 풀다운 메뉴: 그리기 〉 그라데이션, 리본 탭: 홈 〉 그리기 〉 그라데이션)

해치 넣기와 같은 방법으로 그릴 수 있으며, 2개 이하의 색을 선택할 수 있다. 단, 해치는 패턴을 그리는 데 반해 그라데이션은 색을 칠한다.

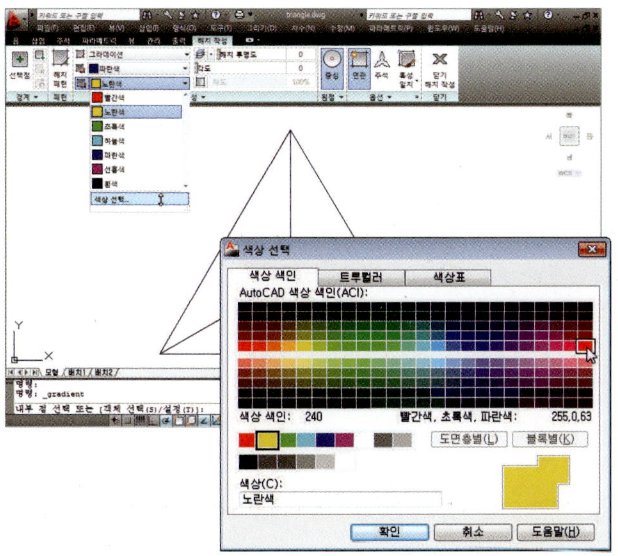

▲ 다양한 색상을 선택할 수 있다.

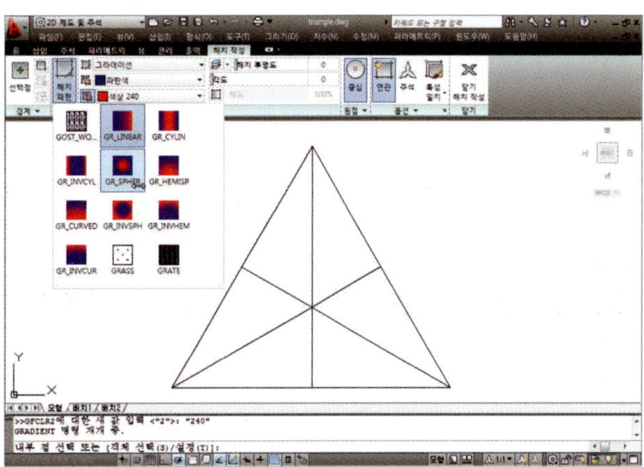

▲ 그라데이션 형태를 지정할 수 있다.

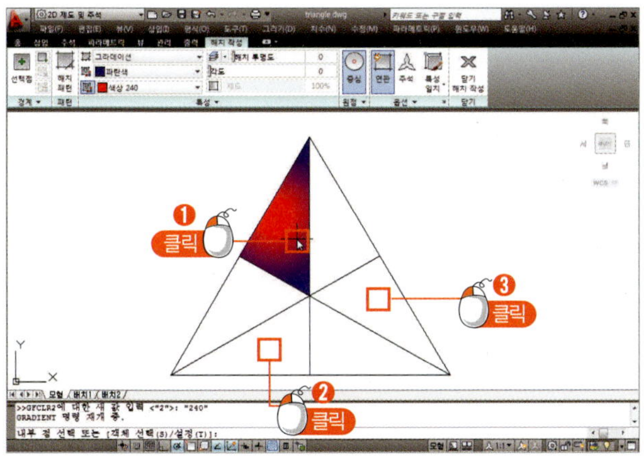

▲ 해치와 같은 방식으로 지역을 선택한다.

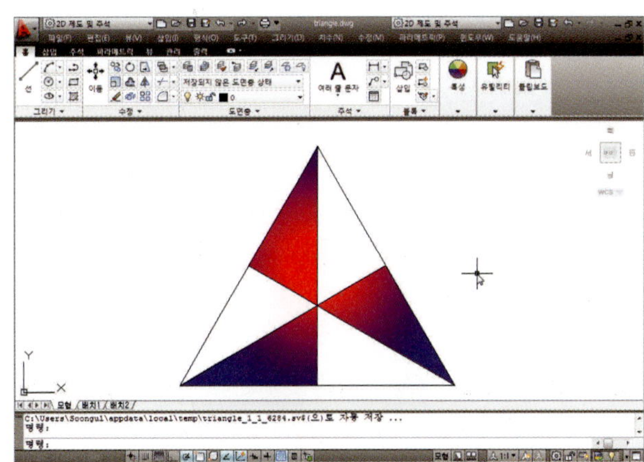

▲ 지정된 색으로 칠해진 모습

10 문자 넣기

문자는 도면을 설명하고 정리하는 데 중요한 요소이므로 문자의 크기, 폰트, 간격 등을 잘 조절할 수 있어야 한다. 문자 넣기에는 여러 문장을 입력할 수 있는 다중행 문자 넣기와 1줄만 입력하는 단일행 문자 넣기가 있다.

01 → 다중행 문자 넣기 (명령: mtext, 단축명령: t, 풀다운 메뉴: 그리기 〉 문자, 리본 탭: 주석 〉 문자 A 여러 줄 문자)

다중행 문자 넣기는 오토캐드에서 지원하는 폰트와 윈도우에서 지원하는 폰트를 모두 사용할 수 있으며, 대화상자를 통해 쉽게 문자의 속성을 정할 수 있다. 문자 입력 시 자동으로 문자 편집기가 나타난다.

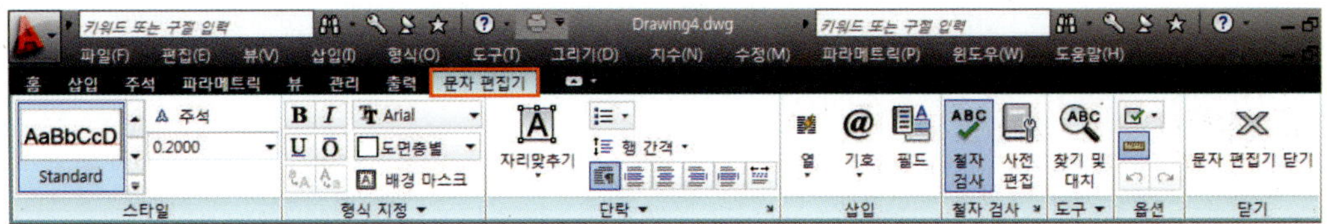

▲ 문자 편집기

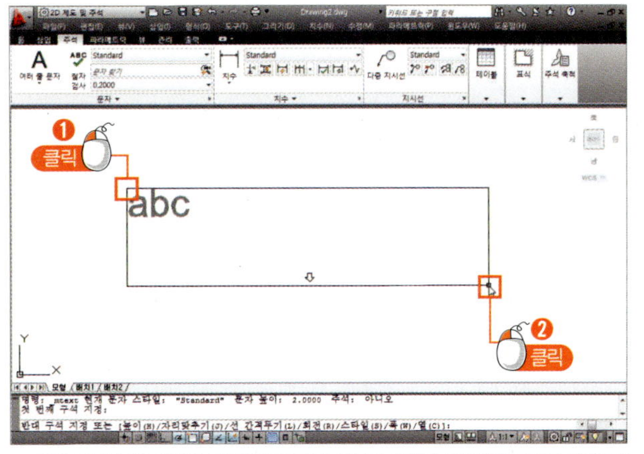

▲ 시작 위치와 끝 위치를 클릭하여 문자가 들어갈 위치와 문자열의 크기를 지정한다.

▲ 문자 형식의 설정에 따라 입력되는 문자의 형태가 달라진다.

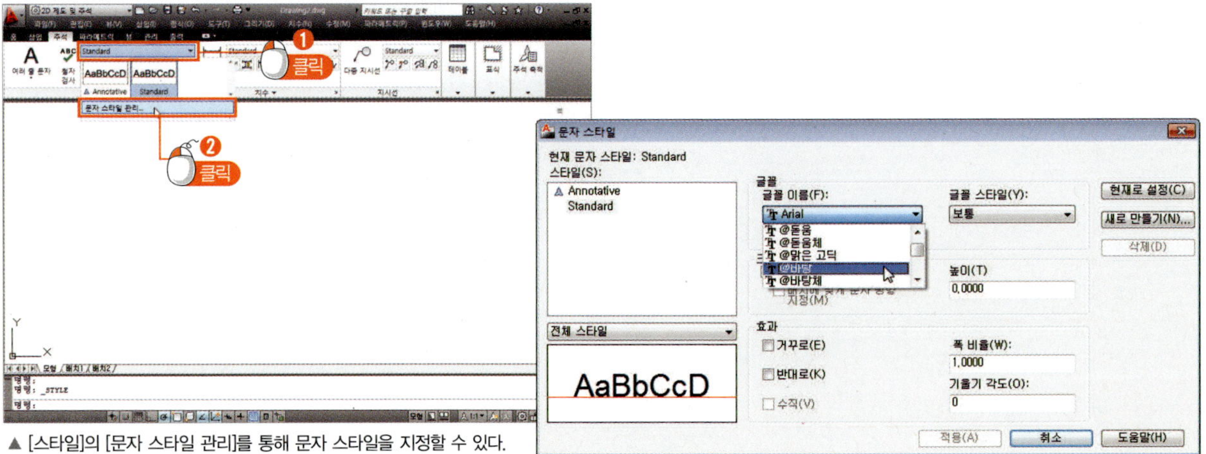

▲ [스타일]의 [문자 스타일 관리]를 통해 문자 스타일을 지정할 수 있다.

> **Tip** 일반적으로 오토캐드에서는 standard 스타일이 기본으로 지원되며, 사용자가 미리 만들어둔 글꼴 형식을 고를 수도 있다. 이러한 문자의 형식은 문자 스타일 명령(명령: style, 풀다운 메뉴: 형식 〉 문자 스타일, 리본 탭: 주석 〉 문자 스타일 관리)에서 수정 또는 추가할 수 있다.

> **Tip** 오토캐드에서 기본으로 지원하는 글꼴은 SHX 글꼴이다. 이 글꼴만 이용하면 도면의 redraw나 zoom 등의 명령 실행 시 빠른 진행 속도를 얻을 수 있으나 글꼴이 수려하지 못한 단점이 있으며, 윈도우에서 지원하는 트루타입 글꼴을 사용하면 도면 용량이 커지고 속도가 느려지는 단점이 있다.

02 단일행 문자 넣기 (명령: dtext, 단축명령: dt, 풀다운 메뉴: 그리기 〉 문자, 리본 탭: 주석 〉 문자 단일행)

단일행 문자 넣기는 빠르게 적을 때 사용하며, 대화상자를 띄우지 않고 클릭과 값을 입력하여 내용을 수정할 수 있다.

01_ 문자가 들어갈 위치를 지정한다.

02_ 문자의 내용과 회전 각도를 지정하면 문자가 직접 입력된다.

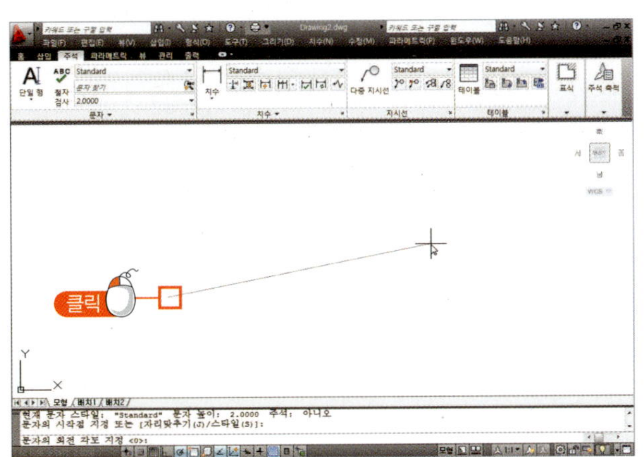

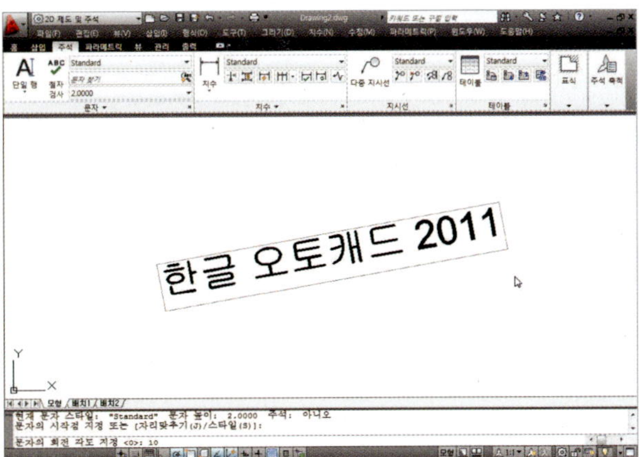

명령: **dtext** Enter (또는 리본 메뉴, 풀다운 메뉴 클릭)
현재 문자 스타일: "Standard" 문자 높이: 2 (현재 지정되어 있는 글꼴 형식을 보여줌)
문자의 시작점 지정 또는 [자리맞추기(J)/스타일(S)]: (시작점 클릭 → 따라하기 01)
높이 지정 〈2〉: **15** Enter (글꼴의 높이 입력)
문자의 회전 각도 지정 〈0〉: **10** Enter (글꼴의 회전 값 입력 → 따라하기 02)
(내용 입력 후 글쓰기를 종료하려면 Enter 키를 눌러 줄바꾸기를 하고 다시 Enter)

11 그 밖의 그리기

도면을 작성함에 있어서 앞에서 배운 그리기 명령만으로 모든 도면을 그릴 수 있다. 그렇지만 필요에 따라 적용하는 그 밖의 그리기 명령을 사용하면 도면 작성을 빠르게 진행하는 데 도움이 된다.

01 → 점 그리기 (명령: point, 단축명령: po, 풀다운 메뉴: 그리기 〉점, 리본 탭: 홈 〉그리기 〉다중 점 ⋅)

점은 도면을 그릴 때에 위치를 지정하거나 관리할 때 사용한다. 점을 유용하게 사용하는 숙련자는 위치를 잡을 때 점을 이용하여 손쉽게 작성하기도 하나 대부분의 실무에서는 눈에 잘 보이는 선을 이용하는 경우가 많다.

> **Tip**　점의 좌표 또는 지정하는 위치의 좌표 자료를 얻기 위해서는 명령 'id'를 사용한다.

> **Tip**　**점 스타일(명령: ddptype)**
> 작성되는 점의 모양을 정해주는 명령으로 점이 다른 도형과 구별된 형태로 표현될 수 있다. 그러나 점은 면적을 갖지 않기 때문에 도면에서 축척 명령이 수행되지 않는다. 그래서 출력 시에도 점으로만 표현된다.
>
> 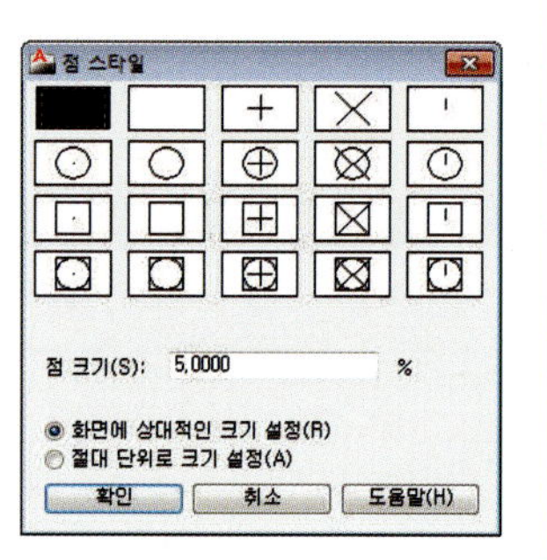

02 → 도넛 그리기 (명령: donut, 단축명령: do, 풀다운 메뉴: 그리기 〉도넛, 리본 탭: 홈 〉그리기 〉도넛 ◎)

도넛 그리기는 일반적인 도넛 그리기뿐만 아니라 도면상의 점을 그릴 때 사용하는 명령으로 중요하다. 여기서 말하는 도면상의 점은 면적을 갖고 축적 명령이 수행되는 점을 의미한다.

01_ 도넛이 입력될 중심점을 지정한다.

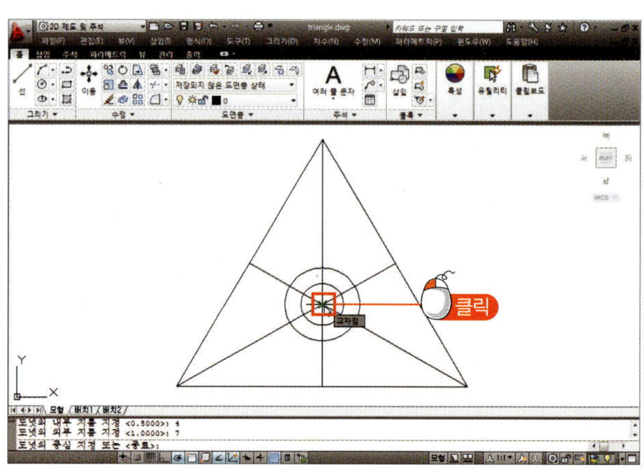

02_ 도넛의 내, 외부 점을 지정하면 면적을 가진 도넛이 그려진다.

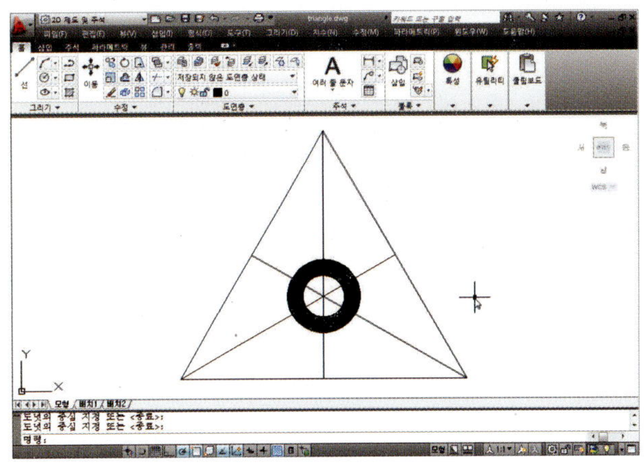

명령: **donut** `Enter` (또는 리본 메뉴, 풀다운 메뉴 클릭)
도넛의 내부 지름 지정 〈0.5000〉: **4** `Enter` (내부 원의 반지름 입력)
도넛의 외부 지름 지정 〈1.0000〉: **7** `Enter` (외부 원의 반지름 입력)
도넛의 중심 지정 또는 〈나가기〉: **(도형의 중심점 클릭)** (따라하기 01)
도넛의 중심 지정 또는 〈나가기〉: `Enter` (도형 생성 종료 → 따라하기 02)

Tip 도넛 그리기를 통한 점 그리기는 내부 원의 반지름을 '0'으로 하면 속이 가득 채워진 점이 된다. 이 점은 오토캐드 상에서 점과 달리 면적을 갖고 있기 때문에 출력 시에 도면 상에 나타나게 된다. 때문에 작업의 편리를 위해 점 그리기를 사용한다면, 실무에서는 도넛 그리기를 이용한 점을 더 많이 사용한다. 도넛 그리기로 그린 점만이 도면에 표현되기 때문이다.

03 → 2D 솔리드 (명령: solid, 단축명령: so)

오토캐드에서 솔리드 명령은 모두 3차원 명령에 속한다. 여기서의 solid 명령은 다각형의 면을 칠하는 명령으로, 해치로도 충분히 가능하지만 해치는 축척에 따라 다른 결과가 나올 뿐만 아니라 용량을 많이 차지한다. 단 솔리드로 작업을 하면 색상만 바꿀 수 있고, 해치와 같이 다양한 무늬를 지정할 수가 없다. 2D 솔리드 명령은 솔리드 그리기 명령이 아닌 곡면 그리기 명령에 속해 있다.

01_ 첫 번째 점을 지정한다.

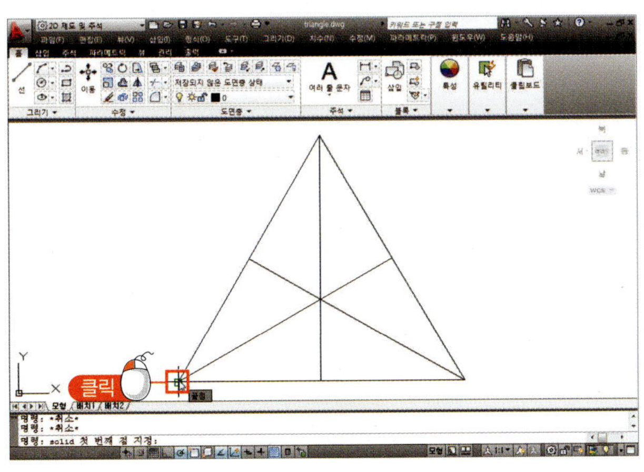

02_ 두 번째 점을 지정한다.

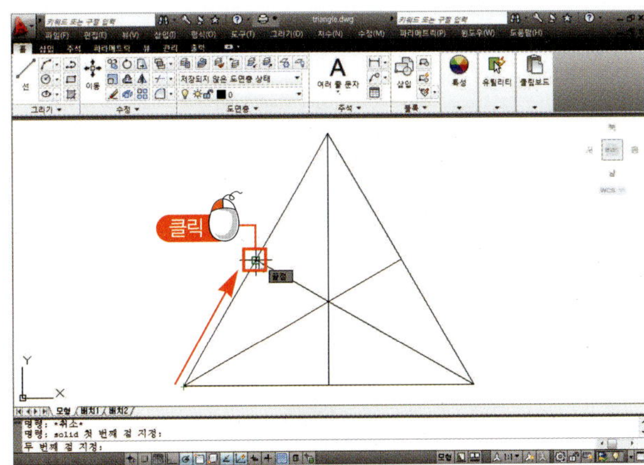

03_ 세 번째 점을 지정한다.

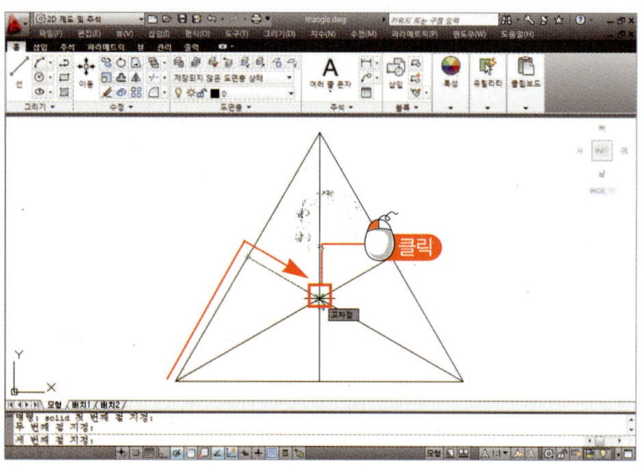

04_ 네 번째 점을 지정한다.

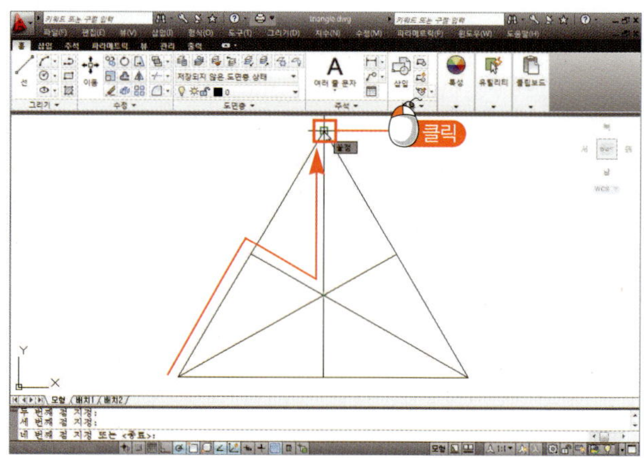

05_ 다섯 번째 점을 지정한다.

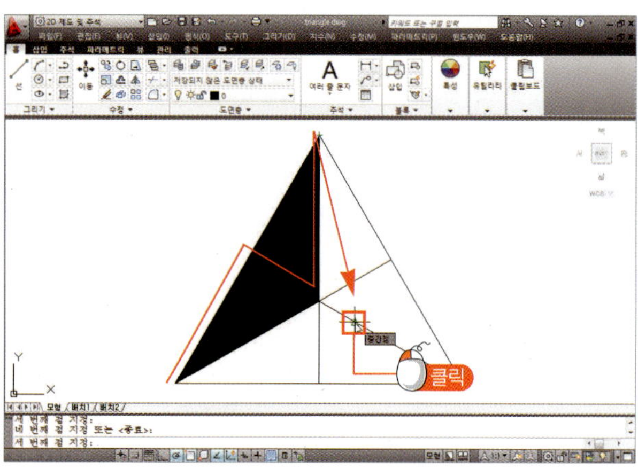

06_ 여섯 번째 점을 지정한다.

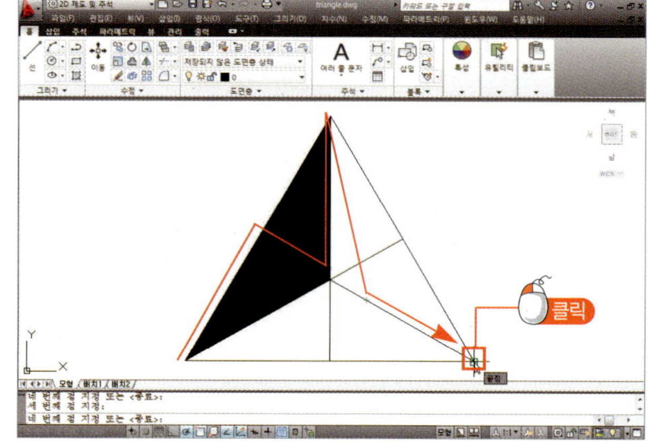

07_ 4개의 점으로 1개의 면이 완성된다.

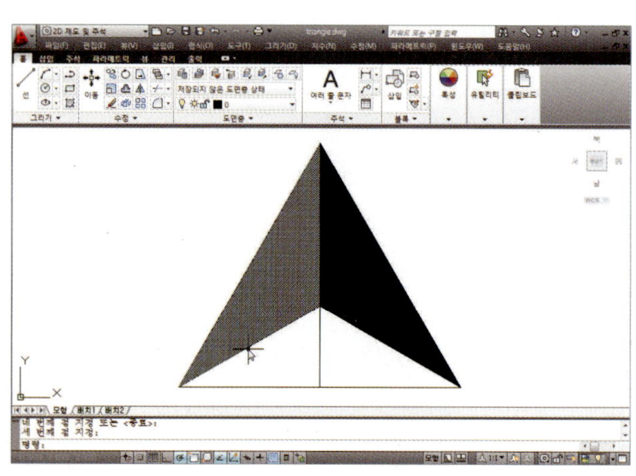

08_ 다음 면은 이전 면의 한 변을 첫 변으로 지정하게 된다.

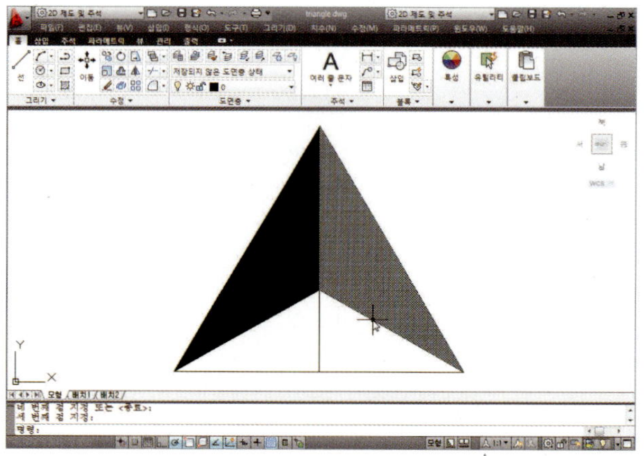

명령: **solid** Enter

첫 번째 점 지정: **(시작점 클릭)** (따라하기 01)

두 번째 점 지정: **(두 번째 점 클릭)** (따라하기 02)

세 번째 점 지정: **(세 번째 점 클릭)** (따라하기 03)

네 번째 점 지정 또는 〈종료〉: **(네 번째 점 클릭)** (따라하기 04)

세 번째 점 지정: **(다섯 번째 점 클릭)** (따라하기 05)

네 번째 점 지정 또는 〈종료〉: **(여섯 번째 점 클릭)** (따라하기 06)

세 번째 점 지정: Enter (도형 생성 종료 → 따라하기 07)

Tip　2D 솔리드 면 작성 시 유의점

• 2D 솔리드 그리기는 3점에 의한 3각형을 면으로 채워나간다. 처음 사용하는 유저일 경우 이러한 점을 모른다면 결과가 엉뚱하게 나오게 된다. 3각형 2개가 합해져 4각형을 만드는 방식이기 때문에 테두리를 두르듯 점을 찍어 나가면 생성된 면은 꼬여서 나타나기 때문이다. 예를 들면 기본 4각형일 경우 각각의 점을 1, 2, 3, 4번 점이라고 명칭을 붙였을 때 1번부터 차례대로 점을 클릭하게 되면 3각형 면의 생성은 1, 2, 3번 점으로 하나가 생성되고 2, 3, 4번 점으로 두 번째 면이 생성되어 두 개의 면은 겹쳐지게 된다. 면이 겹쳐지지 않으려면 1, 2, 4, 3번 점을 차례로 클릭하게 되면 3각형 면의 생성은 1, 2, 4번 점으로 하나가 생성되고 2, 4, 3번 점으로 두 번째 면이 생성되어 완벽한 사각형 면이 생성된다.

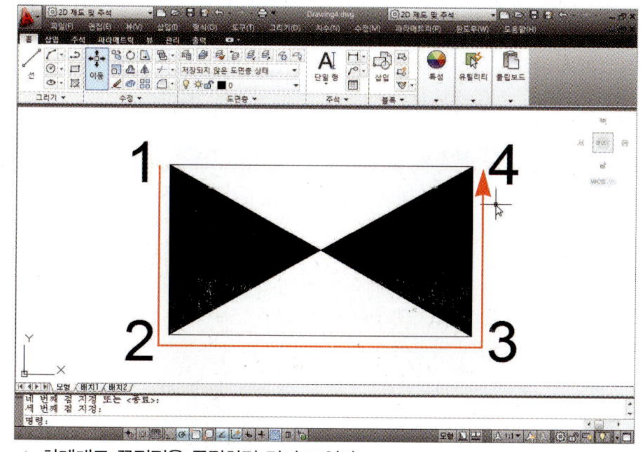

▲ 차례대로 꼭짓점을 클릭하면 면이 꼬인다.

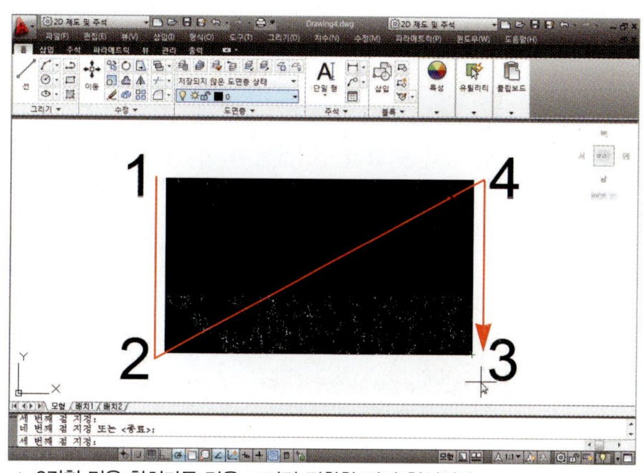

▲ 3각형 면을 합쳐가듯 면을 그리면 정확한 면이 형성된다.

• 2D 솔리드 그리기는 면이 생성되는 마지막 점을 3번 점으로 인식하고 면을 이어나간다. 그러므로 위에서 설명했듯이 면이 겹쳐지지 않도록 클릭해 나가면 많은 면을 한 번의 명령으로 표현할 수 있다.

01_ 연속된 면적을 만들기 위해서는 2D 솔리드의 진행 계획을 잘 세워야한다.

02_ 꺾어진 객체 도형의 경우 임의로 4각형을 나누어 계획하면 편리하다.

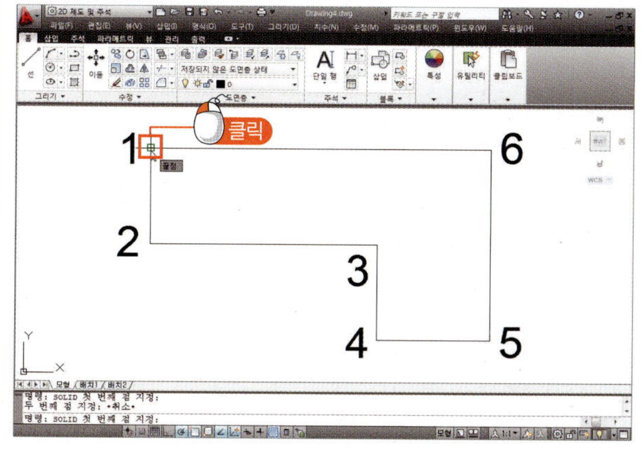

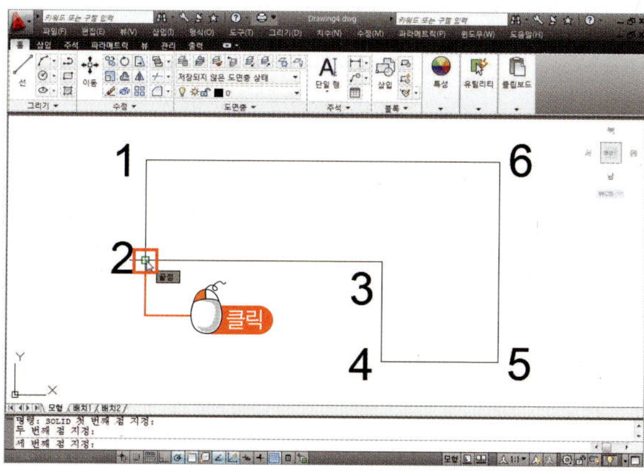

03_ 1-2-6-3 으로 꼭지점을 클릭하면 2개의 삼각형으로 1개의 2D 솔리드 면이 생성된다.

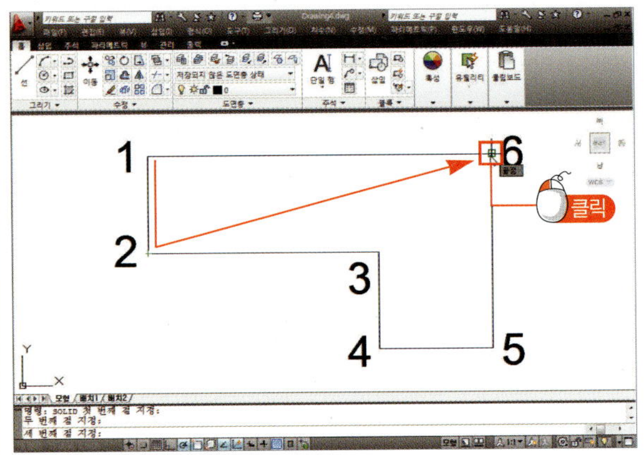

04_ 기존 면의 6-3 변이 첫 번째 변이 되어 첫 삼각형이 만들어진다. (진행된 방향도 중요하다)

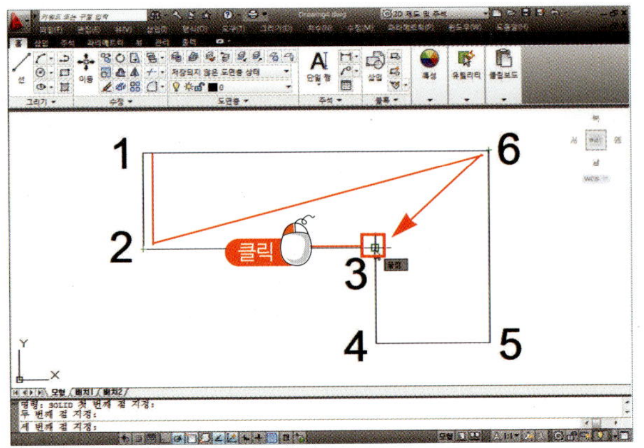

05_ 3각형 면을 합쳐가듯 면을 그리면 정확한 면이 형성된다.

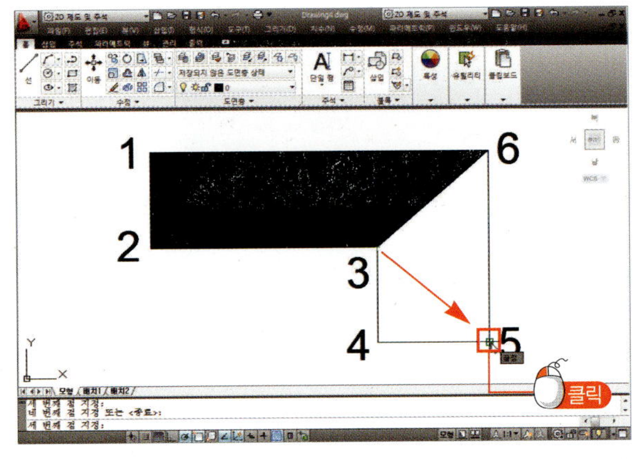

06_ 진행 방향을 무시하고 4번 꼭지점을 먼저 클릭하면 면은 꼬이게 된다. 6-3-5-4 꼭지점으로 다음 2D 솔리드 면이 완성된다.

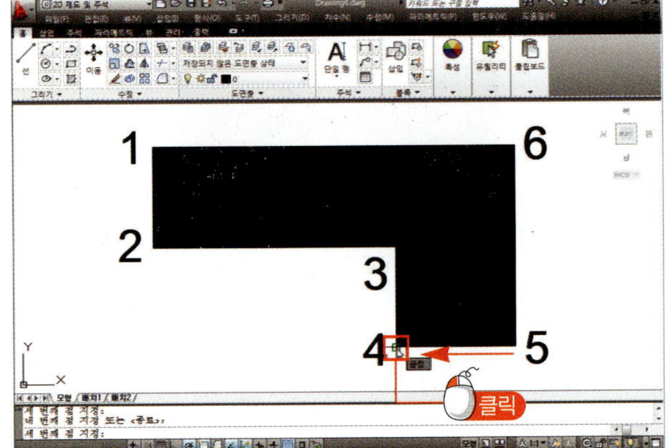

CHAPTER 02

도면 수정하기

앞에서 오토캐드의 객체 생성 방법인 그리기를 모두 배웠지만, 그리기만으로 도면을 완성할 수는 없다. 도면을 그리는 것을 마치 기계가 그린 것처럼 처음부터 완벽하게 그릴 수는 없기 때문이다. 실무에서 오토캐드는 도면을 그리는 것뿐만 아니라 의도한 내용과 동일한지, 의도한 내용이 틀렸는지를 파악할 수 있는 첫 번째 작업이기 때문에 도면을 컴퓨터로 그리는 이상의 의미를 갖고 있다. 도면을 파악하고 정리하는 작업을 위해서는 이미 그려진 객체를 작업자 의도대로 변화를 주어야 되는데 이러한 작업은 '수정' 명령이 수행한다. 수정 명령을 통한 객체 변경을 익혀 보자.

1 지우기 (명령: erase, 단축명령: e, 풀다운 메뉴: 수정 〉 지우기, 리본 탭: 홈 〉 수정 〉 지우기 ✎)

도면에 생성된 객체를 선택하여 없애는 명령이다. 하나의 객체로 되어 있거나 블록으로 되어 있는 객체는 모두 사라지게 된다. 객체 선택 방법은 Part 1(51p)에서 배웠으므로 해당 내용을 참고하도록 한다. 각각의 객체를 보호하는 방법에 대해서는 이후에 배울 레이어에서 알아보도록 한다.

01_ window 선택법을 이용하여 지우고 싶은 객체를 선택한다.

02_ 폴리선, 블록 등은 한 개의 객체로 인식된다. 삭제할 객체를 차례로 선택한다.

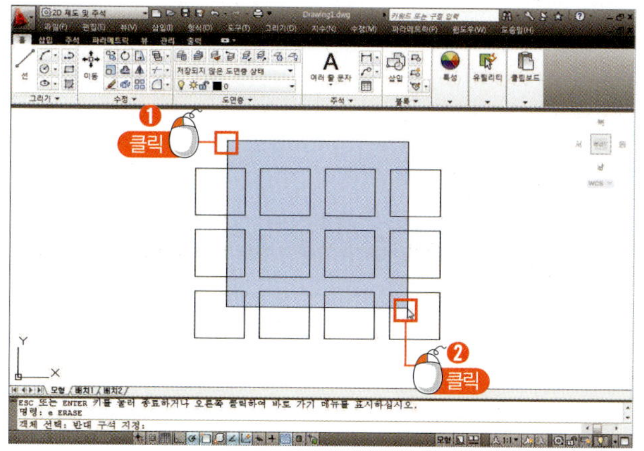

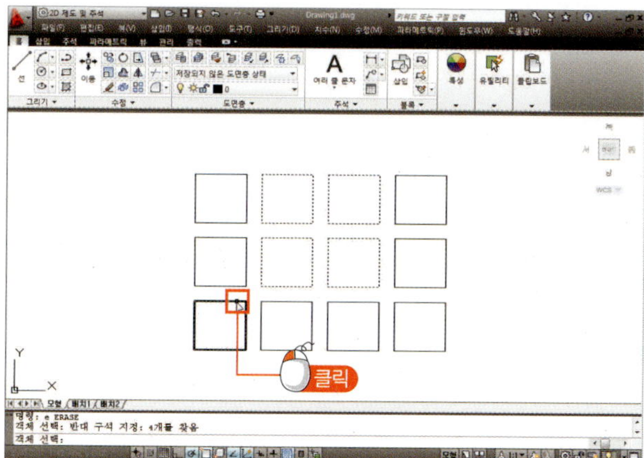

03_ 삭제할 객체가 선택되었다.

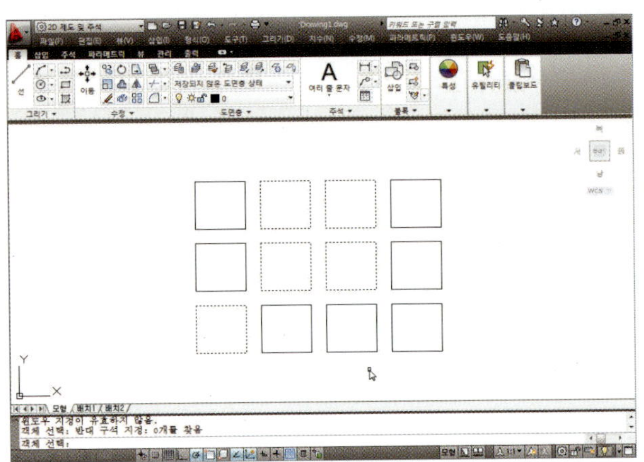

04_ 선택된 객체가 삭제되었다.

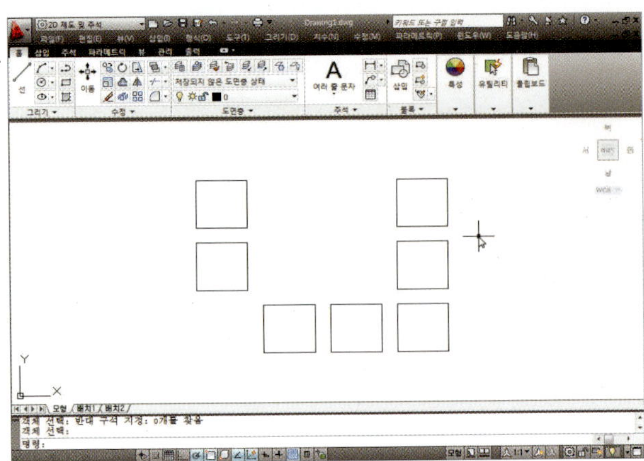

명령: **erase** `Enter` (또는 리본 메뉴, 풀다운 메뉴 클릭)
객체 선택: **(window 선택법으로 객체를 선택)** (따라하기 01)
객체 선택: 반대 구석 지정: 4개를 찾음
객체 선택: **(지우고 싶은 객체를 선택)** (따라하기 02)
객체 선택: 1개를 찾음, 총 5 (따라하기 03)
객체 선택: `Enter` (객체 선택 종료 → 따라하기 04)

2 복사 (명령: copy, 단축명령: co 또는 cp, 풀다운 메뉴: 수정 〉복사, 리본 탭: 홈 〉수정 〉복사)

객체를 선택하여 원하는 위치에서 생성하게 하는 명령이다. 작업을 하면서 많이 사용하는 명령이면서도 osnap을 이용한 기준점 설정만 하면 정확한 위치에서 생성되기 때문에 아주 편리하다.

01_ 복사하고 싶은 객체를 선택한다.

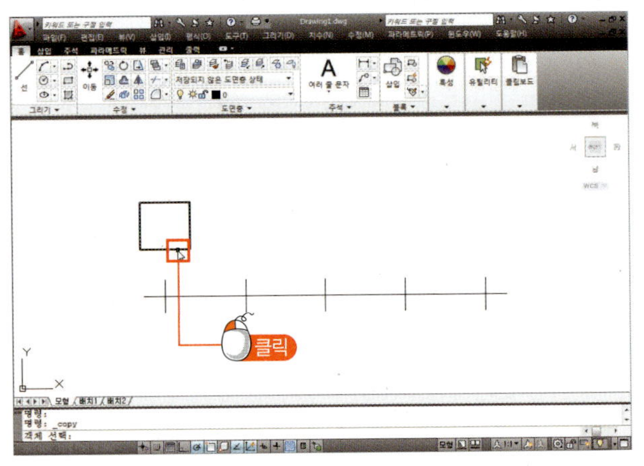

02_ 기준점을 지정한다.

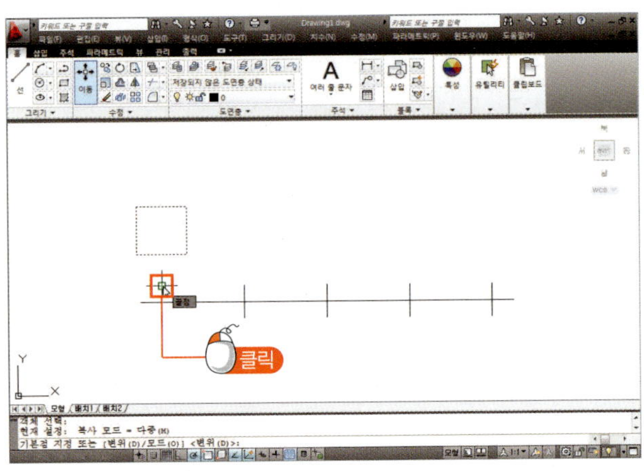

03_ 복사할 위치를 지정한다.

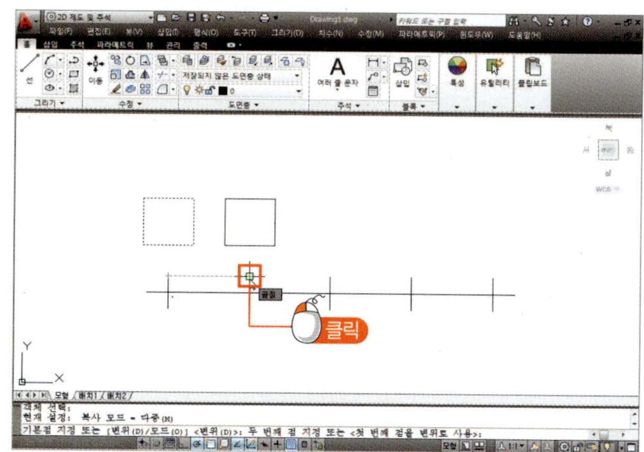

04_ 새로운 복사할 위치를 계속 지정할 수 있다.

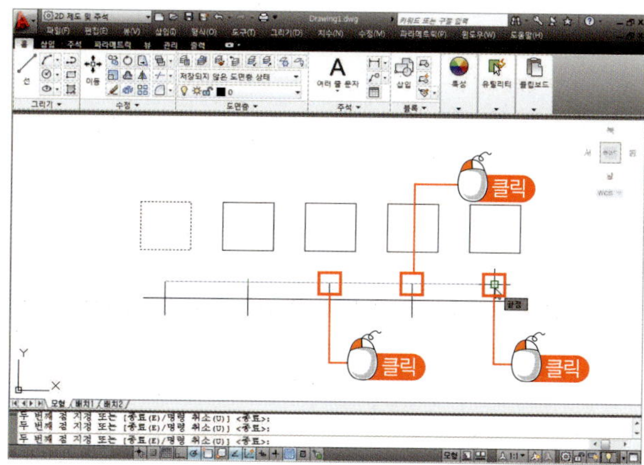

05_ 복사된 상태를 보여준다.

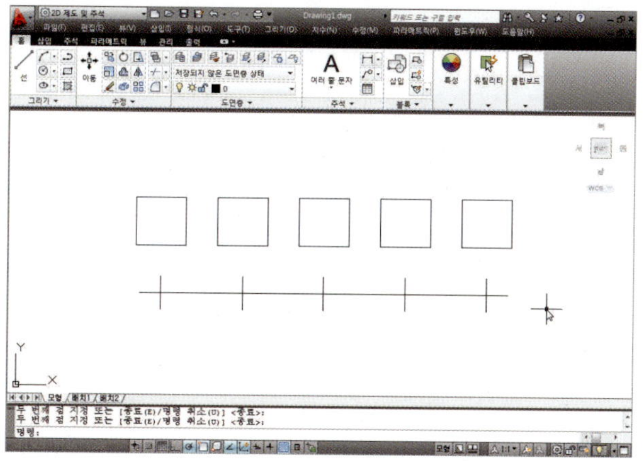

명령: **copy** `Enter` (또는 리본 메뉴, 풀다운 메뉴 클릭)

객체 선택: **(객체 클릭)** (따라하기 01)

객체 선택: 1개를 찾음

객체 선택: `Enter` (선택 종료)

기준점 지정 또는 [변위(D)] 〈변위〉: **(기준점 클릭)** (따라하기 02)

두 번째 점 지정 또는 〈첫 번째 점을 변위로 사용〉: **(기준점을 기준으로 복사할 위치 지정)** (따라하기 03)

두 번째 점 지정 또는 [종료(E)/명령취소(U)] 〈나가기〉: **(기준점을 기준으로 복사할 새로운 위치 지정)**

두 번째 점 지정 또는 [종료(E)/명령취소(U)] 〈나가기〉: **(기준점을 기준으로 복사할 새로운 위치 지정)**

두 번째 점 지정 또는 [종료(E)/명령취소(U)] 〈나가기〉: **(기준점을 기준으로 복사할 새로운 위치 지정)** (따라하기 04)

두 번째 점 지정 또는 [종료(E)/명령취소(U)] 〈나가기〉: `Enter` (복사 종료 → 따라하기 05)

3 대칭 (명령: mirror, 단축명령: mi, 풀다운 메뉴: 수정 〉 대칭, 리본 탭: 홈 〉 수정 〉 대칭 ◭)

객체를 선택하여 지정한 선에 의해 거울에 비치듯 좌우가 뒤집혀서 복사가 되는 명령이다. 대칭 명령은 많은 경우 좌우대칭인 제품디자인 도면에서 한쪽면만 그려서 반대편 도면을 그릴 때 편리하다.

01_ 대칭하고 싶은 객체를 선택한다.

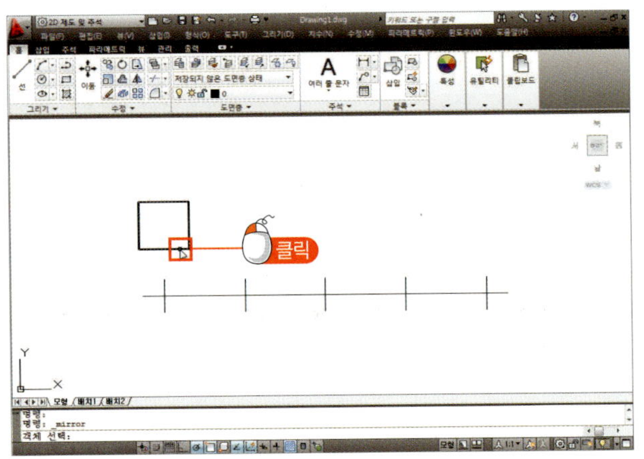

02_ 기준선의 시작점을 지정한다.

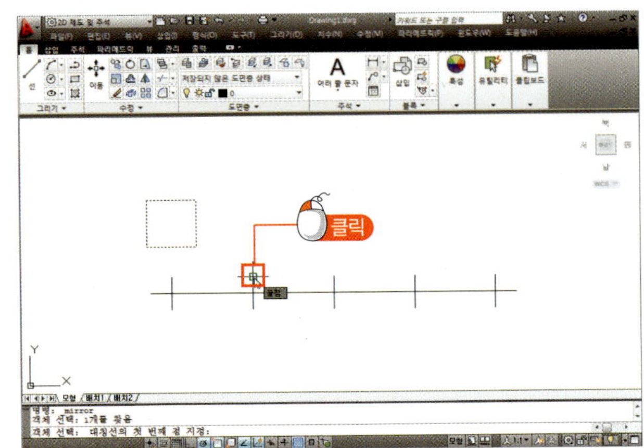

03_ 기준선의 끝점을 지정한다.

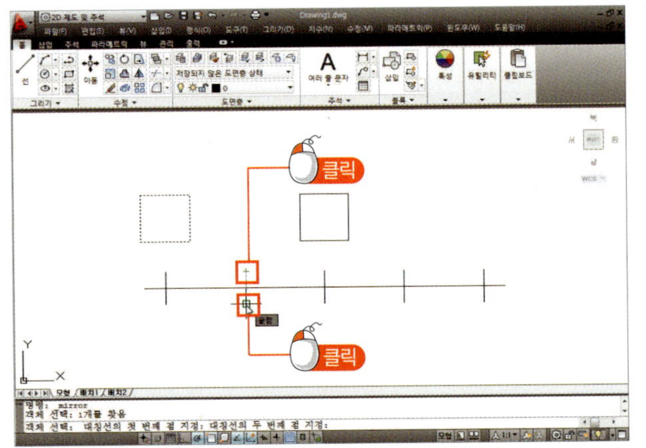

04_ 기준선을 중심으로 대칭된 객체가 복사된다.

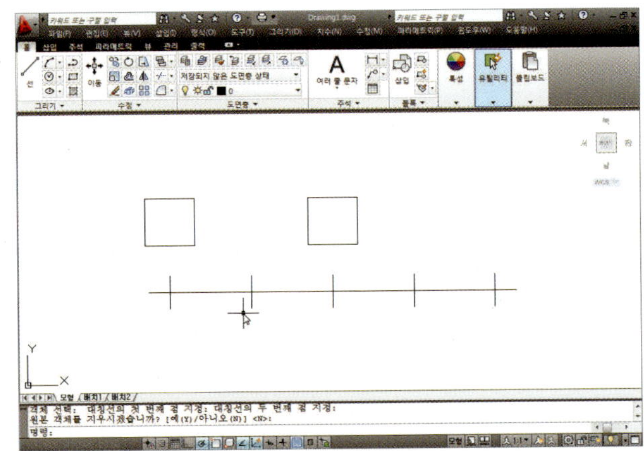

명령: **mirror** Enter (또는 리본 메뉴, 풀다운 메뉴 클릭)

객체 선택: **(객체 클릭)** (따라하기 01)

객체 선택: 1개를 찾음

객체 선택: Enter (선택 종료)

대칭선의 첫 번째 점 지정: **(대칭선의 첫 번째 점 선택)** (따라하기 02)

대칭선의 두 번째 점 지정: **(대칭선의 두 번째 점 선택)** (따라하기 03)

원본 객체를 지우시겠습니까? [예(Y)/아니오(N)] 〈N〉: Enter (원본 객체 유지) (따라하기 04)

05_ 대칭하고 싶은 객체를 선택한다.

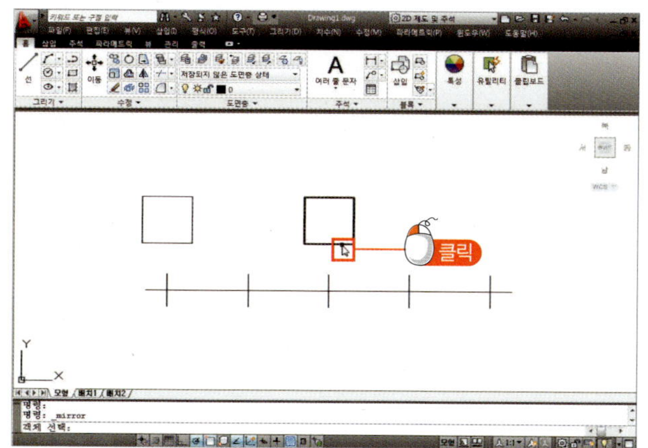

06_ 기준선을 지정한다.

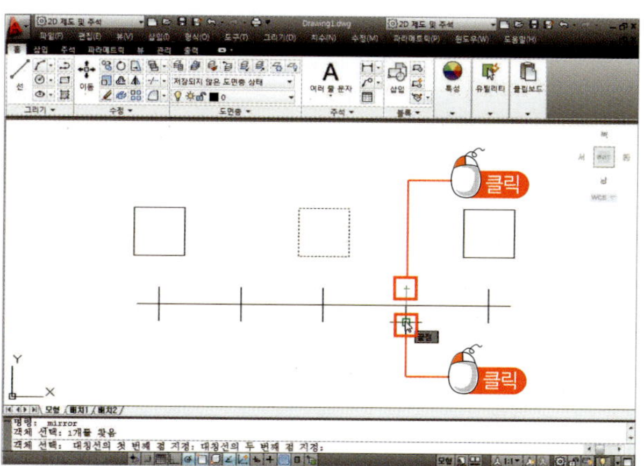

07_ 원본 객체 지우기를 지정한다.

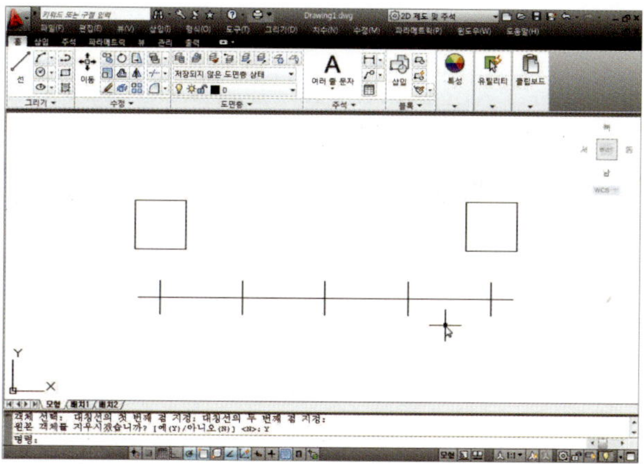

명령: **mirror** `Enter` (또는 리본 메뉴, 풀다운 메뉴 클릭)

객체 선택: **(객체 클릭)** (따라하기 01)

객체 선택: 1개를 찾음

객체 선택: `Enter` (객체 선택 종료)

대칭선의 첫 번째 점 지정: **(대칭선의 첫 번째 점 선택)** (따라하기 02)

대칭선의 두 번째 점 지정: **(대칭선의 두 번째 점 선택)** (따라하기 03)

원본 객체를 지우시겠습니까? [예(Y)/아니오(N)] 〈N〉: **Y** `Enter` (원본 객체 삭제 명령 입력)

---

4 간격띄우기 (명령: offset, 단축명령: o, 풀다운 메뉴: 수정 〉 간격띄우기 , 리본 탭: 홈 〉 수정 〉 간격띄우기)

도면에 있는 객체에서 폴리선, 선을 원하는 거리로 간격을 띄우는 명령이다. 간격띄우기 명령은 치수와 관련되어 도면 작성에서 가장 많이 사용되는 명령 중에 하나이기 때문에 완벽하게 익혀두어야 한다.

> **Tip**　'복사'나 '대칭' 명령이 블록이나 치수와 같은 개체에도 적용되는 반면 간격띄우기 명령은 적용되지 않는 데 유의해야 한다. 또한 간격을 띄우는 방향은 객체의 수직 방향이기 때문에 항상 평행하게 객체가 생성된다.

01_ 원본 객체와 새로운 객체 사이의 거리를 지정한 후 원본을 선택한다.

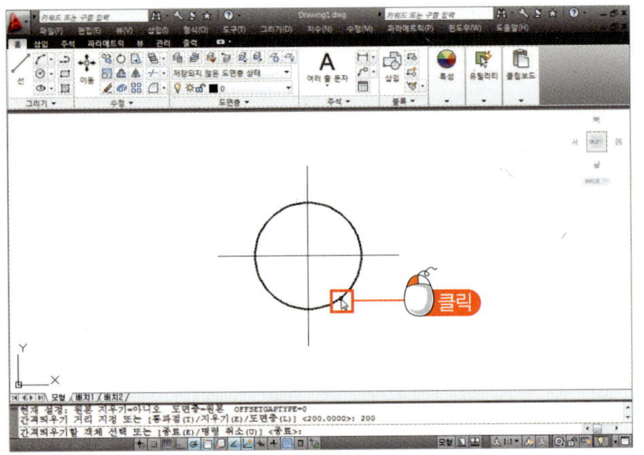

02_ 띄울 간격을 입력하고 생성할 객체의 방향에 해당하는 곳을 클릭한다.

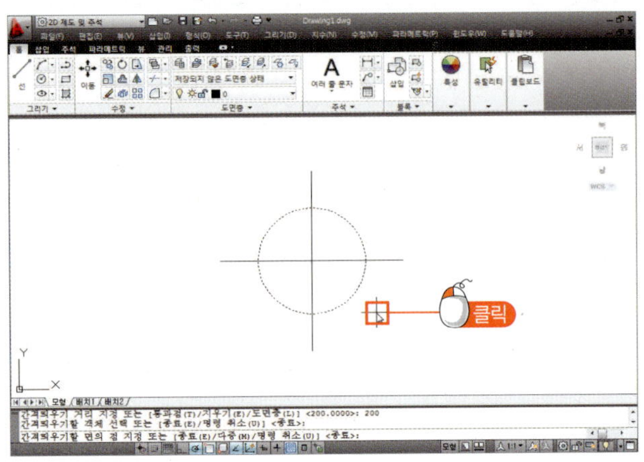

03_ 지정한 거리만큼에 평행한 객체가 생성된다. 이어서 생성할 다음 객체의 원본이 될 객체를 클릭한다.

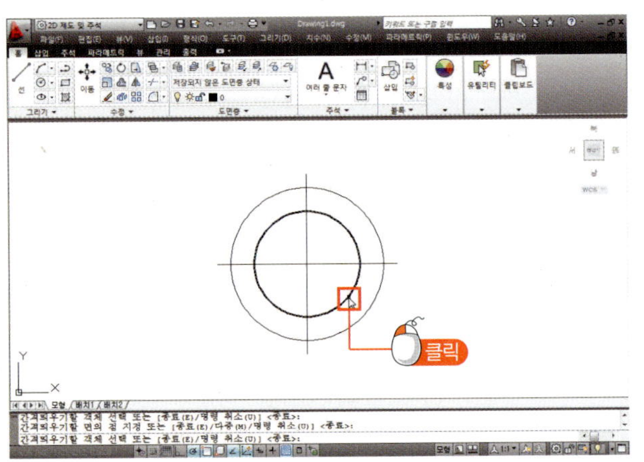

04_ 다음 생성할 객체의 방향에 해당하는 곳을 클릭한다.

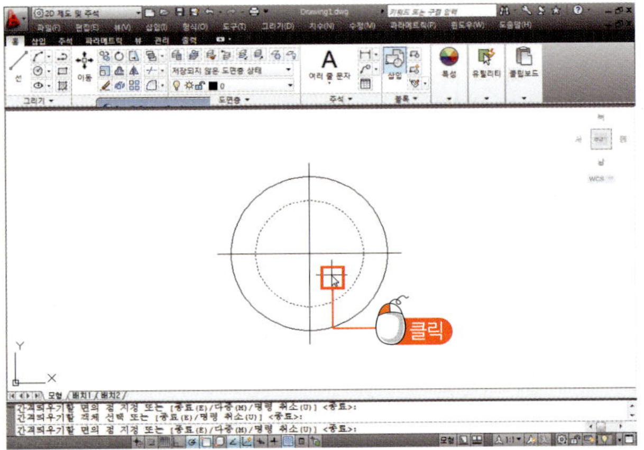

05_ 지정한 거리에 평행한 객체가 생성된다.

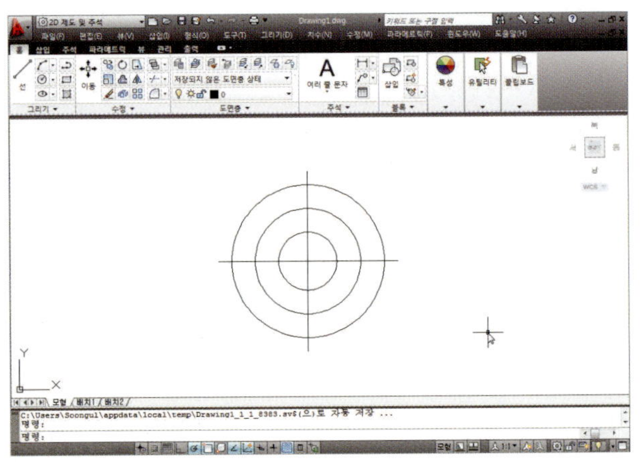

명령: **offset** Enter (또는 리본 메뉴, 풀다운 메뉴 클릭)

현재 설정: 원본 지우기=아니오 도면층=원본 OFFSETGAPTYPE=0

간격띄우기 거리 지정 또는 [통과점(T)/지우기(E)/도면층(L)] ⟨200.0000⟩: **200** Enter (띄울 간격 입력)

간격띄우기할 객체 선택 또는 [종료(E)/명령취소(U)] ⟨종료⟩: **(진행할 원본 객체 클릭)** (따라하기 01)

간격띄우기할 면의 점 지정 또는 [종료(E)/다중(M)/명령취소(U)] ⟨나가기⟩: **(객체를 생성할 방향 클릭)** (따라하기 02)

간격띄우기할 객체 선택 또는 [종료(E)/명령취소(U)] ⟨종료⟩: **(진행할 원본 객체 클릭)** (따라하기 03)

간격띄우기할 면의 점 지정 또는 [종료(E)/다중(M)/명령취소(U)] ⟨나가기⟩: **(객체를 생성할 방향 클릭)** (따라하기 04)

> **Tip** offsetgaptype
>
> 폴리선 중에서 다각형이나 꺾인 선일 경우 간격을 띄운 객체의 모서리를 원형이나 잘려진 형태로 만든다.

> **Tip** 간격띄우기 명령 중 거리 지정 명령 전에 '통과점(T)/지우기(E)/도면층(L)' 실행할 수 있다. 통과점은 거리 입력 없이 객체가 지정한 점을 통과하게 간격을 띄우고, 지우기는 원본 객체를 없애며, 도면층은 생성 객체의 도면층을 지정한다. 도면층에 대한 내용은 다음에 배우도록 한다.

01_ 원본 객체를 선택한다.

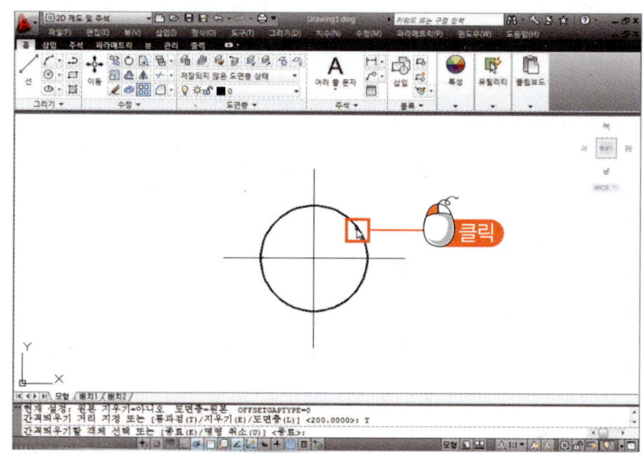

02_ 통과점 명령과 함께 통과될 지점을 지정한다.

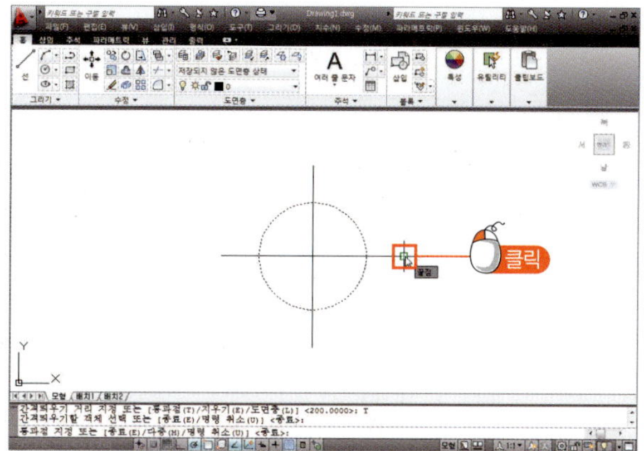

03_ 평행한 객체가 생성된다.

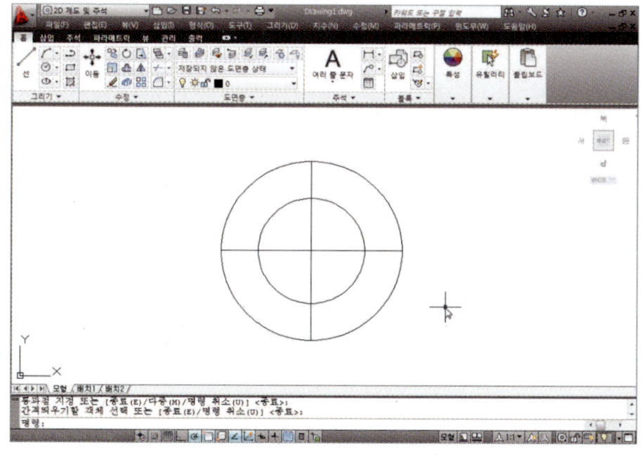

명령: **offset** [Enter] (또는 리본 메뉴, 풀다운 메뉴 클릭)
현재 설정: 원본 지우기=아니오 도면층=원본 OFFSETGAPTYPE=0
간격띄우기 거리 지정 또는 [통과점(T)/지우기(E)/도면층(L)] 〈통과점〉: **t** [Enter] (통과점 지정 명령 입력)
간격띄우기할 객체 선택 또는 [종료(E)/명령취소(U)] 〈종료〉: (원본 객체 클릭 → 따라하기 01)
통과점 지정 또는 [종료(E)/다중(M)/명령취소(U)] 〈종료〉: **통과점 선택 후** [Enter] (명령 종료 → 따라하기 02)

5 배열 (명령: array, 단축명령: ar, 풀다운 메뉴: 수정 〉 배열 , 리본 탭: 홈 〉 수정 〉 배열 ▦)

도면에 있는 객체를 기준점을 중심으로 여러 개로 복사하는 명령이다. 배열은 기준점을 중심으로 동일 간격으로 원형 또는 직사각형 형태로 복사된다. 간단한 객체를 여러 번 그리거나 복사하는 작업을 하지 않고 한 번에 처리할 수 있는 명령으로 특히 복사가 쉽지 않은 원형 배열은 잘 익혀두도록 한다.

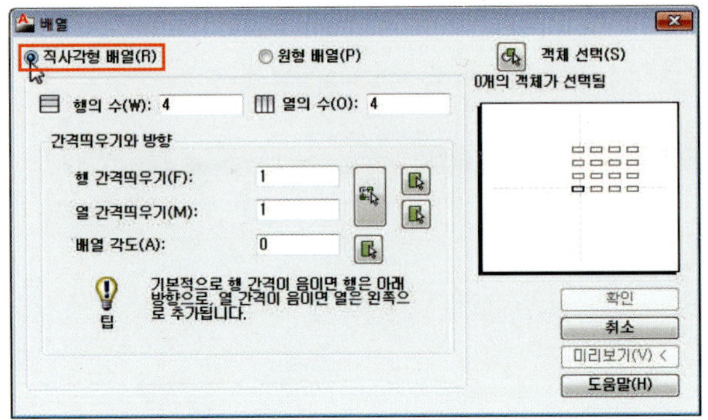

▲ 직사각형 배열을 위한 창

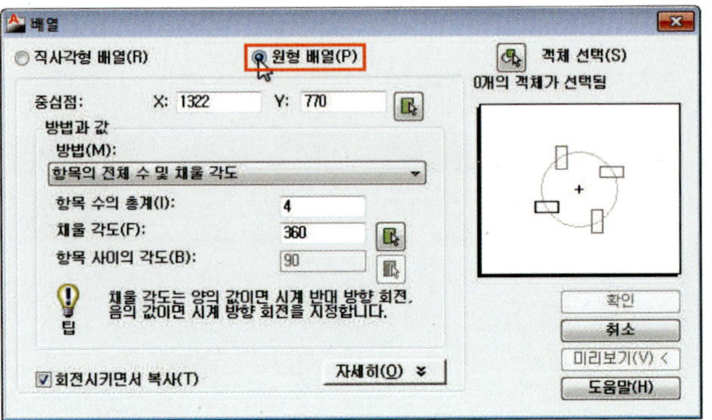

▲ 원형 배열을 위한 창

- **행의 수** : 가로로 배열되는 개체의 수(원본까지 포함한 개수)
- **열의 수** : 세로로 배열되는 개체의 수(원본까지 포함한 개수)
- **행 간격띄우기** : 가로로 배열되는 객체의 거리를 입력
- **열 간격띄우기** : 세로로 배열되는 객체의 거리를 입력
- **배열 각도** : 배열 시에 개체가 기울어지는 각도
- **모든 간격띄우기 선택** : 배열되는 2점을 클릭함으로써 객체의 거리를 입력

- **중심점** : 원형 배열의 중심점 지정
- **방 법** : 원형 배열을 하기 위한 3개의 조건 중 입력할 조건 선택
- **항목 수의 총계** : 원본을 포함한 개체의 복사 개수
- **채울 각도** : 원형 배열이 진행될 각도를 입력
- **항목 사이의 각도** : 배열되는 개체가 중심점을 기준으로 벌어진 각도

01 —• 직사각형 배열

01_ 배열 명령을 실행하면 '배열' 대화상자가 나타난다. 여기에서 '직사각형 배열(R)'을 클릭하고 행/열의 수, 행/열 간격띄우기 값을 지정한 후 '객체 선택'을 클릭한다.

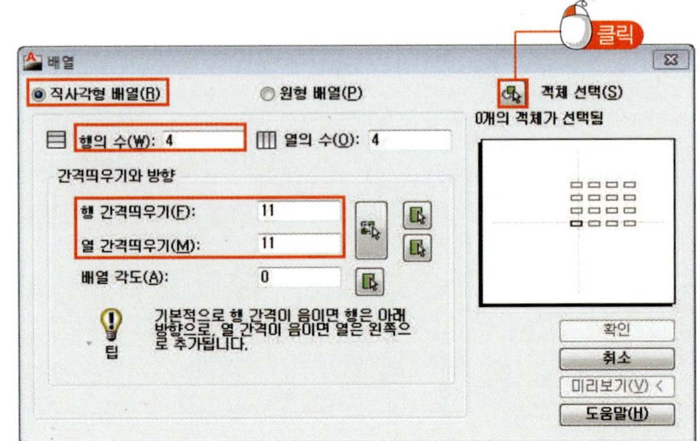

02_ 배열할 객체를 선택하고 다시 배열 창이 뜨면 '확인'을 클릭한다.

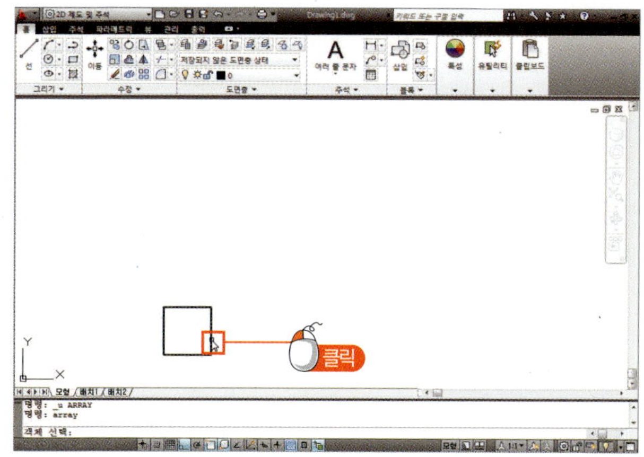

03_ 지정한 간격과 방향으로 배열된다.

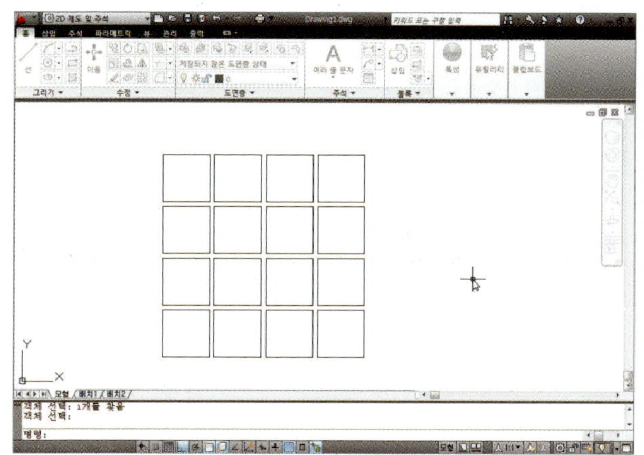

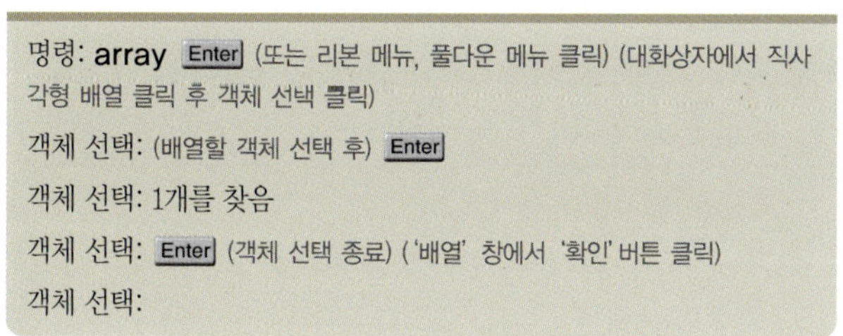

명령: **array** [Enter] (또는 리본 메뉴, 풀다운 메뉴 클릭) (대화상자에서 직사
각형 배열 클릭 후 객체 선택 클릭)

객체 선택: (배열할 객체 선택 후) [Enter]

객체 선택: 1개를 찾음

객체 선택: [Enter] (객체 선택 종료) ('배열' 창에서 '확인' 버튼 클릭)

객체 선택:

02 → 원형 배열

01_ '원형 배열'을 선택하고 중심점 아이콘을 클릭하여 중심점을 지정한다. 그리고 '배열' 창에서 다시 '객체 선택' 아이콘을 클릭하고 배열할 객체를 선택한다.

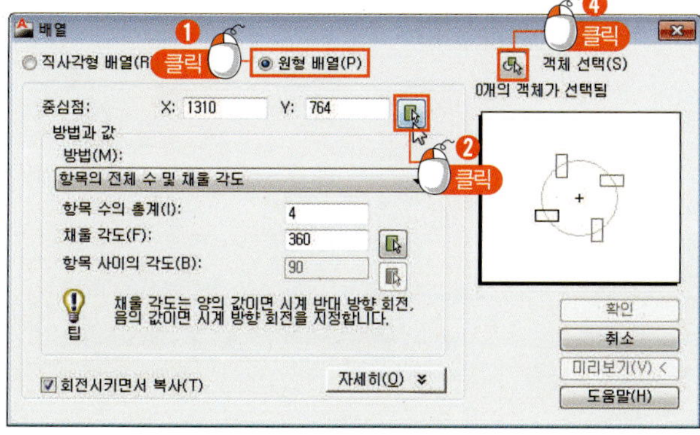

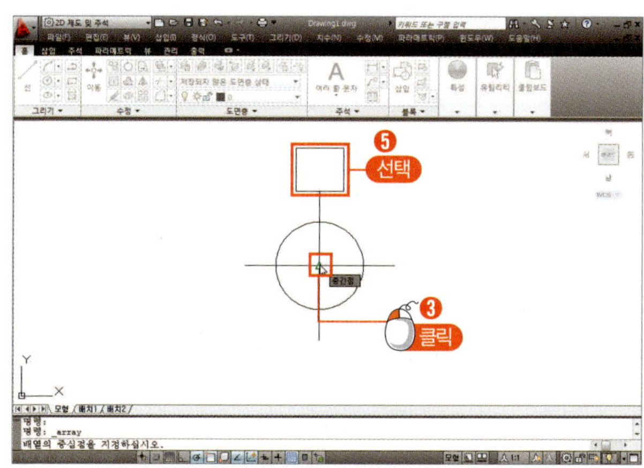

02_ 지정된 수만큼 원형으로 배열된다. (중심을 기준으로 객체가 회전한다)

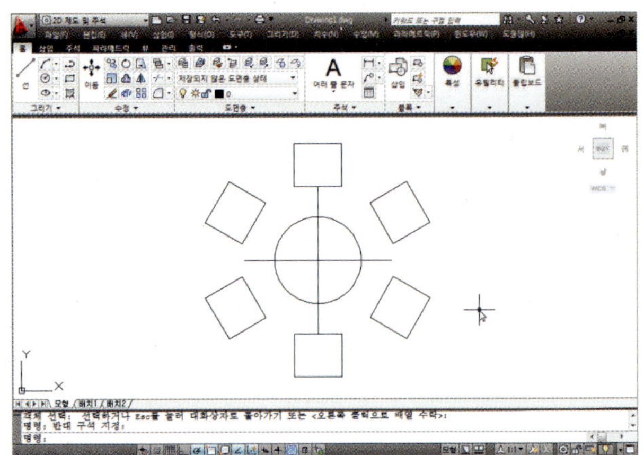

명령: **array** Enter (또는 리본 메뉴, 풀다운 메뉴 클릭) (대화상자에서 원형 배열 클릭 후 중심점 아이콘 클릭)

배열의 중심점을 지정하십시오. (중심점 클릭 후 대화상자에서 객체 선택 아이콘 클릭)

객체 선택: (배열할 객체 선택 후) Enter

객체 선택: 1개를 찾음

객체 선택: Enter (객체 선택 종료) (대화상자에서 배열 개체의 수와 배열할 각도 입력 후 대화상자의 확인 버튼 클릭)

Tip 원형 배열 명령에서 대화상자 좌측 하단에 있는 '회전시키면서 복사'를 선택하지 않으면 개체는 중심점을 기준으로 복사되지 않고 방향을 유지한 상태로 복사가 된다. 이때에는 객체의 기준점이 정해져 있지 않기 때문에 간격을 맞추기가 어렵고, 원하는 표현을 얻기가 힘들다. 블록의 경우 기준점이 존재하기 때문에 기준점을 중심으로 방향이 정해지게 된다.

01_ 회전으로 복사를 해제하고 원형 배열한다.

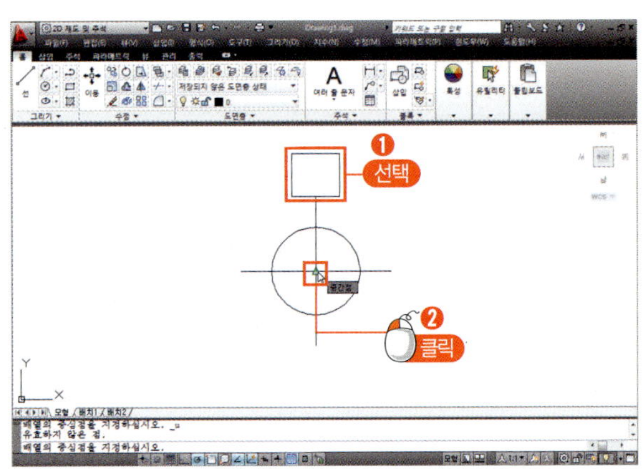

02_ 객체의 기준점에 의해 올바로 배열되지 않는다.

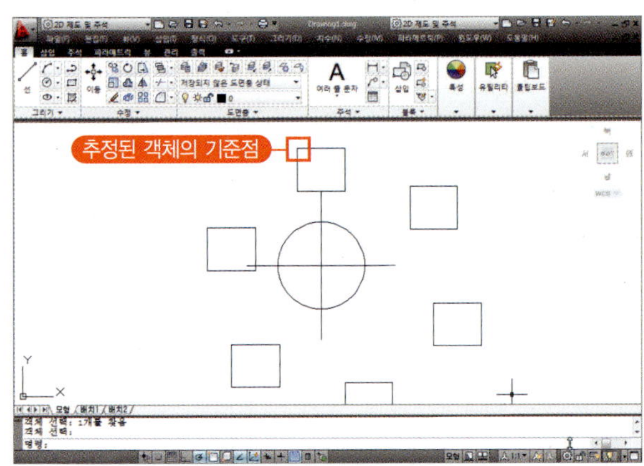

03_ 객체를 블록으로 만들 때 가운데 점을 기준점으로 지정하였다.

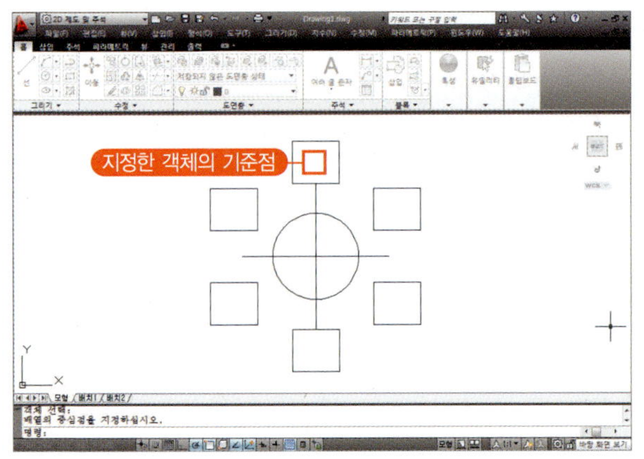

6 이동 (명령: move, 단축명령: m, 풀다운 메뉴: 수정 〉 이동, 리본 탭: 홈 〉 수정 〉 이동 ✛)

도면에 있는 객체를 기준점을 중심으로 새로운 위치로 옮기는 명령이다. 가장 단순하면서도 많이 사용되는 명령으로
정확히 익혀둘 필요가 있다.

01_ 이동할 객체를 지정한다.

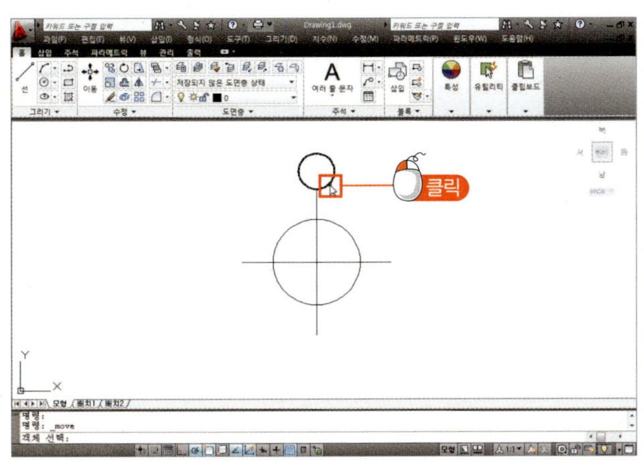

02_ 이동시 사용할 기준점을 지정한다.

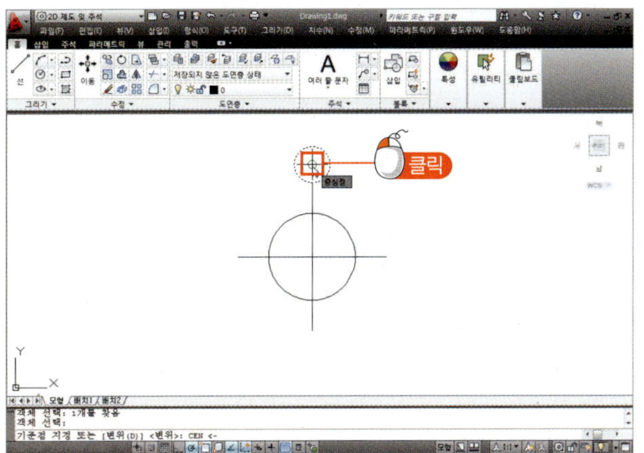

03_ 이동할 위치와 형태를 보여준다.

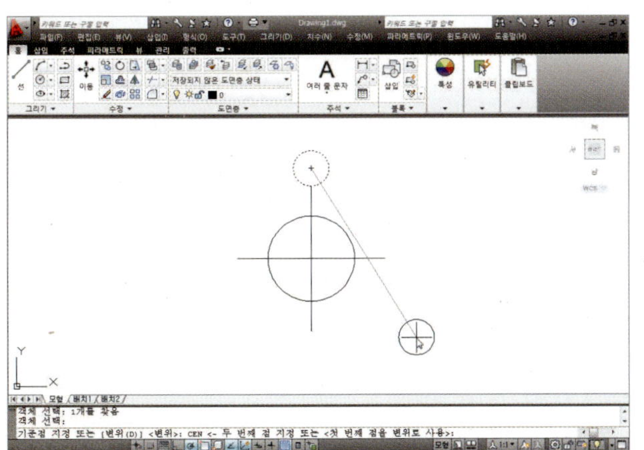

04_ 이동할 점을 지정하면 객체가 이동된다.

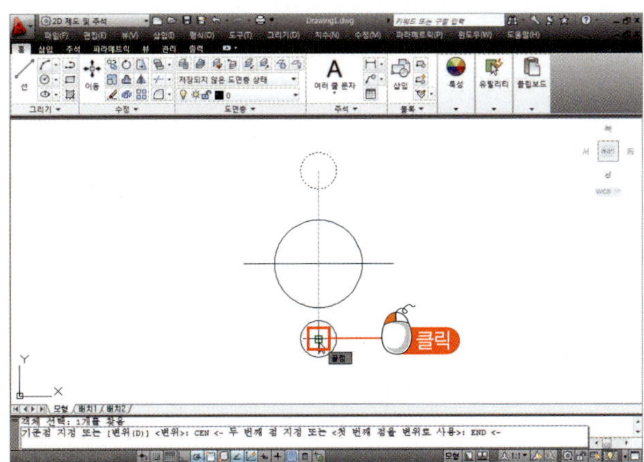

명령: **move** Enter (또는 리본 메뉴, 풀다운 메뉴 클릭)
객체 선택: **(객체 클릭)** (따라하기 01)
객체 선택: 1개를 찾음
객체 선택: Enter (객체 선택 종료)
기준점 지정 또는 [변위(D)] 〈변위〉: **cen** (객체 스냅 기능이 중심점을 찾음 → 따라하기 02)
〈─ 두 번째 점 지정 또는 〈첫 번째 점을 변위로 사용〉: **end** (객체 스냅 기능이 끝점을 찾음 → 따라하기 04)

Tip 이동 명령은 복사 명령과 마찬가지로 기준점이 중요하다. 이동되는 지점의 성격을 잘 이용한다면 기준점을 통해 정확한 위치로 이동이 가능하다. 앞에서 배운 객체 스냅을 복습해보면 좋다.

01_ 이동할 객체를 선택한다.

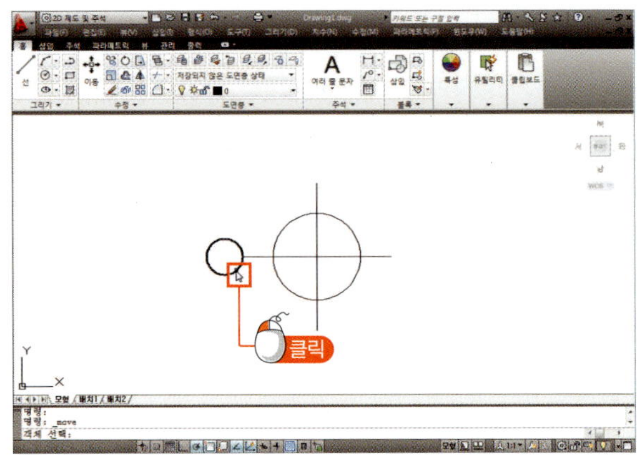

02_ 이동할 객체의 기준점을 지정한다. (객체 스냅을 이용하면 편하다)

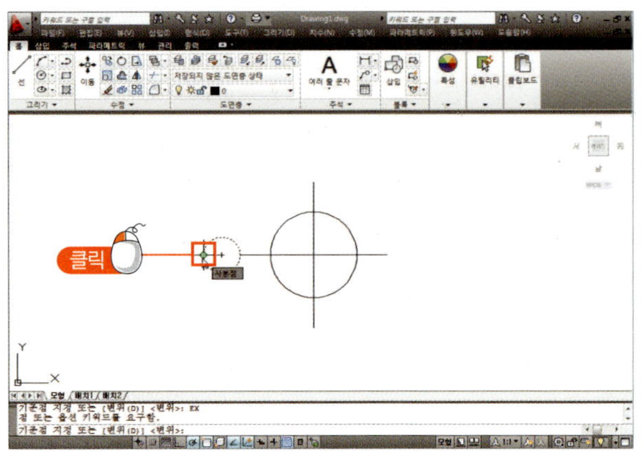

03_ 이동할 위치와 형태를 보여준다.

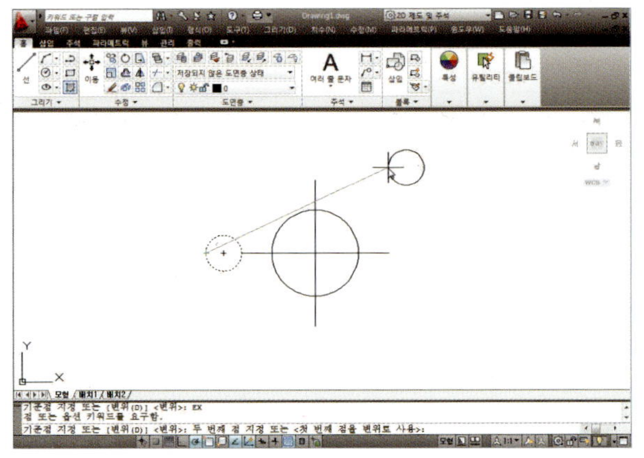

04_ 이동할 점을 지정하면 객체가 이동된다. (객체 스냅을 이용하여 특정 위치를 지정할 수 있다)

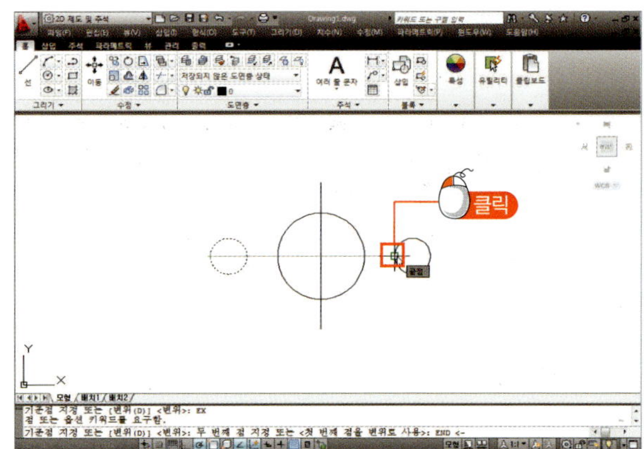

명령: **move** Enter (또는 리본 메뉴, 풀다운 메뉴 클릭)

객체 선택: (객체 클릭) (따라하기 01)

객체 선택: 1개를 찾음

객체 선택: Enter (객체 선택 종료)

기준점 지정 또는 [변위(D)] 〈변위〉: ex (객체 스냅 기능이 연장점을 찾음 → 따라하기 02)

점 또는 옵션 키워드를 요구함.

기준점 지정 또는 [변위(D)] 〈변위〉: Enter (객체 선택 종료)

두 번째 점 지정 또는 〈첫 번째 점을 변위로 사용〉: end (객체 스냅 기능이 끝점을 찾음 → 따라하기 04)

7 회전 (명령: rotate, 단축명령: ro, 풀다운 메뉴: 수정 〉 회전, 리본 탭: 홈 〉 수정 〉 회전 ⟳)

도면에 있는 객체를 기준점을 중심으로 회전시키는 명령이다. 회전 방향은 이미 배운 대로 시계 반대 방향이 된다.

01_ 회전할 객체를 선택한다.

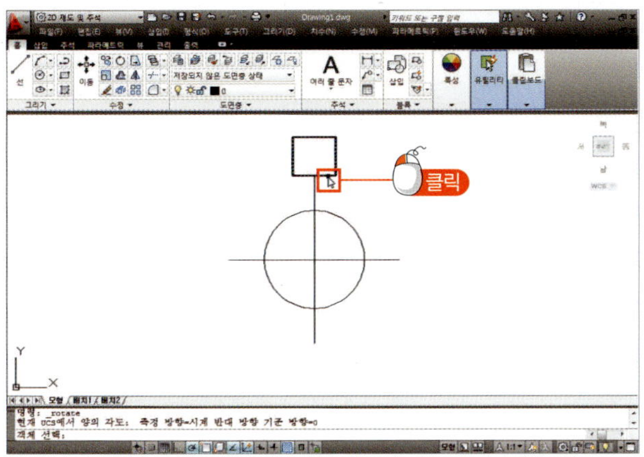

02_ 회전할 기준점을 선택한다. (객체 스냅을 이용하면 편리하다.)

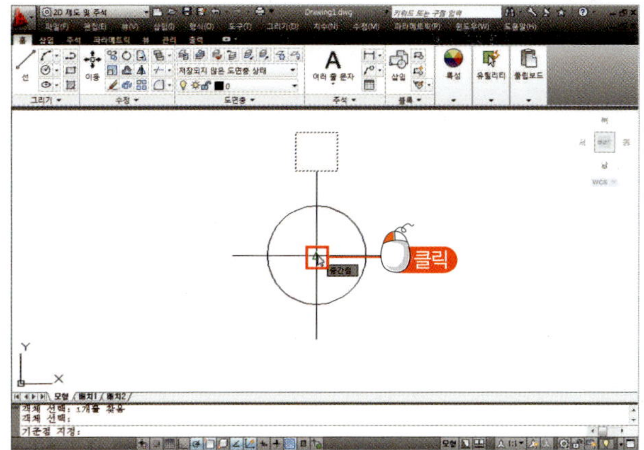

03_ 회전할 위치를 확인하고 클릭하거나, 각도를 입력한다.

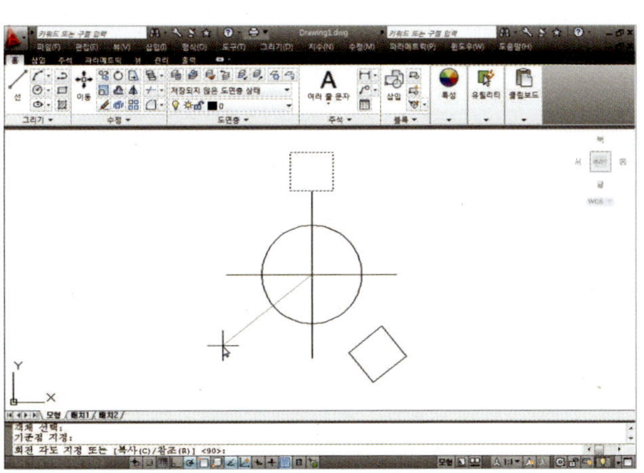

04_ 객체가 회전되었다.

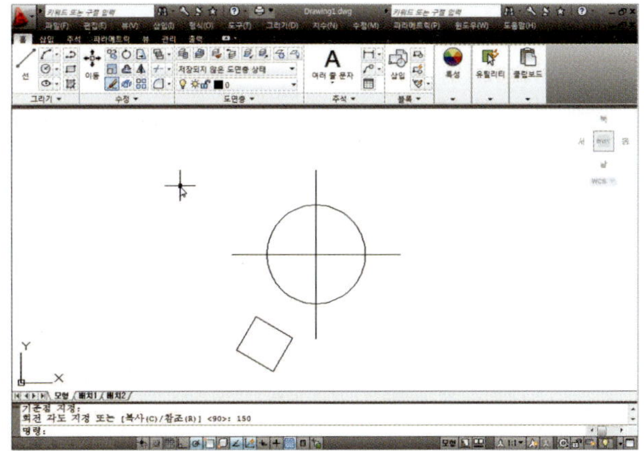

명령: **rotate** `Enter` (또는 리본 메뉴, 풀다운 메뉴 클릭)
현재 UCS에서 양의 각도: 측정 방향=시계 반대 방향 기준 방향=0
객체 선택: **(객체 클릭)** (따라하기 01)
객체 선택: 1개를 찾음
객체 선택: `Enter` (객체 선택 종료)
기준점 지정: **(기준점 클릭)** (따라하기 02)
회전 각도 지정 또는 [복사(C)/참조(R)] ⟨0⟩: **150** `Enter` (회전 각도 입력)

8 축척 (명령: scale, 단축명령: sc, 풀다운 메뉴: 수정 〉 축척, 리본 탭: 홈 〉 수정 〉 축척 🔲)

도면에 있는 객체의 크기를 기준점을 중심으로 변경시키는 명령이다.

01_ 축척할 개체를 지정한다.

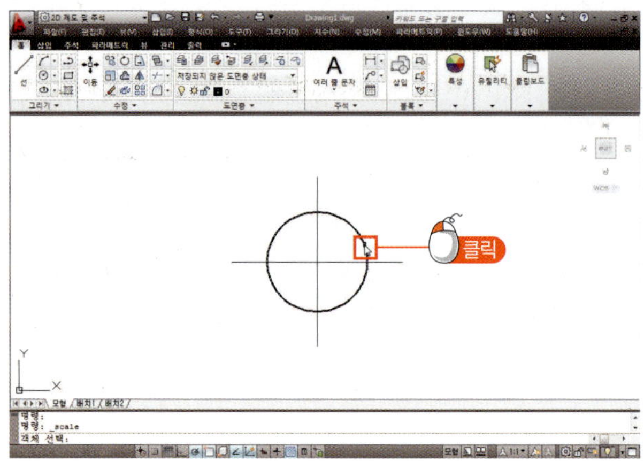

02 객체가 축척될 기준점을 지정한다.

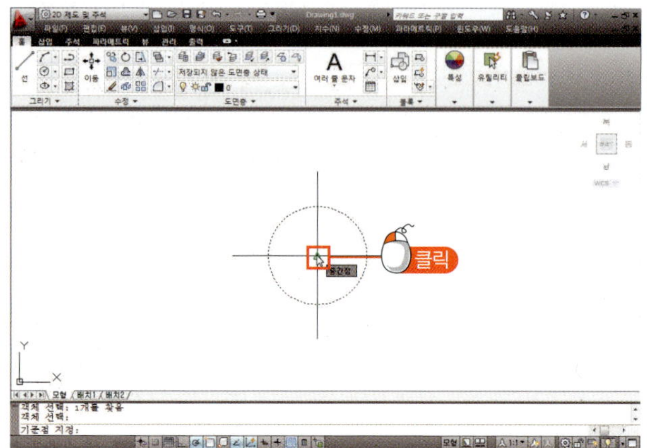

03_ 축척될 값을 지정한다. (확대는 자연수, 축소는 소수로 입력한다.)

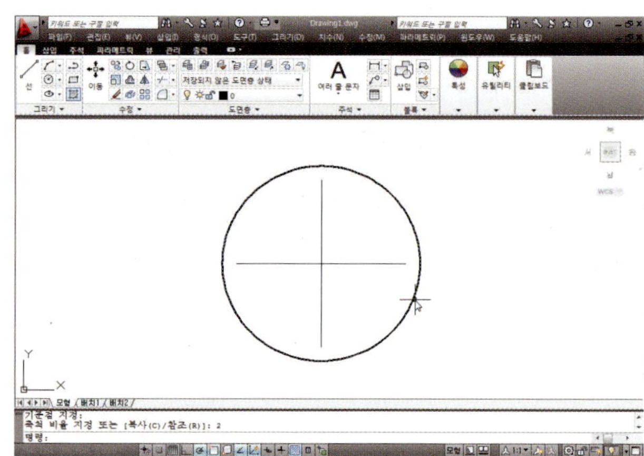

명령: **scale** `Enter` (또는 리본 메뉴, 풀다운 메뉴 클릭)
객체 선택: **(축척할 객체 클릭)** (따라하기 01)
객체 선택: 1개를 찾음
객체 선택: `Enter` (객체 선택 종료)
기준점 지정: **(기준점 클릭)** (따라하기 02)
축척 비율 지정 또는 [복사(C)/참조(R)] 〈1.0000〉: **2** `Enter` (변경할 축척 값 입력 → 따라하기 03)

9 신축 (명령: stretch, 단축명령: s, 풀다운 메뉴: 수정 〉 신축, 리본 탭: 홈 〉 수정 〉 신축 ▣)

도면에 있는 객체의 크기를 기준점을 중심으로 늘리거나 줄이는 명령이다. 이때에 변형되는 객체의 기준은 보통 객체 상의 끝점, 폴리선의 굽어진 점이 된다. 이러한 기준점을 cross 선택법에 의해 선택을 하여 명령을 진행한다.

01_ 신축될 지역을 cross 선택법으로 선택한다.

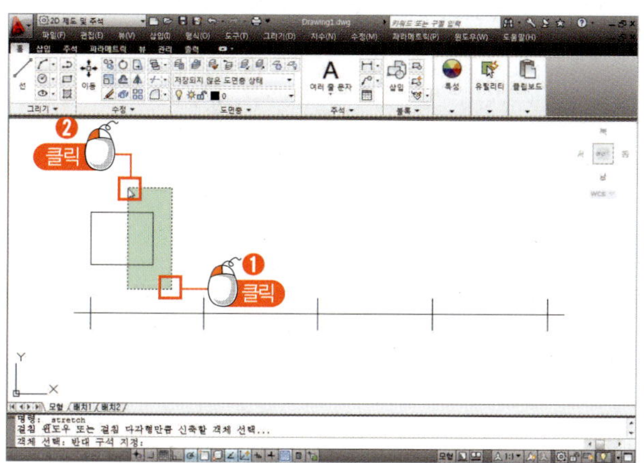

02_ 신축할 길이를 정하기 위한 기준점을 지정한다.

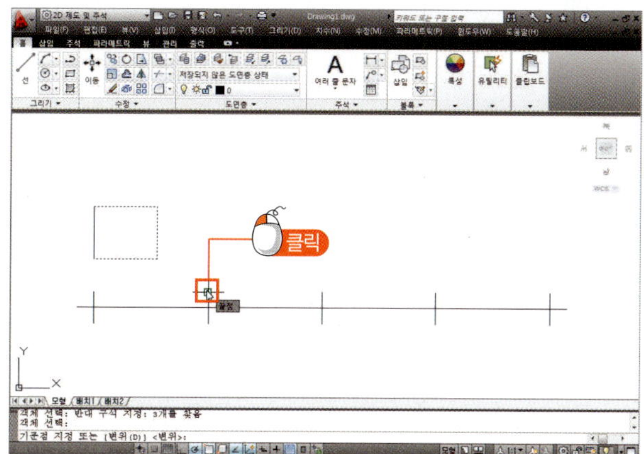

03_ 기준점을 중심으로 신축한다.

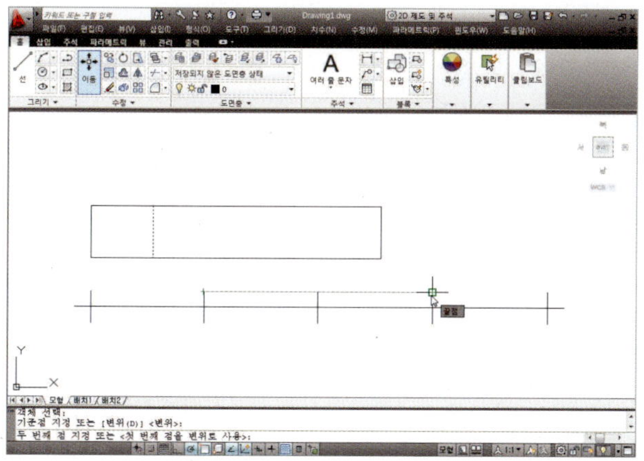

04_ 정해진 위치를 선택하면 신축이 완료된다.

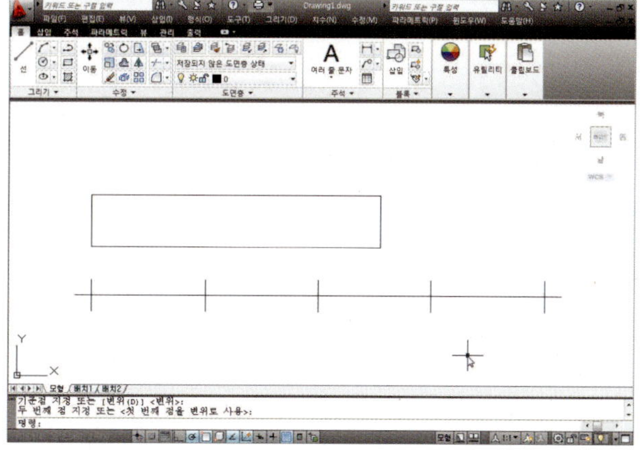

명령: **stretch** Enter (또는 리본 메뉴, 풀다운 메뉴 클릭)

걸침 윈도우 또는 걸침 다각형만큼 신축할 객체 선택...

객체 선택: **(cross 선택법으로 시작점 클릭)** (따라하기 01)

객체 선택: 반대 구석 지정: **(cross 선택법으로 끝점 클릭)** (따라하기 01)

객체 선택: 반대 구석 지정: 1개를 찾음

객체 선택: Enter (객체 선택 종료)

기준점 지정 또는 [변위(D)] 〈변위〉: **(기준점 클릭)** (따라하기 02)

두 번째 점 지정 또는 〈첫 번째 점을 변위로 사용〉: **(변경점 클릭)** (따라하기 03)

Tip stretch 명령을 진행할 때 cross 선택을 하면 객체 자체가 선택되고 기준점은 나타나지 않는다. 그러므로 같은 선택 결과가 화면에 나타나더라도 결과는 다르게 나타난다.

01_ 신축할 객체를 객체의 일부만 선택한다.

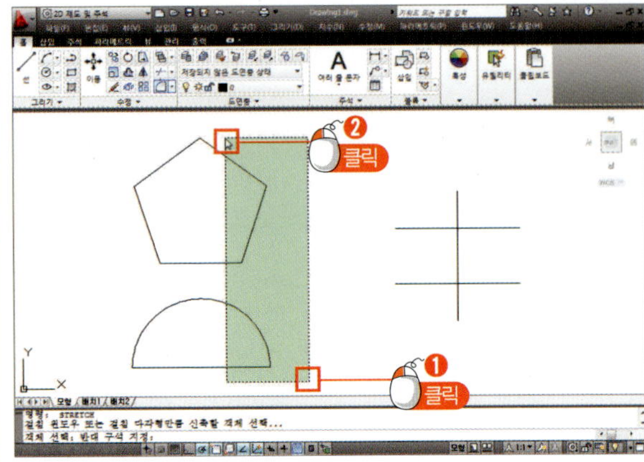

02_ 객체의 굽은 위치, 끝점이 기준이 되어 변화된다.

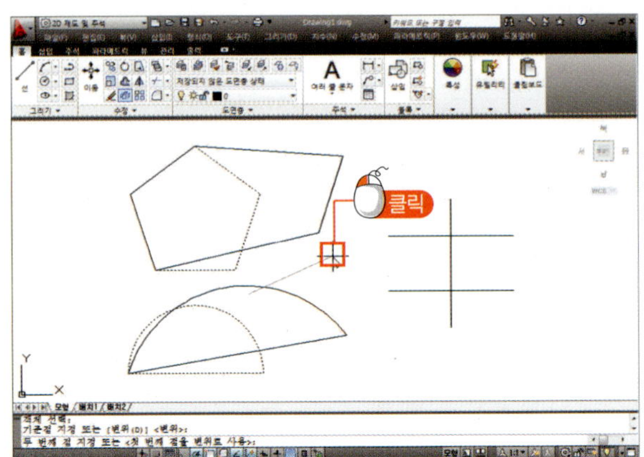

03_ 선택에 의해 3개의 객체가 선택되었다.

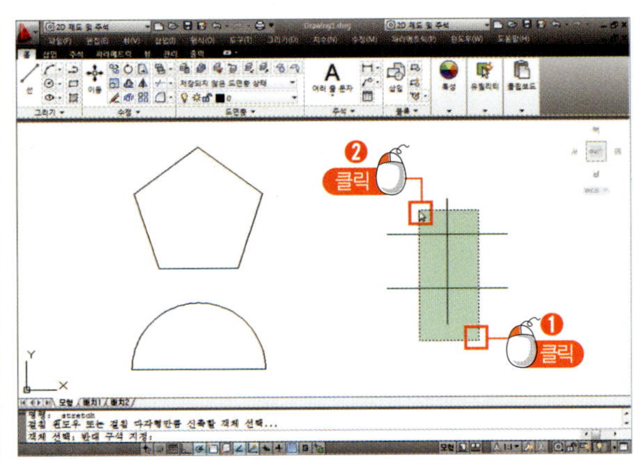

04_ 끝점이 포함된 1개 객체만 신축에 포함되고, 2개는 변화가 없다.

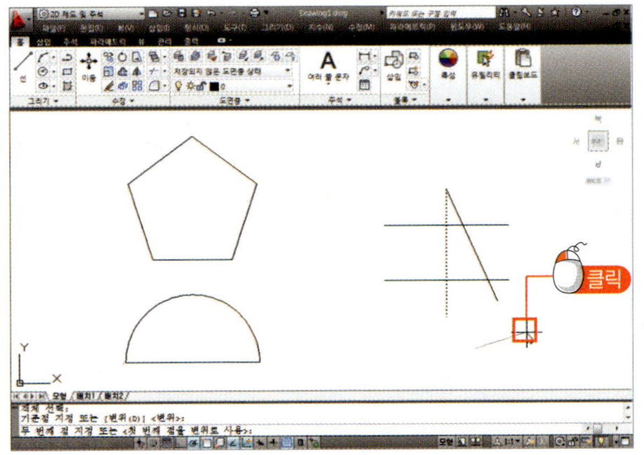

10 자르기 (명령: trim, 단축명령: tr, 풀다운 메뉴: 수정 〉 자르기, 리본 탭: 홈 〉 수정 〉 자르기 ✂)

도면에 있는 객체를 선택되어진 선을 기준으로 잘라버리는 명령이다. 도면작업 중에 가장 많이 사용되는 명령 중 하나이니 잘 익혀 두어야 한다. 자르기 명령은 선, 폴리선, 원과 같은 선형 객체에 적용되지만 블록, 2D 솔리드와 같은 객체에는 적용되지 않으니 작업 시에 유의해야 한다.

01_ cross 선택법을 이용해 시작점과 끝점을 클릭한다.

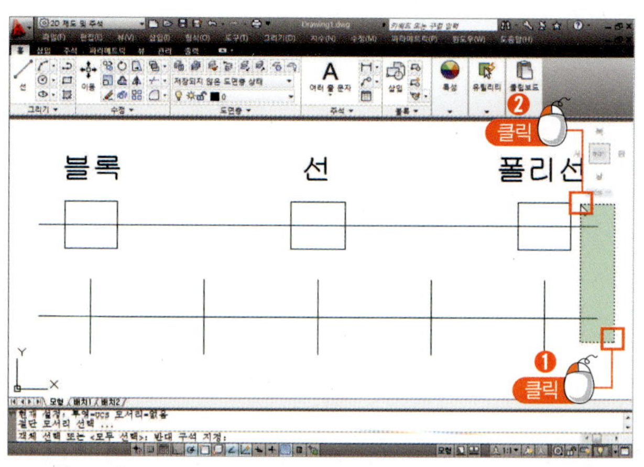

02_ 절단 기준선이 선택되었다.

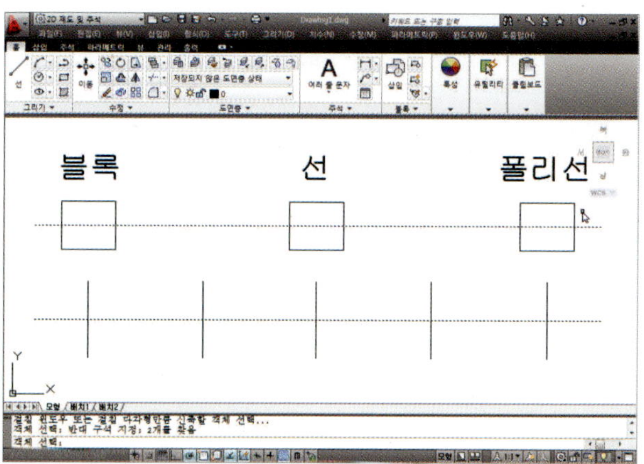

명령: **trim** `Enter` (또는 리본 메뉴, 풀다운 메뉴 클릭)

현재 설정값: 투영=UCS 모서리=없음

절단 모서리 선택 ...

객체 선택 또는 〈모두 선택〉: **(cross 선택법을 이용하여 시작점 클릭)** (따라하기 01)

객체 선택 또는 〈모두 선택〉: 반대 구석 지정: **(cross 선택법을 이용하여 끝점 클릭)** (따라하기 01)

객체 선택 또는 〈모두 선택〉: 반대 구석 지정: 2개를 찾음

객체 선택: `Enter` (객체 선택 종료)

03_ 블록은 잘라지지 않는다.

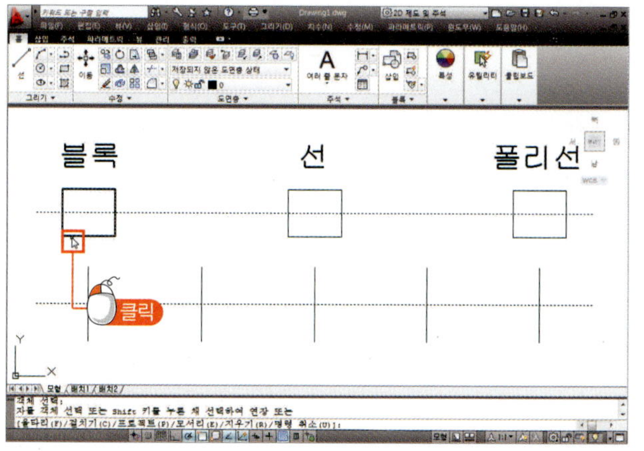

04_ 선을 잘랐다. (객체 1개에만 적용된다.)

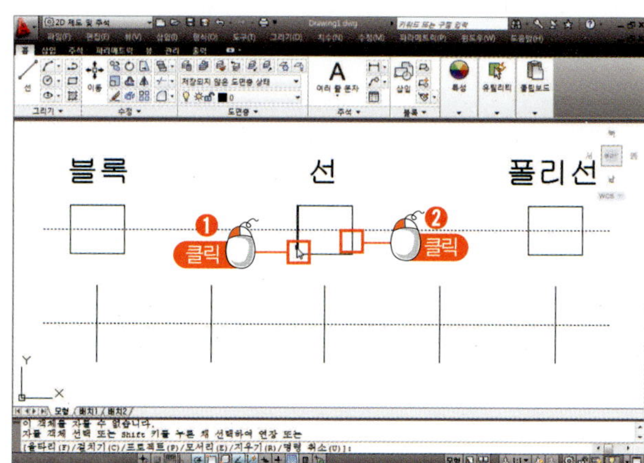

자를 객체 선택 또는 Shift 키를 누른 채 선택하여 연장 또는
[울타리(F)/걸치기(C)/프로젝트(P)/모서리(E)/지우기(R)/명령취소(U)]: **(블록 선택)** (따라하기 03)
이 객체를 자를 수 없습니다. (블록 자르기 명령이 실행되지 않음)
자를 객체 선택 또는 Shift 키를 누른 채 선택하여 연장 또는
[울타리(F)/걸치기(C)/프로젝트(P)/모서리(E)/지우기(R)/명령취소(U)]: **(선 선택)** (기준선에 의해 잘려짐 → 따라하기 04)
자를 객체 선택 또는 Shift 키를 누른 채 선택하여 연장 또는
[울타리(F)/걸치기(C)/프로젝트(P)/모서리(E)/지우기(R)/명령취소(U)]: **(선 선택)** (기준선에 의해 잘려짐 → 따라하기 04)

05_ 자를 폴리선을 선택한다.

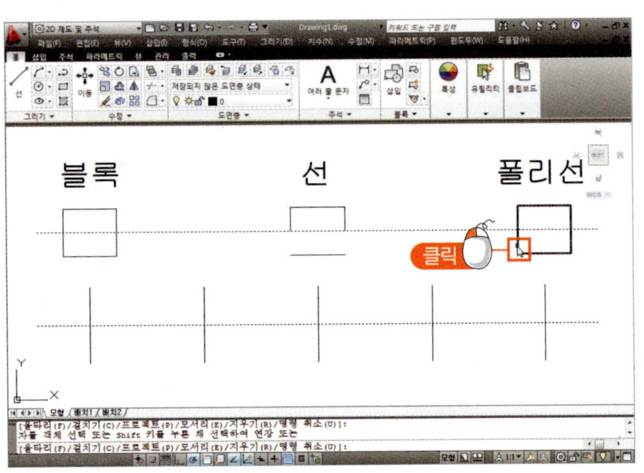

06_ 연결된 전부가 영향을 받는다.

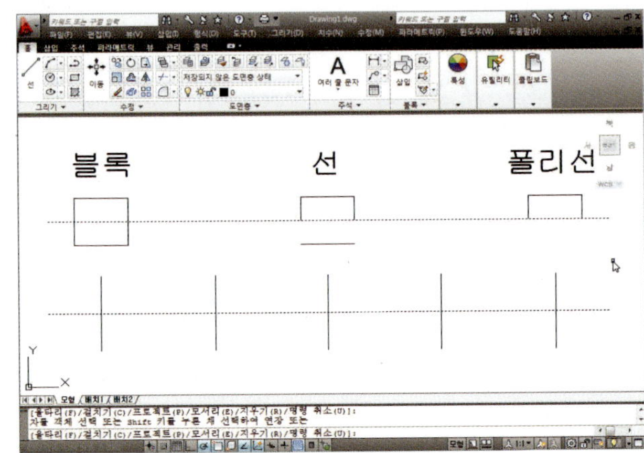

자를 객체 선택 또는 Shift 키를 누른 채 선택하여 연장 또는
[울타리(F)/걸치기(C)/프로젝트(P)/모서리(E)/지우기(R)/명령취소(U)]: **(폴리선 선택)** (따라하기 05)
(기준선에 의해 잘려짐)

07_ 울타리 방식으로 자르기를 선택하고 울타리 시작점을 지정한다.

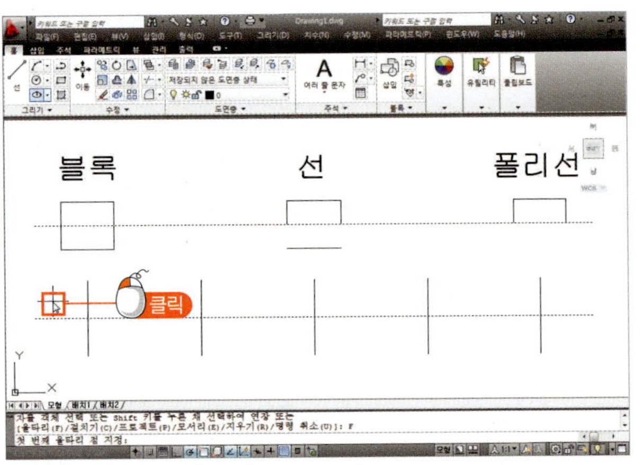

08_ 잘라질 객체에 닿도록 두 번째 울타리 점을 지정한다.

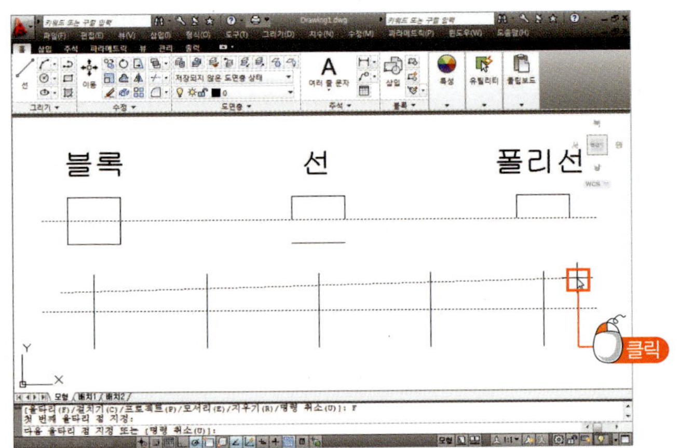

자를 객체 선택 또는 Shift 키를 누른 채 선택하여 연장 또는
[울타리(F)/걸치기(C)/프로젝트(P)/모서리(E)/지우기(R)/명령취소(U)]: f Enter (울타리 선택 명령 입력)
첫 번째 울타리 점 지정: **(울타리 시작점 클릭)** (따라하기 07)
다음 울타리 점 지정 또는 [명령취소(U)]: **(울타리 두 번째 점 클릭)** (따라하기 08)
다음 울타리 점 지정 또는 [명령취소(U)]: Enter (울타리 지정 종료)

09_ 울타리에 닿은 객체 모두가 자르기가 됐다.

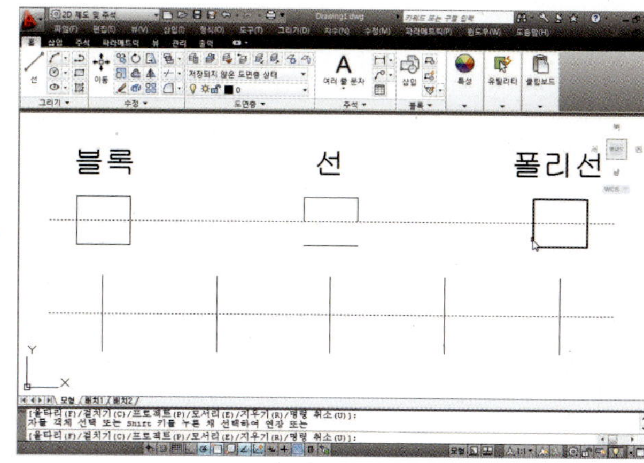

자를 객체 선택 또는 Shift 키를 누른 채 선택하여 연장 또는
[울타리(F)/걸치기(C)/프로젝트(P)/모서리(E)/지우기(R)/명령취소
(U)]: Enter (자를 객체 선택 종료)

11 연장 (명령: extend, 단축명령: ex, 풀다운 메뉴: 수정 〉 연장, 리본 탭: 홈 〉 수정 〉 연장)

도면에 있는 선이나 호를 지정한 선이나 호까지 연장시키는 명령이다. 연장 명령도 자르기 명령과 같이 선, 폴리선, 호
와 같은 선형 객체에 적용되는 명령으로 블록이나 2D 솔리드에는 기준선으로 선택, 연장 명령이 수행되지 않는다.

> **Tip** 대부분의 수정 명령에서 객체의 모양이 바뀌는 것은 블록, 2D 솔리드, 해치와 같은 비선형 객체들에게는 적용되지 않는
> 다. 이러한 비선형 객체는 이동, 회전, 축척 등 객체의 모양이 고정된 형식의 명령에만 적용된다.

01 → 선 연장

01_ 연장될 기준선을 지정한다.

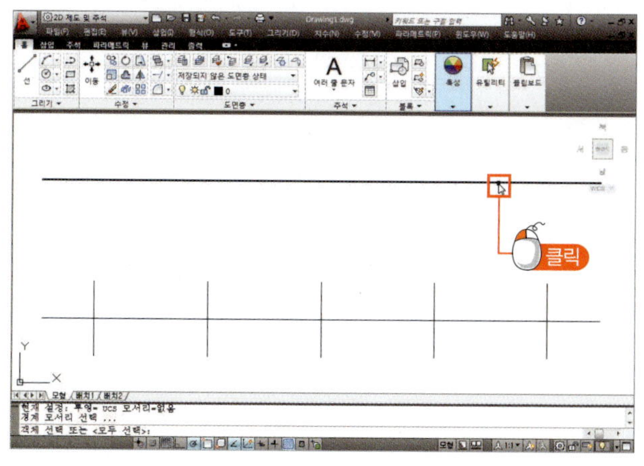

02_ 기준선에 연장될 객체를 지정한다.

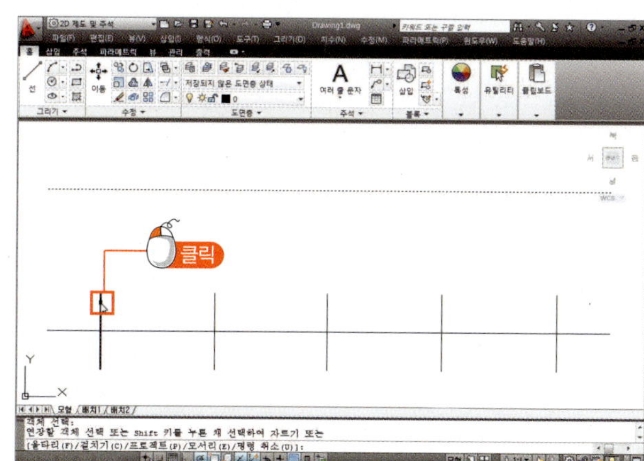

명령: **extend** `Enter` (또는 리본 메뉴, 풀다운 메뉴 클릭)
현재 설정값: 투영= UCS 모서리=없음
경계 모서리 선택 ...
객체 선택 또는 〈모두 선택〉: **(기준이 될 선형 객체를 클릭)** (따라하기 01)
객체 선택 또는 〈모두 선택〉: 1개를 찾음
객체 선택: `Enter` (기준이 될 객체 선택 종료)
연장할 객체 선택 또는 Shift 키를 누른 채 선택하여 자르기 또는
[울타리(F)/걸치기(C)/프로젝트(P)/모서리(E)/명령취소(U)]: **(연장할 선 클릭)** (따라하기 02)
(기준선까지 연장됨)

03_ 기준선이 있는 반대 방향에 객체를 클릭하면 연장되지 않는다.

04_ cross 선택으로 객체를 한꺼번에 선택한다.

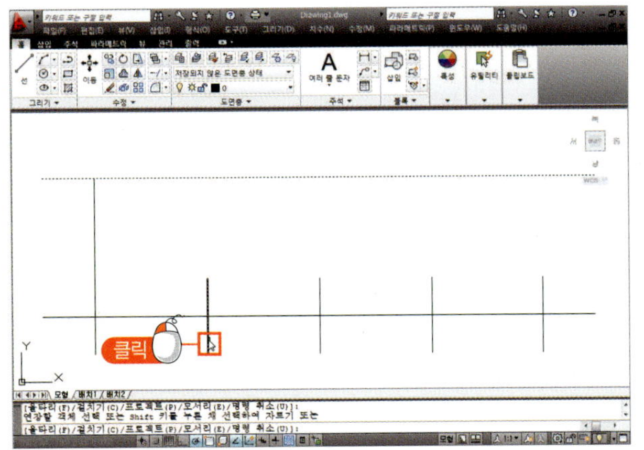

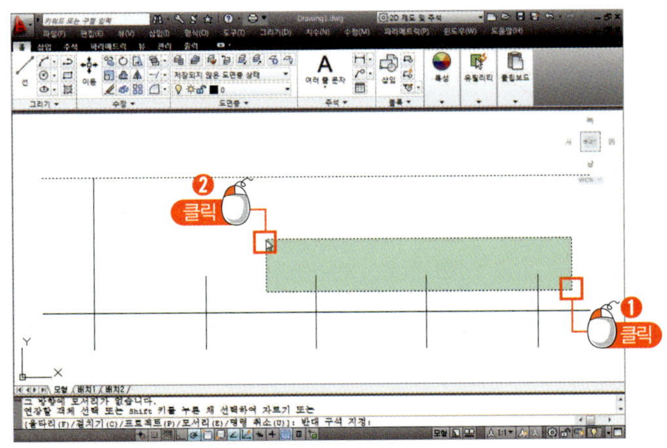

05_ 선택법에 의해 객체를 한꺼번에 연장할 수 있다.

연장할 객체 선택 또는 Shift 키를 누른 채 선택하여 자르기 또는
[울타리(F)/걸치기(C)/프로젝트(P)/모서리(E)/명령취소(U)]: **(연장할 선 선택)** (따라하기 03)
(기준선까지 연장되지 못함)
그 방향에 모서리가 없습니다. (연장할 객체의 중심점에서 기준선 방향 쪽을 클릭하지 않아서 연장 명령이 수행 안 됨)
연장할 객체 선택 또는 Shift 키를 누른 채 선택하여 자르기 또는
[울타리(F)/걸치기(C)/프로젝트(P)/모서리(E)/명령취소(U)]: 반대 구석 지정: **(cross 선택법으로 객체를 한꺼번에 선택)** (따라하기 04)
(기준선까지 연장됨)
연장할 객체 선택 또는 Shift 키를 누른 채 선택하여 자르기 또는
[울타리(F)/걸치기(C)/프로젝트(P)/모서리(E)/명령취소(U)]: `Enter` (연장할 객체 선택 종료)

02 → 호, 원, 폴리선 연장

01_ cross 선택법으로 시작점과 끝점을 클릭한다.

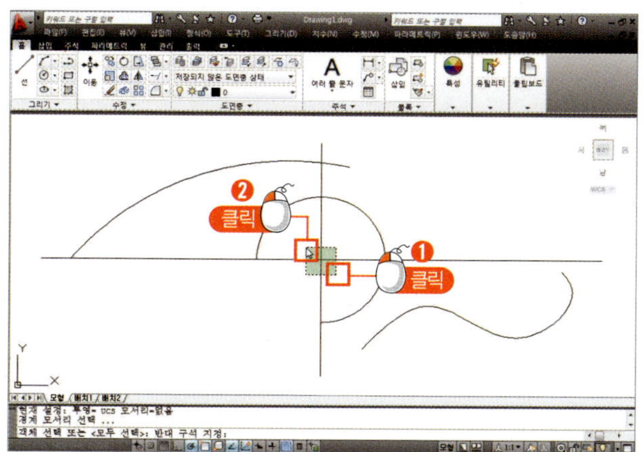

02_ 연장할 기준선이 선택되었다.

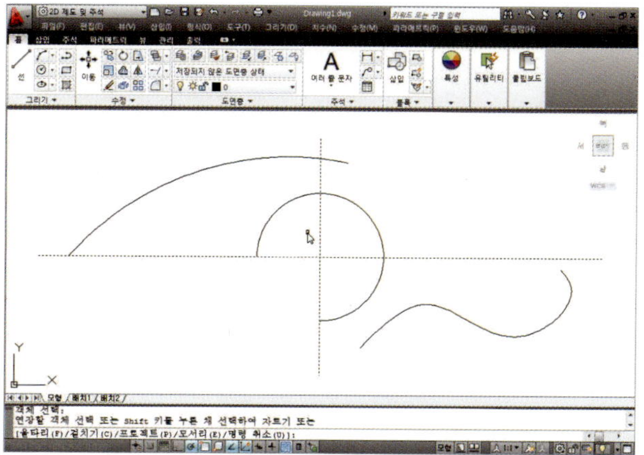

명령: **extend** Enter (또는 리본 메뉴, 풀다운 메뉴 클릭)

현재 설정값: 투영= UCS 모서리=없음

경계 모서리 선택 …

객체 선택 또는 〈모두 선택〉: **(cross 선택법을 이용하여 시작점 클릭)**

객체 선택 또는 〈모두 선택〉: 반대 구석 지정: **(cross 선택법을 이용하여 끝점 클릭)**

객체 선택 또는 〈모두 선택〉: 반대 구석 지정: 2개를 찾음

객체 선택: Enter (객체 선택 종료)

03_ 연장할 객체(호)를 선택한다.

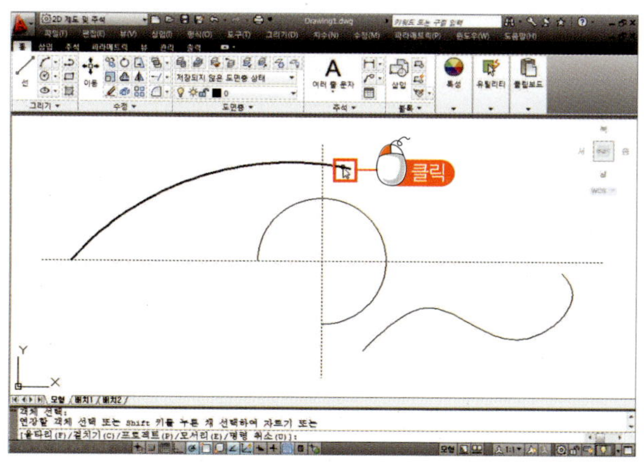

04_ 기준선까지 연장된다.

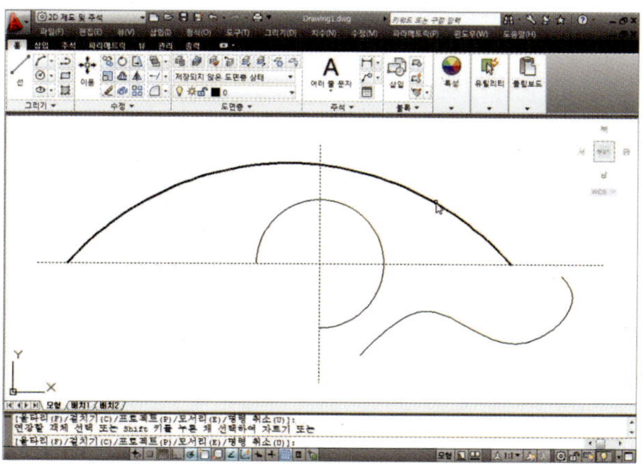

연장할 객체 선택 또는 Shift 키를 누른 채 선택하여 자르기 또는

[울타리(F)/걸치기(C)/프로젝트(P)/모서리(E)/명령취소(U)]: **(선 선택)** (기준선까지 연장됨)

05_ 원을 만들려 했지만 이미 연장선에 닿아 있어서 연장되지 않는다.

06_ 폴리선은 연장을 했을 경우 만나는 점이 기준선에 닿지 않아 연장이 안 된다.

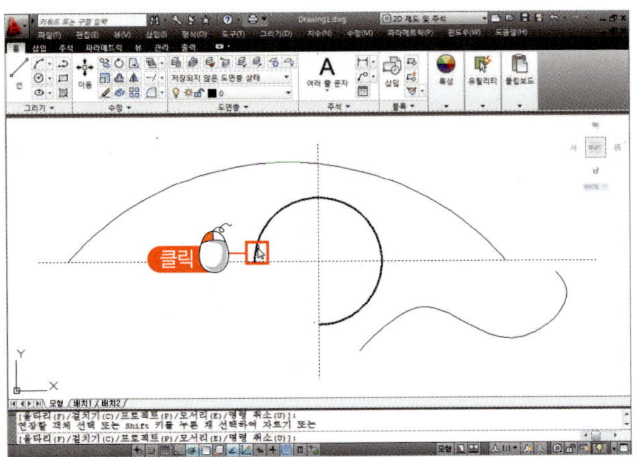

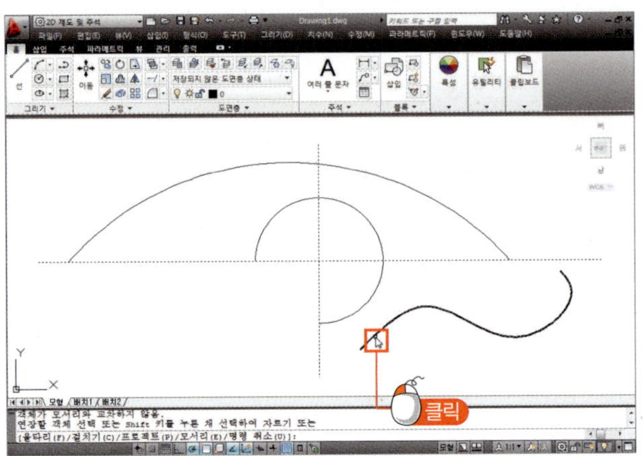

연장할 객체 선택 또는 Shift 키를 누른 채 선택하여 자르기 또는

[울타리(F)/걸치기(C)/프로젝트(P)/모서리(E)/명령취소(U)]: **(선 선택)** (기준선까지 연장되지 못함)

객체가 모서리와 교차하지 않음. (연장할 객체가 이미 연장할 기준선에 닿아 있어서 연장 명령이 수행 안 됨)

연장할 객체 선택 또는 Shift 키를 누른 채 선택하여 자르기 또는

[울타리(F)/걸치기(C)/프로젝트(P)/모서리(E)/명령취소(U)]: **(선 선택)** (기준선까지 연장되지 못함)

이 객체를 연장할 수 없습니다. (연장할 객체가 연장할 기준선에 무한히 연장해도 닿지 않아 연장 명령이 수행 안 됨)

연장할 객체 선택 또는 Shift 키를 누른 채 선택하여 자르기 또는

[울타리(F)/걸치기(C)/프로젝트(P)/모서리(E)/명령취소(U)]: Enter (객체 선택 종료)

12 점에서 끊기와 끊기 (명령: break, 리본 탭: 홈 〉 수정 〉 점에서 끊기 ⊏, 끊기 ⊔)

도면의 선형 객체를 끊는 명령이다. 단, 선형 객체라도 원일 경우에는 끊어지지 않는다. '점에서 끊기' 명령은 끊기 명령을 한 번만 수행한 것으로 끊어진 객체는 보이기에는 기존 상태와 같아 보이지만 지정된 점에서 2개의 객체로 분리된다. 끊기 명령은 객체의 2곳을 클릭하여 클릭한 사이의 부분을 끊어지게 만든다.

01 → 1곳 자르기

01_ 자를 객체를 선택한다. 이때 클릭한 위치가 첫 번째 자를 위치로 자동으로 지정된다.

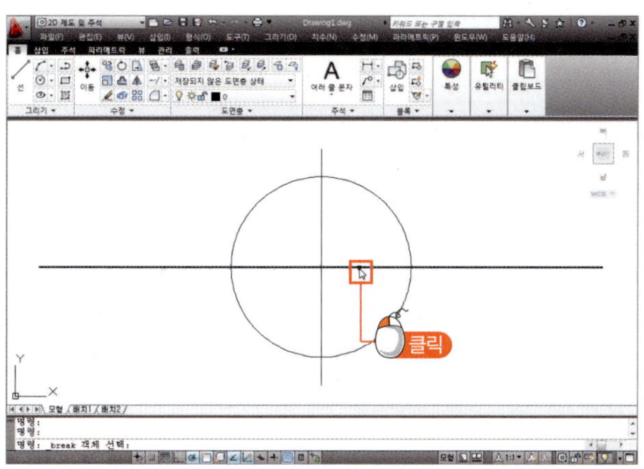

02_ 잘릴 점을 다시 지정하기 위해 f 입력 후 자를 위치를 다시 지정한다.

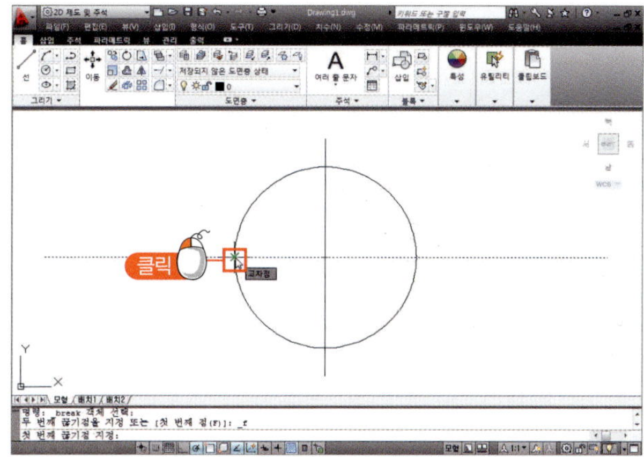

03_ 객체를 선택하면 끊어진 것이 확인된다.

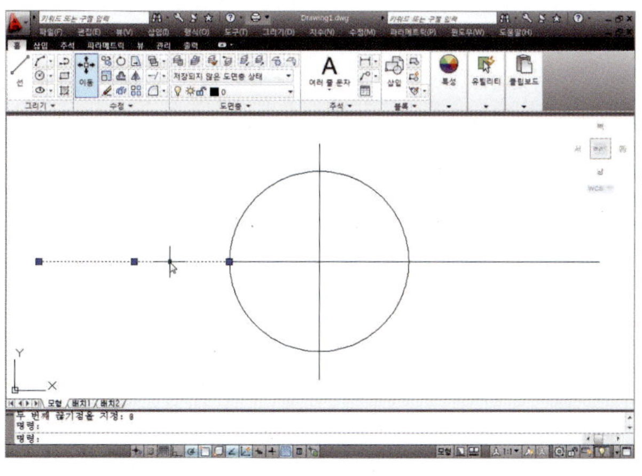

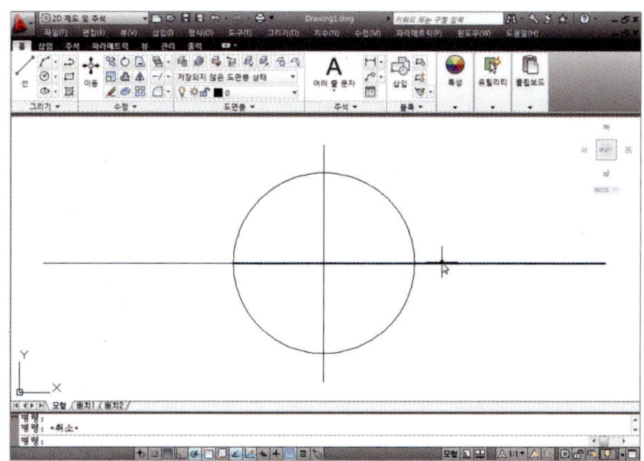

명령: **break** Enter (또는 리본 메뉴, 풀다운 메뉴 클릭)
객체 선택: **잘려질 객체 클릭** (클릭한 위치가 자동으로 첫 번째 자를 위치로 지정된다.)
두 번째 끊기점을 지정 또는 [첫 번째 점(F)]: f Enter (첫 번째 지점 재지정 명령 입력)
첫 번째 끊기점 지정: **(첫 번째 자를 지점 클릭)**
두 번째 끊기점을 지정: @ Enter (1곳만 자를 것이므로 제자리 지정 옵션 값 표시 입력)

02　2곳 자르기

01_ 객체를 선택하고 f를 입력하여 자를 위치의 첫 번째, 두 번째 지점을 클릭한다.

02_ 두 번째 점을 지정하면 객체가 끊어진다.

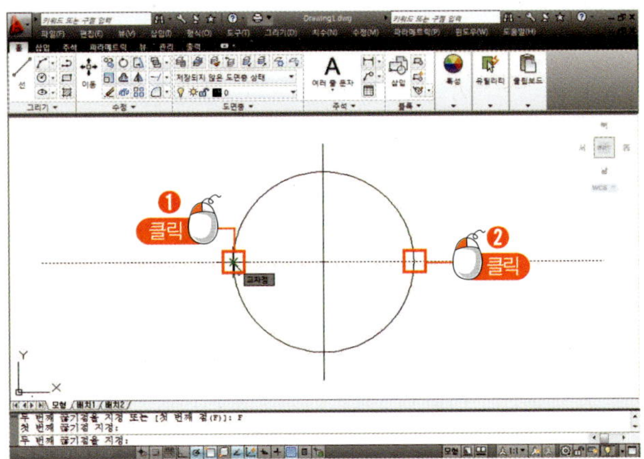

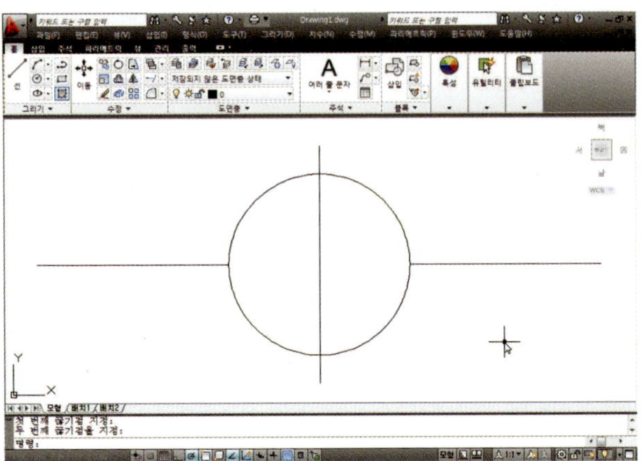

명령: **break** [Enter] (또는 리본 메뉴, 풀다운 메뉴 클릭)

객체 선택: **(잘려질 객체 클릭)** (클릭한 위치가 자동으로 첫 번째 자를 위치로 지정된다.)

두 번째 끊기점을 지정 또는 [첫 번째 점(F)]: f [Enter] (첫 번째 지점 재지정 명령 입력)

첫 번째 끊기점 지정: **(첫 번째 자를 지점 클릭)**

두 번째 끊기점을 지정: **(두 번째 자를 지점 클릭)**

13 결합 (명령: join, 단축명령: j, 풀다운 메뉴: 수정 〉 결합, 리본 탭: 홈 〉 수정 〉 결합)

도면의 2개 이상의 호 또는 선 객체를 연결하여 한 개의 객체로 만드는 명령이다. 2개의 객체는 서로 연장선 상에 놓여 있어야 연결이 된다.

01 ─ 객체들이 연장선 상에 놓여 있는 경우

01_ 첫 번째 연결할 객체를 선택한다.

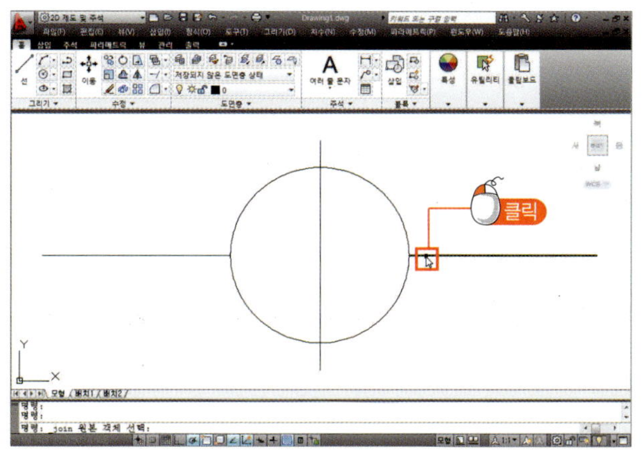

02_ 두 번째 연결할 객체를 선택한다.

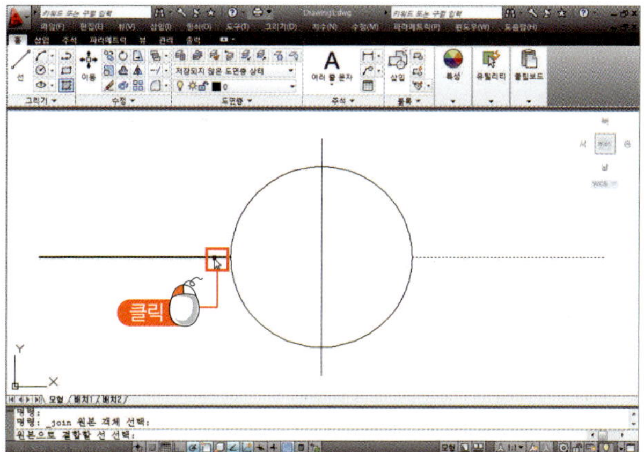

명령: **join** Enter (또는 리본 메뉴, 풀다운 메뉴 클릭)
원본 객체 선택: **(연결할 기준 객체 선택)**
원본으로 결합할 선 선택: 1개를 찾음

03_ 세 번째 연결할 객체를 선택한다.

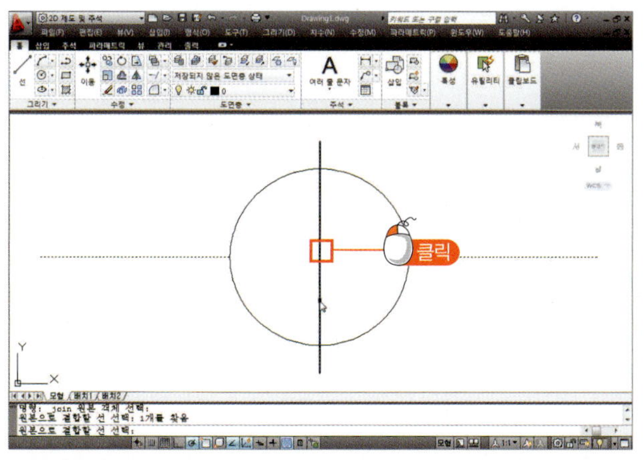

04_ 동일선상에 있는 2개의 객체만 연결되고 1개 객체는 무시된다.

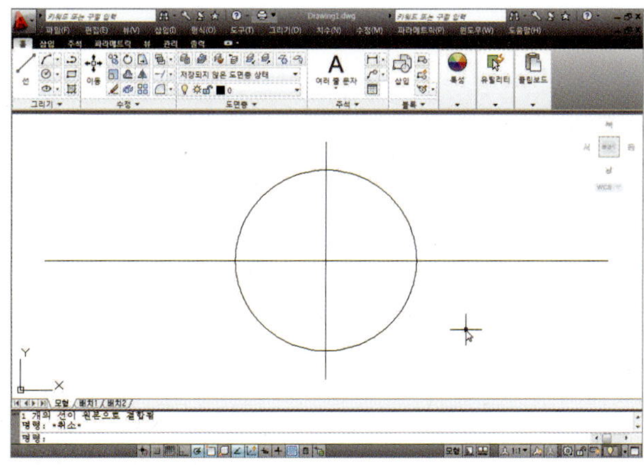

원본으로 결합할 선 선택: **(연결할 객체 선택)**
원본으로 결합할 선 선택: 1개를 찾음, 총 2
원본으로 결합할 선 선택: Enter (객체 선택 종료)
1개의 선이 원본으로 결합됨, 1개 객체가 작업에서 버려짐 (연장선상에 놓인 한 객체만 연결하고 연결할 수 없는 수직선은 버림)

02 → 객체들이 연장선 상에 놓여 있지 않는 경우

01_ 첫 번째 연결할 객체를 선택한다.

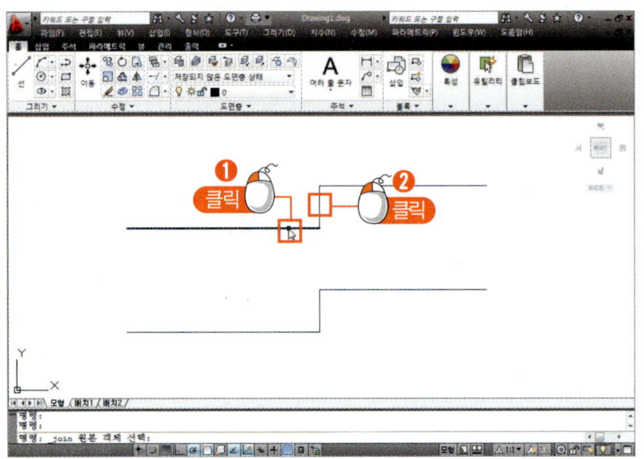

02_ 끝점이 닿는 객체를 추가로 선택한다.

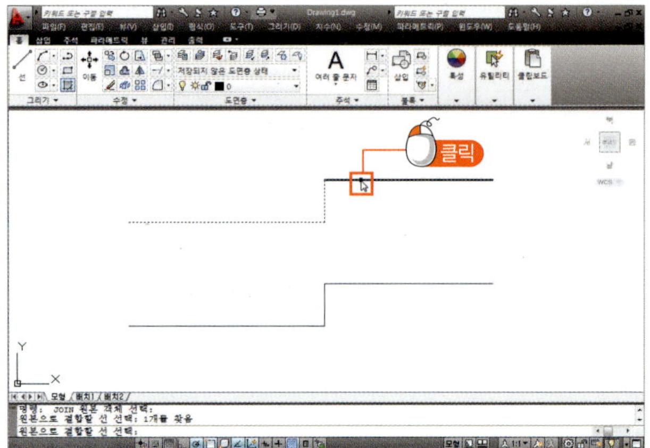

03_ 결과적으로 3개가 연결되지 않았다.

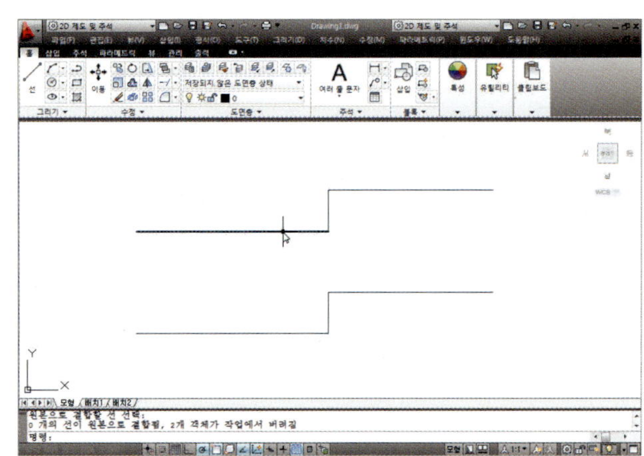

명령: join **Enter** (또는 리본 메뉴, 풀다운 메뉴 클릭)

원본 객체 선택: **(연결할 기준 객체 선택)**

원본으로 결합할 선 선택: 1개를 찾음

원본으로 결합할 선 선택: **(연결할 객체 선택)**

원본으로 결합할 선 선택: 1개를 찾음, 총 2

원본으로 결합할 선 선택: **Enter** (객체 선택 종료)

0 개의 선이 원본으로 결합됨, 2개 객체가 작업에서 버려짐 (연결할 객체가 연장선상에 있지 않아 모두 제외됨)

Tip **폴리선 편집** (명령: pedit, 리본 탭: 홈 〉 수정 〉 폴리선 편집)

결합 명령은 두 객체의 성격이 유지되는 상태에서 연결이 가능할 때만 결합이 된다. 때문에 원본 객체가 선이었다면 결과물은 선이어야 하고, 호였다면 호가 결과로 나와야만 한다. 만약에 꺾어진 연결을 원할 때엔 꺾어진 표현이 가능한 폴리선으로 성격을 바꾸어야 한다. 폴리선을 수정하는 명령인 pedit는 이러한 문제를 해결할 수 있도록 결합 명령이 따로 있다. 실무에서는 굳이 결합해야 할 객체가 있다면 어려운 결합 명령보다는 '폴리선 수정' 명령을 선호한다.

01_ 첫 번째 연결할 객체를 선택한다.

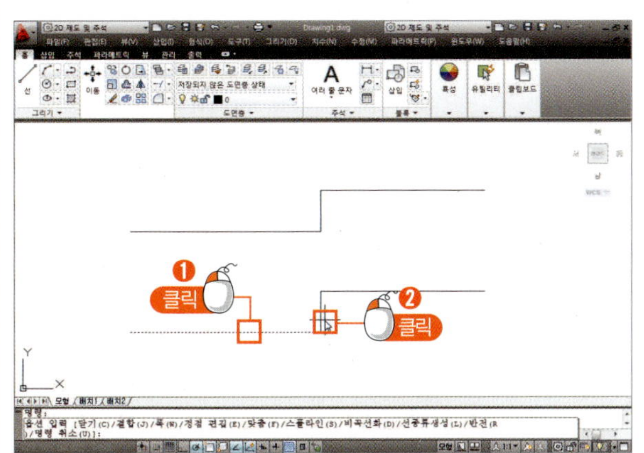

02_ 끝점이 닿는 객체를 추가로 선택한다.

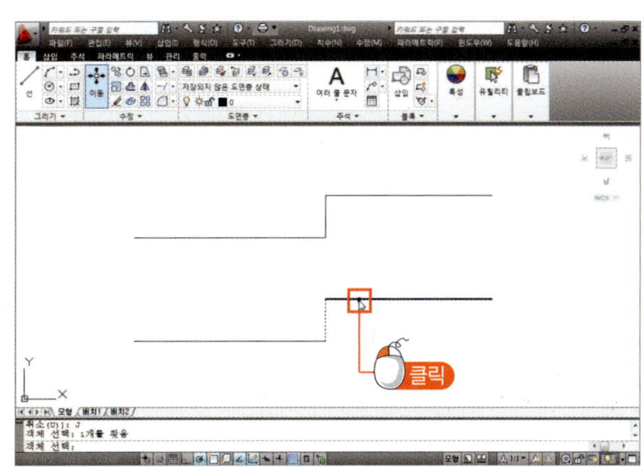

명령: **pedit** Enter (또는 리본 메뉴, 풀다운 메뉴 클릭)
폴리선 선택 또는 [다중(M)]: **(연결할 선을 선택)**
선택된 객체가 폴리선이 아님
전환하기를 원하십니까? Y (선을 선택했을 경우 성격을 폴리선으로 바꿀 것인지 물음)
옵션 입력 [닫기(C)/결합(J)/폭(W)/정점
편집(E)/맞춤(F)/스플라인(S)/비곡선화(D)/선종류생성(L)/명령 취소(U)]: j Enter (수정 옵션 중 결합명령 입력)
객체 선택: **(결합할 객체 선택)**
객체 선택: 1개를 찾음
객체 선택: **(결합할 객체 선택)**
객체 선택: 1개를 찾음, 총 2
객체 선택: Enter (객체 선택 종료)

03_ 3개의 객체가 연결되었다. (끝점이 닿은 상태면 선, 호 모두 연결이 된다)

2개의 세그먼트가 폴리선에 추가됨 (연결할 객체가 원본 객체에 결합됨)
옵션 입력 [닫기(C)/결합(J)/폭(W)/정점
편집(E)/맞춤(F)/스플라인(S)/비곡선화(D)/선종류생성(L)/명령 취소(U)]: Enter (폴리선 수정 종료)

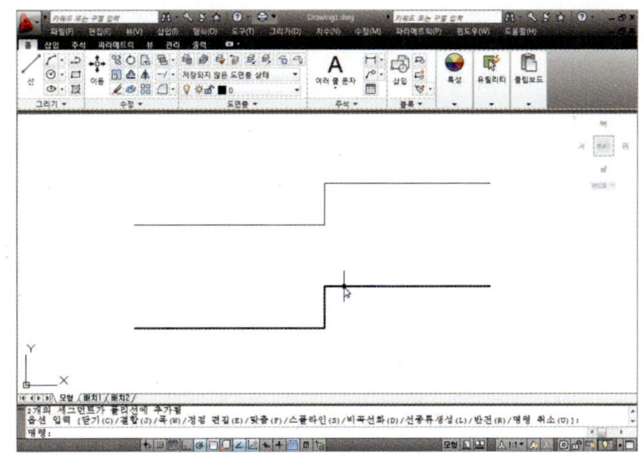

14 모따기 (명령: chamfer, 단축명령: cha, 풀다운 메뉴: 수정 〉 모따기, 리본 탭: 홈 〉 수정 〉 모따기 ⬚)

모따기는 만나는 선을 모서리가 꺾어지게 연결하는 명령이다.

- **명령취소** : 작업한 모따기 명령을 취소한다.
- **폴리선** : 한 객체인 폴리선의 모따기 명령을 실행한다.
- **거리** : 모따기 할 거리(2개)를 지정한다.
- **각도** : 모따기할 각도를 지정한다.
- **자르기** : 모따기 명령으로 잘려 나갈 모서리 바깥 선들을 유지한다.
- **메서드** : 각진 모서리 만들기 법을 조정한다.
- **다중** : 한 번에 여러 번 같은 조건의 모따기를 실행한다.

01_ 설정한 값에 의해 모서리가 잘려진다.

02_ 원본을 자르지 않도록 설정하면 원본이 유지된 상태에서 잘려진 모서리 객체가 그려진다.

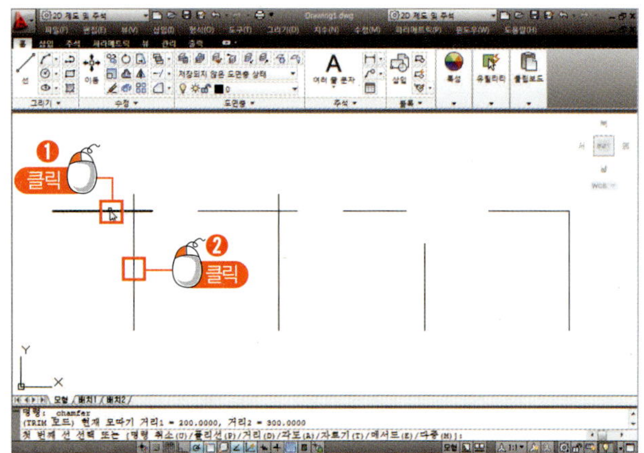

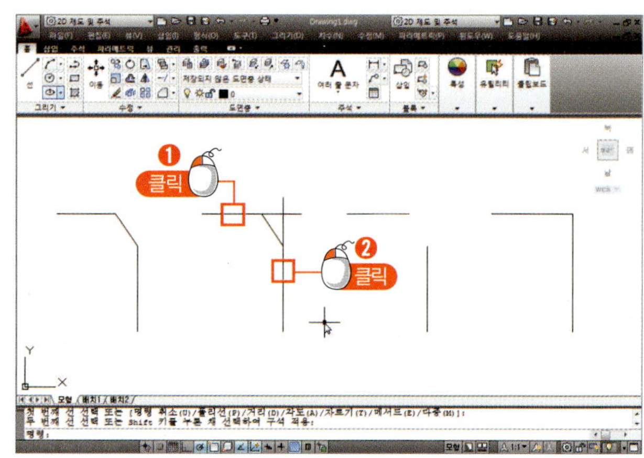

명령: **chamfer** Enter (또는 리본 메뉴, 풀다운 메뉴 클릭)

(TRIM 모드) 현재 모따기 거리1 = 0.0000, 거리2 = 0.0000

첫 번째 선 선택 또는
[명령취소(U)/폴리선(P)/거리(D)/각도(A)/자르기(T)/메서드(E)/다중(M)]: **d** Enter (거리지정 명령어 입력)

첫 번째 모따기 거리 지정 〈0.0000〉: **200** Enter (첫 번째 선택 선의 잘리는 거리 입력)

두 번째 모따기 거리 지정 〈200.0000〉: **300** Enter (두 번째 선택 선의 잘리는 거리 입력)

첫 번째 선 선택 또는
[명령취소(U)/폴리선(P)/거리(D)/각도(A)/자르기(T)/메서드(E)/다중(M)]: **(첫 번째 선 클릭)**

두 번째 선 선택 또는 Shift 키를 누른 채 선택하여 구석 적용:
(두 번째 선 클릭)

명령: **chamfer** Enter (또는 리본 메뉴, 풀다운 메뉴 클릭)

(TRIM 모드) 현재 모따기 거리1 = 0.0000, 거리2 = 0.0000

첫 번째 선 선택 또는
[명령취소(U)/폴리선(P)/거리(D)/각도(A)/자르기(T)/메서드(E)/다중(M)]: **d** Enter (거리지정 명령어 입력)

첫 번째 모따기 거리 지정 〈0.0000〉: **200** Enter (첫 번째 선택 선의 잘리는 거리 입력)

두 번째 모따기 거리 지정 〈200.0000〉: **300** Enter (두 번째 선택 선의 잘리는 거리 입력)

첫 번째 선 선택 또는
[명령취소(U)/폴리선(P)/거리(D)/각도(A)/자르기(T)/메서드(E)/다중(M)]: **(첫 번째 선 클릭)**

두 번째 선 선택 또는 Shift 키를 누른 채 선택하여 구석 적용:
(두 번째 선 클릭)

03_ 두선이 만나지 않더라도 모따기 명령은 실행된다. 단 기존 객체는 유지된다.

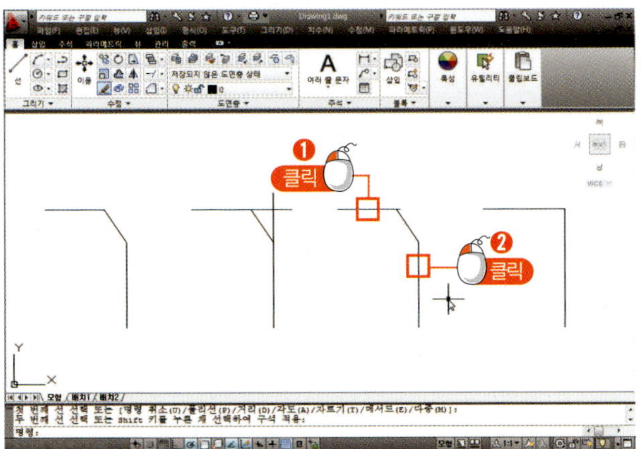

04_ 폴리선의 모서리도 모따기가 된다.

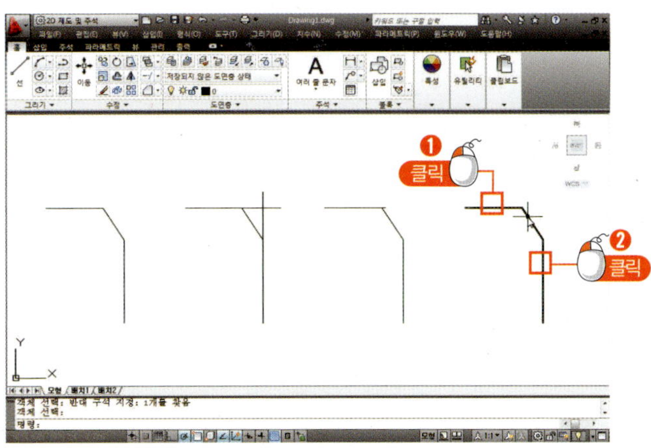

명령: chamfer Enter (또는 리본 메뉴, 풀다운 메뉴 클릭)

(NOTRIM 모드) 현재 모따기 거리1 = 200.0000, 거리2 = 300.0000

첫 번째 선 선택 또는
[명령취소(U)/폴리선(P)/거리(D)/각도(A)/자르기(T)/메서드(E)/다중(M)]: **(첫 번째 선 클릭)**

두 번째 선 선택 또는 Shift 키를 누르는 채 선택하여 구석 적용: **(두 번째 선 클릭)**

명령: chamfer Enter (또는 리본 메뉴, 풀다운 메뉴 클릭)

(NOTRIM 모드) 현재 모따기 거리1 = 200.0000, 거리2 = 300.0000

첫 번째 선 선택 또는
[명령취소(U)/폴리선(P)/거리(D)/각도(A)/자르기(T)/메서드(E)/다중(M)]: **t** Enter (자르기 지정 명령어 입력)

자르기 모드 옵션 입력 [자르기(T)/자르지 않기(N)] 〈자르지 않기〉: **t** Enter (자르기 옵션 명령어 입력)

첫 번째 선 선택 또는
[명령취소(U)/폴리선(P)/거리(D)/각도(A)/자르기(T)/메서드(E)/다중(M)]: **p** Enter (폴리선 모따기 명령어 입력)

2D 폴리선 선택: **(폴리선 선택)**

1 선 은(는) 모따기됨

Tip 모따기 명령은 모깎기 명령에 비해 많이 사용되지 않는다. 두 명령의 성격이 비슷한 점도 있지만 실무에서 가장 많이 사용하는 선 정리는 대부분 모깎기 명령이 사용된다. 그 이유는 단축명령이 모깎기보다 길다는 점과 선에만 적용된다는 단점 때문이다. 모따기, 모깎기 명령은 각각 거리와 반지름을 '0'으로 하면 두 객체가 만나는 점이 정리가 된다.

15 모깎기 (명령: fillet, 단축명령: f, 풀다운 메뉴: 수정 〉 모깎기, 리본 탭: 홈 〉 수정 〉 모깎기 ◻)

두 개의 선형 객체를 둥글게 연결하는 명령이다. 모깎기 명령은 선, 호뿐만 아니라 원에도 적용이 가능하고, 도면에 선
정리, 연장선 만들기 등으로 다양하게 사용되기 때문에 정확히 익혀 두어야 할 명령이다.

- **명령 취소** : 작업한 모깎기 명령을 취소한다.
- **폴리선** : 한 객체인 폴리선의 모깎기 명령을 실행한다.
- **반지름** : 모깎기 할 반지름을 지정한다.
- **자르기** : 모따기 명령으로 잘려 나갈 모서리 바깥 선들을 유지한다.
- **다중** : 한 번에 여러 번 같은 조건의 모따기를 실행한다.

01_ 일반적인 모깎기는 지정한 반지름으로 객체를
연결한다.

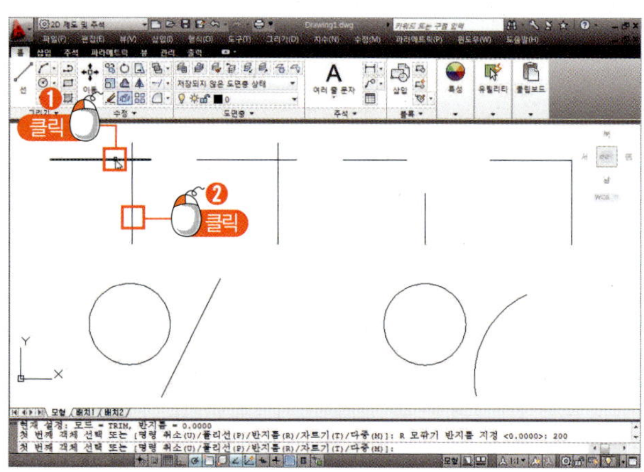

명령: **fillet** `Enter` (또는 리본 메뉴, 풀다운 메뉴 클릭)

현재 설정값: 모드 = TRIM, 반지름 = 0.0000

첫 번째 객체 선택 또는 [명령취소(U)/폴리선(P)/반지름(R)/자르기(T)/
다중(M)]: **r** `Enter` (반지름 옵션 명령어 입력)

모깎기 반지름 지정 〈0.0000〉: **200** `Enter` (반지름 크기 입력)

첫 번째 객체 선택 또는 [명령취소(U)/폴리선(P)/반지름(R)/자르기(T)/
다중(M)]: **(첫 번째 객체 클릭)**

두 번째 객체 선택 또는 Shift 키를 누른 채 선택하여 구석 적용:
(두 번째 객체 클릭)

02_ 원본을 자르지 않도록 설정하면 원본이 유지된
상태에서 깎여진 모서리 객체가 그려진다.

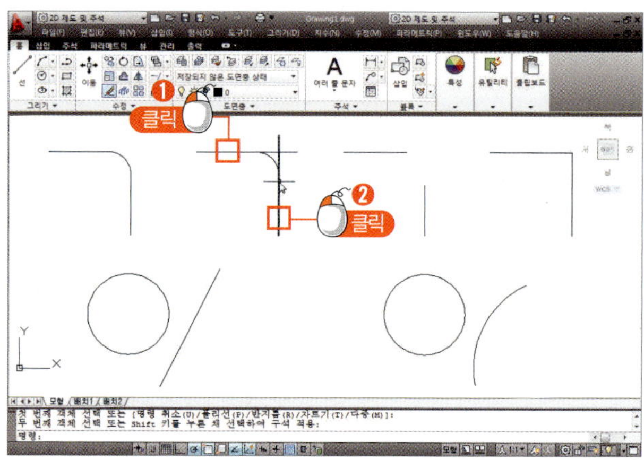

명령: **fillet** `Enter` (또는 리본 메뉴, 풀다운 메뉴 클릭)

현재 설정값: 모드 = TRIM, 반지름 = 200.0000 (반지름의 변경이 없으
면 다른 명령을 입력한다)

첫 번째 객체 선택 또는 [명령취소(U)/폴리선(P)/반지름(R)/자르기(T)/
다중(M)]: **t** `Enter` (자르기 옵션 명령어 입력)

자르기 모드 옵션 입력 [자르기(T)/자르지 않기(N)] 〈자르기〉: **n** `Enter`
(자르지 않기 옵션 명령어 입력)

첫 번째 객체 선택 또는 [명령취소(U)/폴리선(P)/반지름(R)/자르기(T)/
다중(M)]: **(첫 번째 객체 클릭)**

두 번째 객체 선택 또는 Shift 키를 누른 채 선택하여 구석 적용:
(두 번째 객체 클릭)

03_ 두 선이 만나지 않더라도 모깎기 명령은 실행된다. 두 선은 모깎기 객체에 연결된다.

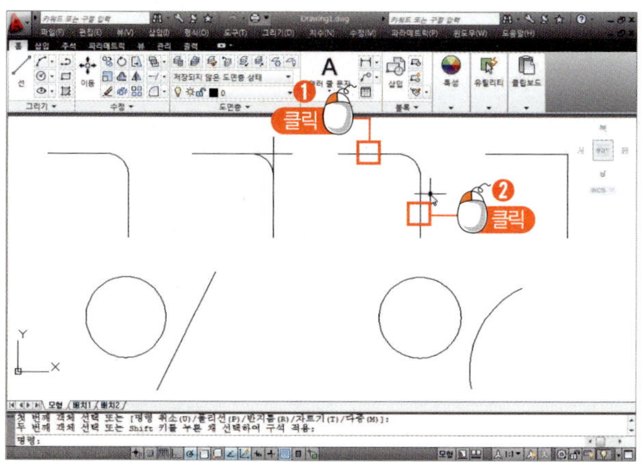

명령: **fillet** `Enter` (또는 리본 메뉴, 풀다운 메뉴 클릭)

현재 설정값: 모드 = NOTRIM, 반지름 = 200.0000 (반지름의 변경이 없으면 다른 명령을 입력한다)

첫 번째 객체 선택 또는 [명령취소(U)/폴리선(P)/반지름(R)/자르기(T)/다중(M)]: t `Enter` (자르기 옵션 명령어 입력)

자르기 모드 옵션 입력 [자르기(T)/자르지 않기(N)] ⟨자르지 않기⟩: t `Enter` (자르기 옵션 명령어 입력)

첫 번째 객체 선택 또는 [명령취소(U)/폴리선(P)/반지름(R)/자르기(T)/다중(M)]: **(첫 번째 객체 클릭)**

두 번째 객체 선택 또는 Shift 키를 누른 채 선택하여 구석 적용: **(두 번째 객체 클릭)**

04_ 폴리선의 모서리도 모깎기가 된다.

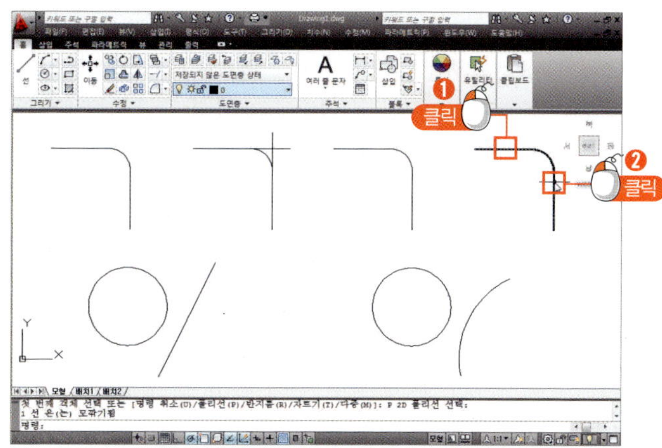

명령: **fillet** `Enter` (또는 리본 메뉴, 풀다운 메뉴 클릭)

현재 설정값: 모드 = TRIM, 반지름 = 200.0000 (반지름의 변경이 없으면 다른 명령을 입력한다)

첫 번째 객체 선택 또는 [명령취소(U)/폴리선(P)/반지름(R)/자르기(T)/다중(M)]: p `Enter` (폴리선 모깎기 명령어 입력)

2D 폴리선 선택: **(폴리선 선택)**

1 선 은(는) 모깎기됨

05_ 첫 번째 연결할 객체로 원을 선택하고, 두 번째 객체(선)를 선택한다.

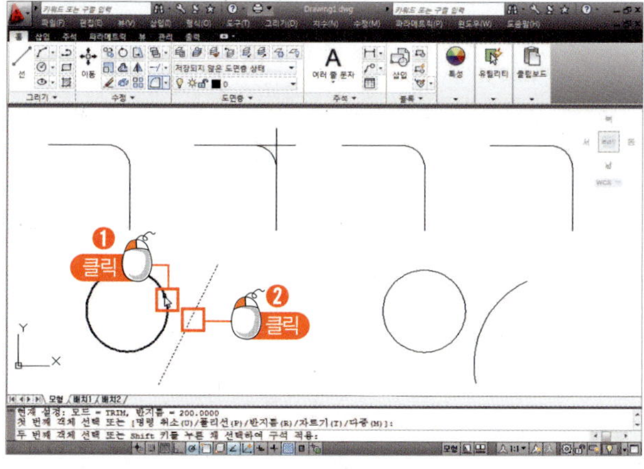

06_ 지정된 반지름으로 내접하는 호가 생성된다.

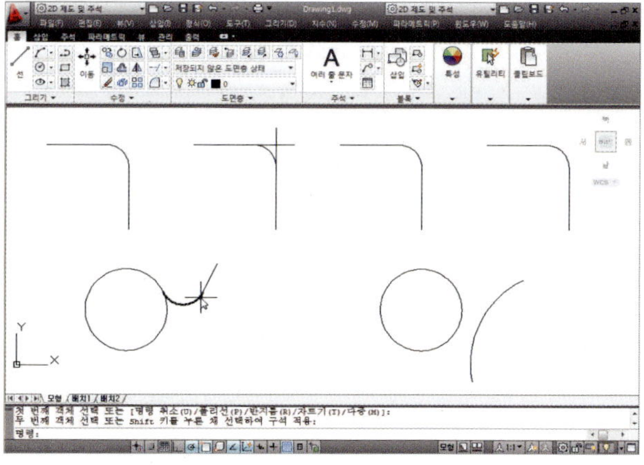

명령: **fillet** `Enter` (또는 리본 메뉴, 풀다운 메뉴 클릭)

현재 설정값: 모드 = TRIM, 반지름 = 200.0000 (반지름의 변경이 없으면 첫 번째 객체를 선택한다)

첫 번째 객체 선택 또는 [명령취소(U)/폴리선(P)/반지름(R)/자르기(T)/다중(M)]: **(첫 번째 객체 클릭)**

두 번째 객체 선택 또는 Shift 키를 누른 채 선택하여 구석 적용: **(두 번째 객체 클릭)**

07_ 첫 번째 연결할 객체로 원을 선택하고 두 번째 객체를 선택한다.

08_ 지정된 반지름으로 내접하는 호가 생성된다.

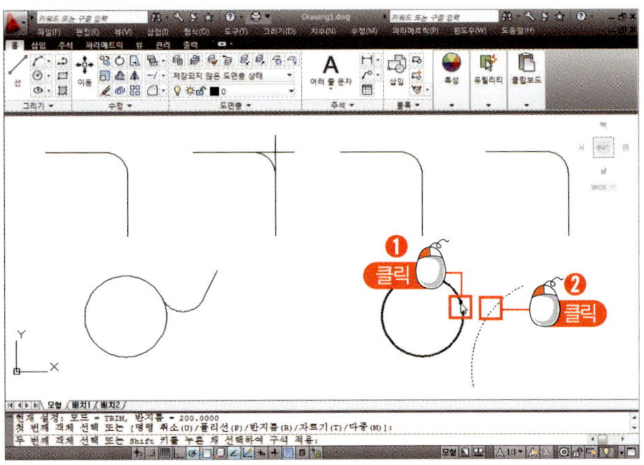

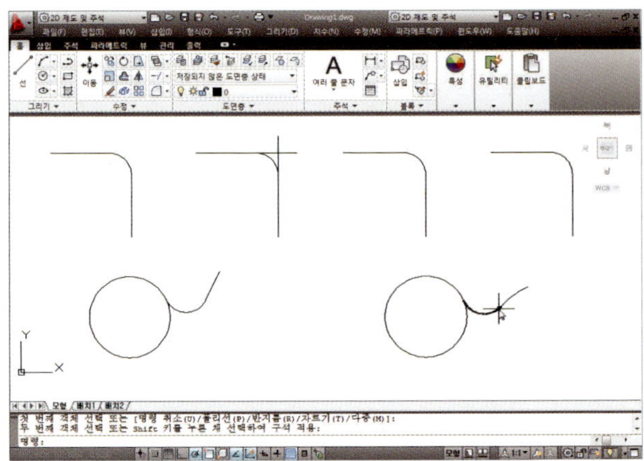

명령: fillet **Shift** (또는 리본 메뉴, 풀다운 메뉴 클릭)
현재 설정값: 모드 = TRIM, 반지름 = 200.0000 (반지름의 변경이 없으면 첫 번째 객체를 선택한다)
첫 번째 객체 선택 또는 [명령취소(U)/폴리선(P)/반지름(R)/자르기(T)/다중(M)]: **(첫 번째 객체 클릭)**
두 번째 객체 선택 또는 Shift 키를 누른 채 선택하여 구석 적용: **(두 번째 객체 클릭)**

16 분해 (명령: explode, 단축명령: x, 풀다운 메뉴: 수정 〉 분해, 리본 탭: 홈 〉 수정 〉 분해)

도면 내의 블록과 폴리선, 문자와 같이 연결/결합된 객체를 선 단위 또는 결합 이전으로 분해하는 명령이다. 분해 명령은 실무에서 자주 사용되는 명령 중 하나다. 블록의 수정이나 교체와 같은 작업은 분해 명령 후에 가능하기 때문이다.

01_ 분해할 블록을 선택한다.

02_ 분해할 폴리선을 선택한다.

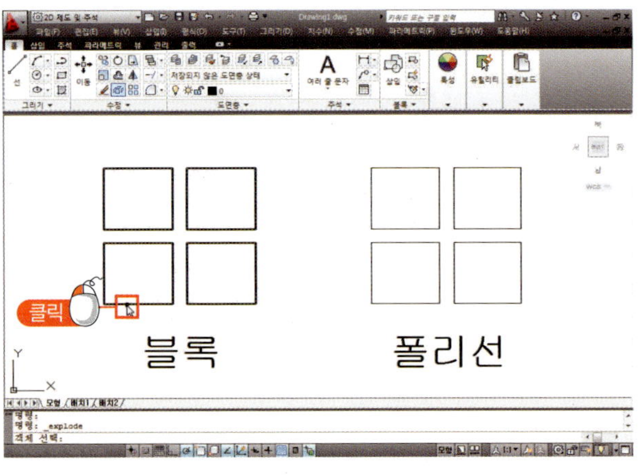

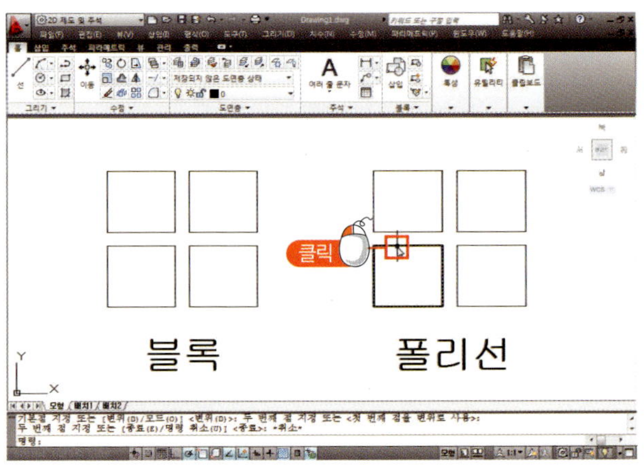

03_ 블록은 하위 블록, 폴리선, 선으로 분해된다.

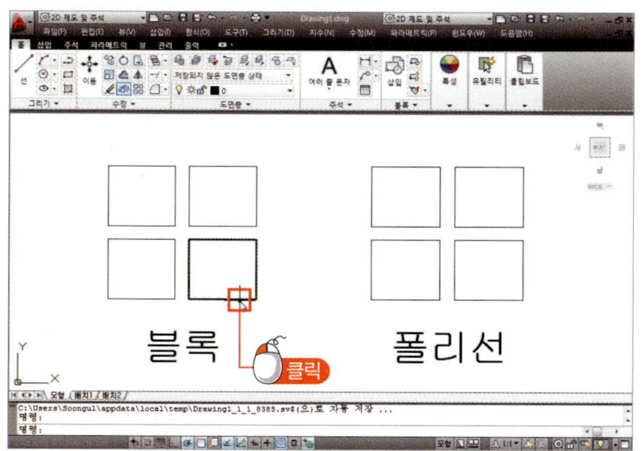

04_ 폴리선은 선으로 분해된다.

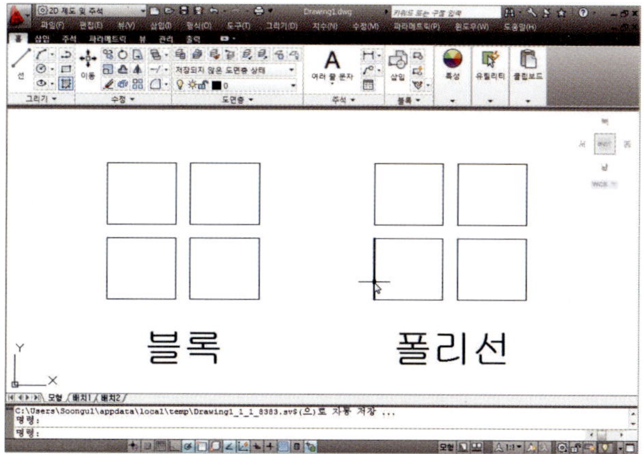

명령: **explode** [Enter] (또는 리본 메뉴, 풀다운 메뉴 클릭)
객체 선택: **(첫 번째 객체─블록 클릭)**
객체 선택: 1개를 찾음
객체 선택: **(두 번째 객체─폴리선 클릭)**
객체 선택: 1개를 찾음, 총 2
객체 선택: [Enter] (객체 선택 종료)

Tip 분해 명령의 결과는 어떤 객체를 선택했는가에 따라 달라진다. 블록을 선택해서 분해를 하게 되면 하위 블록, 폴리선, 선 등으로 분해된다. 폴리선을 선택해서 분해하면 선, 호 등으로 분해된다. 그렇지만 선, 호는 분해가 되지 않는다. 이때 폴리선이 분해가 되면 폴리선의 성격을 잃고 선의 성격을 갖게 된다.

치수 기입하기

CHAPTER 03

치수 명령은 도면의 후반부에 적용되는 작업으로 도면을 보는 사람으로 하여금 도면을 쉽고 빠르게 이해할 수 있도록 하고, 이를 통한 모형 및 제품제작에 사용될 수 있도록 한다. 특히 도면을 완성하는 가장 중요한 작업으로 지금까지 모든 작업은 치수 작업을 위한 것이었다 해도 과언이 아니다. 치수가 없는 도면은 그림일 뿐이고 도면이란 그 자체가 치수를 기입함으로써 의미를 지니기 때문이다. 그러므로 작업자는 치수 기입에 대한 명확한 이해가 필요하다.

치수 명령은 도면의 성격에 따라 그 스타일을 다르게 표현하기도 하는데, 이 책에서는 일반적인 스타일을 배우도록 한다. 치수 입력을 위해서는 다른 오토캐드 명령과 마찬가지로 명령어 또는 리본 메뉴, 풀다운 메뉴를 사용해야한다. 리본 메뉴를 이용하는 것이 일반적인 명령어 입력으로 진행하는 것보다 작업 속도가 빠르다.

> **Tip** 치수 입력을 위해 과거 버전의 단축명령을 사용하면 좀 더 복잡한 과정을 거쳐야 한다. 예를 들면 치수 명령을 위해서는 명령행을 치수 명령을 위한 치수 명령행으로 바꿔야 되고, 치수기입을 위한 명령어를 따로 입력하다가 도면을 수정하기 위해서는 다시 치수 명령행을 종료하는 과정을 반복해야 하기 때문이다. 리본 메뉴를 이용한 작업은 그러한 작업이 필요 없고 쉽게 수정과 치수 기입 상태를 전환할 수 있어 편리하다.

치수와 관련된 명령 아이콘을 선택하기 위해서는 '리본 탭: 주석 > 치수' 로 이동한다. 그리고 치수의 형태를 지정하기 위해 치수 패널의 우측 하단에 위치한 사선 방향의 화살표를 클릭하거나 '풀다운 메뉴: 형식 > 치수 스타일', '풀다운 메뉴: 치수 > 치수 스타일' 에서 관리자를 불러올 수 있다.

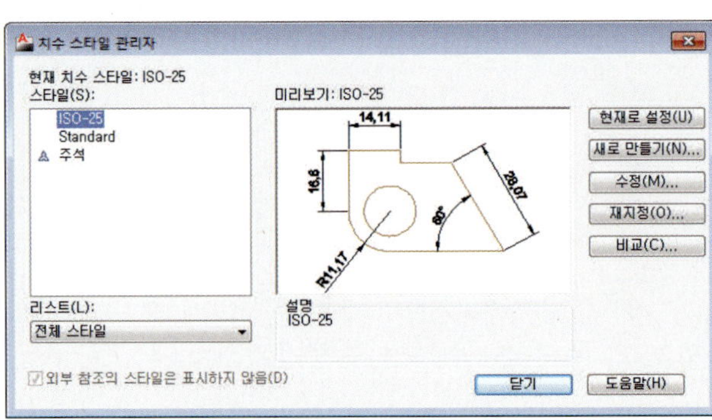

1 치수의 용어

- **치수선** : 치수가 어떤 범위의 값인지에 대해 지정하는 선으로 일반적으로 0.2mm 정도 선 두께를 사용한다. 치수 작업을 하게 되면 자동으로 지정된 값이 치수 문자로 표현되며, 치수 작업의 기준이 된다.

- **치수보조선** : 치수선의 시작과 끝부분을 객체로부터 연장시켜주는 선으로 치수선과의 관계는 직각으로 설정되어 있으나 치수 혼동이 있을 경우에만 60도 정도 기울여 사용할 수 있다.

- **화살표** : 치수선과 치수 보조선이 연결되는 지점을 표현한다. 대부분 '닫고 채움'을 사용하지만 점, 건축사선도 즐겨 쓰는 화살표 유형 중에 하나이다.

- **지시선** : 치수의 특정 내용을 표현할 때 사용하는 선으로 60도 경사지게 표현 후 치수 문자를 적는다. 치수선과 같이 정확히 지정되는 값이 나타나지 않기 때문에 작성자가 직접 그 내용을 적어야 한다.

- **치수 문자** : 객체의 길이, 각도 등을 표현하는 문자로 대부분 치수선에 표현된다. 일반적으로 치수 작업 중에 그 값이 자동으로 확인되지만 작업자가 지정한 값으로 고쳐 넣거나, 값이 아닌 다른 내용을 넣을 수도 있다.

- **치수 기호** : 치수에 사용되는 기호들로, 치수에 표현된 값이 일반적인 길이 값이 아닐 때, 그 값의 성격을 알리기 위해 치수 문자의 앞에 표시한다. 특수 문자가 사용되어 오토캐드에서 인식할 수 있는 문자를 넣어야 표현된다. (반지름 (R) : R, 지름 (Ø) : %%C, 두께 (t) : t)

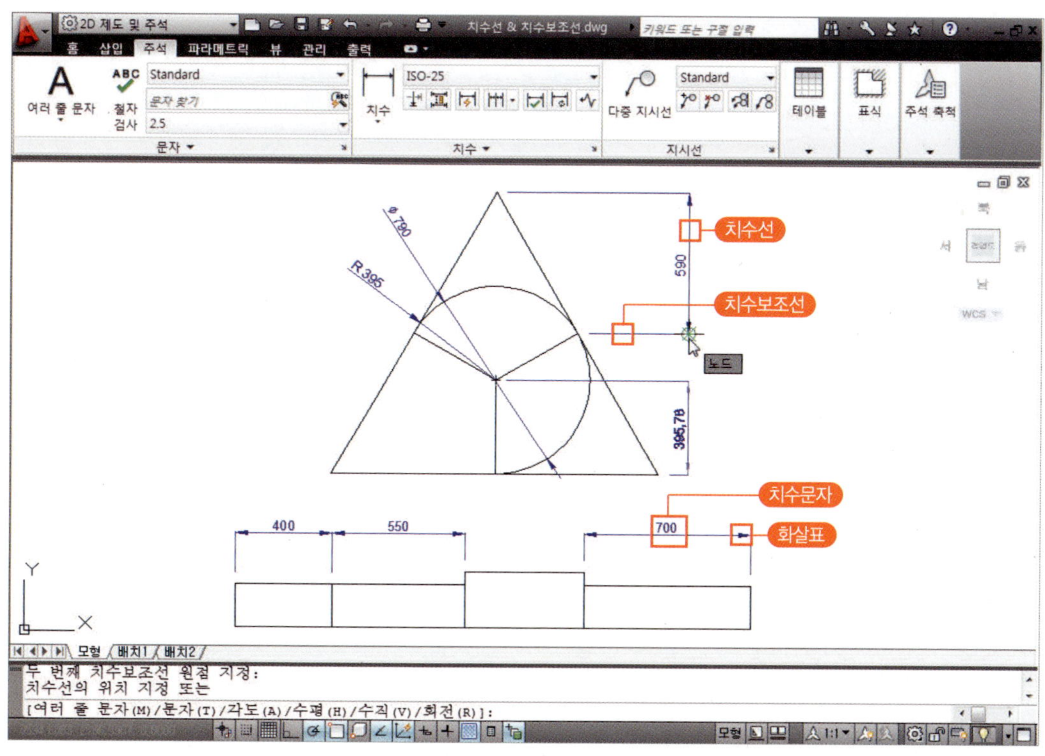

> **Tip** 치수는 처음 설정이 무척 중요하다 할 수 있다. 설정을 완벽하게 해놓은 상태에서는 필요한 위치에 클릭, 지정만 해주면 쉽게 치수 기입이 되기 때문이다. 오토캐드에 능숙한 유저들도 자신이 세팅해놓은 치수 기입법을 다시 설정할 때 여간 귀찮고 까다롭지 않다. 치수 명령을 익히기에 앞서 나오는 치수 설정법을 완벽히 익혀 두도록 한다.

2 치수 스타일

도면에 사용할 치수의 형식을 지정한다. 도면에 여러 종류의 치수 형식을 동시에 설정할 수 있으며, 치수 형식의 이름
을 지정해 두면 도면의 스케일, 출력 형식이 변경되었을 때 해당되는 형식의 치수를 한꺼번에 바꿀 수 있다.

01 → 스타일

현재 도면 내의 치수 스타일을 보여준다. 오토캐드가 처음 시작되면 'ISO-25' 라는 치수 스타일을 제공한다.

02 → 현재로 설정

여러 개의 치수 스타일 중에서 지금부터 사용할 스타일로 지정한다.

03 → 신규

새로운 치수 스타일을 생성한다.

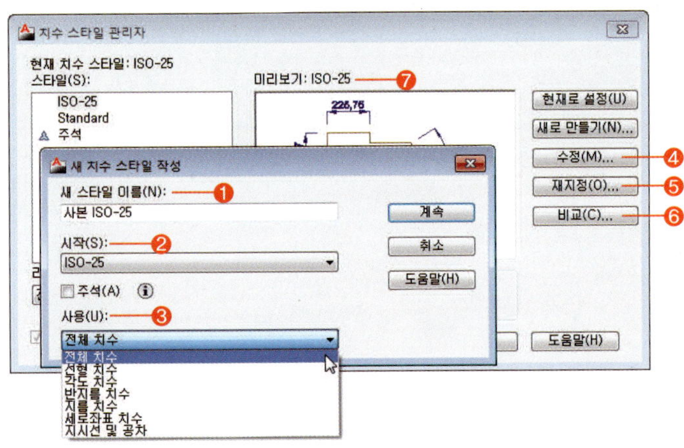

❶ **새 스타일 이름** : 작성할 스타일 이름을 지정한다.

❷ **시작** : 처음 기준으로 작성될 스타일을 지정한다.

❸ **사용** : 치수 스타일이 적용될 치수 종류를 지정한다.

• 선형 치수 : 일반적인 길이를 지정하는 치수

• 각도 치수 : 각도를 지정하는 치수

• 반지름 치수 : 반지름의 길이를 지정하는 치수

• 지름 치수 : 지름의 길이를 지정하는 치수

• 세로좌표 치수 : 도면상의 좌표를 표시하는
치수

• 지시선 및 공차 : 도면상 설명을 위한 지시를 표
시하는 치수

❹ **수정** : 기존의 치수 스타일을 변경한다. 수정된 내용이 이미 작업되었던 치수에도 적용이 된다.

❺ **재지정** : 기존 치수 스타일에 변경된 스타일을 추가 한다. 동일 스타일이지만 이후 작업은 변경된 내용이 적용된다.

❻ **비교** : 도면내의 치수 스타일을 비교할 수 있다.

❼ **미리보기** : 현재 지정된 스타일의 형식을 보여준다. 축척감이 정확하지 않으므로 형태만 파악하는 것이 좋다.

3 치수 스타일 설정하기

01 → 선

치수선에 적용되는 선들의 성격을 지정한다. 선은 치수의 숫자가 표현되는 치수선과 치수선의 길이를 확인시키기 위해 대상으로부터 연결되어온 치수 보조선이 있다.

> **Tip** 이해를 돕기 위해 각각 이전 버전의 단축명령을 적어 두었으나, 오토캐드를 처음 배우거나 실무에서 빠르게 사용하기를 원한다면 단축명령보다 설정 창을 이해하는 것이 좋다.

1) 치수선

- **색상(단축명령: dimclrd)** : 치수선의 색상을 지정한다.
- **선종류** : 치수선의 형태를 지정한다.
- **선가중치(단축명령: dimlwd)** : 치수선의 두께를 지정한다.

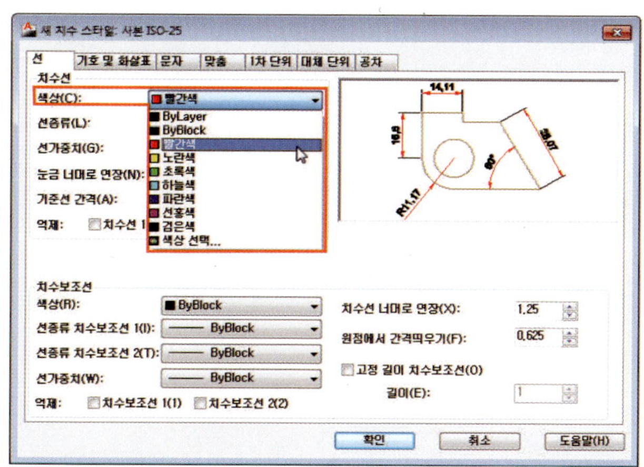

▲ 치수선의 색상 지정

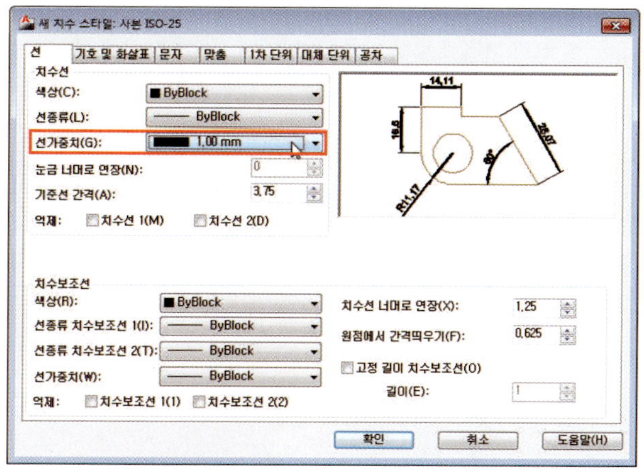

▲ 치수선의 가중치(두께) 지정

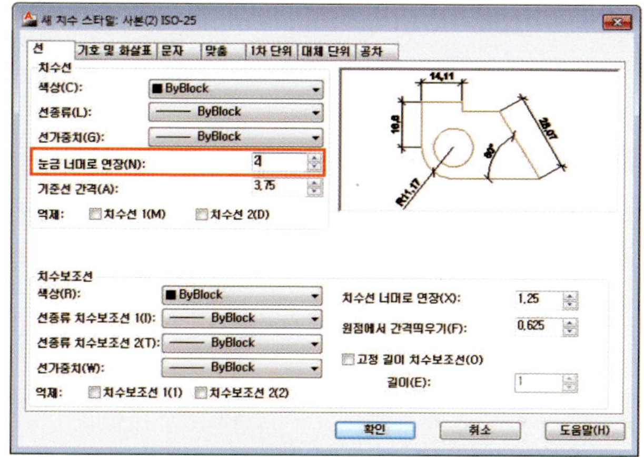

▲ 치수선이 연장되어야 보이는 화살표 모양에서는 눈금 너머로 연장이 활성화 됨

- **눈금 너머로 연장(단축명령: dimtsz)** : 치수선의 연장된 길이를 지정한다. 화살표의 형식에 따라 활성화된다. 화살표의 모양이 기울기, 건축 눈금, 정수일 경우 연장되는 길이를 지정해야 한다.

- **기준선 간격(단축명령: dimdli)** : 치수선이 쌓일 때 치수선의 거리를 지정한다. 치수선의 거리는 사용되는 문자 크기보다 커야 문자와 겹쳐지지 않으며, 한번 그려진 간격은 수정을 통해 업데이트되지 않고 직접 신축 명령을 해서 수정을 해야 하는 불편함이 있다.

- **억제(단축명령: dimse1, dimse2)** : 지정한 치수선이 그려지지 않도록 한다.

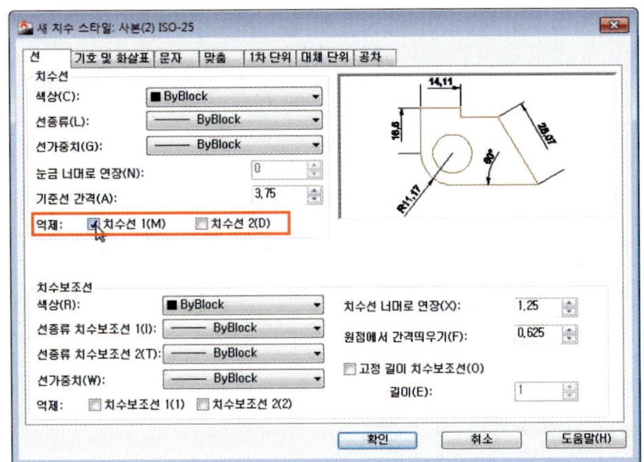 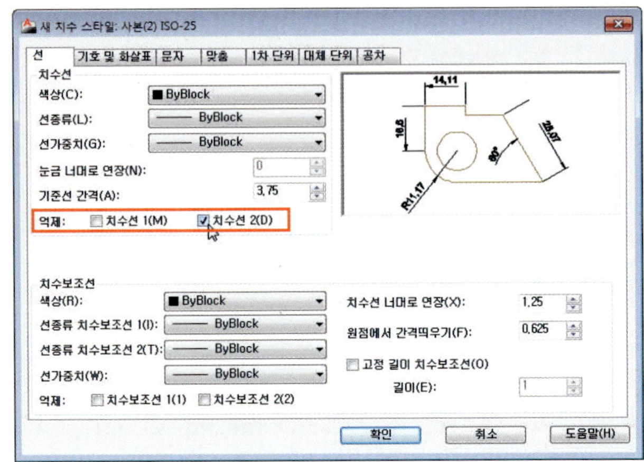

2) 치수보조선

- **색상(단축명령: dimclre)** : 치수보조선의 색상을 지정한다.

- **선종류** : 치수보조선의 형태를 지정한다.

- **선가중치(단축명령: dimlwe)** : 치수보조선의 두께를 지정한다.

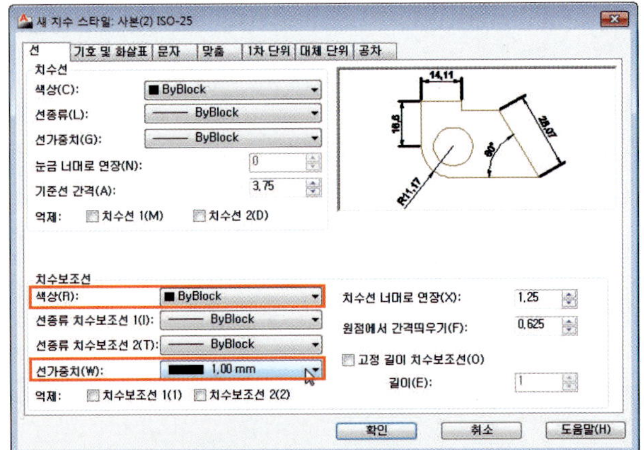

- **치수선 너머로 연장(단축명령: dimexe)** : 치수보조선의 치수선 너머로 연장된 길이를 지정한다.

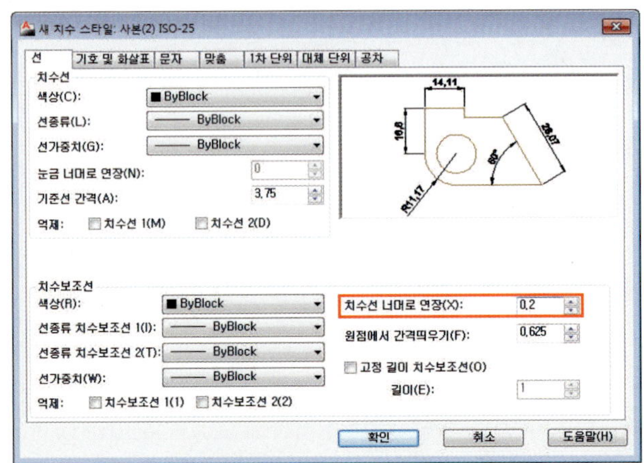

- **억제(단축명령: dimsd1, dimsd2)** : 지정한 보조치수선이 그려지지 않도록 한다.

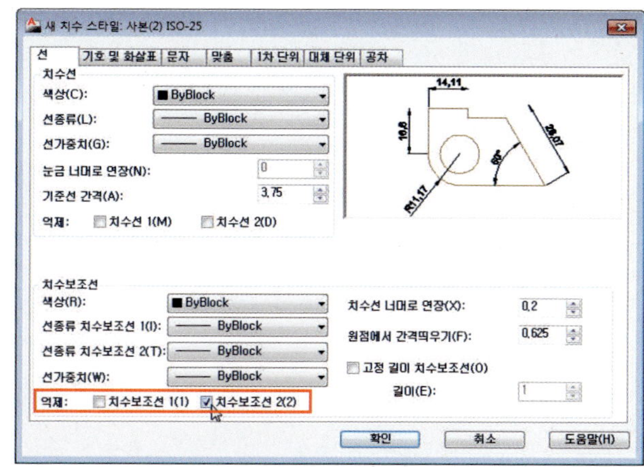

- **원점에서 간격띄우기(단축명령: dimexo)** : 치수보조선이 작성된 객체와 떨어진 거리를 지정한다.

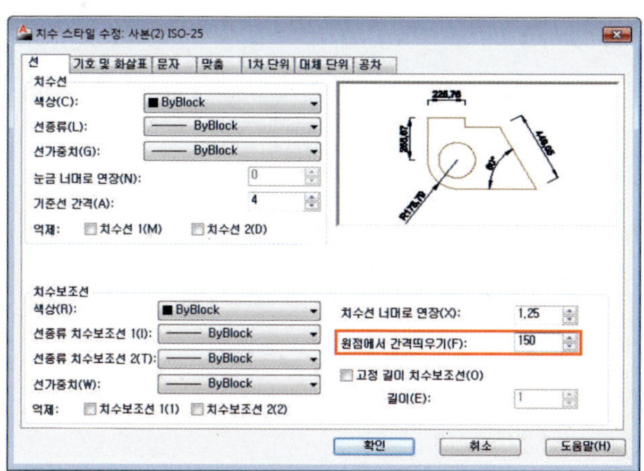

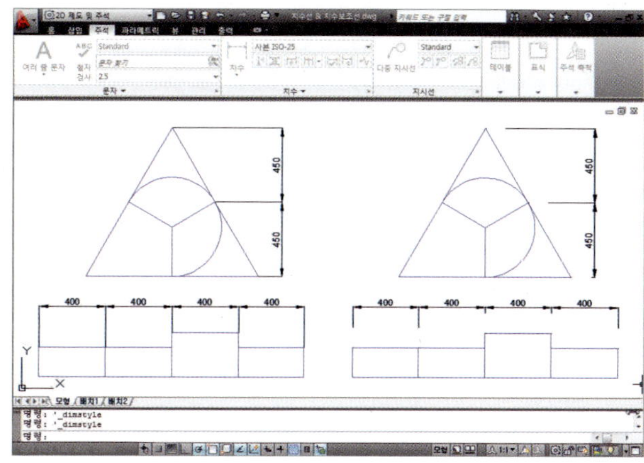

- **고정길이 치수보조선** : 치수보조선의 길이를 일정하게 지정한다. 길이는 치수선의 위치를 기준으로 한다.

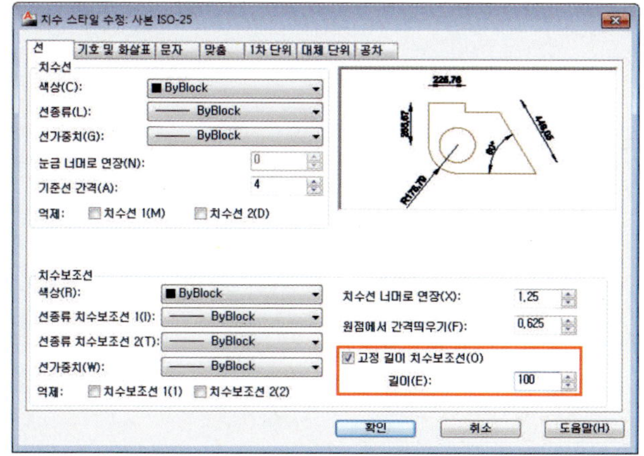

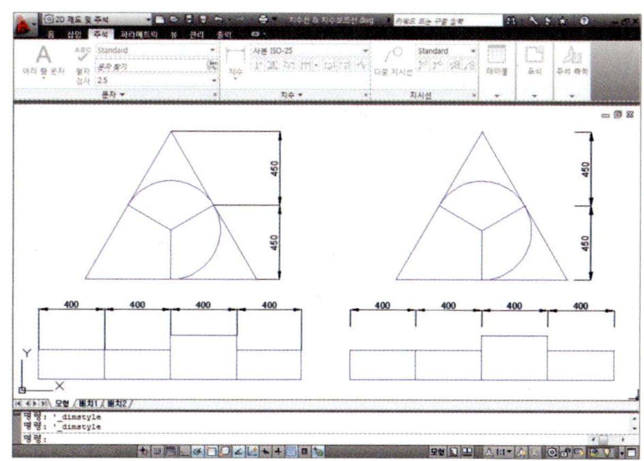

02 → 기호 및 화살표

치수를 쉽게 인식하거나 꾸미기 위한 기호와 화살표를 지정한다.

1) 화살촉

- **첫 번째(단축명령: dimblk1)** : 첫 번째 화살촉의 모양을 지정한다.
- **두 번째(단축명령: dimblk2)** : 두 번째 화살촉의 모양을 지정한다. 첫 번째 화살표를 변경하면 자동으로 따라 변하므로 특별히 변경해야 할 경우 첫 번째 화살표 모양을 먼저 정하고 두 번째 화살표 모양을 정하면 된다.
- **지시선(단축명령: dimdrblk)** : 지시선의 화살촉의 모양을 지정한다.
- **화살표 크기(단축명령: dimasz)** : 화살촉의 크기를 지정한다.

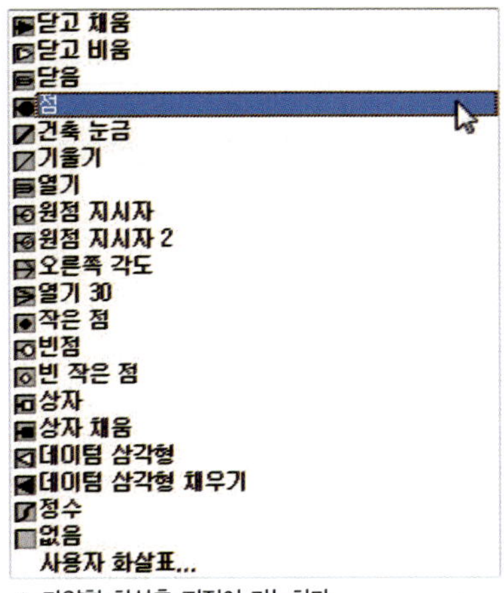

▲ 다양한 화살촉 지정이 가능하다.　　▲ 화살표 크기 지정 후 미리보기로 확인 가능

> **Tip** 화살촉의 모양은 도면을 작성하는 사용자의 취향에 따라 다양하게 사용할 수 있지만 실무에서는 일반적인 화살표 모양인 '닫고 채움'이나 '점'을 사용하는 것이 일반적이다. 건축 도면에는 건축 눈금을 사용하는 경우가 있으나, 대부분의 도면이 두 종류를 주로 사용하니 알아두면 편리하다.

2) 중심 표식

- **없음(단축명령: dimcen=0)** : 치수를 표현할 때 원이나 호의 중심을 표시하지 않는다.
- **표식** : 원이나 호의 중심 표식을 나타낸다.
- **선** : 원이나 호의 중심선을 나타낸다.

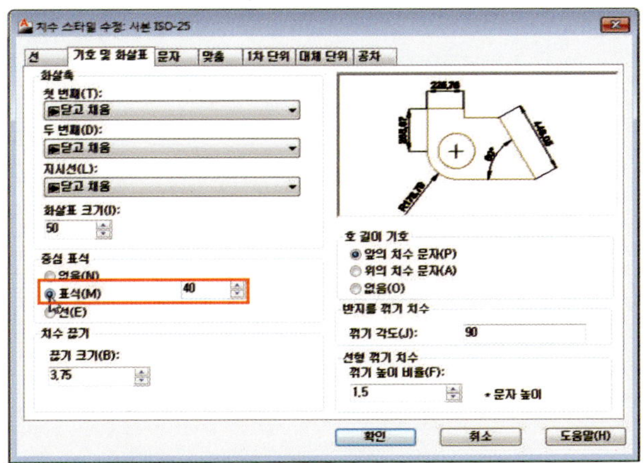

▲ 표식을 선택하면 원이나 호의 중심이 표시된다.

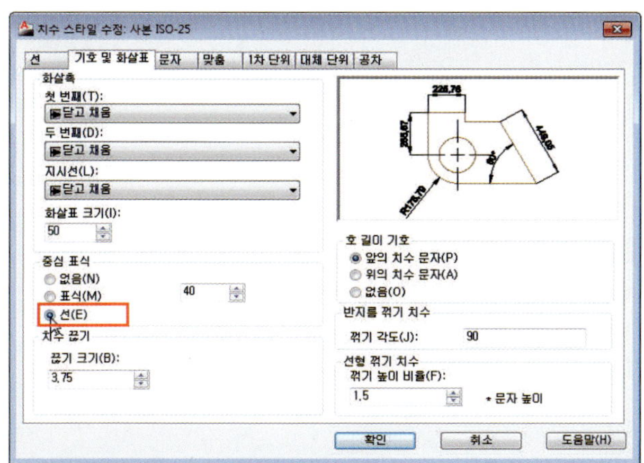

▲ 선을 선택하면 중심선과 함께 중심이 표시된다.

Tip 중심 표식은 치수보조선 사이에 선이 그려지는 것을 해지하여야만 나타난다. 원, 호의 경우 중심과 객체와의 거리를 지름 또는 반지름으로 표현하게 되는데, 이를 표현하기 위해 아예 중심으로부터 선을 표시하게 하면 중심 표식은 의미가 없기 때문이다.

3) 호 길이 기호

- **앞의 치수 문자** : 호 길이를 표현할 때 기호를 앞에 표시한다.
- **위의 치수 문자** : 호 길이를 표현할 때 기호를 위에 표시한다.

4) 반지름 꺾기 치수

반지름을 꺾은선으로 표현할 때 꺾는 각도를 지정한다.

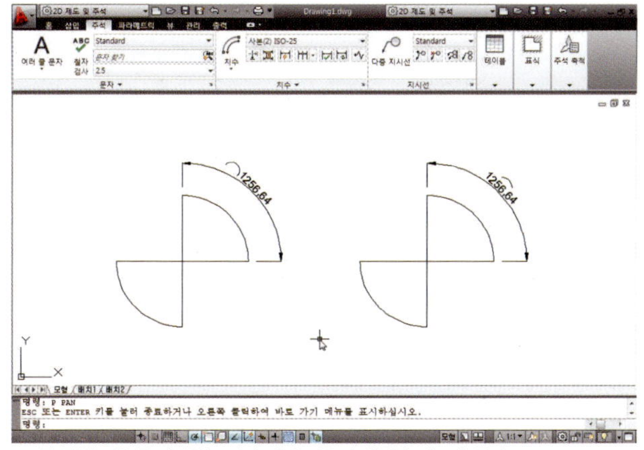

▲ 호 길이 기호를 지정하는 것에 따라 기호의 위치가 다르게 된다.

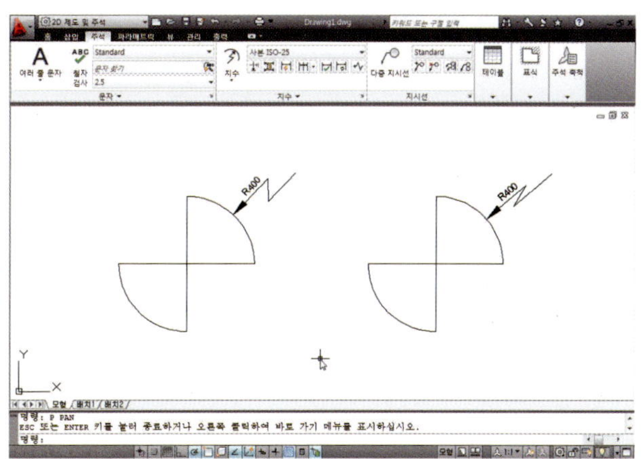

▲ 큰 원이나 호의 반지름을 표현할 때 치수선이 꺾이는 각도를 조정한다.

03 → 문자

도면에 들어가는 문자가 아닌 치수선에 표현되는 문자의 스타일과 형식을 지정한다.

1) 문자 모양

- **문자 스타일(단축명령: dimtxsty)** : 치수 문자의 형식을 지정한다. 문자는 문자 스타일을 지정한 것에 따라 다양하게 정할 수 있으며, 스타일을 정할 때는 그리기 명령의 문자 그리기를 참조하여 정한다.

- **문자 색상(단축명령: dimclrt)** : 치수 문자의 색상을 지정한다.

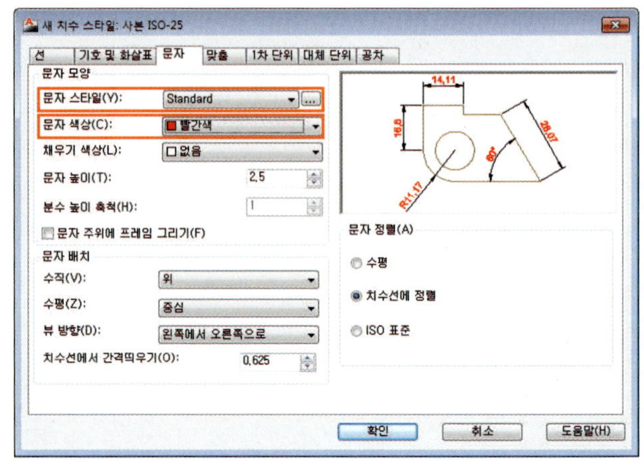

- **채우기 색상** : 치수 문자의 배경색을 지정한다.

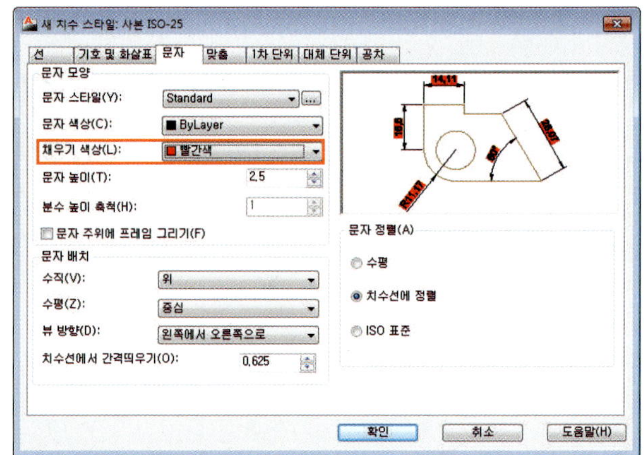

- **문자 높이(단축명령: dimtxt)** : 치수 문자의 높이를 지정한다.

- **분수 높이 축척(단축명령: dimtfac)** : 치수 문자 중 공차를 사용할 경우 높이를 지정한다.

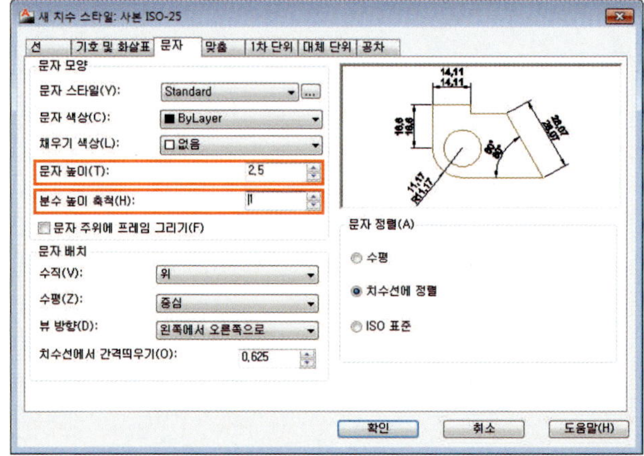

- 문자 주위에 프레임 그리기(단축명령: dimgap) : 치수 문자를 둘러싼 박스를 생성한다.

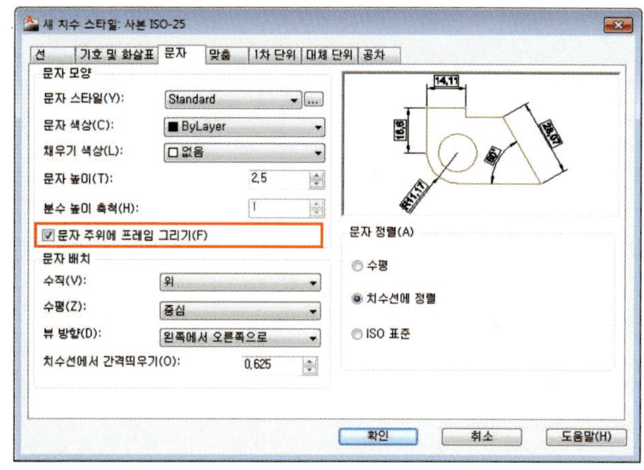

2) 문자 배치

❶ **수직(단축명령: dimtad)** : 치수선을 기준으로 문자가 세로로 이동하며 위치할 곳을 지정한다.
- 중심(단축명령: dimtad=0) : 치수선의 중간에 문자가 위치하게 지정한다.
- 위(단축명령: dimtad=1) : 치수선의 위에 문자가 위치하게 지정한다.
- 외부(단축명령: dimtad=2) : 치수선의 바깥쪽에 문자가 위치하도록 지정한다.
- JIS(단축명령: dimtad=3) : 일본 공업규격에 맞춘다.

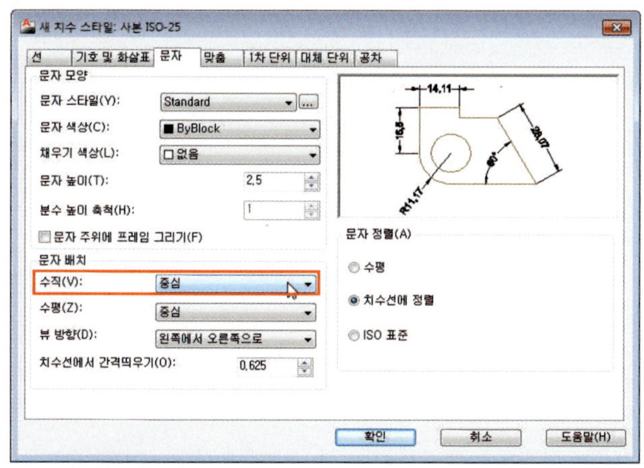

▲ 문자 배치를 '중심'으로 설정하면 치수선 사이에 문자가 위치한다.

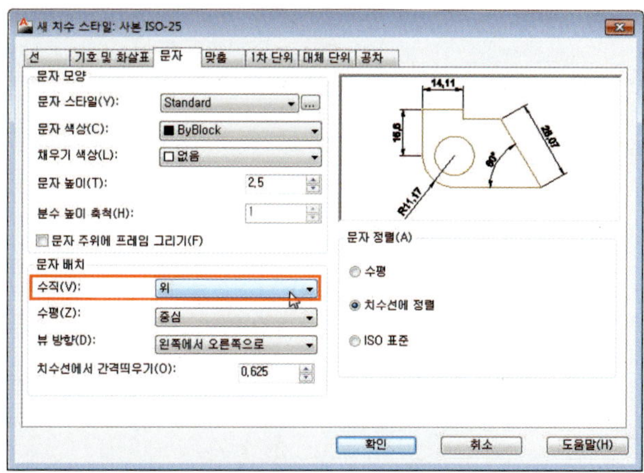

▲ 문자 배치를 '위'로 설정하면 치수선 위에 문자가 위치한다.

❷ **수평(단축명령: dimjust)** : 치수선을 기준으로 문자가 가로로 이동하며 위치할 곳을 지정한다.

- 중심(단축명령: dimjust=0) : 치수선 중심에 문자가 위치하도록 지정한다.
- 치수보조선 1에(단축명령: dimjust=1) : 치수보조선 1에 가깝게 위치하도록 지정한다.
- 치수보조선 2에(단축명령: dimjust=2) : 치수보조선 2에 가깝게 위치하도록 지정한다.
- 치수보조선 1너머에(단축명령: dimjust=3) : 치수보조선 1의 위쪽에 위치하도록 지정한다.
- 치수보조선 2너머에(단축명령: dimjust=4) : 치수보조선 2의 위쪽에 위치하도록 지정한다.

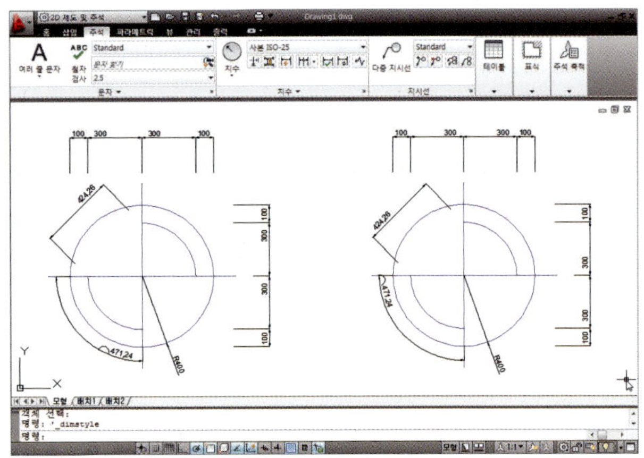

▲ 설정에 따라 문자의 위치가 치수보조선 쪽으로 치우친다.

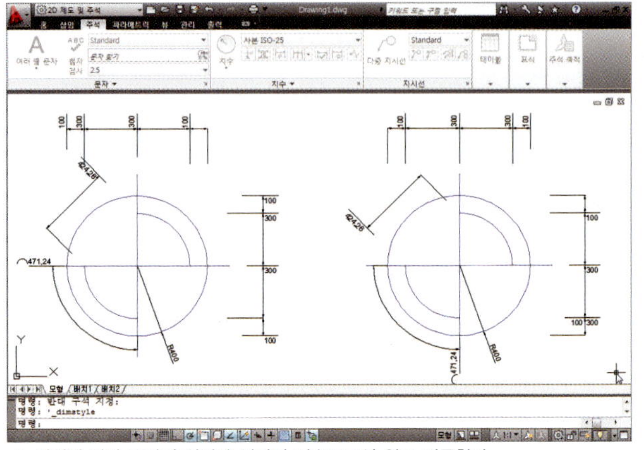

▲ 설정에 따라 문자의 위치가 연장된 치수보조선 위로 이동한다.

❸ **치수선에서 간격 유지(단축명령: dimgap)** : 치수선과 문자 사이의 거리를 지정한다.

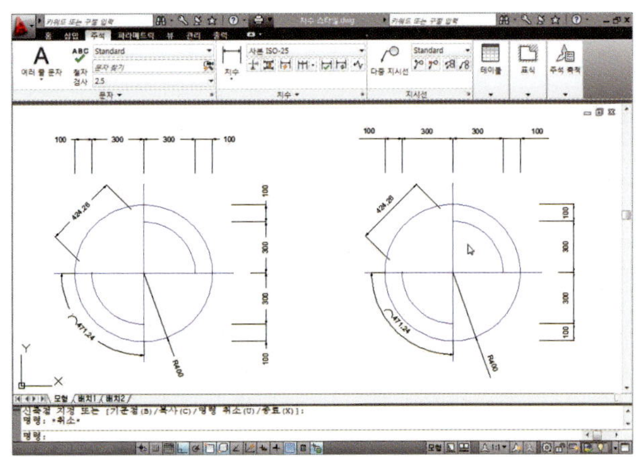

▲ 치수선과 떨어진 거리를 지정한다. (좁으면 치수선 바깥쪽으로 빠져 나간다.)

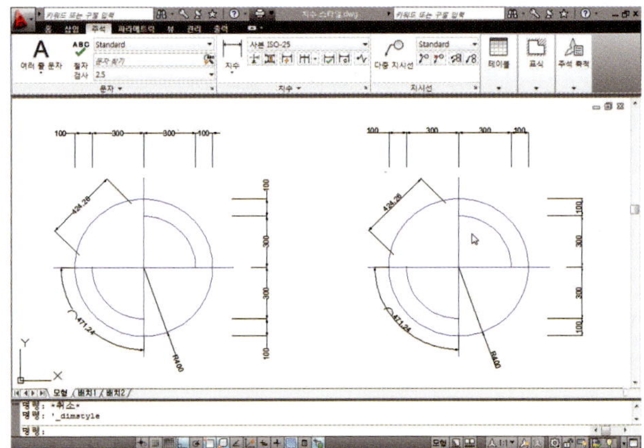

▲ 치수선과 떨어진 거리가 작으면 치수선에 붙어표현 될 수 있다.

3) 문자 정렬

❶ **수평(단축명령: dimtih=on, dimtoh=on)** : 치수선이 어떤 형태든지 문자는 수평이 되도록 지정한다.

❷ **치수선에 정렬(단축명령: dimtih=off, dimtoh=off)** : 치수선이 어떤 형태든지 문자는 치수선과 평행하도록 지정한다.

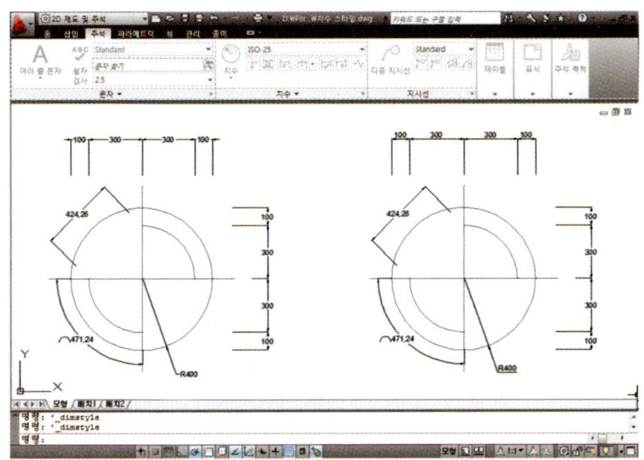

▲ 치수 문자가 수평 하도록 지정한다.

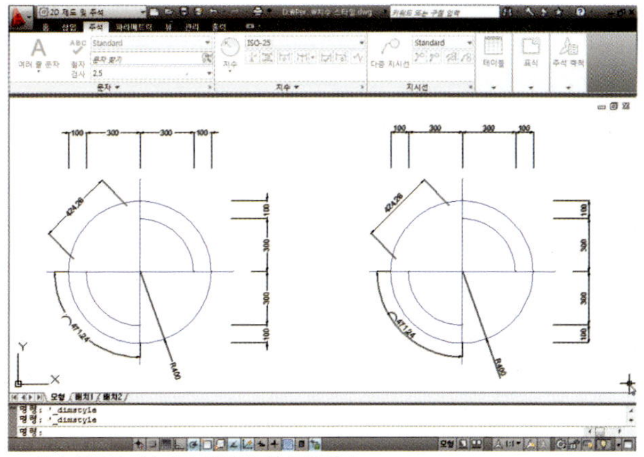

▲ 치수 문자가 치수선과 평행하도록 지정한다.

❸ **ISO 표준(단축명령: dimtih=off, dimtoh=on)** : 치수 문자가 치수보조선 사이에 들어오면 치수선과 평행하게, 그렇지 못하면 수평이 되도록 지정한다.

> **Tip** 치수의 형식을 이해하는 것은 선, 기호, 화살표, 문자를 지정하는 데서 시작한다. 치수의 형태만 결정되면 도면에 표현되는 크기만 정하면 된다.

04 → 맞춤

지금까지 지정한 치수선, 치수보조선, 치수 문자의 위치와 형태에 관한 옵션들을 재지정한다.

> **Tip** 치수 맞춤은 지금까지 지정한 치수선, 치수보조선, 치수 문자의 위치 형태를 작업자가 재지정하는 방식이기 때문에 앞에서 지정했던 내용이 맞춤에서 변화되기도 한다.

1) 맞춤 옵션

좁은 치수를 표현할 때 치수 문자와 화살촉의 위치를 지정한다.

- **문자 또는 화살표(최대로 맞춤) (단축명령: dimfit=3)** : 치수 문자와 화살표를 치수보조선 내에 최상의 조건으로 들어가게 한다.

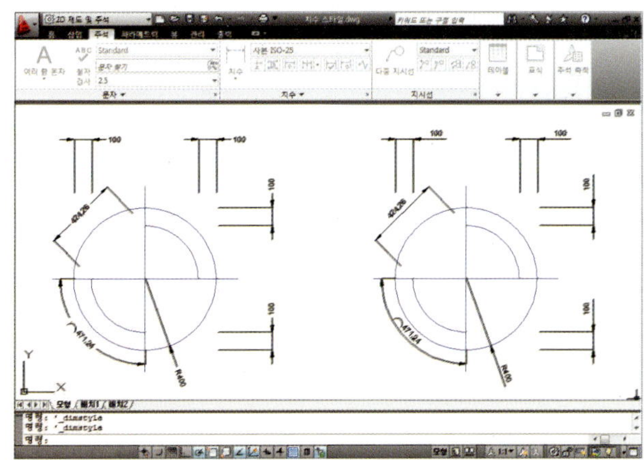

- **화살표** : 화살표를 문자보다 먼저 바깥에 위치하게 한다. 화살표와 치수 문자가 치수보조선 안쪽으로 못 들어갈 경우 치수만 보조선 안쪽에 남는다. (치수 문자보다 좁으면 문자도 밖으로 나온다.)

- **문자** : 문자를 치수보조선 바깥쪽에 위치하게 한다. 화살표와 치수 문자가 치수보조선 안쪽으로 못 들어갈 경우 화살표만 보조선 안쪽에 남는다. (화살표보다 좁으면 화살표도 밖으로 나온다.)

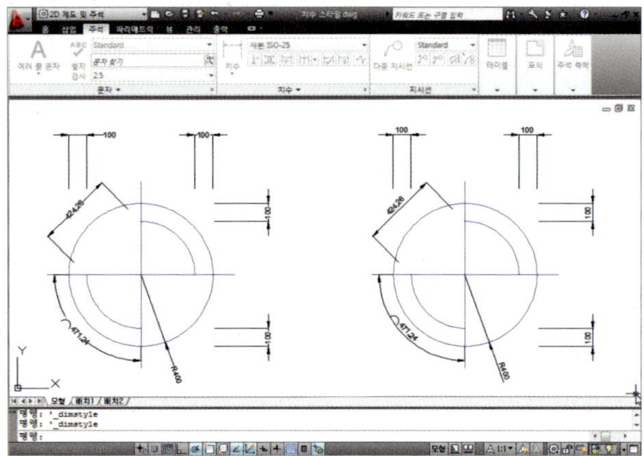

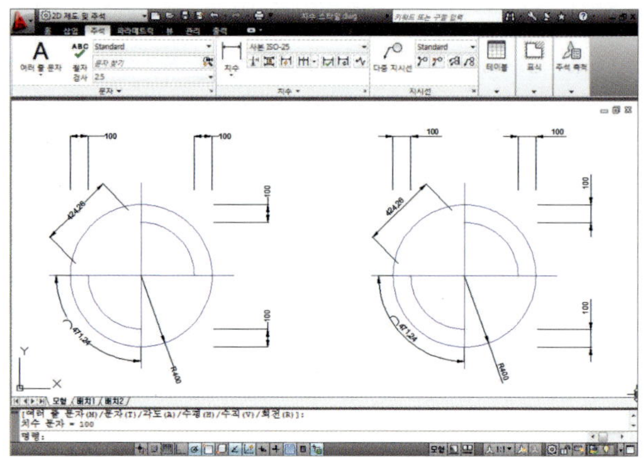

- **문자와 화살표 모두** : 화살표와 치수 문자가 치수보조선 안쪽으로 못 들어갈 경우 모두 바깥쪽으로 뺀다.

- **항상 치수보조선 사이에 문자 유지(단축명령: dimtix)** : 치수보조선 사이에 강제로 치수 문자가 들어가게 한다.

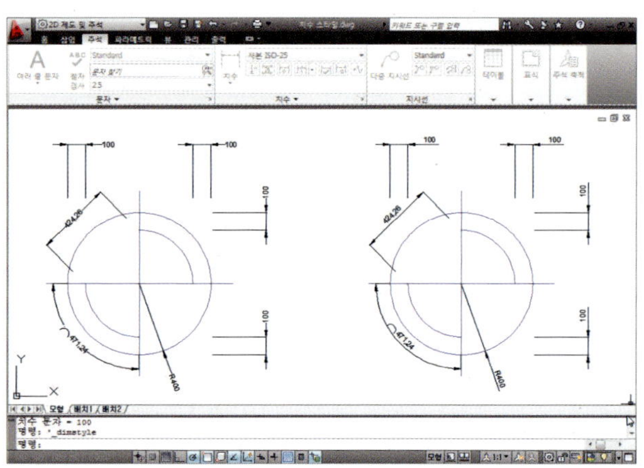

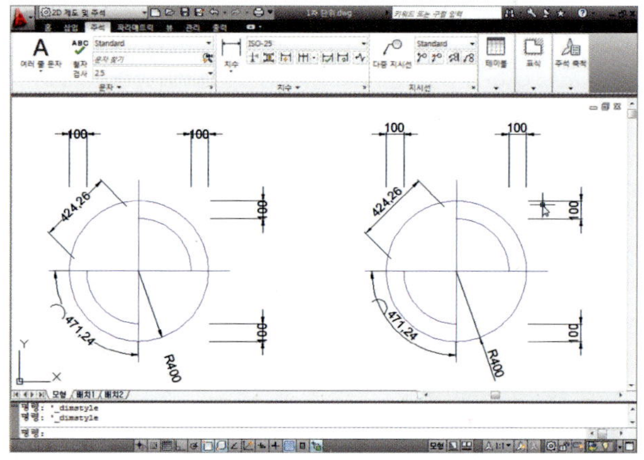

- **화살표가 치수보조선 내에 맞지 않으면 화살표 억제(단축명령: dimsoxd)** : 치수 문자가 치수보조선 안쪽으로 들어갈 때 화살표와 겹쳐지면 화살표를 지운다.

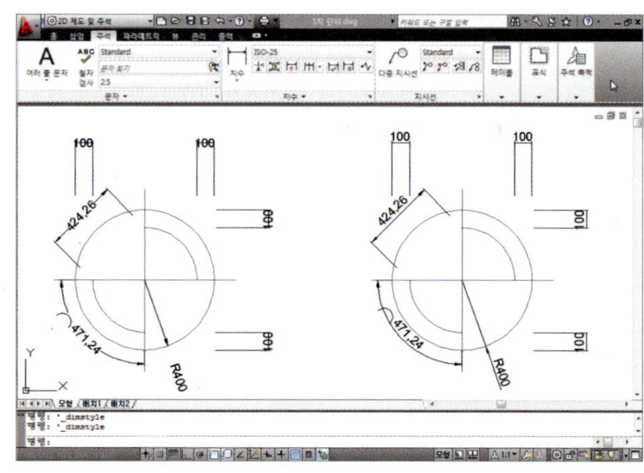

2) 문자 배치

- 치수선 옆에 배치(단축명령: dimtmove=0)
- 치수선 위, 지시선 사용(단축명령: dimtmove=1)
- 치수선 위, 지시선 없음(단축명령: dimtmove=2)

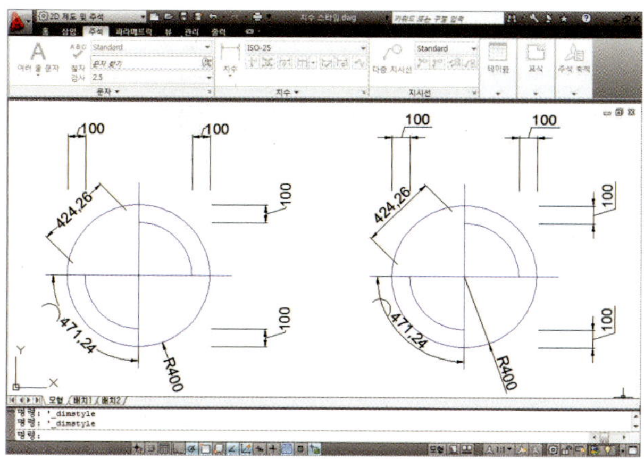

▲ 치수 문자가 치수보조선 안쪽으로 못 들어갈 경우 지시선을 사용해서 표시한다.

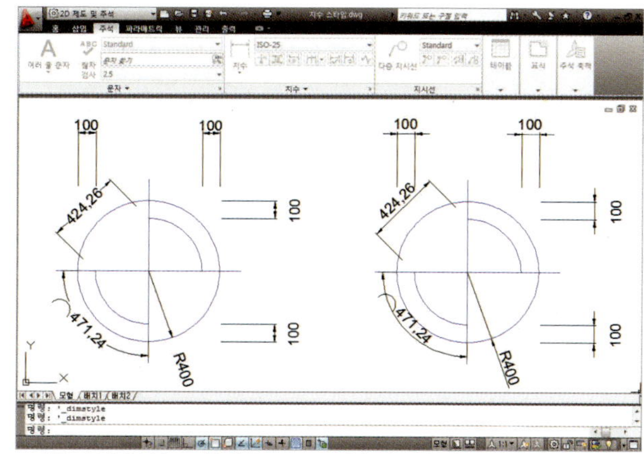

▲ 치수 문자가 치수보조선 안쪽으로 못 들어갈 경우 간격을 두어 치수선에 치수 문자가 닿지 않게 조정한다.

3) 치수 피쳐 축척

- 전체 사용할 축척(단축명령: dimscale) : 치수 표시의 축척을 조정한다. 설정에 나타나는 모든 크기 즉 화살촉의 크기, 문자 크기, 보조선의 연장 길이, 객체와 치수보조선과의 거리 등을 축척에 맞게 조정한다. 단, 실제 측정된 치수값은 변경되지 않는다.

- 배치할 치수 축척(단축명령: dimscale=0) : 배치 영역에서 치수의 축척을 조정한다. 배치 영역에 지정된 축척으로 치수 축척도 변경된다. 단, 실제 측정된 치수값은 변경되지 않는다.

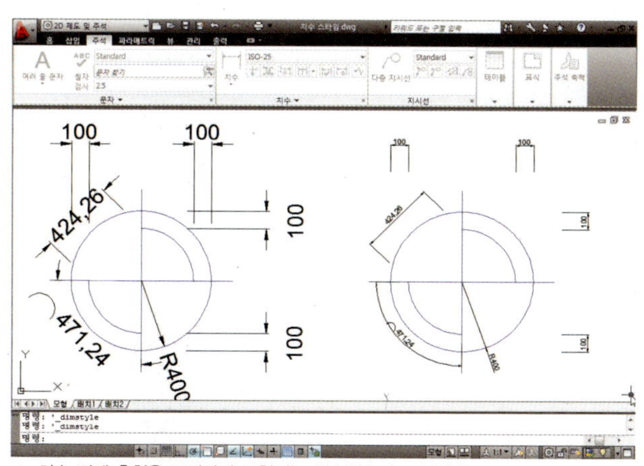

▲ 치수 전체 축척을 조정하면 표현되는 치수변수가 조정된다.

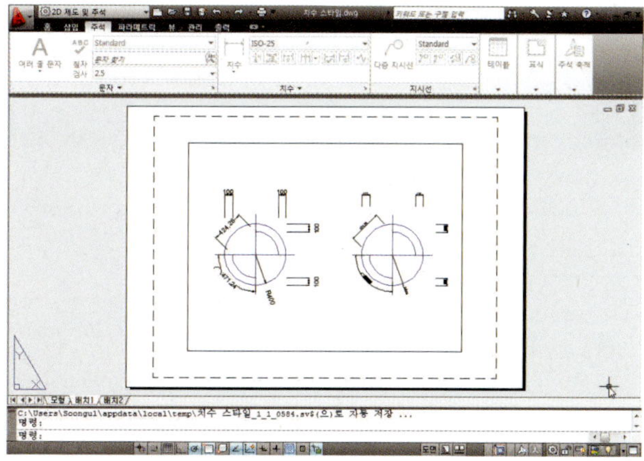

> **Tip** 배치 영역은 오토캐드의 도면영역 좌측 하단에 달린 탭으로 활성화되는 영역이다(탭에는 작업을 하는 모형, 출력을 위한 배치 탭이 있다). 배치 영역은 작업자가 여러 종류의 크기로 도면을 출력해야 할 때 축척을 지정해 두어 출력이 되는 상태를 미리 확인할 수 있다. 그러나 실무에서 대부분의 출력은 기본적인 배치 내에서 작업이 되기 때문에 도면의 출력 종이가 달라지는 경우는 드물어 잘 사용하지 않는 메뉴이다.

4) 최상으로 조정

- **수동으로 문자 배치** : 치수를 입력할 때 치수 문자를 작업자가 지정한다.

- **치수보조선 사이에 치수선 그리기(단축명령: dimtofl)** : 치수보조선의 사이가 좁을 때 치수선이 그려지는 여부를 지정한다.

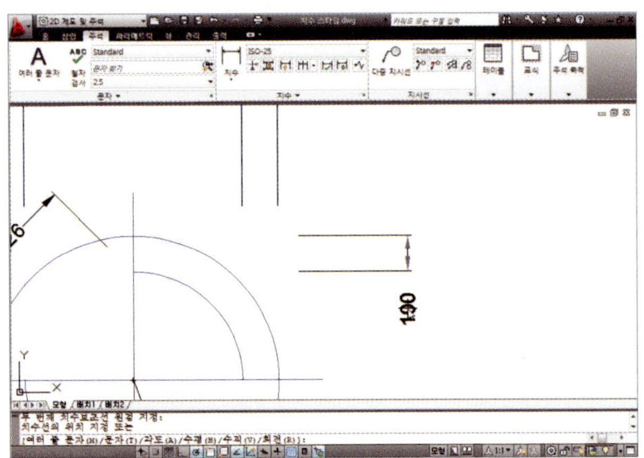

▲ 치수 문자가 치수보조선 안쪽으로 못 들어갈 경우 지시선을 사용해서 표시한다.

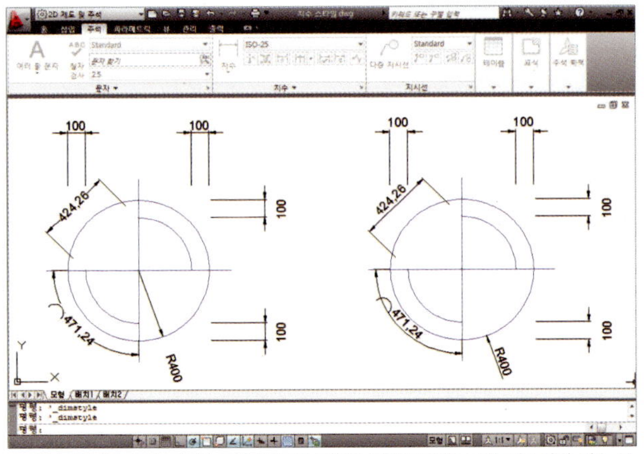

▲ 치수 문자가 치수보조선 안쪽으로 못 들어갈 경우 간격을 두어 치수선에 치수 문자가 닿지 않게 조정한다.

05 → 1차 단위

치수 문자 및 값의 정밀도, 표시 방법에 대해 지정한다.

1) 선형 치수

- **단위 형식(단축명령: dimunit)** : 치수 값의 표시 형식, 단위(과학, 십진, 엔지니어링, 건축, 분수, Windows 바탕화면)를 지정한다.

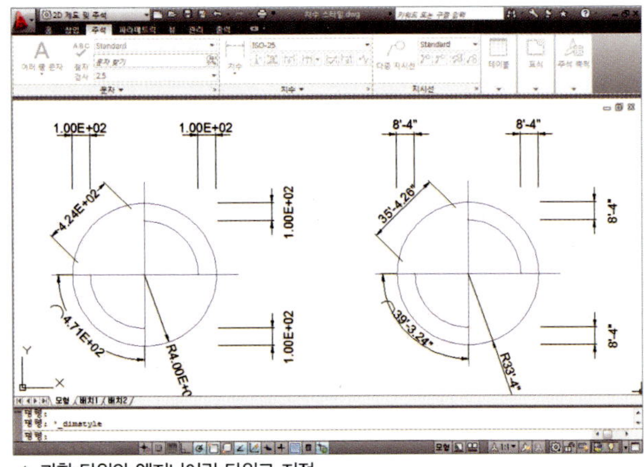

▲ 과학 단위와 엔지니어링 단위로 지정

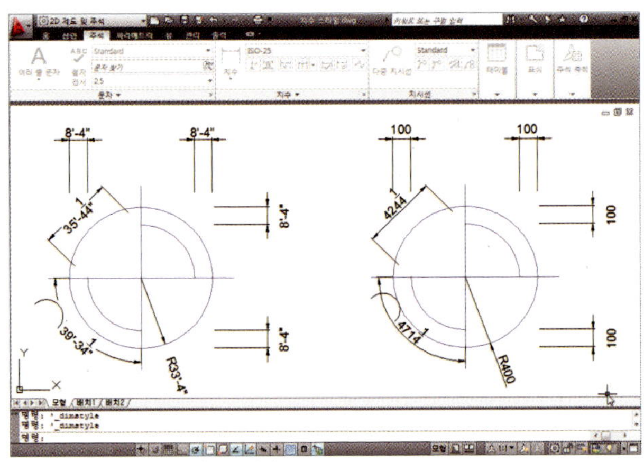

▲ 건축 단위와 분수 표현으로 지정

- 정밀도(단축명령: dimdec) : 치수 문자의 소수점 자리를 지정한다. 단 표현은 단위 형식에 따른다.

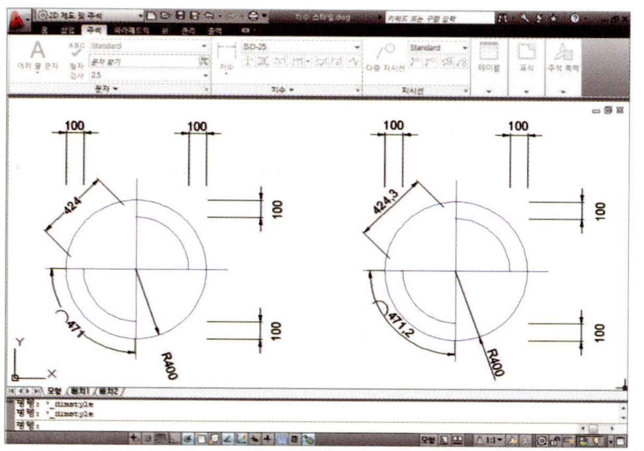

▲ 십진에서 정밀도를 0과 0.0으로 지정한다. (지정된 점 이하 값은 반올림 처리된다.)

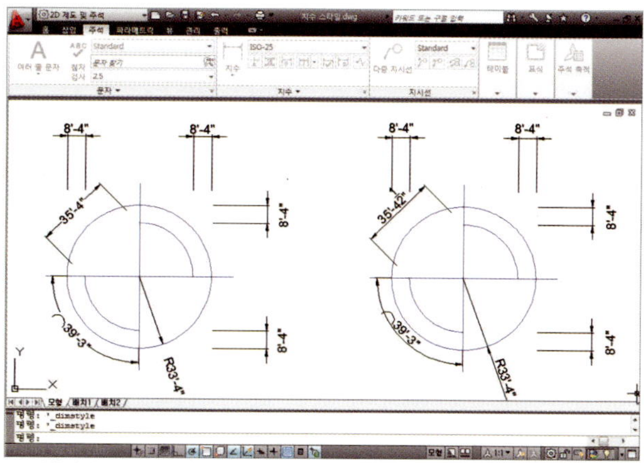

▲ 건축에서 정밀도를 0′ -0″과 0′ -0 1/2″으로 지정한다. (지정된 점 이하 값은 반올림 처리된다.)

> **Tip** 도면의 정밀도는 사용하는 용도에 따라 크게 달라진다. 그것은 정밀도에 따라 제품 성격이 좌우되는데 영향을 받는 것이다. 건축이나 토목, 항공단위의 도면에서 1mm 단위는 무시할만한 작은 오차에 불과하지만, 제품디자인의 경우 1mm는 형태를 바꿀 수 있는 큰 부분이다. 일반적으로 제품디자인 실무에서는 십진형식으로 0.0 정밀도를 사용하고 있다.

- 분수 형식(단축명령: dimfrac) : 분수를 사용하는 단위 형식을 지정하면 분수의 모양(수평, 대각선)을 지정한다.
- 소수 구분 기호(단축명령: dimdsep) : 소수를 사용하는 단위 형식에서 소수점의 모양(마침표, 쉼표, 공백)을 지정한다.
- 반올림(단축명령: dimrnd) : 반올림하는 방식을 지정한다.
- 머리말(단축명령: dimpost) : 치수 문자 앞에 지정한 머리말을 붙인다.
- 꼬리말(단축명령: dimpost) : 치수 문자 뒤에 지정한 꼬리말을 붙인다.

2) 측정 치수

- 축척 비율(단축명령: dimlfac) : 적용된 축척이 적용되어 치수 값이 적용된다.

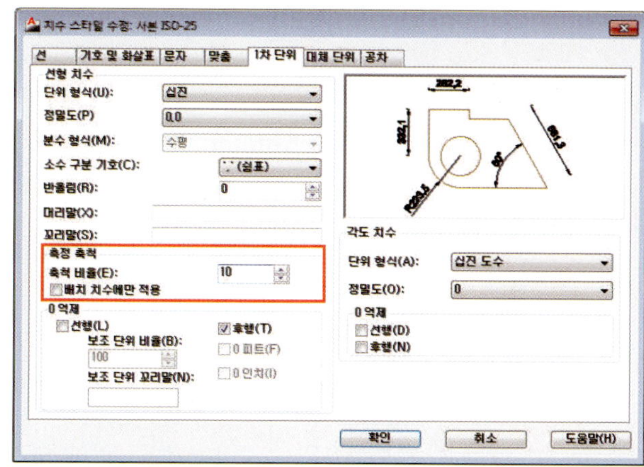

▲ 축척을 1에서 10으로 변경

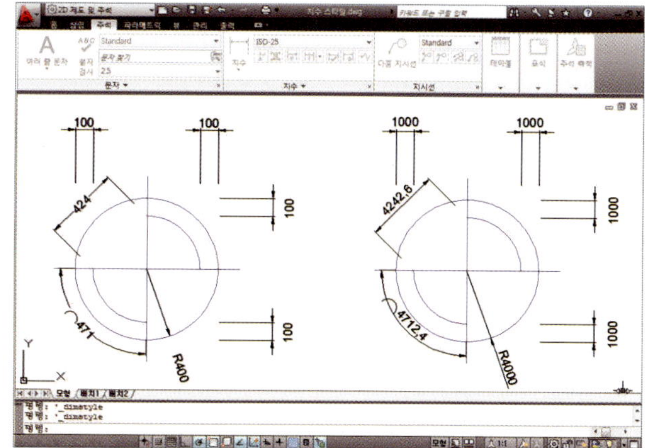

▲ 축척이 적용되어 치수값에 10이 곱해짐

- **배치 치수에만 적용** : 배치 영역에서만 축척 비율이 나타나도록 적용한다.

3) 0 억제(단축명령: dimzin)

치수 문자에서 소수점 앞이 0일 경우 표시되는 것을 지정한다.

- **선행** : 정밀도에 의해서 앞에 0은 표현하지 않고 뒤에 0은 표현한다.

- **후행** : 정밀도에 의해서 뒤에 0은 표현하지 않고 앞에 0은 표현한다.

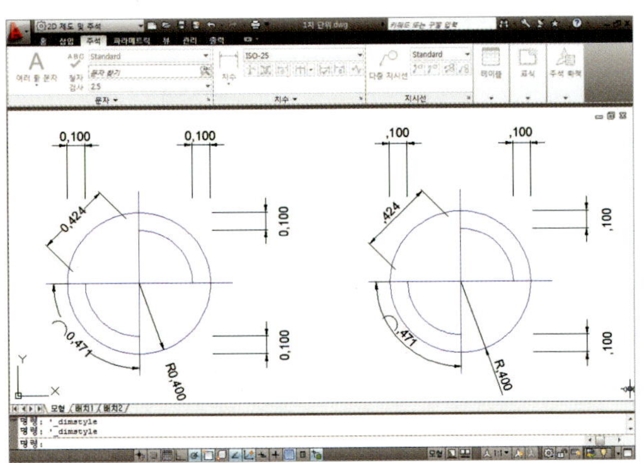

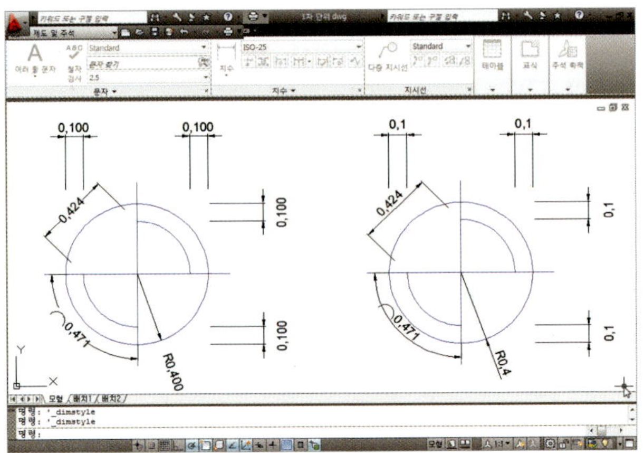

- **0 피트** : 피트 단위에서 0을 표시하지 않는다.
- **0 인치** : 인치 단위에서 0을 표시하지 않는다.

4) 각도 치수

- **단위 형식(단축명령: dimaunit)** : 각도 치수 값의 표시 형식, 단위(십진 도수, 그라디안, 도 분 초, 라디안)를 지정한다.
- **정밀도(단축명령: dimadec)** : 각도 치수의 소수점 자리를 지정한다. 단, 표현은 단위 형식에 따른다.

06 → 대체 단위

대체 치수 문자 및 값의 정밀도, 표시 방법에 대해 지정한다.

1) 대체 단위

치수를 두 가지 입력할 때 지정한다. 도면을 여러 종류로 사용할 때 사용하는 것으로, 제품도면을 그릴 때는 사용하지 않는 방식이다. 일반적인 내용은 1차 단위와 같으므로 추가 부분만 이해하도록 한다.

- **대체 단위에 대한 승수(단축명령: dimaltf)** : 1차 단위와의 차이를 조정하는 값을 지정한다. 밀리미터 단위에서 인치 단위로 수정할 때 0.0393을 곱해야 하기 때문이다.

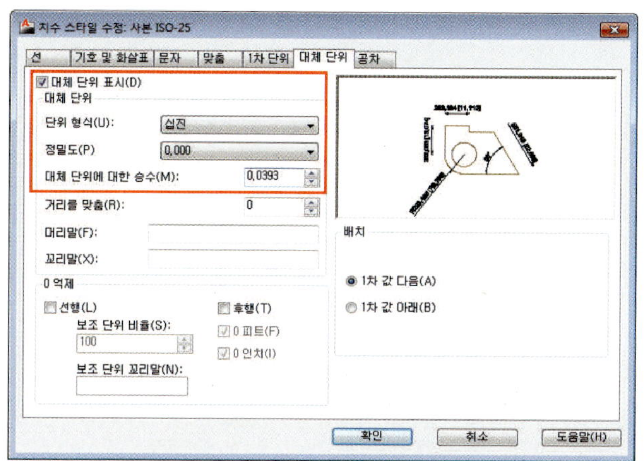

▲ 대체 단위로 사용할 형식을 십진으로 지정하고, 승수를 인치로 지정

▲ 치수 문자에 밀리미터 단위 값에 인치 단위 값이 함께 보여짐

- **거리를 맞춤(단축명령: dimaltrnd)** : 대체 단위 값의 반올림 방법을 지정한다.

2) 배치

치수 문자의 위치를 조정한다.

- **1차 값 다음** : 치수 문자 뒤에 대체 문자가 나타난다.
- **1차 값 아래** : 치수 문자 아래에 대체 문자가 나타난다.

> **Tip** 치수 설정에는 마지막 탭이 공차이다. 공차는 기계설계에 사용되는 치수 방식을 설정하는 것으로 제작 시 허용하는 오차 단위를 지정하는 곳이다. 디자인 작업에서는 사용되지 않는 설정이다.

4 치수 스타일 설정 따라하기

지금까지 치수 스타일 설정에 대한 내용을 배웠다. 이러한 내용을 바탕으로 치수를 입력하기에 앞서 치수 스타일을 처음 만들어 본다. 내용을 잘 이해하지 못하겠으면 앞으로 돌아가서 복습을 하도록 한다.

01_ 치수 작업을 하기에 앞서 치수가 들어갈 자리와 배치를 확인한다.

02_ 치수 작업을 하기에 앞서 도면층을 생성하여 치수를 함께 관리할 수 있도록 한다. 물론 더 복잡한 도면에서는 치수의 종류별로 구분하여 도면층을 생성하여도 좋다.

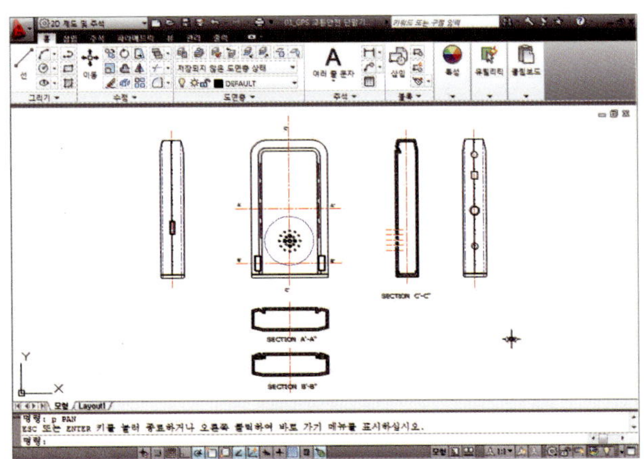

▲ 도면에 치수가 들어갈 자리와 위치를 잡는다.

▲ 치수를 그려 관리할 도면층을 생성한다(색상을 고쳐서 도면과 차이 나게 해주면 좋다). 생성 후 현재 도면층으로 바꾼다.

> **Tip** 치수의 배치는 각각의 개체의 위치에 따라 다르지만 일반적으로 객체의 왼쪽, 위쪽, 오른쪽, 아래쪽 순으로 그리면 된다. 그러므로 치수의 내용이 적을 때는 왼쪽과 위쪽을, 자세하고 복잡한 부분을 표현할 때는 오른쪽과 아래쪽을 사용하게 된다. 도면을 정리하고 배치할 때는 이러한 점을 염두에 두고 하도록 한다.

> **Tip** 치수 도면층의 설정은 작업자가 쉽게 이해할 수 있도록 이름을 짓는다. 일반적으로 복잡하지 않은 도면에서는 '치수', 'dim'과 같은 치수라는 것을 쉽게 알 수 있는 이름을 붙인다. 그러나 복잡한 도면이 되면 '치수−상부', 'dim−cover'와 같이 치수이면서도 그 성격을 알 수 있는 이름을 붙인다. 또한 도면층의 색상은 출력 때에 선두께가 조절되므로 객체를 그릴 때 사용하지 않은 색상을 선택하는 것이 좋다.

03_ 홈 탭에도 주석 패널이 있어 기본적인 치수 작업이 가능하나 치수 작업만을 위한 단계에서는 주석 탭을 활성화시켜 작업한다.

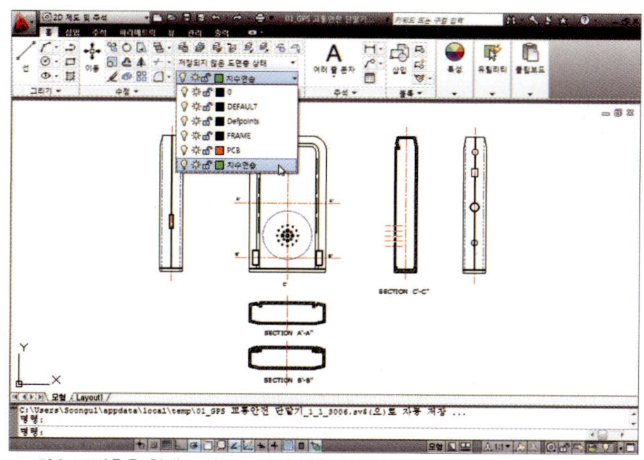 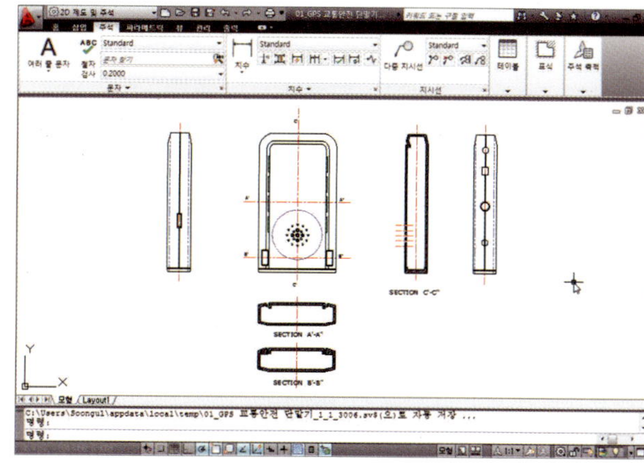

▲ 치수 도면층을 현재로 바꾸고 주석 탭을 활성화

04_ 치수 스타일을 만들기 위해 치수 패널 우측 하단의 '치수 스타일' 버튼을 누르거나 홈 탭의 주석 패널에 있는 '치수 스타일' 버튼을 선택한다. 또한 치수/형식 풀다운 메뉴에서 '치수 스타일'을 선택할 수도 있다.

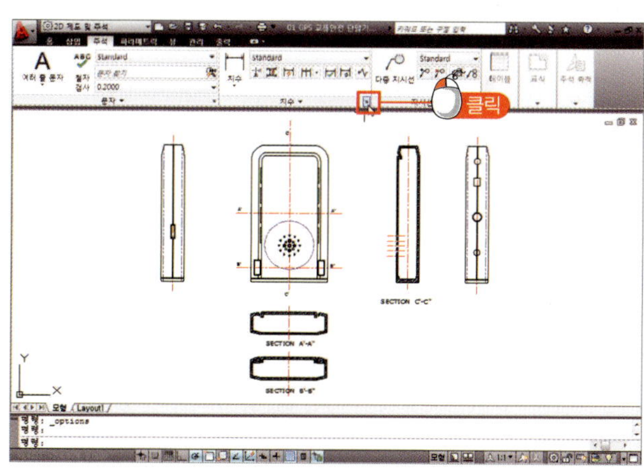 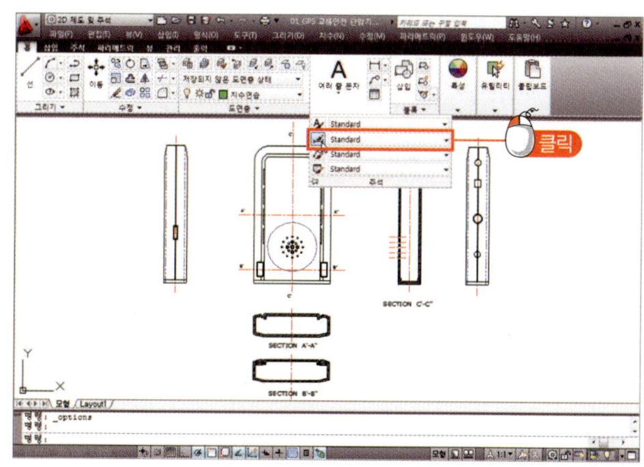

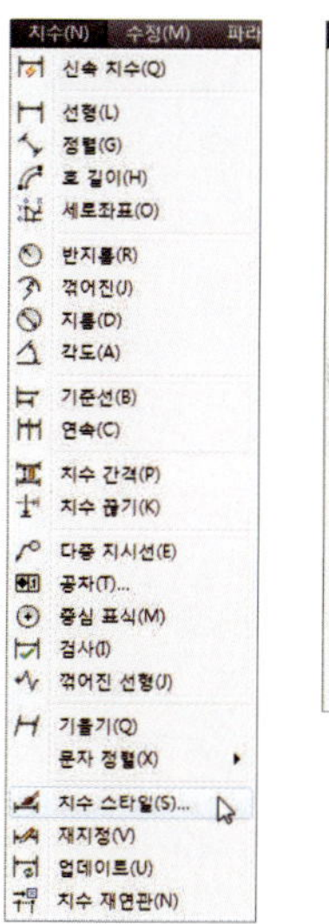 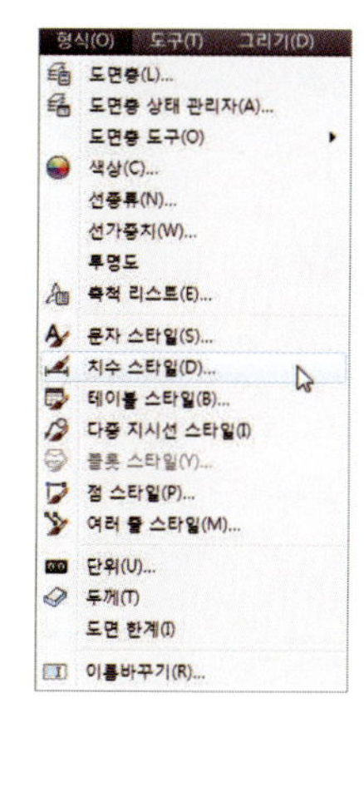

05_ 치수 스타일에서 '신규' 버튼을 클릭하여 새로운 치수 스타일 이름을 지정한다. 치수가 전체에 적용되므로 사용을 '전체 치수'로 정한 후 '계속'을 클릭한다.

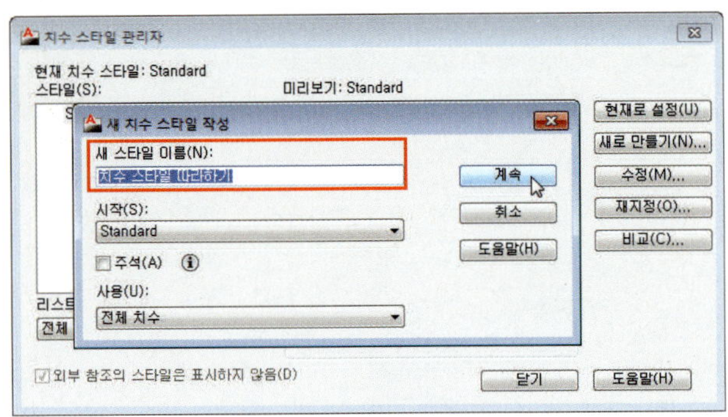

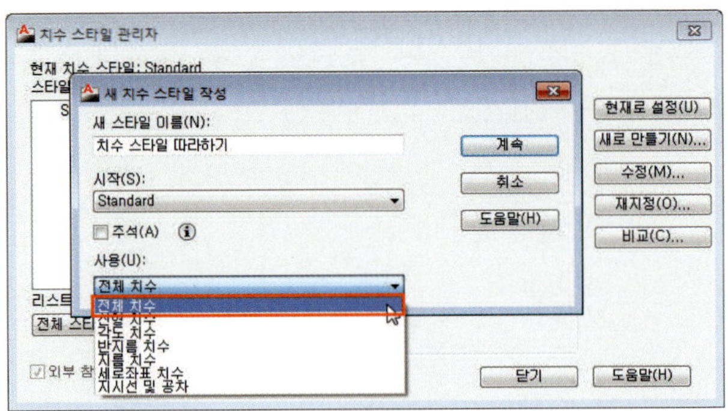

06_ '선' 탭에서 치수선과 치수보조선의 색상은 'By Layer'로 지정한다. 치수선과 치수보조선을 도면층의 색상에 따르도록 하는 것은 도면층의 색상을 지정하였기 때문에 이를 새 치수 스타일에 반영되도록 하기 위해서이다.

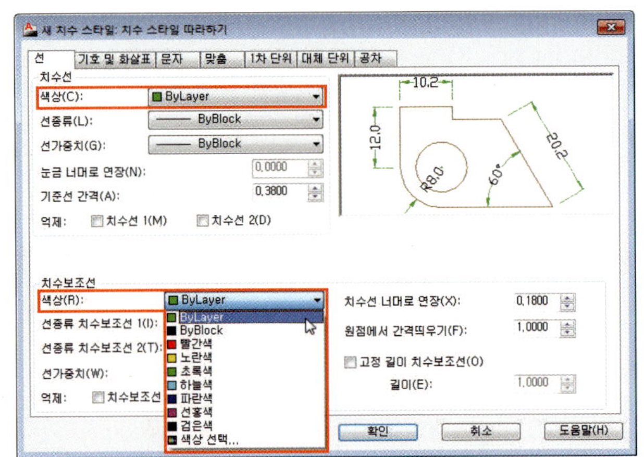

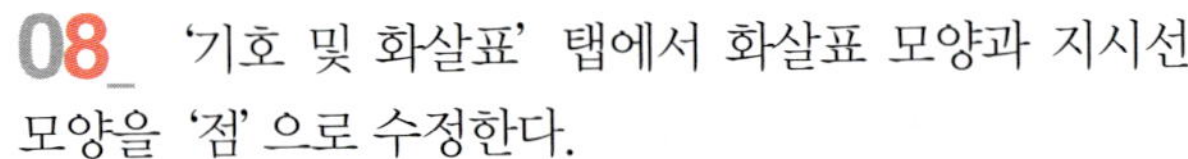

07_ 치수보조선을 고정 길이로 표현되도록 '고정길이 치수보조선'을 활성화시키고 길이를 '15'로 지정한다.

08_ '기호 및 화살표' 탭에서 화살표 모양과 지시선 모양을 '점'으로 수정한다.

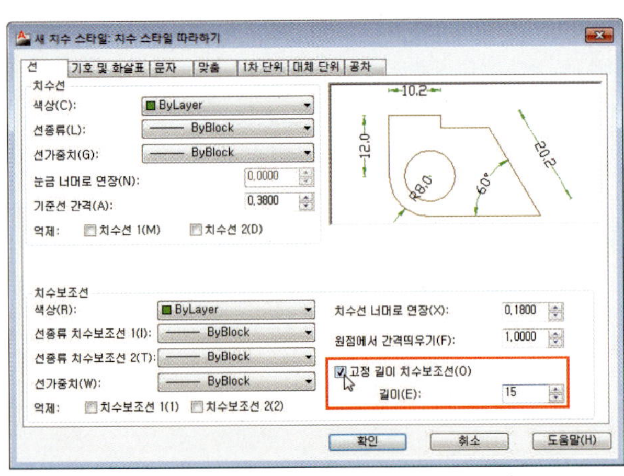

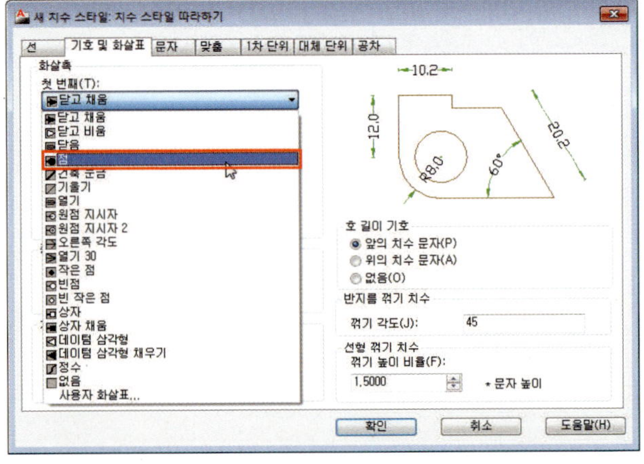

> **Tip** 일반적으로 제품도면에는 '닫고 채움'을 사용하지만 새로운 스타일을 설정하는 것을 배우기 위해 점으로 지정한다.

09_ '화살표 크기'는 '2'로 지정한다.

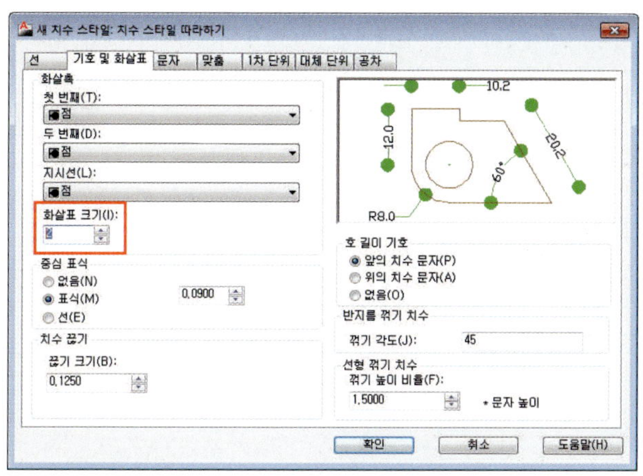

10_ '중심 표식'은 표식에 클릭하고 크기를 '5'로 지정한다.

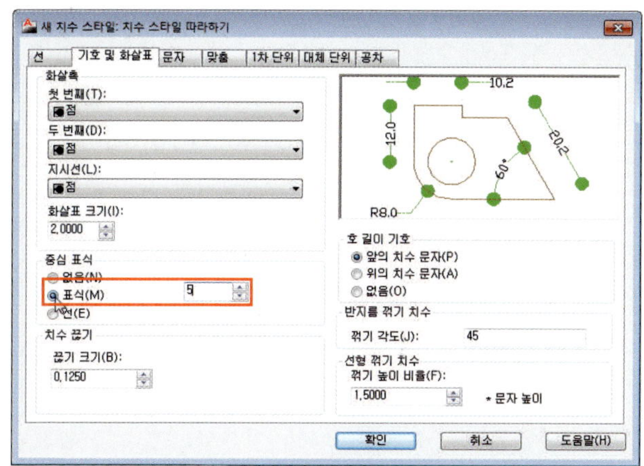

11_ '호 길이 기호'는 '없음'으로 지정한다.

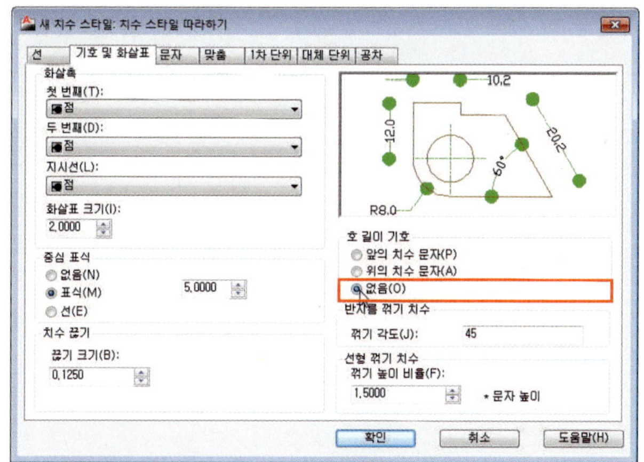

12_ '반지름 꺾기 치수'는 '60'으로 지정한다.

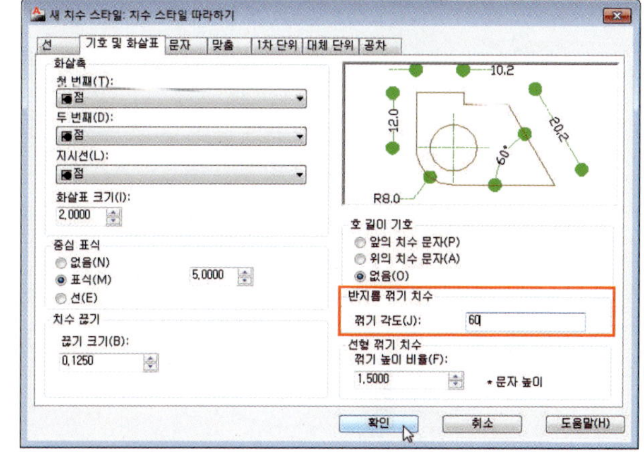

13_ '선형 꺾기 치수'를 '5'로 지정한다.

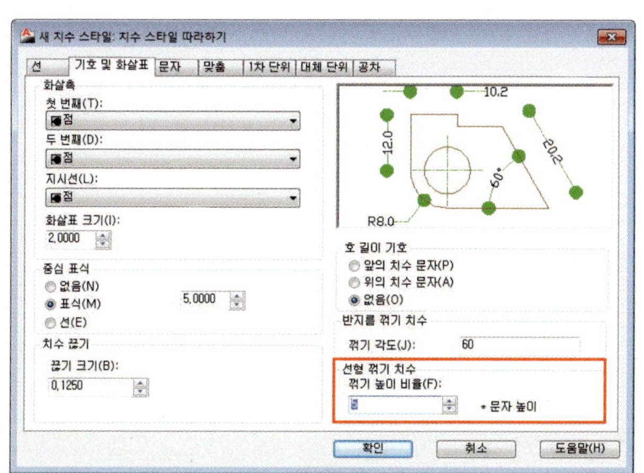

14_ '문자' 탭의 '문자 스타일'에서 우측 '...' 버튼을 눌러 '문자 스타일' 창을 활성화시킨다.

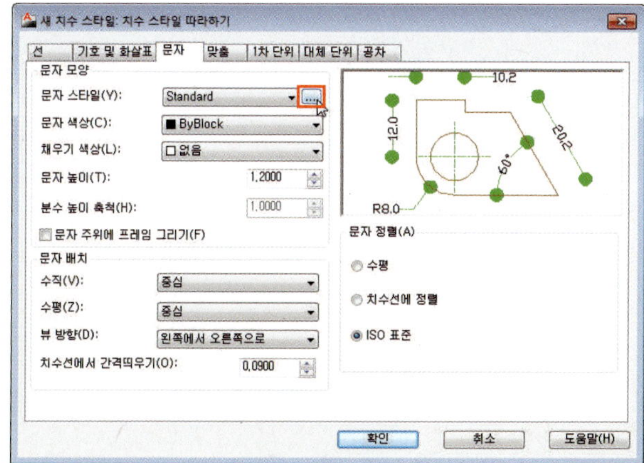

15_ '문자 스타일' 창에서 '새로 만들기' 버튼을 눌러 새로운 스타일 이름 지정 후 '확인' 버튼을 클릭한다.

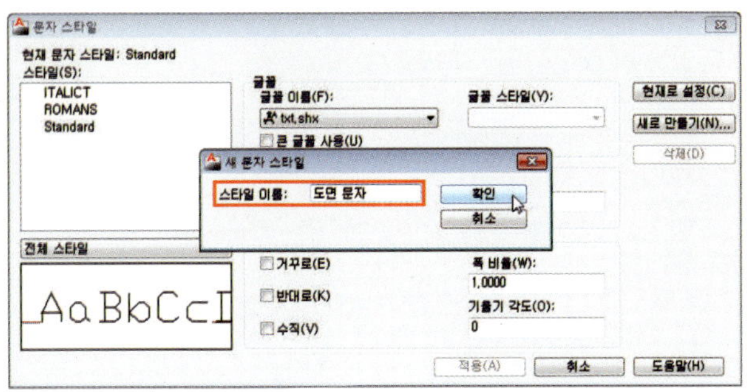

16_ '문자 스타일' 창의 스타일 이름에서 만들어진 새로운 문자 스타일을 활성화시킨다.

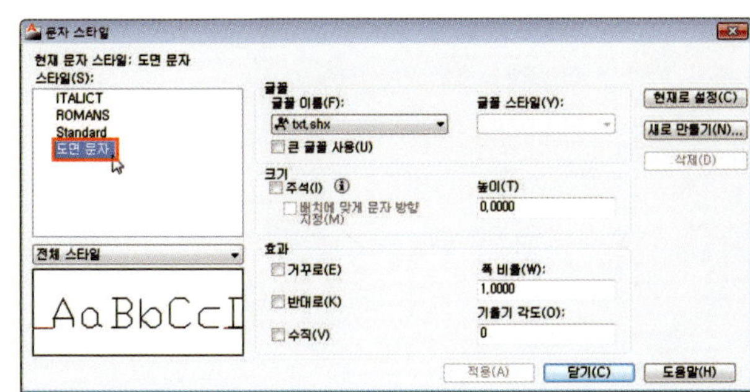

17_ '문자 스타일' 창의 글꼴에서 '큰 글꼴 사용'이 표시되어 있는지 확인한다.

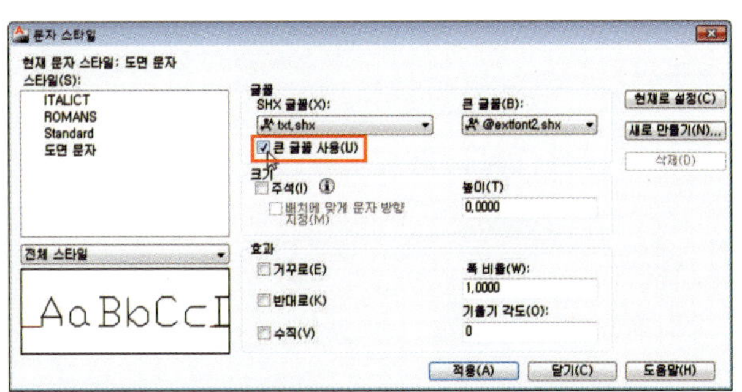

18_ '문자 스타일' 창의 글꼴 – SHX 글꼴에서 'simplex.shx'을 선택한다.

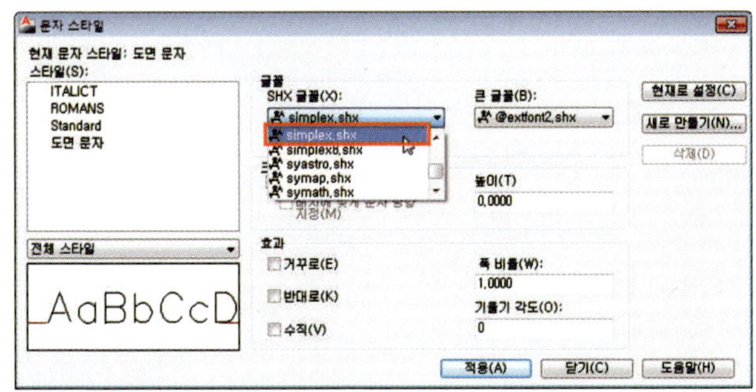

> **Tip** '큰 글꼴 사용'에 대한 내용은 문자 그리기 설명을 복습하도록 한다. '큰 글꼴 사용' 해지를 통해 윈도우에서 지원되는 트루폰트 타입의 글꼴도 사용이 가능하게 되어 다양한 모양의 문자 입력이 가능해진다. 그러나 용량이 커지고 도면을 늦게 읽어 들인다는 단점이 있다. 그러므로 도면 내에서 한글을 쓸 필요가 없다면 '큰 글꼴 사용'을 이용하는 것이 좋다.

> **Tip** 글꼴을 선택하게 되면 하단의 미리보기를 통해 글꼴을 볼 수가 있다. 그러나 글꼴의 원래 크기를 알 수 없으므로 글꼴 선택이 잘되었는지는 '치수 스타일' 창에서 보이는 미리보기를 참고할 수밖에 없다. '치수 스타일' 창에서 글꼴이 어색하게 나타나면, 높이를 조정하거나 새로운 글꼴을 선택하는 것이 바람직하다.

19_ '문자 스타일' 창에서 글꼴 – 높이를 '5'로 지정한 후 '적용'과 '닫기' 버튼을 클릭한다.

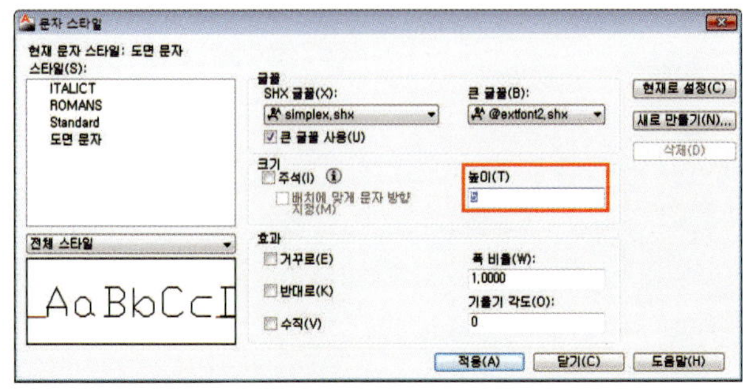

> **Tip** 지금은 필자가 자주 사용하는 글꼴을 선택하고, 글꼴의 크기도 부여하였지만 작업자는 실무에서 회사가 사용하는 글꼴을 같이 사용하거나 나름대로 개인의 취향대로 글꼴을 고르면 된다.

20_ '문자' 탭에서 '문자 색상'을 '파란색'으로 지정한다.

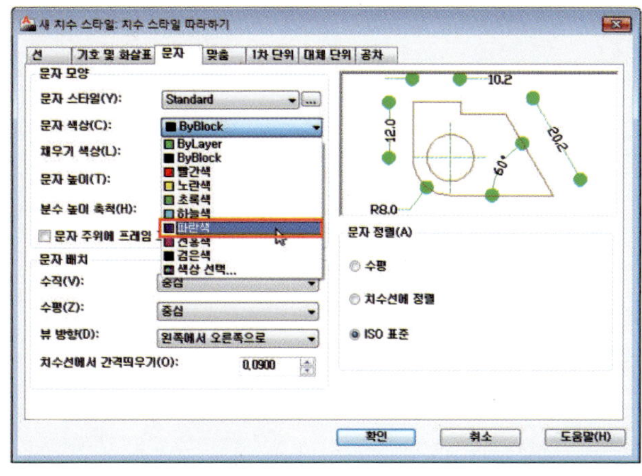

> **Tip** 치수 문자의 색상은 되도록 다른 색상으로 바꿔 주는 것이 좋다. 치수선과 치수 보조선은 두께가 0.2mm이다. 치수선과 치수 보조선의 색상이 정해지면 그 색의 출력 두께는 0.2mm로 세팅하게 된다. 치수 문자를 'by layer'나 'by block'으로 선택하게 되면 같은 색상을 사용하게 되어, 출력 도면에서 두께가 가늘어서 쉽게 판독하기 어렵게 된다.

21_ 계속해서 '문자 높이'를 '1'로 지정한다.

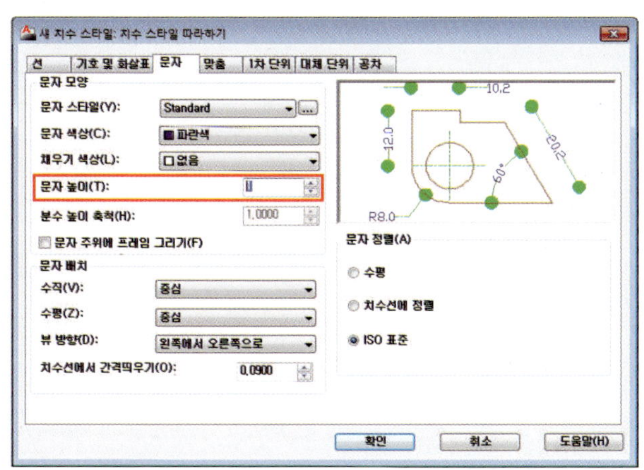

22_ '문자 배치'에서 '수직'을 '위', '수평'을 '중심' 으로 지정한다.

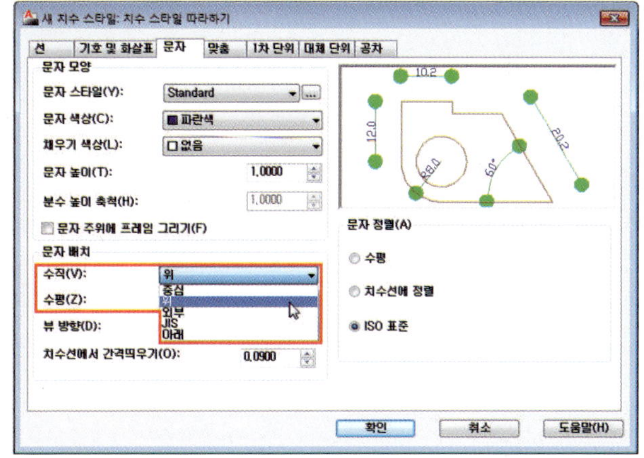

23_ '치수선에서 간격띄우기'를 '1'로 지정한다.

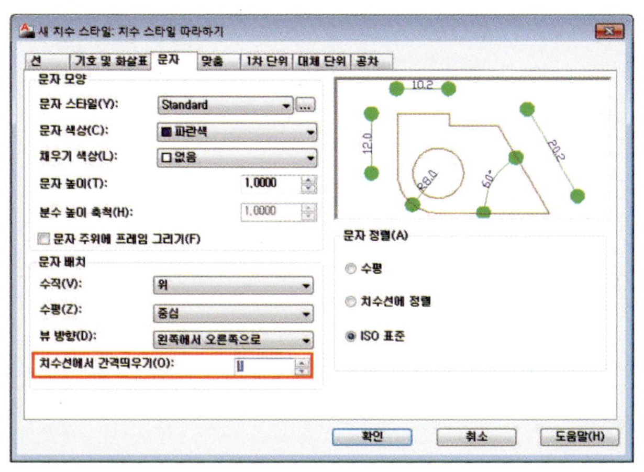

24_ '맞춤' 탭에서 맞춤 옵션을 '문자 또는 화살표(최대로 맞춤)'으로 지정한다.

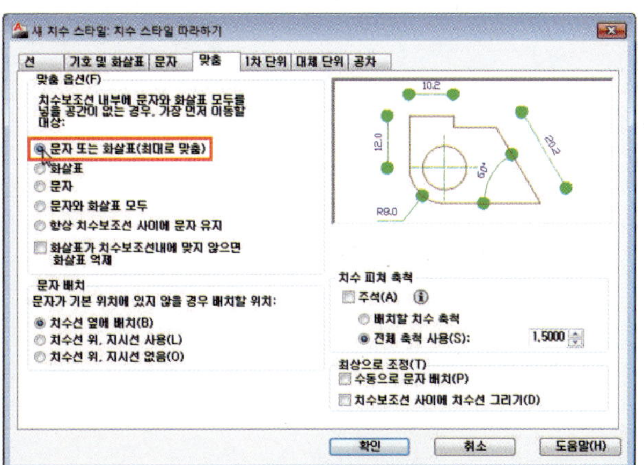

25_ '문자 배치'는 항상 치수선 위에 놓기 위해 '치수선 위, 지시선 없음'으로 지정한다.

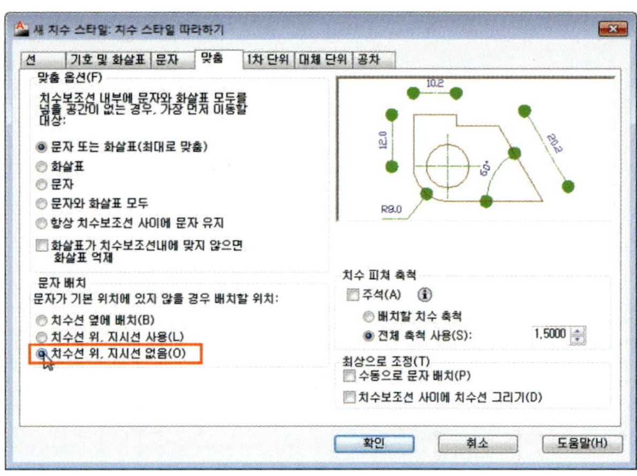

26_ '치수 피쳐 축척'을 '1'로 지정한다.

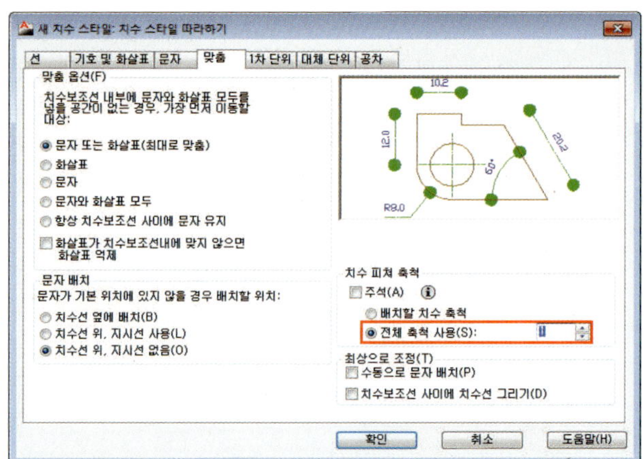

27_ '최상으로 조정'에서 '수동으로 문자 배치'는 비활성, '치수보조선 사이에 치수선 그리기'는 활성화시킨다.

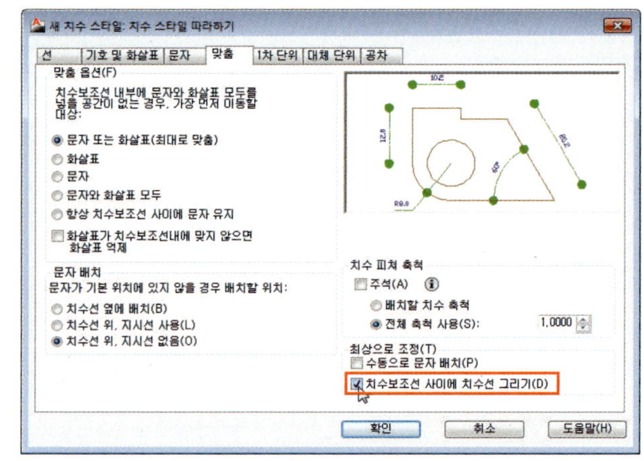

> **Tip** 일반적인 실무도면에서는 맞춤 부분을 기본 값으로 이용한다. 맞춤 부분에서 굳이 고친다면 '치수 피쳐 축척' 부분인데 이 부분은 다른 도면에서 치수 스타일을 불러왔는데 현재 도면의 크기와 치수 크기가 어울리지 않을 경우 그 크기를 지정하게 된다.

28_ '단위 형식'을 '십진'으로 지정한다.

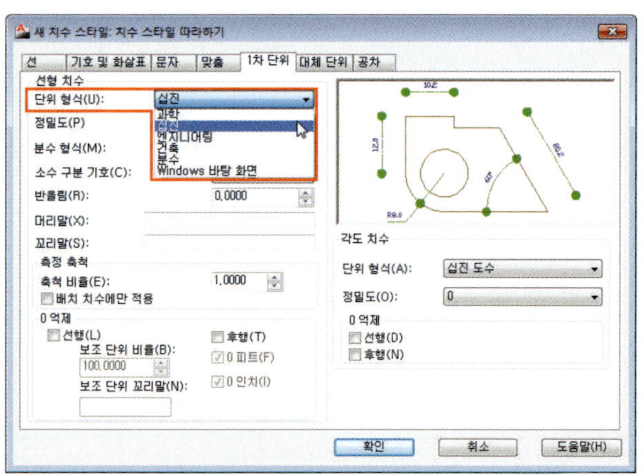

29_ '정밀도'를 '0.0' 소수 첫째 자리로 지정한다.

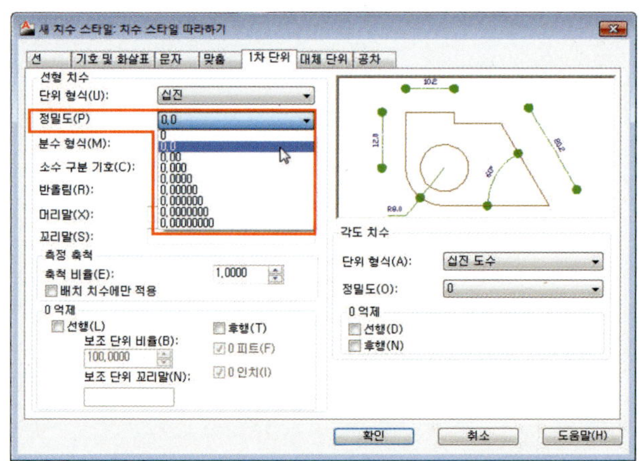

30_ '소수 구분 기호'를 '마침표'로 지정한다.

31_ 'O 억제'의 '선행'은 비활성, '후행'은 활성화시킨다.

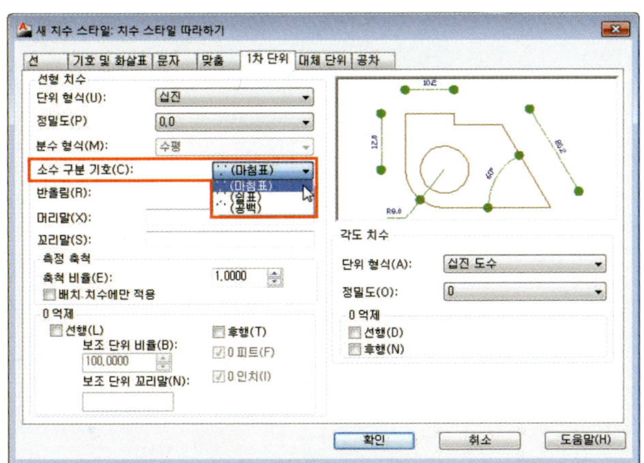

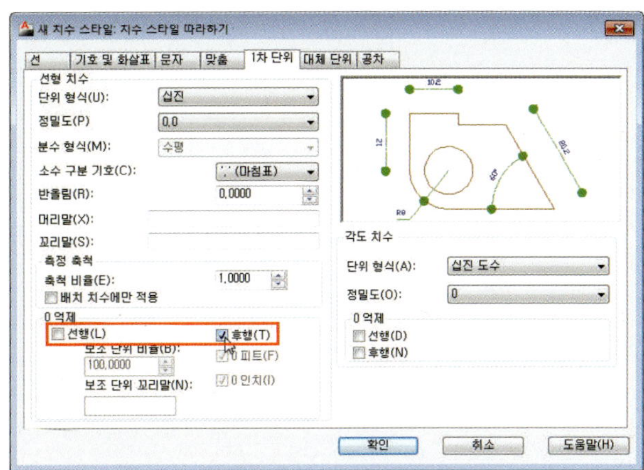

32_ 각도 치수의 단위를 '십진 도수'로 지정한다.

33_ 각도 치수의 '정밀도'를 '0.0'으로 지정하고 'O 억제'의 '선행'은 비활성, '후행'은 활성화시킨다.

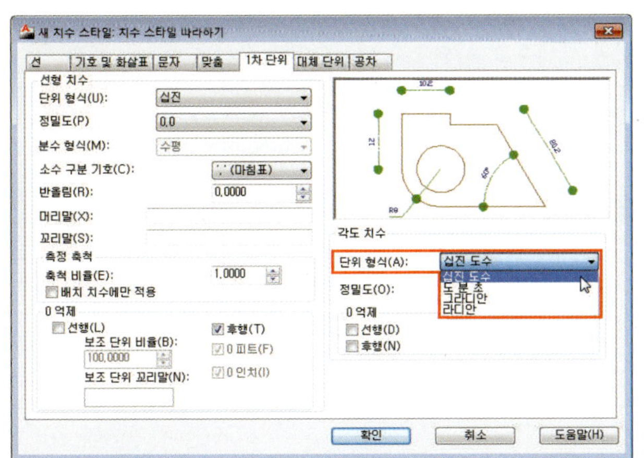

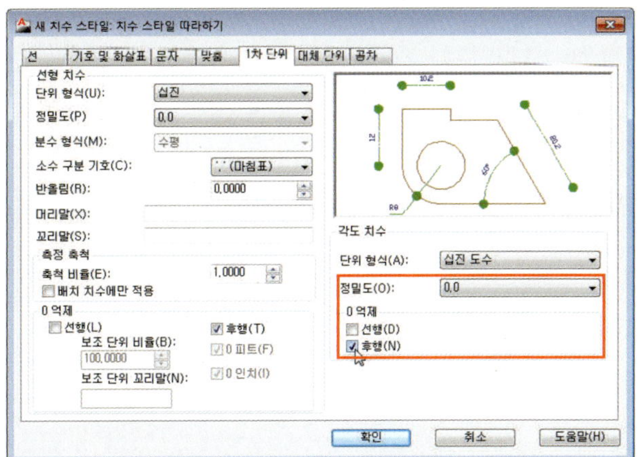

Tip 지금까지 설정한 치수 스타일은 필자가 사용하는 치수 스타일을 이해하기 쉽도록 조금 변형하여 설정한 것이다. 작업자는 위와 같은 방법으로 자신에게 알맞은 치수 스타일을 개발하여 사용하면 된다. 오토캐드를 처음 사용하는 작업자는 지금의 설정 방법을 잘 익히고, 스타일을 적용한 도면 상태를 보고 수정을 하다 보면 다음 치수 설정에서는 효과적으로 진행할 수 있을 것이다.

지금까지 설정한 새로운 치수 스타일은 각각의 치수를 입력하는 법을 배운 후, 그 다음 장에서 적용해 보도록 한다.

5 치수 기입하기

01 → 선형 (명령: dimlinear, 단축명령 : dli, 풀다운 메뉴: 치수 〉 선형, 리본 탭: 홈 〉 주석 〉 선형 ⊢)

가장 많이 이용하고, 치수의 기본이 되는 명령이다. 객체의 가로, 세로의 길이를 치수로 나타낸다.

1) 선형 치수 기입하기

01_ 주석 탭에서 '선형' 치수 아이콘을 클릭한다.

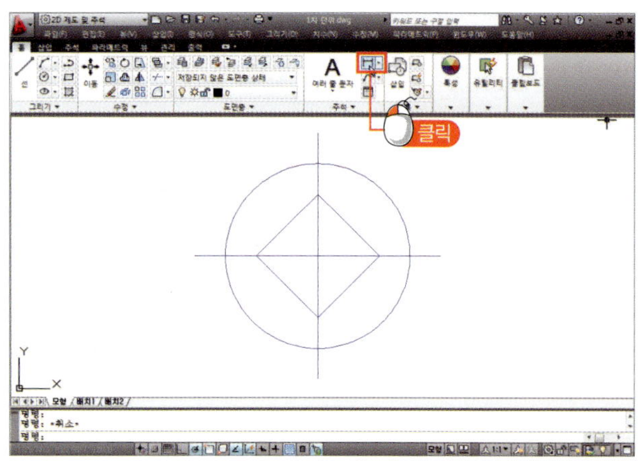

02_ 첫 번째 점을 지정한다.

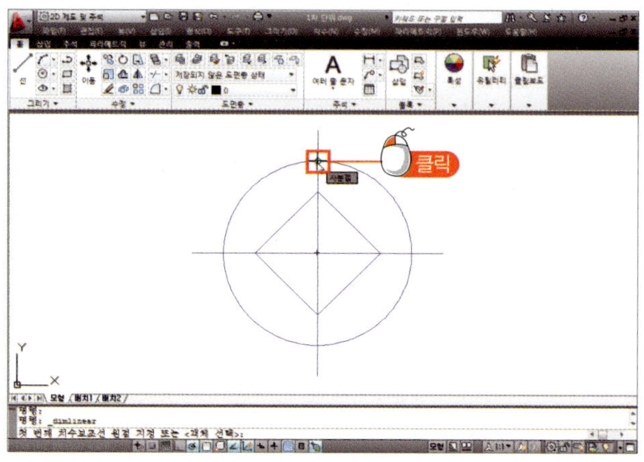

03_ 두 번째 점을 지정한다.

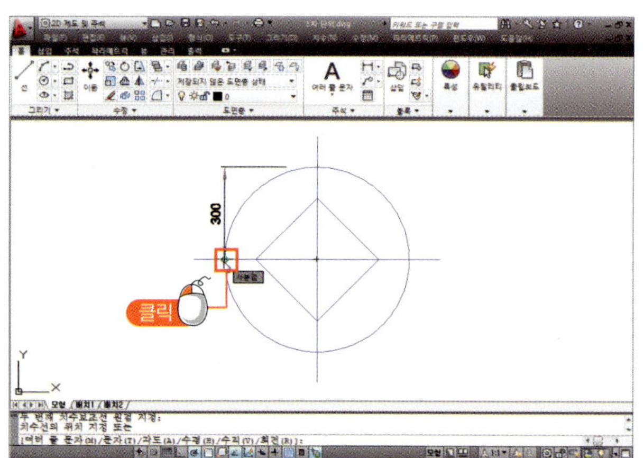

04_ 치수가 위치할 자리로 당겨 클릭한다.

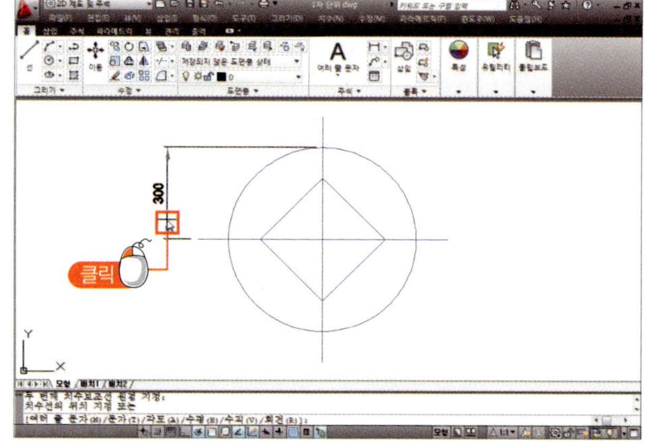

명령: **dimlinear** Enter (또는 리본 메뉴, 풀다운 메뉴 클릭 → 따라하기 01)
첫 번째 치수보조선 원점 지정 또는 〈객체 선택〉: **(첫 번째 점 클릭)** (따라하기 02)
두 번째 치수보조선 원점 지정: **(두 번째 점 클릭)** (따라하기 03)
치수선의 위치 지정 또는
[다중행 문자(M)/문자(T)/각도(A)/수평(H)/수직(V)/회전(R)]: **(치수선의 위치 클릭)** (따라하기 04)
치수 문자 = 300 (입력된 치수 문자를 보여줌)

- **다중행 문자 (M)** : 창을 띄워 치수 문자를 수정한다. (문자의 형식까지 지정 가능하다.)
- **문자 (T)** : 명령행에서 치수 문자를 수정한다.
- **각도 (A)** : 치수 문자의 각도를 지정한다.

- **수평 (H)** : 가로 치수를 입력한다.
- **수직 (V)** : 세로 치수를 입력한다.
- **회전 (R)** : 치수보조선의 각도를 조정한다.

2) 선형 치수 수정하기

01_ 주석 탭에서 '선형' 치수 아이콘을 클릭한다.

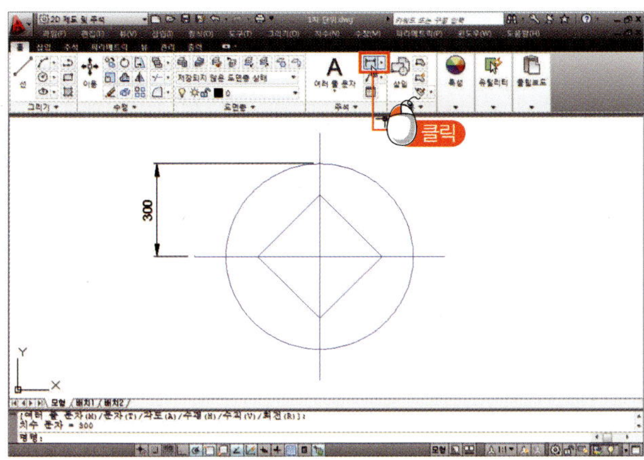

02_ 첫 번째 점을 지정한다.

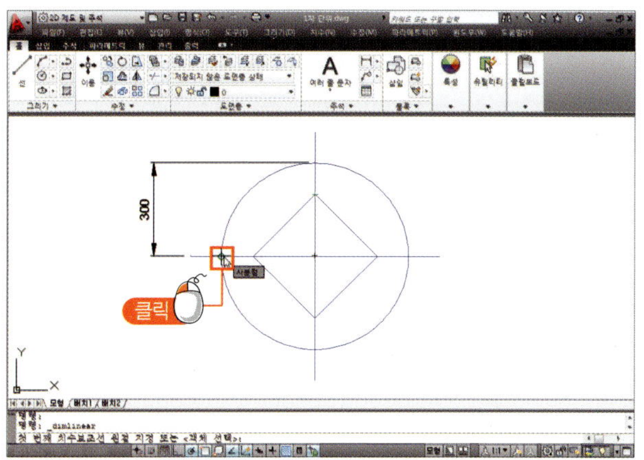

03_ 두 번째 점을 지정한다.

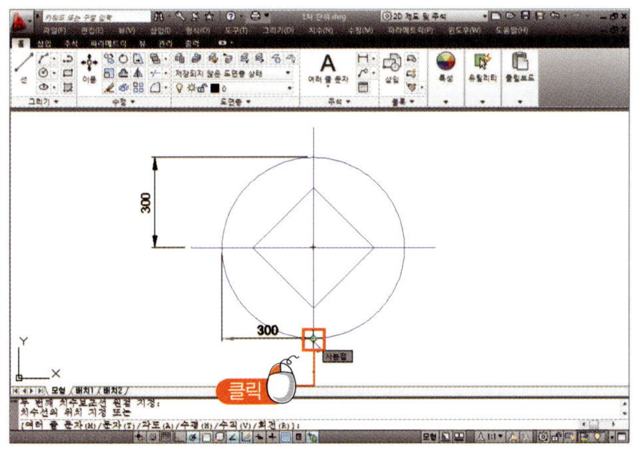

04_ 't' 와 'r' 을 통해 치수 문자를 수정하고, 치수가 위치할 자리로 당겨 클릭한다.

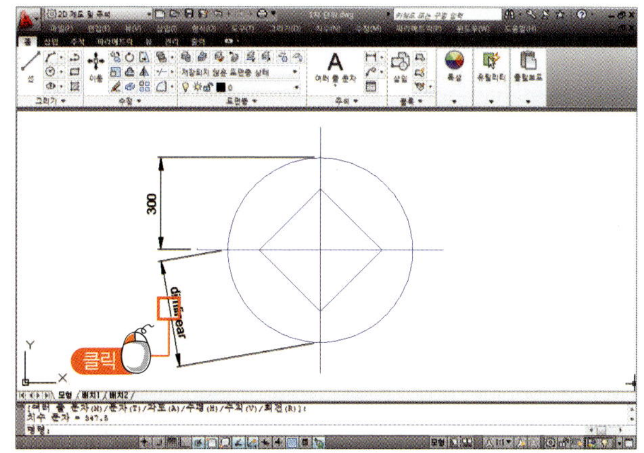

명령: **dimlinear** [Enter] (또는 리본 메뉴, 풀다운 메뉴 클릭 → 따라하기 01)
첫 번째 치수보조선 원점 지정 또는 〈객체 선택〉: **(첫 번째 점 클릭)** (따라하기 02)
두 번째 치수보조선 원점 지정: **(두 번째 점 클릭)** (따라하기 03)
치수선의 위치 지정 또는
[다중행 문자(M)/문자(T)/각도(A)/수평(H)/수직(V)/회전(R)]: **t** [Enter] (치수 문자 쓰기 지정 명령 입력)
새로운 치수 문자를 입력 〈300〉: **dimlinear** [Enter] (수정될 치수 문자 입력)
치수선의 위치 지정 또는
[다중행 문자(M)/문자(T)/각도(A)/수평(H)/수직(V)/회전(R)]: **r** [Enter] (치수보조선 회전 지정 명령 입력)
치수선의 각도를 지정 〈0〉: **10** [Enter] (변경 될 치수보조선 각도 입력)
치수선의 위치 지정 또는
[다중행 문자(M)/문자(T)/각도(A)/수평(H)/수직(V)/회전(R)]: **(치수선의 위치 클릭)** (따라하기 04)
치수 문자 = 347.5 (실제 치수를 보여줌)

02 ─● 정렬 (명령: dimaligned, 단축명령 : dal, 풀다운 메뉴: 치수 〉 정렬, 리본 탭: 홈 〉 주석 〉 정렬)

비스듬한 경사를 지닌 객체의 길이를 치수로 나타낸다.

1) 치수선과 치수가 평행한 경우

01　주석 탭에서 '정렬' 아이콘을 클릭한다.

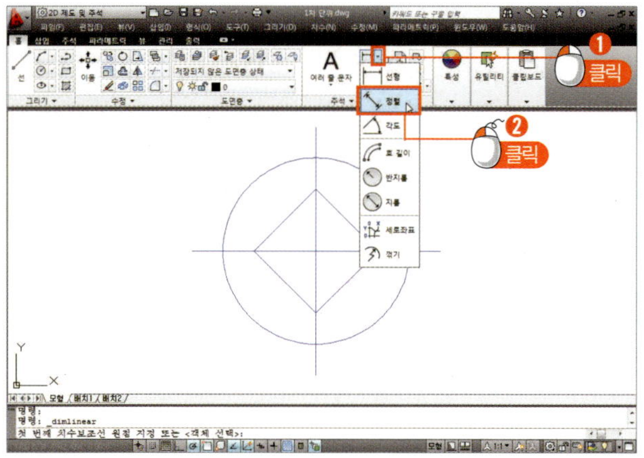

02　첫 번째 점을 지정한다.

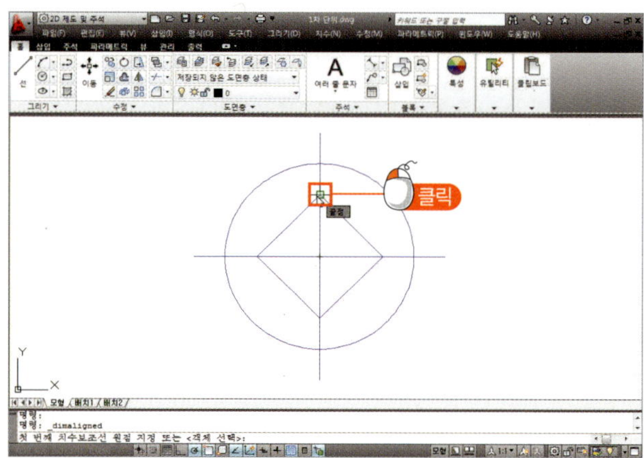

03　두 번째 점을 지정한다.

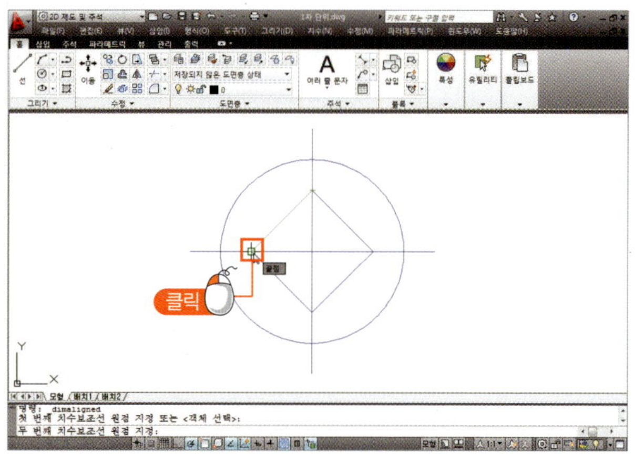

04　치수가 위치할 자리로 당겨 클릭한다.

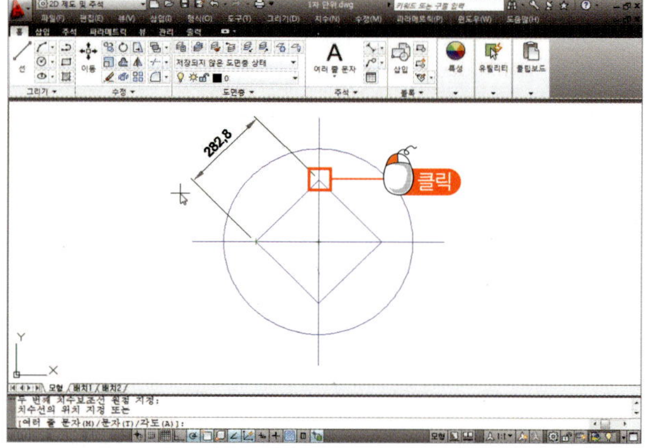

명령: **dimaligned** `Enter` (또는 리본 메뉴, 풀다운 메뉴 클릭)
첫 번째 치수보조선 원점 지정 또는 〈객체 선택〉: **(첫 번째 점 클릭)**
두 번째 치수보조선 원점 지정: **(두 번째 점 클릭)**
치수선의 위치 지정 또는
[다중행 문자(M)/문자(T)/각도(A)]: **(치수선의 위치 클릭)**
치수 문자 = 282.8 (입력된 치수 문자를 보여줌)

2) 치수선과 치수가 수직인 경우

01 '주석' 탭에서 '정렬' 아이콘을 클릭한다.

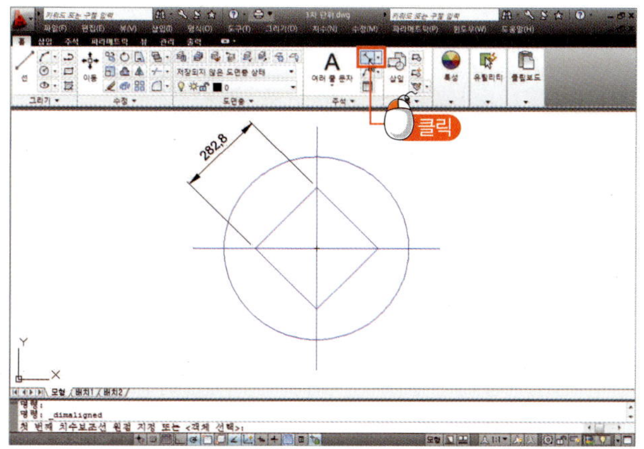

02 첫 번째, 두 번째 점을 각각 클릭한다.

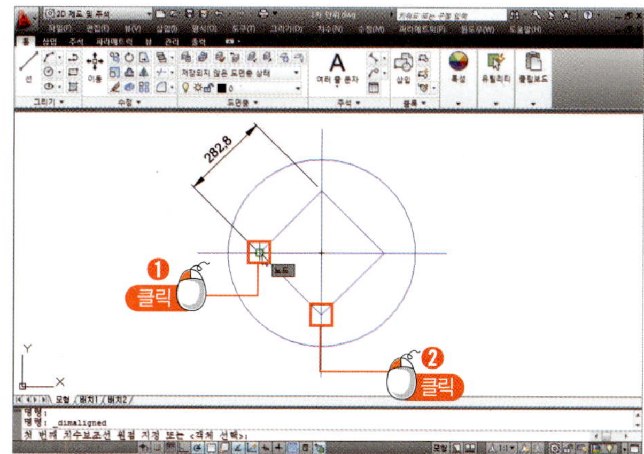

03 'm'과 'a'를 통해 치수 문자와 문자 각도를 수정한다.

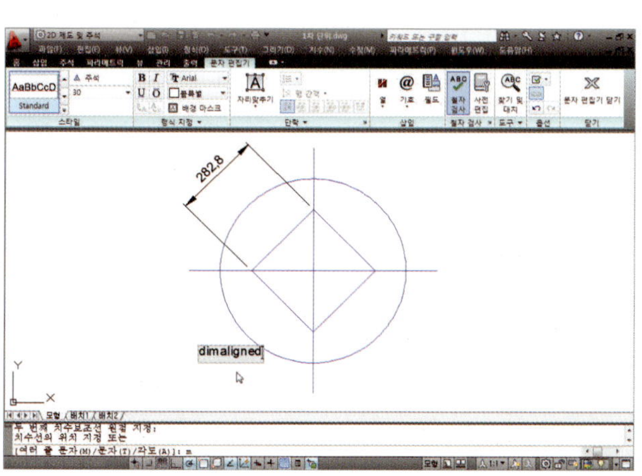

04 치수가 위치할 자리로 당겨 클릭한다.

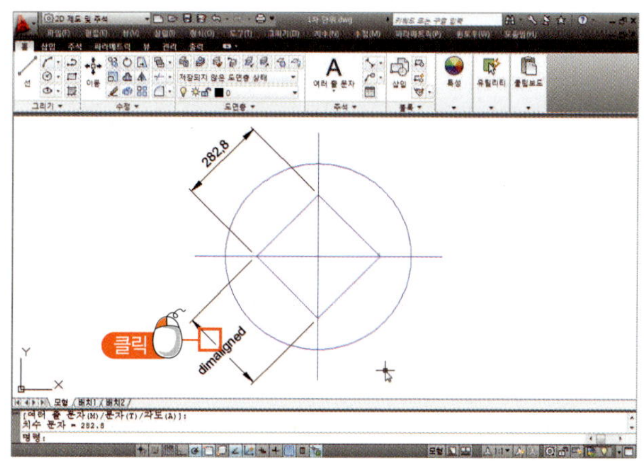

명령: **dimaligned** Enter (또는 리본 메뉴, 풀다운 메뉴 클릭)

첫 번째 치수보조선 원점 지정 또는 〈객체 선택〉: **(첫 번째 점 클릭)**

두 번째 치수보조선 원점 지정: **(두 번째 점 클릭)**

치수선의 위치 지정 또는

[다중행 문자(M)/문자(T)/각도(A)]: **m** Enter (다중행 문자 명령 입력 후 문자 편집)

치수선의 위치 지정 또는

[다중행 문자(M)/문자(T)/각도(A)]: **a** Enter (치수 문자 각도 지정 명령 입력)

치수 문자의 각도를 지정: **45** Enter (지정할 각도 입력)

치수선의 위치 지정 또는

[다중행 문자(M)/문자(T)/각도(A)]: **(치수선의 위치 클릭)**

치수 문자 = 282.8 (실제 치수를 보여줌)

03 호 길이 (명령: dimarc, 풀다운 메뉴: 치수 〉호 길이, 리본 탭: 홈 〉주석 〉호 길이)

일반 호와 폴리선으로 그려진 호의 길이를 치수로 나타낸다. 호의 각도와 비교될 수 있도록 '⌒'가 그려진다.

01_ 주석 탭에서 '호 길이' 치수 아이콘을 클릭한다.

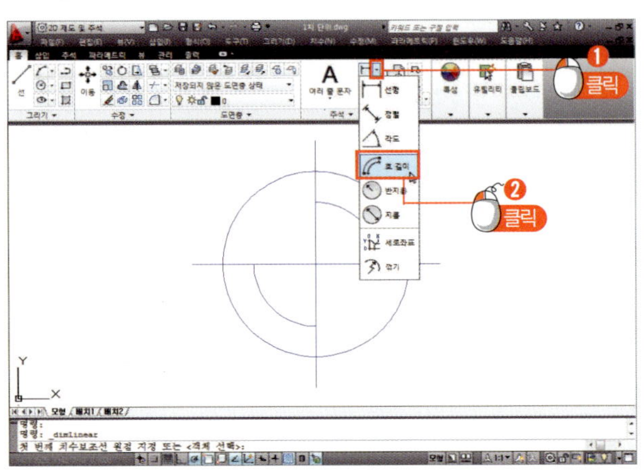

02_ 호 길이를 추출할 호를 선택한다.

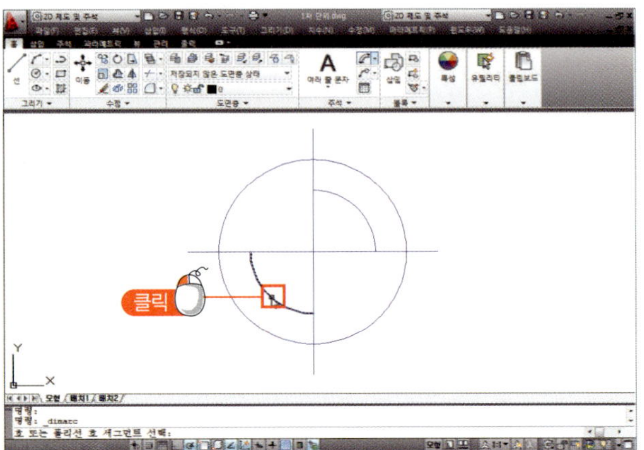

03_ 작업 중 전체 호 길이의 치수 대신 부분 호 길이의 치수를 진행하려면 'p'를 통해 호 내부의 점을 선택한다.

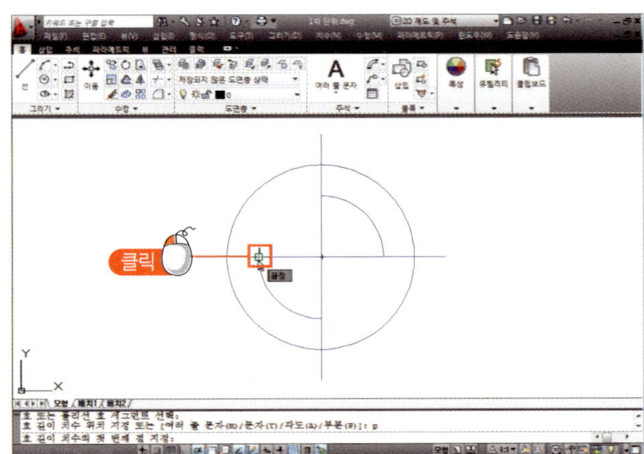

> **Tip** 전체 호 길이의 치수를 완성시키려면 치수선 위치를 클릭한다.
>
> 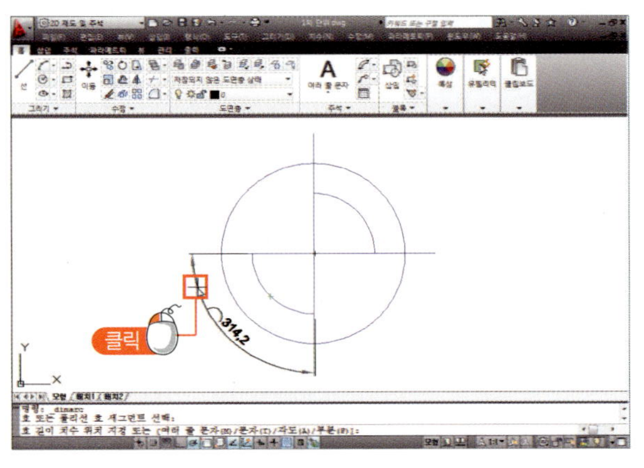

04_ 나머지 한 점을 선택한다.

05_ 부분 호 길이의 치수를 완성시키려면 치수선 위치를 클릭한다.

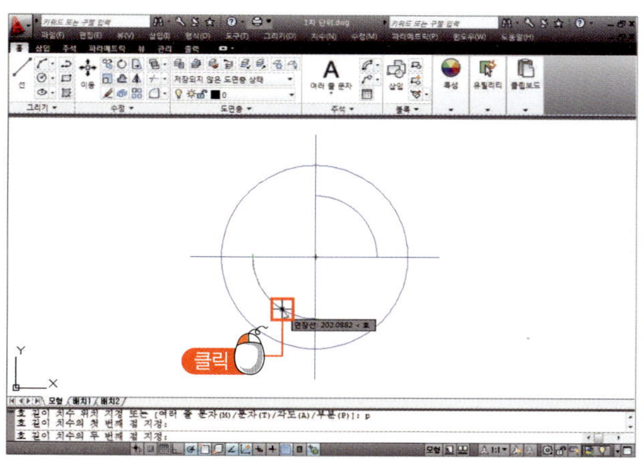

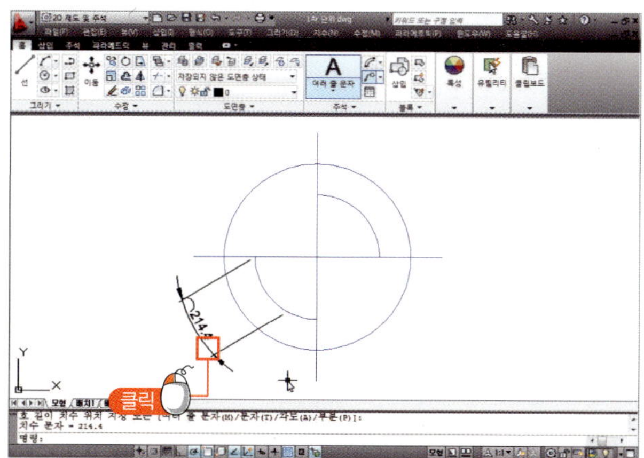

명령: **dimarc** `Enter` (또는 리본 메뉴, 풀다운 메뉴 클릭 → 따라하기 01)
호 또는 폴리선 호 세그먼트 선택: **(호 선택)** (따라하기 02)
호 길이 치수 위치 지정 또는 [다중행 문자(M)/문자(T)/각도(A)/부분(P)]: **p** `Enter` (부분 지정 명령 입력)
호 길이 치수의 첫 번째 점 지정: **(첫 번째 점 클릭)** (따라하기 03)
호 길이 치수의 두 번째 점 지정: **(두 번째 점 클릭)** (따라하기 04)
호 길이 치수 위치 지정 또는 [다중행 문자(M)/문자(T)/각도(A)/부분(P)]: **(치수선의 위치 클릭)** (따라하기 05)
치수 문자 = 214.4 (치수–호의 길이—를 보여줌)

04— **세로좌표** (명령: dimordinate, 단축명령: dor, 풀다운 메뉴: 치수 〉 세로좌표, 리본 탭: 홈 〉 주석 〉 세로좌표)

지정한 위치, 점의 절대좌표 값을 치수로 나타난다. 일반적으로 건축도면의 건물, 지표 높이를 표현하기 위한 것으로 제품도면에는 거의 사용되지 않는다.

01_ '주석' 탭에서 '세로좌표' 치수 아이콘을 클릭한다.

02_ 지정할 위치를 클릭한다.

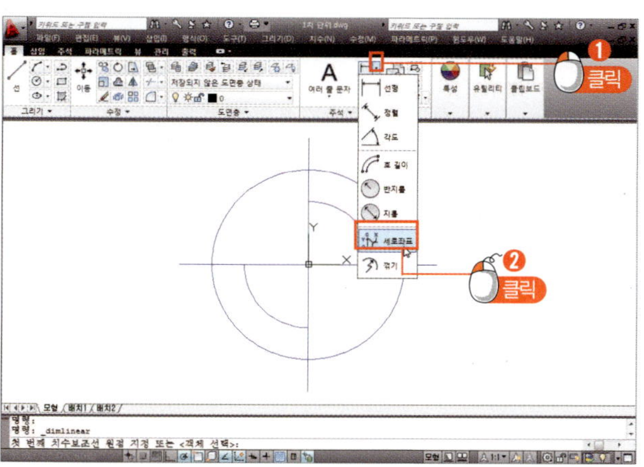

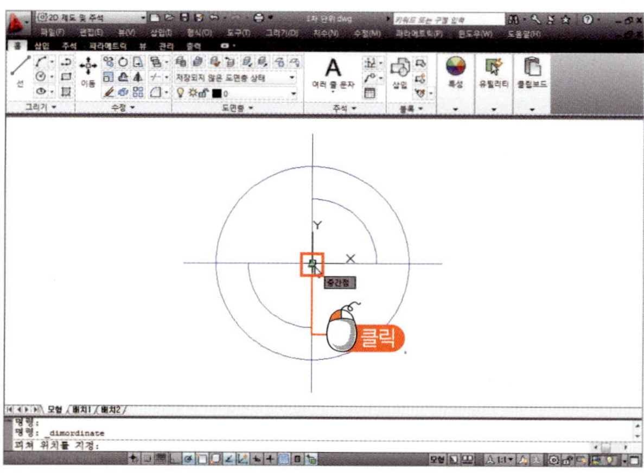

03_ 치수선의 위치를 클릭한다.

04_ 다른 지점을 지정해 객체의 높이를 표시하는 데 사용한다.

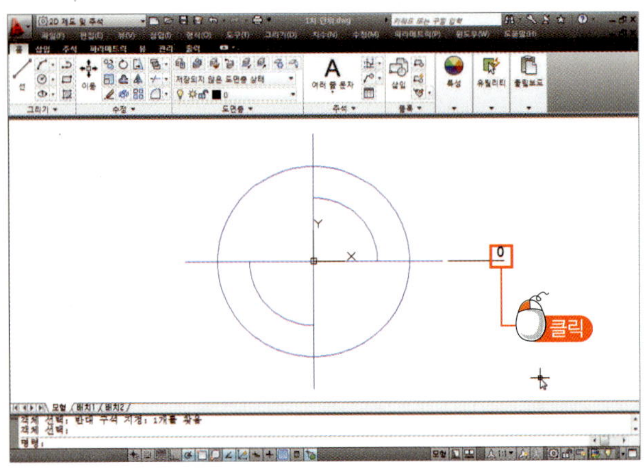

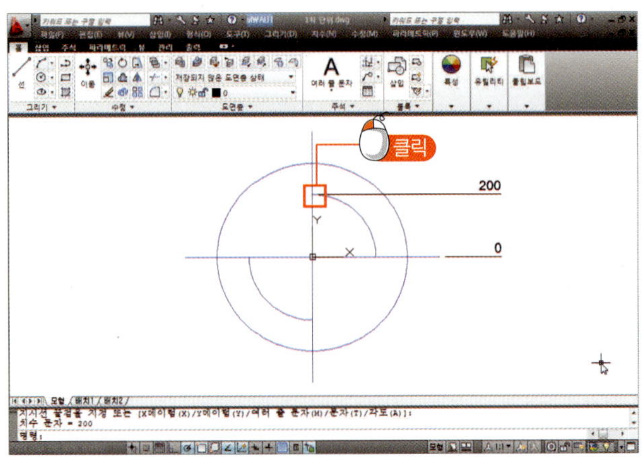

명령: **dimordinate** Enter (또는 리본 메뉴, 풀다운 메뉴 클릭 → 따라하기 01)
피쳐 위치를 지정: **(지정할 점 클릭)** (따라하기 02)
지시선 끝점을 지정 또는 [X데이텀(X)/Y데이텀(Y)/다중행 문자(M)/문자(T)/각도(A)]: **(치수선의 위치 클릭)** (따라하기 03)
치수 문자 = 200 (입력된 치수 문자를 보여줌 → 따라하기 04)

Tip 세로좌표를 사용하기 위해서는 기준점을 원점으로 옮겨야 한다. 원점이 아닌 경우에는 다중행 문자, 문자를 이용해 지정할 수 있으나 객체가 수정되었을 때 정확한 치수를 알 수 없다.

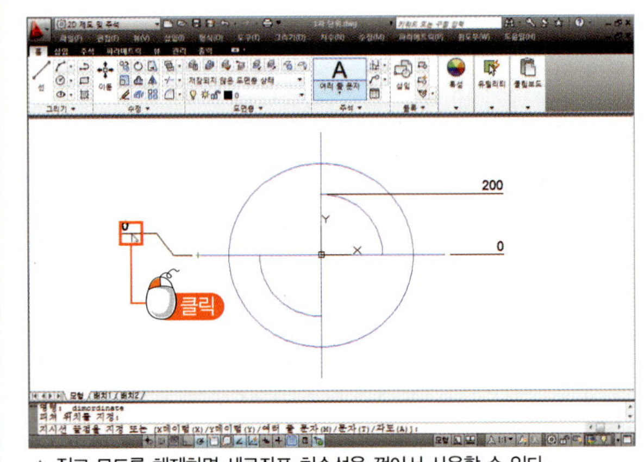

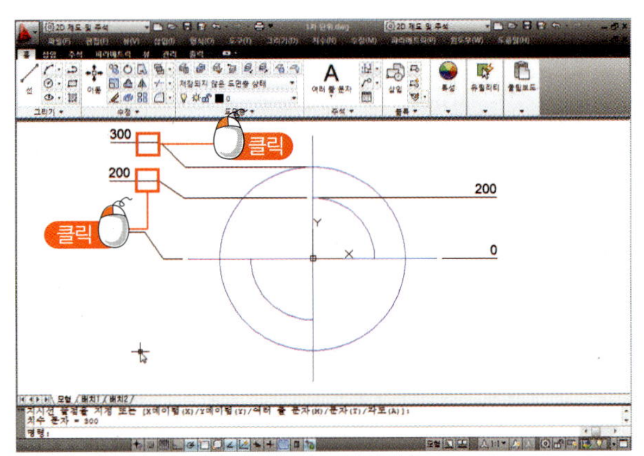

▲ 직교 모드를 해제하면 세로좌표 치수선을 꺾어서 사용할 수 있다.

05 ▶ 반지름 (명령: dimradius, 단축명령: dra, 풀다운 메뉴: 치수 〉 반지름, 리본 탭: 홈 〉 주석 〉 반지름)

원이나 호의 반지름의 값을 치수로 나타낸다. 일반적인 선형길이와 비교되도록 'R' 이 붙는다.

01_ '주석' 탭에서 '반지름' 치수 아이콘을 클릭한다.

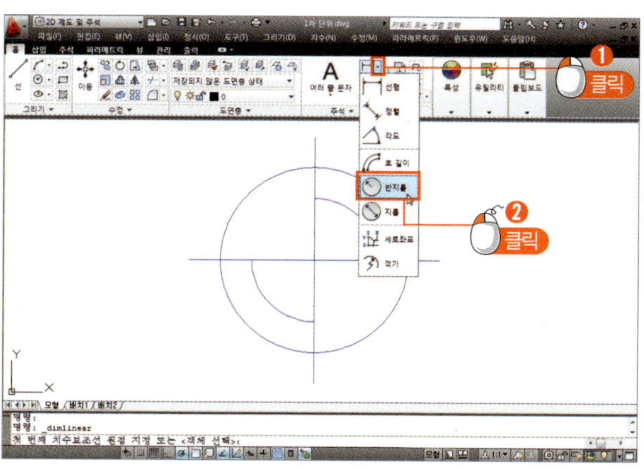

02_ 치수선이 표현될 위치를 클릭한다.

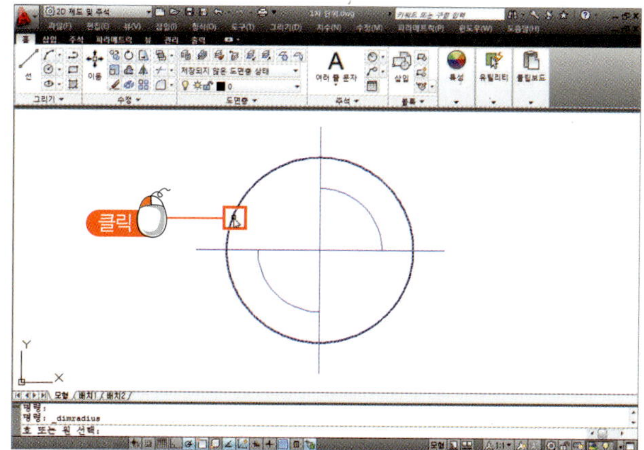

03_ 치수 문자의 위치를 지정한다.

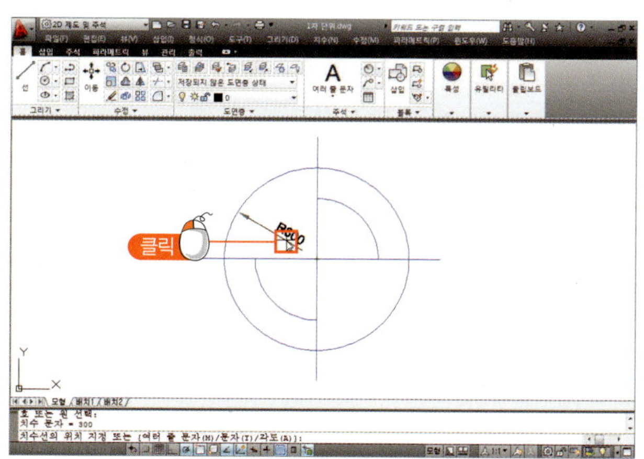

04_ 치수 문자의 위치에 따라 다양하게 지름 치수선이 나타난다.

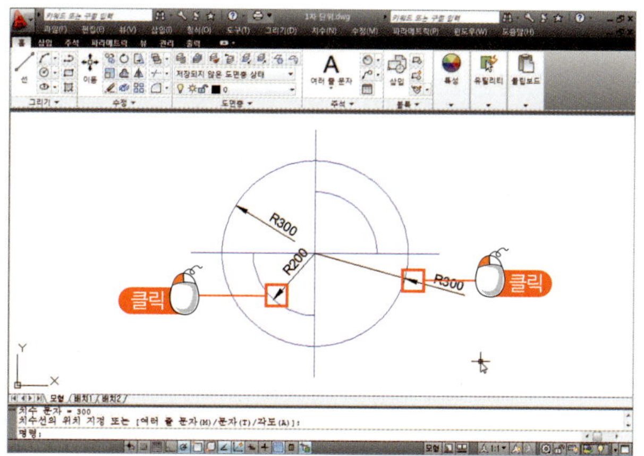

명령: **dimradius** Enter (또는 리본 메뉴, 풀다운 메뉴 클릭→ 따라하기 01)
호 또는 원 선택: **(치수선이 들어갈 위치에 객체를 클릭)** (따라하기 02)
치수 문자 = 300 (치수–반지름–를 보여줌)
치수선의 위치 지정 또는
[다중행 문자(M)/문자(T)/각도(A)]: **(치수 문자가 들어갈 위치를 클릭)** (따라하기 03)

06 꺾기 (명령: dimjogged, 풀다운 메뉴: 치수 〉 꺾기, 리본 탭: 홈 〉 주석 〉 꺾기)

원이나 호의 반지름의 값을 꺾어진 치수선을 이용하여 나타낸다. 반지름과 같은 치수를 나타내므로 선형길이와 비교되도록 'R'이 붙는다. 일반적으로 도면에서 객체의 중심점이 멀리 있을 때 사용한다.

01_ '주석' 탭에서 '꺾기' 치수 아이콘을 클릭한다.

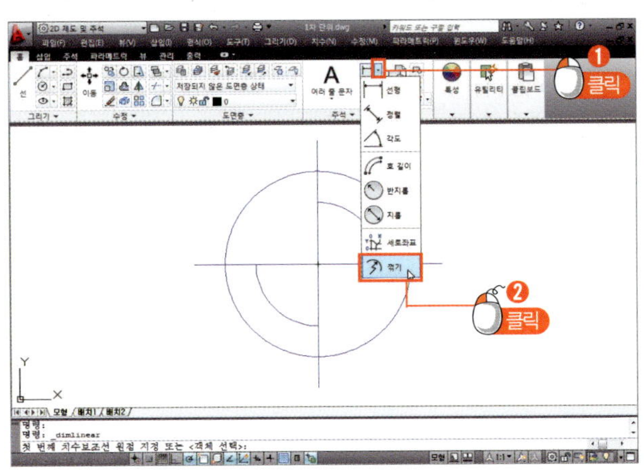

02_ 치수선이 표현될 위치를 클릭한다.

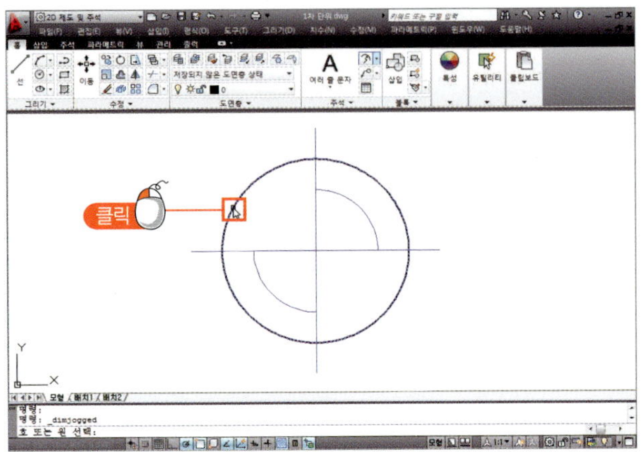

03_ 치수선이 생성될 기준점을 지정한다.

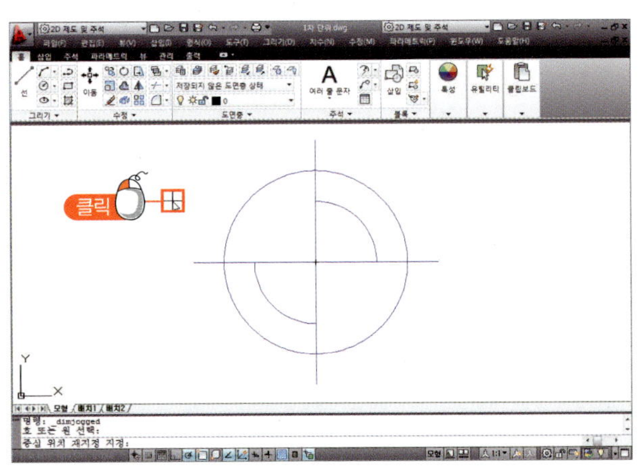

04_ 치수 문자의 위치와 치수선이 꺾어질 위치를 조정한다.

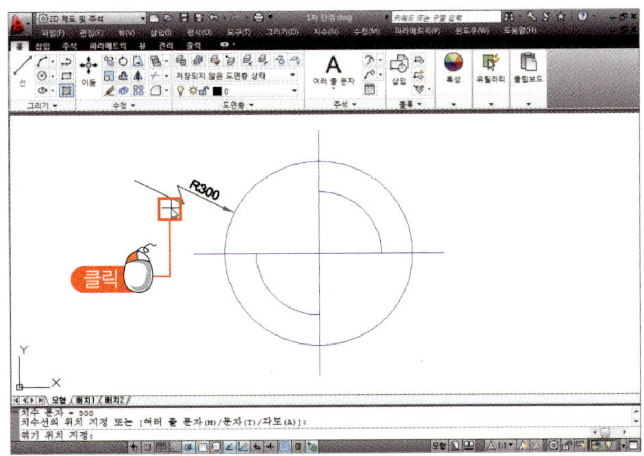

명령: dimjogged　Enter　(또는 리본 메뉴, 풀다운 메뉴 클릭 → 따라하기 01)
호 또는 원 선택: **(치수선이 들어갈 객체를 클릭)** (따라하기 02)
중심 위치 재지정 지정: **(치수선이 생성될 기준점 클릭)** (따라하기 03)
치수 문자 = 300 (치수-반지름-를 보여줌)
치수선의 위치 지정 또는
[다중행 문자(M)/문자(T)/각도(A)]: **(치수 문자의 위치를 클릭)** (따라하기 04)
꺾기 위치 지정: **(치수선이 꺾어질 위치를 클릭)** (따라하기 04)

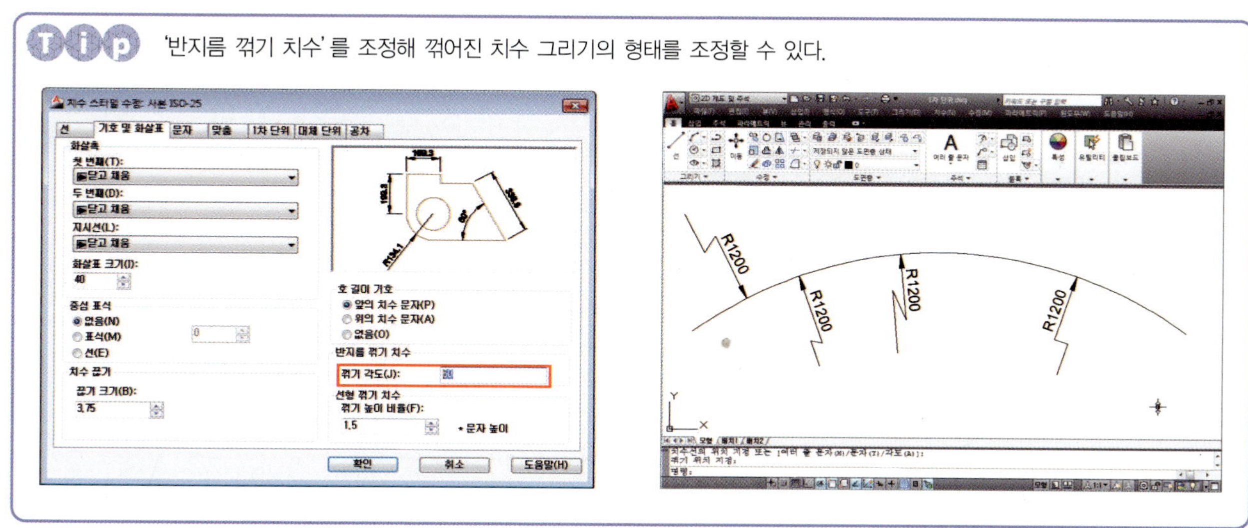

> **Tip** '반지름 꺾기 치수'를 조정해 꺾어진 치수 그리기의 형태를 조정할 수 있다.

07 → 지름 (명령: dimdiameter, 단축명령 : ddi, 풀다운 메뉴: 치수 〉 지름, 리본 탭: 홈 〉 주석 〉 지름 ◎)

원이나 호의 지름의 값을 치수로 나타낸다. 일반적인 선형길이와 비교되도록 'Ø'이 붙는다.

01_ '주석' 탭에서 '지름' 아이콘을 클릭한다.

02_ 치수선이 표현될 위치를 클릭한다.

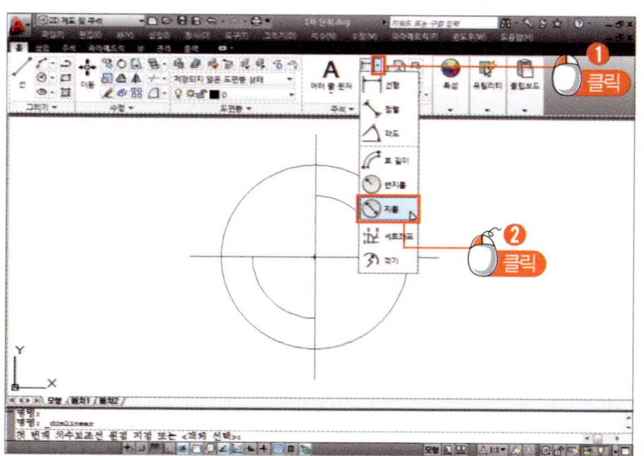

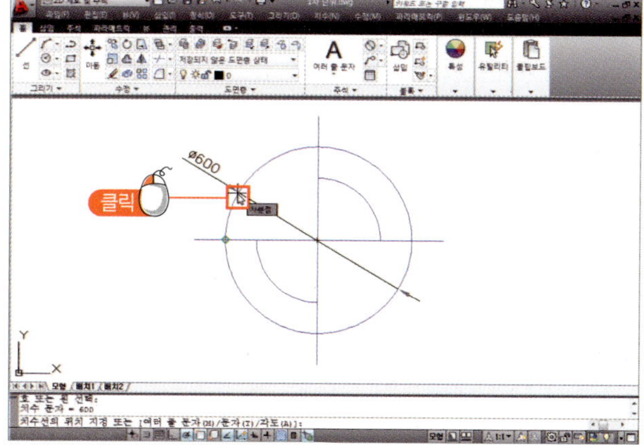

03　치수 문자가 들어갈 위치를 클릭한다.

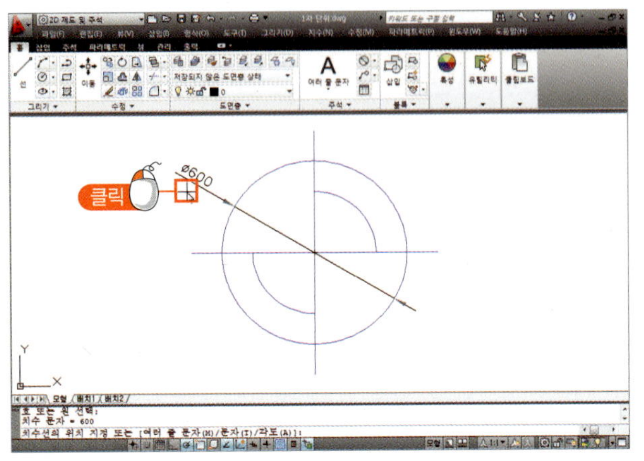

Tip　치수 스타일에 따라 다양하게 지름 치수선이 나타난다.

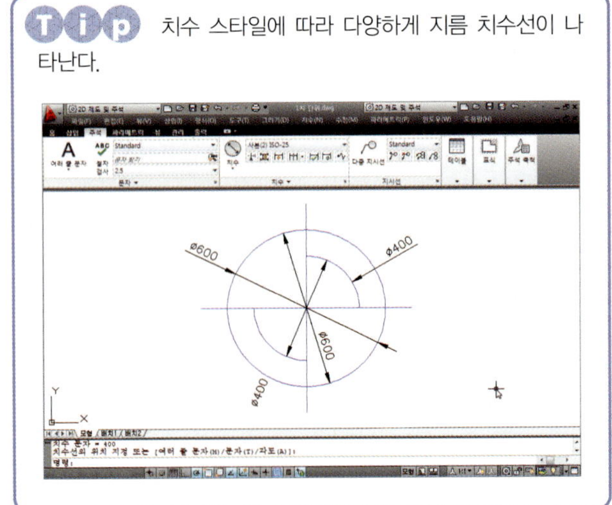

명령: **dimdiameter** `Enter` (또는 리본 메뉴, 풀다운 메뉴 클릭 → 따라하기 01)
호 또는 원 선택: **(치수선이 들어갈 객체를 클릭)** (따라하기 02)
치수 문자 = 600 (입력된 치수 문자를 보여줌)
치수선의 위치 지정 또는
[다중행 문자(M)/문자(T)/각도(A)]: **(치수 문자의 위치를 클릭)** (따라하기 03)

08 각도 (명령: dimangular, 단축명령 : dan, 풀다운 메뉴: 치수 〉 각도 , 리본 탭: 홈 〉 주석 〉 각도 △)

선과 선의 꺾어지거나 겹쳐진 각도, 원이나 호에서의 각도의 값을 치수로 나타낸다.

1) 호의 각도 나타내기

01　'주석' 탭에서 '각도' 치수 아이콘을 클릭한다.

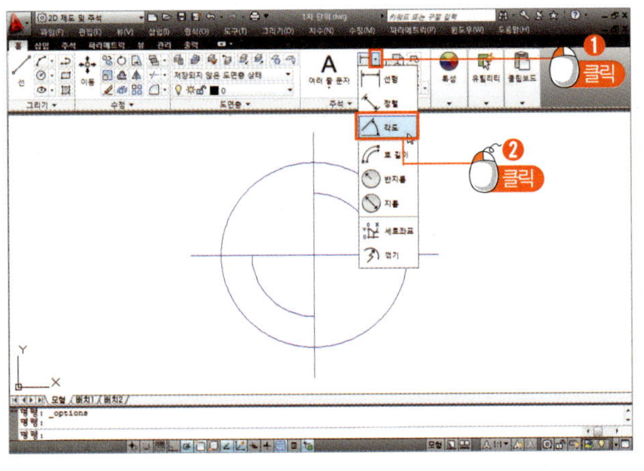

02　각도를 표시할 호를 선택한다.

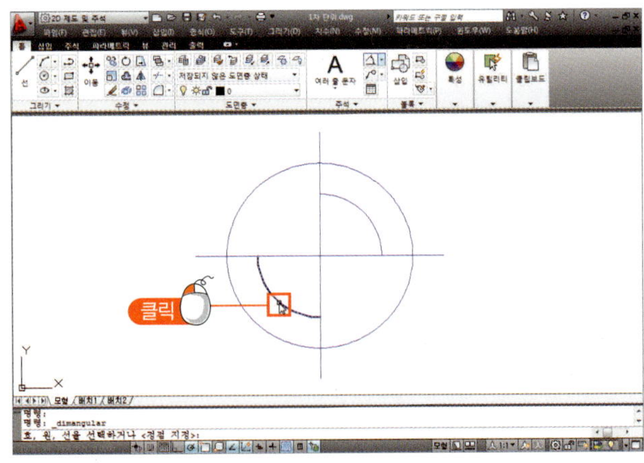

03_ 치수선이 표현될 위치를 클릭한다.

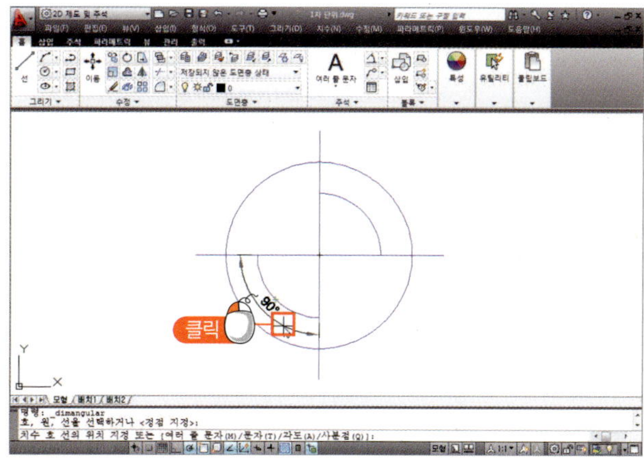

> 명령: dimangular `Enter`
>
> (또는 리본 메뉴, 풀다운 메뉴 클릭 → 따라하기 01)
>
> 호, 원, 선을 선택하거나 〈정점 지정〉:
> **(각도 치수를 표현할 호를 선택)** (따라하기 02)
>
> 치수 호 선의 위치 지정 또는
>
> [다중행 문자(M)/문자(T)/각도(A)]:
> **(치수선의 위치를 클릭)** (따라하기 03)
>
> 치수 문자 = 90 (입력된 치수 문자를 보여줌)

2) 선과 선 사이 각도 나타내기

01_ 선과 선 사이의 각도를 구하기 위해 첫 번째 선 클릭한다.

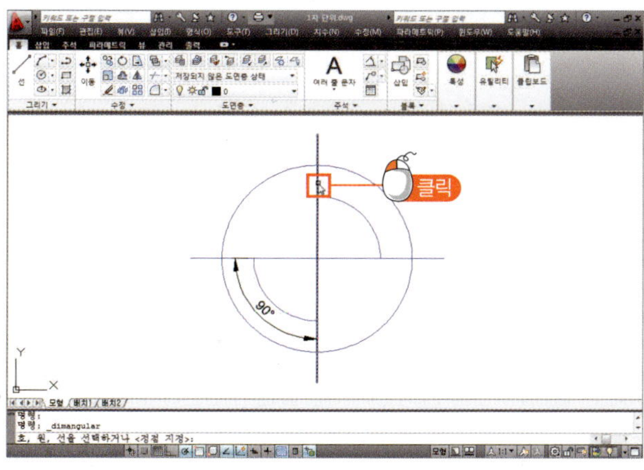

02_ 선과 선 사이의 각도를 구하기 위해 두 번째 선 클릭한다.

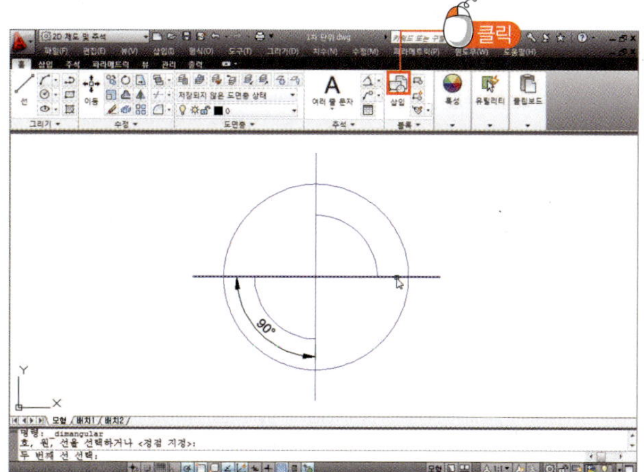

03_ 치수선이 표현될 위치를 클릭한다.

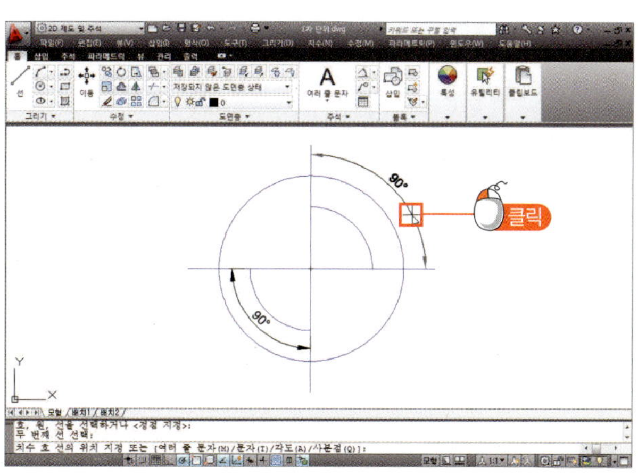

> 명령: dimangular `Enter` (또는 리본 메뉴, 풀다운 메뉴 클릭)
>
> 호, 원, 선을 선택하거나 〈정점 지정〉: **(첫 번째선 클릭)** (따라하기 01)
>
> 두 번째 선 선택: **(두 번째선 클릭)** (따라하기 02)
>
> 치수 호 선의 위치 지정 또는
>
> [다중행 문자(M)/문자(T)/각도(A)]: **(치수선의 위치를 클릭)**
> (따라하기 03)
>
> 치수 문자 = 90 (치수-각도-를 보여줌)

3) 3점을 이용하여 각도 나타내기

01_ 3점을 이용한 각도 입력을 위해 중심점을 클릭한다.

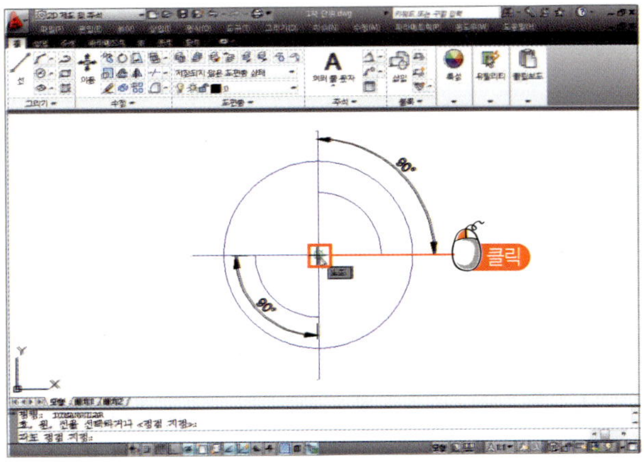

02_ 첫 번째 점을 클릭한다.

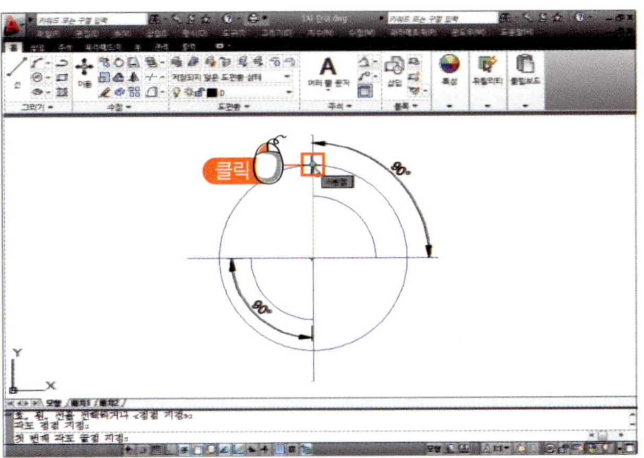

03_ 두 번째 점을 클릭한다.

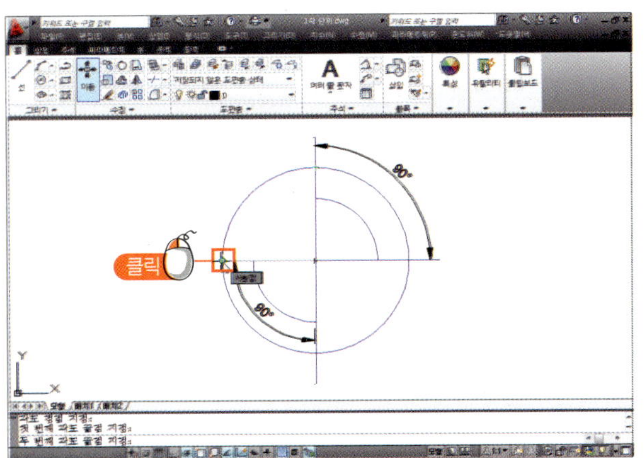

04_ 치수선이 표현될 위치를 클릭한다.

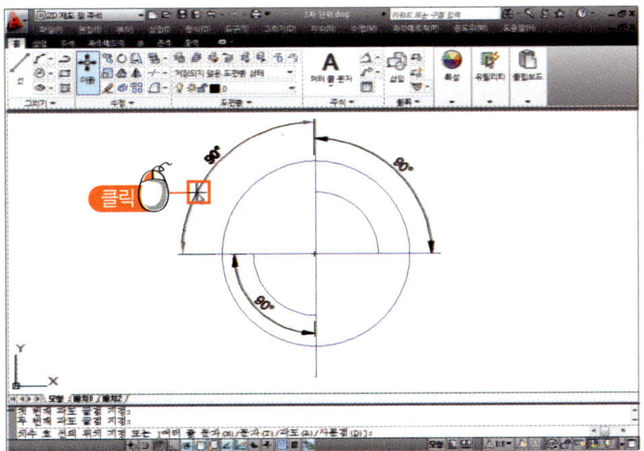

명령: **dimangular** `Enter` (또는 리본 메뉴, 풀다운 메뉴 클릭)
호, 원, 선을 선택하거나 〈정점 지정〉: `Enter` (세 점을 이용한 각도 지정)
각도 정점 지정: **(각도의 중심점을 클릭)** (따라하기 01)
첫 번째 각도 끝점 지정: **(각도의 첫 번째 점을 클릭)** (따라하기 02)
두 번째 각도 끝점 지정: **(각도의 두 번째 점을 클릭)** (따라하기 03)
치수 호 선의 위치 지정 또는
[다중행 문자(M)/문자(T)/각도(A)]: **(치수선의 위치를 클릭)** (따라하기 04)
치수 문자 = 90 (치수-각도-를 보여줌)

Tip 세 점을 이용한 치수 각도 그리기는 호, 원, 선 선택을 하지 않고 정점지정을 위해 '`Enter`'를 하여야 진행이 가능하다. 각각의 점을 지정하기 위해 객체 스냅을 이용하면 편리하다.

09 ─● 신속치수 (명령: quick dimension, 단축명령 : qdim, 풀다운 메뉴: 치수 〉 신속치수, 리본 탭: 주석 〉 치수 〉 신속치수)

객체를 선택하는 것으로 빠르게 치수를 나타낸다. 일반 객체는 선형치수를 나타내고 곡선객체만 선택되면 반지름 치수를 나타내지만, 선형객체와 곡선객체가 함께 선택되면 곡선객체는 중심점으로 정점들이 지정된다.

01_ 리본 메뉴에서 '신속치수' 치수 아이콘을 클릭한다.

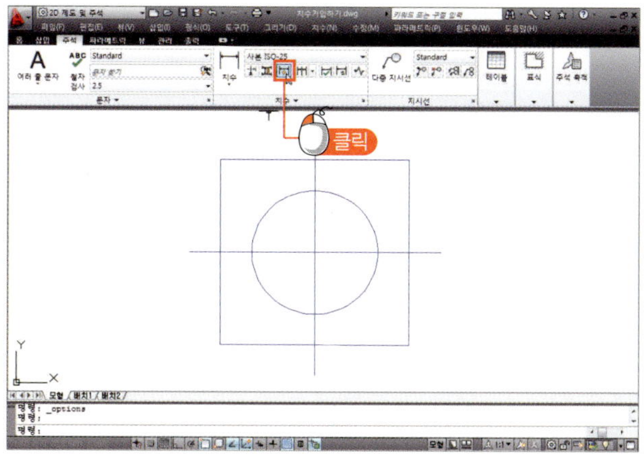

02_ Cross 선택법으로 선형 치수를 나타낼 객체를 선택한다.

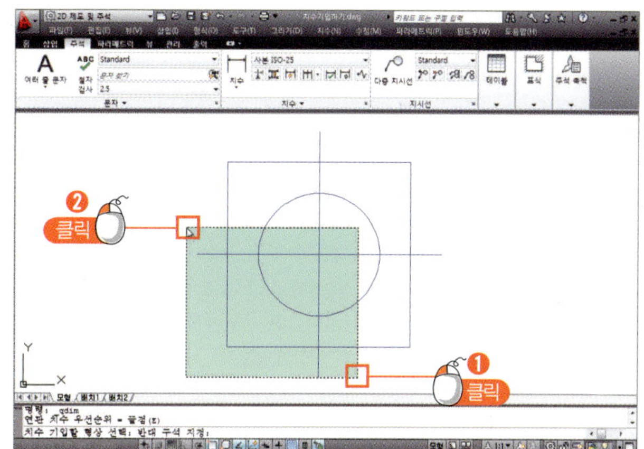

03_ '편집'과 '추가' 명령을 통해 필요한 정점을 추가한다.

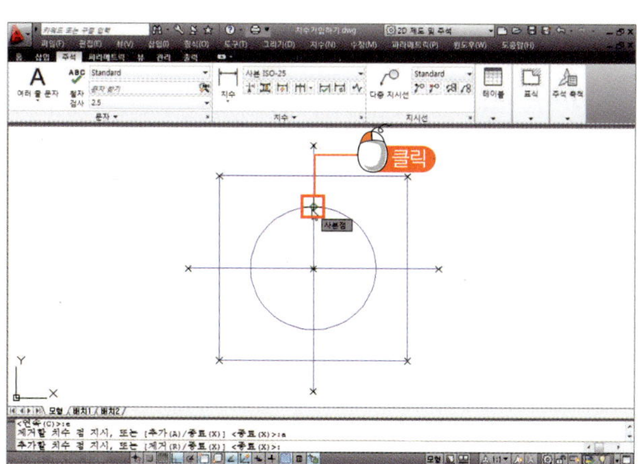

04_ 또 다른 정점을 추가하고 정점 추가를 종료한다.

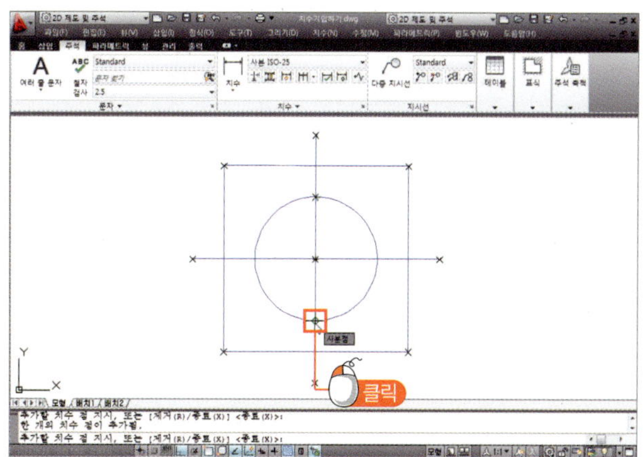

05_ 치수선의 위치를 지정한다.

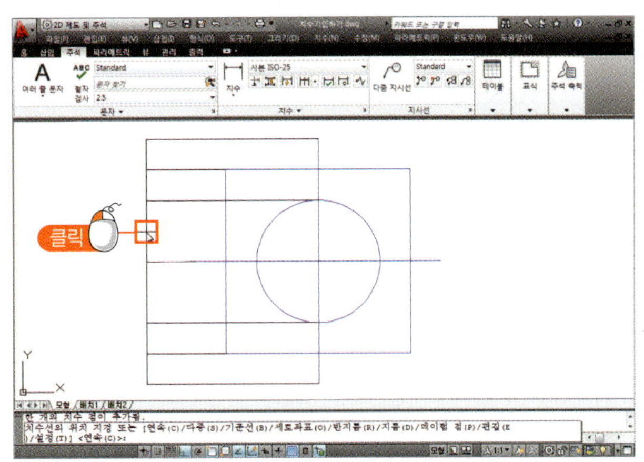

06_ 치수선이 나타난다.

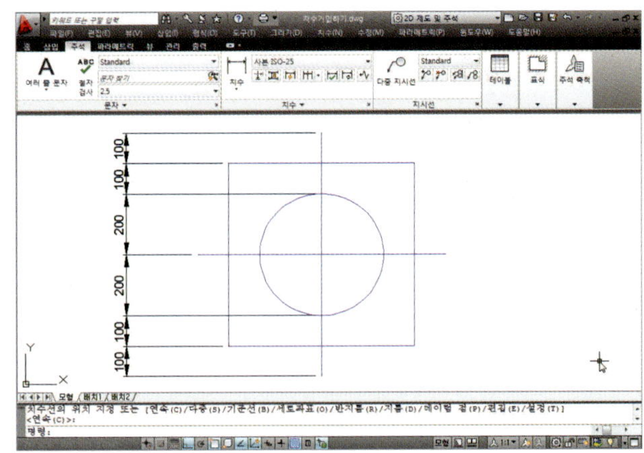

명령: **qdim** `Enter` (또는 리본 메뉴, 풀다운 메뉴 클릭 → 따라하기 01)
연관 치수 우선순위 = 끝점(E)
치수 기입할 형상 선택: **(cross 선택법을 이용하여 시작점 클릭)** (따라하기 02)
치수 기입할 형상 선택: 반대 구석 지정: **(cross 선택법을 이용하여 끝점 클릭)** (따라하기 02)
치수 기입할 형상 선택: 반대 구석 지정: 4개를 찾음
치수 기입할 형상 선택: `Enter` (객체 선택 완료)
치수선의 위치 지정 또는
[연속(C)/다중(S)/기준선(B)/세로좌표(O)/반지름(R)/지름(D)/데이텀
점(P)/편집(E)/설정(T)] 〈연속(C)〉:**e** `Enter` (편집 명령어 입력)
제거할 치수 점 지시, 또는 [추가(A)/나가기(X)] 〈나가기(X)〉: **a** `Enter` (정점 추가 명령어 입력)
추가할 치수 점 지시, 또는 [제거(R)/나가기(X)] 〈나가기(X)〉: **(1개 정점 추가 클릭)** (따라하기 03)
한 개의 치수 점이 추가됨.
추가할 치수 점 지시, 또는 [제거(R)/나가기(X)] 〈나가기(X)〉: **(1개 정점 추가 클릭)** (따라하기 04)
한 개의 치수 점이 추가됨.
추가할 치수 점 지시, 또는 [제거(R)/나가기(X)] 〈나가기(X)〉: `Enter` (정점 추가 종료)
치수선의 위치 지정 또는
[연속(C)/다중(S)/기준선(B)/세로좌표(O)/반지름(R)/지름(D)/데이텀
점(P)/편집(E)/설정(T)] 〈연속(C)〉: **(치수선의 위치를 클릭)** (따라하기 05)

Tip 치수 표현 방식

- **연속(C)** : 치수를 옆으로 이어서 입력하는 형태로 일반적인 치수 표현 방식이다.
- **다중(S)** : 치수를 안쪽으로 입력하는 형태로 차례대로 1단계씩 줄어들며 치수를 표현한다.
- **기준선(B)** : 치수를 층을 쌓으며 표현한다.
- **세로좌표(O)** : 모든 객체의 축별 절대 좌표를 치수로 표현한다.
- **반지름(R)** : 선택된 모든 객체의 반지름을 치수로 표현한다.
- **지름(D)** : 선택된 모든 객체의 지름을 치수로 표현한다.
- **데이텀 점(P)** : 기준선이나 세로좌표를 진행할 때 기준선을 지정한다.
- **편집(E)** : 표현될 기준점들의 추가(A), 제거(R)를 한다.
- **설정(T)** : 기준점을 선정하는 우선순위[끝점(E)/교차점(I)]를 지정한다.

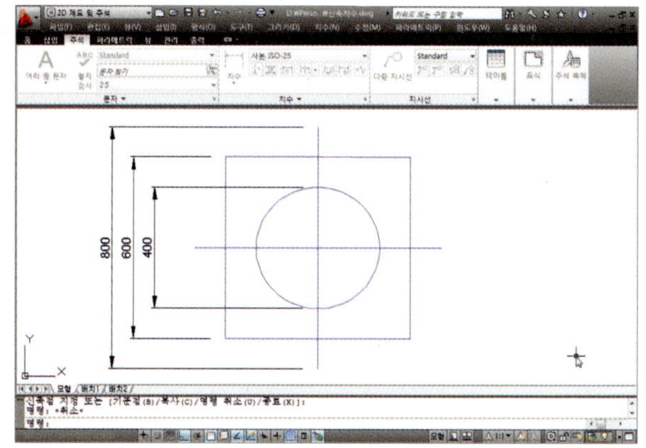

▲ '다중(S)' 명령 : 치수가 안쪽으로 한 단계씩 줄어들면서 치수가 표현된다.

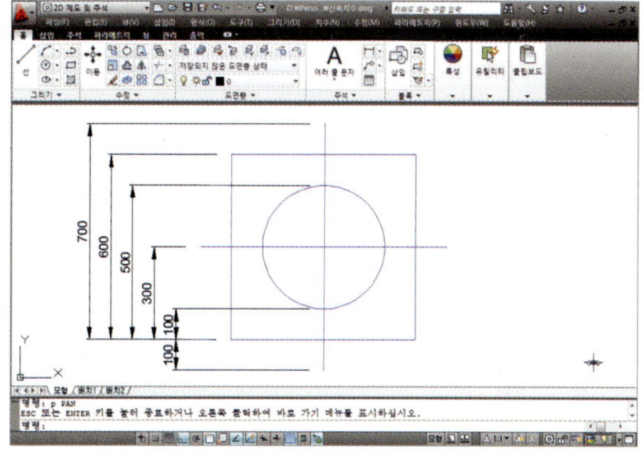

▲ '기준선(B)' 명령 : 한 단계씩 쌓이면서 치수가 표현된다. (기준선은 데이텀 점을 지정하면 된다)

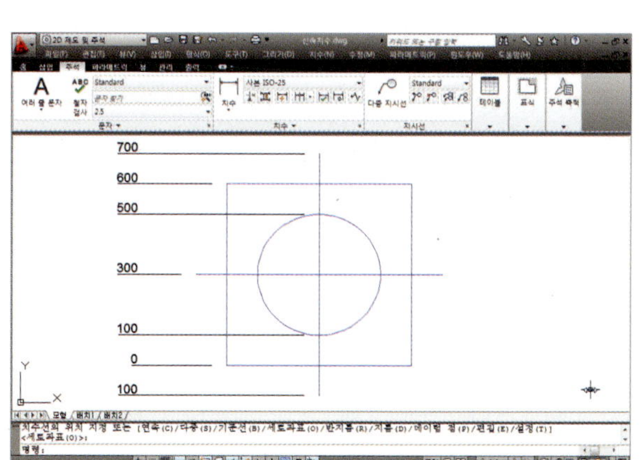

▲ '세로 좌표(O)' 명령 : 기준선을 기준으로 좌표값을 치수로 표현한다. (기준선은 데이텀 점을 지정하면 된다)

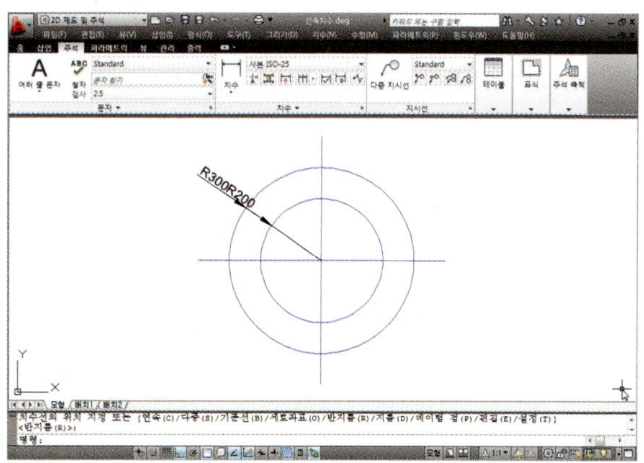

▲ '반지름(R)' 명령 : 선택된 원, 곡선, 호의 반지름 값을 한꺼번에 치수로 표현한다. (치수 문자가 겹치는 경우가 많으므로 '회전' 명령을 통해 수정해주면 된다)

10→ 기준선 (명령: dimbaseline, 단축명령 : dli, 풀다운 메뉴: 치수 〉 기준선, 리본 탭: 주석 〉 치수 〉 기준선)

먼저 작성된 선형 치수, 정렬 치수, 각도 치수에 다음 정점을 층이 쌓이듯이 치수를 나타낸다. 중간에 다른 작업이 진행되었다면 기준 치수선을 지정해야 한다. 이때 기준 치수선의 첫 번째 정점이 원점이 된다.

1) 선형 치수

01_ 리본 메뉴에서 '기준선' 치수 아이콘을 클릭한다.

02_ 기준이 될 치수선을 선택한다. ('기준선' 치수 그리기 바로 전에 선형 치수, 정렬 치수, 각도 치수를 그리기를 했으면 기준 치수선은 바로 전 그리기의 객체로 지정된다)

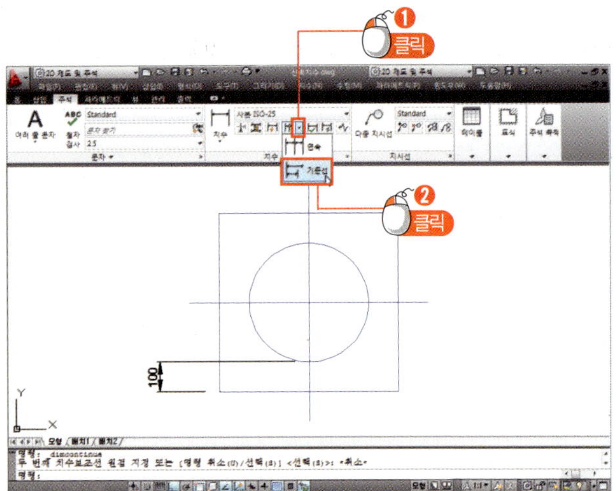

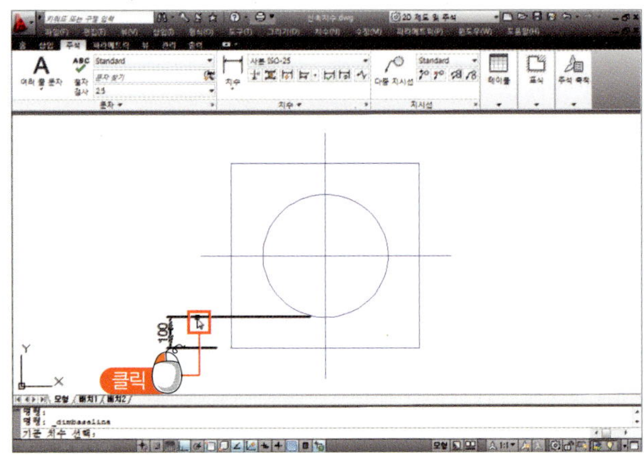

03_ 다음 정점을 클릭한다.

04_ 다음 정점을 클릭한다.

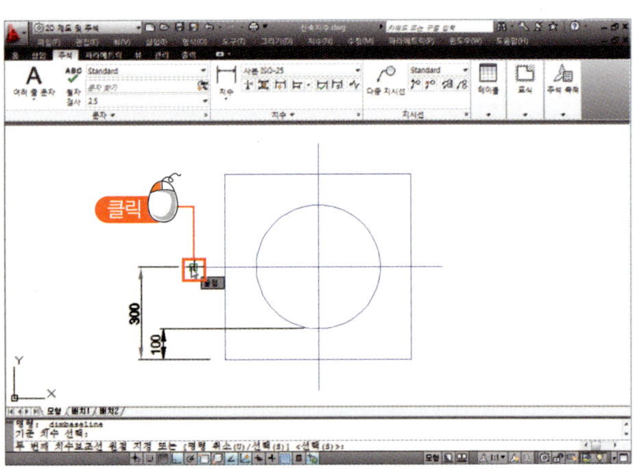

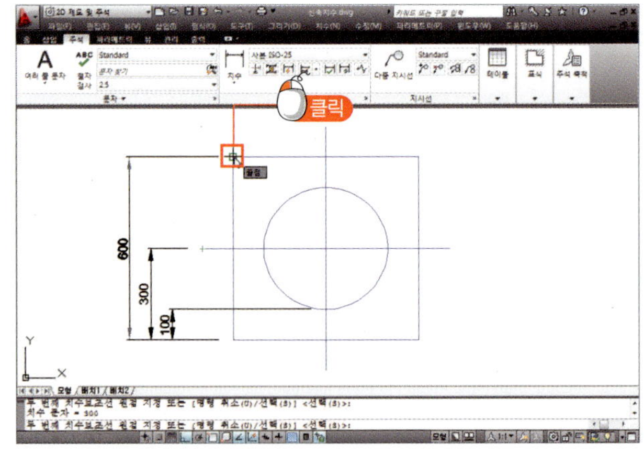

명령: **dimbaseline** Enter (또는 리본 메뉴, 풀다운 메뉴 클릭 → 따라하기 01)
기준 치수 선택: **(기준이 될 치수선을 클릭)** (따라하기 02)
두 번째 치수보조선 원점 지정 또는 [명령 취소(U)/선택(S)] 〈선택(S)〉: **(다음 정점을 클릭)** (따라하기 03)
치수 문자 = 300 (치수를 보여줌)
두 번째 치수보조선 원점 지정 또는 [명령 취소(U)/선택(S)] 〈선택(S)〉: **(다음 정점을 클릭)** (따라하기 04)
치수 문자 = 600 (치수를 보여줌)
두 번째 치수보조선 원점 지정 또는 [명령 취소(U)/선택(S)] 〈선택(S)〉: Enter (정점 선택 종료)
기준 치수 선택:

2) 각도 치수

01_ 각도 치수를 기준 치수로 지정한다.

02_ 다음 정점을 객체 스냅을 이용하여 지정하면 기준선에 의해 쌓여진 치수가 그려진다.

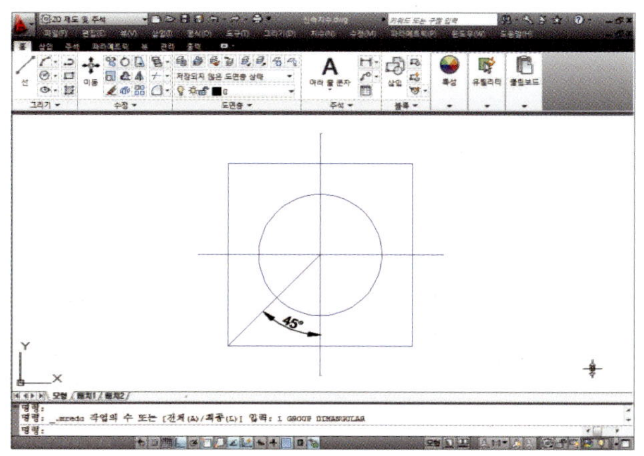

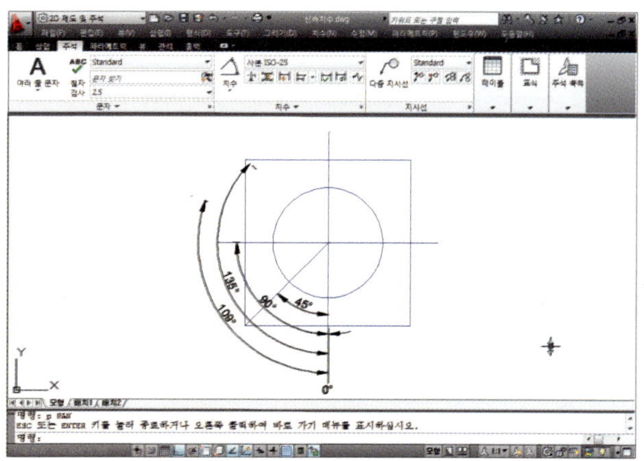

명령: **dimbaseline** Enter (또는 리본 메뉴, 풀다운 메뉴 클릭)
기준 치수 선택: **(기준이 될 치수선을 클릭)**
두 번째 치수보조선 원점 지정 또는 [명령 취소(U)/선택(S)] 〈선택(S)〉: **(다음 정점을 클릭)**
치수 문자 = 90 (치수를 보여줌)
두 번째 치수보조선 원점 지정 또는 [명령 취소(U)/선택(S)] 〈선택(S)〉: **(다음 정점을 클릭)**
치수 문자 = 135 (치수를 보여줌)
두 번째 치수보조선 원점 지정 또는 [명령 취소(U)/선택(S)] 〈선택(S)〉: **(다음 정점을 클릭)**
치수 문자 = 109 (치수를 보여줌)
두 번째 치수보조선 원점 지정 또는 [명령 취소(U)/선택(S)] 〈선택(S)〉: Enter (정점 선택 종료)
기준 치수 선택:

Tip '기준선'과 '연속' 치수 그리기 명령은 기준 치수선의 영향을 받는다. 기준선의 경우 기준 치수선의 첫 번째 정점을 기준으로 쌓아가듯 치수선이 그려지고, 연속의 경우는 기준 치수선의 두 번째 정점에 연결되어 다음 치수선이 그려진다. 그러므로 기준 치수선의 방향이 다르면 작업자가 원하지 않는 방향으로 치수선이 나타난다.

11 → 연속 (명령: dimcontinue, 단축명령 : dco, 풀다운 메뉴: 치수 〉 연속, 리본 탭: 주석 〉 치수 〉 연속)

먼저 작성된 선형 치수, 정렬 치수, 각도 치수에 연결되어 치수를 나타낸다. 중간에 다른 작업이 진행되었다면 기준 치수선을 지정해야한다. 이때 기준 치수선의 첫 번째 정점이 원점이 된다.

1) 선형 치수

01_ 리본 메뉴에서 '연결' 아이콘을 클릭한다.

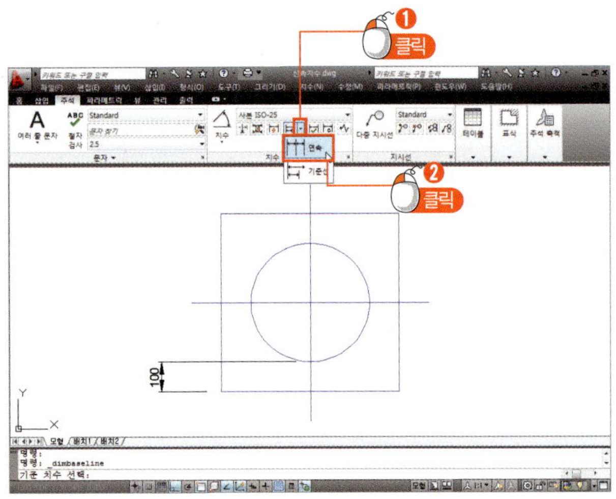

02_ 기준이 될 치수선을 선택한다. ('기준선' 치수 그리기 바로 전에 선형 치수, 정렬 치수, 각도 치수 그리기를 했으면 기준 치수선은 바로 전 그리기의 객체로 지정된다)

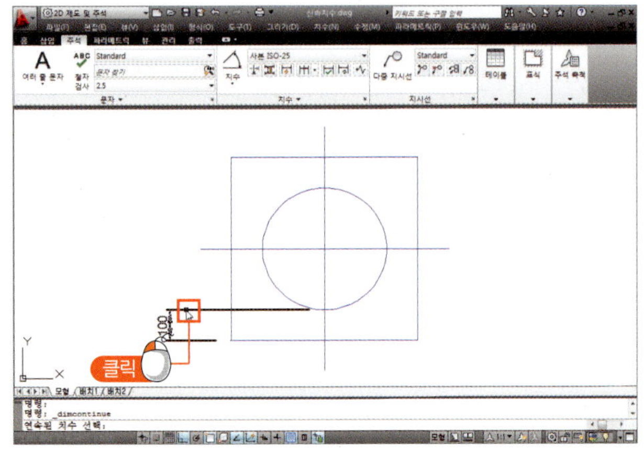

03_ 다음 정점을 차례대로 선택한다.

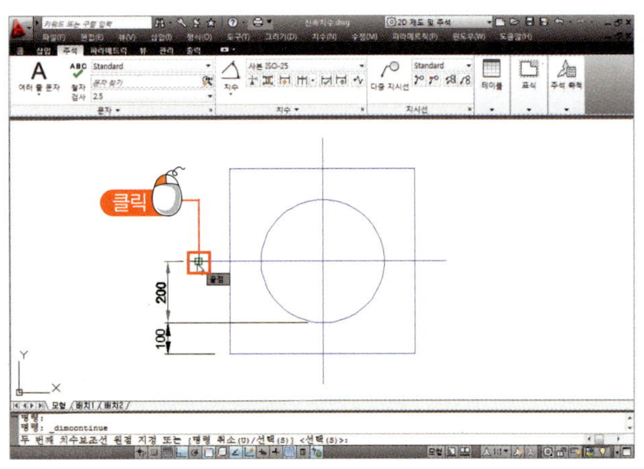

04_ 다음 정점은 이전 정점을 기준으로 치수를 파악하므로 정점을 차례로 지정해야 한다.

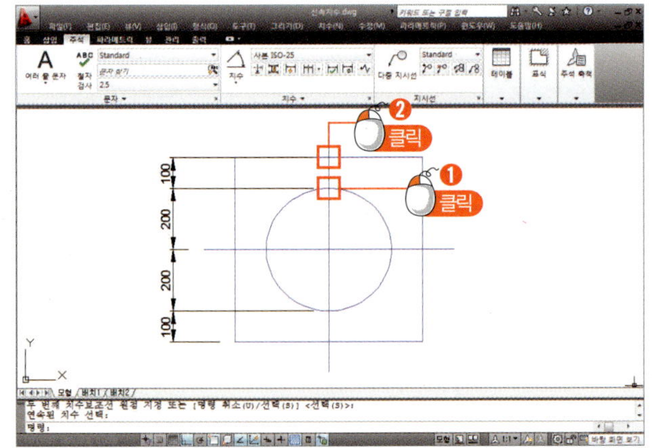

명령: **dimcontinue** Enter (또는 리본 메뉴, 풀다운 메뉴 클릭)
두 번째 치수보조선 원점 지정 또는 [명령 취소(U)/선택(S)] 〈선택(S)〉: **(다음 정점을 클릭)**
치수 문자 = 200 (치수를 보여줌)
두 번째 치수보조선 원점 지정 또는 [명령 취소(U)/선택(S)] 〈선택(S)〉: **(다음 정점을 클릭)**
치수 문자 = 200 (치수를 보여줌)
두 번째 치수보조선 원점 지정 또는 [명령 취소(U)/선택(S)] 〈선택(S)〉: **(다음 정점을 클릭)**
치수 문자 = 100 (치수를 보여줌)
두 번째 치수보조선 원점 지정 또는 [명령 취소(U)/선택(S)] 〈선택(S)〉: Enter (정점 선택 종료)
연속된 치수 선택:

2) 각도 치수

01_ 다음 정점을 차례대로 선택한다.

02_ 다음 정점은 이전 정점을 기준으로 치수를 파악하여 정점을 차례로 지정해야 한다.

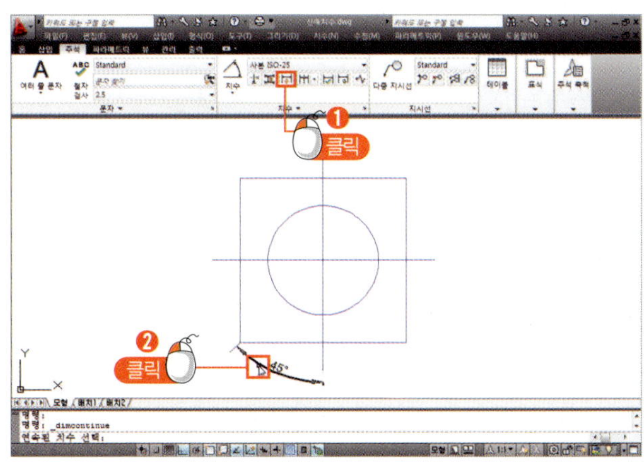

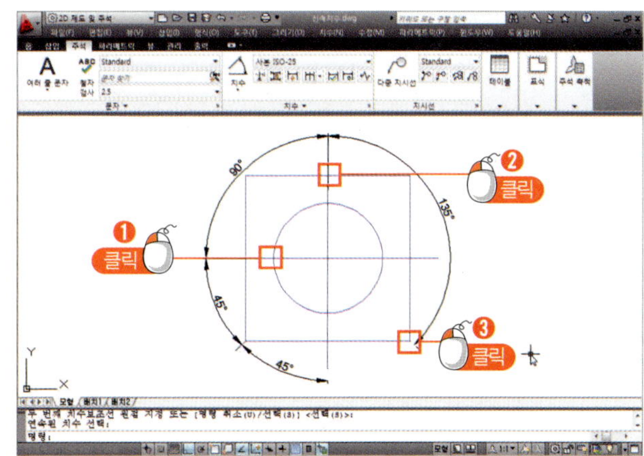

명령: **dimcontinue** Enter (또는 리본 메뉴, 풀다운 메뉴 클릭)
연속된 치수 선택: 기준이 될 치수선을 클릭
두 번째 치수보조선 원점 지정 또는 [명령 취소(U)/선택(S)] 〈선택(S)〉: **(다음 정점을 클릭)**
치수 문자 = 45 (치수를 보여줌)
두 번째 치수보조선 원점 지정 또는 [명령 취소(U)/선택(S)] 〈선택(S)〉: **(다음 정점을 클릭)**
치수 문자 = 90 (치수를 보여줌)
두 번째 치수보조선 원점 지정 또는 [명령 취소(U)/선택(S)] 〈선택(S)〉: **(다음 정점을 클릭)**
치수 문자 = 135 (치수를 보여줌)
두 번째 치수보조선 원점 지정 또는 [명령 취소(U)/선택(S)] 〈선택(S)〉: Enter (정점 선택 종료)
연속된 치수 선택:

12 ━● 다중 지시선 (명령: mleader, 풀다운 메뉴: 치수 〉 다중 지시선, 리본 탭: 홈 〉 주석 〉 다중 지시선)

일반적인 선형, 곡선 치수 외에 직접 입력하는 문자 또는 내용을 객체에 연결하여 표현한다. 다른 치수선들과는 달리 치수 문자가 분리되어 지며, 다른 치수선의 모양을 수정하여 동일한 형식을 만드는 업데이트 명령이 적용되지 않는다.

01_ 리본 메뉴에서 '다중 지시선' 아이콘을 클릭한다.

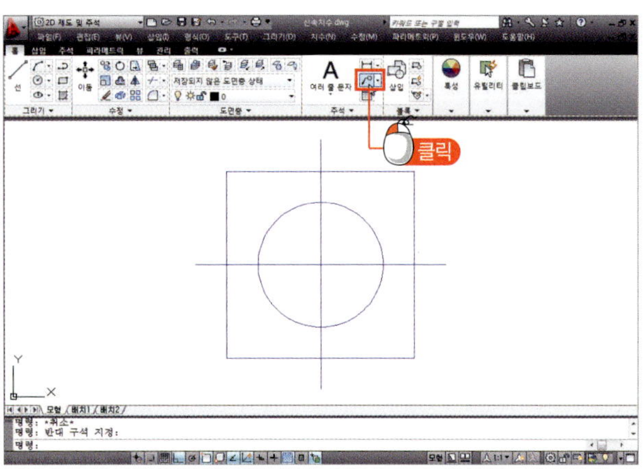

02_ 지시선이 객체로부터 시작될 위치를 클릭한다.

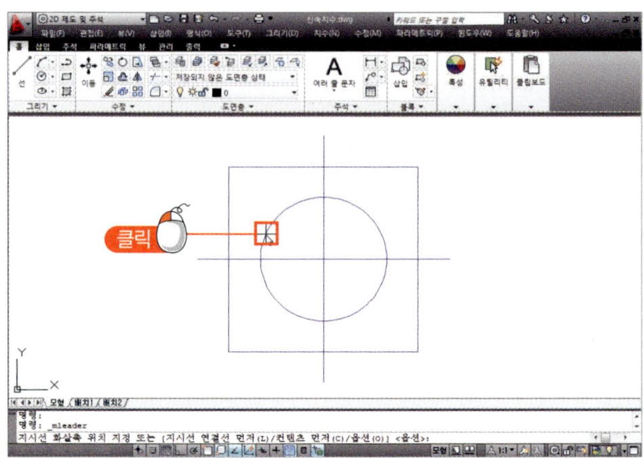

03_ 직교모드를 조정하여 사선과 직선이 혼용된 지시 치수선을 그린다.

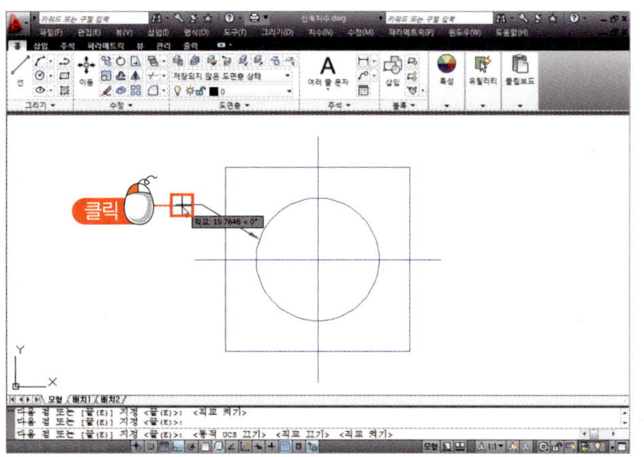

04_ 지시선 내용에 들어갈 치수 문자를 기입한다.

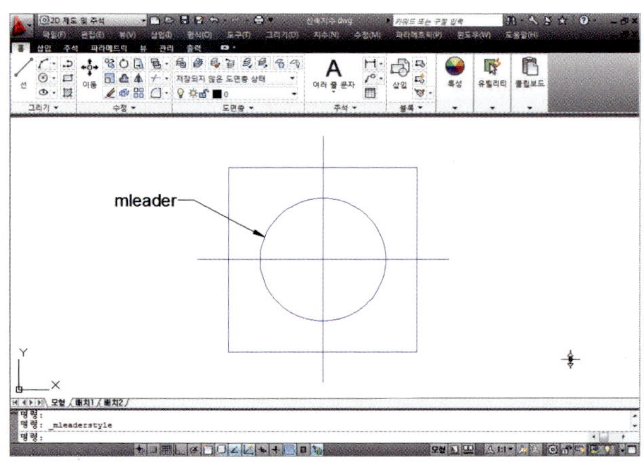

명령: mleader `Enter` (또는 리본 메뉴, 풀다운 메뉴 클릭 → 따라하기 01)
지시선 화살촉 위치 지정 또는 [지시선 연결 먼저(L)/컨텐츠 먼저(C)/옵션(O)] 〈옵션〉: **(객체에서 지시선이 시작할 점을 클릭)** (따라하기 02)
다음 점 또는 [끝(E)] 지정 〈끝(E)〉: 〈직교 끄기〉 **(직교모드 `F8`를 종료해서 사선 지시선 그리기)**
다음 점 또는 [끝(E)] 지정 〈끝(E)〉: 〈직교 켜기〉 **(직교모드 `F8`를 활성해서 직선 지시선을 그리기)** (따라하기 03)
주석 문자 입력 : mleader `Enter` (치수 문자 내용 입력)
주석 문자의 다음 행을 입력: `Enter` (다음 줄에 쓸 내용이 없음)

Tip 　지시선은 일반 치수선이 오토캐드 스스로 지정된 방법에 의해 치수를 찾는 것과는 다르게 작업자가 직접 치수 문자를 입력해야 한다. 그렇기 때문에 전장에서 배운 '치수 스타일에 적용'을 간접적으로 영향을 받는다. 지시선의 형식과 형태를 지정하기 위해서는 다중 지시선 스타일을 조정해야 한다. (다중 지시선 스타일은 다중 지시선 스타일 관리자에서 조정할 수 있다.)

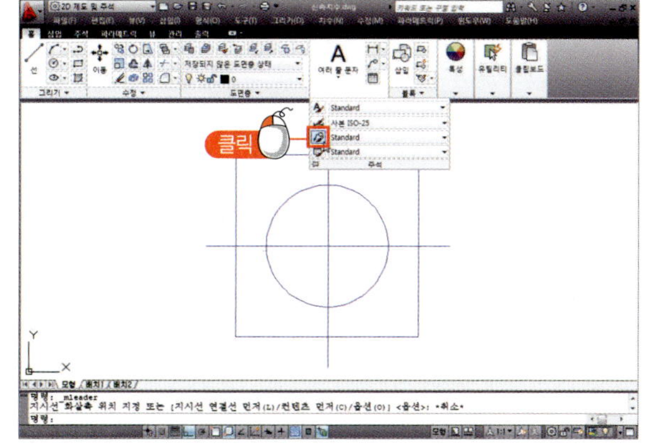

1) **유형** : 지시선의 표현 방식에 대해 지정한다.
- **직선** : 지시선의 치수선을 직선으로만 그린다.
- **스플라인** : 지시선의 치수선을 곡선으로 그린다.
- **없음** : 지시선 없이 문자만 입력한다.

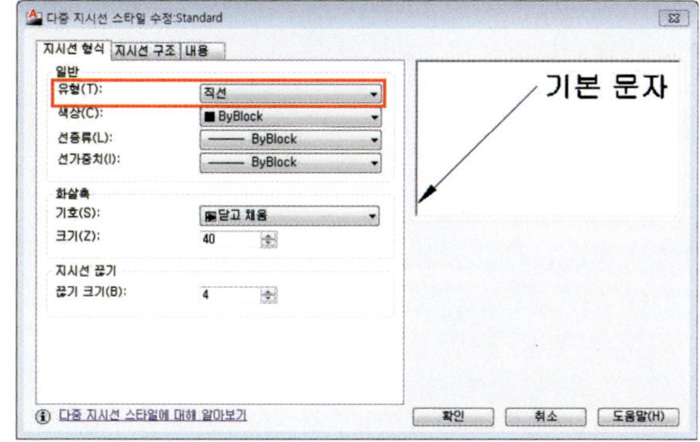

2) **화살촉** : 화살촉의 모양을 지정한다. (치수 스타일에서도 변경이 가능하다.)

3) **지시선 끊기** : 지시선의 마지막 부분과 입력할 문자 사이의 거리를 정한다.

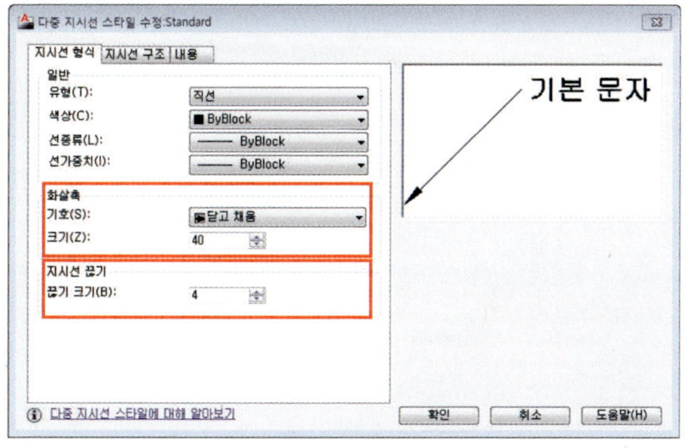

4) **최대 지시선 점 수** : 지시선 중간에 찍을 수 있는 점의 수를 지정한다. (점을 찍는다는 것은 화살촉의 수를 의미하는 것이 아니라 지시선이 꺾어지는 점을 의미한다. 점의 수가 3개가 되면 선의 수는 2개인 지시선이 된다.)

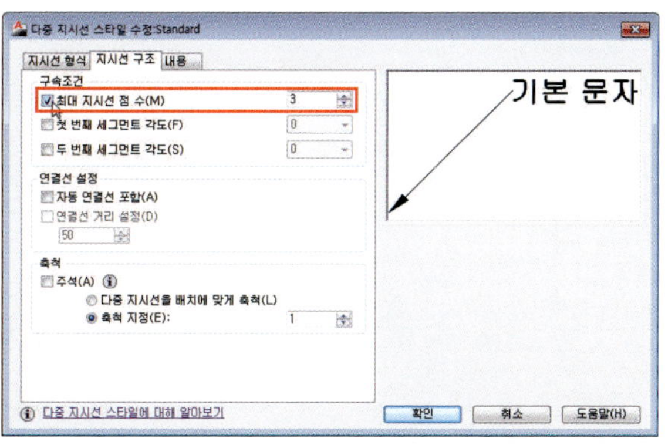

5) 첫 번째/두 번째 세그먼트 각도 : 지시선이 꺾이는 각도를 강제로 지정한다.

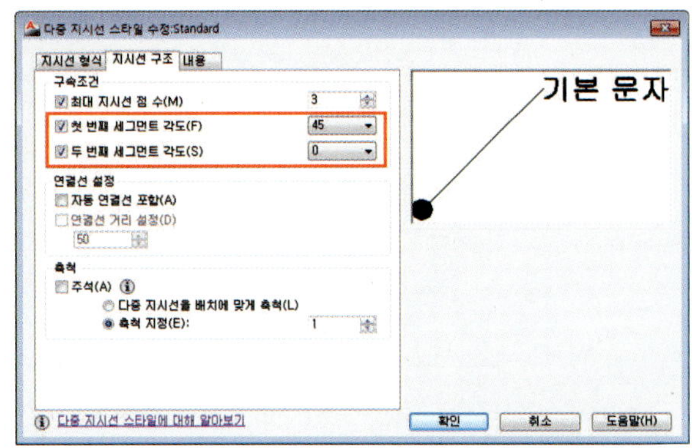

▲ 화살촉을 '작은 점' 각도의 구속 조건을 '45도' '수평'으로 지정한다.

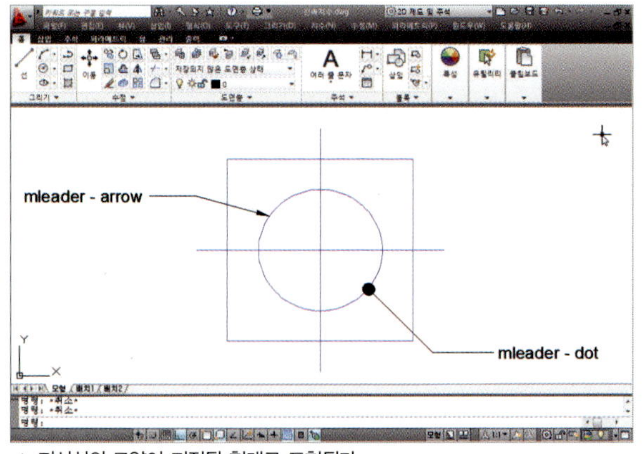

▲ 지시선의 모양이 지정된 형태로 표현된다.

6) 다중 지시선 유형 : 다중 지시선이 문자 또는 블록을 포함할 지를 지정한다.

7) 문자 옵션 : 주석 유형을 다중행 문자로 했을 때 세부내용을 지정한다.
- 항상 왼쪽자리 맞추기 (L) : 지시선의 방향, 크기에 관계없이 항상 왼쪽으로 정렬하도록 지정한다.
- 프레임 문자 (F) : 치수 문자에 테두리를 두른다.

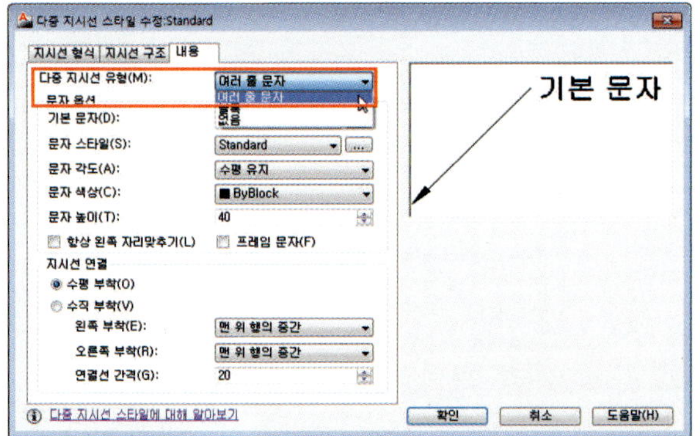

8) 지시선 연결 : 문자의 어느 부분에 지시선이 위치할지를 지정한다.
- 수평 부착 (O) : 지시선의 마지막 세그먼트와 문자가 수평하게 위치한다.
- 수직 부착 (V) : 지시선의 마지막 세그먼트가 문자의 위나 아래에 위치한다.

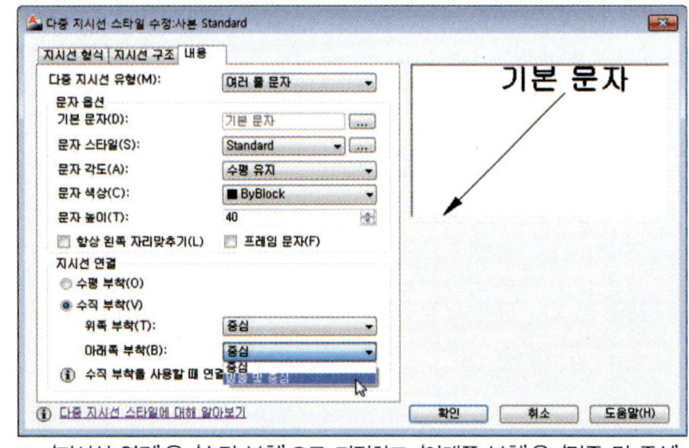

▲ '지시선 연결'을 '수직 부착'으로 지정하고 '아래쪽 부착'을 '밑줄 및 중심'으로 선택

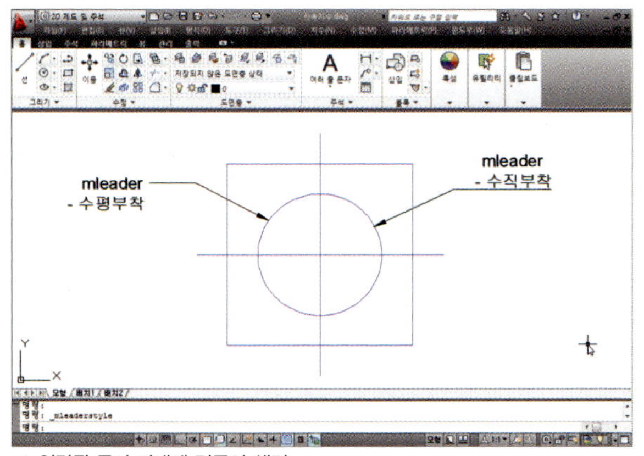

▲ 입력될 문자 아래에 밑줄이 생김

13 → 공차 (명령: tolerance, 단축명령 : tol, 풀다운 메뉴: 치수 〉 공차, 리본 탭: 주석 〉 치수 〉 공차)

기계 제도분야에 많이 사용하는 공차는 치수선이 들어가는 것이 아니라, 제작 시에 상세한 정보를 주기 위한 내용을 보여준다. 제품디자인에는 사용되지 않기 때문에 간단하게 내용만 알아두도록 한다.

01_ 공차를 입력할 수 있는 창이 뜬다.

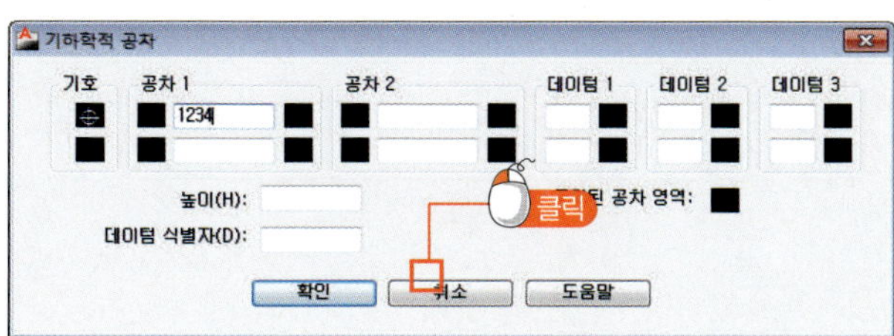

02_ 기호부분을 클릭하면 입력할 수 있는 기호가 나타난다. (기호는 각각 중심, 대칭, 평행, 수직 등을 의미한다)

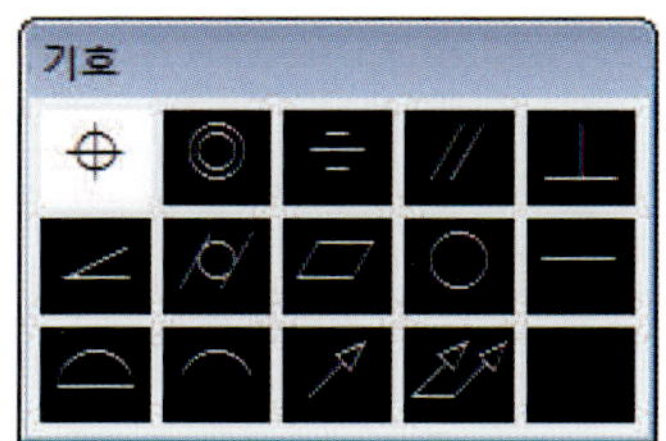

03_ 공차 뒷부분에는 재질과, 참조하는 내용을 입력한다.

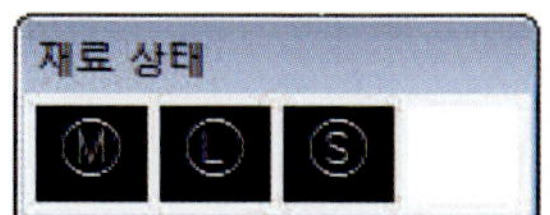

04_ 공차 내용을 입력하면 도면에 테두리가 된 공차 내용을 입력할 수 있다.

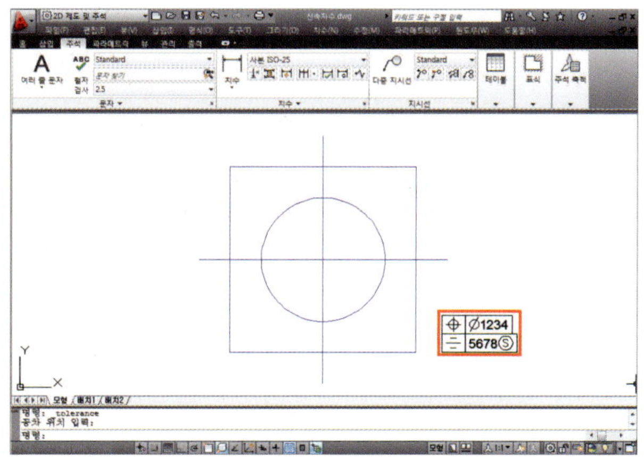

> **Tip** 공차는 제품디자인과 연관은 있다. 제품의 연결성이라든지 결합에 작업을 제어하는 요소로 쓰이기 때문이다. 그러나 이를 배제하는 경우가 많은데 이는 제품디자이너의 영역을 넘어서기 때문이다. 디자이너가 많은 부분에 능숙하고 이해도가 높아서 이를 표현한다면 엔지니어들에게 많은 도움이 될 것이다. 그러나 전문적인 영역인 만큼 엔지니어의 영역으로 남겨두는 것이 바람직하다.

14 ━● **중심 표식** (명령: dimcenter, 단축명령 : dce, 풀다운 메뉴: 치수 〉 중심 표식 , 리본 탭: 주석 〉 치수 〉 중심 표식 ⊕)

원이나 호의 중심을 표시하는 명령이다. 치수 명령으로 보기에는 어렵지만 치수에 연관되어 표시된다. 치수 스타일에서 이미 형태와 크기를 지정하기 때문에 객체를 선택하는 즉시 표현된다.

01 _ '치수 스타일'의 중심 표시에서 중심 크기를 지정한다.

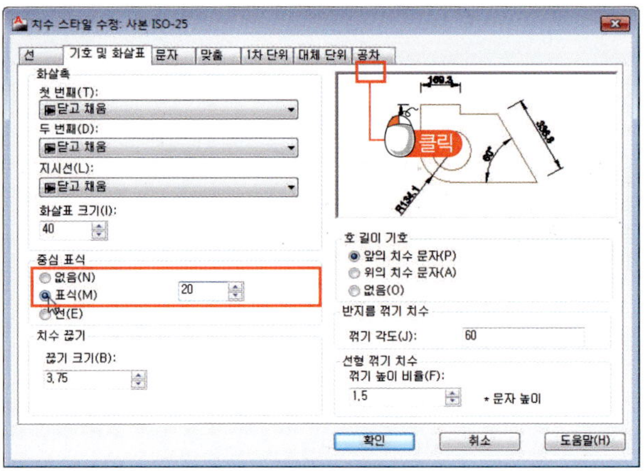

02 _ 리본 메뉴에서 '중심 표식' 치수 아이콘을 클릭한다.

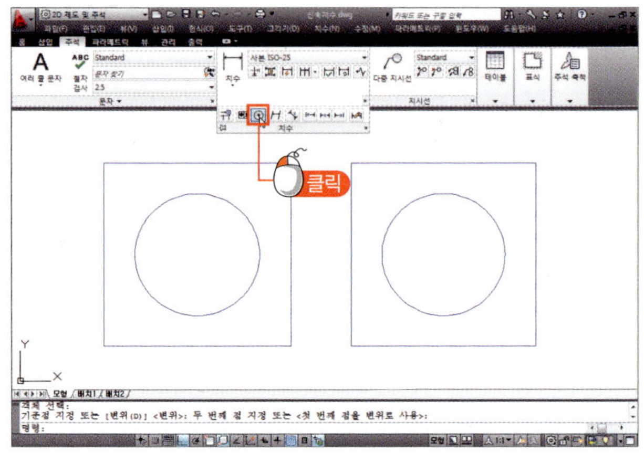

03 _ 중심을 표시할 객체를 클릭한다.

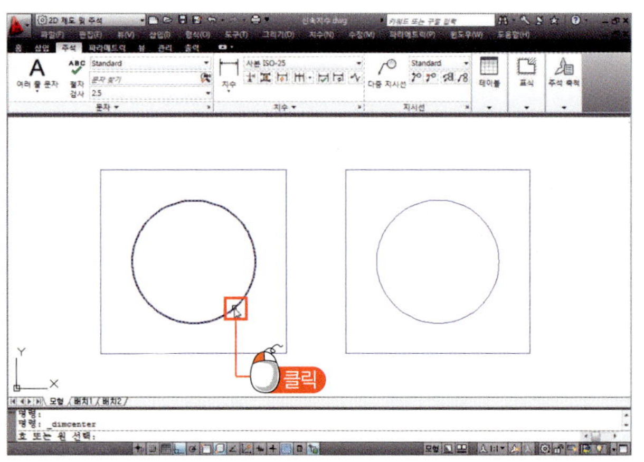

04 _ '치수 스타일'에서 중심 표식을 선으로 바꾸면 중심 표식의 형태가 바뀐다.

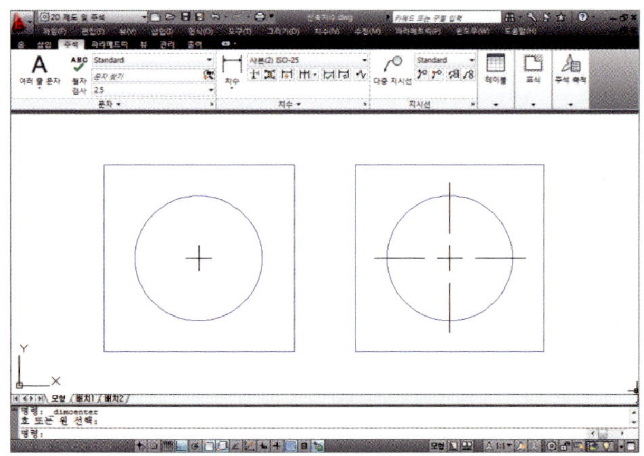

명령: **dimcenter** Enter (또는 리본 메뉴, 풀다운 메뉴 클릭 → 따라하기 02)
호 또는 원 선택: **(중심을 표시할 객체를 클릭)** (따라하기 03)

15 → 치수 편집 (명령: dimedit, 단축명령 : ded)

치수 문자의 내용, 모양이나 치수보조선의 각도를 편집하는 명령이다. 풀다운 메뉴와 리본 메뉴에는 '치수 편집' 명령어에 대응하는 단일한 명령 아이콘이 없으며, '치수 편집' 명령의 옵션들이 흩어져 있거나 없는 경우가 있다.

- **처음 (H)** : 치수 문자를 원래 위치로 되돌려 놓는다.
- **신규 (N)** : 치수 문자의 내용을 바꾼다.
- **회전 (R)** : 치수 문자를 회전한다.
- **기울기 (O)** : 치수보조선의 각도를 조정한다.

1) 치수 문자 내용 바꾸기

01_ '풀다운 메뉴: 수정 〉 객체 〉 문자 〉 편집'을 클릭한다.

02_ 치수 문자를 변경할 치수 객체를 선택한다.

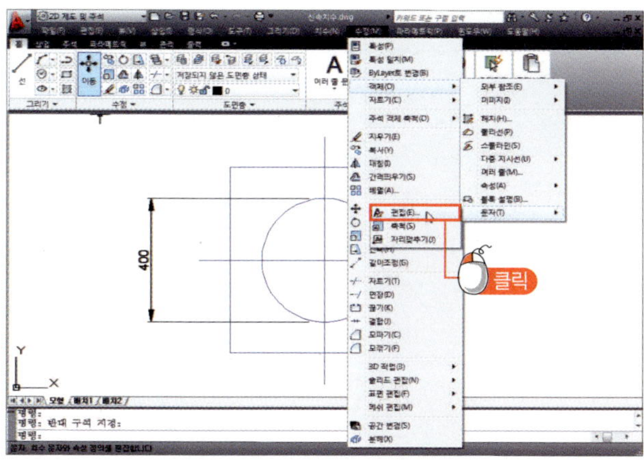

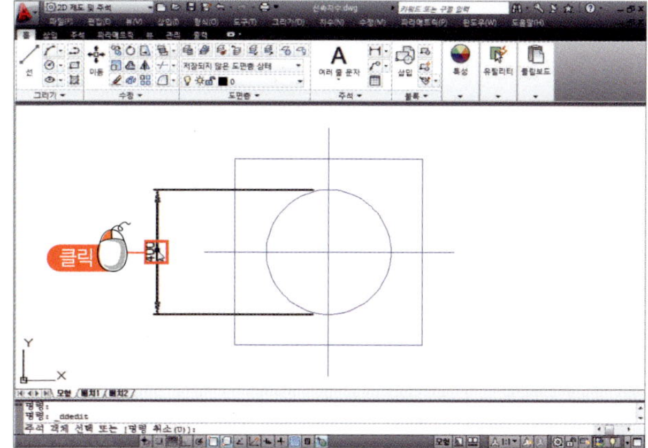

03_ 치수 문자에 들어갈 내용을 편집한다.

04_ 수정된 치수 문자 내용이 입력된다.

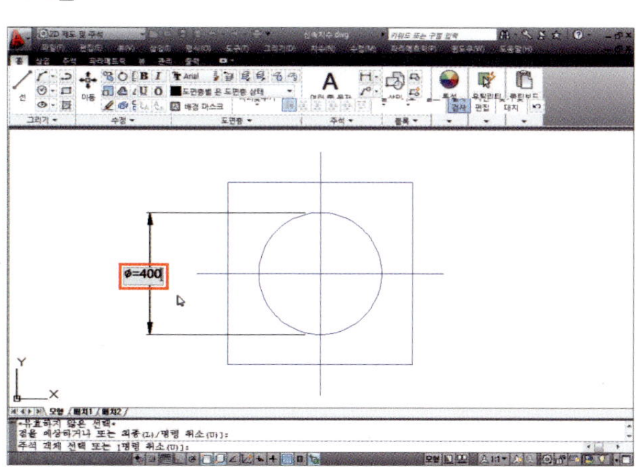

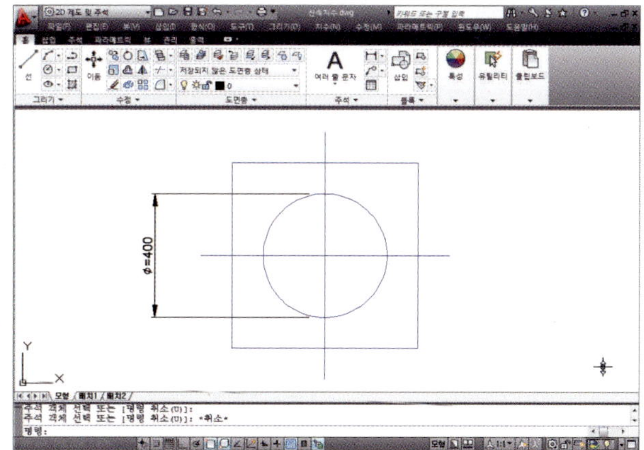

명령: **dimedit** `Enter` (또는 리본 메뉴, 풀다운 메뉴 클릭)

치수 편집의 유형 입력 [처음(H)/신규(N)/회전(R)/기울기(O)] 〈처음(H)〉: **n** `Enter` (신규 편집 지정 명령어 입력)

(치수 객체 선택 후 치수 문자 입력)

객체 선택: 1개를 찾음 (변경할 치수 객체 선택)

(문자 편집창에서 내용 편집)

객체 선택: `Enter` (객체 선택 종료)

2) 치수 문자 회전하기

01_ '리본 탭: 주석 > 치수 > 문자 각도'를 선택하고 치수선을 클릭한다.

02_ 문자 각도 명령으로 치수 문자를 회전시킨다.

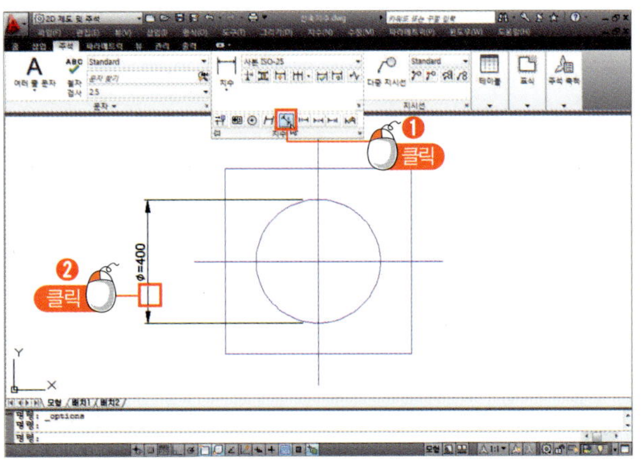

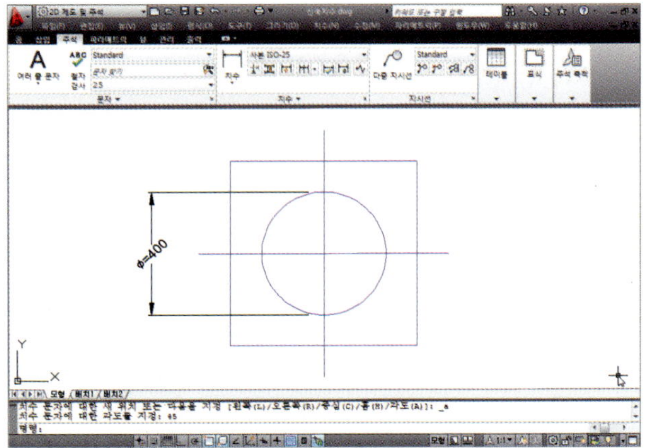

> 명령: **dimedit** [Enter] (또는 리본 메뉴, 풀다운 메뉴 클릭)
> 치수 편집의 유형 입력 [처음(H)/신규(N)/회전(R)/기울기(O)] 〈처음(H)〉: **r** [Enter] (회전 편집 지정 명령어 입력)
> 치수 문자에 대한 각도를 지정: **45** [Enter] (회전 각도 값 입력)
> 객체 선택: 1개를 찾음 **(변경할 치수 객체 선택)**
> 객체 선택: [Enter] (변경할 치수 객체 선택 종료)

3) 치수보조선 각도 조정하기

01_ '리본 탭: 주석 > 치수 > 기울기'를 선택하고 치수선을 클릭한다.

02_ 기울기 명령으로 치수보조선의 각도를 변경한다.

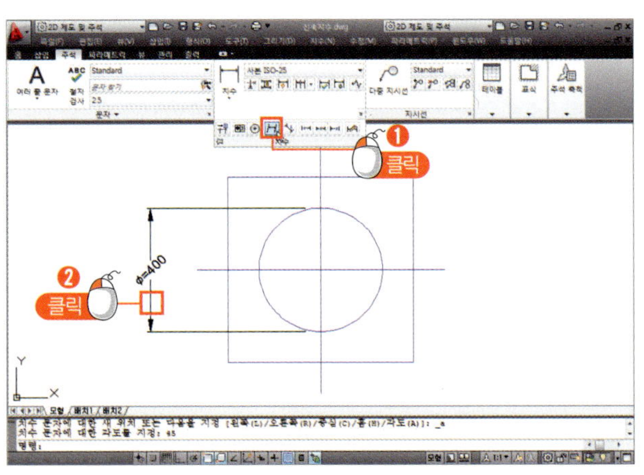

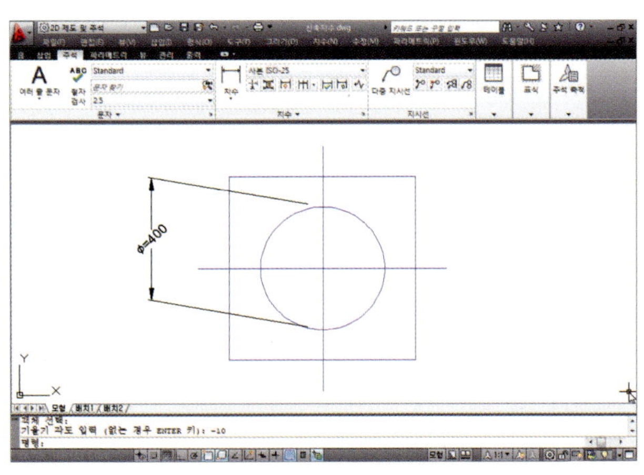

> 명령: **dimedit** [Enter] (또는 리본 메뉴, 풀다운 메뉴 클릭)
> 치수 편집의 유형 입력 [처음(H)/신규(N)/회전(R)/기울기(O)] 〈처음(H)〉: **o** [Enter] (기울기 편집 지정 명령어 입력)
> 객체 선택: 1개를 찾음 **(변경할 치수 객체 선택)**
> 객체 선택: [Enter] (변경할 치수 객체 선택 종료)
> 기울기 각도 입력 (없는 경우 엔터키): **−10** [Enter] (기울기 각도 값 입력)

> **Tip** 치수 문자의 회전은 그 값이 0이거나 360인 경우 적용되지 않는다. 치수 문자가 수평이 되게 하려면 '치수 스타일' 명령의 '문자' 탭에서 '문자 정렬'을 '수평'으로 지정하면 된다. 마찬가지로 치수선의 기울기는 90도가 되지 않는다. 치수보조선 편집은 치수선이 겹쳐진 상태에서 사용하면 유용하다.

16 → 치수 문자 편집 (명령: dimtedit, 단축명령 : dimted, 풀다운 메뉴: 치수 〉 문자정렬, 리본 탭: 주석 〉 치수 〉 ...)

치수 문자의 위치와 각도를 지정할 수 있다. 리본 메뉴와 풀다운 메뉴에서는 치수 문자 편집 명령을 각도, 왼쪽, 가운데, 오른쪽 등의 개별 명령으로 구분하여 두었다.

01_ '리본 탭: 주석 〉 치수 〉 왼쪽 자리맞추기'를 클릭한다.

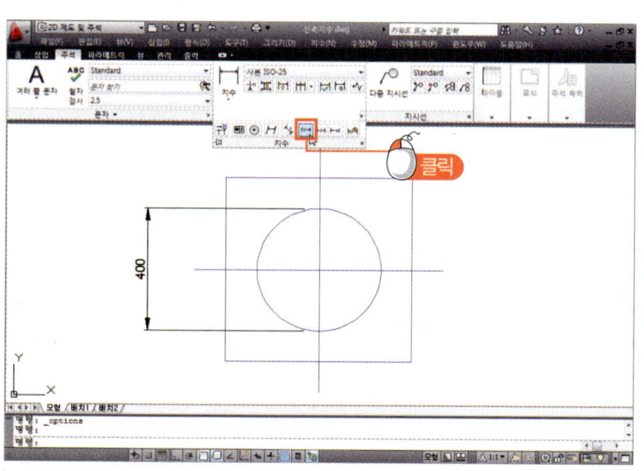

02_ 변경할 치수 객체를 선택한다.

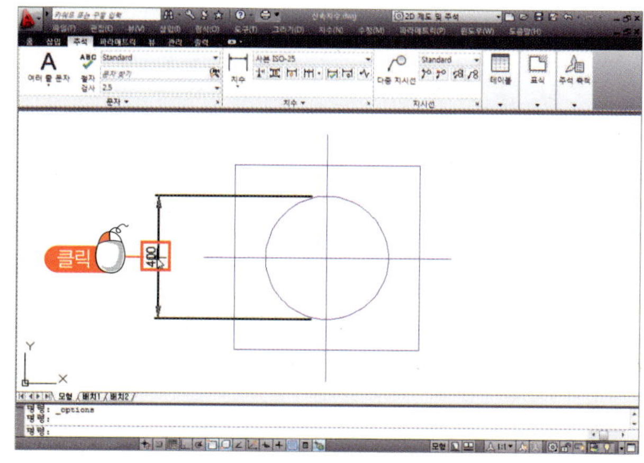

03_ 치수 문자가 치수선의 왼쪽에 고정된다.

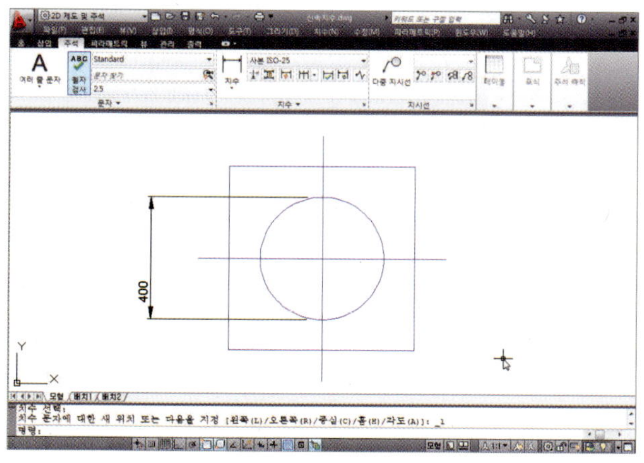

명령: **dimtedit** `Enter` (또는 리본 메뉴, 풀다운 메뉴 클릭)
치수 선택: **(변경할 치수 객체 선택)**
치수 문자에 대한 새 위치 또는 다음을 지정 [왼쪽(L)/오른쪽(R)/중심(C)/홈(H)/각도(A)]: `L` `Enter`

17 → 치수 업데이트 (명령: dimstyle, 풀다운 메뉴: 치수 〉 업데이트, 리본 탭: 주석 〉 치수 〉 업데이트)

치수 문자의 형태 등의 스타일을 변경한 후 기존에 그려진 객체에 이를 반영시키는 명령이다.

01_ '리본 탭: 주석 〉 치수' 의 우측 하단 '치수 스타일' 을 눌러 '치수 스타일 관리자' 에서 치수 형태를 지정한다.

02_ 리본 메뉴에서 '업데이트' 치수 아이콘을 클릭한다.

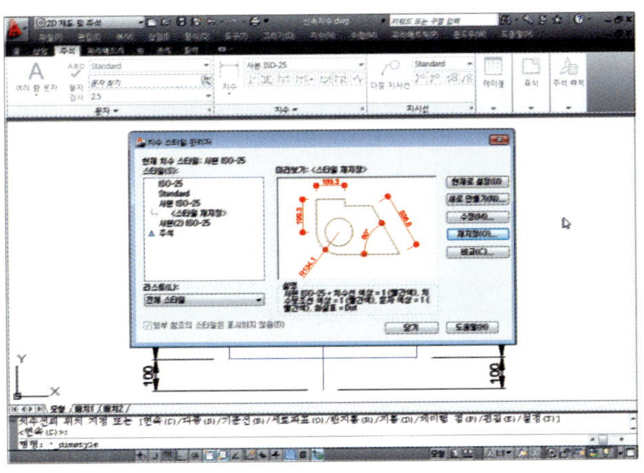

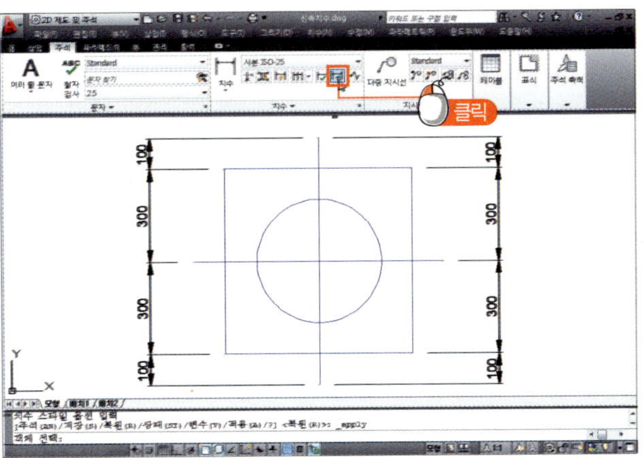

03_ 변경할 치수 객체를 선택한다.

04_ 지정한 치수 형태로 기존의 치수 객체가 변경된다.

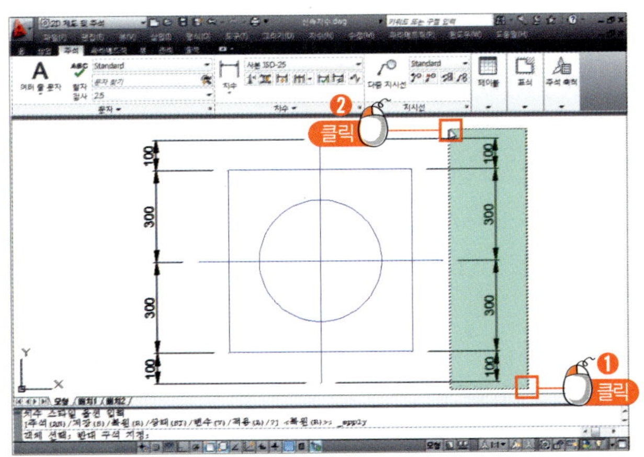

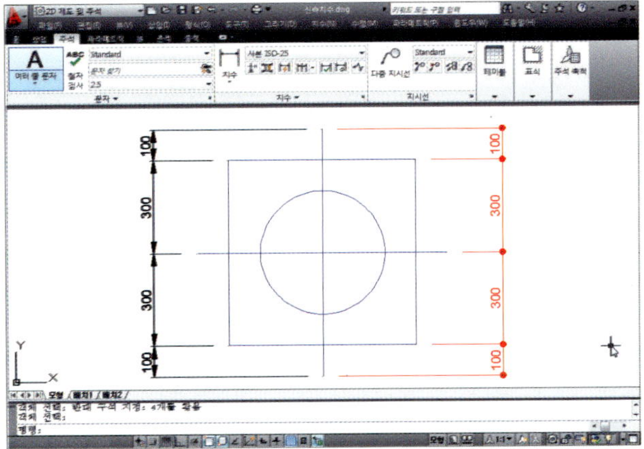

> **Tip** 업데이트는 치수 명령에서 무척 중요한 명령 중에 하나이다. 실무도면에는 한 도면 내에서 확대나 디테일한 부분을 보여주기 위해 다른 형태 특히 '축척' 이 다른 도면을 작업해야 할 때가 있다. 그럴 경우 동일한 치수 스타일로 표현하면 어색한 도면이 되거나, 그 값이 틀리게 표현된다. 이때 일부 치수 형태를 수정하여 업데이트를 하면 정확한 표현이 될 수 있다.

> **Tip** 업데이트는 치수 스타일의 변경을 '수정' 작업이 아닌 '재지정' 작업에서 해야 한다. 현재 치수 스타일로 지정된 형식을 '수정' 을 통해 스타일을 변경하면, 스타일 조정이 끝남과 동시에 기존의 치수 객체들이 변경된 치수 스타일로 자동 업데이트 된다. 기존의 치수 객체를 남겨두고 일부만 변경하기 위해서는 치수 스타일의 '재지정' 을 통해 변경 후 스타일 창을 종료한 다음 '업데이트' 명령을 진행한다.

6 치수 기입 예제 따라하기

앞의 '치수 스타일 설정 따라하기'에서 설정해 보았던 치수 스타일로 도면에 치수를 직접 그려 보도록 하자. 먼저 아래 사항을 잘 기억한 후 진행하면 보다 충실하고 보기 좋은 도면이 될 수 있다. (치수 스타일은 필자가 임의로 지정한 것인 만큼 알맞은 치수 스타일로 재지정 후 따라하여도 무방하다)

> **Tip** 치수 그리기 예제는 작업자가 오토캐드 치수에 대한 기본적인 내용을 이해한 것을 기준으로 꾸몄기 때문에 리본 메뉴 클릭, 동일한 작업의 반복 등의 설명 그림을 사용하지 않았다. 또한 명령행 내용도 동일한 작업일 경우 내용을 1개만 첨가하였다. 치수 입력의 명령 입력은 리본 메뉴를 사용하는 것으로 통일하였다.

01_ 작업하게 되는 도면층이 치수를 입력할 도면층인지 확인한다. 도면층의 중요성은 이미 설명한 바 있다.

02_ 제일 중요한 객체가 무엇인지 확인한다. 치수 그리기는 중요한 객체부터 중요도가 낮은 객체로 차례로 그려가야 한다. 실무에서는 엔지니어나 도면을 보는 사람으로 하여금 한 객체에서 많은 정보를 얻고, 나머지 객체는 이를 보완해나가는 것이 일반적이다. '줌 〉 동적'으로 알맞은 화면을 지정한다.

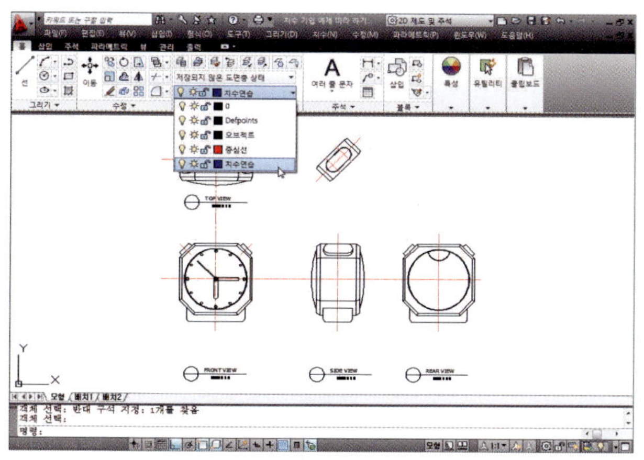

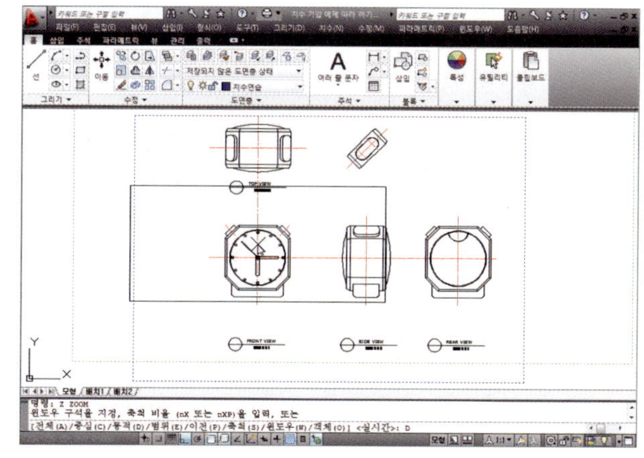

03_ '선형' 그리기로 첫 치수를 그린다. 객체 스냅을 이용하여 정확한 지점을 지정하도록 한다.

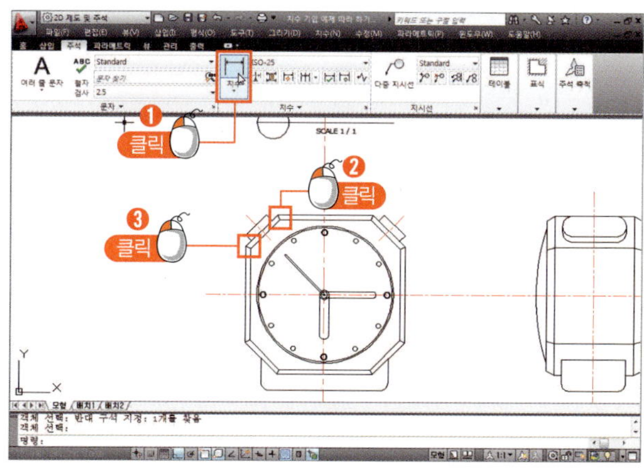

04_ '선형' 그리기로 첫 치수를 그린다. 객체 스냅을 이용하여 정확한 지점을 지정하도록 한다.

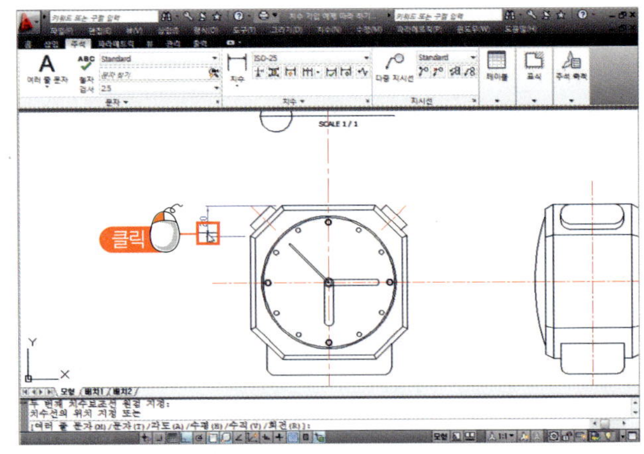

명령: _dimlinear **Enter** (또는 리본 메뉴, 풀다운 메뉴 클릭)

첫 번째 치수보조선 원점 지정 또는 〈객체 선택〉: **(치수선의 첫 번째 점 지정 클릭)**

두 번째 치수보조선 원점 지정: **(치수선의 두 번째 점 지정 클릭)**

치수선의 위치 지정 또는

[다중행 문자(M)/문자(T)/각도(A)/수평(H)/수직(V)/회전(R)]: **(치수선의 위치 지정 클릭)**

치수 문자 = 20 (치수 문자 내용을 보여줌)

05_ '연속'을 선택하면 '선형' 그리기를 했던 치수가 기본 치수로 지정되어 다음 점을 지정할 수 있다.

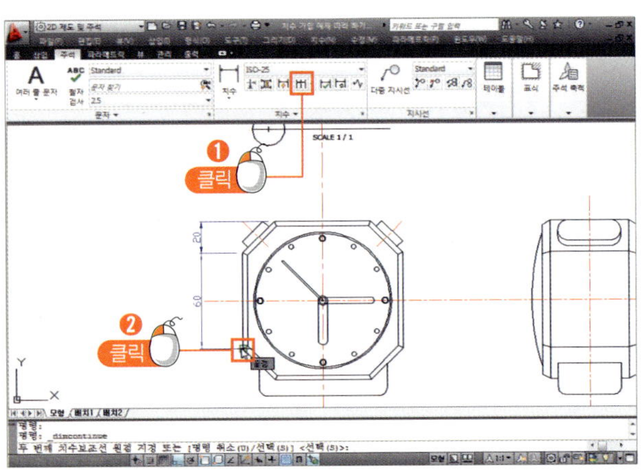

06_ 객체의 중요한 점을 선택하여 치수를 완성시킨다.

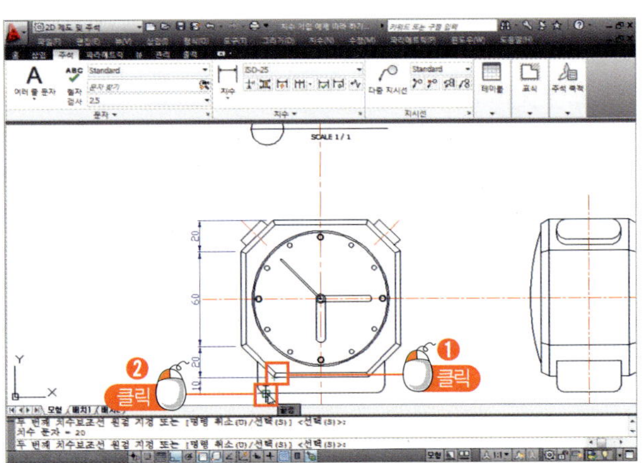

명령: _dimcontinue **Enter** (또는 리본 메뉴, 풀다운 메뉴 클릭)

두 번째 치수보조선 원점 지정 또는 [명령 취소(U)/선택(S)] 〈선택(S)〉: **(치수선의 두 번째 점 지정 클릭)**

치수 문자 = 60 (치수 문자 내용을 보여줌)

두 번째 치수보조선 원점 지정 또는 [명령 취소(U)/선택(S)] 〈선택(S)〉: **(치수선의 세 번째 점 지정 클릭)**

치수 문자 = 20 (치수 문자 내용을 보여줌)

두 번째 치수보조선 원점 지정 또는 [명령 취소(U)/선택(S)] 〈선택(S)〉: **(치수선의 네 번째 점 지정 클릭)**

치수 문자 = 10 (치수 문자 내용을 보여줌)

두 번째 치수보조선 원점 지정 또는 [명령 취소(U)/선택(S)] 〈선택(S)〉: **Enter** (치수선 선택 종료)

연속된 치수 선택:

07_ 위쪽 치수도 왼쪽처럼 '선형' 그리기로 첫 치수를 그린다.

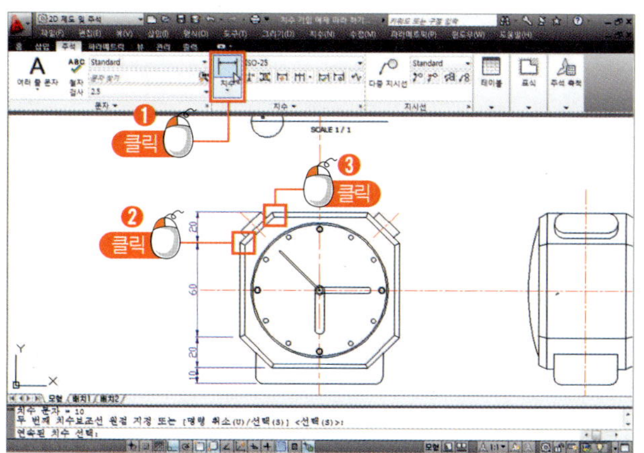

08_ 도면의 상태에 따라 객체와의 거리를 왼쪽과 다르게 하여도 무방하다.

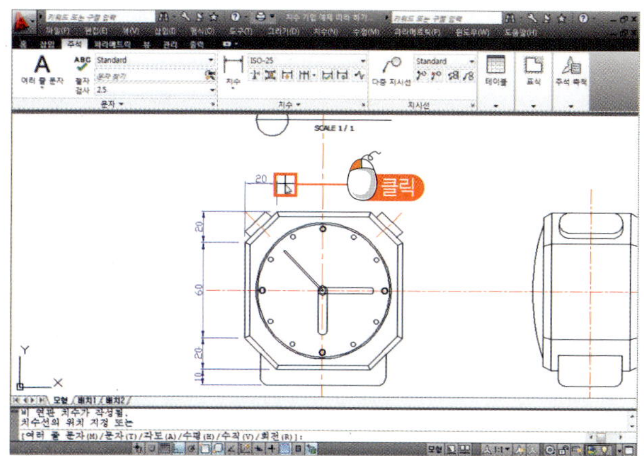

명령: _dimlinear Enter (또는 리본 메뉴, 풀다운 메뉴 클릭)
첫 번째 치수보조선 원점 지정 또는 〈객체 선택〉: **(치수선의 첫 번째 점 지정 클릭)**
두 번째 치수보조선 원점 지정: **(치수선의 두 번째 점 지정 클릭)**
치수선의 위치 지정 또는
[다중행 문자(M)/문자(T)/각도(A)/수평(H)/수직(V)/회전(R)]: **(치수선의 위치 지정 클릭)**
치수 문자 = 20 (치수 문자 내용을 보여줌)

09_ '연속'을 선택하면 '선형' 그리기를 했던 치수가 기본치수로 지정되어 다음 점을 지정할 수 있다.

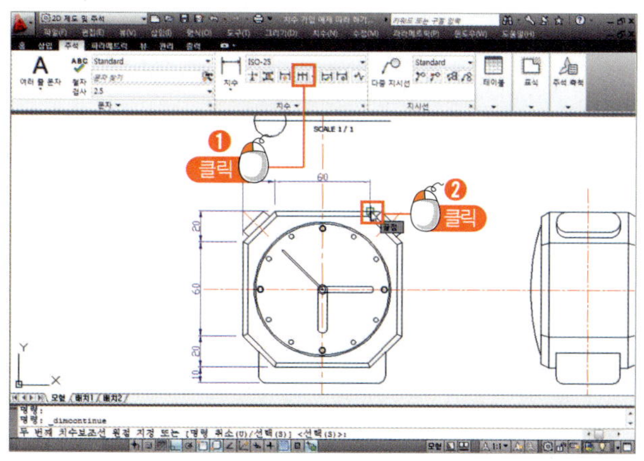

10_ 객체의 중요한 점을 선택하여 치수를 완성시킨다.

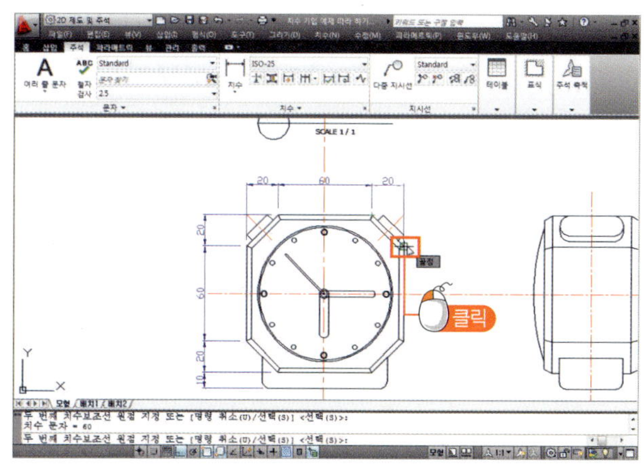

명령: _dimcontinue Enter (또는 리본 메뉴, 풀다운 메뉴 클릭)
두 번째 치수보조선 원점 지정 또는 [명령 취소(U)/선택(S)] 〈선택(S)〉: **(치수선의 두 번째 점 지정 클릭)**
치수 문자 = 60 (치수 문자 내용을 보여줌)
두 번째 치수보조선 원점 지정 또는 [명령 취소(U)/선택(S)] 〈선택(S)〉: **(치수선의 세 번째 점 지정 클릭)**
치수 문자 = 20 (치수 문자 내용을 보여줌)
두 번째 치수보조선 원점 지정 또는 [명령 취소(U)/선택(S)] 〈선택(S)〉: Enter (치수선 선택 종료)
연속된 치수 선택:

11_ '선형'을 이용하여 작성한 치수에서 동일평면, 동일높이의 합치수를 그려준다.

12_ 위쪽도 합치수를 그려준다.

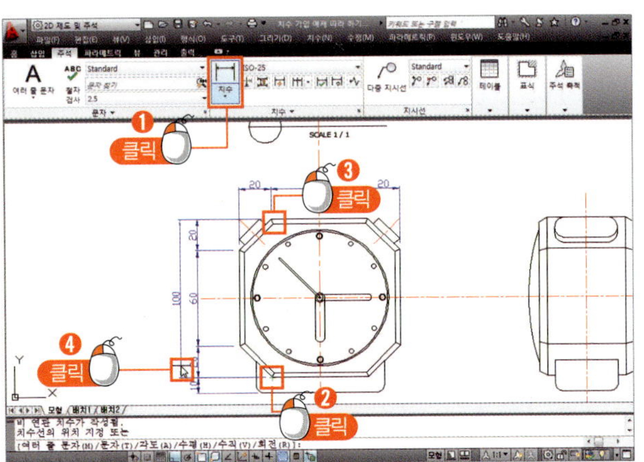

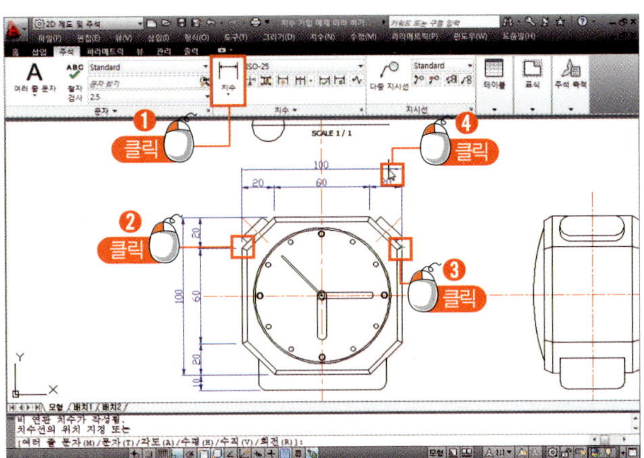

명령: _dimlinear `Enter` (또는 리본 메뉴, 풀다운 메뉴 클릭)
첫 번째 치수보조선 원점 지정 또는 〈객체 선택〉: **(치수선의 첫 번째 점 지정 클릭)**
두 번째 치수보조선 원점 지정: **(치수선의 두 번째 점 지정 클릭)**
치수선의 위치 지정 또는
[다중행 문자(M)/문자(T)/각도(A)/수평(H)/수직(V)/회전(R)]: **(치수선의 위치 지정 클릭)**
치수 문자 = 100　(치수 문자 내용을 보여줌)

13_ '정렬'을 이용하여 기울어진 치수를 그려준다.

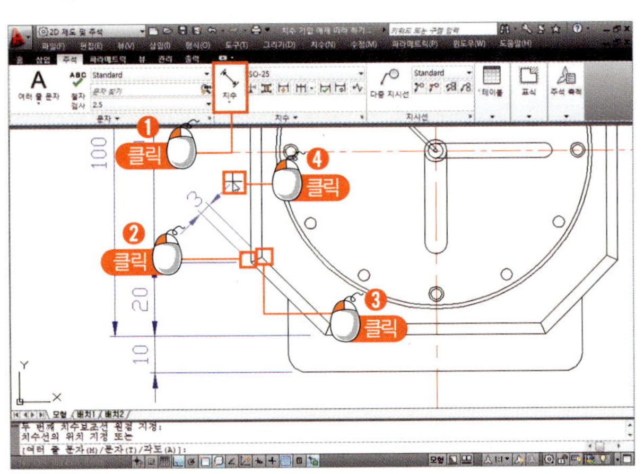

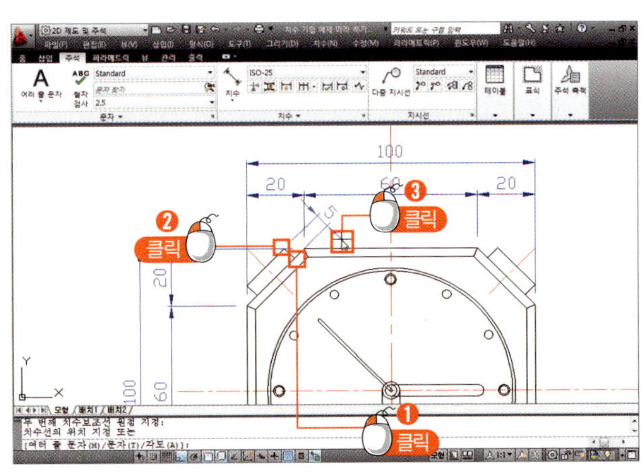

명령: _dimaligned `Enter` (또는 리본 메뉴, 풀다운 메뉴 클릭)
첫 번째 치수보조선 원점 지정 또는 〈객체 선택〉: **(치수선의 첫 번째 점 지정 클릭)**
두 번째 치수보조선 원점 지정: **(치수선의 두 번째 점 지정 클릭)**
치수선의 위치 지정 또는
[다중행 문자(M)/문자(T)/각도(A)/수평(H)/수직(V)/회전(R)]: **(치수선의 위치 지정 클릭)**
치수 문자 = 3　(치수 문자 내용을 보여줌)

14_ '반지름'을 이용하여 원형치수를 그려준다.

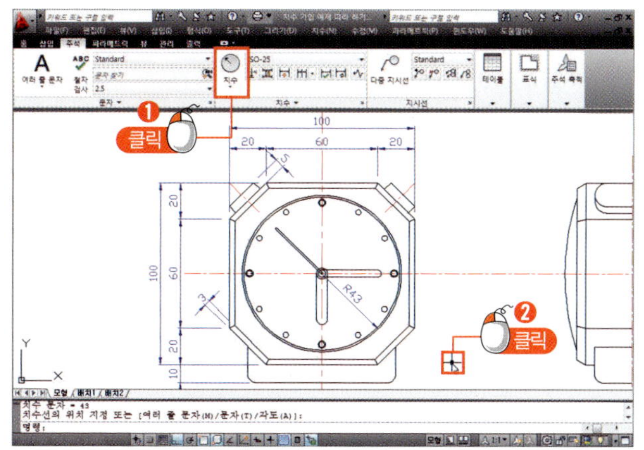

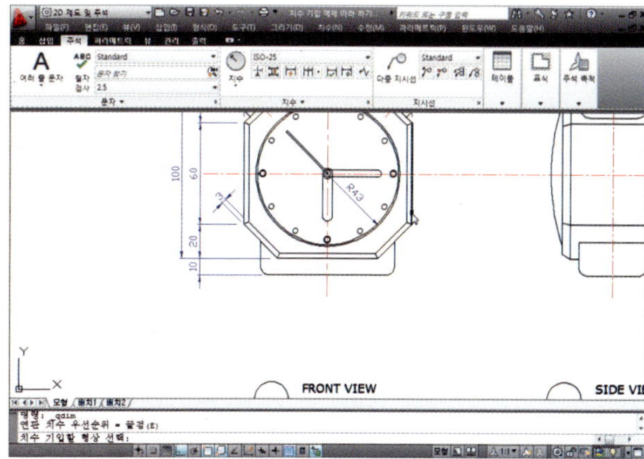

명령: **_dimradius** `Enter` (또는 리본 메뉴, 풀다운 메뉴 클릭)
호 또는 원 선택: **(치수를 지정할 원형 객체 클릭)**
치수 문자 = 43 (치수 문자 내용을 보여줌)
치수선의 위치 지정 또는
[다중행 문자(M)/문자(T)/각도(A)]: **(치수 문자의 위치 지정 클릭)**

15_ 객체의 중요한 점을 선택한다.

명령: **_qdim** `Enter` (또는 리본 메뉴, 풀다운 메뉴 클릭)
연관 치수 우선순위 = 끝점(E)
치수 기입할 형상 선택: 1개를 찾음 (그림 참조)
치수 기입할 형상 선택: 1개를 찾음, 총 2 (그림 참조)
치수 기입할 형상 선택: 1개를 찾음, 총 3 (그림 참조)
치수 기입할 형상 선택: 1개를 찾음, 총 4 (그림 참조)
치수 기입할 형상 선택: `Enter` (선택 완료)

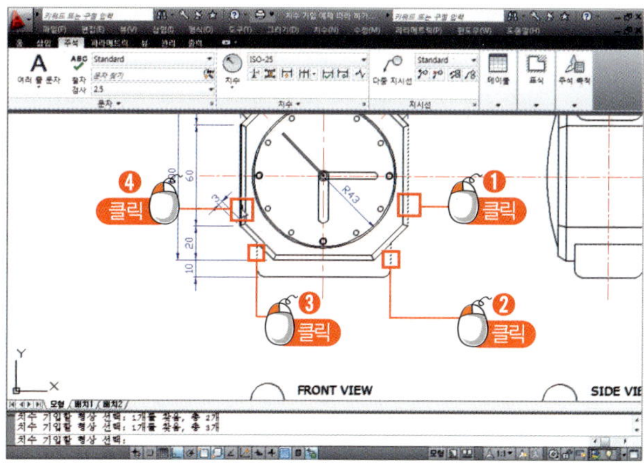

16_ 위치를 지정하기 전에 '다중(S)' 표현법으로 전환한다.

17_ 치수선이 들어갈 위치를 지정한다.

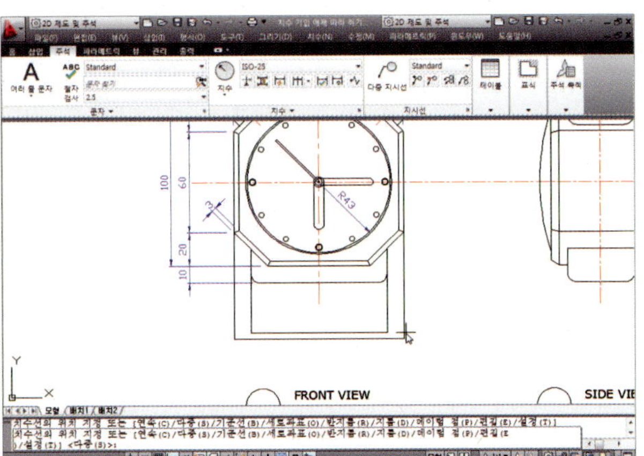

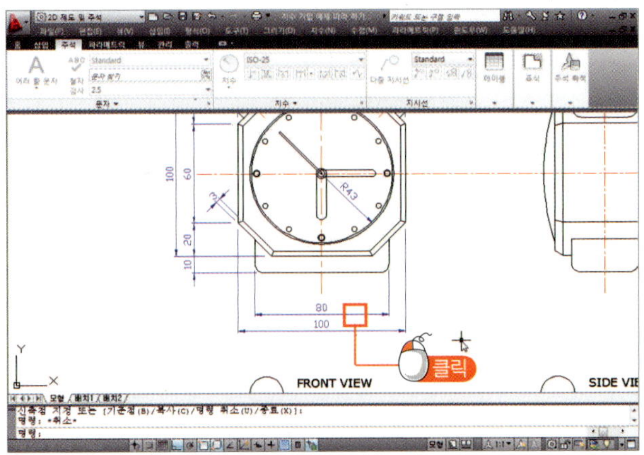

치수선의 위치 지정 또는
[연속(C)/다중(S)/기준선(B)/세로좌표(O)/반지름(R)/지름(D)/데이텀
점(P)/편집(E)/설정(T)] 〈연속(C)〉:**s** (치수 기입형상을 '다중'으로 지정)
치수선의 위치 지정 또는
[연속(C)/다중(S)/기준선(B)/세로좌표(O)/반지름(R)/지름(D)/데이텀
점(P)/편집(E)/설정(T)] 〈다중(S)〉: **(치수선 위치 클릭)**

18_ 다중 지시선을 이용하여 설명할 객체를 클릭한다.

19_ 지시선 위치를 클릭하고 입력할 문자를 입력한다.

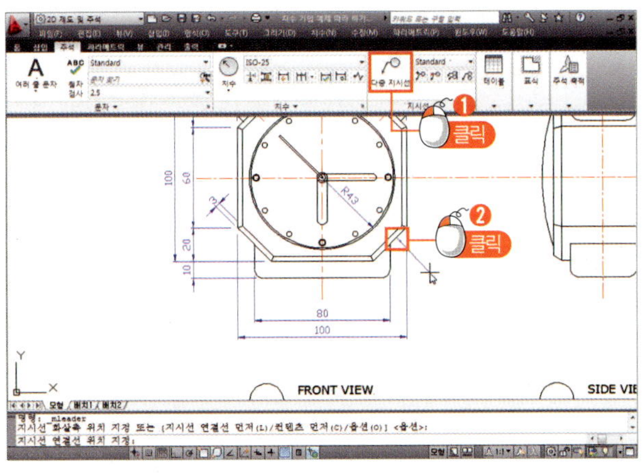

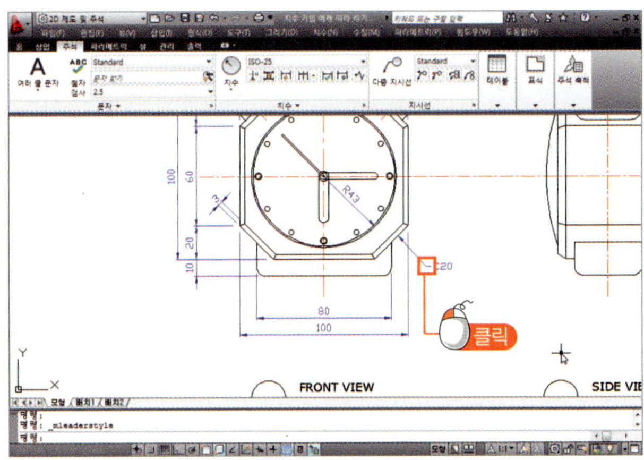

명령: **_qleader** Enter (또는 리본 메뉴, 풀다운 메뉴 클릭)
첫 번째 지시선 지정, 또는 [설정값(S)]〈설정값〉: **(첫 번째 지시선 위치 클릭)**
다음점 지정: **(두 번째 지시선 위치 클릭)**
다음점 지정: Enter (지시선 위치 지정 종료)
문자 폭 지정 〈0〉: Enter (문자폭 수정 없음)
주석 문자의 첫 번째 행 입력 또는 〈다중행 문자〉: **C20** Enter (첫 번째 줄 주석 내용 지정)
주석 문자의 다음 행을 입력: Enter (두 번째 줄 없음)

20_ '줌 〉 동적'을 이용하여 기존 치수와 다음 작업할 객체가 함께 보이도록 화면을 정리한다.

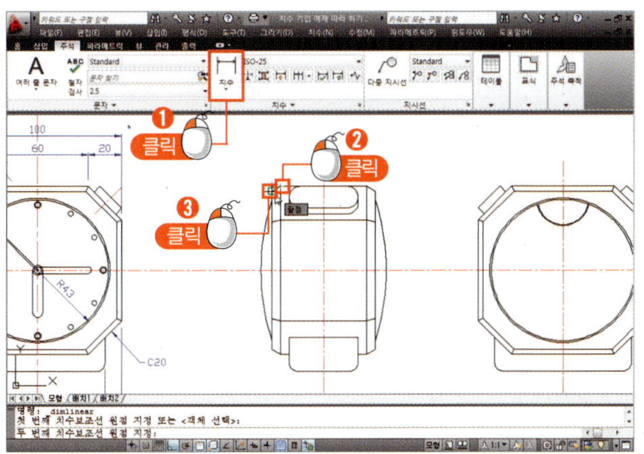

21_ '선형'을 이용하여 치수선을 그린다. 이때 치수선의 위치를 기존 치수선의 연장선에서 그린다.

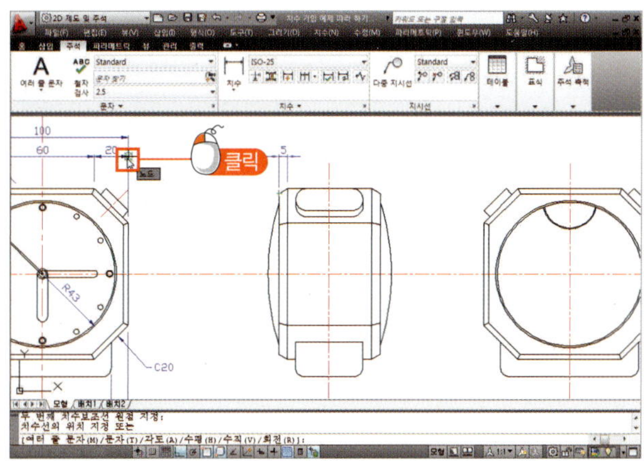

명령: _dimlinear Enter (또는 리본 메뉴, 풀다운 메뉴 클릭)
첫 번째 치수보조선 원점 지정 또는 〈객체 선택〉: **(치수선의 첫 번째 점 클릭)**
두 번째 치수보조선 원점 지정: **(치수선의 두 번째 점 클릭)**
치수선의 위치 지정 또는
[다중행 문자(M)/문자(T)/각도(A)/수평(H)/수직(V)/회전(R)]: **(치수선의 위치 클릭)**
치수 문자 = 5 (치수를 보여줌)

22_ '연속'을 이용하여 나머지 치수를 그린다.

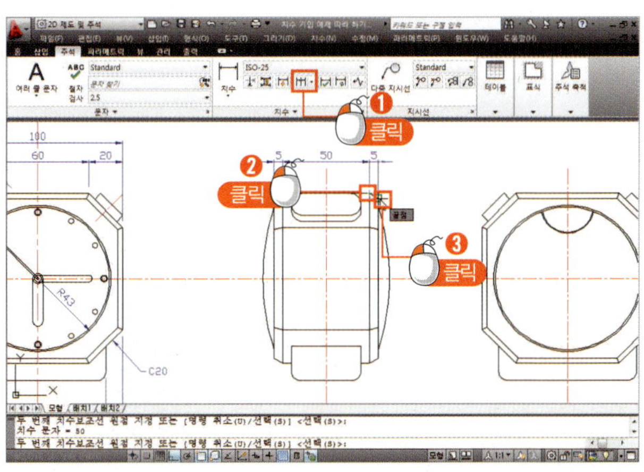

23_ '선형'을 이용하여 합치수를 그린다. 이때도 기존 치수의 연장선에서 그린다.

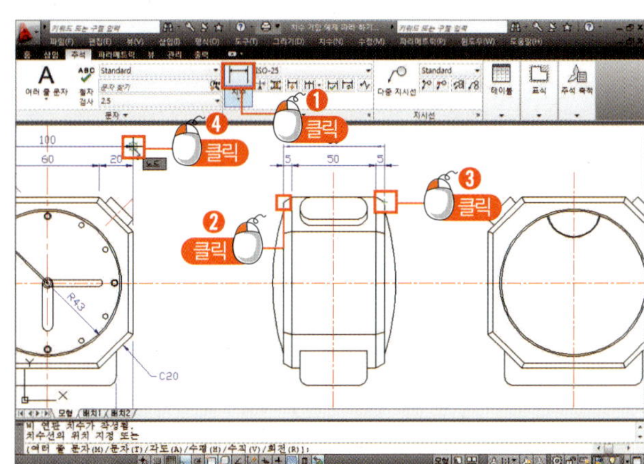

명령: _dimcontinue Enter (또는 리본 메뉴, 풀다운 메뉴 클릭)
두 번째 치수보조선 원점 지정 또는 [명령 취소(U)/선택(S)] 〈선택(S)〉: **(치수선의 두 번째 점 클릭)**
치수 문자 = 50 (치수 문자 내용을 보여줌)
두 번째 치수보조선 원점 지정 또는 [명령 취소(U)/선택(S)] 〈선택(S)〉: **(치수선의 세 번째 점 클릭)**
치수 문자 = 5 (치수 문자 내용을 보여줌)
두 번째 치수보조선 원점 지정 또는 [명령 취소(U)/선택(S)] 〈선택(S)〉: Enter (치수선 선택 종료)
연속된 치수 선택:

24_ '신속치수'를 이용하여 치수를 지정할 객체를 선택한다.

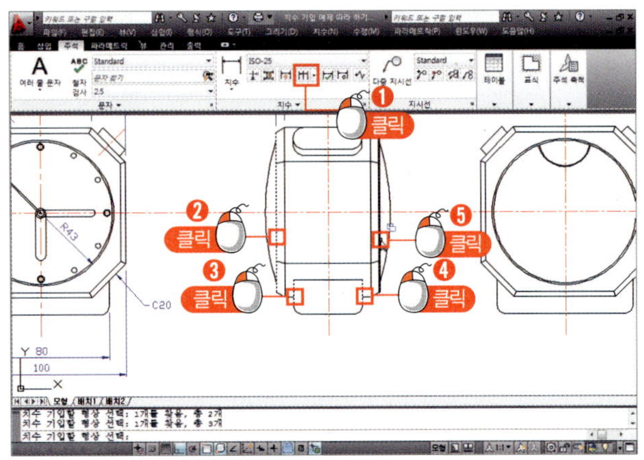

25_ 치수선이 들어갈 위치를 지정한다. 이때도 기존 치수의 연장선에서 지정한다.

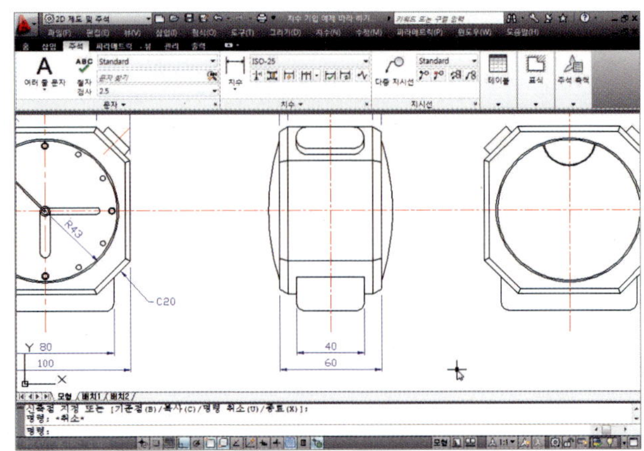

명령: _qdim **Enter** (또는 리본 메뉴, 풀다운 메뉴 클릭)
연관 치수 우선순위 = 끝점(E)
치수 기입할 형상 선택: 1개를 찾음 (따라하기 24 참조)
치수 기입할 형상 선택: 1개를 찾음, 총 2 (따라하기 24 참조)
치수 기입할 형상 선택: 1개를 찾음, 총 3 (따라하기 24 참조)
치수 기입할 형상 선택: 1개를 찾음, 총 4 (따라하기 24 참조)
치수 기입할 형상 선택: **Enter** (치수를 지정할 객체 선택 완료)
치수선의 위치 지정 또는
[연속(C)/다중(S)/기준선(B)/세로좌표(O)/반지름(R)/지름(D)/데이텀
점(P)/편집(E)/설정(T)] 〈다중(S)〉: **(치수선 위치 클릭)**

26_ '꺾어진'을 이용하여 치수를 지정할 객체를 선택한다.

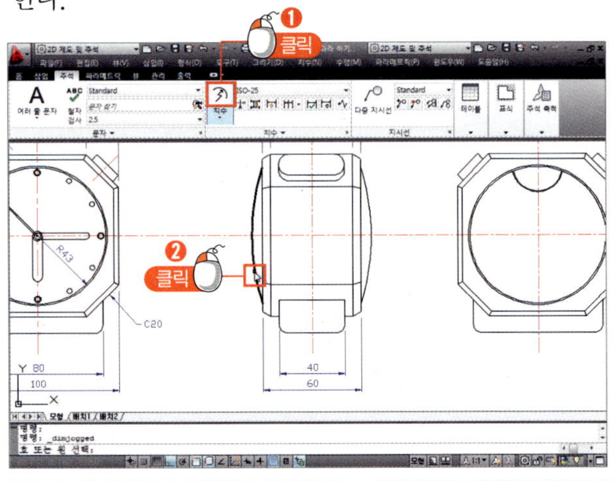

27_ 치수 문자가 들어갈 위치를 지정한다.

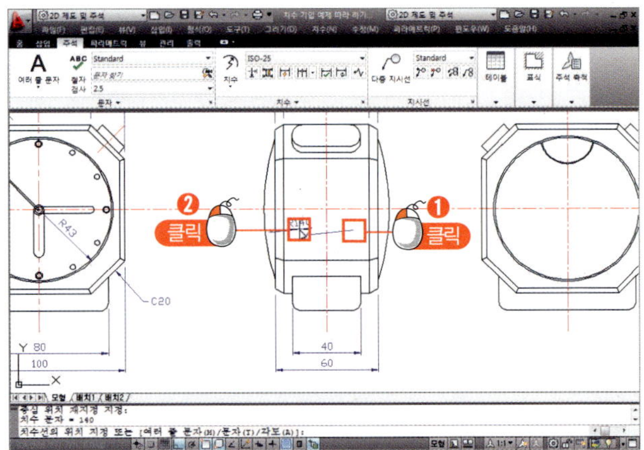

명령: _dimjogged **Enter** (또는 리본 메뉴, 풀다운 메뉴 클릭)
호 또는 원 선택: **(지정할 객체 클릭)**
중심 위치 재지정 지정: **(꺾어진 치수선의 끝점을 클릭)**
치수 문자 = 140 (치수 문자 내용을 보여줌)
치수선의 위치 지정 또는
[다중행 문자(M)/문자(T)/각도(A)]: **(치수 문자 위치 클릭)**
꺾기 위치 지정: **(치수선의 꺾기 위치 클릭)**

28_ '반지름' 을 이용하여 치수를 지정할 객체를 선택한다.

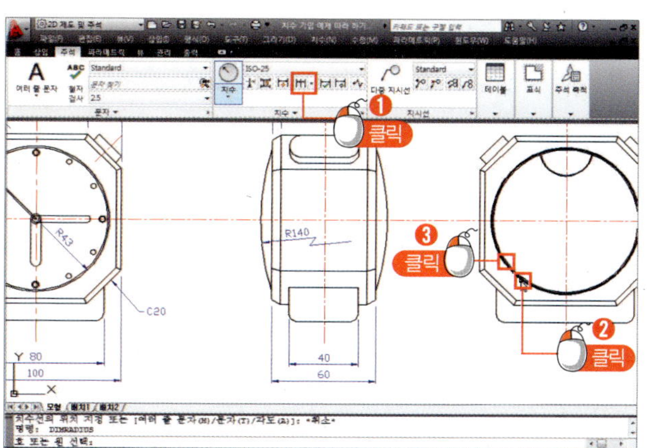

29_ 치수 문자가 들어갈 위치를 지정한다.

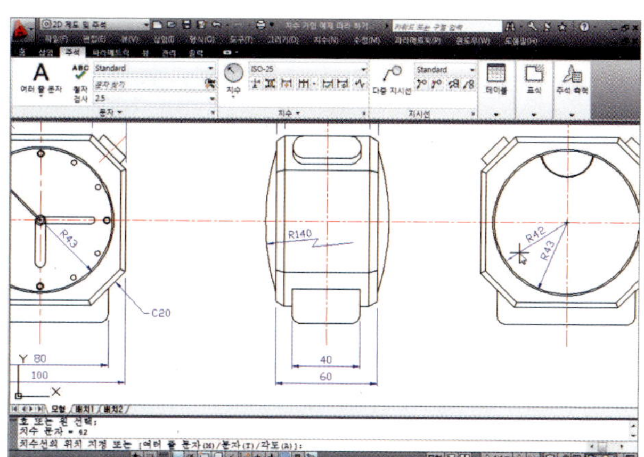

명령: **dimradius** Enter (또는 리본 메뉴, 풀다운 메뉴 클릭)
호 또는 원 선택: **(객체 선택)**
치수 문자 = 15 (치수 문자 내용을 보여줌)
치수선의 위치 지정 또는
[다중행 문자(M)/문자(T)/각도(A)]: **(치수선의 위치 클릭)**

30_ '반지름' 을 이용하여 치수를 지정할 객체를 선택한다.

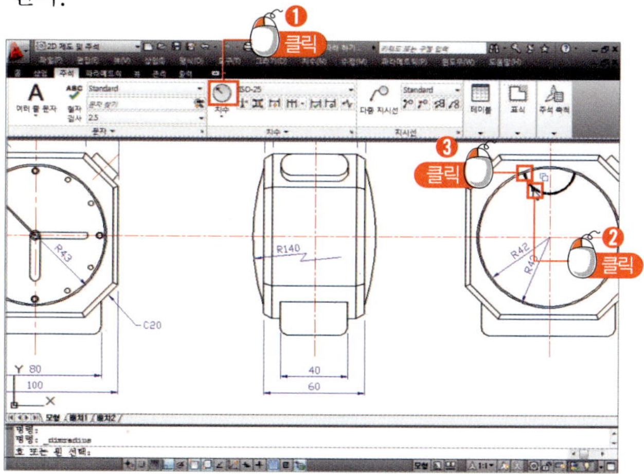

31_ 치수 문자가 들어갈 위치를 지정한다.

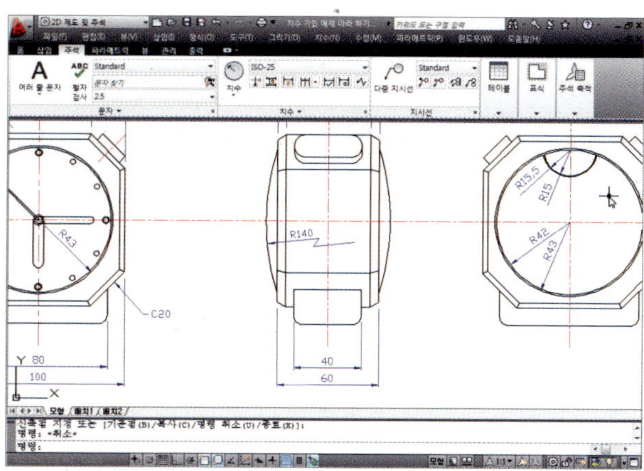

명령: **dimradius** Enter (또는 리본 메뉴, 풀다운 메뉴 클릭)
호 또는 원 선택: **(객체 선택)**
치수 문자 = 15.5 (치수 문자 내용을 보여줌)
치수선의 위치 지정 또는
[다중행 문자(M)/문자(T)/각도(A)]: **(치수선의 위치 클릭)**

32_ '정렬' 을 이용하여 부분도면의 치수를 지정한다.

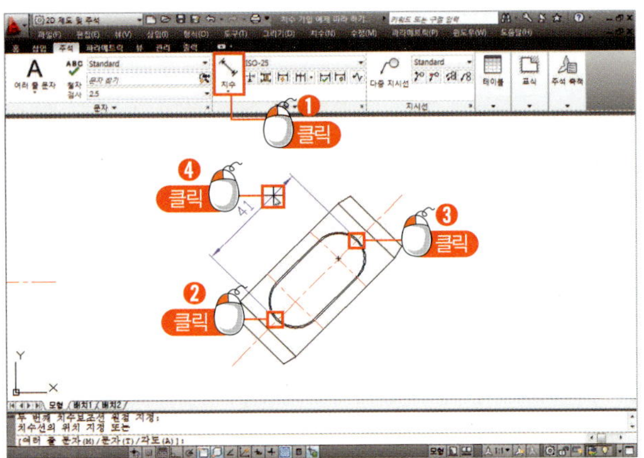

33_ '반지름' 을 이용하여 필요한 부분에 크기 순서대로 치수를 그린다.

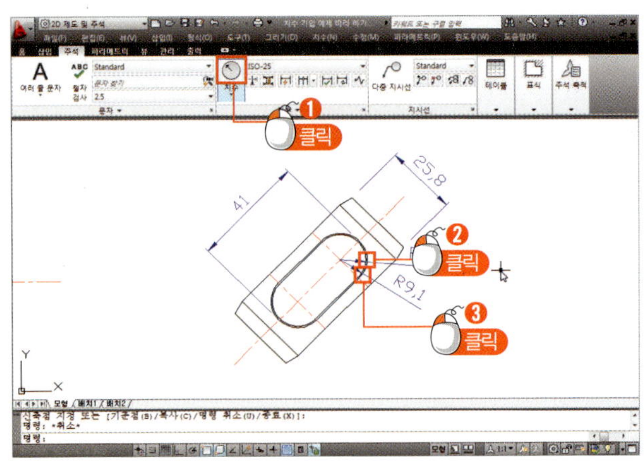

명령: **dimaligned** Enter (또는 리본 메뉴, 풀다운 메뉴 클릭)

첫 번째 치수보조선 원점 지정 또는 〈객체 선택〉: **(첫 번째 치수보조선 원점 클릭)**

두 번째 치수보조선 원점 지정: **(두 번째 치수보조선 원점 클릭)**

치수선의 위치 지정 또는
[다중행 문자(M)/문자(T)/각도(A)]: **(치수선의 위치 클릭)**

치수 문자 = 41(치수 문자 내용을 보여줌)

명령: **dimradius** Enter (또는 리본 메뉴, 풀다운 메뉴 클릭)

호 또는 원 선택: 객체선택

치수 문자 = 9.6 (치수 문자 내용을 보여줌)

치수선의 위치 지정 또는
[다중행 문자(M)/문자(T)/각도(A)]: **(치수선의 위치 클릭)**

34_ 일반적인 치수가 적용된 도면이 되었다.

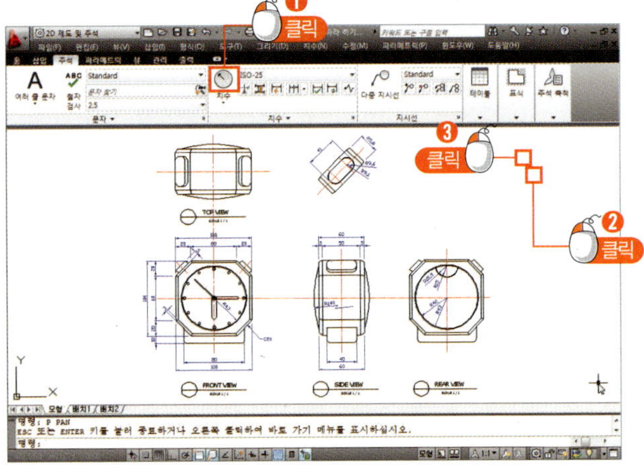

출력 명령

치수까지 모든 작업이 끝난 도면은 인쇄를 위한 지정을 통해 출력을 하여야 한다. 출력은 컴퓨터상에서 오토캐드로 작성된 도면을 기존의 수작업으로 된 도면처럼 표현하는 것을 의미한다. 특히 디자이너에게는 엔지니어를 위한 도면을 준비하는 것뿐 아니라, 프레젠테이션을 위한 디지털 출력 방법도 알고 있어야 한다. 오토캐드는 이를 위해 여러 가지 방법을 제공하고 있지만 몇 가지 문제점을 지니고 있기 때문에 이를 극복할 수 있는 간단한 방법을 통해 인쇄 기법을 익혀 보도록 한다.

1 모형 영역과 배치 영역

오토캐드는 여러 가지의 출력을 지정할 수 있는 배치 영역을 제공한다. 모형영역은 도면의 그리기와 수정, 치수 작업을 위한 영역으로 사용되고, 배치 영역은 출력을 위한 영역으로 사용된다.

01_ 모형 영역은 그리기, 수정, 치수 등의 작업이 가능하다.

02_ Layout1 이라는 배치 영역이 활성화 되어있다. 배치 영역은 출력되는 배치 상태를 확인할 수 있다. (실제 출력되는 미리보기와는 다르다. 단지 배치된 상태를 보여준다.)

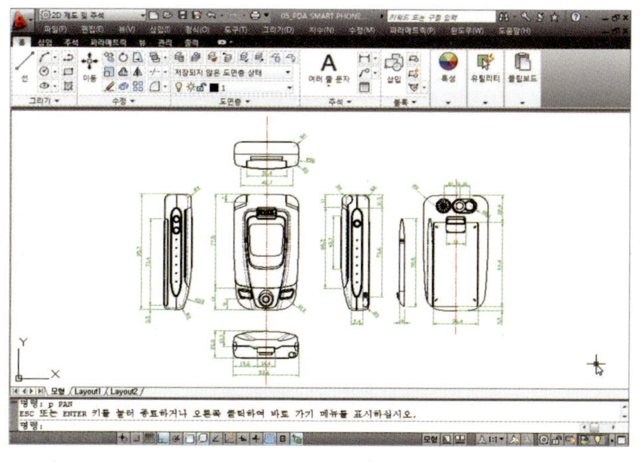

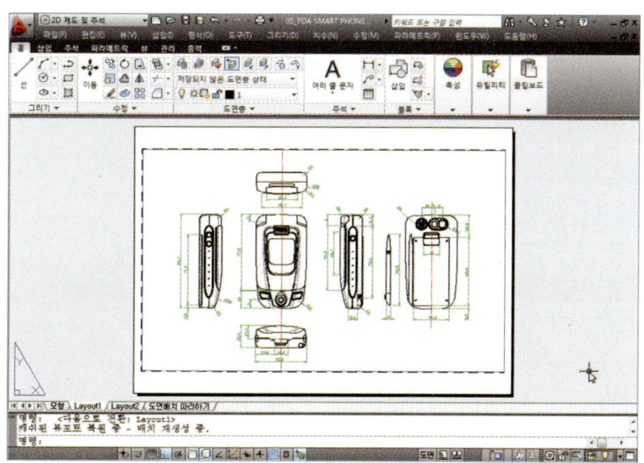

디자인 실무에서는 대개 일정한 축척의 도면을 사용하게 된다. 그러나 필요에 따라서 여러 가지의 용지에 다른 축척으로 출력해야 할 필요가 있을 때 배치 영역에 각각의 용지를 지정하고 출력 방식을 지정해두면 작업자가 모형 영역에 작업을 하는 것만으로도 자연스럽게 다양한 출력 결과를 얻을 수 있게 된다.

2 배치 영역 편집하기 (명령 : layout, 단축명령 : lo, 풀다운 메뉴: 도구 〉 마법사 〉 배치 작성...)

배치 영역의 편집은 풀다운 메뉴에는 새로운 배치 영역을 작성할 수 있고, 도구막대는 기본 지정에는 없기 때문에 도구막대를 활성화시켜야 한다. 또한 배치 영역 탭에 마우스 오른쪽 버튼을 클릭해서 뜨는 창을 이용하여 작업할 수도 있다.

01_ 이미 나와 있는 도구막대 또는 '풀다운 메뉴: 도구 〉 도구막대 〉 Auto cad 〉 레이아웃'을 선택 한다.

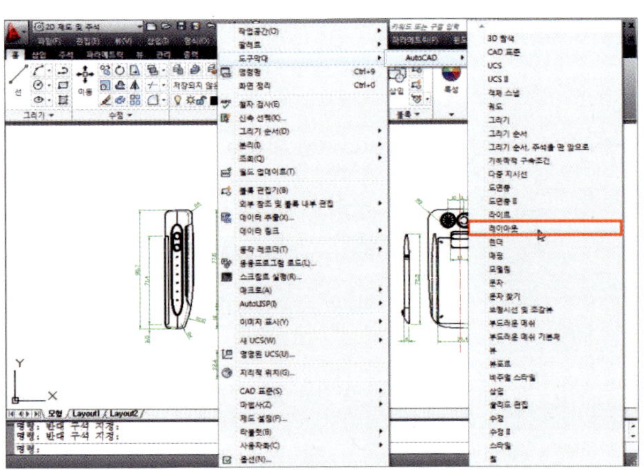

02_ 레이아웃 도구막대가 활성화되었다.

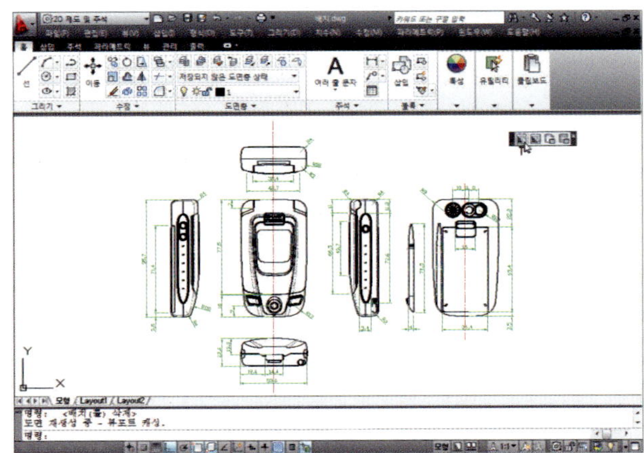

03_ 배치 영역 탭에서 마우스 오른쪽 버튼으로 작업을 할 수 있다.

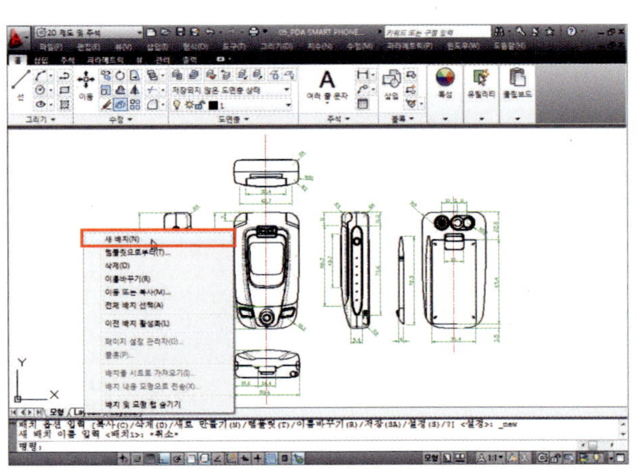

04_ 풀다운 메뉴에서는 새로운 배치 영역을 설정할 수 있다.

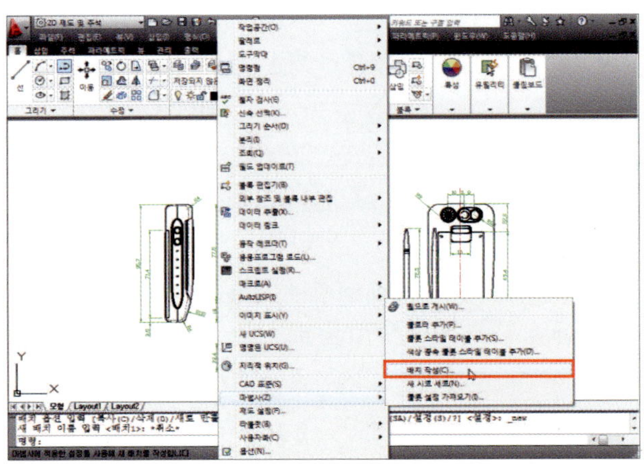

01 → 새로운 배치 만들기 마법사

① **배치 작성 – 시작** : 배치 영역의 이름을 지정한다. 새로 만들어지면 탭에 지정된 이름이 나타난다.

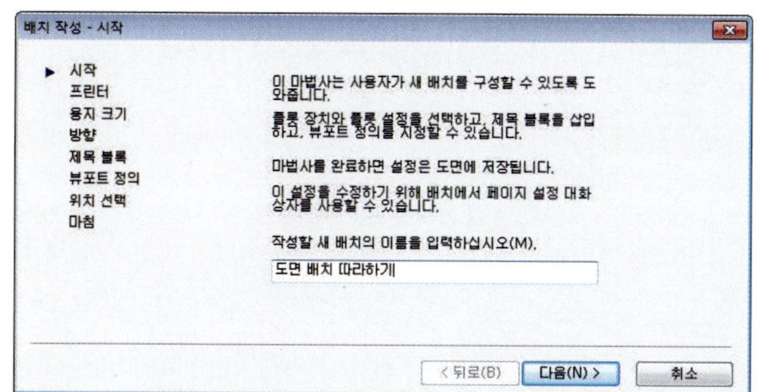

② **배치 작성 – 프린터** : 배치 영역을 인쇄할 프린터, 플로터를 지정한다. 전자 출력을 지정할 수 있다.

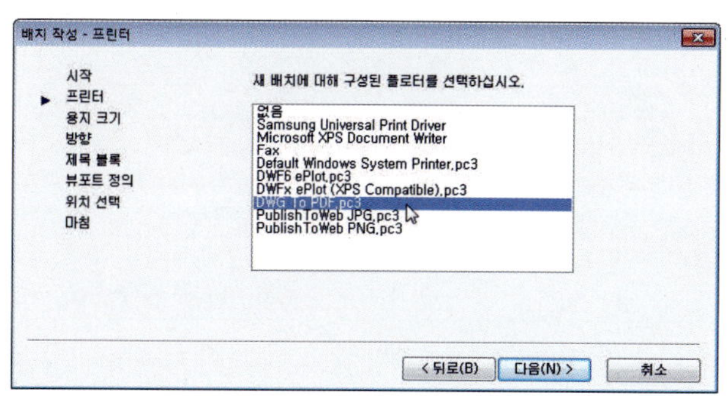

③ **배치 작성 – 용지크기** : 출력할 종이 크기를 지정한다. 프린터에 따라 출력이 가능한 용지가 달라진다.

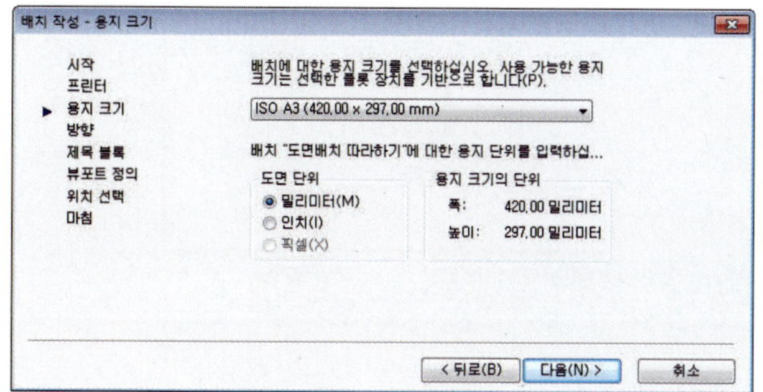

④ **배치 작성 – 방향** : 출력되는 종이의 방향을 지정한다.

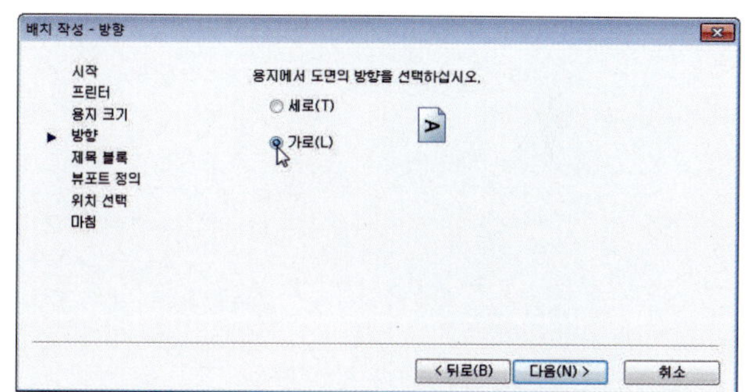

⑤ **배치 작성 – 제목 블록** : 블록을 이용하여 외곽선 또는 표제 등을 지정한다.

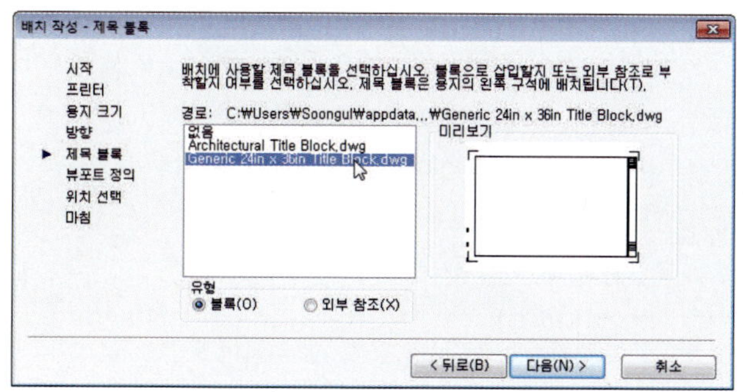

⑥ **배치 작성 – 뷰포트 정의** : 객체의 화면 배치 방법과 출력될 객체의 축척을 지정한다.

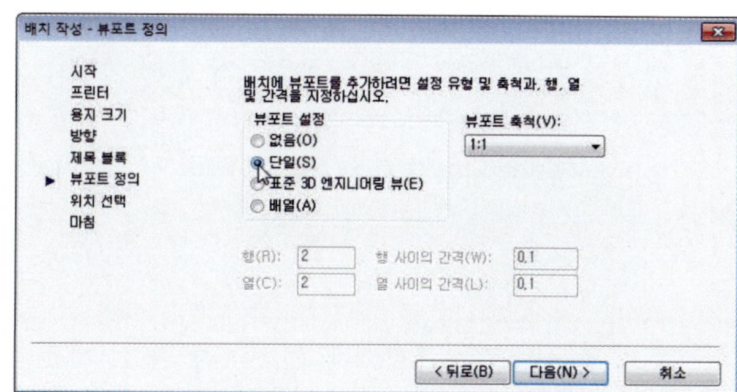

⑦ **배치 작성 – 위치선택** : 출력할 도면의 종이 위치를 바꾸려면 '위치선택'을 선택하고 출력할 지역을 windows나 cross 방법으로 지정한다.

⑧ **배치 작성 – 마침**

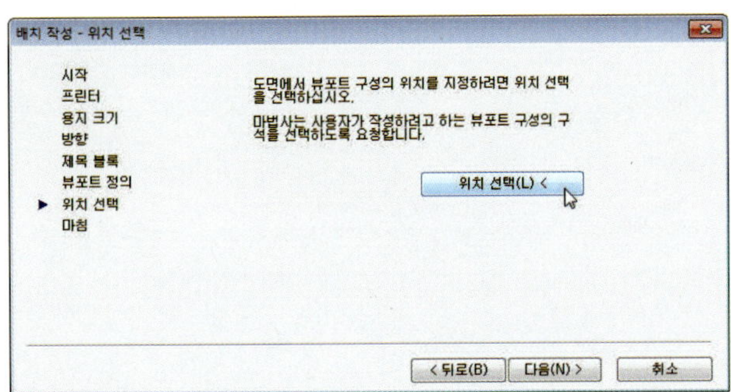

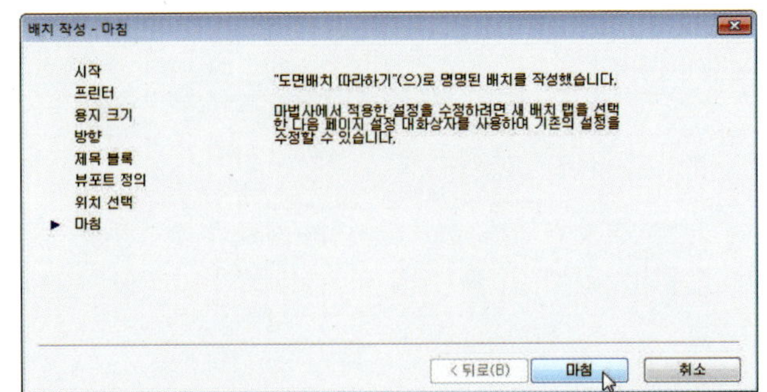

⑨ 지정한 이름의 새로운 배치 영역 탭이 생성되었다.

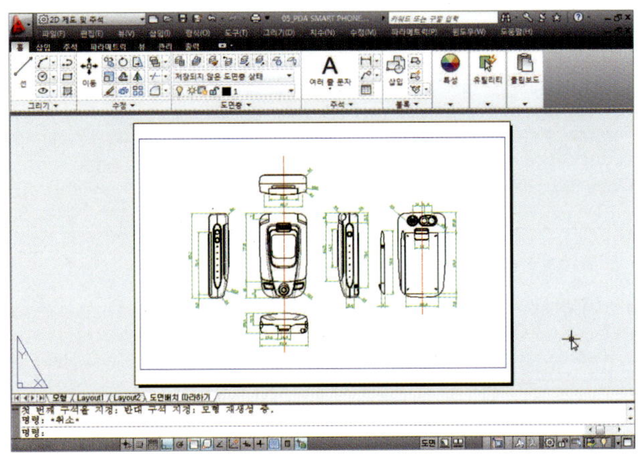

3 플롯 스타일 편집하기 (명령 : stylesmanager, 풀다운 메뉴: 파일 〉 플롯 스타일 관리자 또는 도구 〉 마법사 〉 플롯 스타일 테이블 추가, 메뉴 검색기: 인쇄 〉 플롯 스타일 관리)

배치 영역이 완성되었다고 해서 작업자가 원하는 대로 도면이 출력되는 것이 아니다. 도면은 선의 가중치(두께)나 형태로 도면의 의미를 전달하게 되는데, 이러한 것이 표현되지 않는 도면은 내용을 정확히 전달하기 힘들기 때문이다. 같은 도면을 출력하더라도 다른 내용의 도면이 출력되는데 이러한 것을 조절하는 부분을 '플롯 스타일'이라 한다. 플롯 스타일은 기존의 플롯 스타일을 편집하는 방법과 새로 편집해서 만드는 방법이 있다.

> **Tip** 실무에서 오토캐드 작업은 선의 가중치(=두께)를 적용한 도면은 잘 그리지 않는다. 선의 가중치를 적용한 도면은 줌 명령 진행 시 잘 나타나지 않기 때문에 명확한 표현이 되었는지 알 수 없기 때문이다. 더구나 가중치가 적용된 도면작업은 오토캐드의 작업을 느리게 만든다. 그래서 실무도면은 이전 버전에서 색상을 이용하여 선가중치 출력을 적용한 플로터 방식을 선호한다.

가중치가 적용된 도면을 실무에서 보게 될 경우 줌 명령에서 선두께가 변하지 않기 때문에 실제 두께를 명확히 판단할 수 없다.

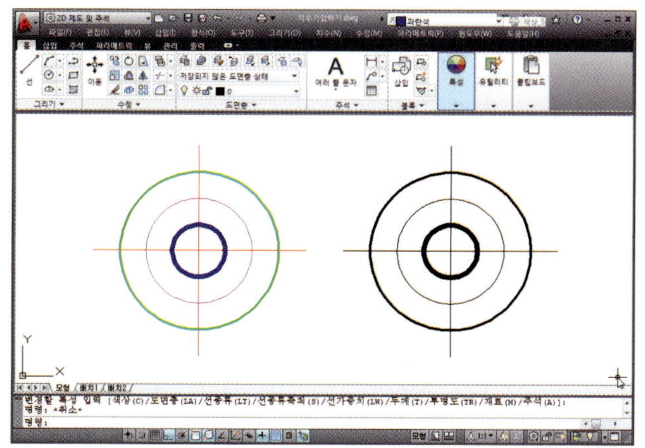 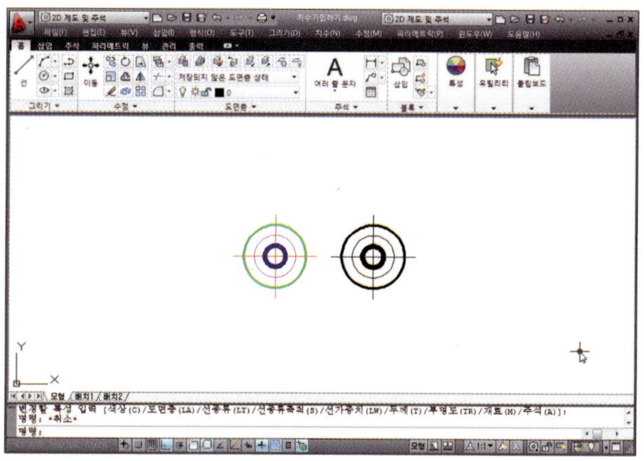

플롯 스타일의 편집 없이 기본으로 제공되는 스타일을 적용한 후 '미리보기'를 하면 작업자가 의도한 결과를 확인하기 힘들다. 특히 색상으로 된 도면은 컬러출력이 되고, 흑백모드에서는 흐리게 출력 된다. 또한 가중치를 적용하지 않은 선은 동일한 두께로 출력된다.

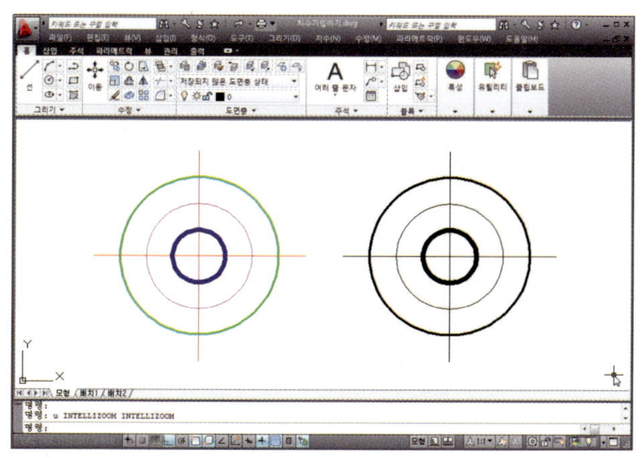 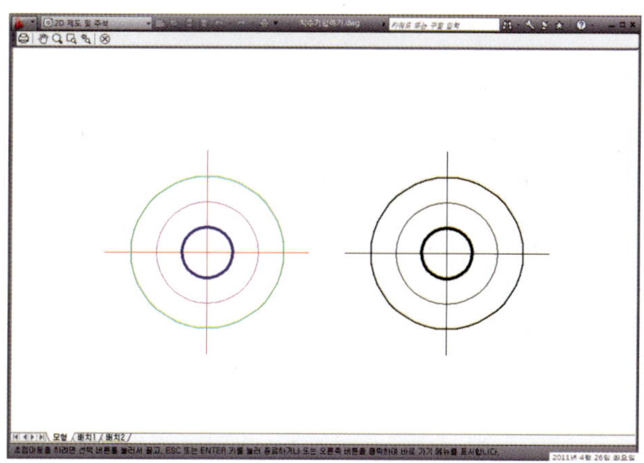

Tip 오토캐드 작업자는 이전 버전으로부터 꾸준히 색상을 이용한 선가중치를 선호해왔다. 그것은 앞에서 설명한 플로터 작업 방법이 색상에 의해 지정되는 방식이었기 때문이다. 플로터는 도면상에 지정된 색상에 의해 팬을 선택하여 도면을 그리기 때문이다.

Tip 선가중치, 종류는 객체가 의미하는 것이 무엇인지를 보여준다. 이러한 내용은 제도에 대한 기본적인 통칙을 설명한 다음 장에 설명하였으니 반드시 익혀두도록 한다.

01 → 새로운 플롯 스타일 만들기 마법사

새로운 플롯 스타일은 실무에서 많이 사용하는 방식으로 설명하지만, 작업자의 사정에 따라 조정되는 내용을 참고해서 조정하여야 한다. 기존 편집을 수정하거나 다른 용도로 사용하는 스타일에 대해서는 작업자가 새로운 스타일 만들기의 내용을 참조하여 변경이 가능하기 때문에 설명이 **빠져있다**.

① **플롯 스타일 테이블 추가 - 시작** : 플롯 스타일을 기존 스타일을 참조할 것인지를 지정한다. 처음부터 만드는 것으로 지정한다.

② **플롯 스타일 테이블 추가 - 테이블 형식** : '색상-종속 플롯 스타일(256 컬러를 이용한 플롯 스타일을 만든다. 확장자가 ctb가 된다)' 과 '명명된 플롯 스타일(도면층에서 사용 가능한 플롯 스타일을 만든다. 확장자가 stb가 된다)' 이 있다.

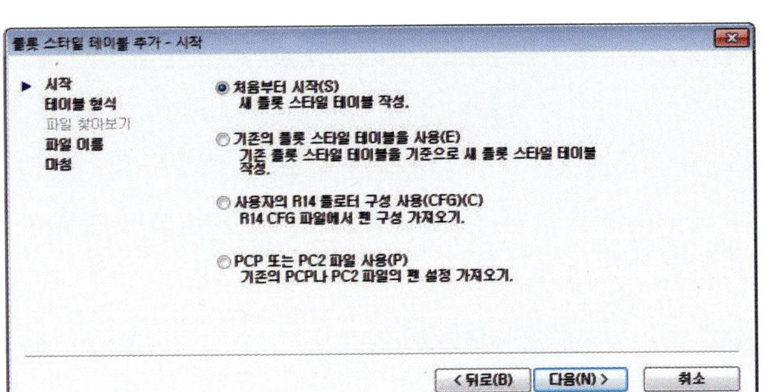

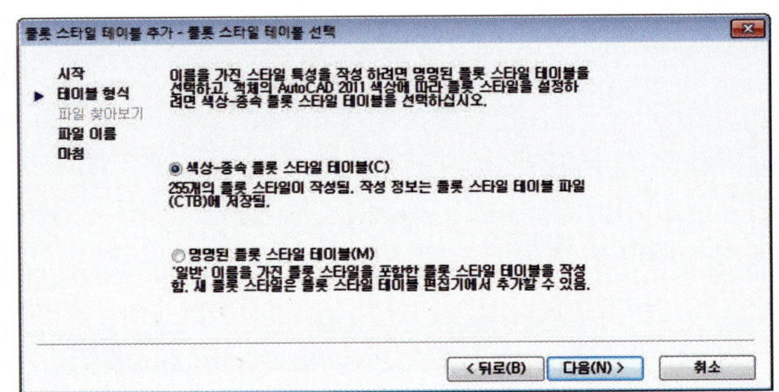

③ **플롯 스타일 테이블 추가 - 파일 이름** : 새 스타일의 이름을 지정한다.

④ **플롯 스타일 테이블 추가 - 마침** : '플롯 스타일 테이블 편집기' 를 클릭하여 편집한 후 마침을 눌러 스타일을 생성한다.

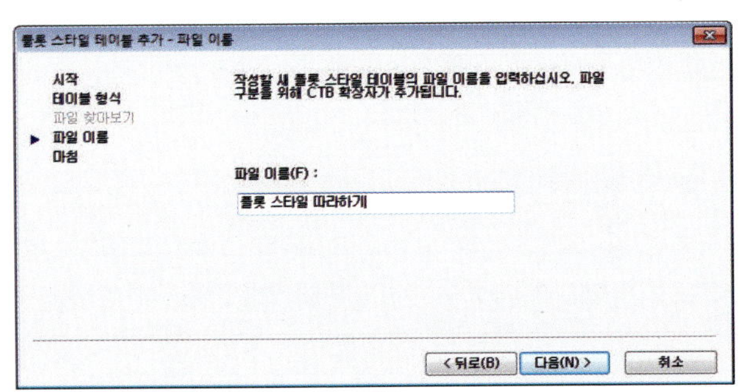

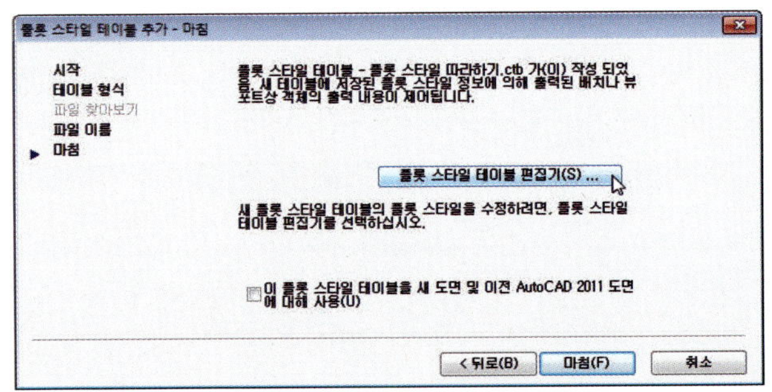

Tip　플롯 스타일 테이블 편집하기

편집기를 통해 개체 색상에 따른 성격을 지정한다.

- **'일반' 탭** : 작성된 파일의 성격을 확인할 수 있다.

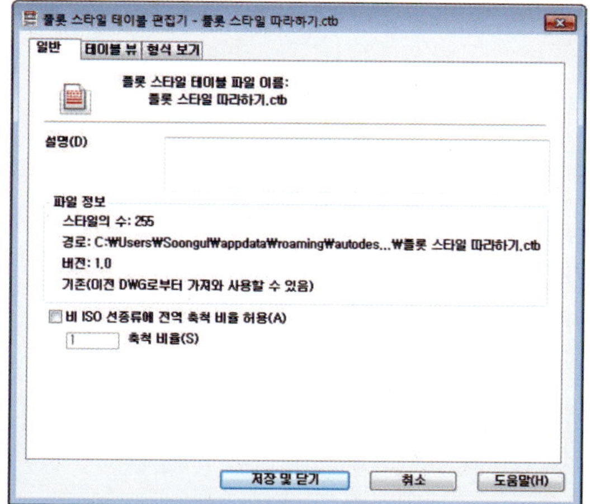

- **'테이블 뷰' 탭** : 작성된 파일내의 색상에 대한 모든 설정상태를 확인 하고 수정도 가능하다. 성격을 클릭하면 수정할 수 있는 창이 뜬다.

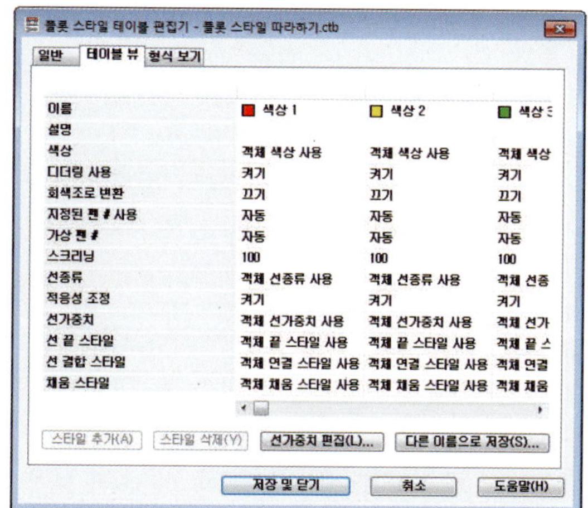

- **'형식 보기' 탭** : 테이블의 색상별 특성을 편집할 수 있다. 색상 여러 개를 필요에 따라 같은 성격을 지정할 때 편리하다.

  - 색상 : 해당 색상이 출력 때에 표현될 색상을 지정한다. 기본으로 '객체 색상 사용'이 지정되어 컬러로 출력된다.
  - 디더링 : 해당 색상이 패턴 출력 때에 뿌옇게 처리되는 것을 조정한다.
  - 회색조 : 해당 색상이 회색조로 출력한다. (회색조이지만 색의 명도는 유지된다)
  - 팬 : 해당 색상이 사용할 팬을 지정한다. (플로터에 적용되는 조정으로 프린터 사용자는 필요 없다)
  - 선 종류 : 해당 색상이 적용될 선의 종류를 지정한다.
  - 선가중치 : 해당 색상이 적용될 선의 두께를 지정한다.
  - 선 끝 스타일 : 선 끝의 모양을 지정한다.
  - 선 결합 스타일 : 선이 꺾이는 부분의 형태를 지정한다.
  - 채움 스타일 : 선의 무늬를 지정한다.

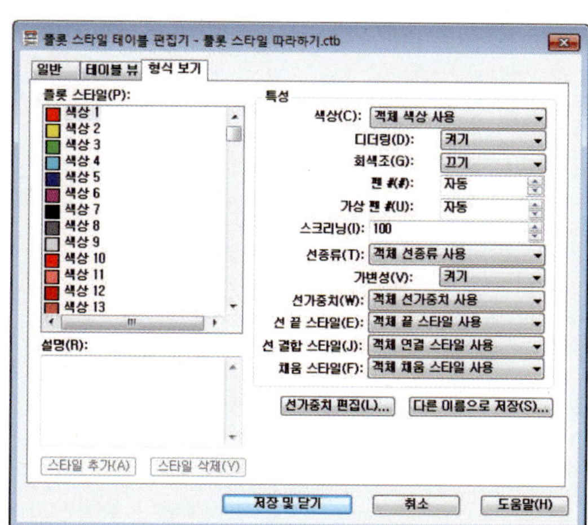

4 플롯 스타일 편집 따라하기

편집은 새로운 플롯 스타일에서 처음부터 편집해도 되고, 플롯 스타일 관리자에서 기존 파일을 더블 클릭해서 편집할 수 있다. 플롯 스타일이 왜 중요한지는 위에서도 설명했지만, 오토캐드를 처음 접하는 사용자는 출력을 해보기 전까지는 그 이유를 알 수가 없다. 이번 장에서 편집한 플롯 스타일 결과를 다음 장에서 출력 결과를 보면서 비교해 보도록 한다.

01_ 지정할 색상을 색상1에서 색상7까지 선택한다. Shift 키나 Ctrl 키를 이용하면 여러 개의 색상을 함께 선택할 수 있다.

02_ 지정한 색상이 출력될 때의 색상을 검은색으로 지정한다.

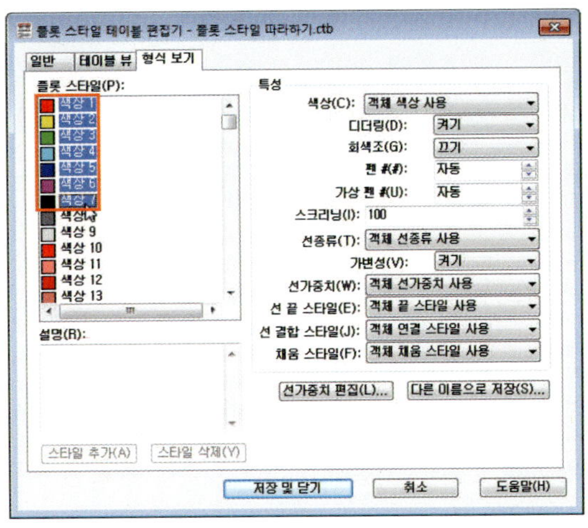

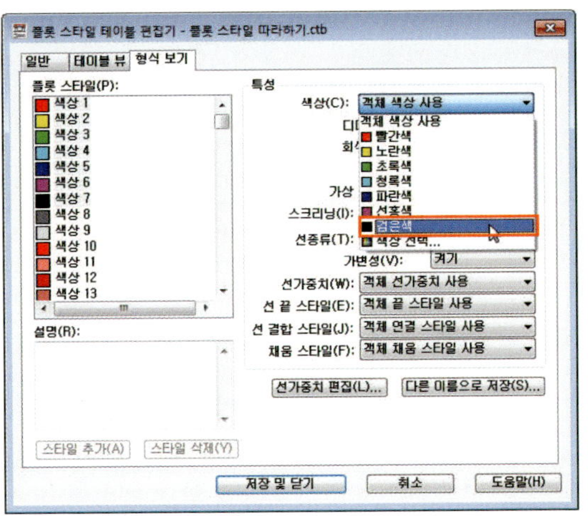

03_ 색상별로 성격을 지정할 수 있다. 먼저 색상1만을 선택한다.

04_ 색상1에 적용할 선가중치를 0.05mm로 지정한다.

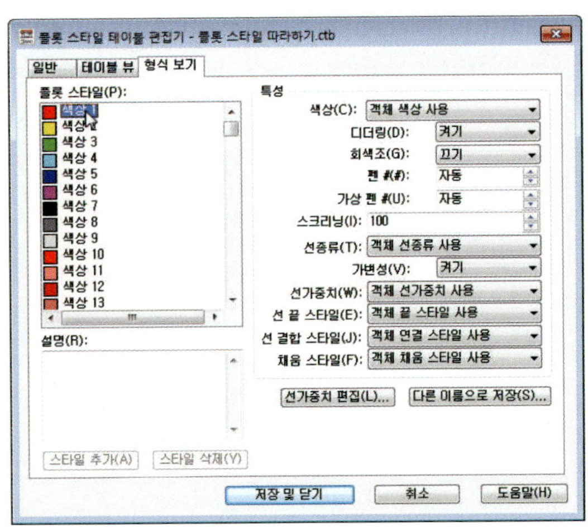

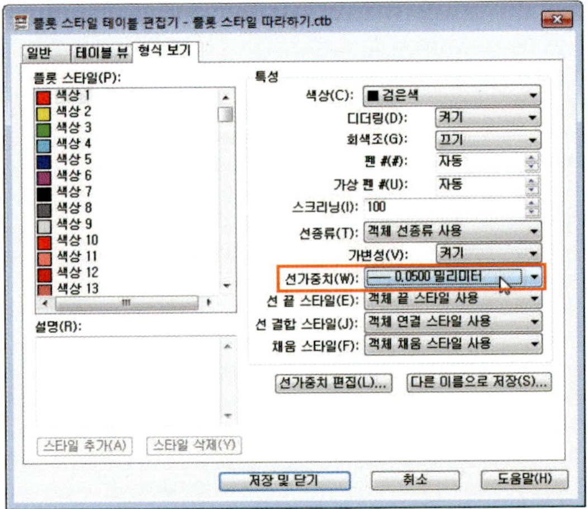

05_ 색상1에 적용할 선 종류를 '긴 대시 짧은 대시'로 지정한다.

06_ 각각의 색상에 가중치를 다르게 지정한다. (색상2 – 0.1mm, 색상3 – 0.3mm, 색상4 – 0.5mm, 색상5 – 0.7mm, 색상6 – 1.0mm, 색상7 – 2.0mm)

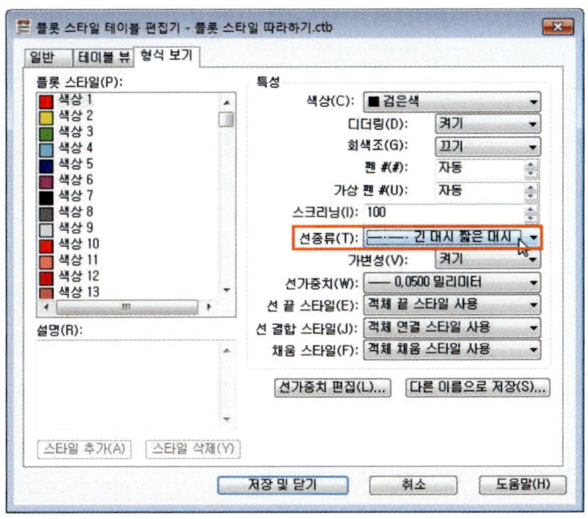

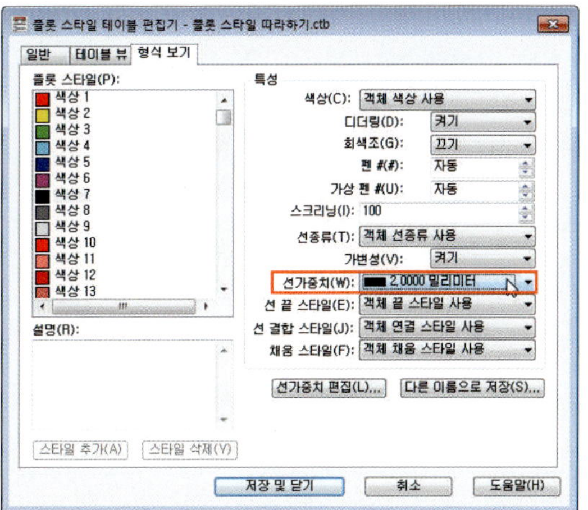

07_ 선 끝, 선 결합 등은 작업자가 원하는 스타일로 선택한다. 출력에서는 큰 차이가 나타나지 않으므로 서로 다르게 하지 않아도 무방하다.

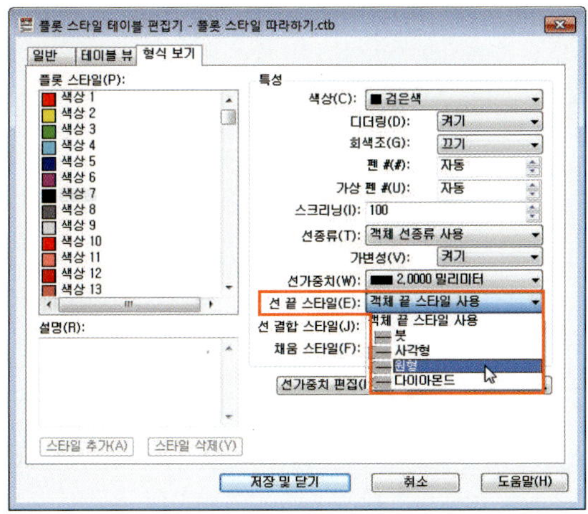

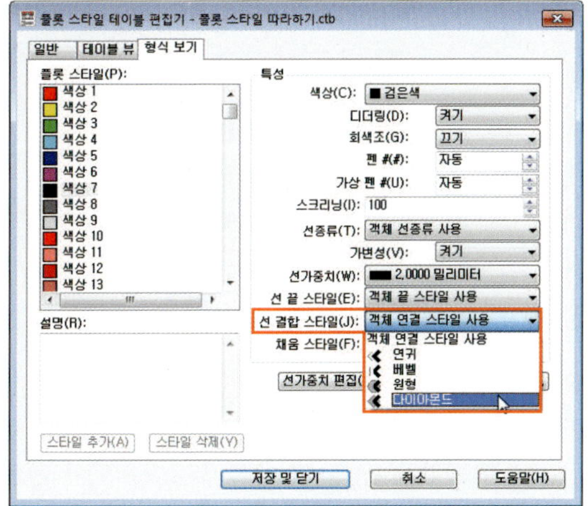

5 페이지 설정 관리자 (명령: pagesetup, 풀다운 메뉴: 파일 〉 페이지 설정 관리자..., 메뉴 검색기 〉 인쇄 〉 페이지 설정)

출력 명령을 하기 위해 지금까지 진행한 배치 영역과 플롯 스타일을 적용한 페이지 설정을 하여야 하며, 작업자는 출력기, 출력용지를 변경하거나 축척, 출력 위치 등을 바꾸어 지정하여 페이지를 다양하게 설정할 수 있다.

> **Tip** 페이지 설정은 플롯을 하기 위한 마지막 단계이다. 물론 오토캐드에 능숙한 사용자는 이 단계를 뛰어 넘어갈 수 있고, 이 단계에서 배치 영역과 플롯 스타일을 함께 설정할 수 있다. 그러나 가장 중요한 플롯 스타일 설정은 반드시 작업자가 해야 하는 단계이므로 반드시 이해하고 넘어가도록 한다.

01_ 페이지 설정 관리자에서 '새로 만들기'를 클릭한다.

02_ 새로운 플롯 설정의 이름을 지정한다. 이름을 지정할 때 출력의 특징을 미리 지정해두면 출력 때에 다른 페이지 설정과 구분을 빨리 할 수 있어 편리하다.

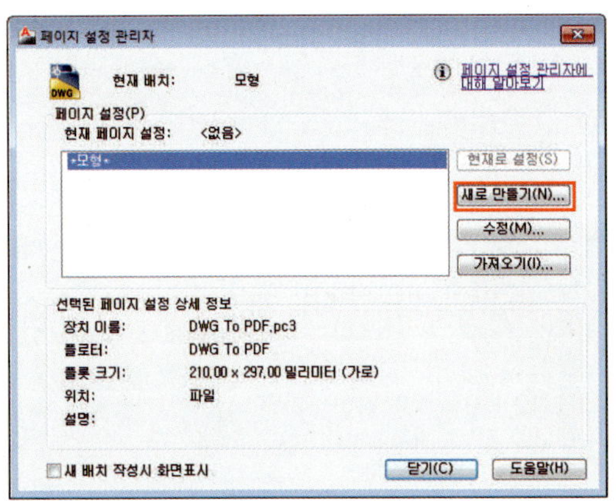

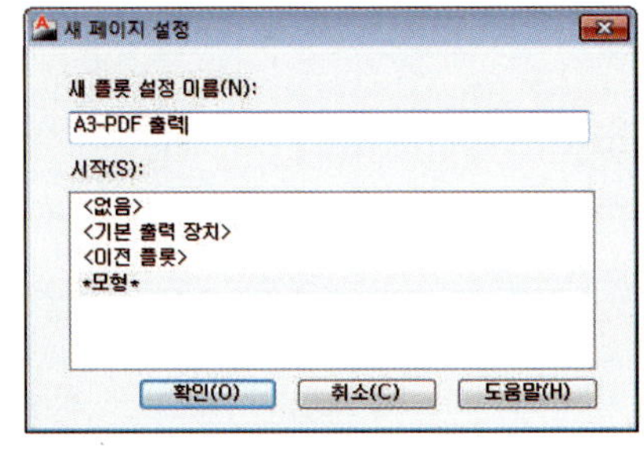

03_ 사용할 플로터, 프린터를 지정한다. (필자는 프린터를 파일 출력이 가능한 'DWG To PDF.pc3'로 지정하였다. 'DWG To PDF.pc3'는 출력이 가능한 플로터, 프린터가 아니다.)

04_ 출력할 용지를 지정한다.

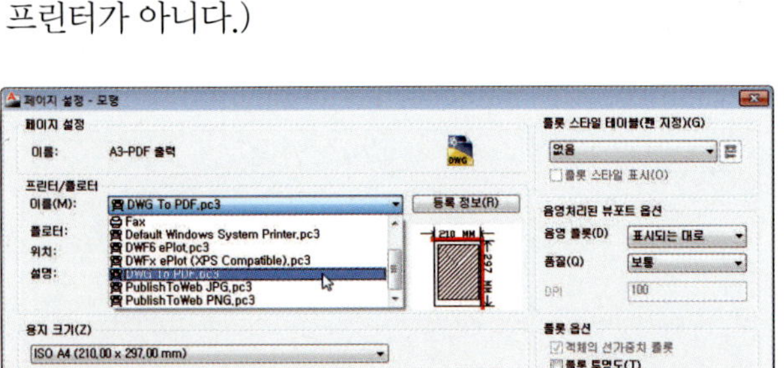

05_ 플롯 영역을 설정한다.

- **범위** : 객체가 차지한 범위만을 출력한다. (축척에 의해 출력 크기는 달라진다.)
- **윈도우** : 작업자가 원하는 범위만을 출력한다.
- **한계** : 도면 영역 전체를 출력한다.
- **화면표시** : 화면에 나타난 부분만을 출력한다. (축척에 의해 출력 크기는 달라진다.)

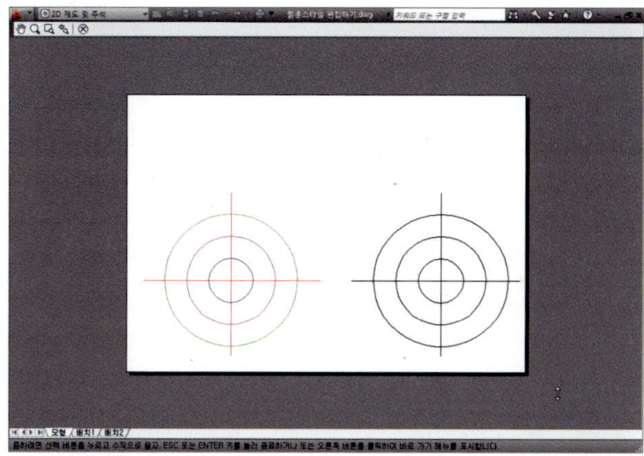

▲ 플롯 영역을 '범위'로 선택한 경우

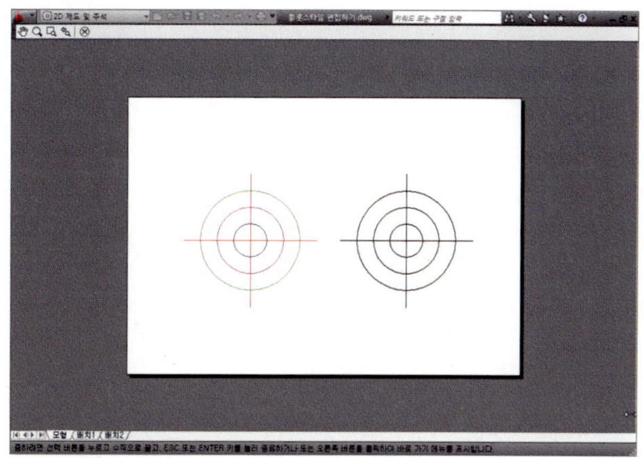

▲ 플롯 영역을 '화면표시'로 선택한 경우

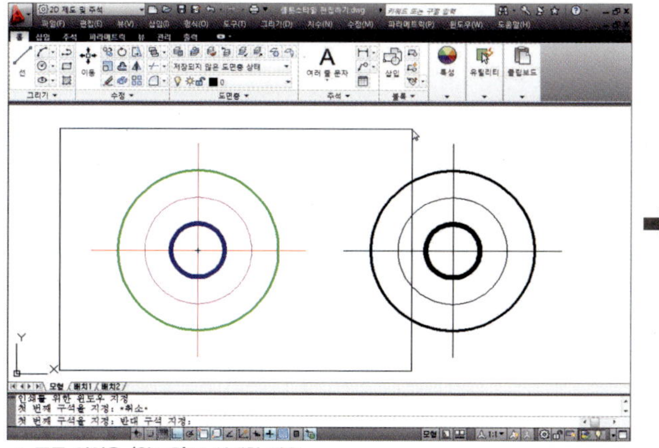

▲ 플롯 영역을 '윈도우'로 선택한 경우

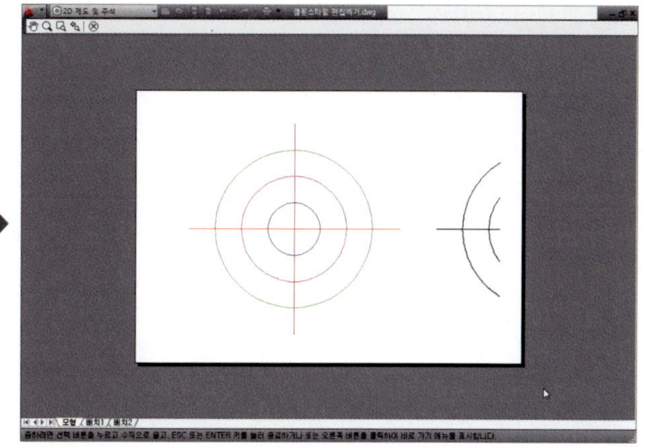

06_ 플롯되는 위치를 플롯에 중심(플롯되는 용지의 가운데에 출력이 되도록)으로 조정한다.

Tip 플롯되는 지점을 지정하는 것은 실무에서는 가운데로 지정하지는 않는다. 그러나 플롯이 되는 부분을 정확히 계산하여 미리 만들어놓은 배치 영역을 사용하거나, 틀을 사용하는 경우가 많다. 이것은 플롯 위치를 정확히 좌표나 거리로 지정하기가 곤란하기 때문이다. 예를 들어 도면을 정리하기 위해 왼쪽에 자리를 만들어야 한다면 미리 오른쪽에 형성한 블록을 배치 영역으로 이용하거나 플롯 영역으로 지정하게 된다.

07_ 플롯 축척을 용지에 맞춤(도면의 모든 객체가 출력되는 가장 큰 상태)으로 지정한다.

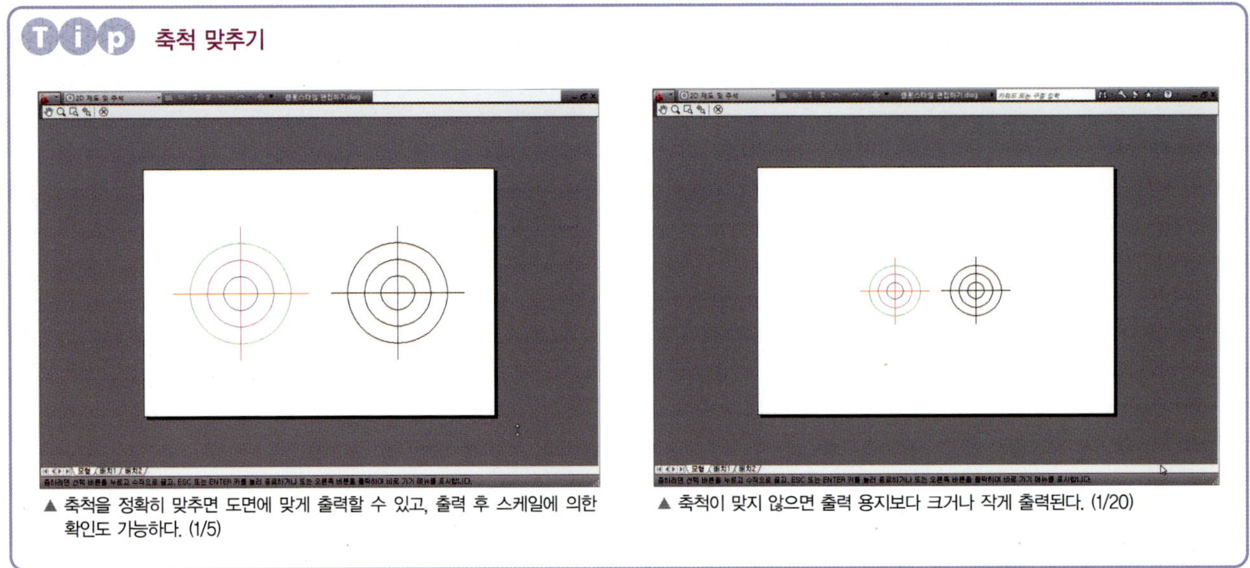

▲ 축척을 정확히 맞추면 도면에 맞게 출력할 수 있고, 출력 후 스케일에 의한 확인도 가능하다. (1/5)

▲ 축척이 맞지 않으면 출력 용지보다 크거나 작게 출력된다. (1/20)

08_ 플롯 스타일 테이블로 미리 작성해두었던 ctb 파일(플롯 스타일 따라하기.ctb)을 선택한다.

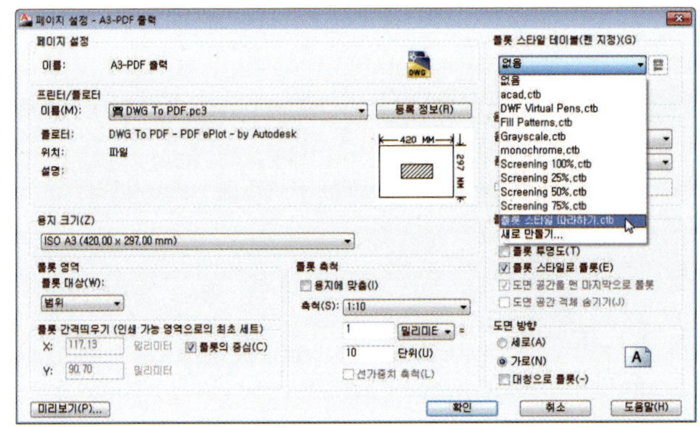

09_ 플롯 옵션 중 '플롯 스타일로 플롯'을 선택한다. 그러면 지정한 플롯 스타일 테이블에 영향을 받받은 출력이 된다. (선가중치, 선 종류 등이 모두 적용됨)

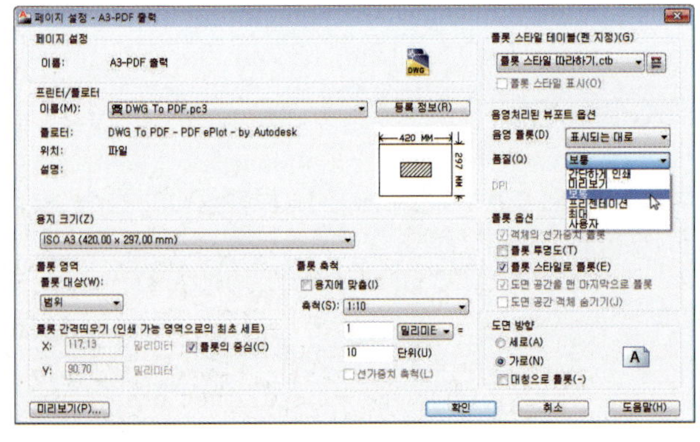

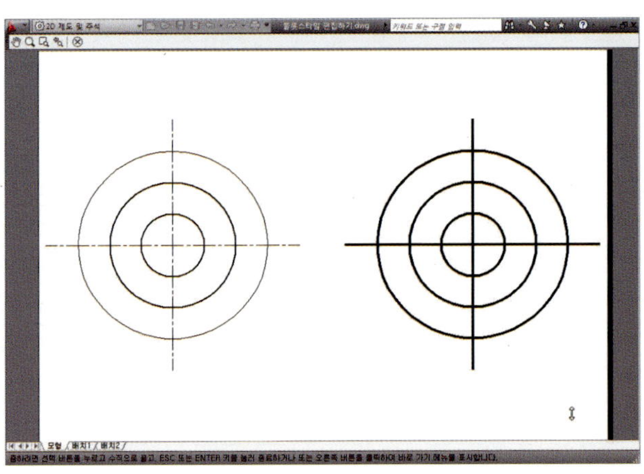

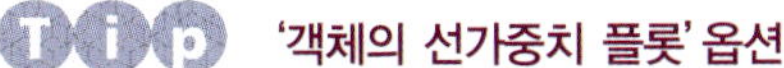

'객체의 선가중치 플롯' 옵션

'객체의 선가중치 플롯'을 선택하면 플롯 스타일에서 지정한 선가중치를 무시하고, 도면을 그릴 때 적용한 선가중치를 기준으로 출력한다.

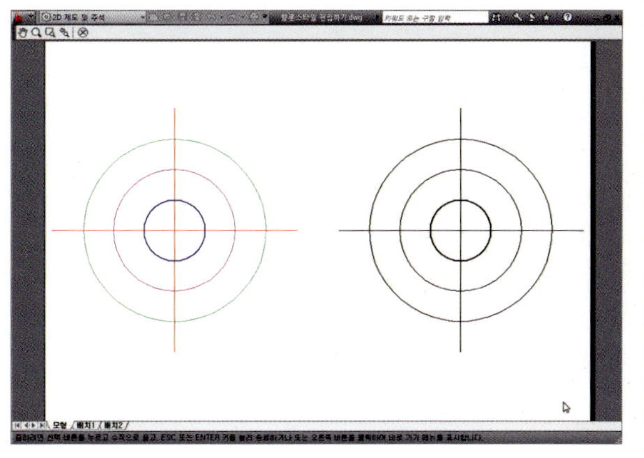

Tip '음영 표시된 뷰포트 옵션'은 오토캐드의 3D작업에서 사용되는 옵션으로 평면부분만 사용하는 경우 무시한다.

10_ 출력되는 용지에 출력되는 방향(도면 방향)을 '대칭으로 플롯'으로 지정(출력되는 것이 아닌 출력용지의 좌우가 바뀌어 출력됨)한다.

6 플롯하기

페이지 설정이 되면 플롯 명령을 쉽게 할 수 있다. 이미 지정된 페이지 설정을 불러와서 미리보기 확인 후 출력만 하면 된다. 그러나 페이지 설정을 변경하고 싶으면, 일부를 수정하여 출력할 수 있기 때문에 플롯 명령에서 페이지 설정을 할 수 있다.

페이지 설정에서 미리 작성한 원하는 페이지를 불러오면 플롯이 가능하다. 자세한 내용을 수정하려면 우측 하단의 버튼을 누르면 우측 확장창이 활성화된다.

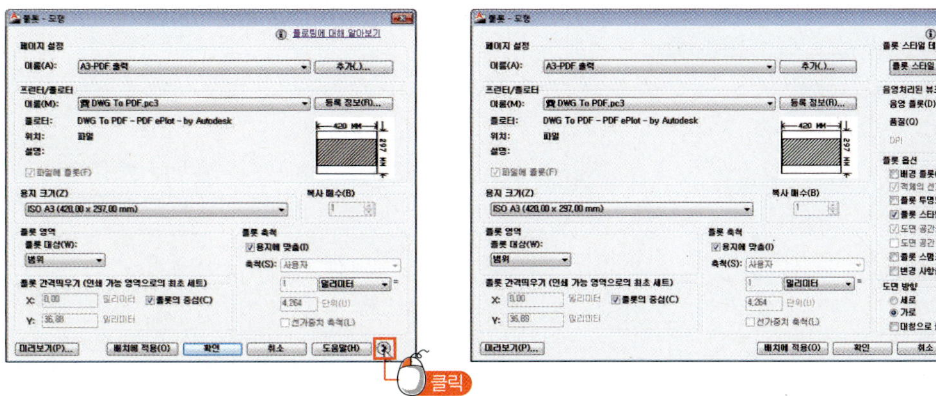

기타명령 알아보기

CHAPTER 05

오토캐드에서 그리기와 수정 명령으로 모든 도면 그리기를 진행할 수 있다. 그렇지만 오토캐드는 도면을 그리고 수정하는 목적으로만 사용하지는 않는다. 특히 디자이너의 경우에는 더욱 그러한데, 도면을 프레젠테이션을 위해 다른 프로그램에서 사용할 수 있도록 변환을 시키기도 해야 하며, 기존의 도면을 이해하기 위해 길이나 면적을 확인해야 하기도 한다. 이를 위해 객체의 정보를 파악하거나, 자료를 변환하는 방법을 알아보도록 한다.

1 내보내기 (명령: export, 단축명령: exp, 풀다운 메뉴: 파일 〉 내보내기, 메뉴 검색기: 내보내기)

내보내기 명령은 오토캐드에서 다른 프로그램, 예를 들어 디자이너의 경우는 어도비사의 포토샵이나 일러스트와 같은 2D 프로그램 또는 3D studio와 같은 3D 프로그램에서 사용할 경우에 해당 프로그램이 읽어 들일 수 있는 파일로 변환하는 명령이다.

- 메타 파일(*.wmf) : wmf는 그래픽 이미지 파일로, 같은 색상이 많을 때 사용하면 용량이 작아진다. 윈도우에서 사용하는 모든 그래픽 프로그램에서 인식이 가능하다.
- ACIS 파일(*.sat) : 공학용 프로그램에 이용되는 파일로 저장한다.
- 리쏘 그라피(*.stl) : 반도체, 전자부품 제작에 사용되는 파일로 저장한다.
- 캡슐화된 PS(*.eps) : 전자 출판용 파일로 저장한다.
- 비트맵(*.bmp) : 윈도우에서 사용하는 그림 파일로 저장한다.
- 3D studio(*.3ds) : 3D studio 프로그램에서 읽을 수 있는 파일로 저장한다.
- 블록(*.dwg) : '다른 이름으로 저장' 과 같은 명령이다.

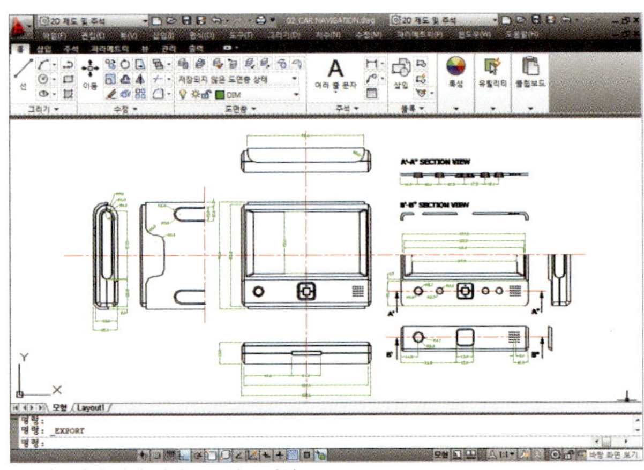

▲ 내보내기 명령 전의 오토캐드 파일

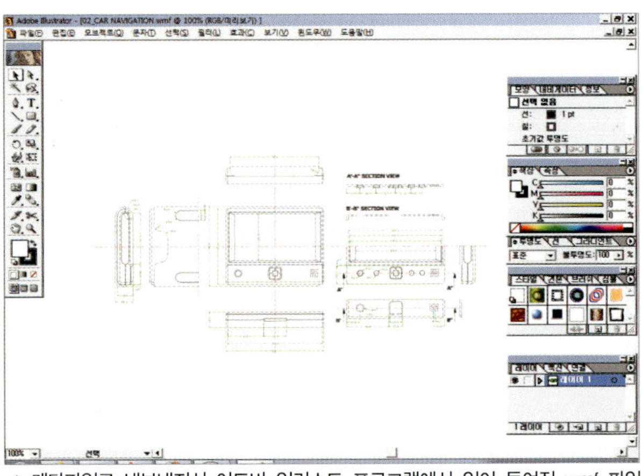

▲ 메타파일로 내보내져서 어도비 일러스트 프로그램에서 읽어 들여진 wmf 파일
(벡터 방식으로 저장)

Tip 내보내기 명령에서 디자이너가 가장 많이 사용하는 파일 저장 형식은 eps와 dwg라고 할 수 있다. 물론 다른 내보내기 형식도 필요할 때 적절히 사용할 수 있지만 eps 파일 형식은 윈도우 운영 시스템뿐만 아니라 매킨토시에서도 사용 가능하기 때문에 프레젠테이션 작업을 위한 준비 과정으로 많이 사용되는 파일 형식이다. 참고로 3ds 파일은 3D studio 가 3D Max로 버전이 높아지면서 사용되지 않을 뿐더러 오류도 잘 일어나므로 실무에서는 피하는 저장 방식이다.

Tip 다른 프로그램에서 인식하게 만들기 위해 내보내는 방식은 2가지로 정리할 수 있다. 같은 그래픽 프로그램이라 할지라도 어도비 일러스트는 오토캐드와 마찬가지로 위치를 점(좌표)으로 저장해서 서로의 관계를 형성한 내용을 저장하는 벡터 방식을 채택하고 있고, 어도비 포토샵의 경우 보여지는 모든 점 개개의 데이터를 저장하는 픽셀 방식을 채택하고 있다. 그러므로 오토캐드에서 어도비 일러스트과 같은 벡터 저장 방식 프로그램에서 작업한 내용은 수정할 수 있는 파일(dwg)로 돌아올 수 있지만, 어도비 포토샵과 같은 픽셀 저장 방식은 수정이 불가능한 그림 파일로만 사용된다.

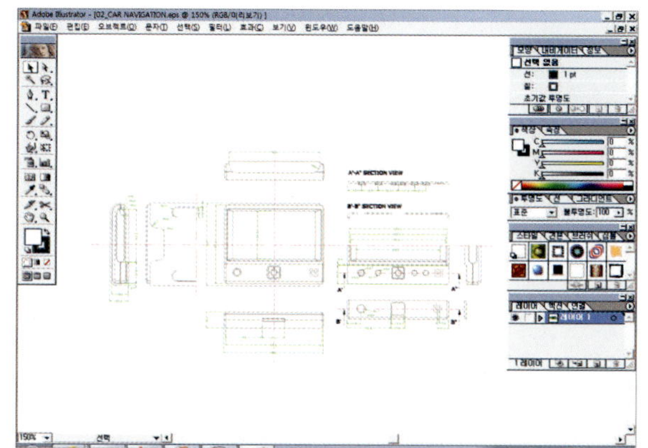

▲ 캡슐화된 PS파일로 내보내져 어도비 일러스트 프로그램에서 읽어 들여진 eps 파일(벡터 방식으로 저장)

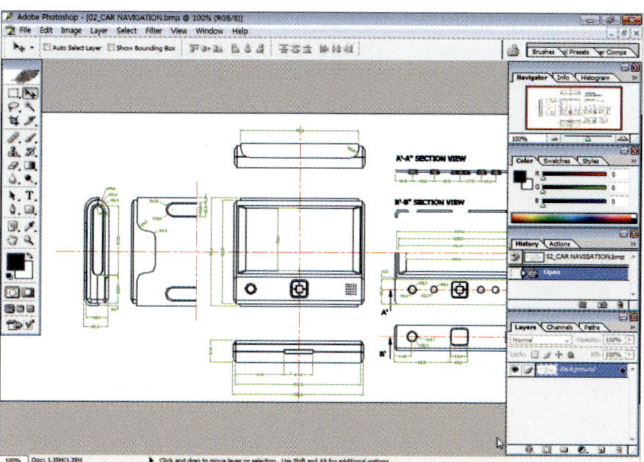

▲ 비트맵 파일로 내보내져 어도비 포토샵 프로그램에서 읽어 들여진 bmp 파일(픽셀 방식으로 저장)

Tip • 벡터 형식의 내보내기 파일은 모든 객체가 동일 선가중치를 가진 실선으로만 저장된다. 그러므로 선가중치가 필요한 작업에서는 해당 프로그램에서 선가중치를 변경하는 작업을 다시 해야 한다.

• 픽셀 형식의 내보내기 파일은 가중치가 활성화 된 상태에서 저장하면 가중치가 적용된 다음 작업이 가능하다. 그러나 확대했을 때 깨져 보이는 점과 깨끗한 표현이 불가능한 단점이 있다.

• 선가중치가 적용된 데이터는 출력에서만 유효하다. 출력을 데이터로 만들기 위해서는 어도비 아크로뱃과 같은 데이터 출력이 가능한 프로그램을 이용하면 된다.

2 등분할 (명령: divide, 단축명령: div, 풀다운 메뉴: 그리기 〉 점 〉 등분할, 리본 탭: 홈 〉 그리기 〉 등분할)

등분할 명령은 점을 활용하여 선택한 객체를 동일한 길이로 나눌 수 있다. 이때 지정된 객체는 끊어지는 것이 아니고 해당 지점에 점이 그려진다. 점은 도면 상에서 크기를 갖지 않기 때문에 작업이 되었는지를 확인하기 위해서는 객체 스냅에서 노드를 지정하면 해당되는 점을 찾을 수 있다.

01_ 등분할 대상 객체를 선택 후 분할할 개수를 입력한다.

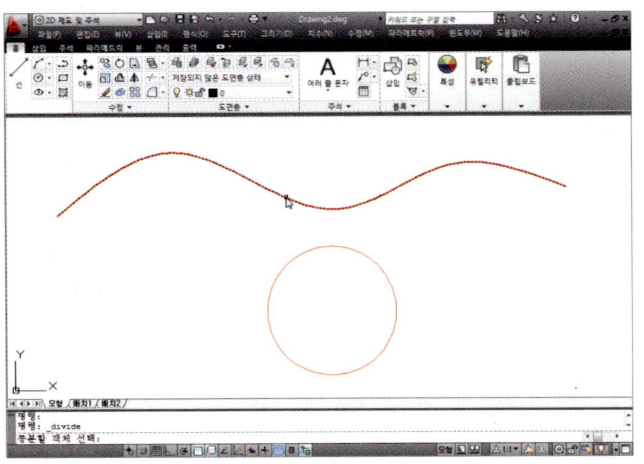

02_ 분할된 위치를 찾기 위해 객체 스냅(Shift + 마우스 오른쪽 버튼)의 '노드'를 활용한다.

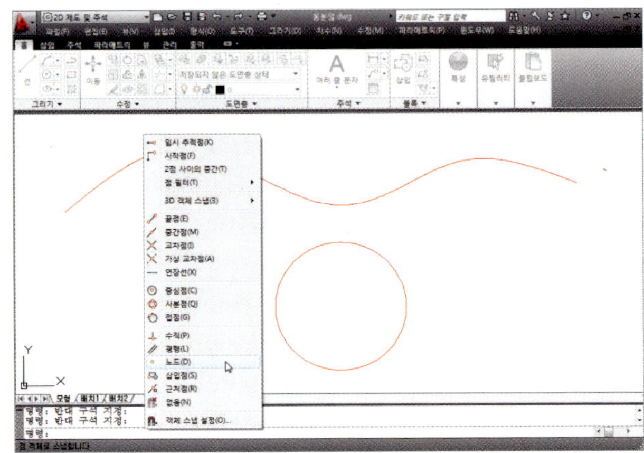

03_ 분할된 위치의 점 때문에 노드가 활성화된다.

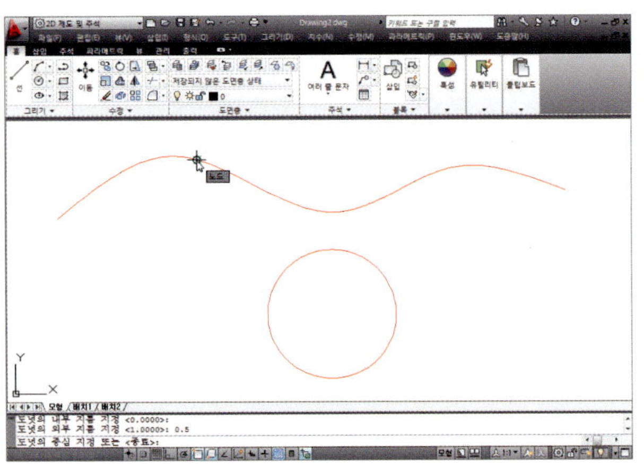

04_ 해당지점을 표시해보면 나눠진 상태가 보인다.

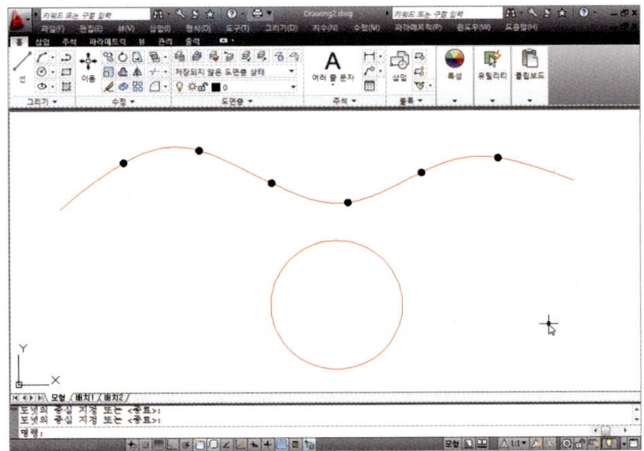

명령: **divide** Enter (또는 리본 메뉴, 풀다운 메뉴 클릭)

등분할 객체 선택: **(등분할 객체 선택)**

세그먼트의 개수 입력 또는 [블록(B)]: **7** Enter (등분할 수량 입력)

05_ 등분할 대상 객체를 선택 후 분할할 개수를 입력한다.

06_ 해당 지점을 표시해보면 나눠진 상태가 보인다.

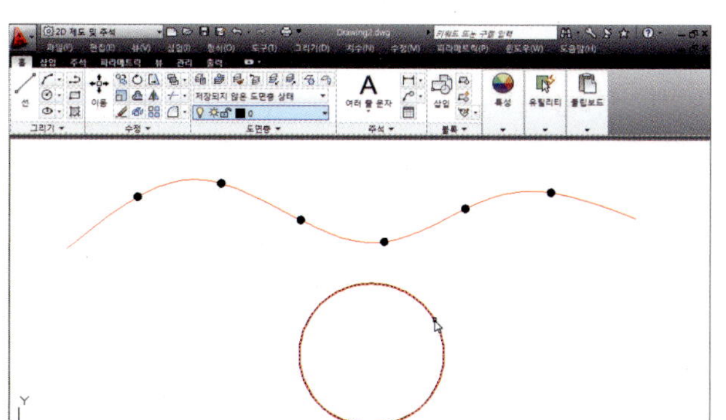

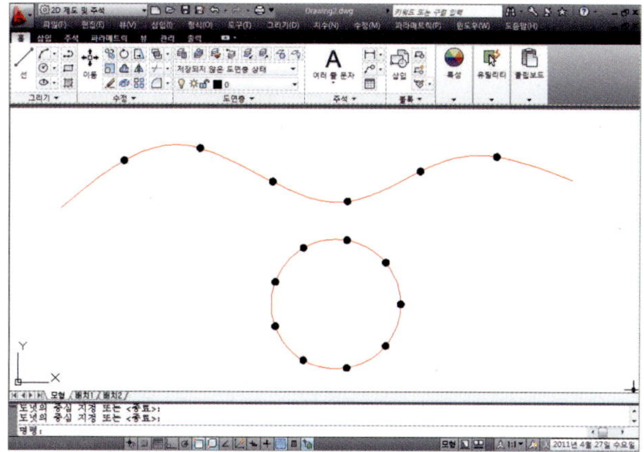

명령: **divide** Enter (또는 리본 메뉴, 풀다운 메뉴 클릭)
등분할 객체 선택: **(등분할 객체 선택)**
세그먼트의 개수 입력 또는 [블록(B)]: **9** Enter (등분할 수량 입력)

3 길이 분할 (명령: measure, 단축명령: me, 풀다운 메뉴: 그리기 〉 점 〉 측정, 리본 탭: 홈 〉 그리기 〉 측정 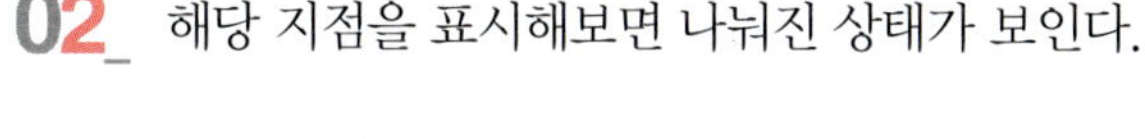)

길이 분할 명령은 점을 활용하여 선택한 객체를 일정한 길이로 나눌 수 있다. 이때 지정된 객체는 등분할 명령처럼 끊어지는 것이 아니고 해당 지점에 점이 그려진다. 점은 도면상에서 크기를 갖지 않기 때문에 작업이 되었는지를 확인하기 위해서는 객체 스냅에서 노드를 지정하면 해당되는 점을 찾을 수 있다.

01_ 등분할 대상 객체를 선택 후 분할할 길이를 입력한다.

02_ 해당 지점을 표시해보면 나눠진 상태가 보인다.

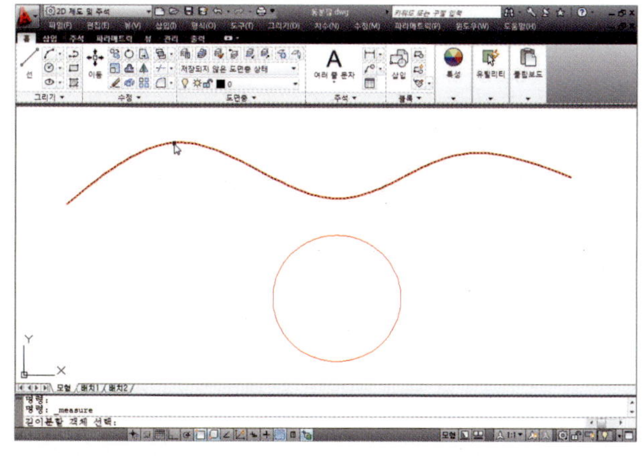

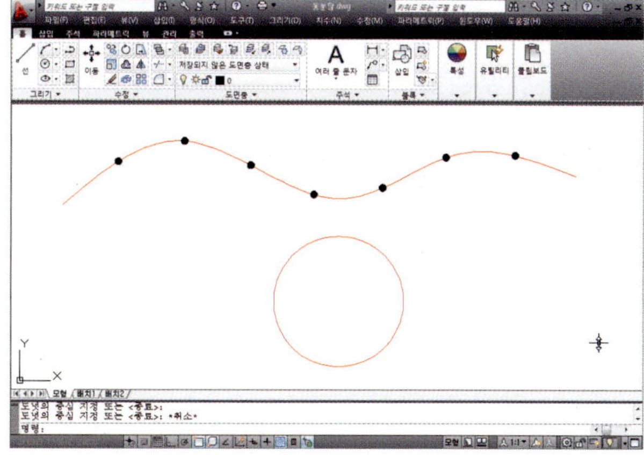

명령: **measure** Enter (또는 리본 메뉴, 풀다운 메뉴 클릭)
등분할 객체 선택: **(등분할 객체 선택)**
세그먼트의 길이 지정 또는 [블록(B)]: **5** Enter (등분할 길이 입력)

03_ 등분할 대상 객체를 선택 후 분할할 길이를 입력한다.

04_ 해당 지점을 표시해보면 나눠진 상태가 보인다.

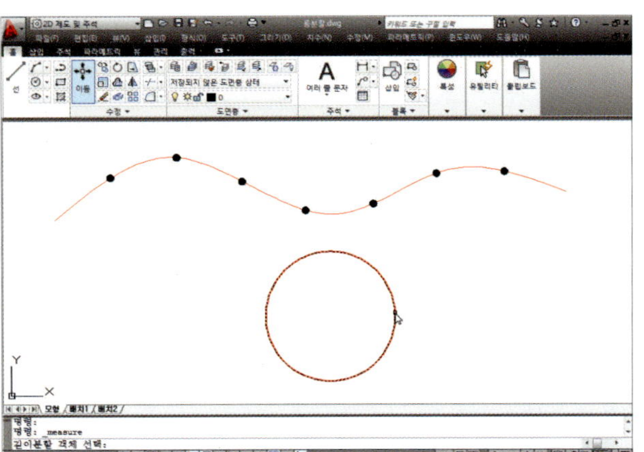

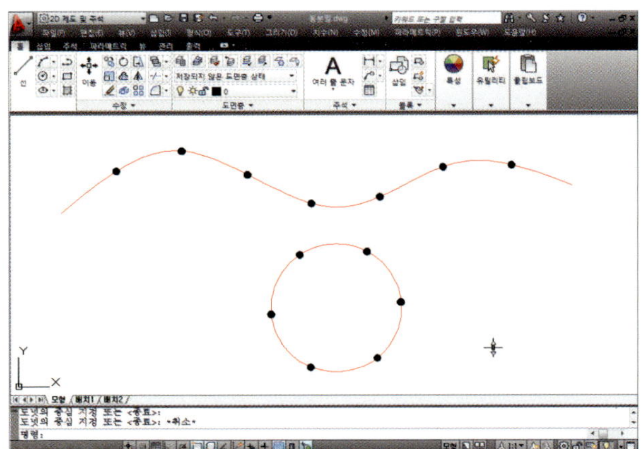

명령: **measure** Enter (또는 리본 메뉴, 풀다운 메뉴 클릭)

등분할 객체 선택: **(등분할 객체 선택)**

세그먼트의 길이 지정 또는 [블록(B)]: **5** Enter (등분할 길이 입력)

Tip 길이 분할 명령은 객체의 시작점이나 원의 '0'도를 기준으로 길이 분할을 한다.

4 거리 (명령: dist, 단축명령: di, 풀다운 메뉴: 도구 〉 조회 〉 거리, 리본 탭: 홈 〉 유틸리티 〉 측정 〉 거리 ▭)

객체와 객체의 정점의 거리를 알아보는 명령이다. 대개 치수 명령을 이용하여 거리를 확인하는 작업자가 많은데, 치수 명령은 치수 객체를 생성하기 때문에 다시 객체를 지워야하는 불편함도 있고, 작업을 중단하면 그 값이 얼마인지 남지 않아 기억을 해야 하는 불편이 있기 때문에 거리 명령을 단축명령으로 이용하면 편리하다.

01_ 첫 번째 점을 클릭한다.

02_ 두 번째 점을 클릭한다.

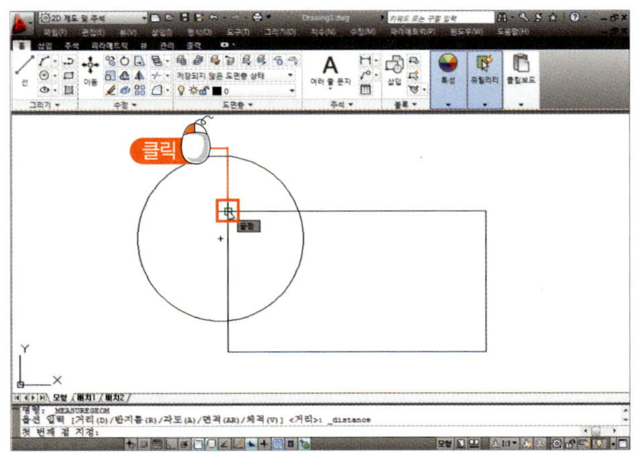

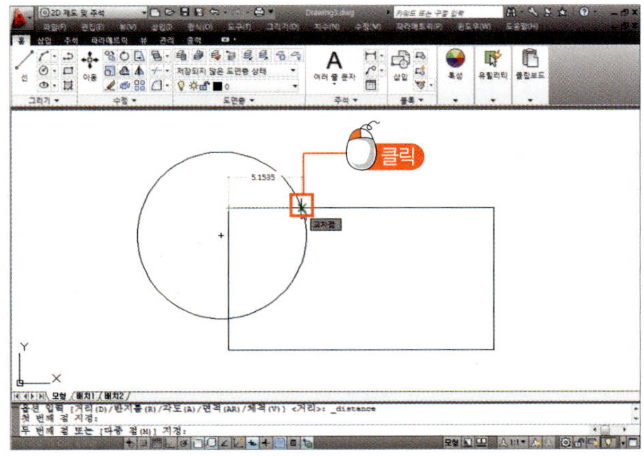

명령: **dist** Enter (또는 리본 메뉴, 풀다운 메뉴 클릭)
첫 번째 점 지정: **(첫 번째 점 클릭)**
두 번째 점을 지정: **(두 번째 점 클릭)**
거리 = 5.1535, XY 평면에서의 각도 = 0, XY 평면으로부터의 각도 = 0
X증분 = 5.1535, Y증분 = 0.0000, Z증분 = 0.0000 (두 점의 거리 및 각도에 대한 값)

5 면적 (명령: area, 풀다운 메뉴: 도구 〉 조회 〉 면적, 리본 탭: 홈 〉 유틸리티 〉 측정 〉 면적 ▱)

지정한 객체나 객체들 간에 형성하고 있는 부분의 면적을 알아내는 명령이다. 면적 명령은 길이 명령보다 좀 더 유용한 명령으로 길이를 확인하여 면적을 구하는 불편을 덜 수 있기 때문이다. 영역을 선택하기 위해서는 직접 점을 클릭하거나 객체를 선택하여 면적을 구할 수 있다.

01_ 추가할 객체를 선택한다.

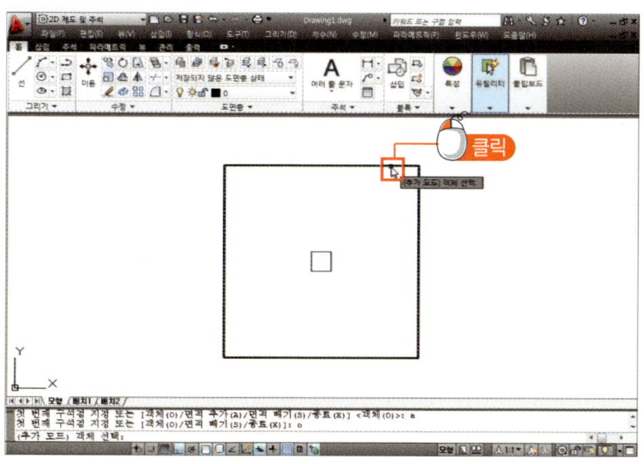

02_ 빼낼 객체를 선택한다.

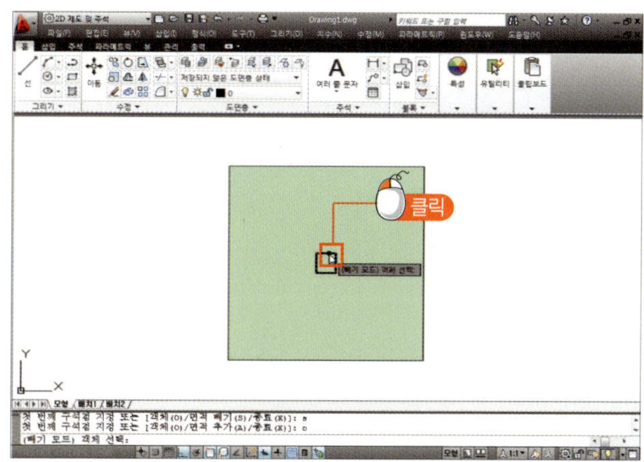

03_ 하늘색 영역은 최종적으로 영역이 확인된 곳이고, 살색 영역은 빼내어진 영역이다.

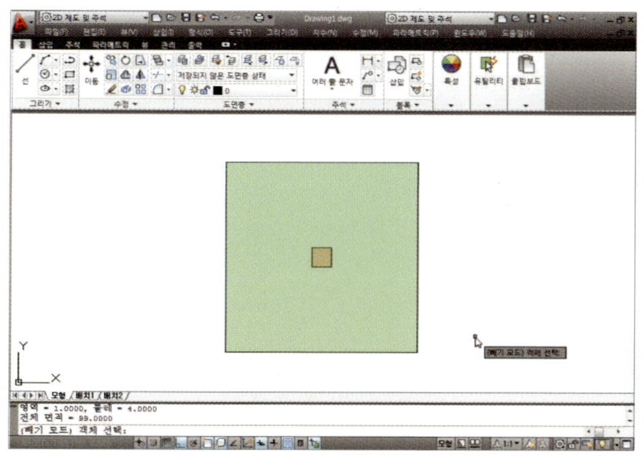

명령: **area** Enter (또는 리본 메뉴, 풀다운 메뉴 클릭)
첫 번째 구석점 지정 또는 [객체(O)/추가(A)/빼기(S)]: **a** Enter (추가 지정 명령어 입력)
첫 번째 구석점 지정 또는 [객체(O)/빼기(S)]: **o** Enter (객체 지정 명령어 입력)

(추가 모드) 객체 선택:
면적 = 100, 둘레 = 40 (추가된 객체의 면적과 둘레 길이가 확인됨)
전체 면적 = 100 (중간 결과 면적과 둘레 길이)

(추가 모드) 객체 선택:
첫 번째 구석점 지정 또는 [객체(O)/빼기(S)]: **s** Enter (빼기 지정 명령어 입력)
첫 번째 구석점 지정 또는 [객체(O)/추가(A)]: **o** Enter (객체 지정 명령어 입력)

(빼기 모드) 객체 선택:
영역 = 1.0000, 둘레 = 4.0000 (빼기가 된 객체의 면적과 둘레 길이가 확인됨)
전체 면적 = 99.0000 (최종 결과 면적)

(빼기 모드) 객체 선택:
첫 번째 구석점 지정 또는 [객체(O)/추가(A)]: Enter (명령이 모두 종료)

6 리스트 (명령: list, 단축명령: li, 풀다운 메뉴: 도구 〉 조회 〉 리스트, 리본 탭: 홈 〉 특성 〉 리스트 📋)

리스트는 객체가 가진 성격과 일반적인 면적, 길이 각도 등을 보여주는 명령이다. 거리와 마찬가지로 필요에 따라 치수 명령을 사용할 수도 있지만 객체가 가지고 있는 성격을 한 번에 확인하는 명령이므로 알아두면 유용한다.

01_ 리스트로 확인할 객체를 선택한다.

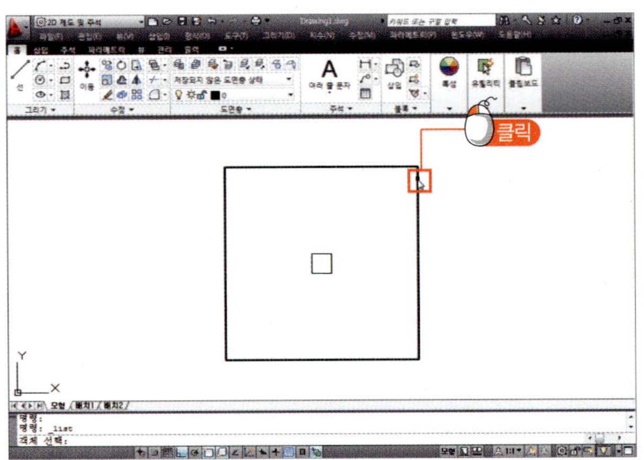

02_ 문자 윈도우를 통해 객체의 데이터를 보여준다.

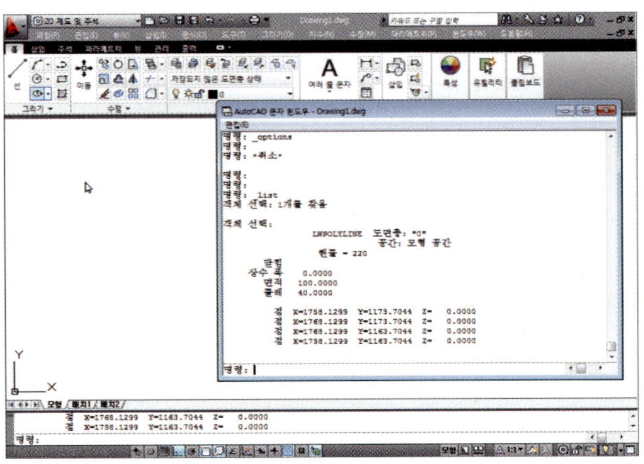

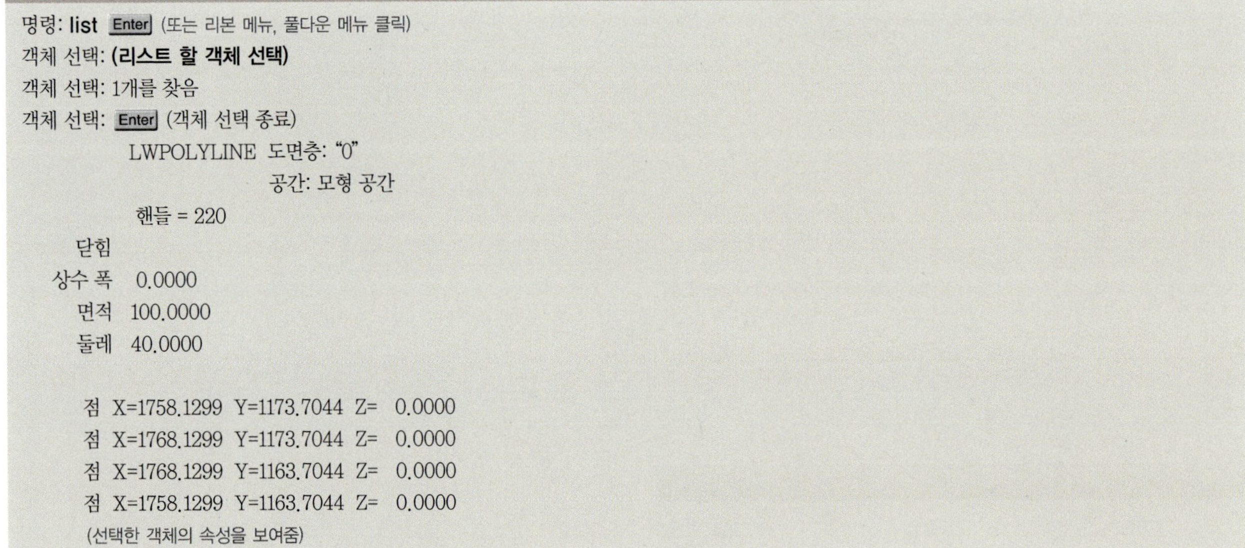

명령: **list** Enter (또는 리본 메뉴, 풀다운 메뉴 클릭)
객체 선택: **(리스트 할 객체 선택)**
객체 선택: 1개를 찾음
객체 선택: Enter (객체 선택 종료)
　　　　　　LWPOLYLINE　도면층: "0"
　　　　　　　　　　　　공간: 모형 공간

　　　　　　　핸들 = 220
　　　닫힘
　상수 폭　0.0000
　　면적　100.0000
　　둘레　40.0000

　　점　X=1758.1299　Y=1173.7044　Z=　0.0000
　　점　X=1768.1299　Y=1173.7044　Z=　0.0000
　　점　X=1768.1299　Y=1163.7044　Z=　0.0000
　　점　X=1758.1299　Y=1163.7044　Z=　0.0000
　(선택한 객체의 속성을 보여줌)

7 특성 (명령: properties, 단축명령: ch, 풀다운 메뉴: 수정 〉 특성, 리본 탭: 뷰 〉 팔레트 〉 특성)

객체가 갖고 있는 성질을 직접적으로 수정할 때 사용하는 명령이다. 물론 다른 명령을 통해 수정할 수 있지만, 특성 명령을 이용하면 객체가 가지고 있는 기존의 특성을 볼 수 있기 때문에 좀 더 정확한 수정이 가능해진다. 선택된 객체는 '특성' 팔레트를 통해 성격을 파악할 수 있다. 특성 변화는 일반, 플롯, 뷰, 기타로 구분되어 있다.

01_ 특성 패널의 우측 하단에 있는 화살표 아이콘을 클릭하여 특성 팔레트를 열 수도 있다.

02_ 객체를 클릭한 후 마우스의 오른쪽 버튼을 눌러 '특성' 명령을 선택함으로써 선택된 객체의 특성을 보여 주는 특성 팔레트를 신속하게 열 수 있다.

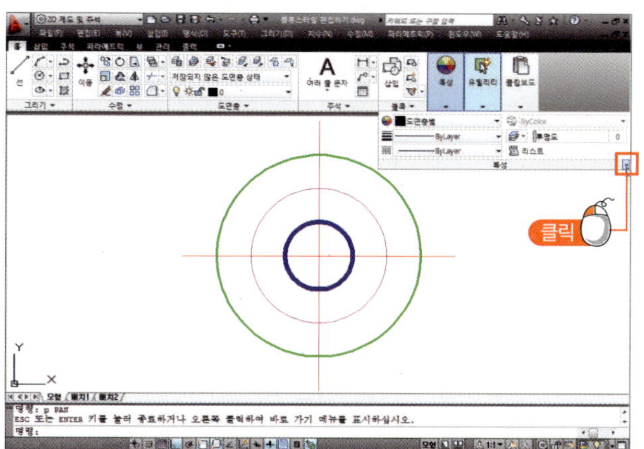

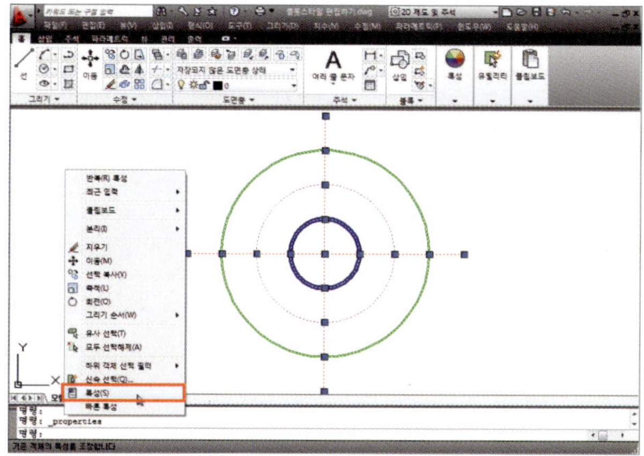

03_ 특성 명령을 통해 일반 특성인 색상과 선 가중치 등을 수정한다.

04_ 새로운 특성이 적용된다.

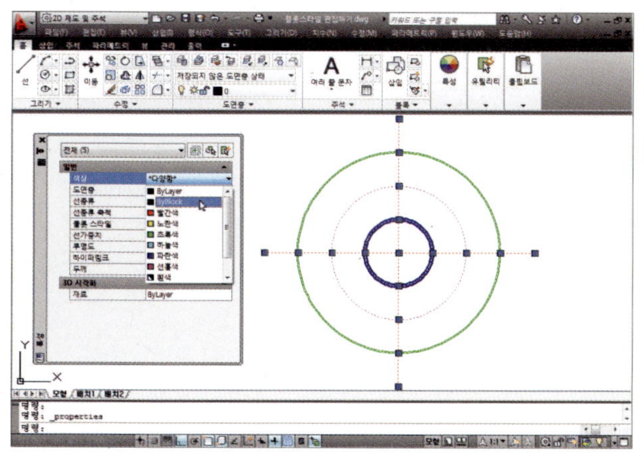

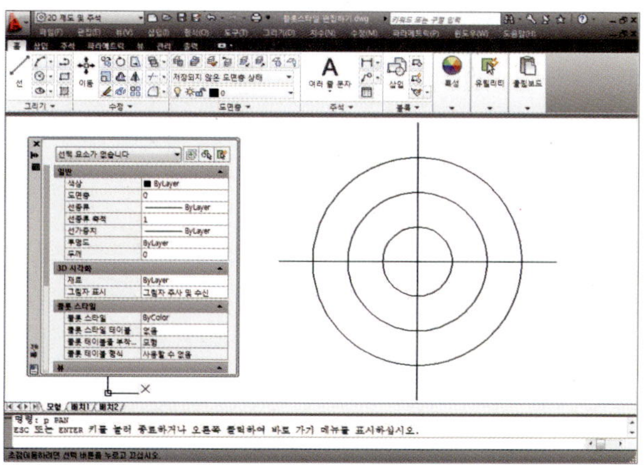

Tip 특성 명령은 도면층의 구분을 시키기에 모호한 객체를 수정할 때 유용하다. 예를 들어 동일한 성격의 객체임에도 도면상에서 다른 선 가중치로 표현되거나, 선 종류가 달라질 때에 도면층을 다르게 구분하면 불편할 때가 많다. 이때에 해당 객체만 특성을 바꿔줌으로써 동일한 도면층을 유지할 수 있다. 특성 명령은 블록의 경우 실행이 되지 않는 것처럼 보인다. 그러나 블록의 성격일 때는 특성이 나타나지 않다가 블록의 해제, 즉 분해 명령을 통해 선, 원 등의 객체가 되었을 때 적용된 특성 명령이 나타나게 된다.

프레젠테이션용 도면 출력하기

CHAPTER 06

지금까지는 도면을 그리기 위해 준비하고, 그리고, 수정하고, 출력하는 일련의 과정을 소개하였다. 그러나 실무를 진행하는 제품디자이너는 오토캐드를 통해 프레젠테이션을 준비하지 않는다. 오토캐드는 도면을 그리는 프로그램으로, 내용을 전달하기 위한 그래픽 프로그램과의 호환을 통해 디자이너가 원하는 프레젠테이션 자료로 완성되는 것이다. 이제 가장 기본이 되는 그래픽 프로그램(일러스트, 포토샵)과 호환하기 위한 오토캐드에서의 작업을 알아보도록 하자.

1 오토캐드의 데이터를 그래픽 프로그램에서 이용하기

오토캐드는 '내보내기(export)'라는 명령을 통해 다른 프로그램과 호환할 수 있도록 되어 있다. 내보내기 명령에 대해서는 앞장에서 자세하게 설명하였으므로 이해가 되지 않는 부분은 앞장과 함께 보도록 한다.

내보내기 명령의 경우 오토캐드에서 갖는 속성을 유지하여, 그래픽 프로그램으로 이동하는 특징을 지닌다. 그러나 오토캐드상의 속성은 색상과 선가중치에 한정되어 사용하게 되므로 사용자의 주의가 필요하다(도면층은 그래픽 프로그램에서 한 개로 합해진다).

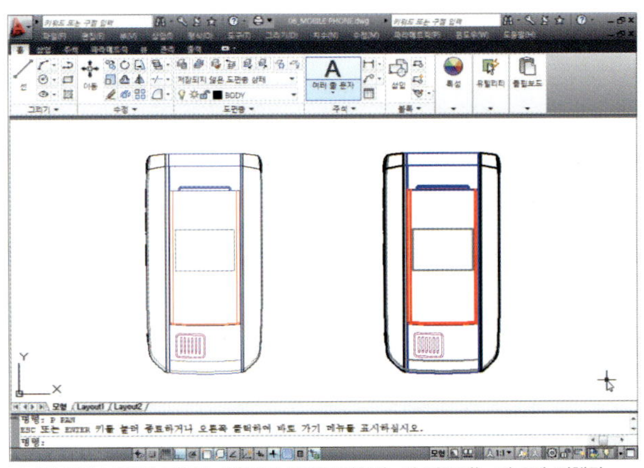

▲ 두 개의 제품이 동일한 색상으로 작업되었으나, 선 가중치는 다르게 진행된 오토캐드 원본 도면이다(현재 화면은 선가중치 보기(LWT)를 활성화시킨 상태).

> **Tip** 출력 명령에서 설명했지만, 실무에서는 선 가중치를 적용해 작업하는 경우는 거의 없다. 가중치를 적용해 보이는 화면은 모니터 상에서 이해하기 어렵기 때문이다. 선 가중치를 적용한 도면을 예로 든 것은 작업자가 그래픽 프로그램에 적용시키는 방법을 이해하고, 작업자가 선호하는 법을 선택할 수 있도록 하기 위함이다.

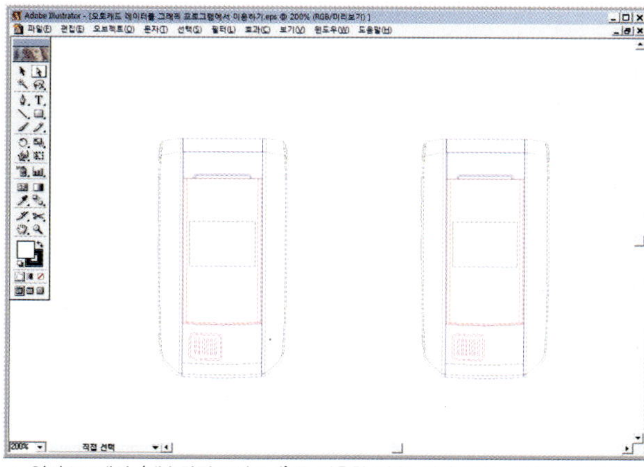

▲ 일러스트에서 '캡슐화된 PS(eps)'를 이용할 경우, 선가중치는 적용이 되지 않은 값이 불려진다.

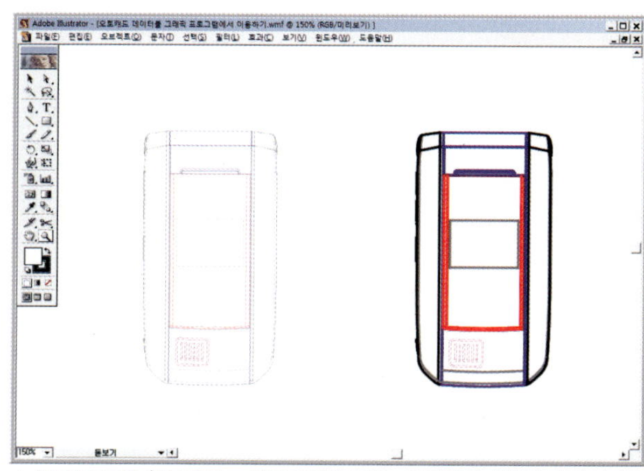

▲ 일러스트에서 '메타파일(wmf)'를 이용할 경우, 선가중치가 적용된 값이 불려진다(단, 선가중치 보기가 활성화된 상태에서만 적용되지만 값은 선이 아니다).

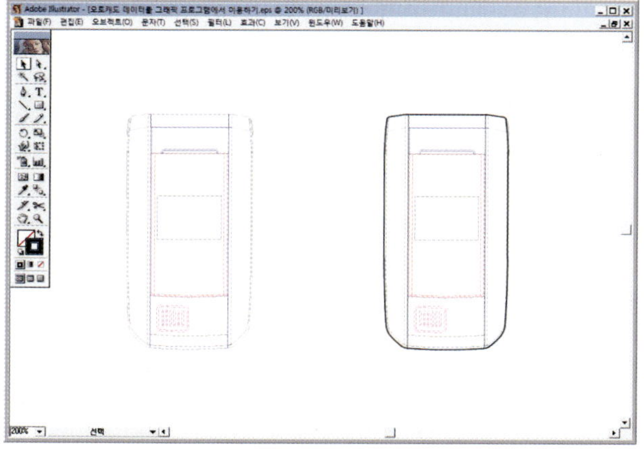

▲ 일러스트에서 '캡슐화된 PS(eps)'를 이용한 도면을 불러들인 후, 그룹을 해제하여 선가중치를 도면에 맞게 수정하였다. 그룹 해제 명령을 통해 각각 분리된 개체를 하나하나 선택하여 선 가중치를 수정하게 된다.

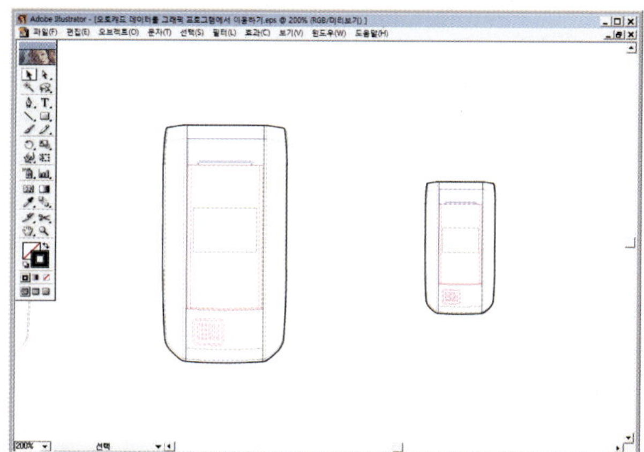

▲ 선가중치를 수정한 후 프레젠테이션에 이용하기 위해 축척을 줄일 경우, 선 두께가 알맞지 않은 객체가 되어 다시 선가중치를 수정을 해야 하는 불편을 겪게 된다.

> **Tip** 디자이너가 '캡슐화된 PS(eps)'로 그래픽 프로그램에 불러와 작업해야 할 것은 선 두께를 재조정하는 일이다. 필자는 앞에서도 도면에서 선 두께의 중요성을 설명한 바 있다. 마찬가지로 프레젠테이션에 사용되는 도면은 디자이너가 원하는 선 두께로 수정을 해야 한다. 축척을 변화시키면 선 두께가 변하지 않기 때문에 다시 가중치를 수정해야 하는 불편함을 겪게 된다.

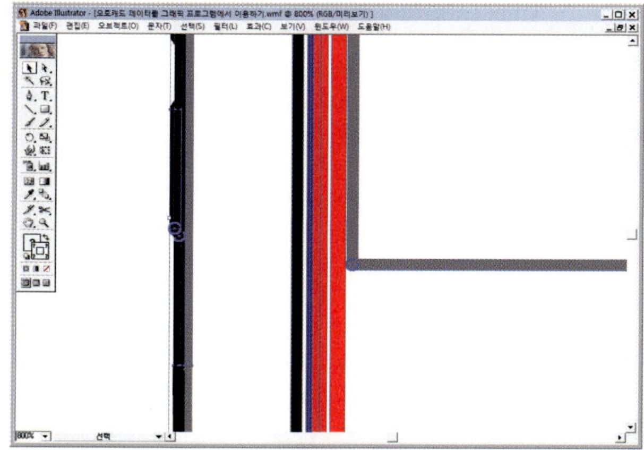

▲ 어도비사의 일러스트에서 '메타파일(wmf)'로 불러들여 진 파일은 선이 아닌 면으로 인식되어진다.

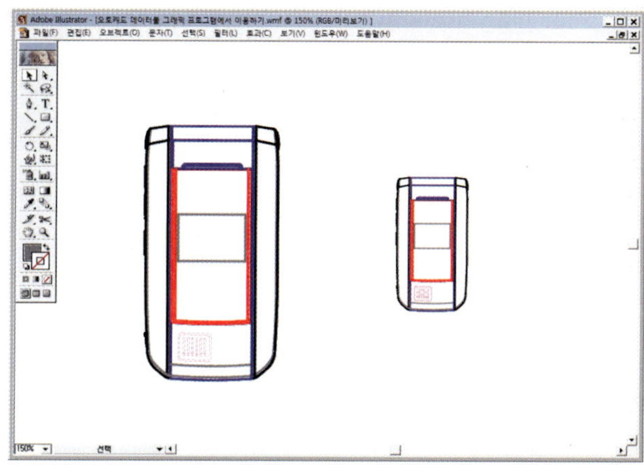

▲ 면으로 인식되어지기 때문에 축척을 줄여도 문제가 생기지 않는다. 그러나 면이 겹쳐지면서 생기는 어색함이나, 이후 수정이 전혀 되지 않는 단점 때문에 실무에서는 외면되는 방식이다.

2 데이터 출력프로그램(아크로뱃)을 이용한 프레젠테이션 데이터 만들기

'메타파일 (wmf)'로 그래픽 프로그램에 불러와 작업할 때, 불편한 점은 보기 좋은 모양의 객체 상태가 아닐 경우 수정하기 힘들다는 것이다. 그러나 처음부터 오토캐드에서 '내보내기' 명령을 위해 화면에 맞는 가중치를 조절하는 것은 더 많은 시간을 필요로 한다.

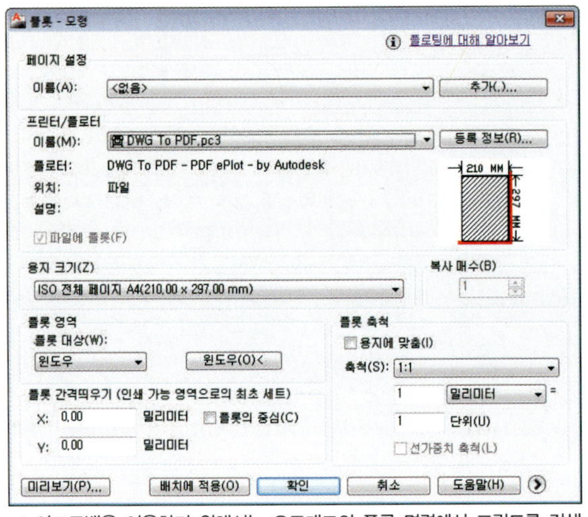

▲ 아크로뱃을 이용하기 위해서는 오토캐드의 플롯 명령에서 프린트를 검색하면 찾을 수 있다.

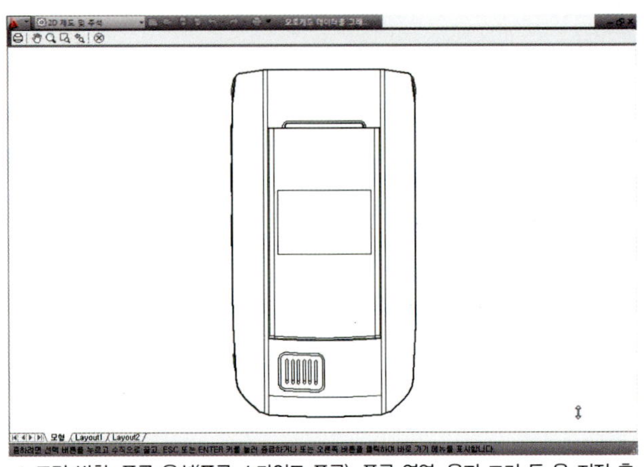

▲ 도면 방향, 플롯 옵션(플롯 스타일로 플롯), 플롯 영역, 용지 크기 등 을 지정 후에 미리보기를 하면 출력되는 상태를 볼 수 있다. 이때 플롯 스타일 테이블은 '출력 명령'에서 '플롯 스타일 테이블 따라하기'를 통해 연습한 테이블을 이용해 보자.

> **Tip** 데이터 출력이라 함은 플로터나 프린터를 통해 출력되는 데이터를 그래픽 파일 또는 문서 파일로 만드는 것을 의미한다. 데이터 출력이 가능한 대표적인 프로그램으로 '어도비 아크로뱃(Adobe Acrobat)'이 있다.

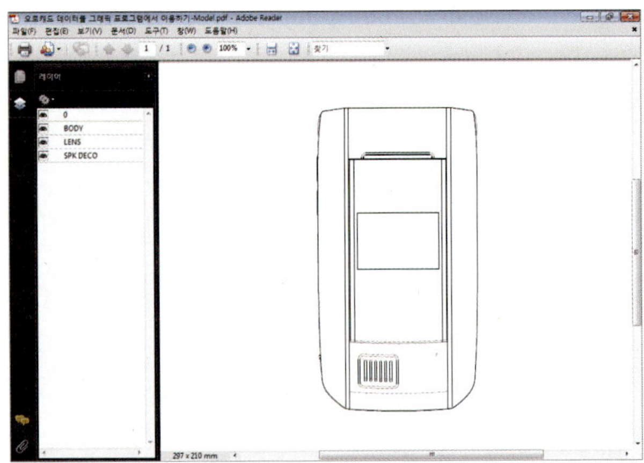

▲ 아크로뱃으로 데이터 출력을 하면 pdf 파일이 생성된다.

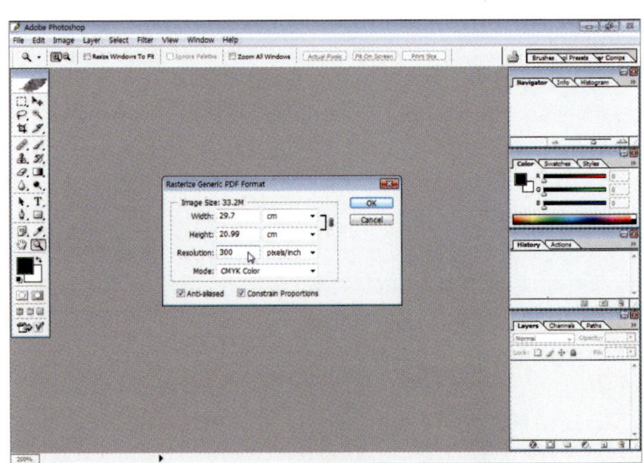

▲ 출력된 pdf 파일을 포토샵이나 일러스트에서 불러들이면 해당 파일을 불러들일 크기를 지정할 수 있다. 해상도를 높이면 정밀한 작업이 가능해진다.

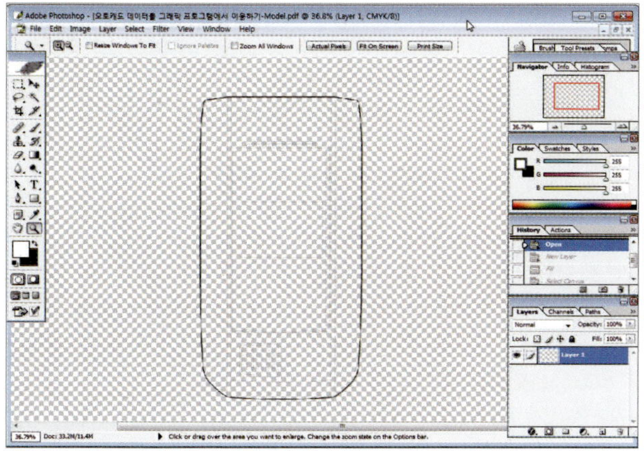

▲ 포토샵으로 불러온 pdf 데이터 출력은 배경이 없는 투명한 1개의 도면층이다.

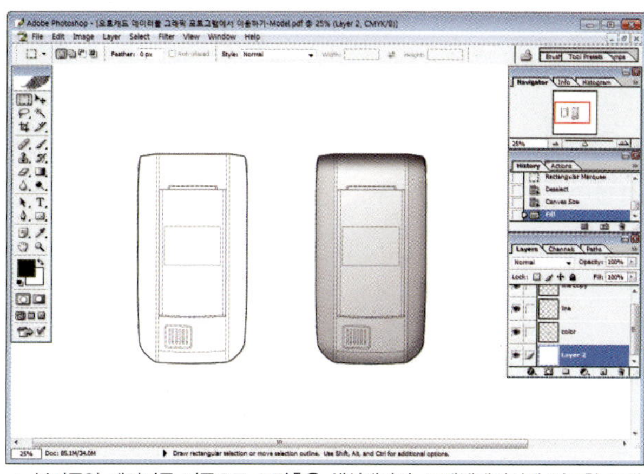

▲ 불러들인 데이터를 기준으로 도면층을 생성해가며, 프레젠테이션에 필요한 그래픽 작업을 할 수 있다.

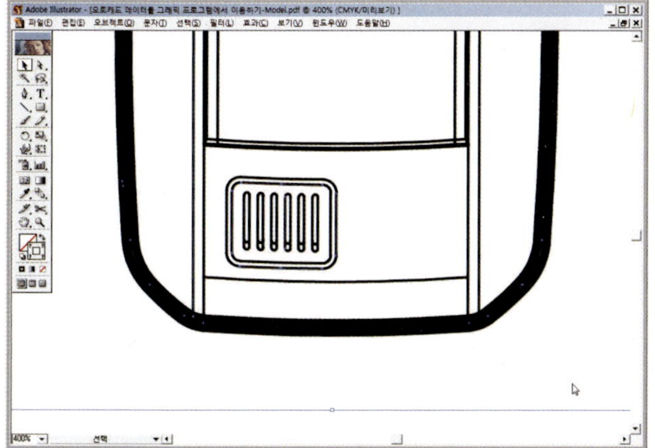

▲ 일러스트로 불러온 pdf 데이터 출력은 선으로 된 객체다. 그러나 끊어진 것이 많고, 엉뚱하게 이어진 객체가 많아 이를 그대로 사용할 수는 없다(포토샵과 같이 배경으로 사용하거나, 선으로 표현하는 프레젠테이션 작업에 유용하게 사용한다.

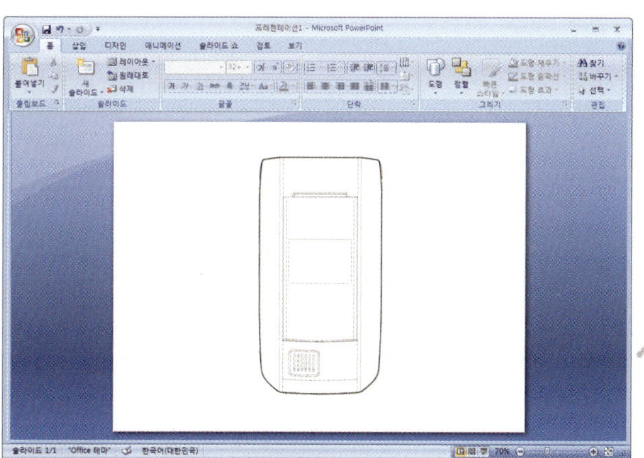

▲ pdf 데이터는 일러스트, 포토샵뿐만 아니라 다른 프로그램으로도 불러들일 수 있다(파워포인트에서 불러온 데이터 출력물).

Tip 일러스트에서 불러온 pdf 데이터는 수정 툴을 이용한 약간의 수정이 가능하다. 그러나 일러스트에서 직접 만들어진 작업처럼 면을 형성하거나, 객체별 이동이 가능하지 않다.

Tip 데이터 출력을 이용한 프레젠테이션용 실무 이용 사례는 책의 마지막 부분에 간단하게 소개해두었으니 참고하도록 한다.

제품디자인 도면작성의 이해와 실무도면 따라하기

제품디자인 도면작성에서 필요한 제도 이론상의 통칙 및 투상법, 도면기호 등 도면작성에 관한 요령들을 숙지하고 기초도면 예제를 시작으로 앞서 배운 오토캐드 2D의 기본 명령어들을 반복 학습하도록 하였습니다.

예제의 내용들은 모두 단계별 '따라하기' 방식으로 되어 있으며, 기초도면에서 실무도면 제작 과정에 이르기까지 오토캐드 초급 사용자가 쉽고 빠르게 명령들을 이해 할 수 있도록 화면 명령 입력창을 보면서 대화식 방법으로 도면작성 과정을 소개하고 있습니다. 따라서 점진적으로 도구 활용 능력을 쌓아 가는 데 충분한 내용들로 구성되어 있습니다.

CHAPTER 01

디자인 도면제작을 위해 알아두어야 할 기본 내용

도면을 통해 상대방에게 디자인의 개념을 전달해야 하므로 정확한 도면 작성법과 이해 능력을 배양하기 위해서 기본적인 도면 작성 개념 및 방법에 관해서 바르게 숙지하고 있어야 한다.

1 디자인 도면작성의 필요성

'디자인 도면작성'은 디자이너가 창의적으로 디자인한 결과물을 현실화하는 과정에서 매우 중요한 작업이다. 이것은 일반적인 제품디자인 프로세스에서 다루는 스케치 및 렌더링 이후 최종 결정된 디자인을 실질적인 양산개발에 활용하기 위해 정량화된 치수 값으로 만들어 내는 '디자인 표준화 작업'이라 할 수 있다. 따라서 누구나, 언제, 어디서나 쉽고 정확하게 도면내용을 이해할 수 있게 작성되어야 하며, 이를 위해서는 반드시 오토캐드와 같은 전문 도면 제작용 소프트웨어에 자신감 있는 활용력이 필요하다.

2 도면작성 시 제도의 표준규격

도면작성 시에는 디자이너가 부재중이라 하더라도 누구나 이해될 수 있게 하기 위해 제도상의 규정된 약속이 있다. 이것을 제도의 규격이라고 하며, 각국마다 표준규격이 있다. 우리나라에서는 '한국 산업 표준(KS, Korean Industrial Standards)'을 쓰고 있다.

규격번호	규격명	국명
KS	Korean Industrial Standards	한국 산업 표준
ISO	International Standard Organization	국제 표준 규격
JIS	Japanese Industrial Standards	일본 공업 규격
ASA	American Standard Association	미국 공업 규격
DIN	Deutsche Industrial Normen	독일 공업 규격
BS	British Standards	영국 공업 규격

3 디자인 도면의 구분과 종류

01 → 도면의 용도에 의한 구분

계획도	실시 제작도의 기초가 되는 도면으로 디자이너의 의도를 명시하는 데 충분한 내용을 담은 도면
제작도	공장이나 작업장에서 실 제작시 필요한 상세한 내용을 정확하고 쉽게 전달할 수 있게 만든 도면
주문도	주문자가 주문서에 첨부하여 그 유무를 대강의 포맷으로 정리하여 수주자에게 전달하기 위한 도면
승인도	수주자가 주문자의 검토를 거쳐 그 승인을 받아 설계계획 및 제작에 기초가 되는 도면
견적도	견적조회 또는 주문의 경우 견적서에 첨부되는 도면

02 → 디자인 개발과정 안에서 작성되는 도면의 종류

개략도면	디자인이 결정된 최종시안에 대해 전체적인 크기를 알아보기 위해 개략적인 치수를 기입하는 도면
모형도면	결정된 최종 디자인 시안으로 MOCK-UP 제작을 위해 정량화된 치수데이터로 작성한 도면
외형도	디자인의 외형만을 추출하여 전체적인 스펙을 알아보기 위한 도면
설명도	디자인의 디테일한 구조나 기능을 설명하기 위한 도면으로 누구나 쉽게 이해될 수 있는 도면
선 도	건물, 기계, 자동차, 서체 등 복잡한 곡면이나 내부골조 등을 표시하는 도면
디자인 지정도	일반적인 도면 내에 디자이너의 의도에 따라 부분적으로 디자인의 특이점들을 지정해 놓은 도면

4 도면용지의 크기와 양식

01 → 도면용지의 크기

디자인 도면을 출력하여 사용할 경우, 출력 용지는 대부분 A계열 용지와 B계열 용지를 사용하고 있다. 분야별로 그 사용하는 용지가 다르지만, 실무과정에서는 보통 A계열 용지를 많이 사용하고 있다. 일반적으로 A3 용지를 가장 많이 활용하며, 오토캐드 도면영역의 크기도 A3 사이즈로 기본 설정되어 있다.

도면영역 사이즈	A0	A1	A2
세로 X 가로	841x1189	594x841	420x594

도면영역 사이즈	A3	A4
세로 X 가로	297x420	210x297

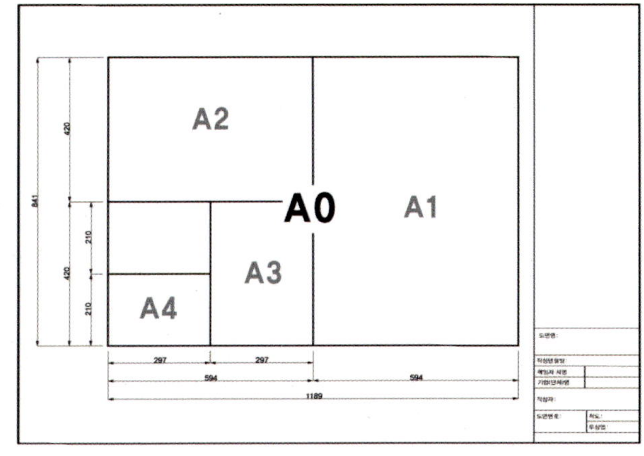

02 ─• 표제란

표제란의 형식은 도면의 용도에 따라 다양하지만 표기하는 위치는 항상 우측하단에 배치하는 것을 원칙으로 한다.
도면에 관련된 내용을 상세히 기입하는 곳으로 기입되는 내용은 아래와 같다.

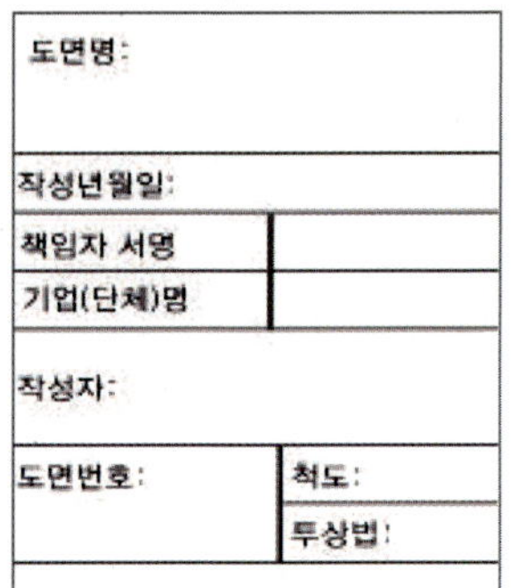

- **도면번호** : 도면의 정리 및 작성순서 등을 구별하기 위해 일련번호를 붙인다.
- **작성년월일** : 도면의 완성일자를 기입한다.
- **책임자 서명** : 도면작성의 책임을 명확하게 하기 위해 부서 책임자 또는 해당자가 서명한다.
- **기업(단체)명** : 소속된 회사 또는 단체 명을 기입한다.
- **작성자** : 도면을 작성한 자가 본인의 성명을 기입한다.
- **도면명** : 도면에 표시할 제품의 명칭을 기입한다.
- **척도** : 실척, 축척, 배척의 구별을 1:1, 2:1, 2:1 또는 1/1, 1/2, 2/1 의 표기법으로 기입한다.
- **투상법** : 투상 방법에 대한 명칭을 기입한다.

03 ─• 척도(SCALE)

도면을 그리는 데 있어서 실제의 크기보다 작게 또는 크게 그릴 수 있는데 이를 척도라고 한다. 척도 표기는 A : B 또는 A / B로 한다. A는 도면에 그려진 대응 크기를 말하며, B는 대상물의 실제 크기를 말한다.

- **실척(Full-Scale)** : 도면작성 시 제품과 같은 크기로 그리는 것
- **축척(Contraction-Scale)** : 도면작성 시 제품의 크기보다 축소해서 그리는 것
- **배척(Enlarged-Scale)** : 도면작성 시 제품의 크기보다 확대해서 그리는 것

5 선의 종류와 용도

종류	구분	명칭 및 규격	용도
실선	———	굵은실선(0.3-0.8mm)	물체의 외형선
	——	가는실선(0.2mm이하)	치수선, 해칭선, 지시선, 치수보조선, 회전단면 외형선
	∿	자유실선	부분생략 또는 부분 단면의 경계
파선	- - - -	파선(굵은실선의 1/2)	보이지 않는 외형선. '은선' 이라고도 함
쇄선	—·—·—·—	가는일점쇄선(0.2mm이하)	중심선, 물체 또는 도형의 대칭선, 물체의 회전위치선
	—··—··—	가는이점쇄선(0.2mm이하)	가상외형선, 인접외형선
	—·—·—·—	절단선	절단평면위치
	—·—·—·—	굵은쇄선	표면처리부분

01 → 용도에 따라 적용되는 선

디자인 도면작성에 사용되는 선은 같은 굵기, 같은 모양의 선이라도 용도에 따라 이름이 각각 다르다.

- **외형선(visible line)** : 물체의 보이는 부분을 나타낸다. 굵은 실선으로 그린다.
- **은선(hidden line)** : 물체의 보이지 않는 부분을 나타낸다. 굵은 파선 또는 가는 파선으로 그린다.
- **중심선(center line)** : 주로 오브젝트의 중심을 표시할 때 사용한다. 가는일점쇄선으로 그린다.
- **치수선(dimension line)** : 치수를 기입할 때 쓰인다. 가는 실선으로 그린다.
- **치수보조선(extension line)** : 치수를 기입할 때 쓰인다. 가는 실선으로 그린다.
- **가상선(phantom line)** : 부품의 동작 상태나 가상의 물체를 나타낼 때 사용한다. 가는이점쇄선으로 그린다.
- **파단선(break line)** : 물체의 일부를 잘라낸 경계선으로 사용된다. 가는 실선(프리핸드)으로 그린다.
- **해칭선(section line)** : 물체의 단면을 표시할 때 사용한다. 가는 실선으로 그린다.
- **지시선(leader line)** : 개별 특이사항(specific note), 치수, 참조 등을 기입할 때 사용한다. 가는 실선으로 그린다.

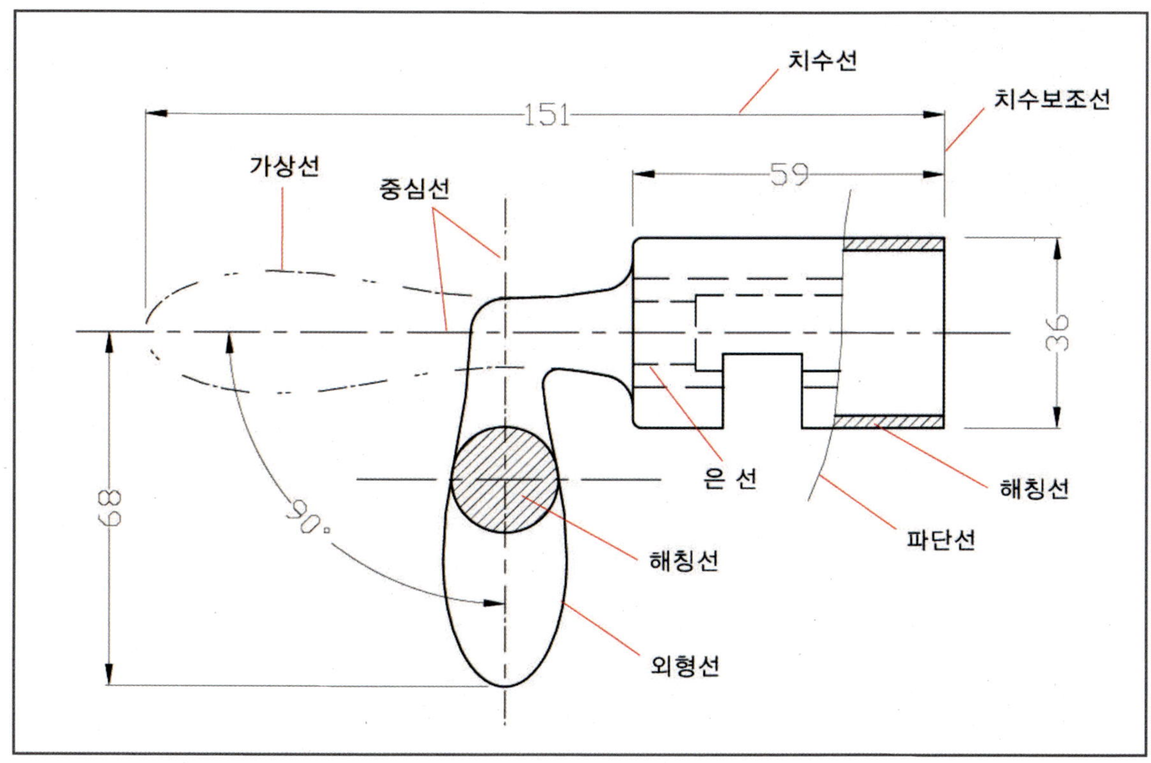

6 투상도

3차원 제품디자인의 모양을 2차원 종이 위에 완전하게 표현하기 위해서는 앞면, 뒤면, 위면, 아래면, 우측면, 좌측 면 등 6개의 화면에서 바라본 2차원 그림을 조합하여 나타내야 한다. 어떤 물체에 빛을 비추어 그 그림자가 평면에 비치게 하는 것을 '투영(projection)' 이라 하는데, 디자인 도면작성에서는 투영과 비슷한 원리로 물체의 2차원 그림을 얻는데 이것을 '투상(projection)' 이라 하고, 투상으로 그려진 그림을 '투상도(projection view)' 라 한다. 이 과정은 그리려는 제품을 자신의 눈과 제품 사이에 가상의 투상 면(화면)을 세워 평행으로 투사한 투사선에 의해 투상도를 작성하게 된다.

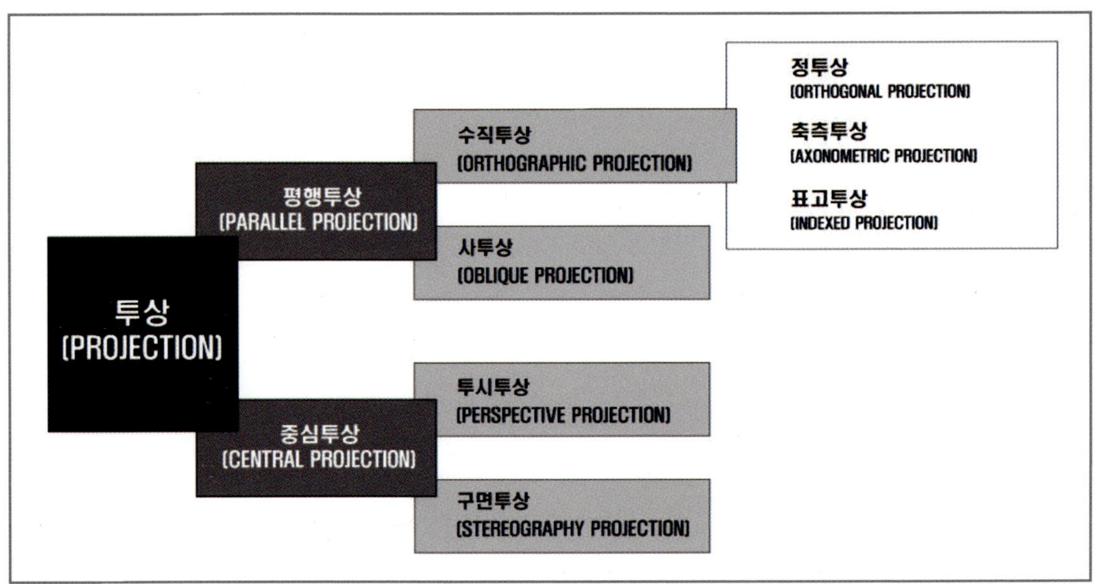

01 ── 투상도의 분류

- **정투상(Orthogonal Projection)** : 오브젝트를 직교하는 두 투상 면에 투상시키는 방법으로 보통 투상도라고 말하는 것이다.

- **축측투상(Axonometric Projection)** : 오브젝트의 모든 면을 투상 면에 경사시켜 놓은 후 수직 투상한 것이다.

- **표고투상(Indexed Projection)** : 지형의 높고 낮음을 표시하는 지도와 같이 기준 면을 정하여 기준면과 평행한 평면으로 같은 간격이 되도록 잘라 이것을 기준면 위에 투상한 것이다

- **사투상(Oblique Projection)** : 투사선이 경사면과 경사할 때의 평행 투상을 말한다.

- **투시투상(Perspective Projection)** : 오브젝트와 시점 사이에 평면을 놓고 시선과 평면과의 교점으로 이루어지는 중심 투상을 말한다.

- **구면투상(Stereography Projection)** : 구의 지름을 끝점으로 잡고 투상면이 구의 중심을 지나는 평면으로 한 중심 투상을 말한다.

02 → 정투상도의 원리

정투상법(orthographic projection)은 서로 다른 방향에서 투상된 몇 개의 투상도를 조합하여 3차원의 물체를 2차원의 평면 위에 정확하게 표현하는 방법이다. 좌측 그림에서 보는 것처럼 정투상법에서 가상의 투상면은 항상 물체와 평행하고, 투상선은 항상 투상면에 수직이다. 정투상법으로 그려진 투상도를 정투상도(orthographic view)라 한다.

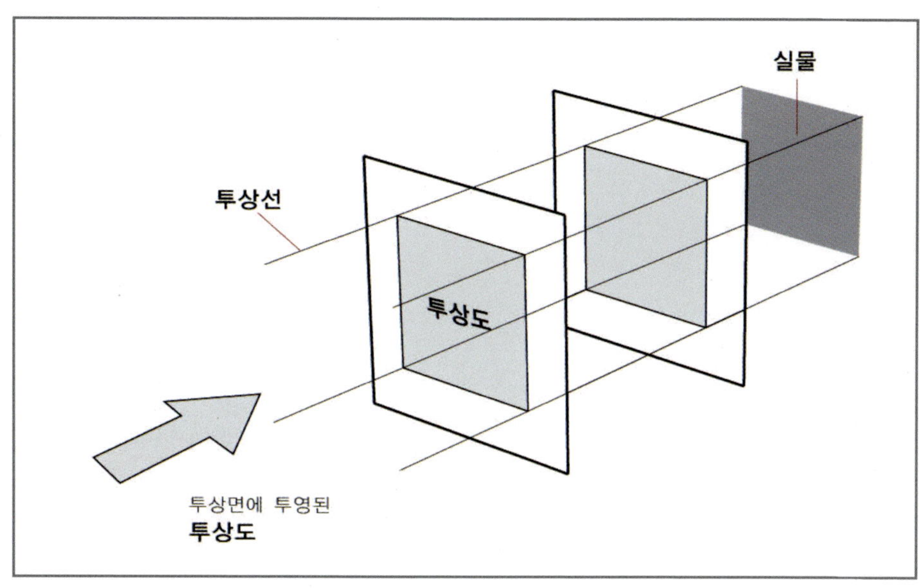

03 → 제3각법

제3각법(3rd angle projection)은 그림(B)와 같이 물체를 제3각에 놓고 정투상하는 방법이다. 따라서 눈과 물체 사이에 투상면이 있게 된다. 평화면, 측화면을 입화면과 같은 평면이 되도록 회전시키면 그림(A)와 같이 정면도의 위에 평면도가 놓이고, 정면도의 오른쪽에 우측면도가 놓이게 된다. 이것은 정투상도의 원리에서 설명한 것과 같다. 제3각법은 제1각법에 비하여 도면을 이해하기 쉬우며, 치수 기입이 편리하고, 보조투상도를 사용하여 복잡한 물체도 쉽고 정확하게 나타낼 수 있다. 대부분의 디자인 도면작성에는 원칙적으로 제3각법을 사용하도록 하고 있다.

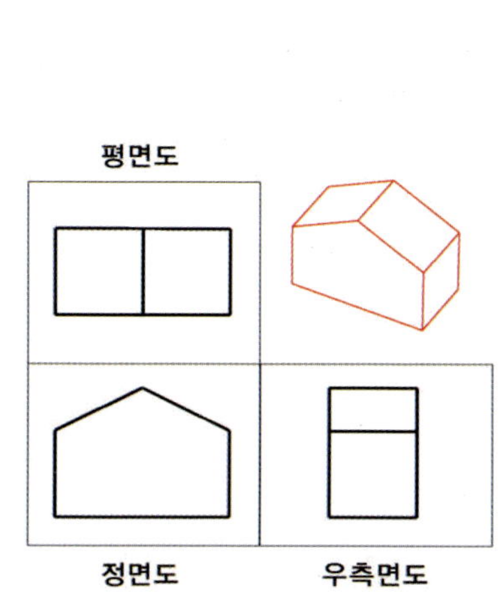

▲ 그림(A)

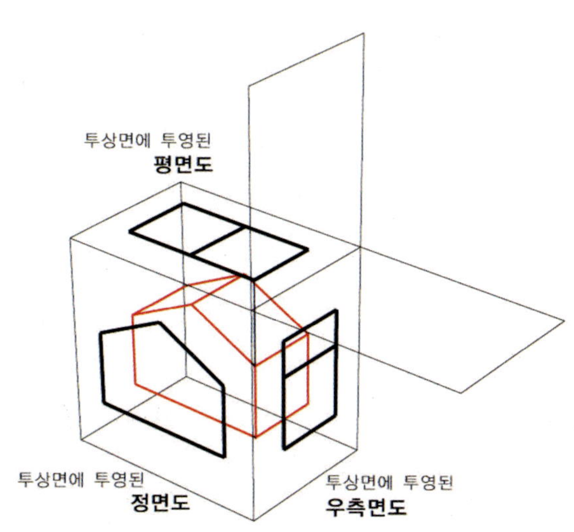

▲ 그림(B)

7 치수 기입 시 주의사항 및 도면 보조기호

01 → 치수 기입 시 주의사항

- 도면에 치수를 기입할 때에는 도면의 척도에 관계없이 실 치수(마무리 치수)를 기입한다.
- 치수는 물체의 윤곽이 분명하게 나타나는 곳에 기입하는 것이 좋다.
- 구멍은 가급적 부분 단면도를 이용하여 외형선으로 나타내고 치수를 기입한다.
- 어느 한 투상도에 기입한 치수를 다른 투상도에 중복 기입하지 않는다.
- 치수는 되도록 계산하여 구할 필요가 없도록 기입한다.
- 도면에 길이 치수를 기입할 때에는 치수의 단위는 가급적 mm를 사용한다.
- 각도 치수는 도(°) 단위를 사용한다.

02 → 치수 보조 기호

치수 보조 기호는 치수 수치 앞에 부가하여 그 치수의 의미를 명확하게 하는 데 사용된다.

Ø 지름 치수(diameter)	R 반지름 치수(radius)	t 판의 두께(thickness)
□ 정사각형 변의 치수(square)	C 45° 모따기(chamfer)	( ) 참고 치수(reference)

03 → 도면의 위치 및 방향 표시 기호

도면을 그릴 때는 정투상 된 각 면도별 위치를 표현해주며, 오브젝트의 작성 내용이 많아서 한 장에 모든 내용을 담지 못할 때는 여러 장으로 나누어서 표현할 수 있다. 이때 제품의 각 방향으로 구분하여 기호로 표시하면 여러 장으로 나눌 수 있다.

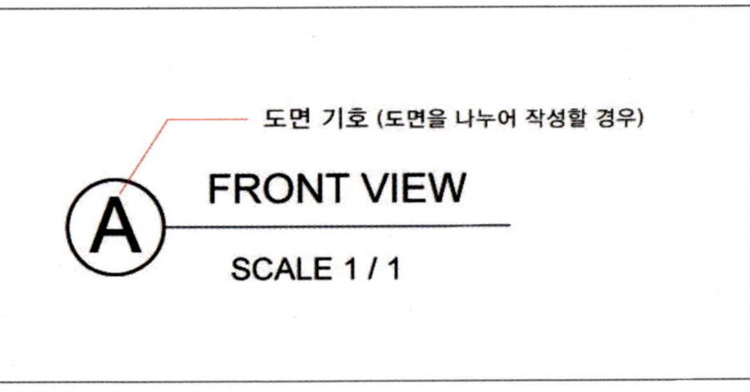

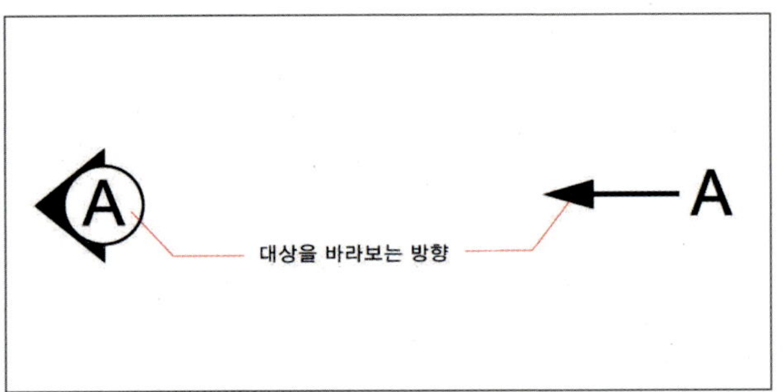

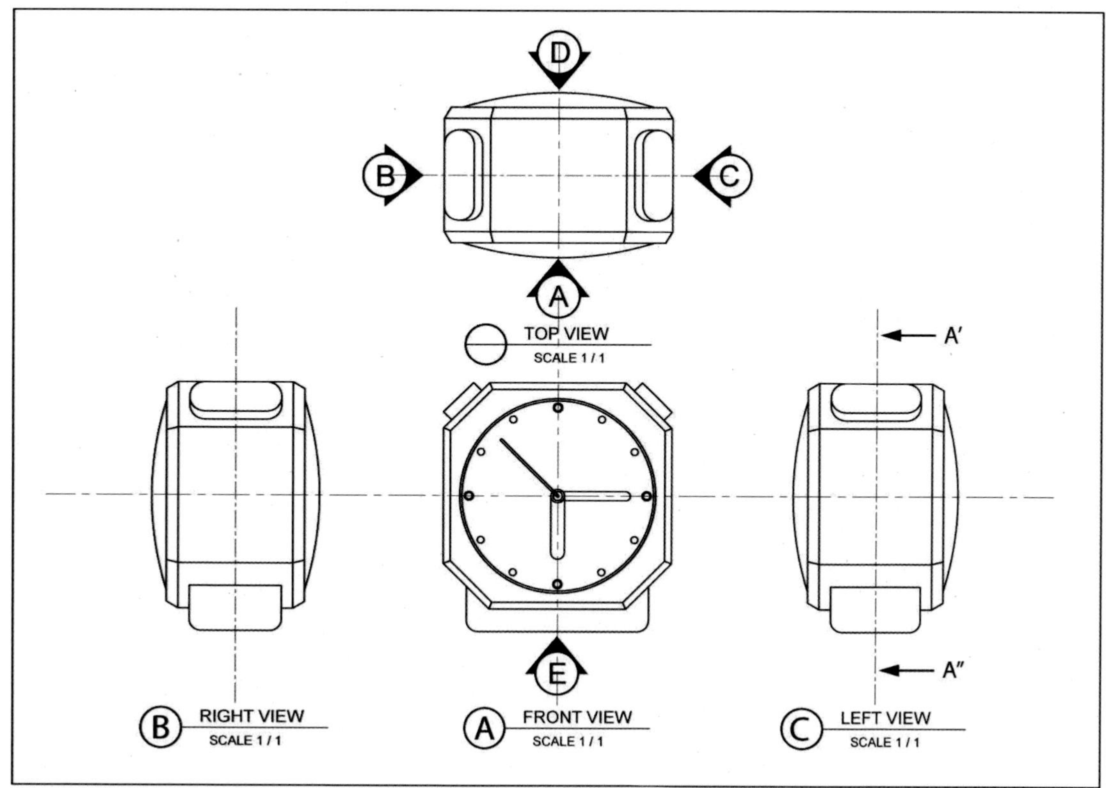

▲ 예제) 분할도면 01

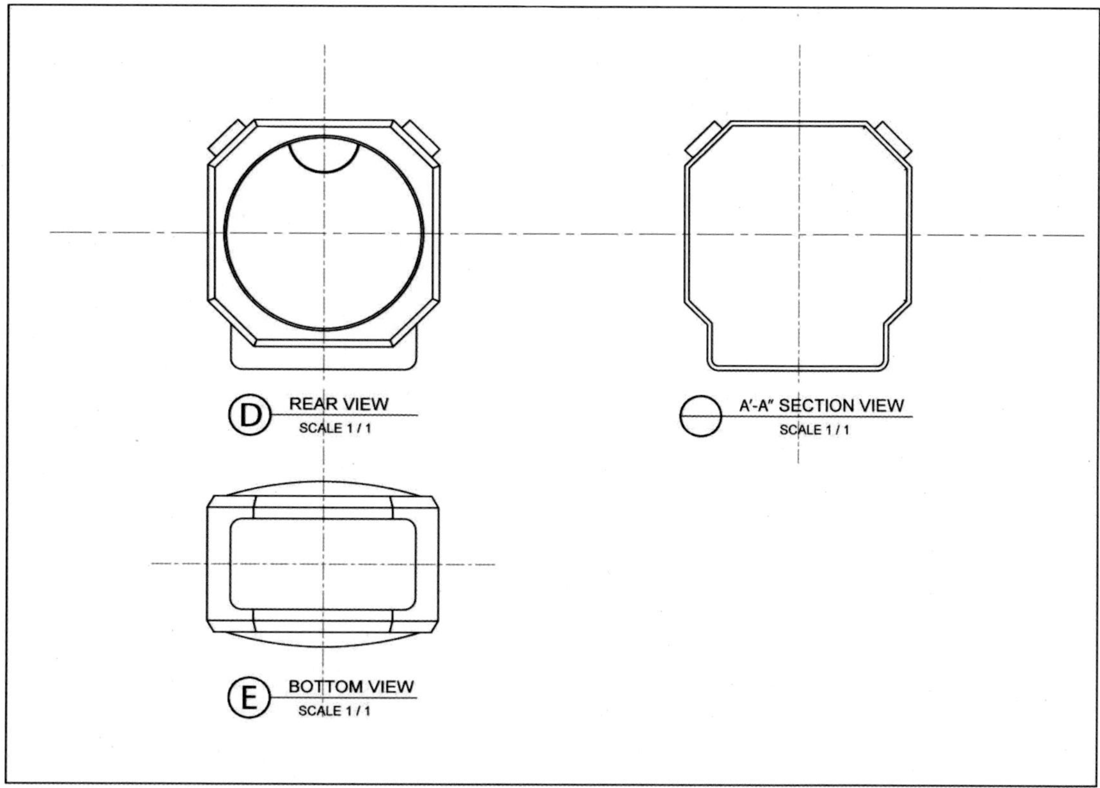

▲ 예제) 분할도면 02

8 단면의 표시

디자인 도면작성은 제품의 외형뿐 아니라 내부의 형태도 표시해야 한다. 단면도(Section View)를 사용하는 이유는 제품을 훨씬 간단하고 알아보기 쉽게 하기 위함이다. 제품의 내부 형상 또는 구조가 복잡한 경우에 이를 투상법으로 나타내면 많은 은선이 나타나게 되므로 도면에 더욱 혼잡한 문제가 생긴다. 따라서 이와 같은 경우 제품에 명시할 필요가 있는 부분을 절단 또는 파단한 것으로 가상하고, 내부를 보이는 것으로 그리면 외형선만으로 뚜렷한 도면의 내용을 나타낼 수 있다.

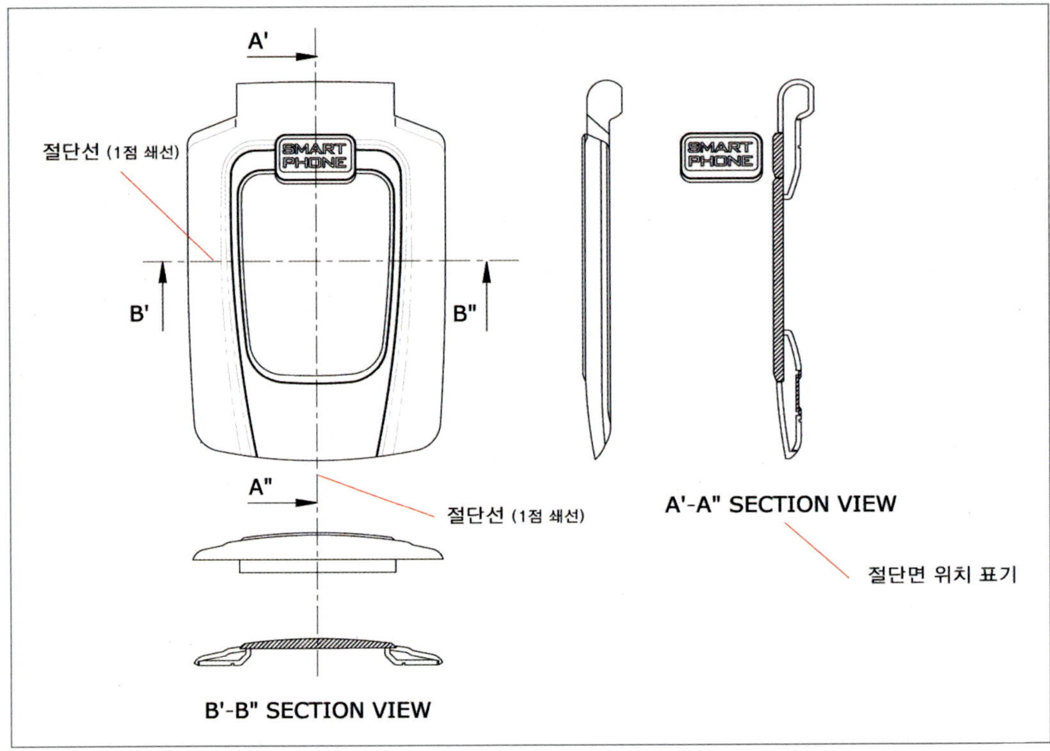

- 절단 위치에 가는 1점 쇄선으로 절단선(cutting plane line)을 그린다.
- 투상 방향과 같은 방향으로 화살표를 그리고 알파벳 대문자로 단면 구분 표시(A)를 한다.
- 단면도에도 A′ –A″ 형식으로 단면 구분 표시를 한다.

01 → 단면 구분의 해칭(hatching)

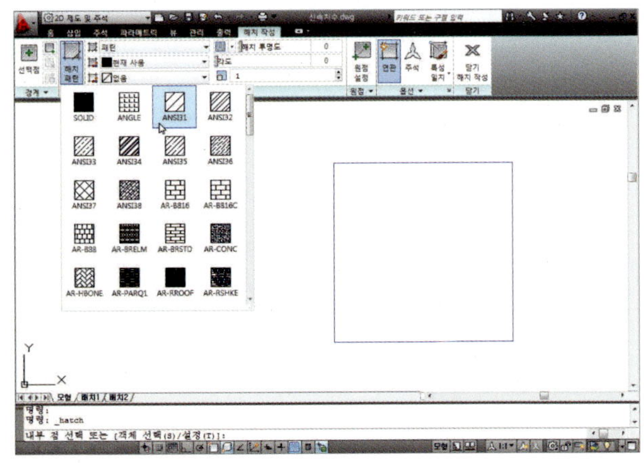

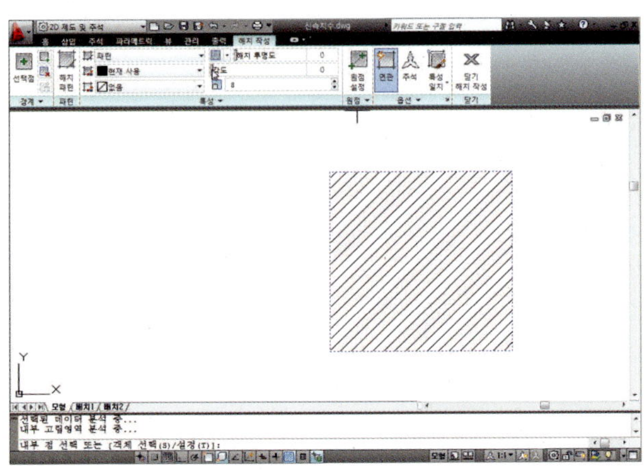

- 해칭선은 가는 실선으로 그린다. (오토캐드 해치패턴 팔레트 : ANSI 31)
- 해칭선의 각도는 45°로 한다. (오토캐드 해치패턴 팔레트 : ANSI 31)
- 같은 간격으로 그리되 단면의 크기에 따라 간격을 적절히 조절한다. (오토캐드 해치옵션 스케일 조정)
- 같은 부품의 단면은 같은 방법으로 해칭한다.
- 서로 다른 부품의 단면이 인접해 있을 때는 해칭선의 각도를 반대로 하거나 간격을 다르게 한다.
- 해칭 부분에 문자, 기호 등을 기입할 때에는 그 부분의 해칭선을 자른다.

02 → 반단면도(half section view)

- 주로 대칭인 제품 도면에 많이 사용된다.
- 대칭축의 상하 또는 좌우 어느 한쪽을 단면하여 표현한다.

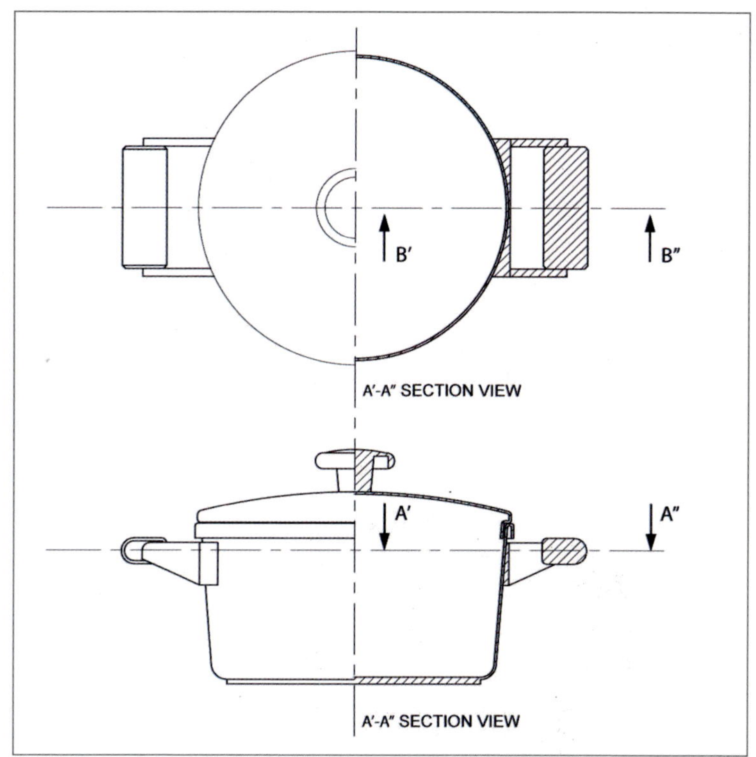

03 → 단면도의 응용과 선택상의 주의사항

단면도는 외형도로 그릴 때보다 명백하며, 도면작성의 노력을 줄이는 데 의도가 있으므로 응용과 선택에 있어서 다음 사항을 주의하여 작성하는 것이 좋다.

- 제품의 외형에 따라 단면의 어떤 표현 방법을 사용할 것인가를 적절히 선택해야 한다.
- 외형도로 제품의 형상을 충분히 나타낼 수 있으면, 굳이 단면도를 그릴 필요는 없다.
- 단면도는 제품 형상의 일부가 제외되어서 표현된다. 따라서 제품의 형상이 불명확하게 되지 않도록 다른 관련도에서 제외된 부분을 알아볼 수 있게 충분히 작성되어야 한다.

기초예제를 활용한 오토캐드 기본명령 다지기

CHAPTER 02

오토캐드를 활용한 제품디자인 실무도면 작성단계로 기초예제부터 실무예제까지 단계별로 따라하기를 통해 툴 메뉴를 다시 한 번 반복 학습하는 것을 목적으로 하며, 작업 공간을 'AutoCAD 클래식'으로 설정하여 사용자의 선호에 맞는 다양한 작업 환경 및 사용 예를 제시한다.

1 기업은행 심벌로고 드로잉하기

디자인 제도상의 평면도학을 응용한 심벌로고 디자인을 스스로 작도해 보는 과정이다. 앞서 배운 오토캐드 기본 명령 툴을 활용하여 삼각형과 원 드로잉 명령과 offset, trim, array, hatch 등의 편집 명령들을 통해서 툴 메뉴를 다시 한 번 익히는 기회로 삼아보자.

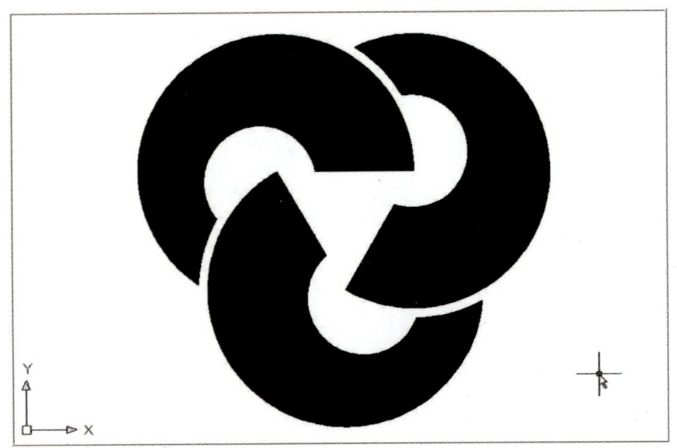

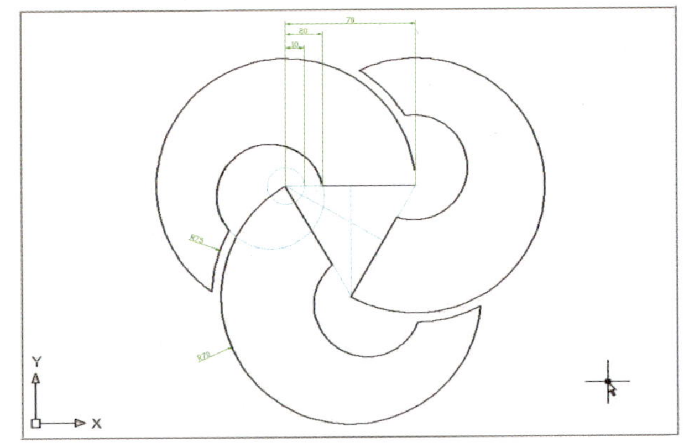

01 → 원과 삼각형을 활용하여 주어진 치수 크기에 맞도록 기업은행 심벌로고 드로잉하기

01_ 심벌로고 드로잉에 앞서서 토글바 osnap 모드를 그림과 같이 설정한 후 드로잉하는 것이 다음 과정을 위해 좋다. 제도 설정값 팝업창이 나오면 객체 스냅 모드에서 끝점, 중간점, 중심, 교차점을 켜 두고 드로잉 작업에 들어가도록 한다.

• 명령 입력창에 'osnap'을 입력하고 Enter 키를 누르면 객체 스냅 대화창이 나온다.

• 상태막대의 객체 스냅 버튼 위에 마우스 포인트를 위치하고 마우스 오른쪽 버튼을 누르면 객체 스냅 메뉴가 나타난다.

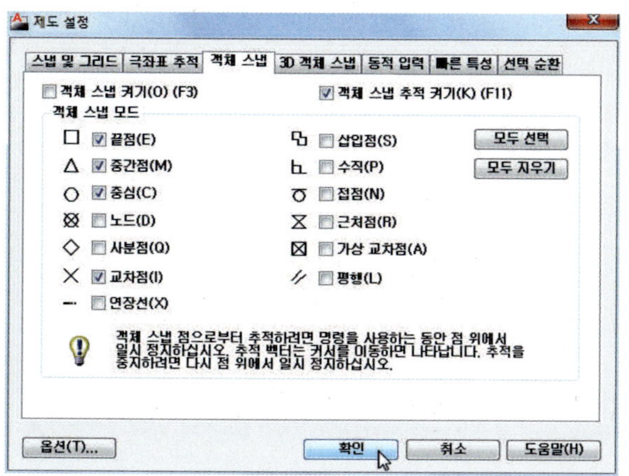

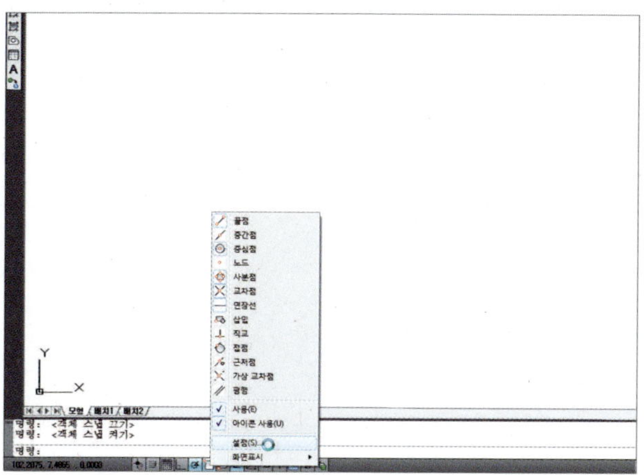

02_ 키보드 F8 키나 토글바 직교 버튼을 눌러 직교모드로 전환한다. 그리고 line 명령으로 첫 번째 지점부터 한 변이 70mm인 역삼각형 하나를 그려준다.

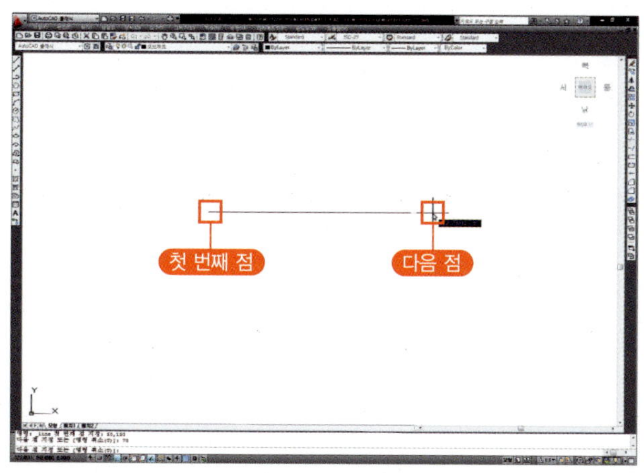

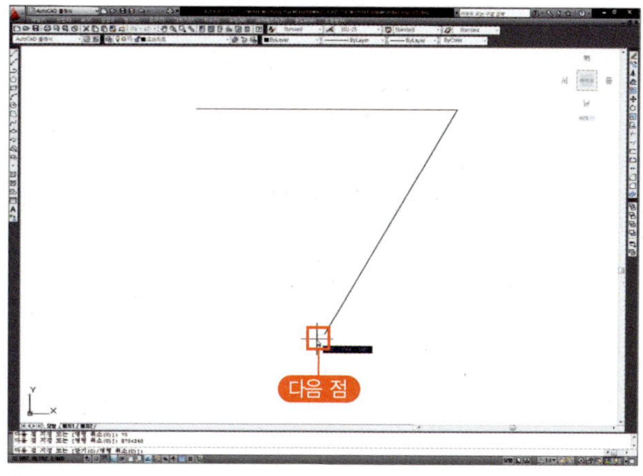

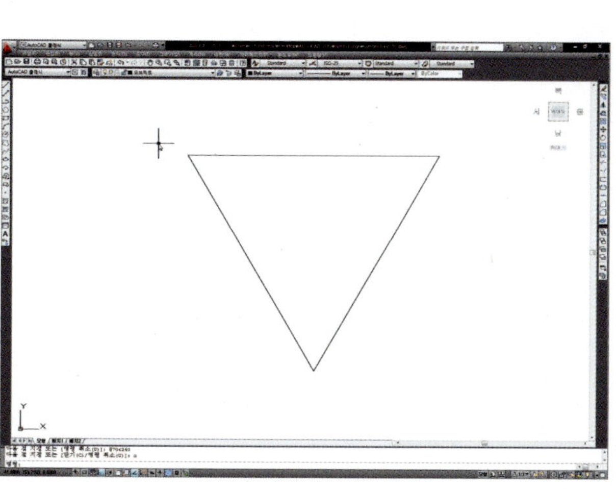

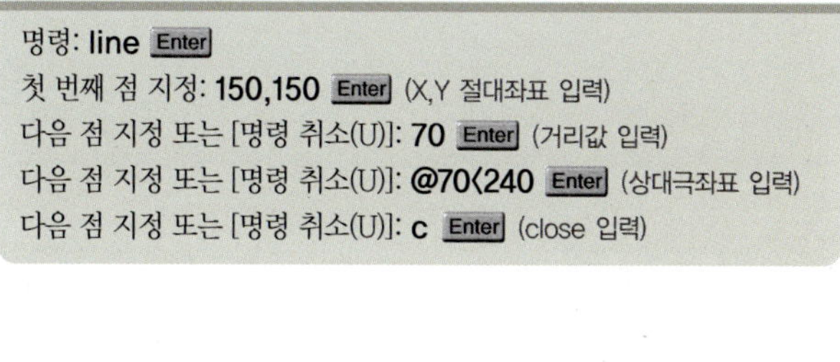

명령: line Enter
첫 번째 점 지정: **150,150** Enter (X,Y 절대좌표 입력)
다음 점 지정 또는 [명령 취소(U)]: **70** Enter (거리값 입력)
다음 점 지정 또는 [명령 취소(U)]: **@70<240** Enter (상대극좌표 입력)
다음 점 지정 또는 [명령 취소(U)]: **c** Enter (close 입력)

03_ 직교모드로 전환한 후 line 명령으로 삼각형 좌측 꼭지점을 시작점으로 Y축 방향으로 5mm만큼 직선을 그려준다.

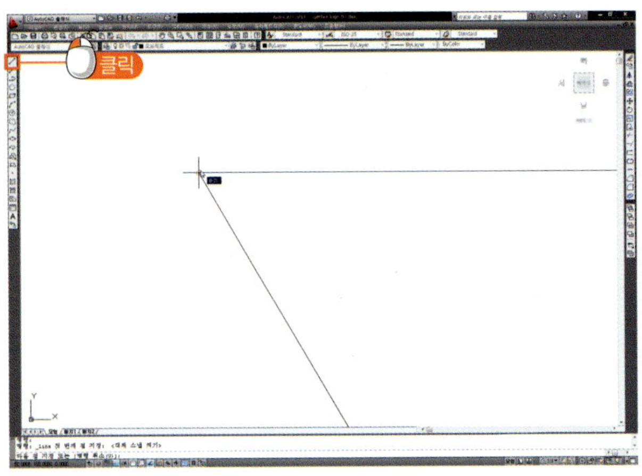
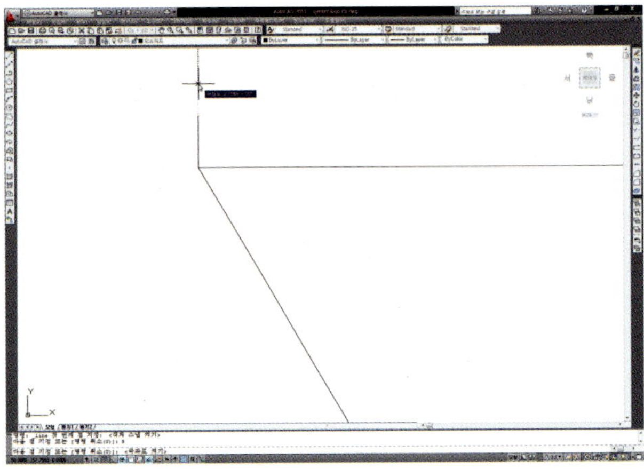

명령: **line** `Enter`
첫 번째 점 지정: **(역삼각형 좌측 꼭지점(끝점) 선택)**
다음 점 지정 또는 [명령 취소(U)]: **5** `Enter` (Y축 방향으로 거리값 입력)

04_ 삼각형 한 변을 7등분으로 나누기 위해 방금 그린 직선을 선택한 후 array 명령으로 총 7개의 직선으로 수평배열한다. 배열 명령 팝업창이 나오면 객체 선택 아이콘을 클릭하여 배열하고자 하는 길이 5mm 직선을 선택한 후 `Enter` 키를 누른다.

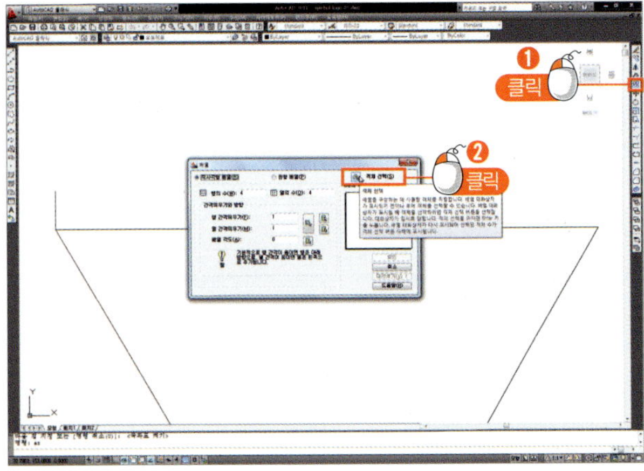
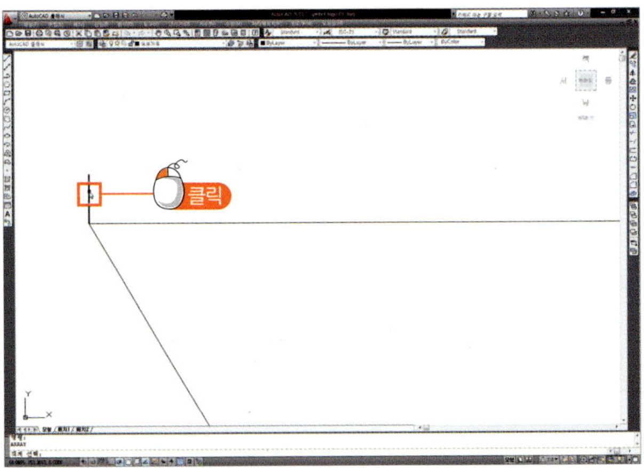

다시 한 번 배열 명령 팝업 창이 나오면 그림과 같이 배열 설정값을 조정한 후 확인 버튼을 눌러 마무리한다.

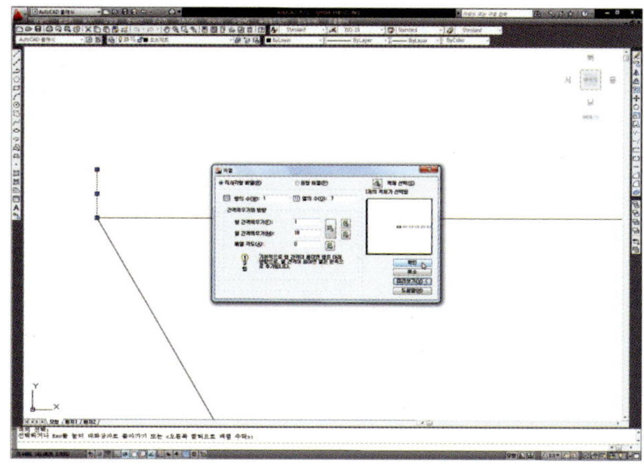 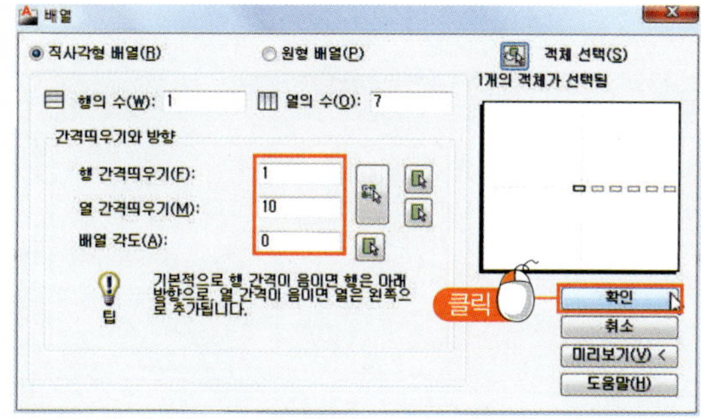

그림과 같이 7개의 직선이 나란히 배열되었다.

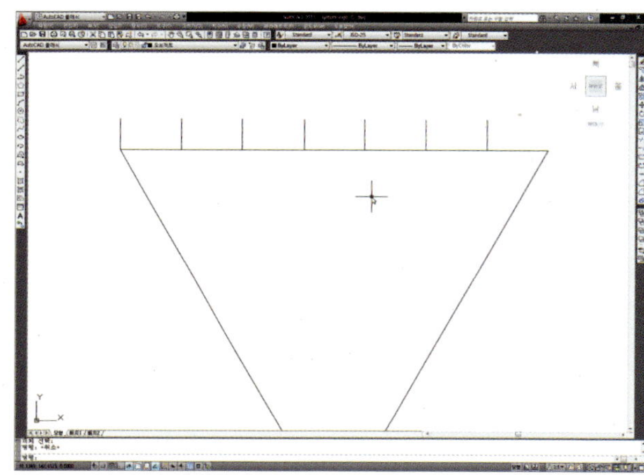

명령: array `Enter`
객체 선택: (길이 5mm 직선 선택 후 `Enter`)

05_ 다음은 삼각형 좌측 꼭지점을 중심점으로 시작해 삼각형 한 변을 반지름으로 하는 원을 그려준다.

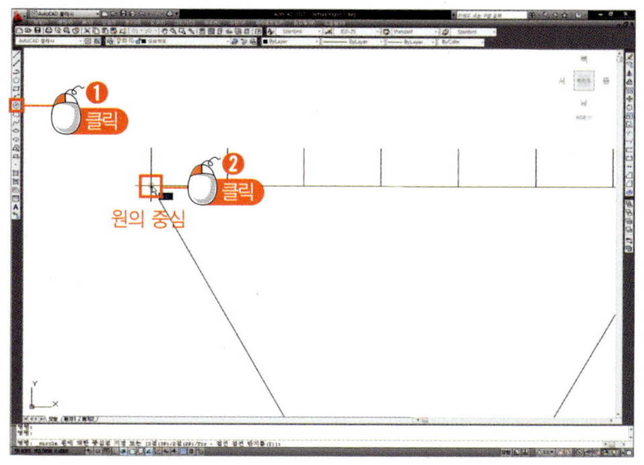

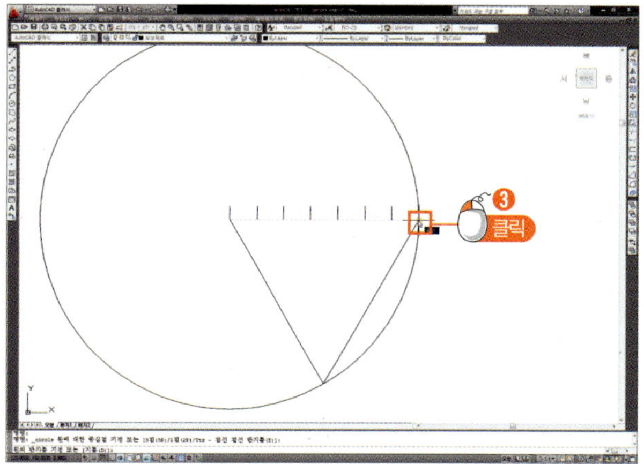

명령: circle `Enter`
원에 대한 중심점 지정 또는 [3P/2P/Ttr(접선 접선 반지름)]: (삼각형 좌측 꼭지점 선택)
원의 반지름 지정 또는 [지름(D)]: (삼각형 우측 꼭지점 선택)

06_ 동일한 방법으로 삼각형 아래 꼭지점을 중심점으로 시작해 좌측 꼭지점까지의 변을 반지름으로 하는 원을 그려준다.

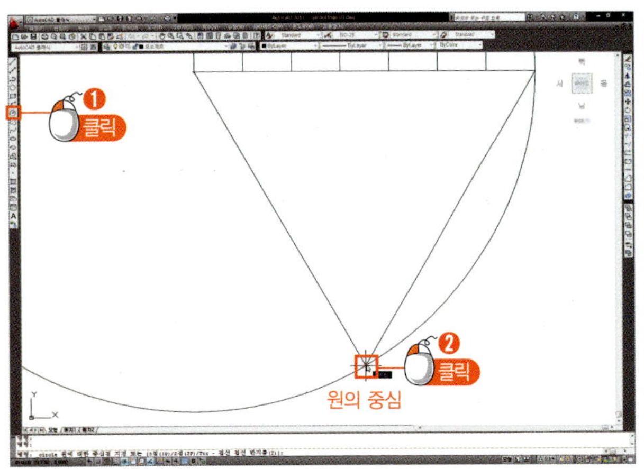 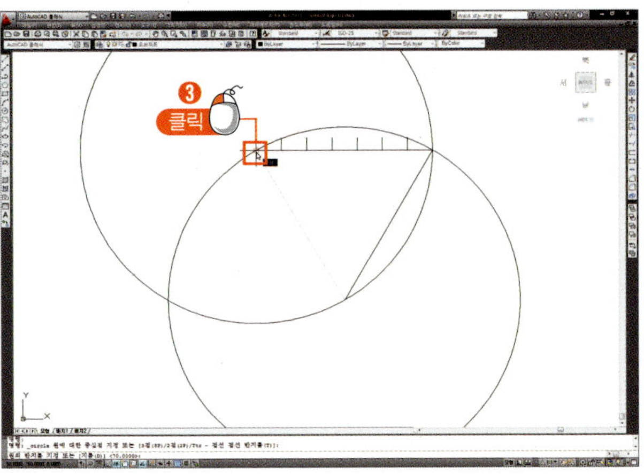

명령: circle [Enter]
원에 대한 중심점 지정 또는 [3P/2P/Ttr(접선 접선 반지름)]: **(삼각형 아래 꼭지점 선택)**
원의 반지름 지정 또는 [지름(D)]: **(삼각형 좌측 꼭지점 선택)**

07_ 이번에는 삼각형 좌측 꼭지점을 중심점으로 7등분 중 1등분 거리값 만큼을 반지름으로 하는 원을 그려준다.

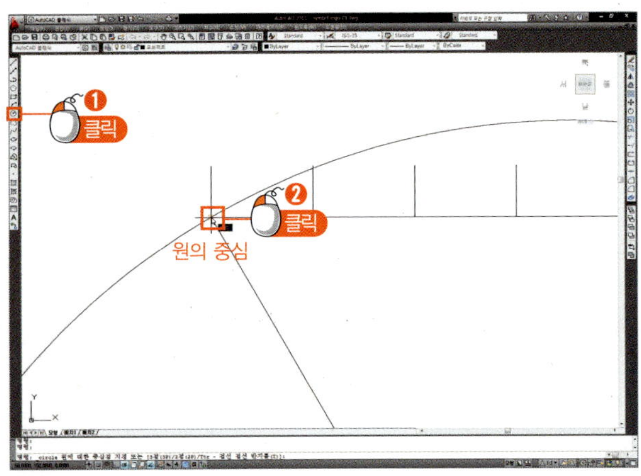 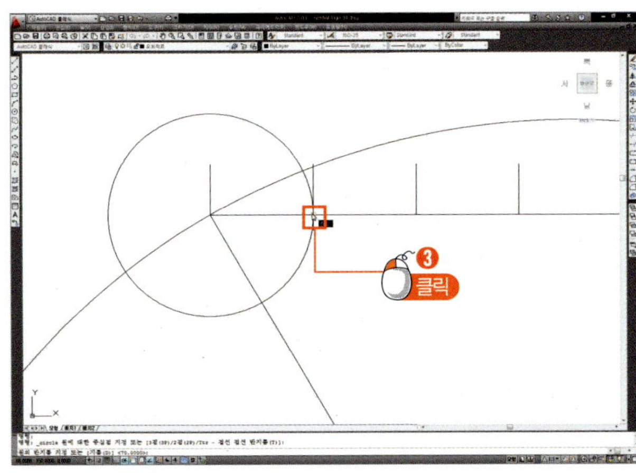

명령: circle [Enter]
원에 대한 중심점 지정 또는 [3P/2P/Ttr(접선 접선 반지름)]: **(삼각형 좌측 꼭지점 선택)**
원의 반지름 지정 또는 [지름(D)]: **(삼각형 7등분 중 1등분 거리값 직선의 끝점 선택)**

08_ 그림과 같이 방금 그린 작은 원과 삼각형 한 변을 반지름으로 갖는 큰 원의 교차점을 찾아준다. 다음은 교차점을 중심점으로 하고 삼각형 7등분 중 2등분 되는 지점의 거리값 만큼을 반지름으로 하는 원을 그려준다.

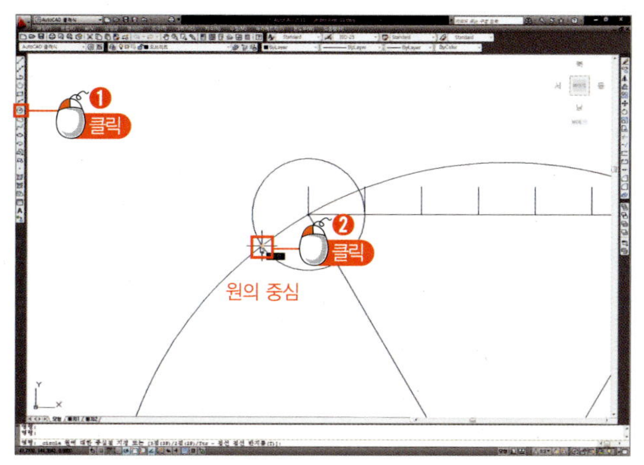

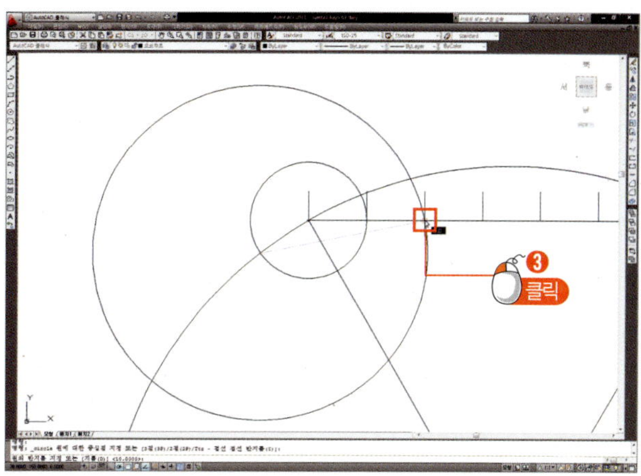

명령: circle Enter
원에 대한 중심점 지정 또는 [3P/2P/Ttr(접선 접선 반지름)]: **(작은 원과 삼각형 한 변을 반지름으로 갖는 큰 원의 교차점 선택)**
원의 반지름 지정 또는 [지름(D)]: **(삼각형 7등분 중 2등분 거리값 직선의 끝점 선택)**

09_ OFFSET 명령으로 삼각형 아랫변에 그려진 큰 원을 5mm 간격으로 띄워 준다.

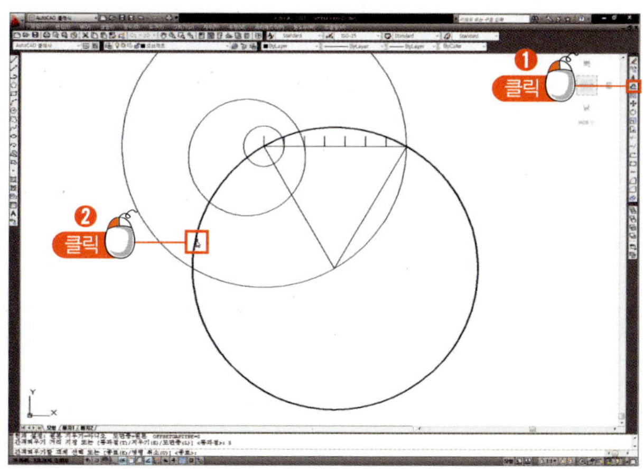

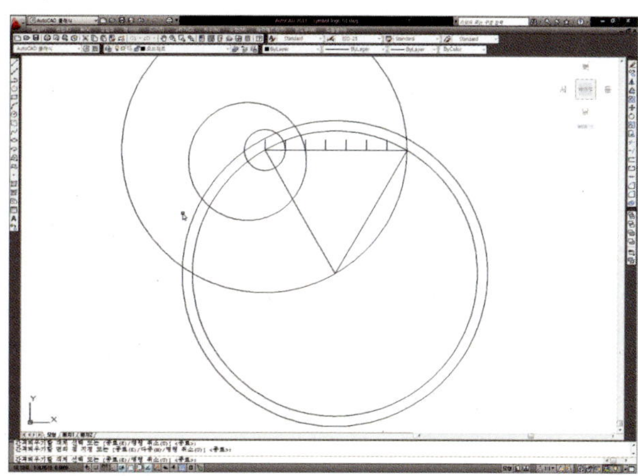

명령: offset Enter
현재 설정: 원본 지우기=아니오 도면층=원본 OFFSETGAPTYPE=0
간격띄우기 거리 지정 또는 [통과점(T)/지우기(E)/도면층(L)] 〈통과점〉: **5** Enter (거리값 입력)
간격띄우기할 객체 선택 또는 [종료(E)/명령취소(U)] 〈종료〉: **(삼각형 아랫 변에 그려진 원 선택)**
간격띄우기할 면의 점 지정 또는 [종료(E)/다중(M)/명령취소(U)] 〈나가기〉: **(선택된 원의 외각 지점 선택)**

10_ cross 선택법으로 그려진 모든 오브젝트를 선택하여 그림과 같이 trim 명령으로 교차된 삼각형과 원을 정리해준다. 심벌의 한쪽 형상이 보이는 것과 같이 완성되었다.

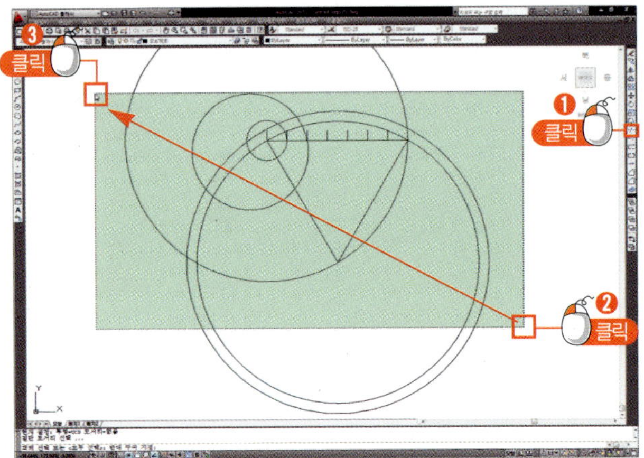

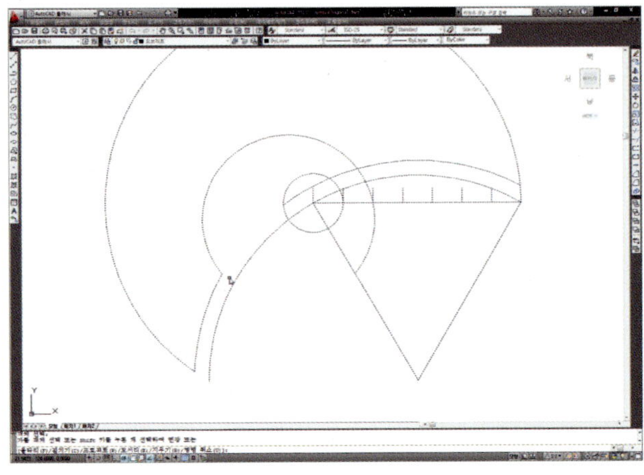

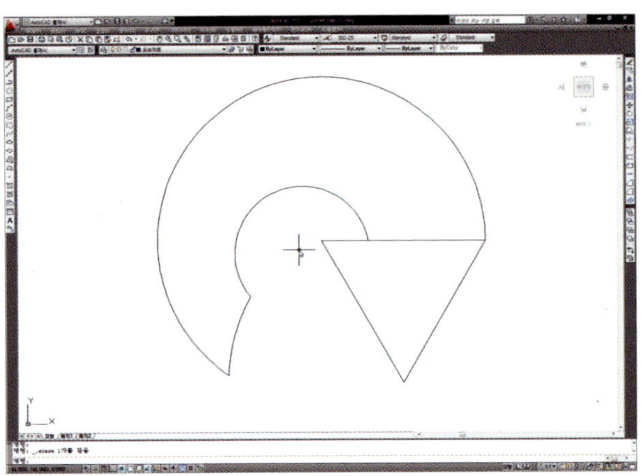

명령: **trim** Enter
현재 설정값: 투영=UCS 모서리=없음
객체 선택: **(cross 선택법으로 그려진 모든 오브젝트를 선택)**
자를 객체 선택 또는 Shift 키를 누른 채 선택하여 연장 또는
[울타리(F)/걸치기(C)/프로젝트(P)/모서리(E)/지우기(R)/명령취소
(U)]: **(불필요한 부분 제거)**

11_ 삼각형의 중심을 찾기 위해 그림과 같이 line 명령으로 2개의 직선을 그려준다.

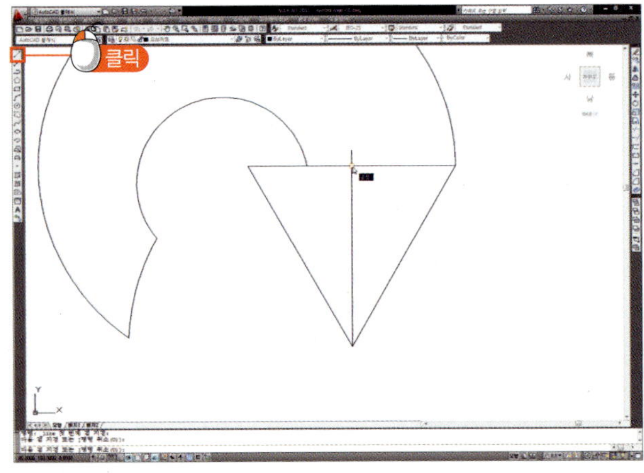

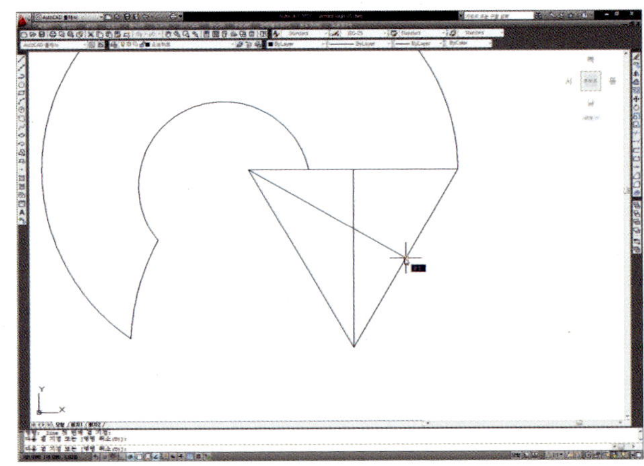

명령: **line** Enter
첫 번째 점 지정: **(삼각형 아래측 꼭짓점-끝점- 선택)**
다음 점 지정 또는 [명령 취소(U)]: **(삼각형 윗변의 중간점 – 객체스냅
– 선택)**

명령: **line** Enter
첫 번째 점 지정: **(삼각형 좌측 꼭지점(끝점) 선택)**
다음 점 지정 또는 [명령 취소(U)]: **(삼각형 우측 변의 중간점-객체스
냅– 선택)**

12_ array 명령을 선택하여 심벌의 한쪽 형상을 360도 회전시키며 3개의 형상으로 원형 배열시켜준다. 배열 명령 팝업창이 나오면 객체 선택 아이콘을 클릭하여 배열하고자 하는 심벌 한쪽 형상을 모두 선택한 후 Enter 키를 누른다.

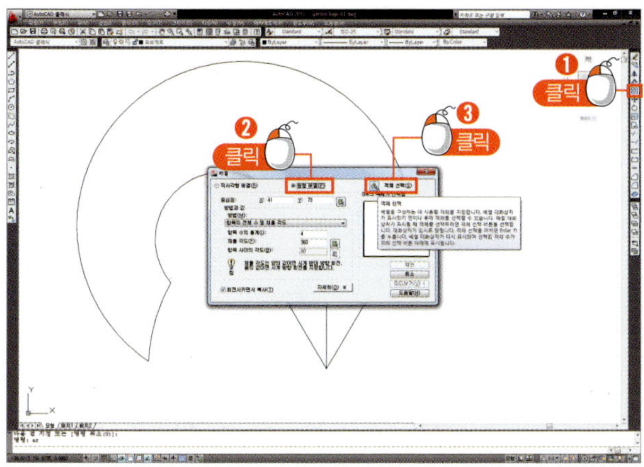

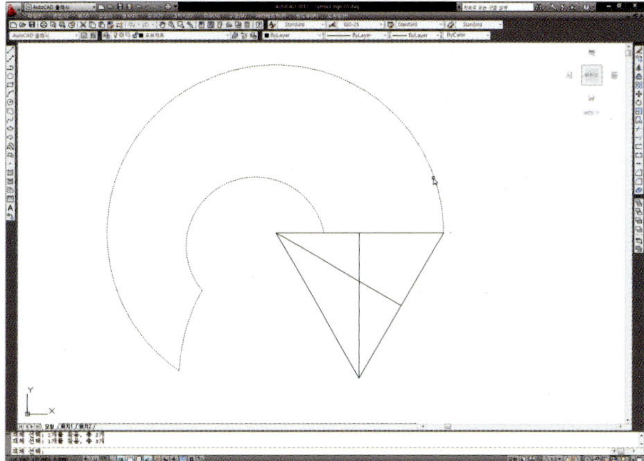

그 후 다시 한 번 배열 명령 팝업 창이 나오면 원형 배열의 중심점을 찾아야 하므로 중심점 아이콘을 클릭하여 그림과 같이 삼각형의 중심인 두 직선의 교차점(객체 스냅)을 찾아준다. 그리고 다시 한 번 배열 명령 팝업창이 나오면 그림과 같이 배열 설정값을 조정한 후 확인 버튼을 눌러 마무리한다.

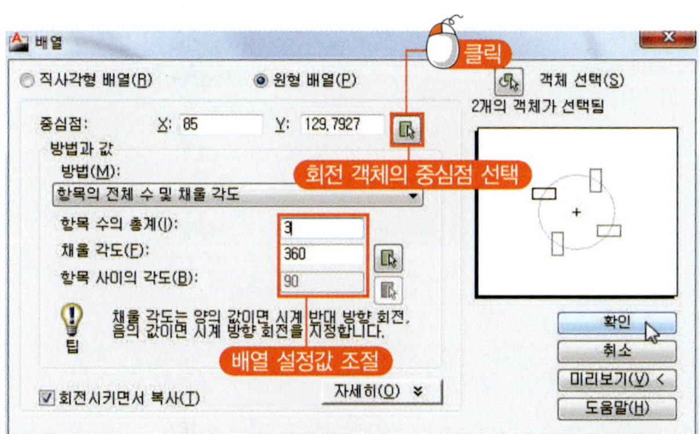

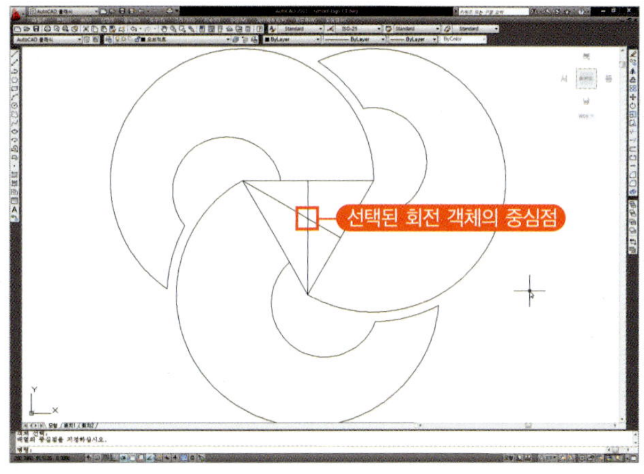

명령: array Enter

객체 선택: (10mm 직선 선택 후 Enter)

13_ cross 선택법으로 그려진 모든 오브젝트를 선택하여 그림과 같이 trim 명령으로 교차된 삼각형과 원호들을 정리해 준다.

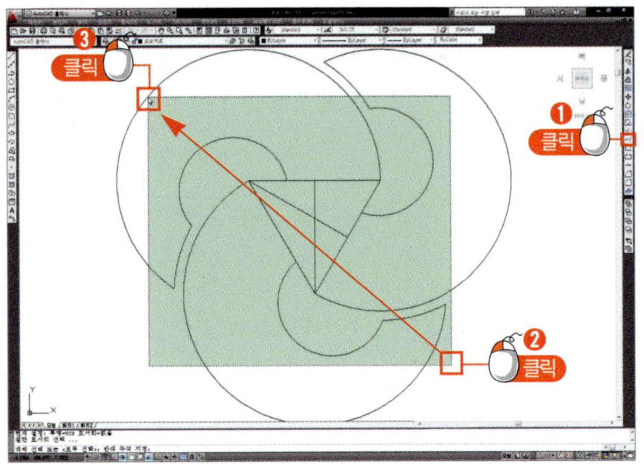

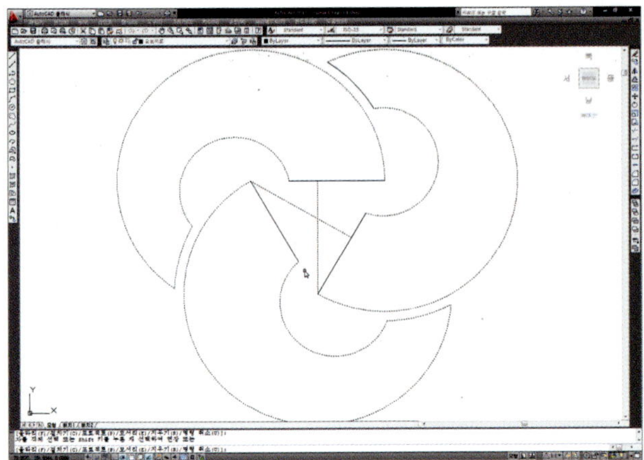

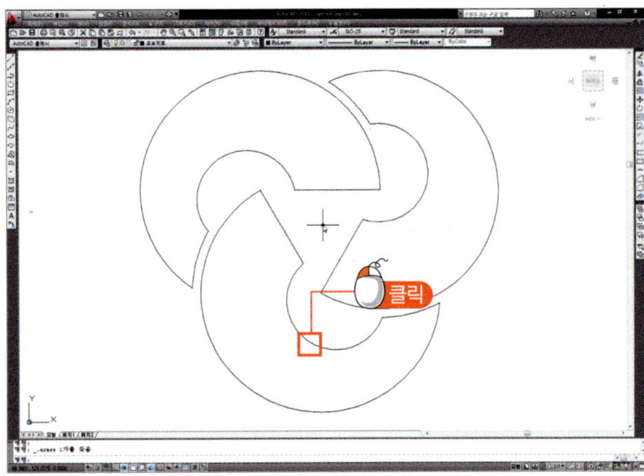

명령: **trim** Enter
현재 설정값: 투영=UCS 모서리=없음
객체 선택: **(cross 선택법으로 모든 오브젝트를 선택)**
객체 선택: Enter
자를 객체 선택 또는 Shift 키를 누른 채 선택하여 연장 또는
[울타리(F)/걸치기(C)/프로젝트(P)/모서리(E)/지우기(R)/명령취소(U)]: **(불필요한 부분 제거)**

기업은행 심벌 드로잉이 완성되었다.

02 드로잉이 완성된 심벌 내부에 색을 넣어 심벌 드로잉을 반전시키기

01_ hatch 명령으로 솔리드 패턴을 넣어 심벌 내부를 검정으로 채워준다.

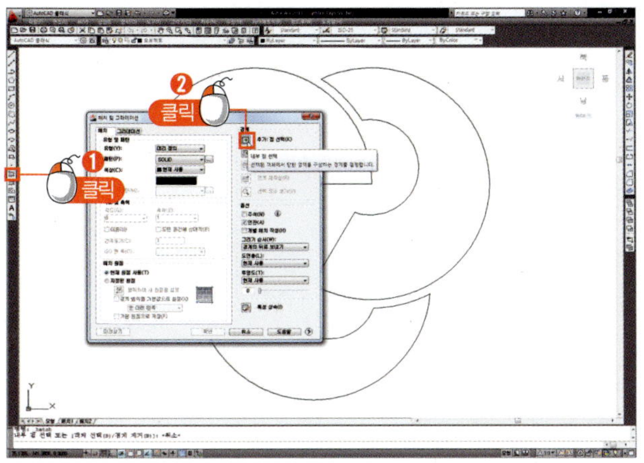

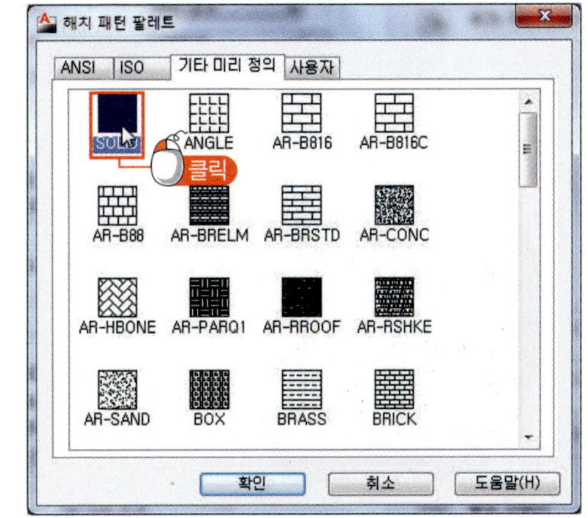

해치 명령 팝업창이 나오면 해치할 경계 부분을 선택하기 위해 추가 선택점 아이콘을 클릭한 후 심벌 형상의 내부 점을 모두 찾아준다. 내부 점을 모두 찾은 후 Enter 키를 눌러 선택을 종료한다.

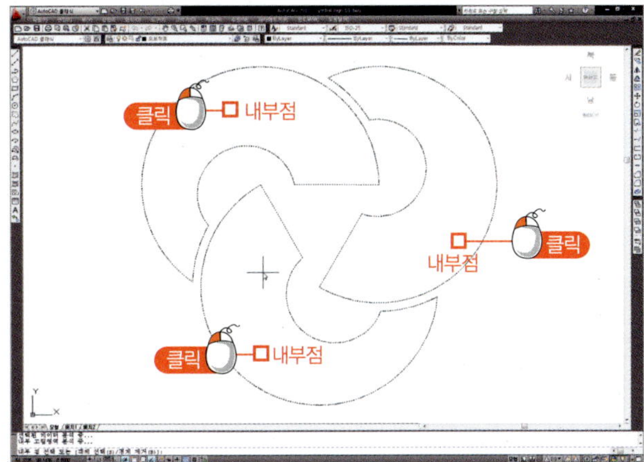

다시 한 번 해치 명령 팝업창이 나오면 확인 버튼을 눌러 마무리한다. 반전된 색상으로 기업은행 심벌 드로잉이 완성되었다.

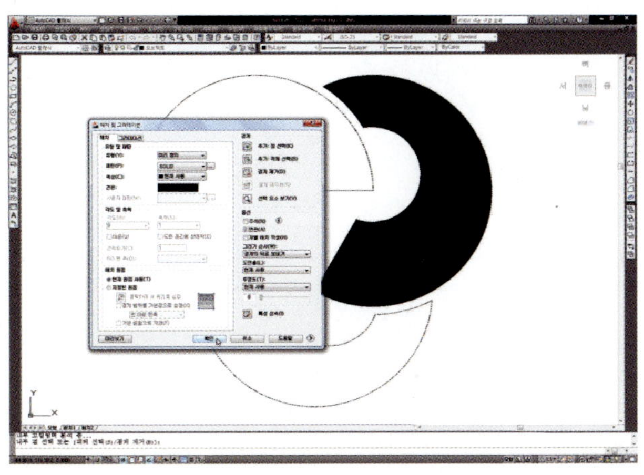

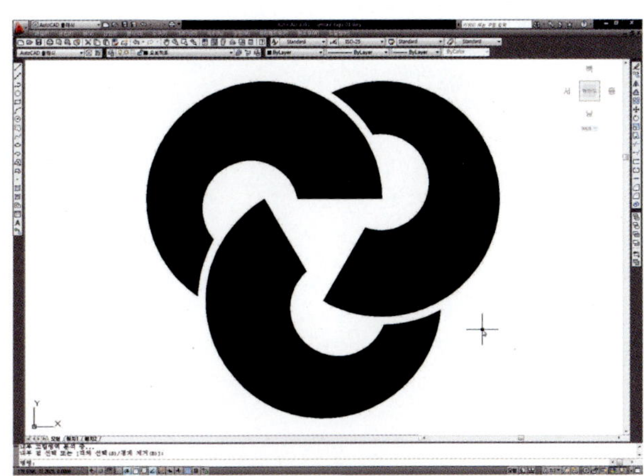

명령: **bhatch** Enter
내부 점 선택 또는 [객체 선택(S)/경계 제거(B)]: **(심벌로고 내부 선택)**

2 APPLE 사의 심벌로고 드로잉하기

미국 컴퓨터 전문회사이며 MP3 플레이어 Ipod 시리즈로 더 유명한 애플 사의 심벌로고를 오토캐드 프로그램을 통해 직접 드로잉해 볼 것이다. 유기적인 곡선미가 살아 있는 심벌의 형상을 주어진 치수 값 크기에 따라 드로잉해보자.

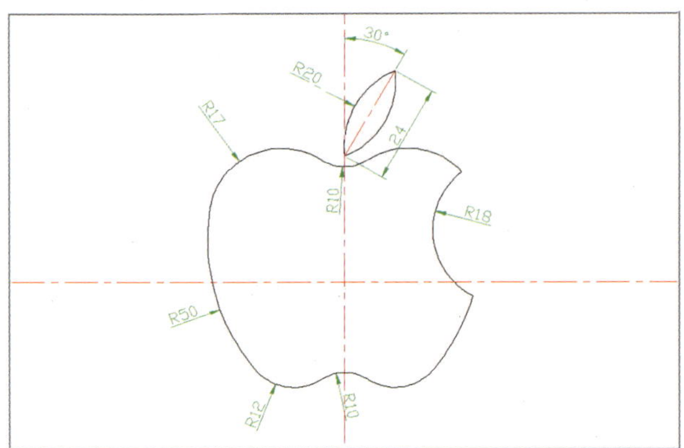

01 → 몸체 부분부터 시작하기

01_ osnap 명령을 실행하여 그림과 같이 제도 설정 값 팝업창이 나오면 객체 스냅 모드에서 끝점, 중간점, 중심점, 교차점, 접점을 켜두고 드로잉 작업에 들어가도 록 한다.

02_ 도면 드로잉 작업에 사용될 도면층을 만들기 위 해 '도면층 특성 관리자' 아이콘을 실행한다.

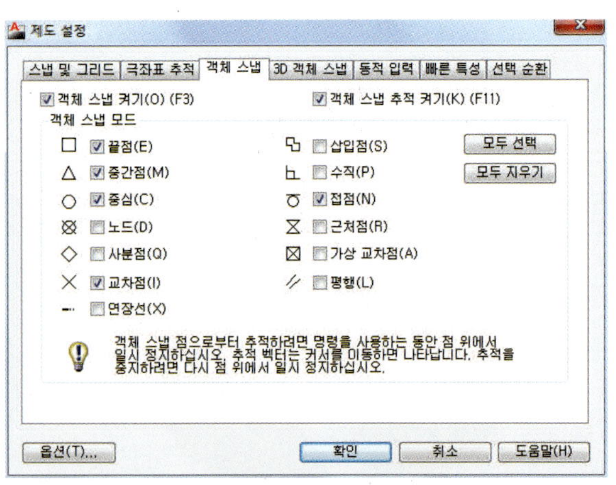

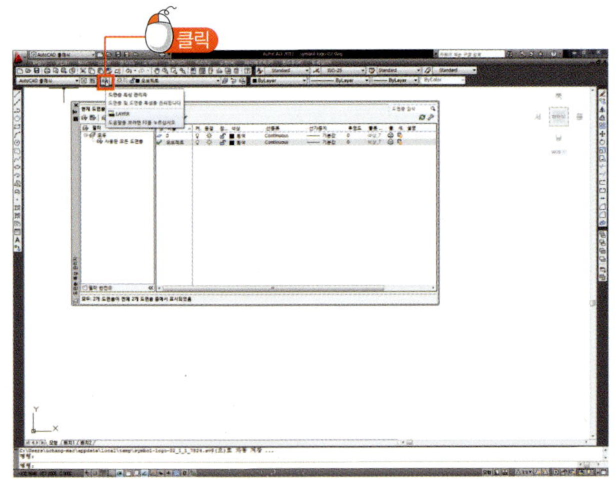

명령: **osnap** Enter

명령: **layer** Enter

03_ 도면층 특성 관리자 창이 뜨면 새 도면층 아이콘을 클릭해 기본 레이어 외에 레이어 2개를 더 추가한 후 각각의 레이어 이름을 중심선과 가상선으로 변경해준다.

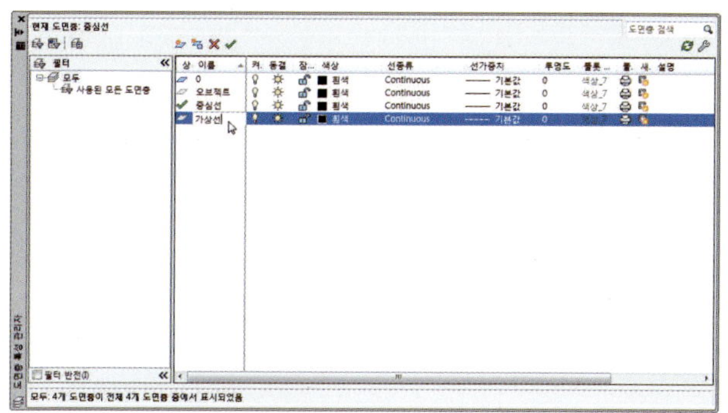

04_ 추가된 중심선 레이어 항목에서 레이어 색상을 빨강색으로 변경하여 주고, 선종류를 CENTER(1점 쇄선)로 변경하여 준다.

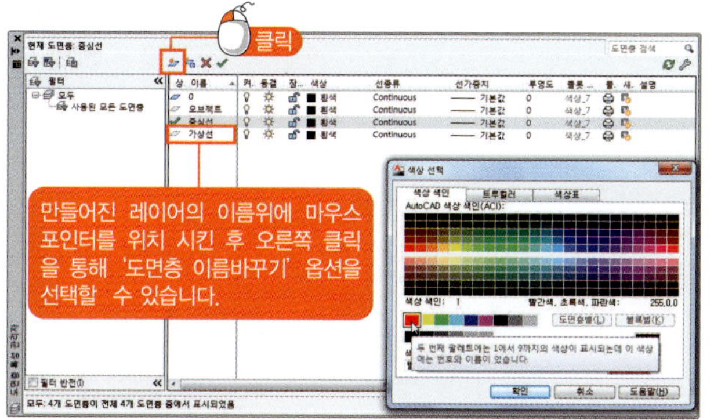

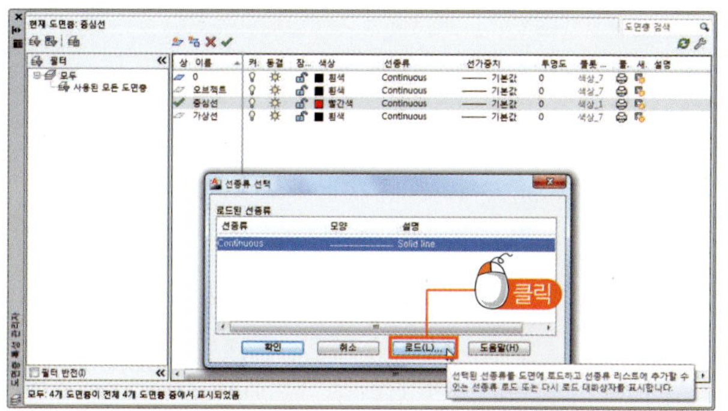

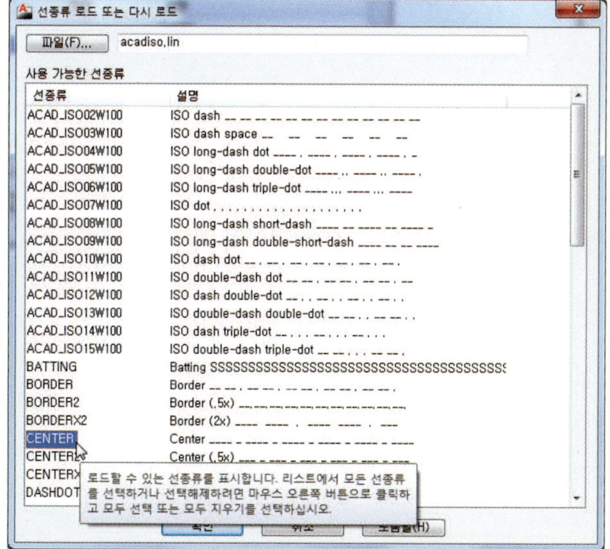

> **Tip**　찾고자 하는 선종류가 등록되어 있지 않은 경우는 '선종류 선택 팝업창 〉 로드 〉 선종류 로드 또는 다시 로드' 창으로 들어가서 알맞은 선종류를 선택하여 등록한다.

05_ 추가된 가상선 레이어 항목에서 레이어 색상을 하늘색으로 변경하여 주고, 선 종류를 PHANTOM(2점 쇄선)으로 변경하여 준다.

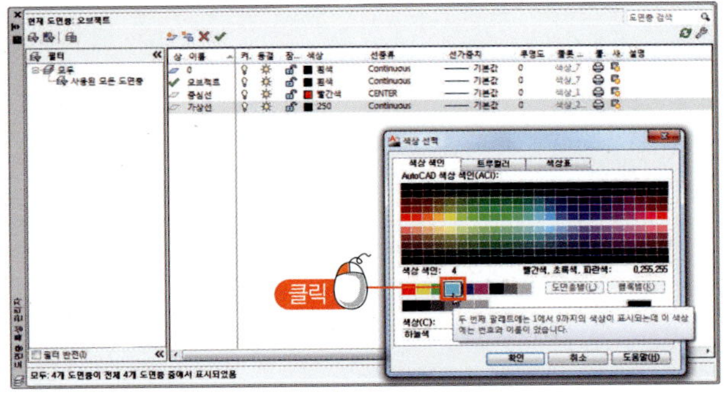

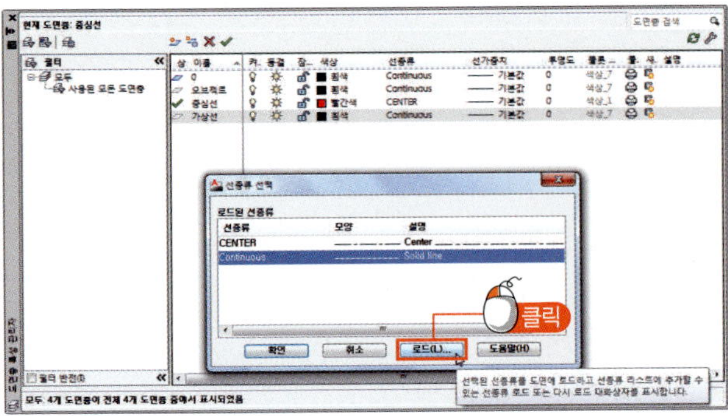

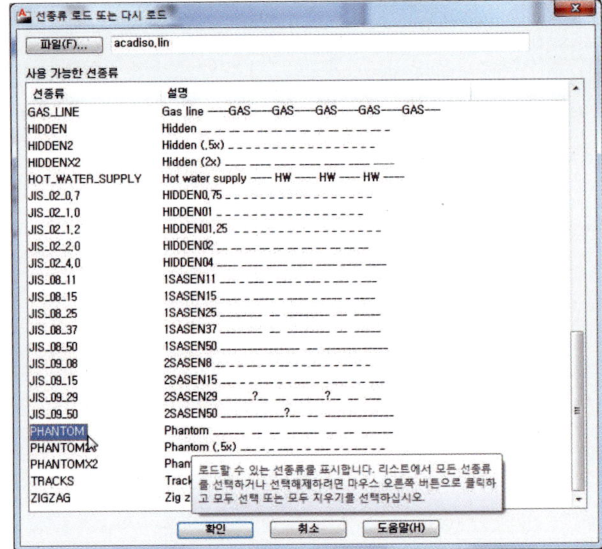

06_ 레이어를 가상선 레이어로 변경시킨 후 드로잉 작업을 시작하도록 한다.

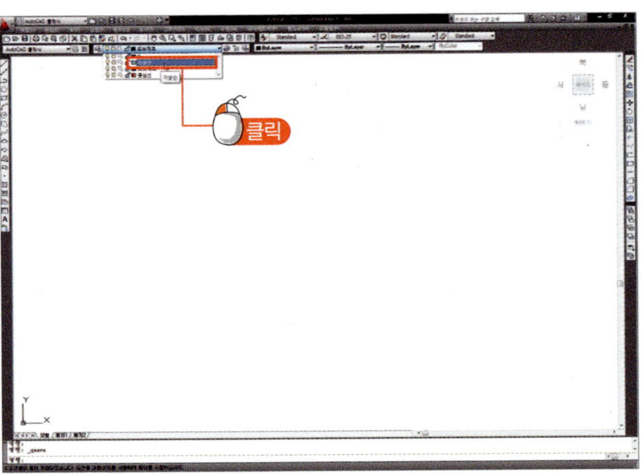

07_ line 명령으로 심벌의 기본 골격이 될 사각형부터 주어진 치수에 따라 거리값을 입력하여 직선을 그려준다.

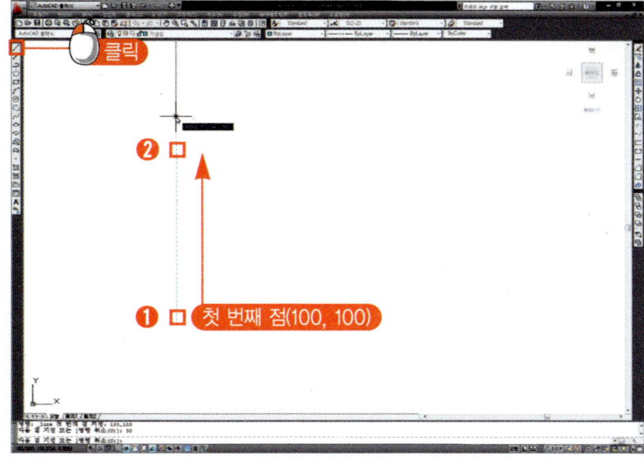

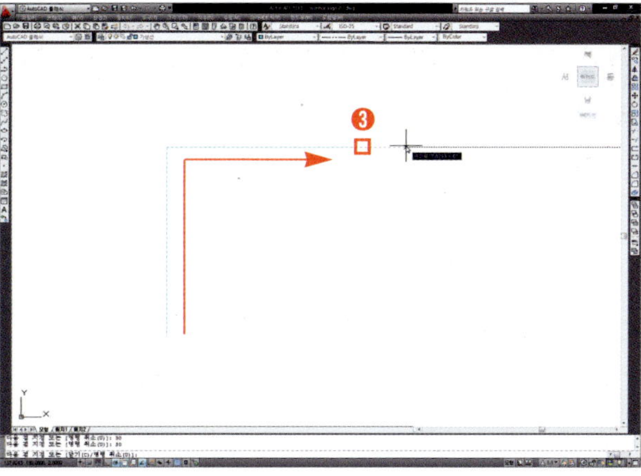

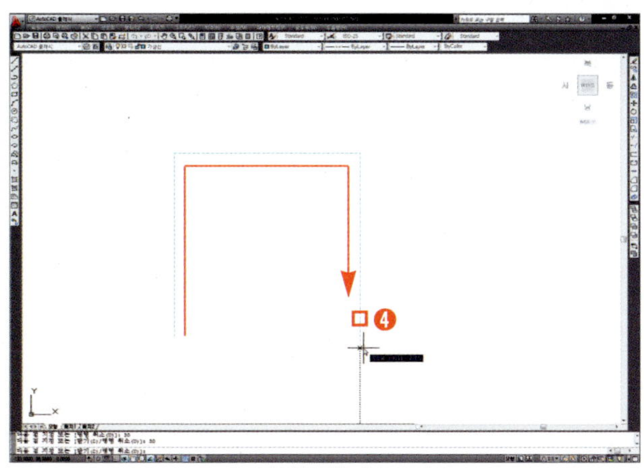

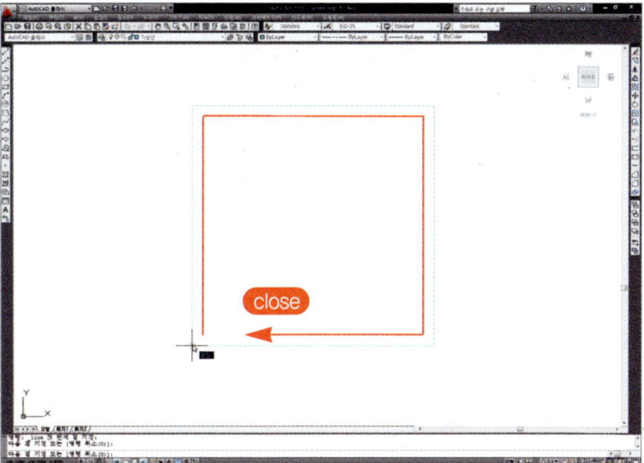

명령: line **Enter**
첫 번째 점 지정: **100,100** **Enter** (X,Y 절대좌표 입력)
다음 점 지정 또는 [명령 취소(U)]: **30** **Enter** (거리값 입력)
다음 점 지정 또는 [명령 취소(U)]: **30** **Enter** (거리값 입력)
다음 점 지정 또는 [닫기(C)/명령 취소(U)]: **30** **Enter** (거리값 입력)
다음 점 지정 또는 [닫기(C)/명령 취소(U)]: **c** **Enter** (닫기 입력)

08_ 이번에는 사각형의 중심선을 그리기 위해 중심 선 레이어로 변경시킨다.

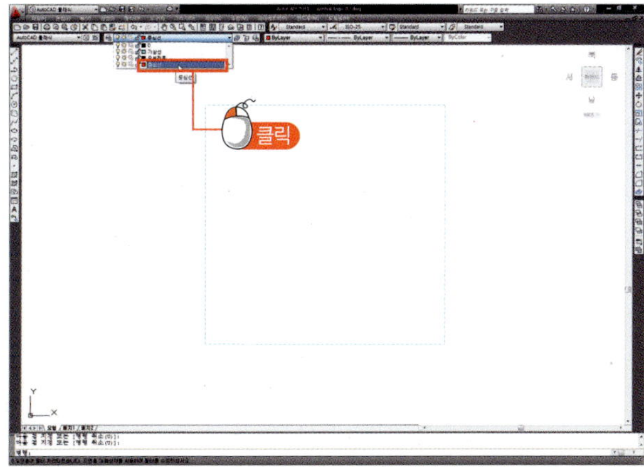

09_ 중심선을 그리기 위해 xline 명령을 이용해 사각형 각 모서리 중간점을 찾아 중심선을 수직 수평으로 그려 준다.

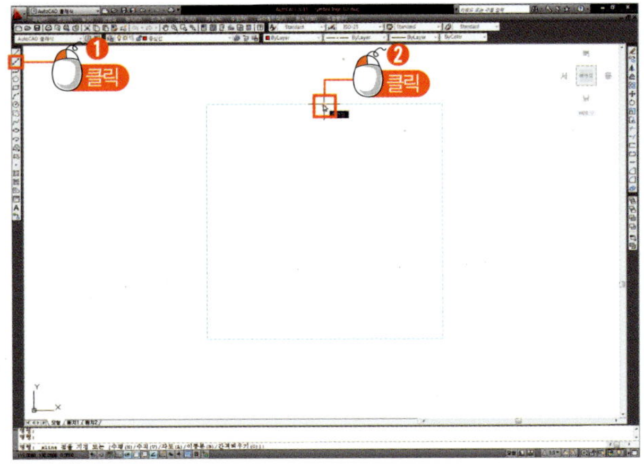

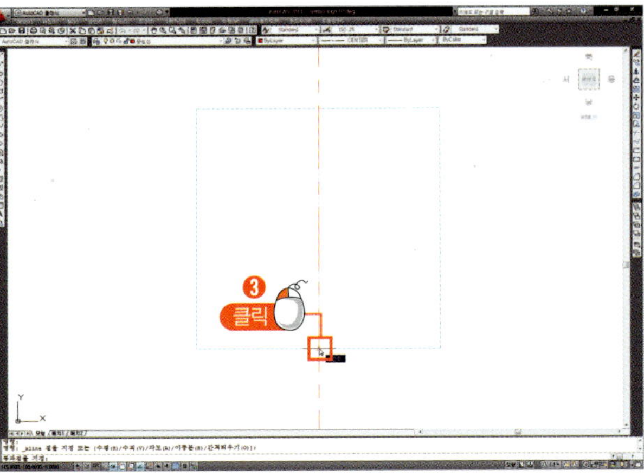

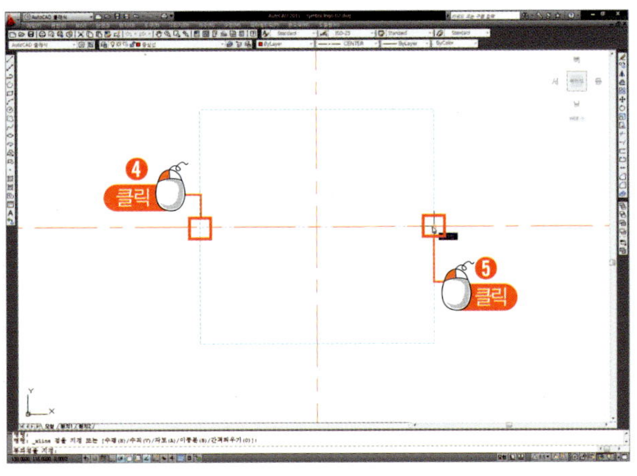

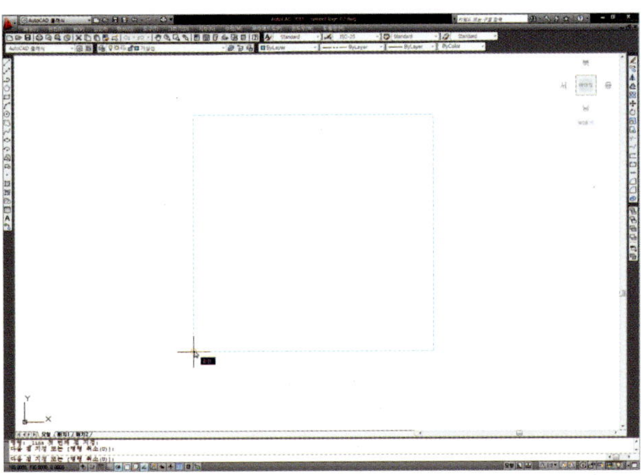

명령: **xline** Enter
점을 지정 또는 [수평(H)/수직(V)/각도(A)/이등분(B)/간격띄우기(O)]: **v** Enter
통과점 지정: 사각형 윗변 모서리 중간점 선택

명령: **xline** Enter
점을 지정 또는 [수평(H)/수직(V)/각도(A)/이등분(B)/간격띄우기(O)]: **h** Enter
통과점 지정: 사각형 좌측변 모서리 중간점 선택

10_ 다음은 offset 명령으로 사각형 4개의 모서리를 각각 선택하여 3mm 간격 안쪽으로 그림과 같이 띄워준다.

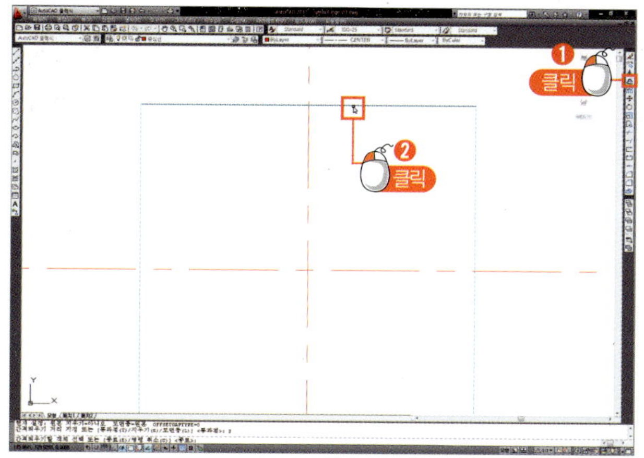

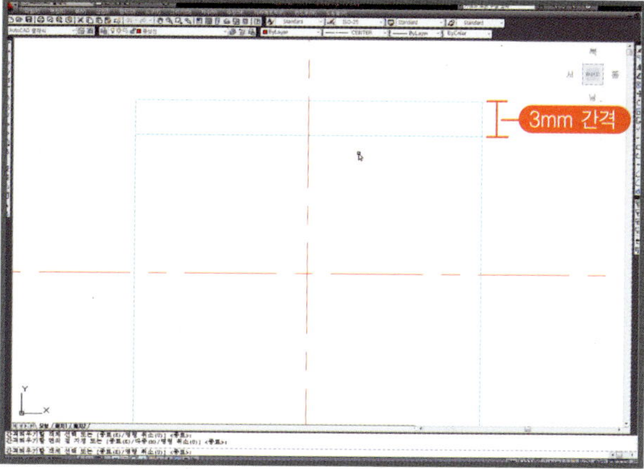

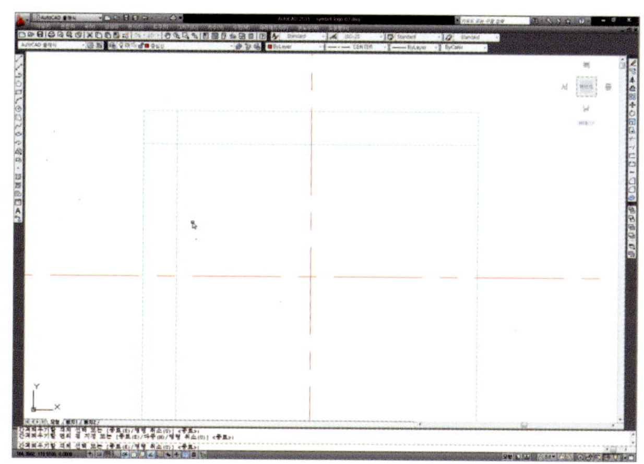

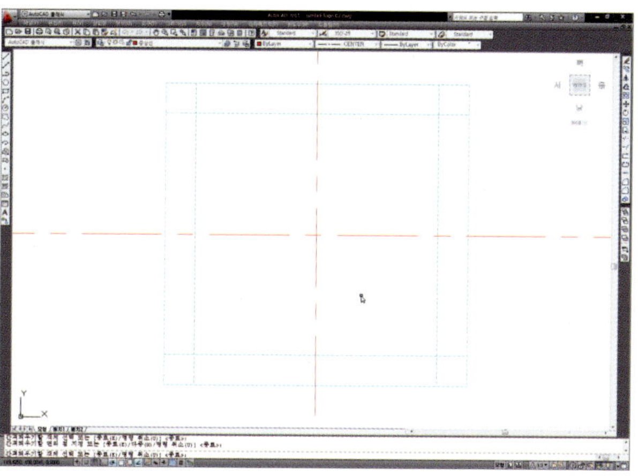

명령: **offset** Enter
현재 설정: 원본 지우기=아니오 도면층=원본 OFFSETGAPTYPE=0
간격띄우기 거리 지정 또는 [통과점(T)/지우기(E)/도면층(L)] 〈통과점〉: **3** Enter (거리값 입력)
간격띄우기할 객체 선택 또는 [종료(E)/명령취소(U)] 〈종료〉: **(사각형 4개의 모서리를 각각 선택)** (그림참조)
간격띄우기할 면의 점 지정 또는 [종료(E)/다중(M)/명령취소(U)] 〈나가기〉: **(사각형 안쪽 내부 선택)** (그림참조)

11_ 심벌 오브젝트를 그리기 위해서 기본 오브젝트 레이어 상태로 변경한다.

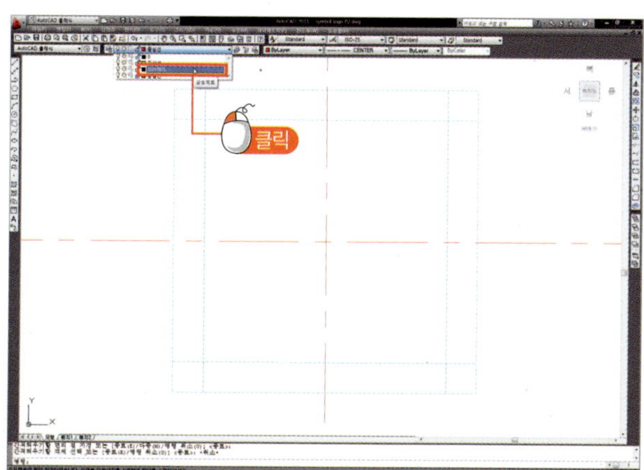

12_ 사각형 좌측상단 꼭짓점을 중심으로 반지름 17mm 원을 그림과 같이 그려준다.

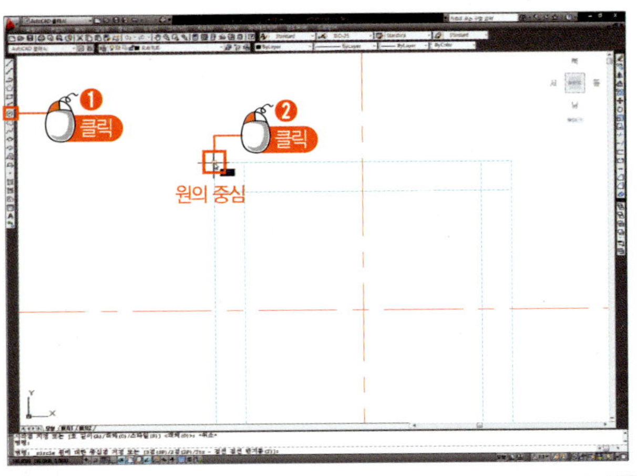

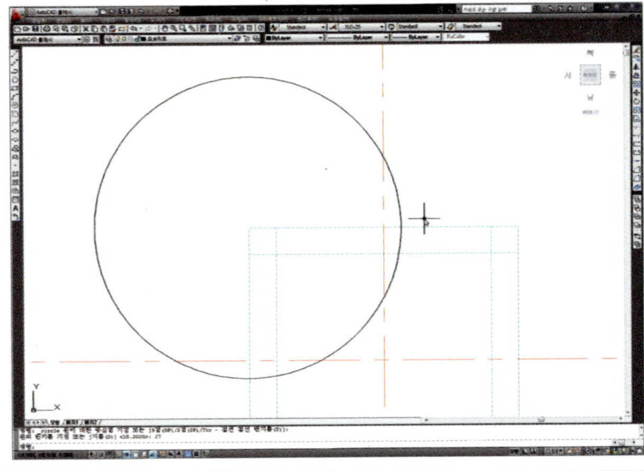

명령: **circle** Enter
원에 대한 중심점 지정 또는 [3P/2P/Ttr(접선 접선 반지름)]: **17** Enter (반지름 입력)

13_ 동일한 방법으로 사각형 우측상단 꼭짓점을 중심으로 반지름 17mm 원을 그려준다.

명령: **circle** Enter
원에 대한 중심점 지정 또는 [3P/2P/Ttr(접선 접선 반지름)]: **17** Enter
(반지름 입력)

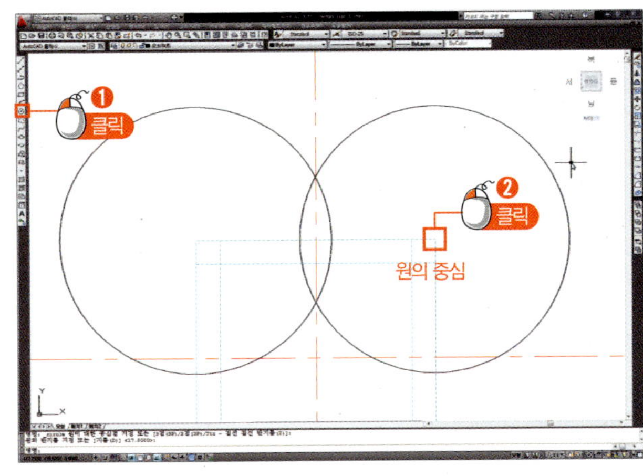

14_ 이번에는 3mm 안쪽으로 옵셋된 사각형 우측하단 꼭짓점을 중심으로 반지름 12mm 원을 그려준다.

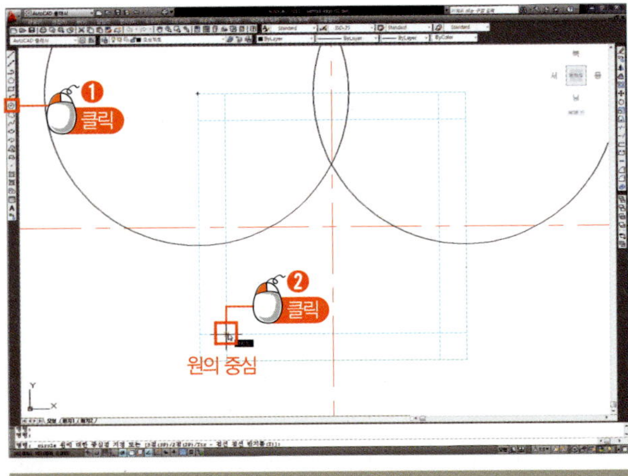

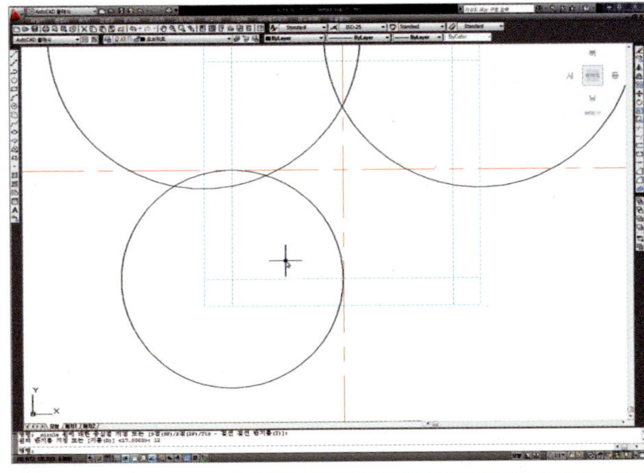

명령: **circle** Enter
원에 대한 중심점 지정 또는 [3P/2P/Ttr(접선 접선 반지름)]: **12** Enter (반지름 입력)

15_ 동일한 방법으로 옵셋된 사각형 우측하단 꼭짓점을 중심으로 반지름 12mm 원을 그려준다.

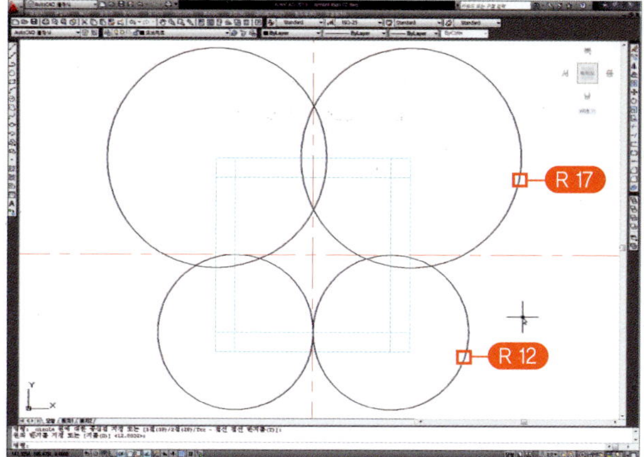

명령: **circle** Enter
원에 대한 중심점 지정 또는 [3P/2P/Ttr(접선 접선 반지름)]: **12** Enter
(반지름 입력)

16_ circle 명령에서 TTR 옵션을 이용하여 그림과 같이 원의 접점 2개를 찾아 반지름 50mm 원을 그려준다.

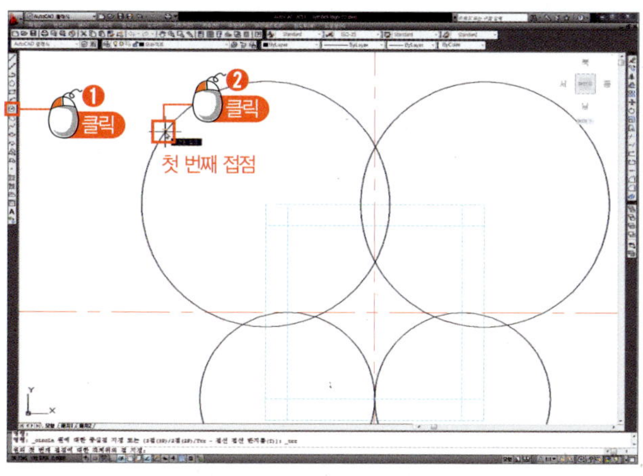

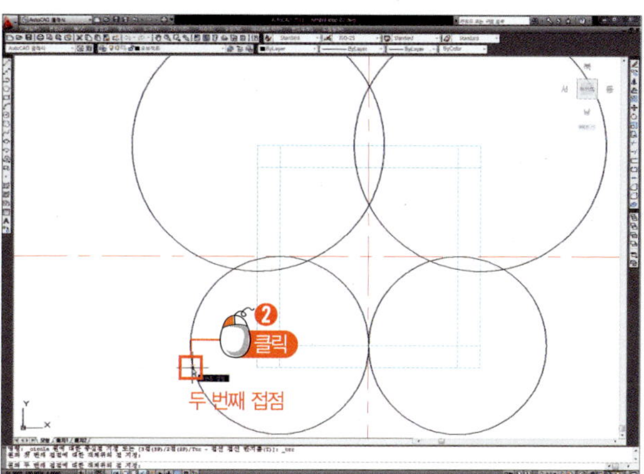

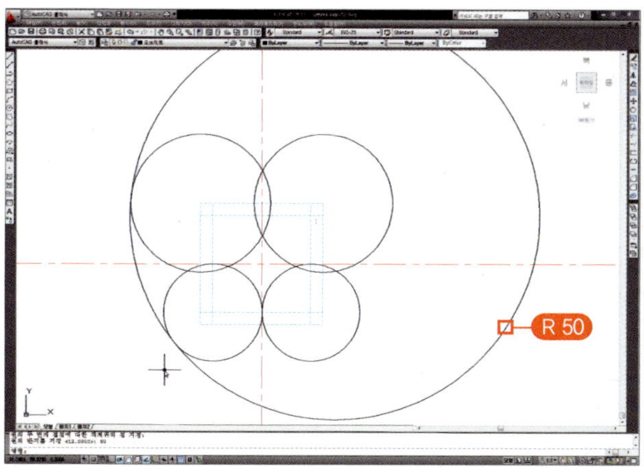

명령: **circle** Enter
원에 대한 중심점 지정 또는 [3P/2P/Ttr(접선 접선 반지름)]: **ttr** Enter
원의 첫 번째 접점에 대한 객체위의 점 지정: **(사각형 좌측상단 17mm 원의 접점 선택)**
원의 두 번째 접점에 대한 객체위의 점 지정: **(사각형 좌측하단 12mm 원의 접점 선택)**
원의 반지름 지정: **50** Enter **(반지름 입력)**

17_ 동일한 방법으로 그림과 같이 원의 접점 2개를 찾아 반지름 50mm 원을 다시 한 번 그려준다.

18_ cross 선택 방법으로 드래그하여 걸쳐진 모든 오브젝트를 선택한다.

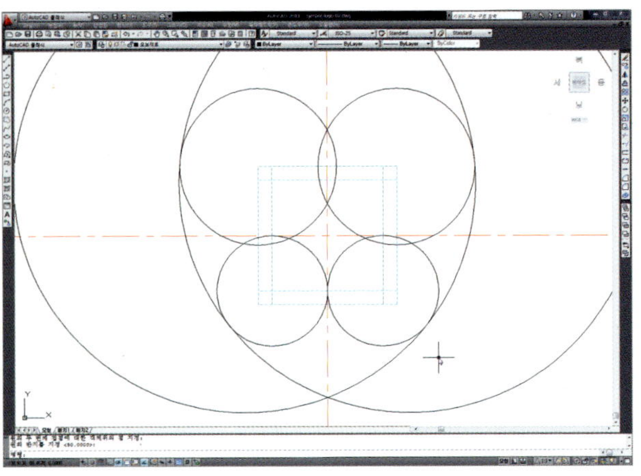

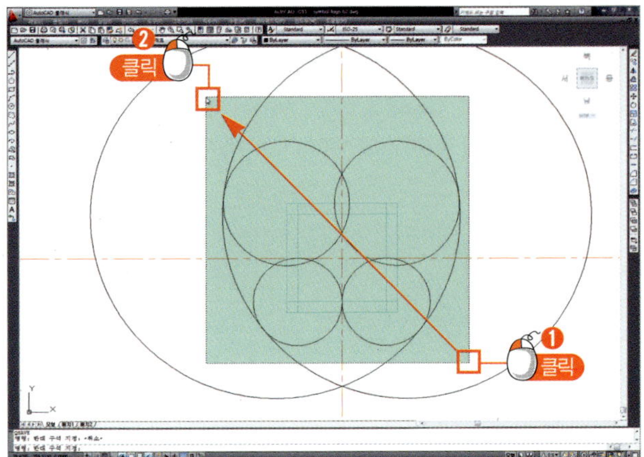

명령: circle [Enter]

원에 대한 중심점 지정 또는 [3P/2P/Ttr(접선 접선 반지름)]: ttr [Enter]

원의 첫 번째 접점에 대한 객체위의 점 지정: **(사각형 우측 상단 17mm 원의 접점 선택)**

원의 두 번째 접점에 대한 객체위의 점 지정: **(사각형 우측 하단 12mm 원의 접점 선택)**

원의 반지름 지정: **50** [Enter] (반지름 입력)

명령: select [Enter]

객체 선택: 반대 구석 지정: **(cross 선택법으로 오른쪽에서 왼쪽으로 마우스 드래그하여 선택)**

19_ 선택된 오브젝트에서 trim 명령을 이용하여 불필요한 부분들을 그림과 같이 제거해준다.

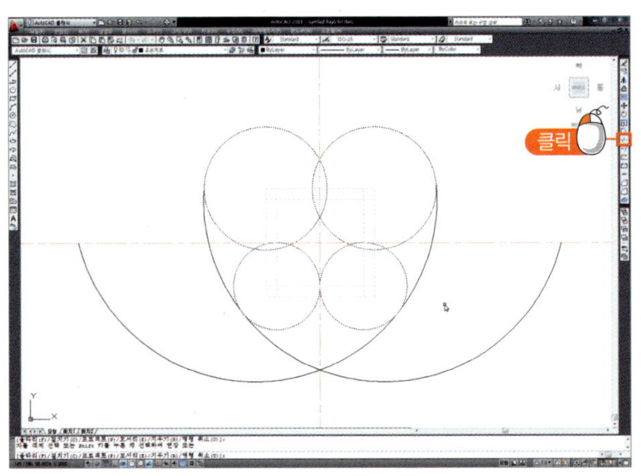

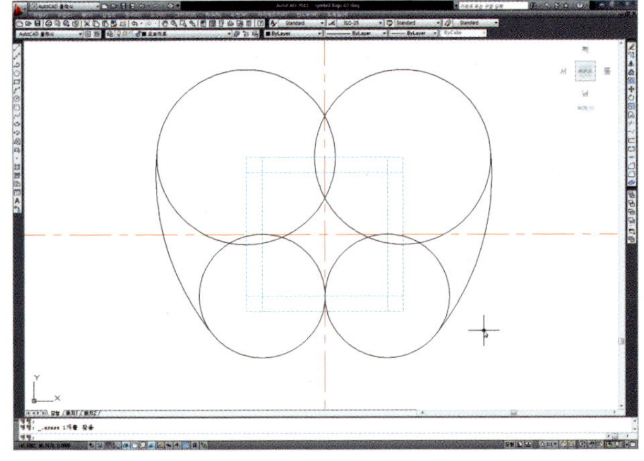

명령: trim [Enter]

현재 설정값: 투영=UCS 모서리=없음

자를 객체 선택 또는 Shift 키를 누른 채 선택하여 연장 또는

[울타리(F)/걸치기(C)/프로젝트(P)/모서리(E)/지우기(R)/명령취소(U)]: (불필요한 부분을 제거)

20_ 앞서 진행했던 circle 명령과 같이 TTR 옵션을 이용하여 원의 접점 2개를 찾아 반지름 10mm 원을 그려준다.

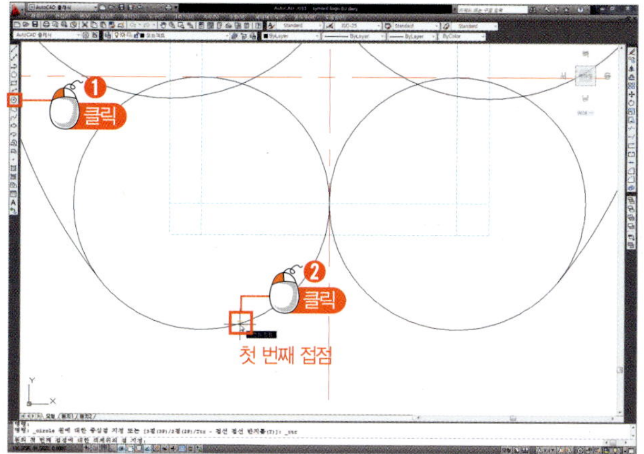

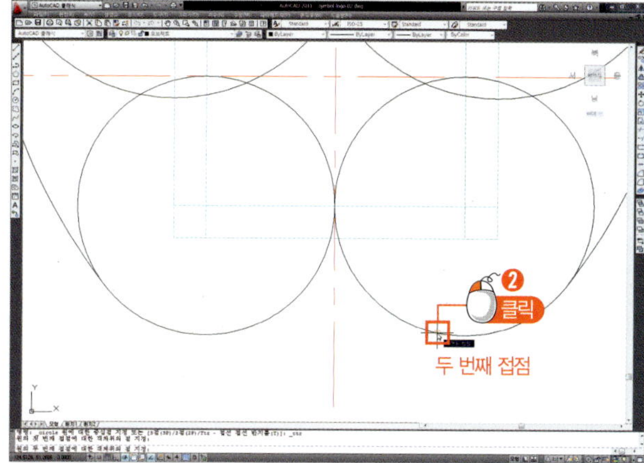

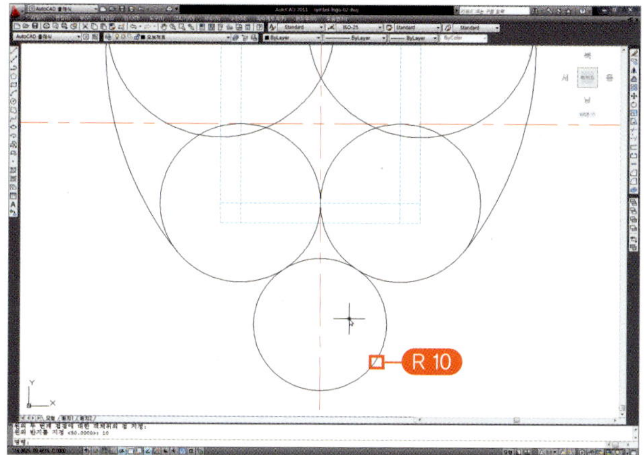

명령: circle Enter
원에 대한 중심점 지정 또는 [3P/2P/Ttr(접선 접선 반지름)]: **ttr** Enter
원의 첫 번째 접점에 대한 객체위의 점 지정: **(사각형 좌측하단 12mm 원의 접점 선택)**
원의 두 번째 접점에 대한 객체위의 점 지정: **(사각형 우측하단 12mm 원의 접점 선택)**
원의 반지름 지정: **10** Enter (반지름 입력)

21_ 동일한 방법으로 TTR 옵션을 이용하여 원의 접점 2개를 찾아 반지름 10mm 원을 그려준다.

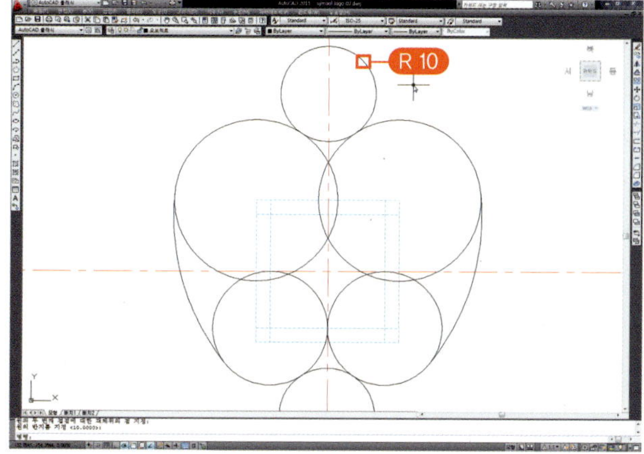

명령: circle Enter
원에 대한 중심점 지정 또는 [3P/2P/Ttr(접선 접선 반지름)]:
ttr Enter
원의 첫 번째 접점에 대한 객체위의 점 지정:
(사각형 좌측상단 17mm 원의 접점 선택)
원의 두 번째 접점에 대한 객체위의 점 지정:
(사각형 우측상단 17mm 원의 접점 선택)
원의 반지름 지정: **10** Enter (반지름 입력)

22_ window 선택 방법으로 왼쪽에서 오른쪽으로 마우스 드래그하여 모든 오브젝트를 선택한다.

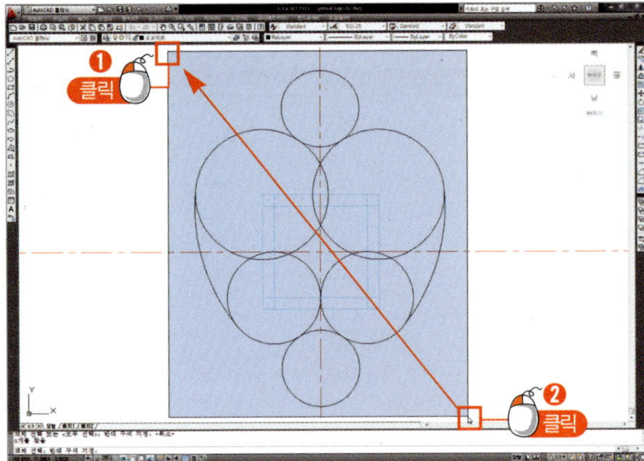

명령: **select** [Enter]
객체 선택: 반대 구석 지정: **(window 선택법으로 왼쪽에서 오른쪽으로 마우스를 드래그하여 선택)**

23_ 선택된 오브젝트에서 trim명령을 이용하여 불필요한 부분들을 그림과 같이 제거해준다.

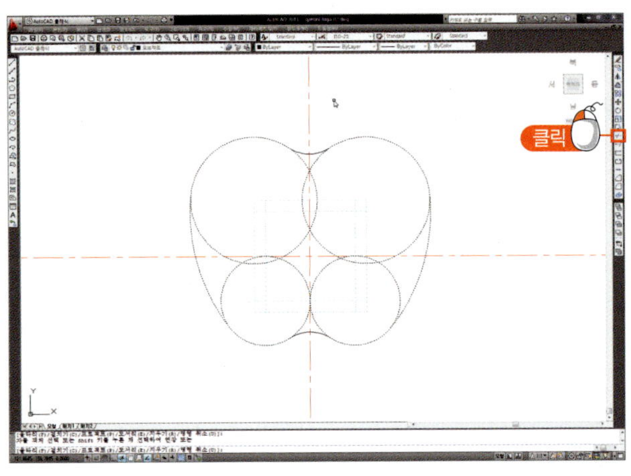

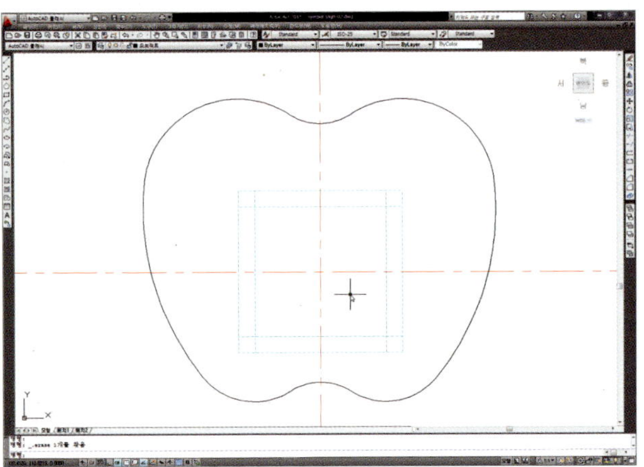

명령: **trim** [Enter]
현재 설정값: 투영=UCS 모서리=없음
자를 객체 선택 또는 Shift 키를 누른 채 선택하여 연장 또는
[울타리(F)/걸치기(C)/프로젝트(P)/모서리(E)/지우기(R)/명령취소(U)]: **(불필요한 부분 제거)**

02 → line, arc 명령을 이용해 사과 잎 형상 드로잉하기

01_ offset 명령으로 그림과 같이 사각형 윗변 모서리를 선택하여 윗방향으로 15mm 간격을 띄워준다.

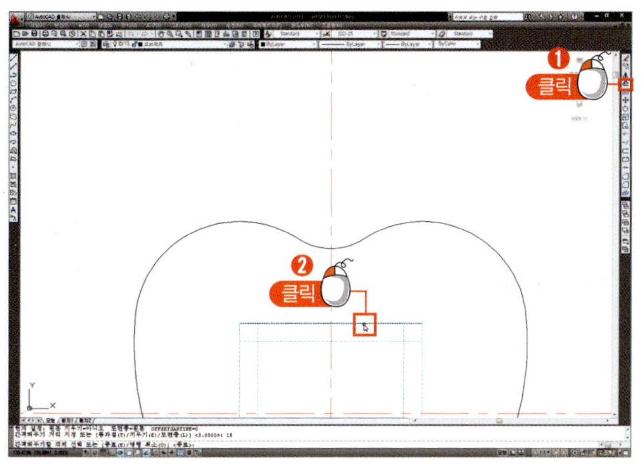
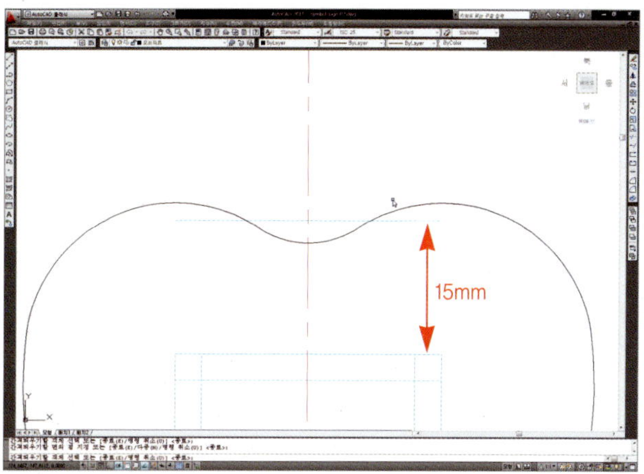

명령: **offset** Enter
현재 설정: 원본 지우기=아니오 도면층=원본 OFFSETGAPTYPE=0
간격띄우기 거리 지정 또는 [통과점(T)/지우기(E)/도면층(L)] 〈통과점〉: **15** Enter (거리값 입력)
간격띄우기할 객체 선택 또는 [종료(E)/명령취소(U)] 〈종료〉: **(사각형 윗변 모서리 선택)**
통과점 지정 또는 [종료(E)/다중(M)/명령취소(U)] 〈종료〉: **(사각형 윗방향 선택)**

02_ line 명령으로 옵셋된 직선의 중간점부터 24mm만큼 윗방향으로 수직선을 그려준다.

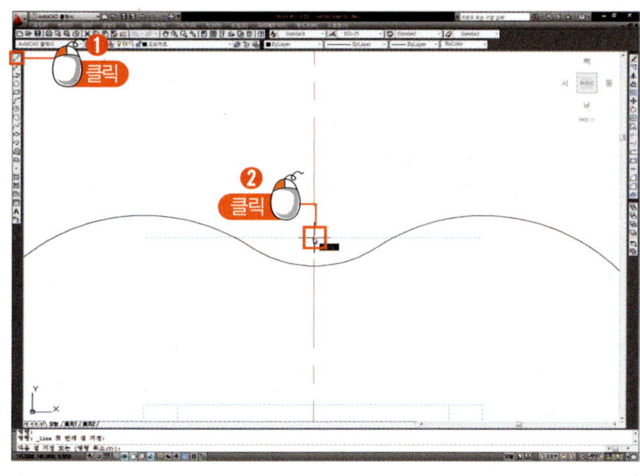
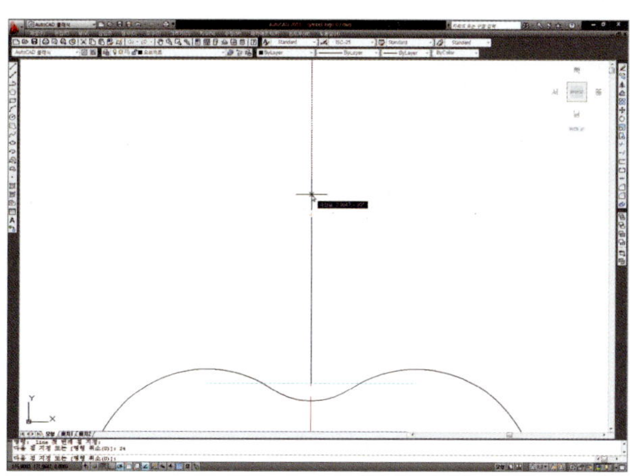

명령: **line** Enter
첫 번째 점 지정: **(옵셋된 직선의 중간점 선택)**
다음 점 지정 또는 [명령 취소(U)]: **24** Enter (거리값 입력)

03_ offset 명령으로 방금 그려진 수직선을 좌, 우측으로 4mm 간격을 띄워준다.

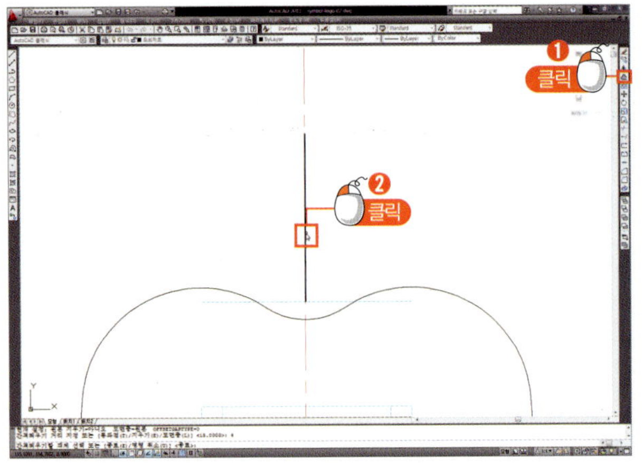
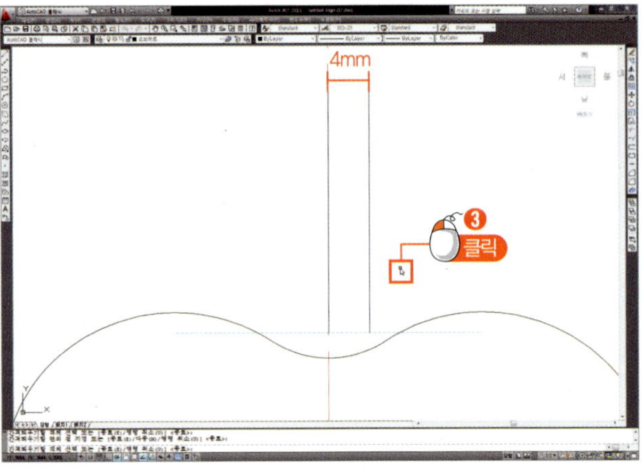
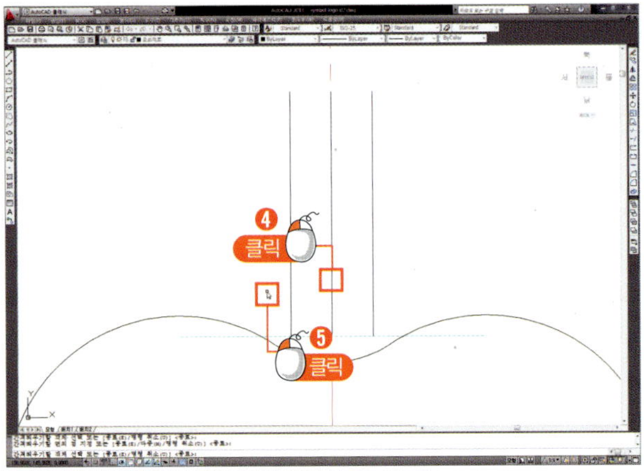

명령: **offset** Enter

현재 설정: 원본 지우기=아니오 도면층=원본 OFFSETGAPTYPE=0

간격띄우기 거리 지정 또는 [통과점(T)/지우기(E)/도면층(L)] 〈통과점〉: **4** Enter (거리값 입력)

간격띄우기할 객체 선택 또는 [종료(E)/명령취소(U)] 〈종료〉:
(수직선 선택)

통과점 지정 또는 [종료(E)/다중(M)/명령취소(U)] 〈종료〉:
(좌,우측 방향으로 하나씩 선택)

04_ 다음은 arc 명령을 이용하여 이미 그려진 수직선과 옵셋된 선 간격에 알맞게 3점을 이용한 원호를 그려준다.

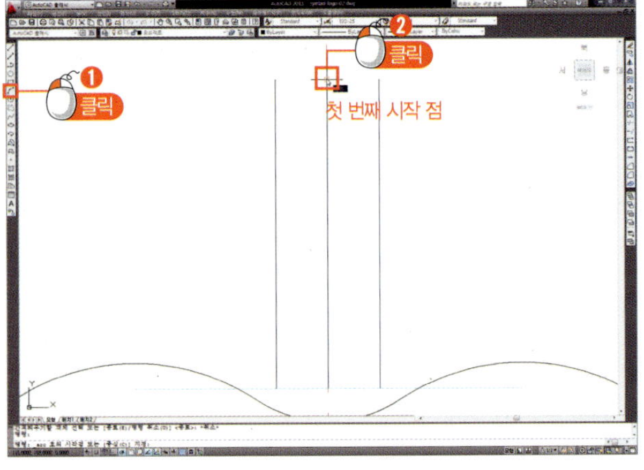
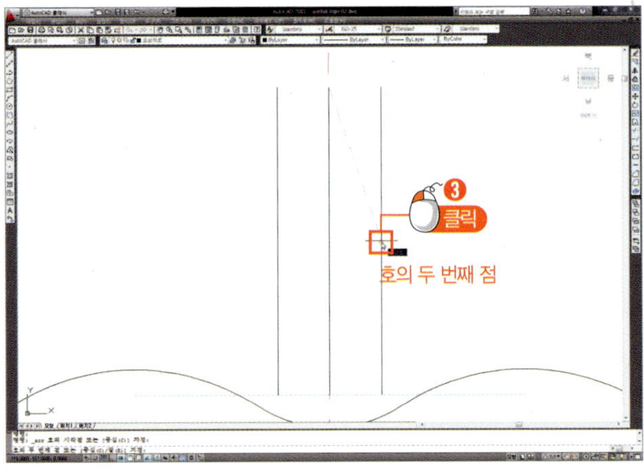

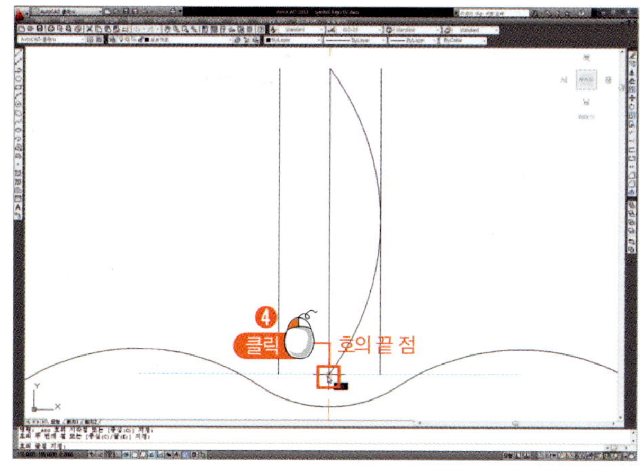

명령: arc Enter

호의 시작점 또는 [중심(C)] 지정:
이미 그려진 수직선 상단 끝점 선택)

호의 두 번째 점 또는 [중심(C)/끝(E)] 지정:
(옵셋된 수직선 중간점 선택)

호의 끝점 지정: **(이미 그려진 수직선 하단 끝점 선택)**

05_ mirror 명령으로 그려진 원호에 대한 수직선을 기준으로 반대측으로 미러시켜 원호를 1개 더 만들어준다.

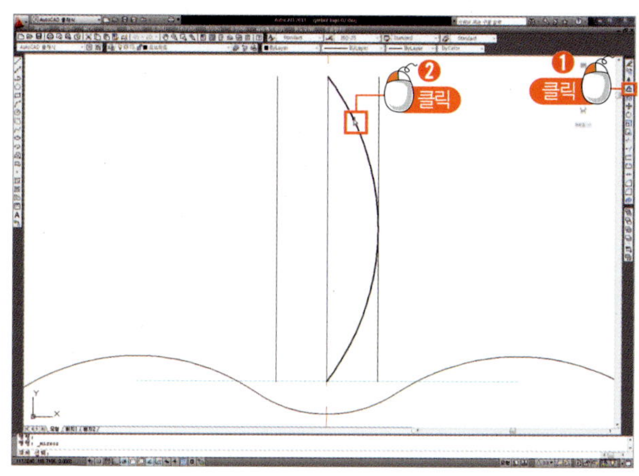

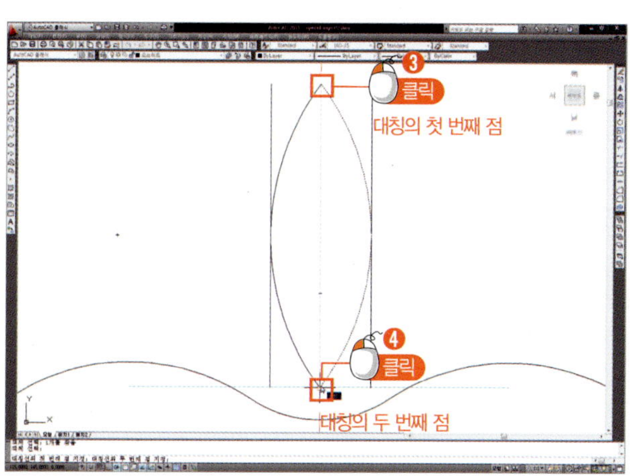

명령: **mirror** Enter
객체 선택: 1개를 찾음
객체 선택: 방금 그린 우측 원호 선택
대칭선의 첫 번째 점 지정: **(이미 그려진 수직선과 상단 끝점 선택)**
대칭선의 두 번째 점 지정: **(이미 그려진 수직선과 하단 끝점 선택)**
원본 객체를 지우시겠습니까? [예(Y)/아니오(N)] 〈N〉: Enter

06_ mirror시킨 후 남은 수직선들은 모두 erase 명령으로 제거해준다.

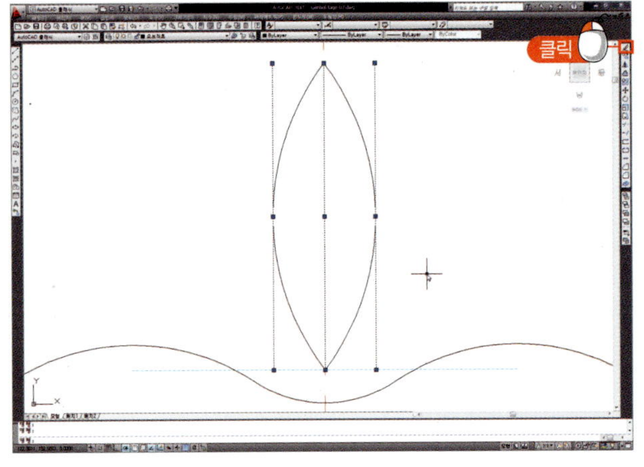
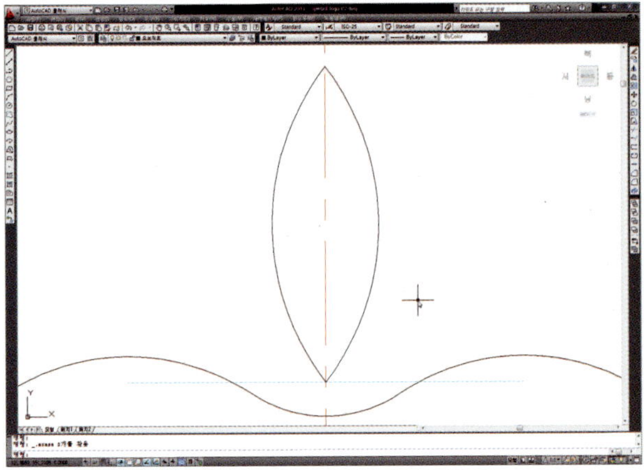

명령: erase **Enter**
객체 선택: **수직선 3개 모두 선택 후** **Enter**

Tip 오브젝트를 삭제하는 비교적 편한 방법은 마우스로 오브젝트를 선택한 후 **Delete** 키를 눌러 삭제하는 것이다.

07_ 만들어진 나뭇잎 형상을 rotate 명령으로 회전시킨다.

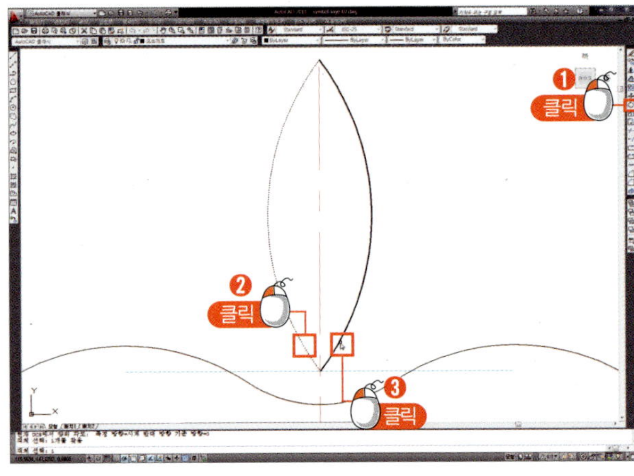

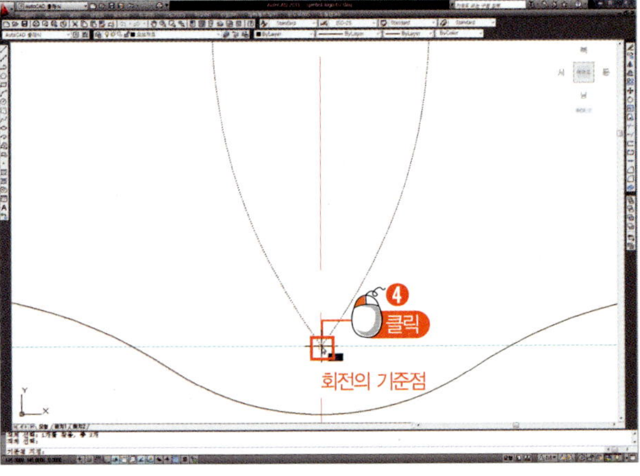

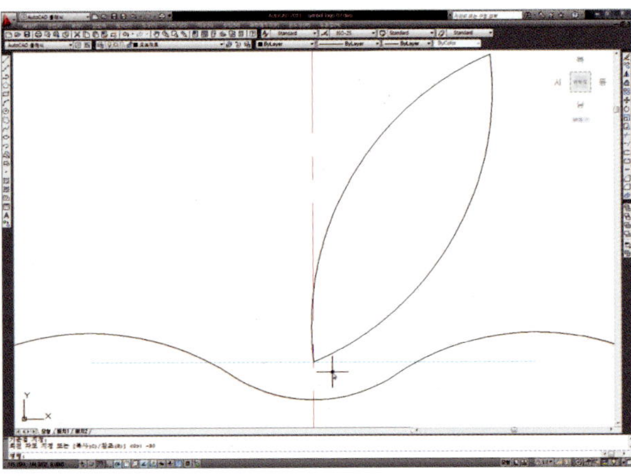

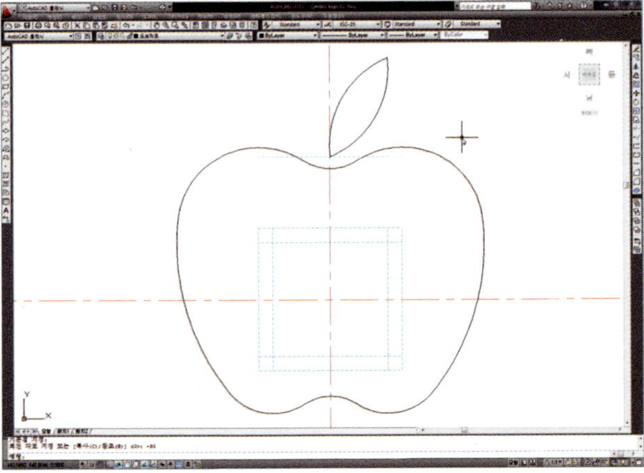

명령: **rotate** Enter
현재 UCS에서 양의 각도: 측정 방향=시계 반대 방향 기준 방향=0
객체 선택: **(2개의 원호 선택 후 Enter)**
기준점 지정: **(2개의 원호가 만나는 아래 끝점 선택)**
회전 각도 지정 또는 [복사(C)/참조(R)] 〈0〉: **-30** Enter **(각도 입력)**

08_ 이번에는 잘려진 사과 형상을 드로잉하기 위해 그림과 같이 옵셋된 사각형 윗변 모서리를 반대측으로 미러시켜 준다.

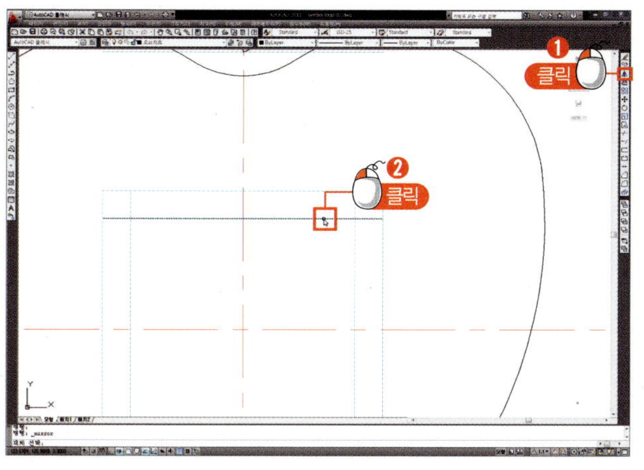

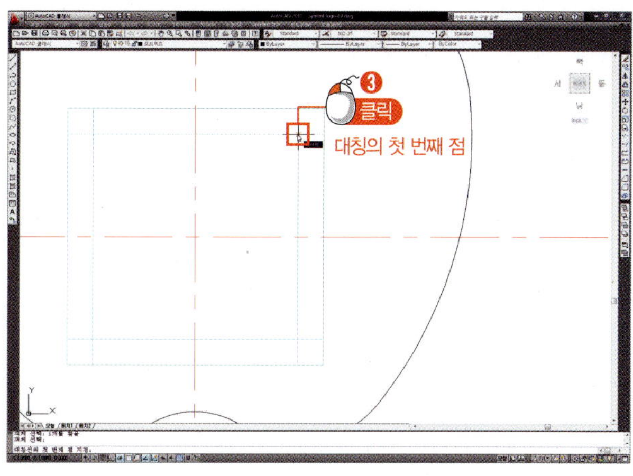

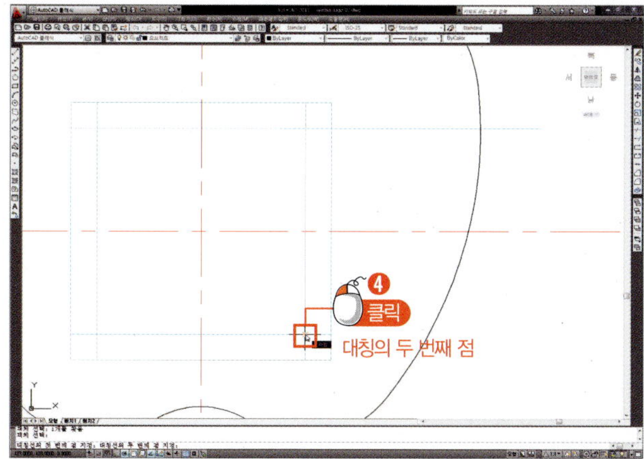

명령: **mirror** Enter
객체 선택: 1개를 찾음
객체 선택: **(옵셋된 사각형 윗변 모서리 선택)**
대칭선의 첫 번째 점 지정: **(옵셋된 사각형 우측 모서리 상단 끝점 선택)**
대칭선의 두 번째 점 지정: **(옵셋된 사각형 우측 모서리 하단 끝점 선택)**
원본 객체를 지우시겠습니까? [예(Y)/아니오(N)] 〈N〉: Enter

09_ mirror되어 만들어진 직선 우측 끝점을 중심으로 반지름 18mm 원을 그려준다.

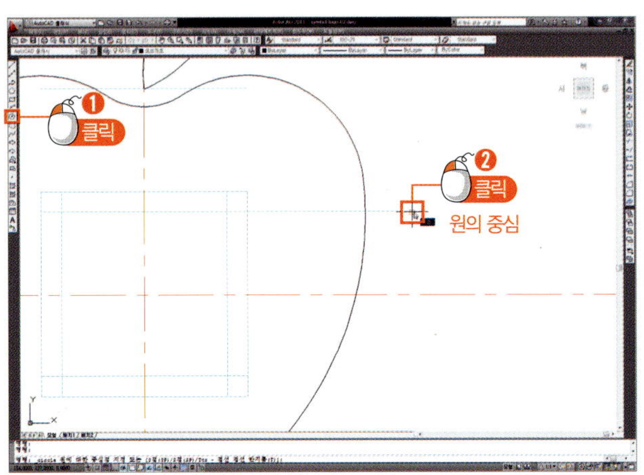

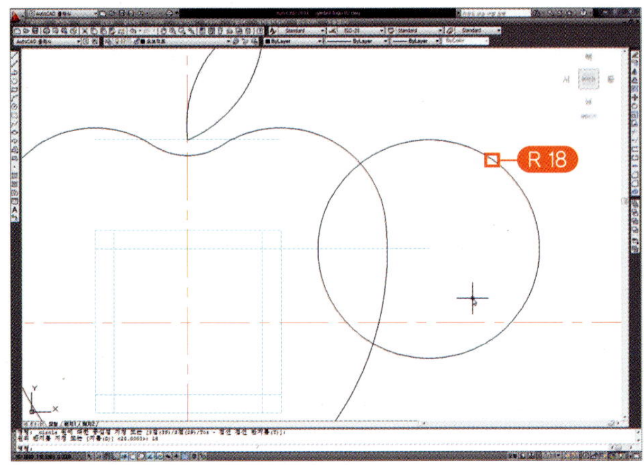

명령: **circle** Enter
원에 대한 중심점 지정 또는 [3P/2P/Ttr(접선 접선 반지름)]: **(mirror된 직선 우측 끝점 선택)**
원의 반지름 지정 또는 [지름(D)]: **18** Enter (반지름 입력)

10_ cross 선택 방법으로 걸쳐진 모든 오브젝트를 선택한다.

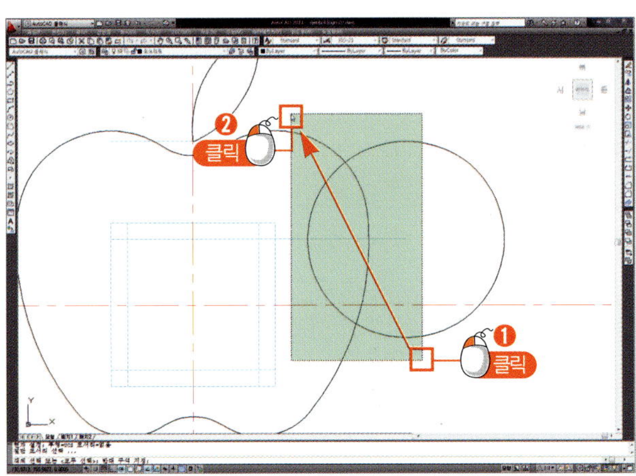

명령: **select** Enter
객체 선택: 반대 구석 지정: **(cross 선택법으로 마우스 드래그하여 선택)**

11_ trim 명령을 이용하여 선택된 오브젝트에서 불필요한 부분들을 그림과 같이 제거해준다.

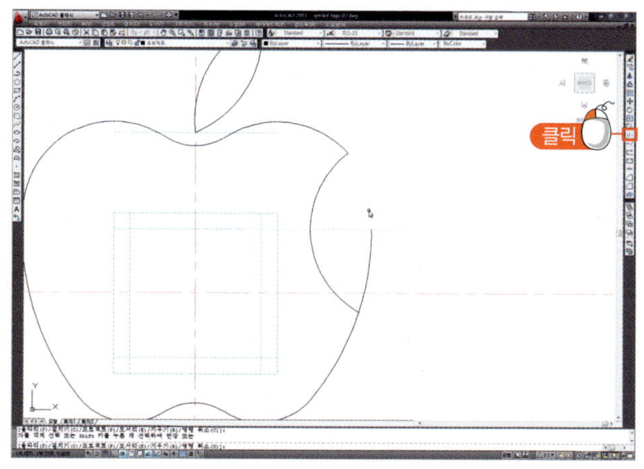
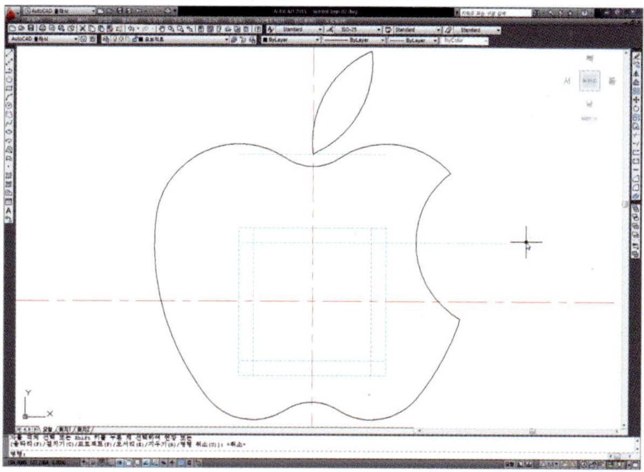

명령: **trim** Enter
현재 설정값: 투영=UCS 모서리=없음
자를 객체 선택 또는 Shift 키를 누른 채 선택하여 연장 또는
[울타리(F)/걸치기(C)/프로젝트(P)/모서리(E)/지우기(R)/명령취소(U)]: **(불필요한 부분 제거)**

03→ hatch 명령을 이용하여 로고 내부에 색을 넣은 후 드로잉 표현을 반전시키기

01_ hatch 명령을 적용하기 전 가상선으로 그려진 오브젝트들은 삭제해준다.

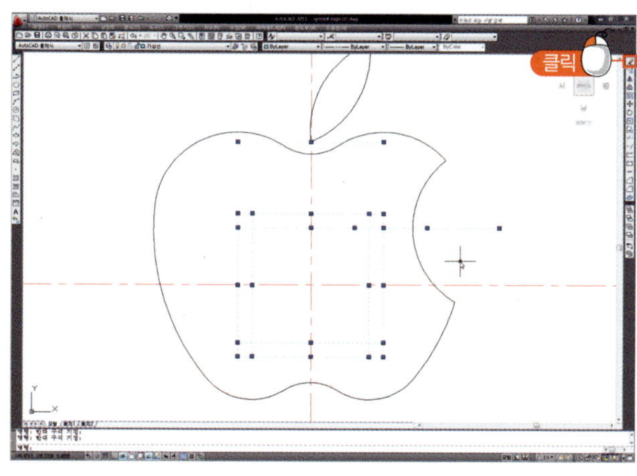
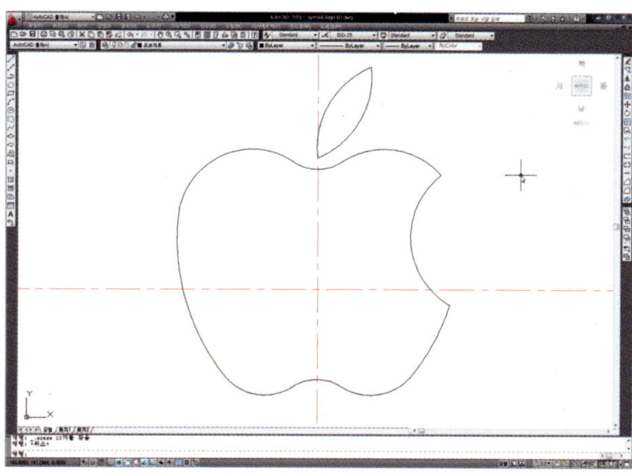

명령: **erase** Enter
객체 선택: **(가상선으로 그려진 오브젝트 선택 후 Enter)**

02_ hatch 명령으로 솔리드 패턴을 넣어 심벌 내부를 검정으로 채워준다. 해치 및 그라데이션 팝업창이 나오면 견본을 클릭하여 원하는 패턴을 선택한 후, 해치할 경계 부분을 선택하기 위해 추가 선택점 아이콘을 클릭한다.

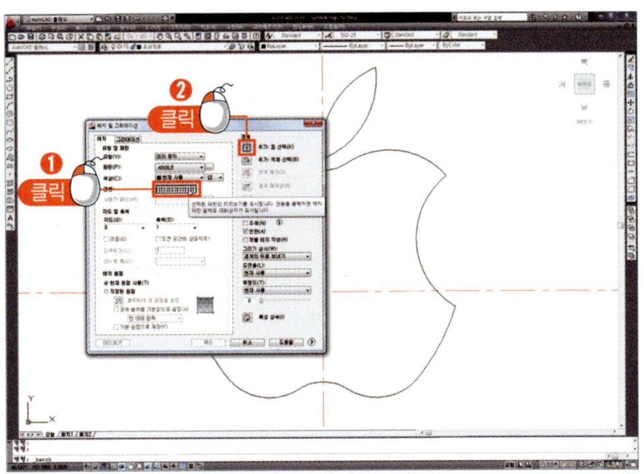

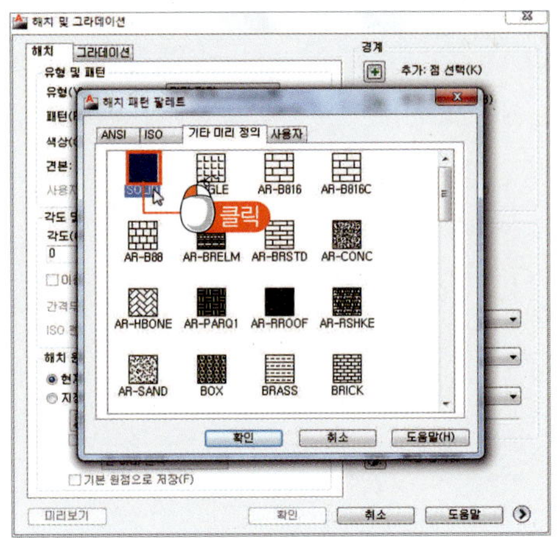

03_ 로고 형상의 내부 점을 모두 찾아준다. 내부의 점들을 모두 선택한 후 Enter 를 누르면 다시 한 번 해치 및 그라데이션 팝업창이 나오는데, 확인 버튼을 눌러 마무리한다.

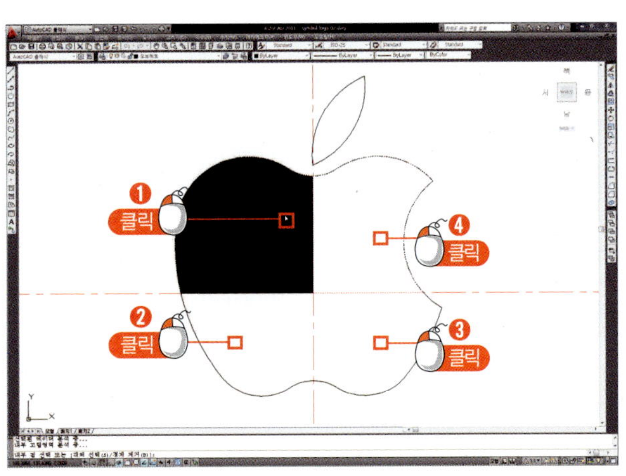

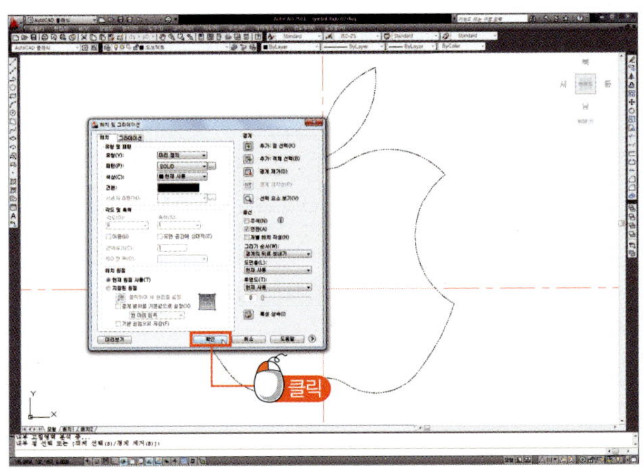

04_ 반전된 색상으로 애플사 심벌로고 드로잉이 완성되었다.

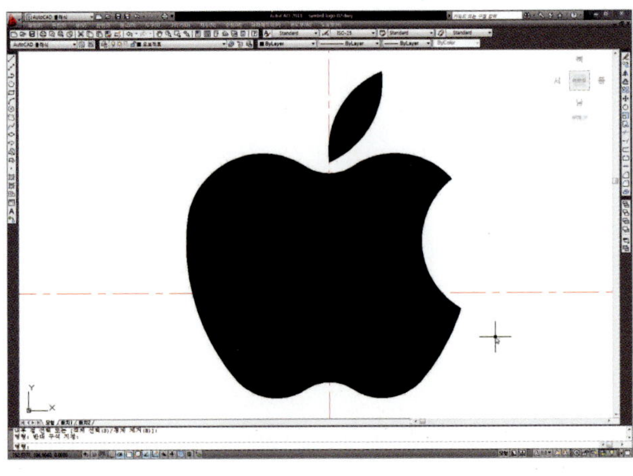

명령: **bhatch** Enter
내부 점 선택 또는 [객체 선택(S)/경계 제거(B)]: **(심벌로고 내부 선택)**

3 한국디자인 진흥원 GD(굿디자인) 심벌로고 드로잉하기

한국 디자인 진흥원에서 주최하는 GOOD DESIGN 우수상품 선정에 있어서 사용되는 GD(굿디자인)로고를 이번 작도 과정을 통해 배워 보도록 한다. GD(굿디자인) 선정 사업은 해마다 권위 있고 우수한 디자인을 발굴하여 한국 디자인 산업에 큰 영향을 미치고 있다.

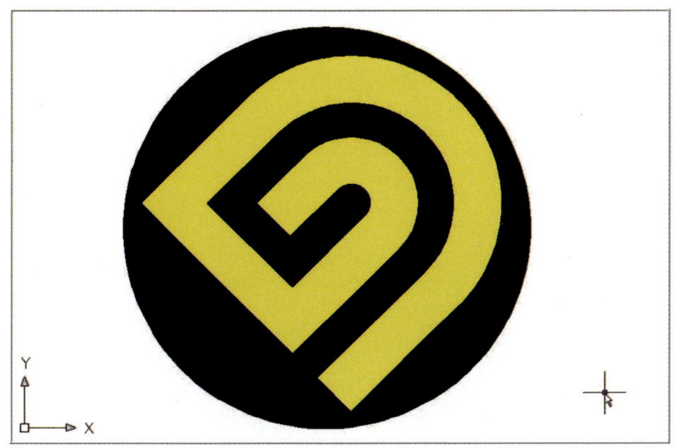
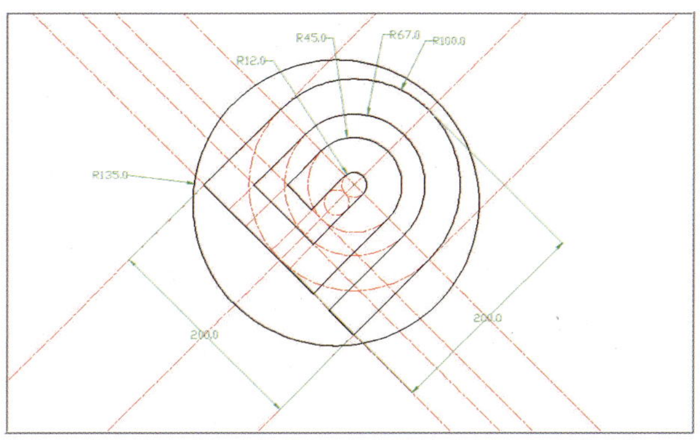

01_ 도면 특성 관리자 창을 열어 그림과 같이 오브젝트, 중심선, 치수 등 3개의 레이어를 추가로 만들어주고 중심선 레이어 선택을 시작으로 심벌로고를 작성해 보도록 한다.

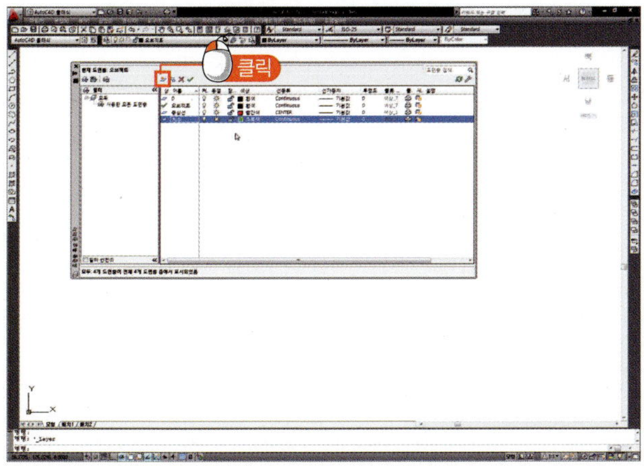
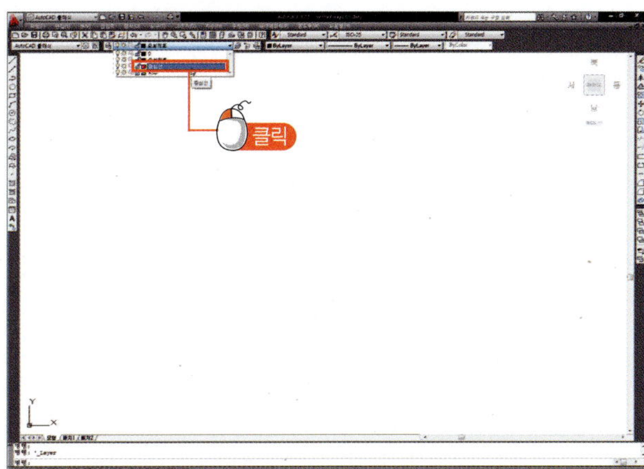

02_ 그림과 같이 circle 명령으로 도면영역 임의의 지점에 반지름 100mm 원을 그린다.

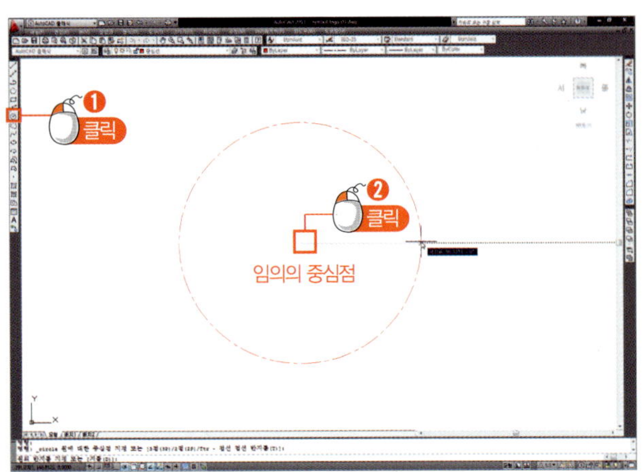

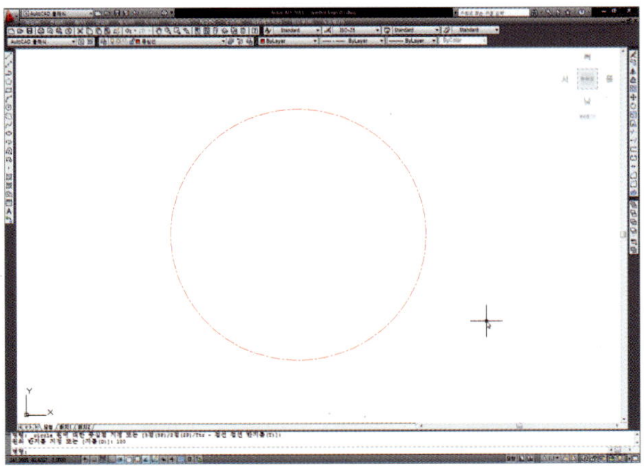

명령: circle [Enter]
원에 대한 중심점 지정 또는 [3P/2P/Ttr(접선 접선 반지름)]: **100** [Enter] (반지름 입력)

03_ xline 명령을 이용해 원의 사분점을 각각 찾고, 수직, 수평 중심선을 차례대로 선택하여 가로 세로 중심선을 그려준다.

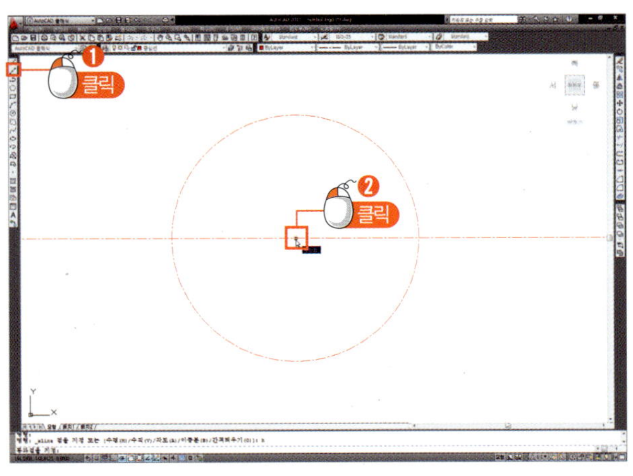

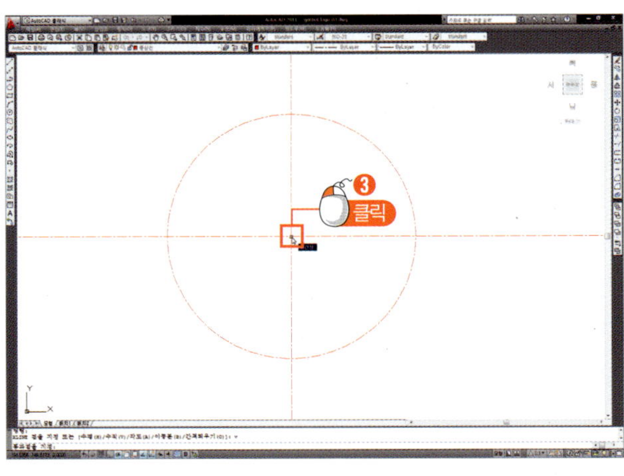

명령: xline [Enter]
점을 지정 또는 [수평(H)/수직(V)/각도(A)/이등분(B)/간격띄우기(O)]:
h [Enter]
통과점 지정: **(원의 중심점 선택 후** [Enter]**)**

명령: xline [Enter]
점을 지정 또는 [수평(H)/수직(V)/각도(A)/이등분(B)/간격띄우기(O)]:
v [Enter]
통과점 지정: **(원의 중심점 선택 후** [Enter]**)**

Tip xline 명령 실행 시 키보드 상에서 옵션 메뉴를 선택하는 방법 이외의 마우스 오른쪽 버튼을 이용해서도 옵션 명령을 활용할 수 있다.

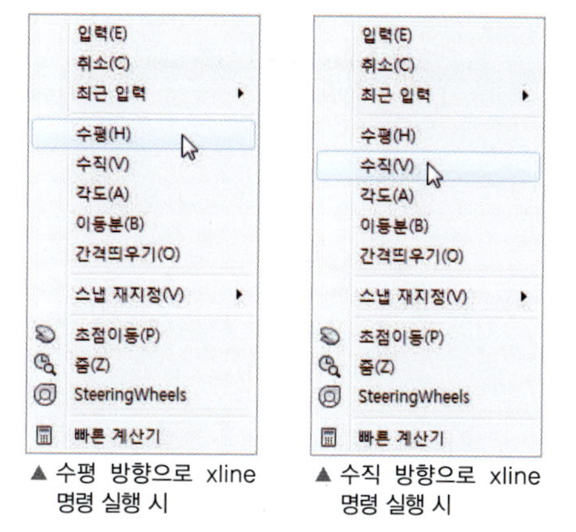

▲ 수평 방향으로 xline 명령 실행 시   ▲ 수직 방향으로 xline 명령 실행 시

04_ 다음에는 copy 명령을 선택하고 수평 중심선을 원의 상단 및 하단 측으로 2개 더 복사해준다.

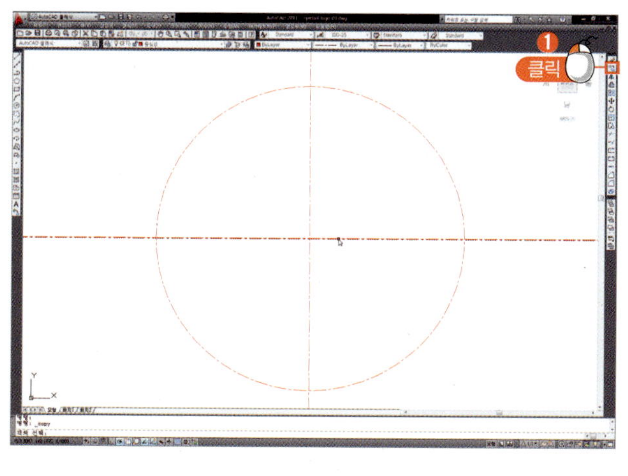
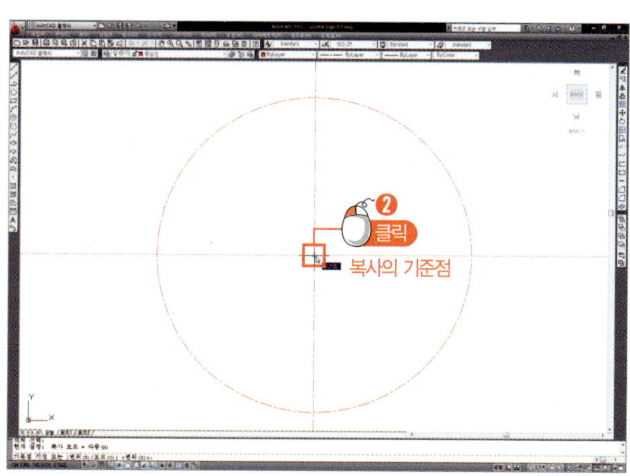

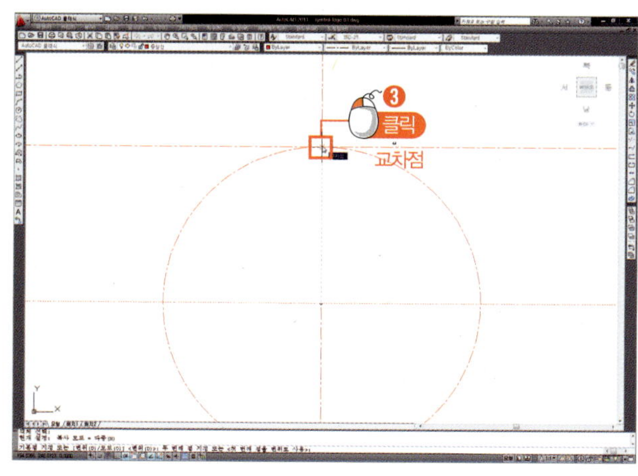
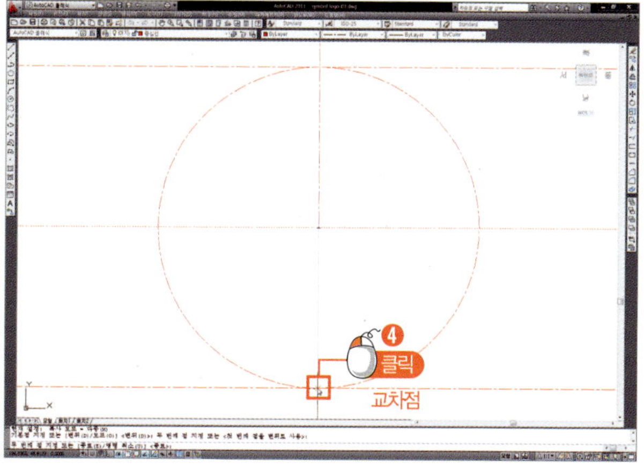

명령: **copy** Enter
객체 선택: **(수평 중심선 선택)**
객체 선택: 1개를 찾음
객체 선택: Enter
기준점 지정 또는 [변위(D)] 〈변위〉: **(원의 중심 교차점 선택)**
두 번째 점 지정 또는 〈첫 번째 점을 변위로 사용〉: **(원의 상단 및 하단 측 교차점 선택)**

05_ 같은 방법으로 copy 명령을 선택하여 이번에는 수직 중심선을 원의 좌측 사분점으로 복사해준다.

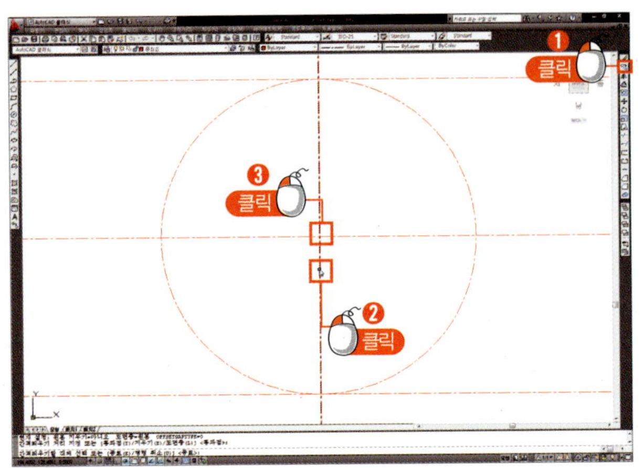 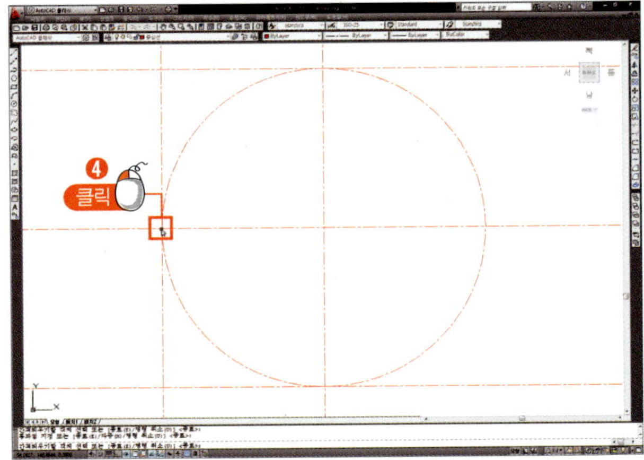

명령: **copy** Enter
객체 선택: **(수직 중심선 선택)**
객체 선택: 1개를 찾음
객체 선택: Enter
기준점 지정 또는 [변위(D)] ⟨변위⟩: **(원의 중심 교차점 선택)**
두 번째 점 지정 또는 ⟨첫 번째 점을 변위로 사용⟩: **(원의 좌측 교차점 선택)**

06_ offset 명령으로 중심 원을 선택하여 33mm 간격만큼 원 안쪽으로 그림과 같이 띄워준다.

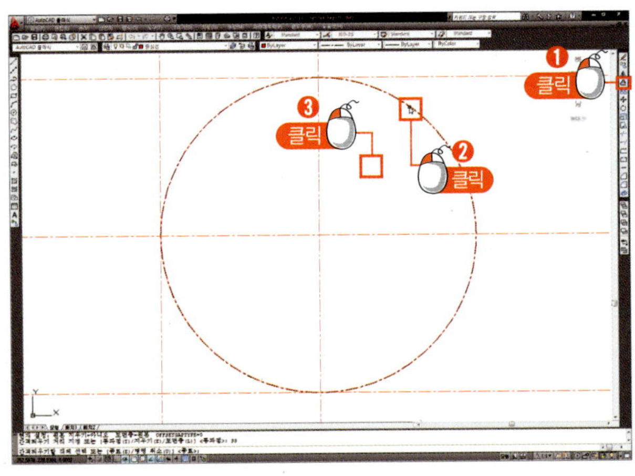 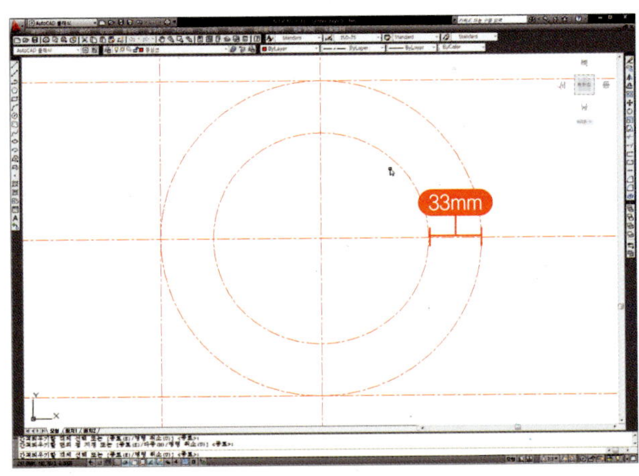

명령: **offset** Enter
현재 설정: 원본 지우기=아니오 도면층=원본 OFFSETGAPTYPE=0
간격띄우기 거리 지정 또는 [통과점(T)/지우기(E)/도면층(L)] ⟨통과점⟩: **33** Enter (거리값 입력)
간격띄우기할 객체 선택 또는 [종료(E)/명령취소(U)] ⟨종료⟩: **(중심 원 선택)**
간격띄우기할 면의 점 지정 또는 [종료(E)/다중(M)/명령취소(U)] ⟨나가기⟩: **(원 안쪽 내부 선택)**

07_ 이전 단계와 같은 방법으로 OFFSET된 원을 선택하여 22mm 간격만큼 원 안쪽으로 그림과 같이 띄워준다.

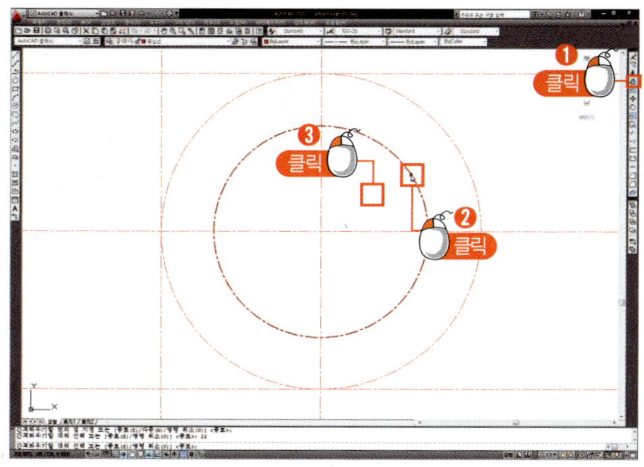

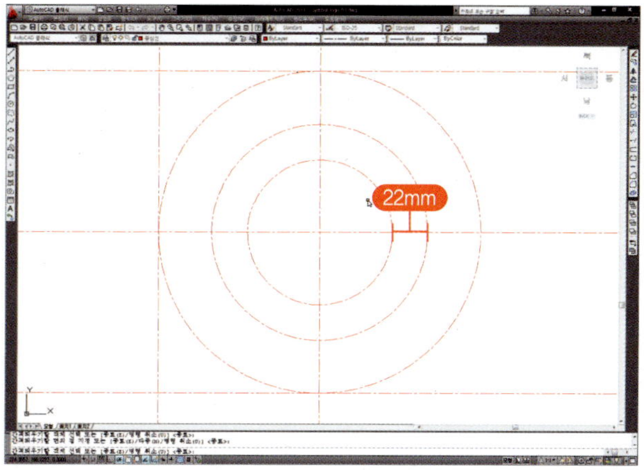

명령: **offset** Enter
현재 설정: 원본 지우기=아니오 도면층=원본 OFFSETGAPTYPE=0
간격띄우기 거리 지정 또는 [통과점(T)/지우기(E)/도면층(L)] 〈통과점〉: **22** Enter (거리값 입력)
간격띄우기할 객체 선택 또는 [종료(E)/명령취소(U)] 〈종료〉: **(옵셋된 원 선택)**
간격띄우기할 면의 점 지정 또는 [종료(E)/다중(M)/명령취소(U)] 〈나가기〉: **(원 안쪽 내부 선택)**

08_ 같은 방법으로 OFFSET된 원을 선택하여 다시 33mm 간격만큼 원 안쪽으로 그림과 같이 띄워준다.

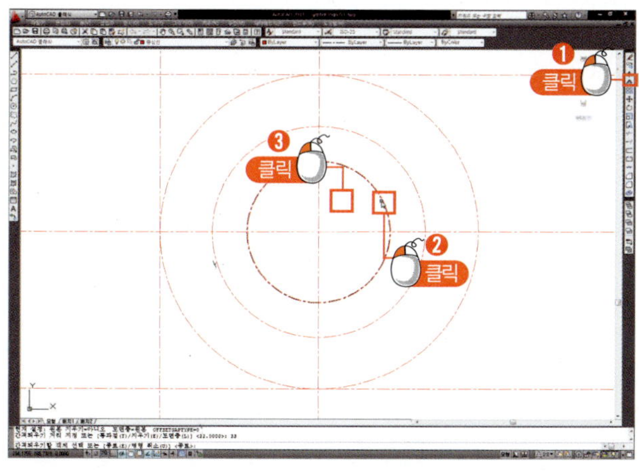

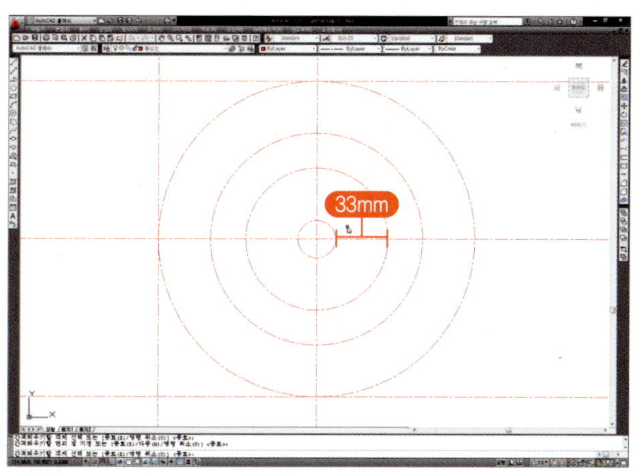

명령: **offset** Enter
현재 설정: 원본 지우기=아니오 도면층=원본 OFFSETGAPTYPE=0
간격띄우기 거리 지정 또는 [통과점(T)/지우기(E)/도면층(L)] 〈통과점〉: **33** Enter (거리값 입력)
간격띄우기할 객체 선택 또는 [종료(E)/명령취소(U)] 〈종료〉: **(옵셋된 원 선택)**
간격띄우기할 면의 점 지정 또는 [종료(E)/다중(M)/명령취소(U)] 〈나가기〉: **(원 안쪽 내부 선택)**

09_ line 명령으로 첫 번째 옵셋된 원의 상단 사분점을 시작으로 좌측 수직선에 맞닿는 수직점까지 찾아 직선을 그려준다.

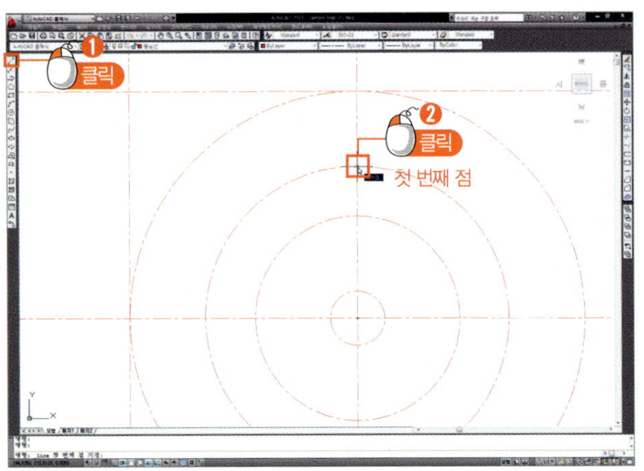
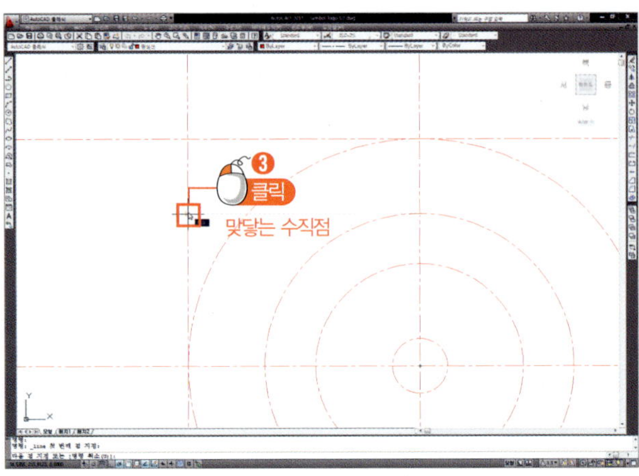

명령: line Enter
첫 번째 점 지정: **(첫 번째 옵셋된 원의 상단 사분점 선택)**
다음 점 지정 또는 [명령 취소(U)]: **(좌측 수직선에 맞닿는 수직점 선택)**

10_ copy 명령을 실행하고 방금 그려진 직선을 선택한 후 그림과 같이 옵셋된 원과 수직 중심선의 교차점을 찾아 차례대로 클릭한다.

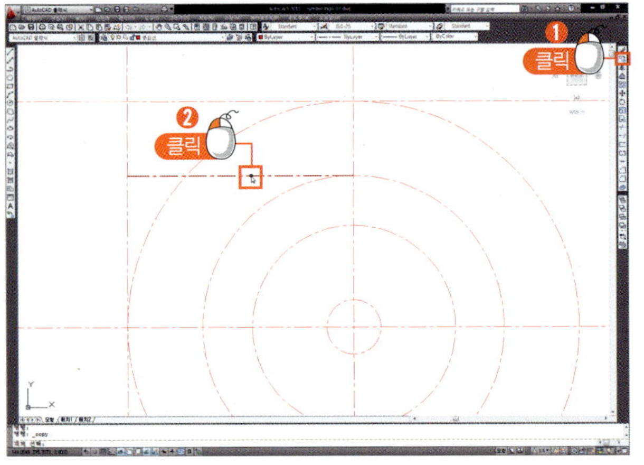
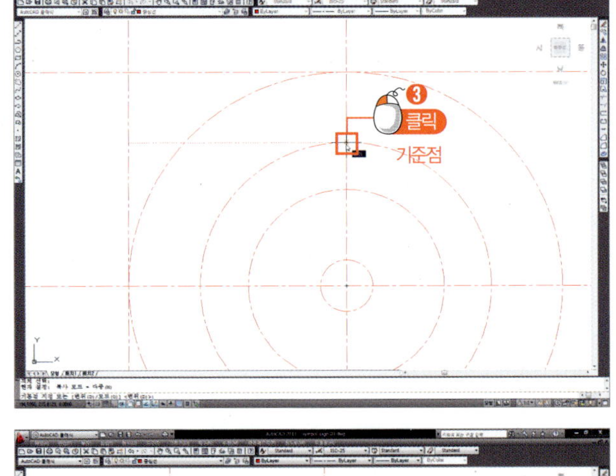
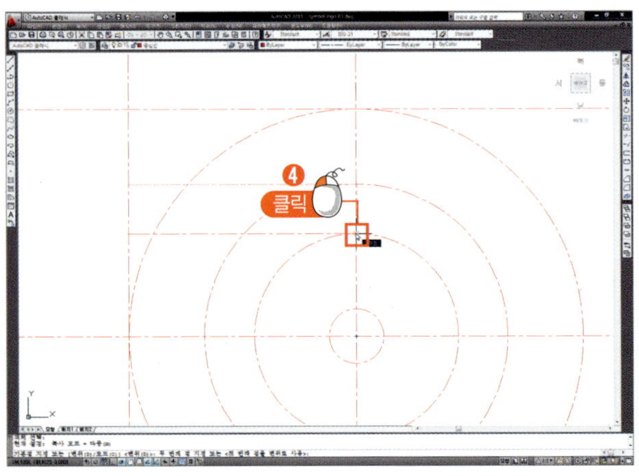
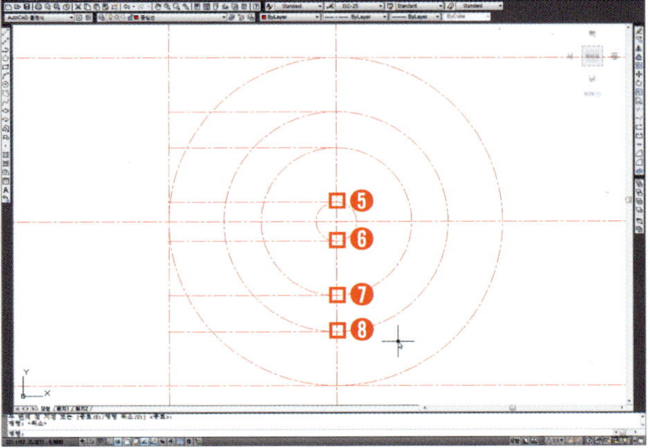

명령: **copy** Enter
객체 선택: 방금 그린 직선 선택
객체 선택: 1개를 찾음
객체 선택: Enter
기준점 지정 또는 [변위(D)] 〈변위〉: **(옵셋된 첫 번째 원의 교차점 선택)**
두 번째 점 지정 또는 〈첫 번째 점을 변위로 사용〉: **(옵셋된 차례대로 수직 중심선의 만나는 교차점 선택)**

11_ 이번에도 copy 명령으로 중심원 좌측 수직선을 선택하고 그림과 같이 우측에 옵셋된 2개의 원 사분점에 맞춰 차례대로 2개의 수직선을 복사해준다.

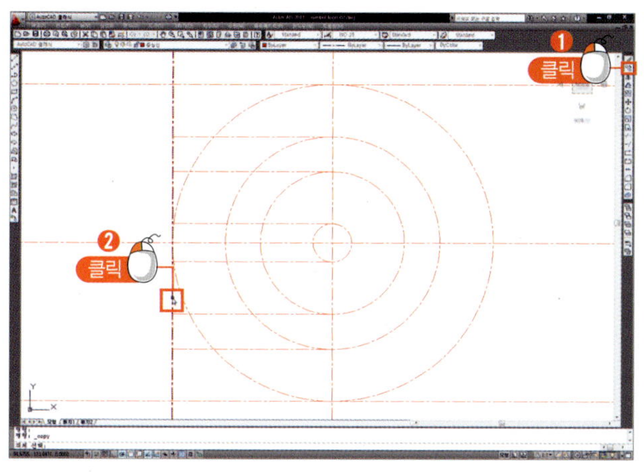
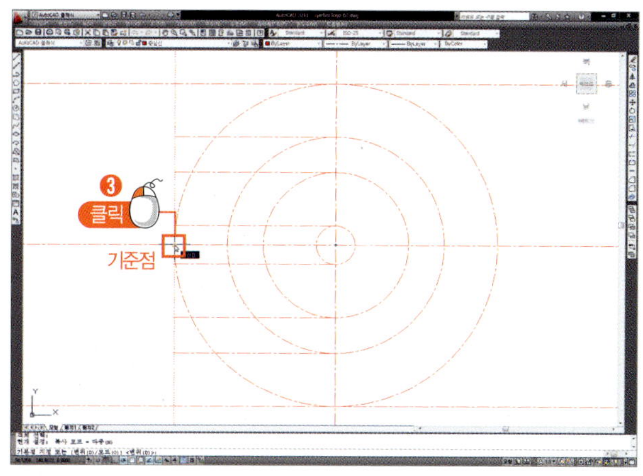
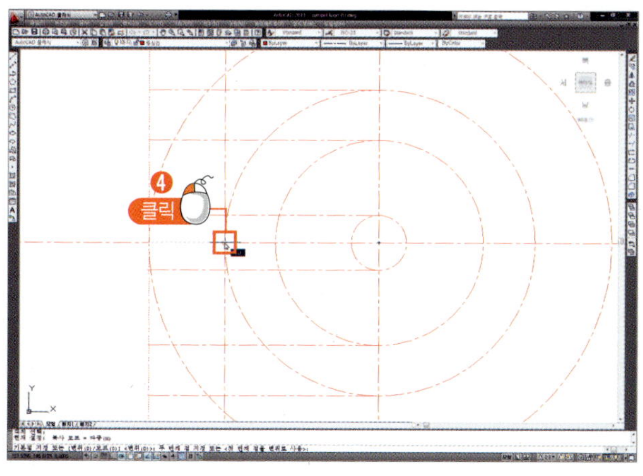
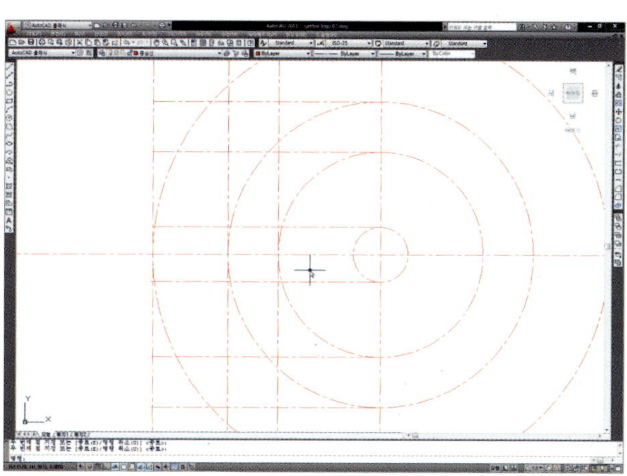

명령: **copy** Enter
객체 선택: 중심원 좌측 수직선 선택
객체 선택: 1개를 찾음
객체 선택: Enter
기준점 지정 또는 [변위(D)] 〈변위〉: **(중심원과 좌측 수직선의 교차점 선택)**
두 번째 점 지정 또는 〈첫 번째 점을 변위로 사용〉: **(옵셋된 2개 원의 사분점 차례대로 선택)**

12_ 중심선 레이어 상에서 기본 GD로고 형상의 베이스가 정리되었다. 다음은 오브젝트레이어로 변경한 후 선의 구분을 위해 선 굵기(선가중치)를 그림과 같이 0.30mm로 지정해 주도록 한다.

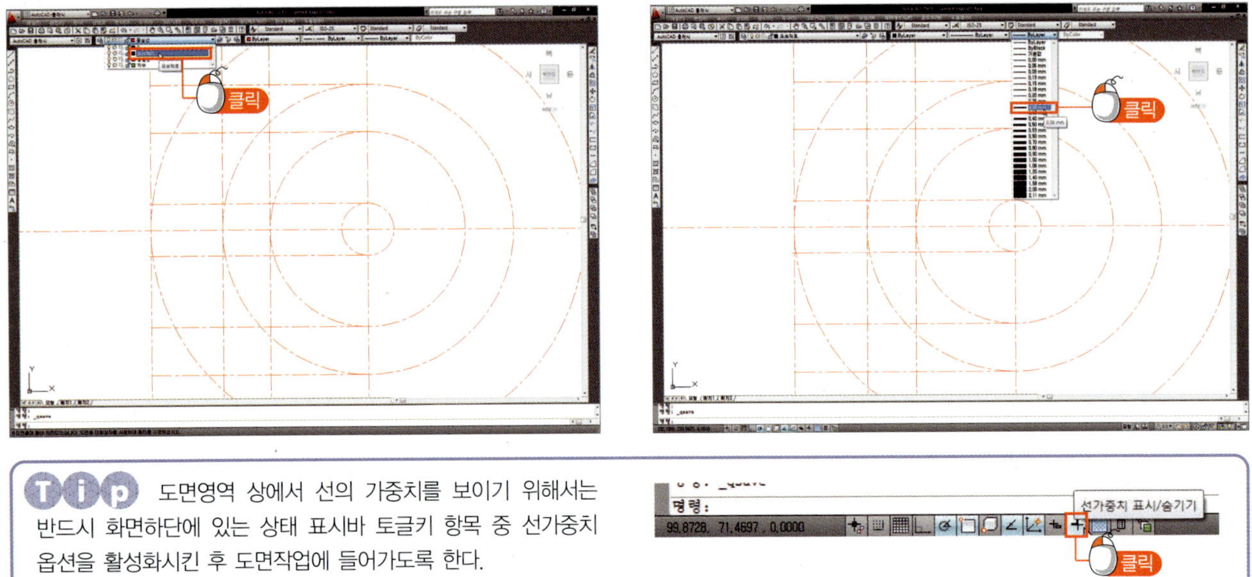

Tip 도면영역 상에서 선의 가중치를 보이기 위해서는 반드시 화면하단에 있는 상태 표시바 토글키 항목 중 선가중치 옵션을 활성화시킨 후 도면작업에 들어가도록 한다.

13_ 지금부터는 line 명령과 arc 명령으로 이미 그려진 빨간색 템플렛 레이어를 따라 GD로고 형상을 그림과 같이 그려 나간다.

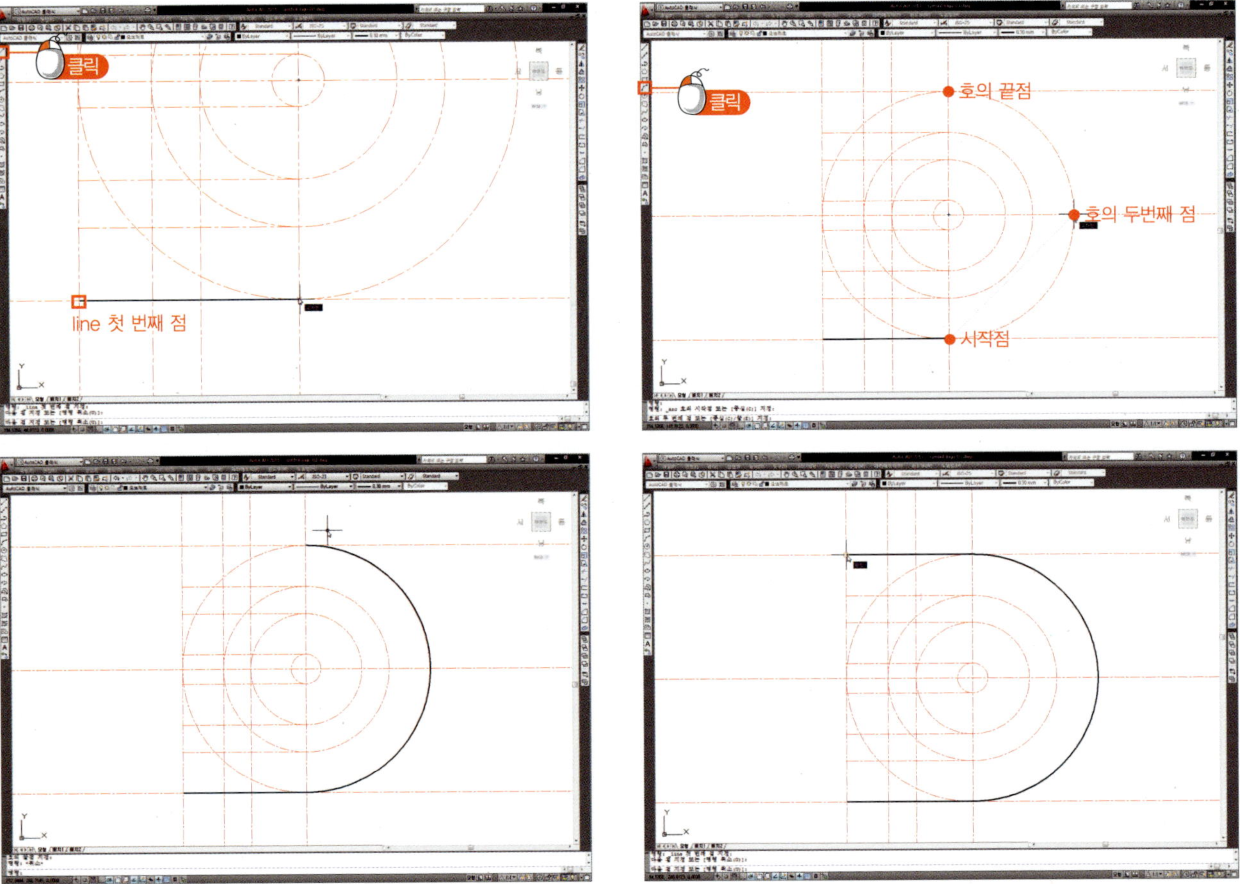

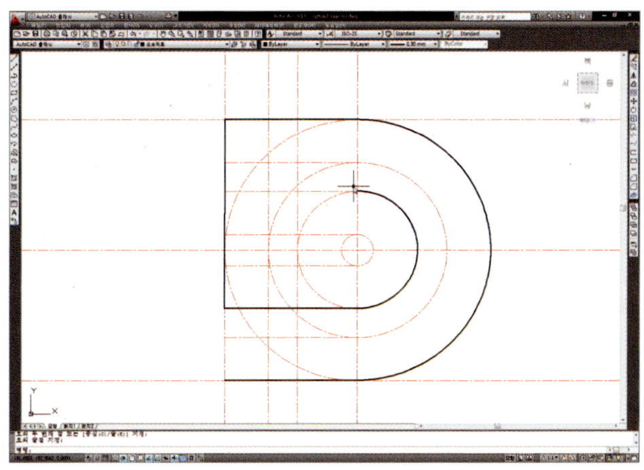
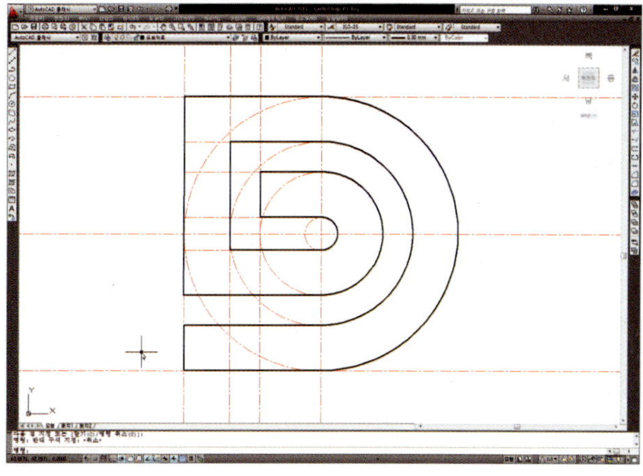

14_ 다음은 copy 명령으로 화면 중심의 옵셋된 가장 작은 원을 선택하여 그림과 같이 좌측 방향으로 원의 복사시켜 준다.

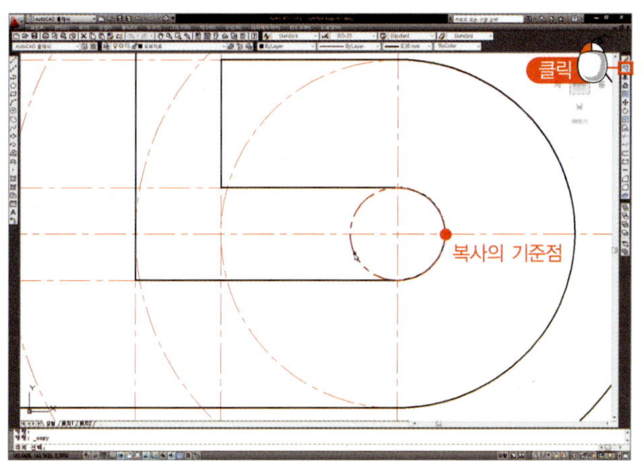

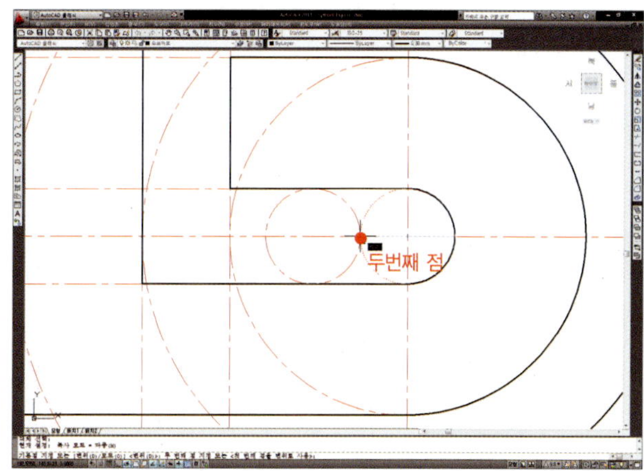

명령: **copy** Enter
객체 선택: **(화면 중심 옵셋된 가장 작은 원 선택)**
객체 선택: 1개를 찾음
객체 선택: Enter
기준점 지정 또는 [변위(D)] 〈변위〉: **(작은 원의 우측 사분점 선택)**
두 번째 점 지정 또는 〈첫 번째 점을 변위로 사용〉: **(작은 원의 좌측 사분점 선택)**

15_ 그림과 같이 circle 명령으로 복사된 원의 중심을 시작으로 반지름 135mm 중심 원을 그려준다.

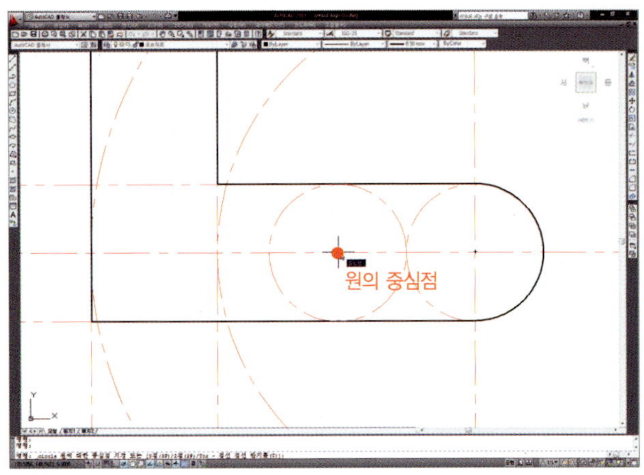

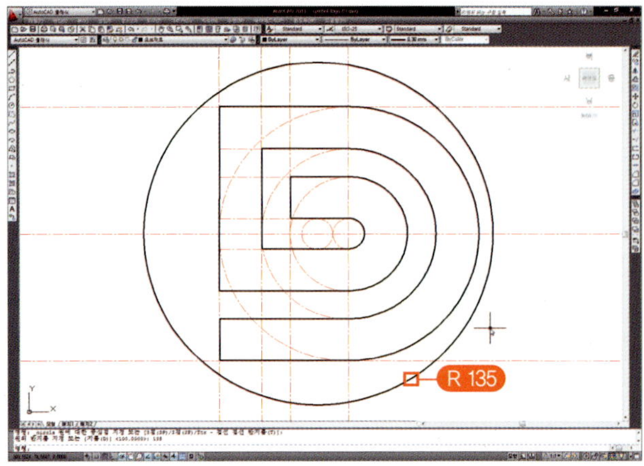

명령: circle `Enter`
원에 대한 중심점 지정 또는 [3P/2P/Ttr(접선 접선 반지름)]: **135** `Enter` (중심점 지정 후 반지름 입력)

16_ GD 심벌로고 작도의 최종 마무리로 rotate 명령을 이용하여 화면의 전체 오브젝트를 모두 선택한 후 그림과 같이 45도 방향으로 회전시켜준다.

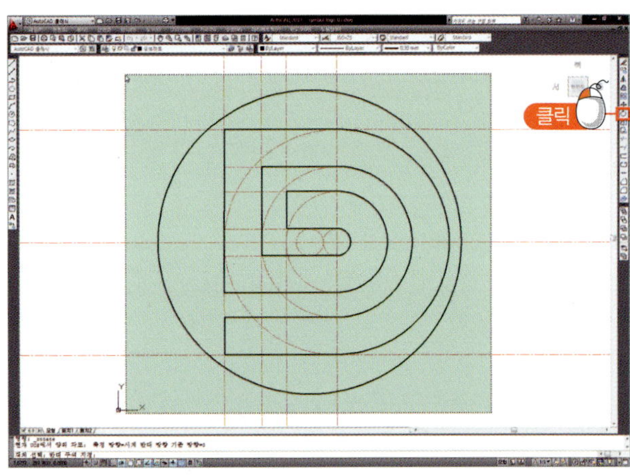

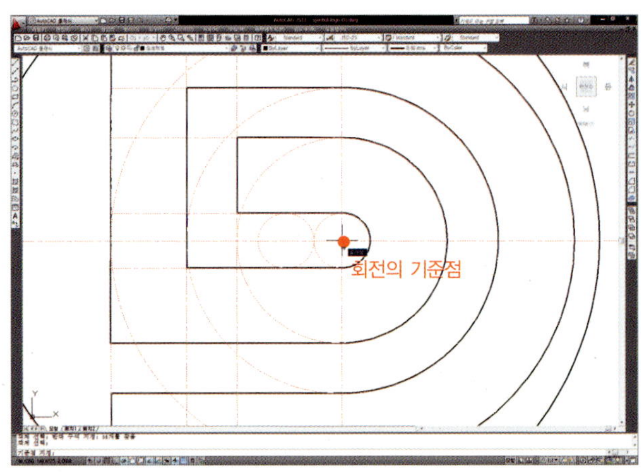

명령: rotate `Enter`
현재 UCS에서 양의 각도: 측정 방향=시계 반대 방향 기준 방향=0
객체 선택: **(cross 선택법으로 오브젝트 모두 선택)**
기준점 지정: **(화면 중앙 작은 원의 중심점 선택)**
회전 각도 지정 또는 [복사(C)/참조(R)] 〈0〉: **45** `Enter` (각도 입력)

17_ GD 심벌로고의 작도가 모두 마무리되었다. 지금부터는 hatch 명령을 이용하여 색상을 넣어보자. 먼저 색상을 넣기 전 템플릿으로 쓰였던 중심선 레이어의 도면층을 꺼주면 쉽게 hatch 과정을 수행할 수 있다.

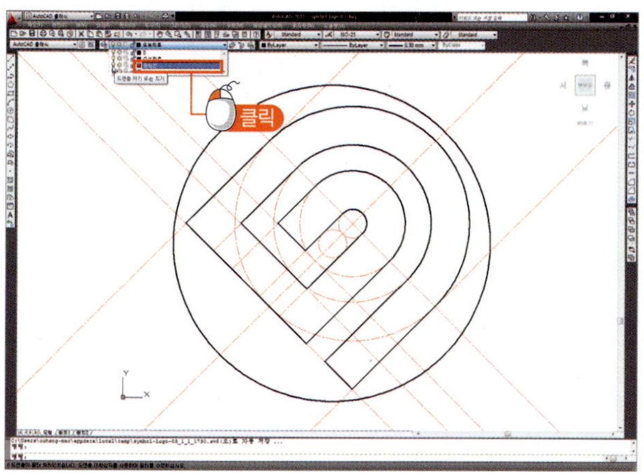

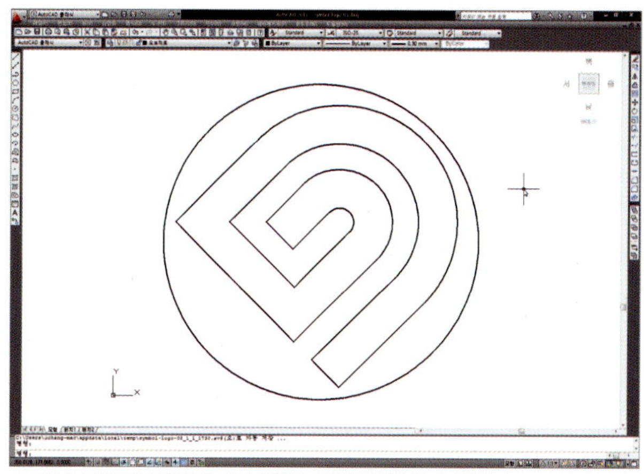

▲ 중심선 레이어 도면층이 꺼져 있음을 화면을 통해 알 수 있다.

18_ hatch 명령을 실행한 후 견본에서 솔리드 패턴을 찾아 심벌의 베이스가 되는 원 내부를 블랙 칼라로 채워준다.

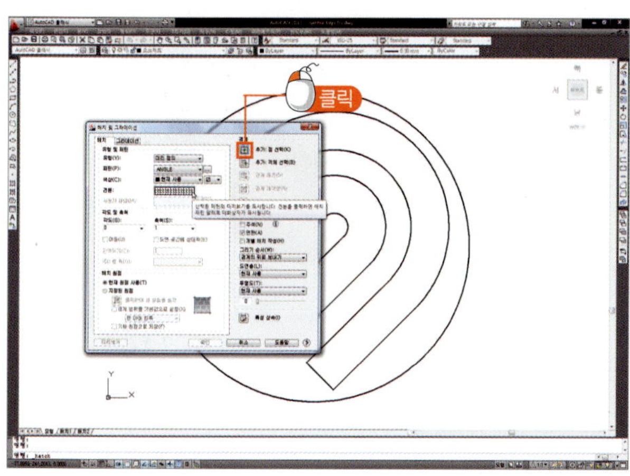

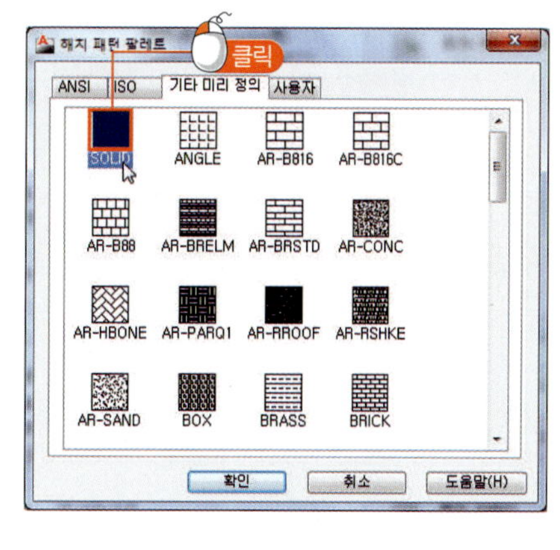

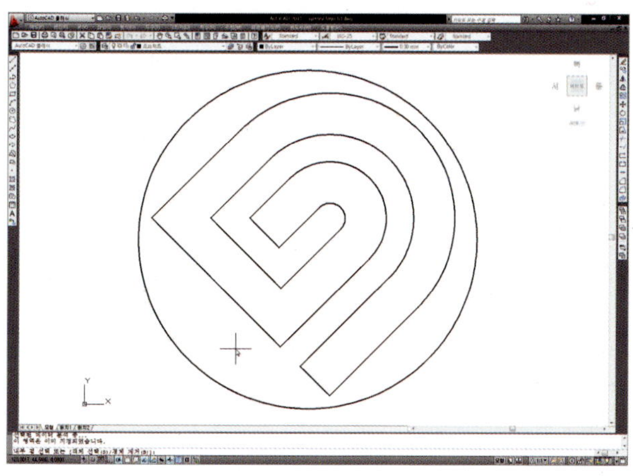

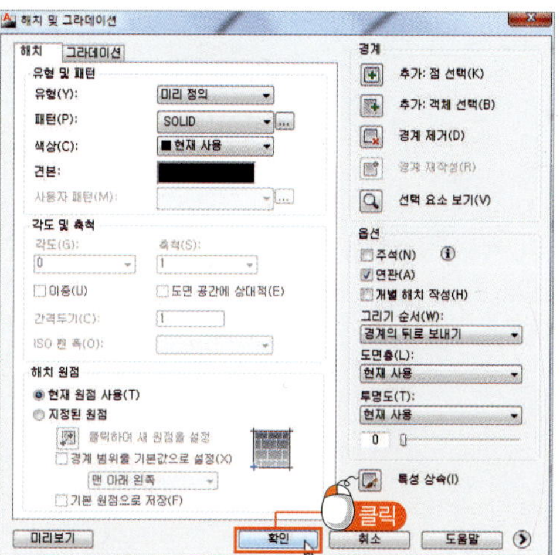

19_ 해치 명령의 선택점 옵션으로 심벌의 베이스가 되는 원 내부 선택한 후 팝업창이 다시 뜨면 유형 및 패턴을 확인한 후 확인 버튼을 눌러 해치 과정을 마무리한다.

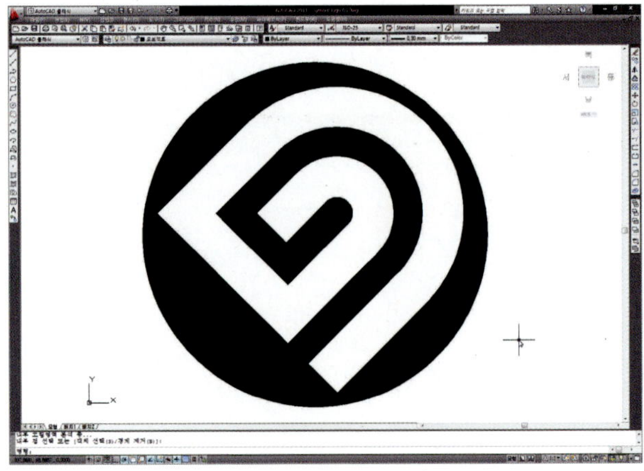

20_ 동일한 과정으로 심벌의 남은 하얀색 부분을 선택한 후 색상을 노란색으로 변경한 후 해치 과정을 마무리한다.

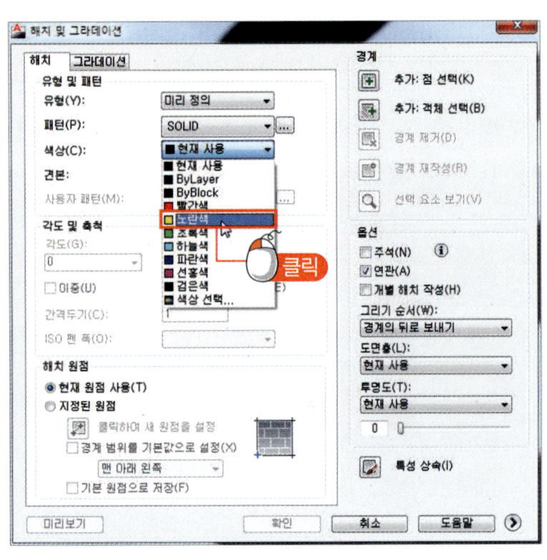

단계별로 배우는 기초 실무예제 그대로 따라하기

CHAPTER 03

이번 장에서는 본격적으로 실제 제품도면을 어떻게 작성하는지 배웁니다. 알람시계와 주방기구 (양수냄비)의 외형도면과 단면도를 단계별로 따라함으로써 현업에서 도면작성이 이루어지는 방법을 이해하며 이를 체득합니다.

1 알람시계 디자인 외형도면 드로잉하기

이번 과정에서 드로잉 할 예제는 알람시계의 외형도면이다. 제품디자인 도면작성에서 기본이 되는 정투상 3면도 형식을 기본으로 4면도 표현으로 작성할 것이다. 지금부터 알람시계의 드로잉 과정을 단계적으로 나누어 천천히 따라해 보도록 한다.

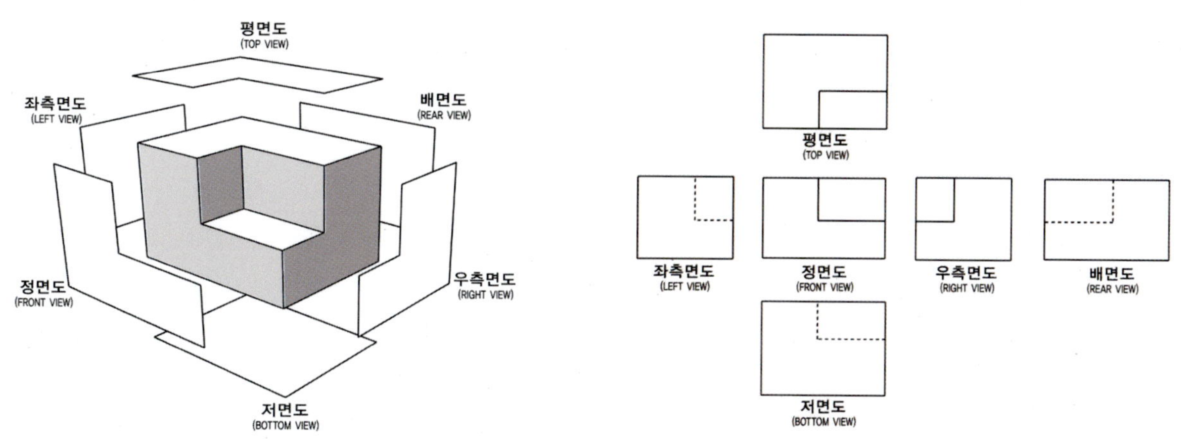

> **Tip** 투상도는 기본 6면 정면도(Front View), 평면도(Top View), 우측면도(Right View), 좌측면도(Left View) 등을 기배면도 (Rear View), 저면도(Bottom View)에 준해서 나타낸다.

01 → 알람시계 정면도(Front View) 드로잉하기

제품디자인 외형도면의 기초예제인 만큼 쉽게 다가갈 수 있도록 비교적 단순한 형상을 지닌 탁상시계 도면을 단계적으로 따라해보자.

01_ 알람시계의 외형도면이 그려질 모형 공간의 도면영역을 설정한다.

명령: **limits** Enter
모형 공간 한계 재설정:
왼쪽 아래 구석 지정 또는 [켜기(ON)/*끄기*(OFF)] 〈0.0000,0.0000〉: Enter
오른쪽 위 구석 지정 〈420.0000,297.0000〉: **600,450** Enter

> **Tip** LIMITS 도면영역 설정이 제대로 되어 있는지 반드시 확인한 후 드로잉에 들어가자.
> 명령: **limits** Enter
> 모형 공간 한계 재설정:
> 왼쪽 아래 구석 지정 또는 [켜기(ON)/*끄기*(OFF)] 〈0.0000,0.0000〉: Enter
> 오른쪽 위 구석 지정 〈600.0000,450.0000〉: (도면영역의 크기가 변경되었음을 알 수 있다)

02_ 도면영역 설정을 마친 후 반드시 zoom 명령을 이용하여 전체화면으로 최적화한 상태에서 드로잉을 시작한다.

명령: **zoom** Enter
윈도우 구석을 지정, 축척 비율 (nX 또는 nXP)을 입력, 또는
[전체(A)/중심(C)/동적(D)/범위(E)/이전(P)/축척(S)/윈도우(W)/객체(O)] 〈실시간〉: **a** Enter

03_ 드로잉을 시작하기 전 도면에 사용 될 3개의 레이어를 추가하고, 색상과 선 종류를 그림과 같이 변경시킨다.

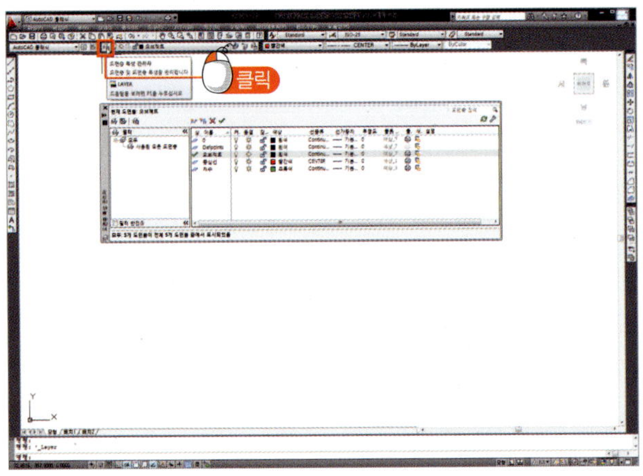

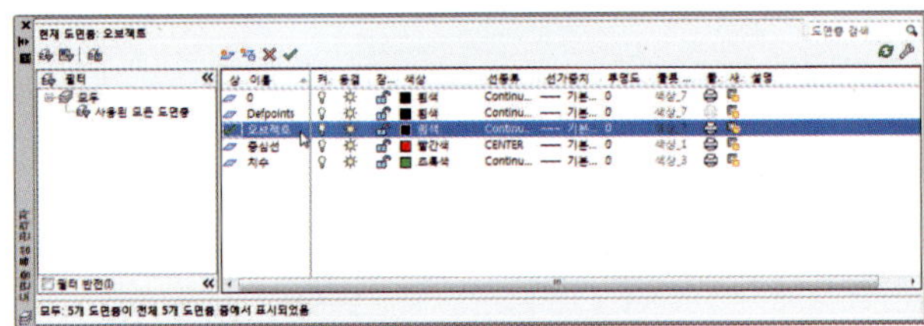

- 오브젝트 레이어(색상: 검정색, 선 종류: Continuous)
- 중심선 레이어(색상: 빨강색, 선 종류: CENTER)
- 치수선 레이어(색상: 초록색, 선 종류: Continuous)

명령: **layer** Enter

04_ 레이어를 오브젝트 레이어로 변경시킨 후 line 명령으로 한 변이 100mm인 정사각형을 그려 시계 몸체의 외형을 그려준다.

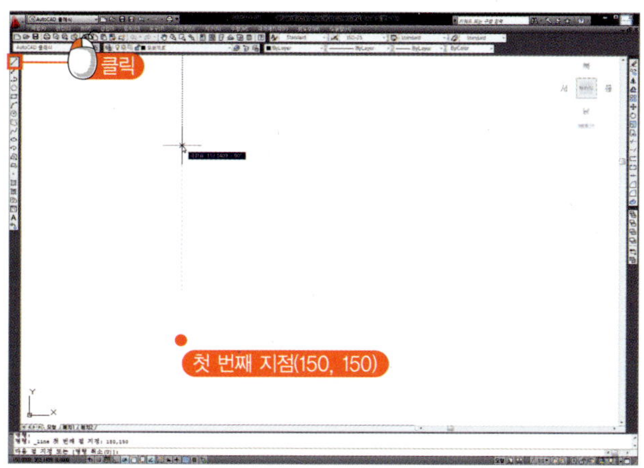

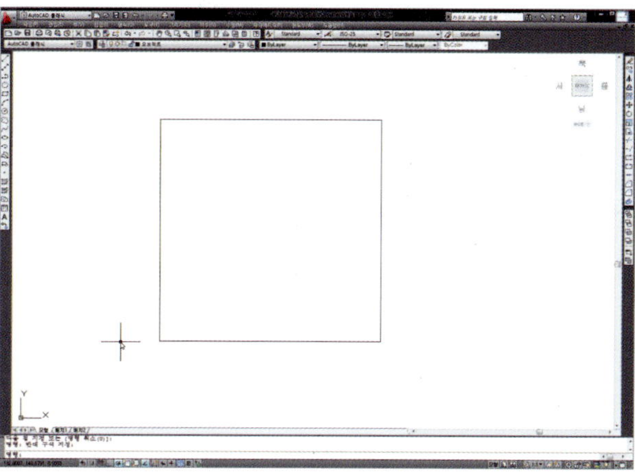

명령: line [Enter]
첫 번째 점 지정: **150,150** [Enter] (좌표값 입력)
다음 점 지정 또는 [명령 취소(U)]: **100** [Enter] (거리값 입력)
다음 점 지정 또는 [명령 취소(U)]: **100** [Enter] (거리값 입력)
다음 점 지정 또는 [닫기(C)/명령 취소(U)]: **100** [Enter] (거리값 입력)
다음 점 지정 또는 [닫기(C)/명령 취소(U)]: **c** [Enter] (닫기 입력)

05_ 레이어를 중심선 레이어로 변경한 후 xline 명령을 이용해 수직 수평으로 사각형의 중심선을 그려준다.

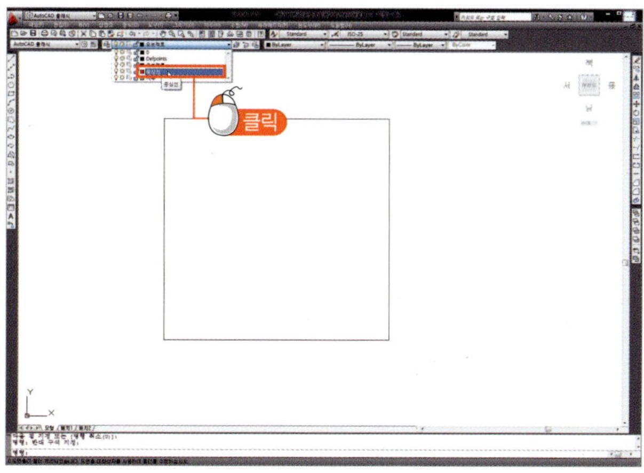

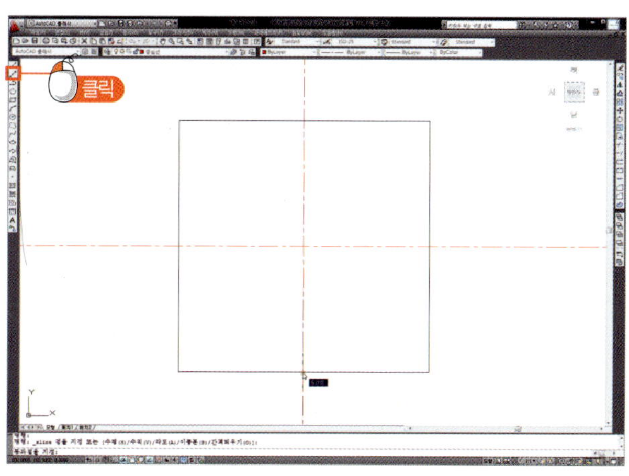

명령: xline [Enter]
점을 지정 또는 [수평(H)/수직(V)/각도(A)/이등분(B)/간격띄우기(O)]:
h [Enter]
통과점 지정: **(사각형 좌측 모서리 중간점 선택)**

명령: xline [Enter]
점을 지정 또는 [수평(H)/수직(V)/각도(A)/이등분(B)/간격띄우기(O)]:
v [Enter]
통과점 지정: **(사각형 윗쪽 모서리 중간점 선택)**

06_ 다시 레이어를 기본 레이어로 변경한 후 chamfer 명령으로 사각형 4모서리 모두를 그림과 같이 모따기 시켜 준다.

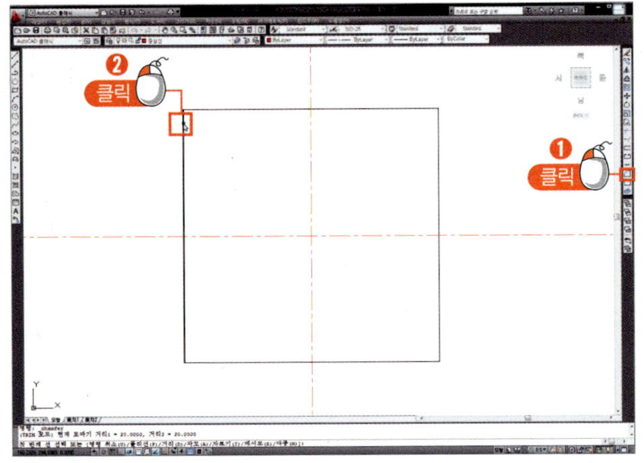

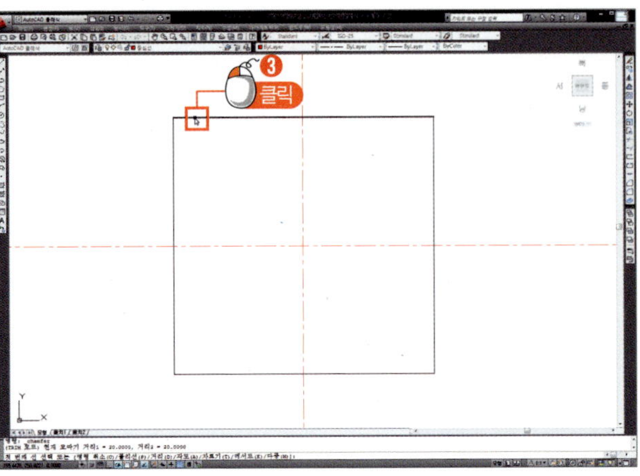

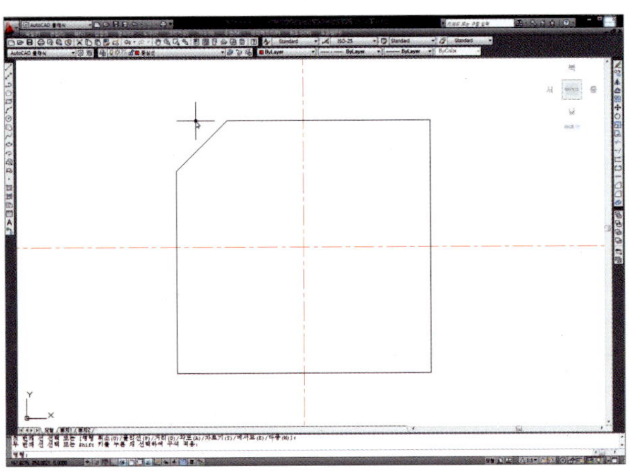

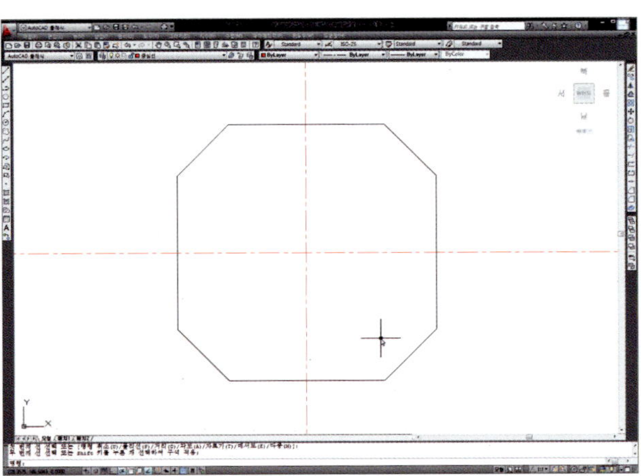

명령: **chamfer** Enter
현재 모따기 거리1 = 0.0000, 거리2 = 0.0000 (trim 모드)
첫 번째 선 선택 또는 [명령취소(U)/폴리선(P)/거리(D)/각도(A).....]: **d** Enter
첫 번째 모따기 거리 지정 〈0.0000〉: **20** Enter (거리값 입력)
두 번째 모따기 거리 지정 〈20.0000〉: **20** Enter (거리값 입력)
첫 번째 선 선택 또는 [명령취소(U)/폴리선(P)/거리(D)/각도(A).....]: **(사각형 좌측 모서리 선택)**
두 번째 선 선택 또는 Shift 키를 누른 채 선택하여 구석 적용: **(사각형 윗쪽 모서리 선택)**

07_ 모따기 된 사각형 모서리를 offset 명령으로 도형 안쪽에 3mm 간격으로 띄워준다.

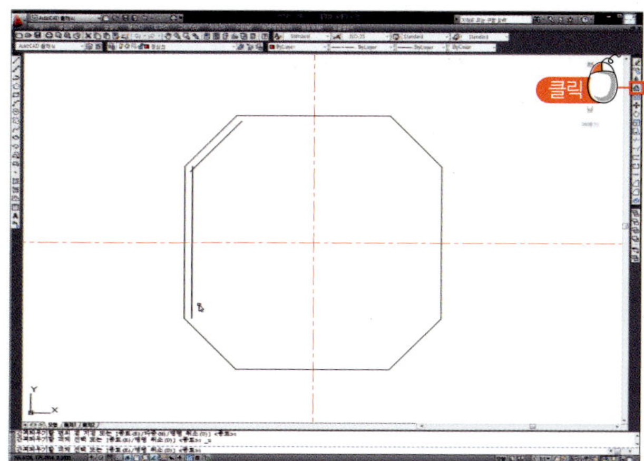
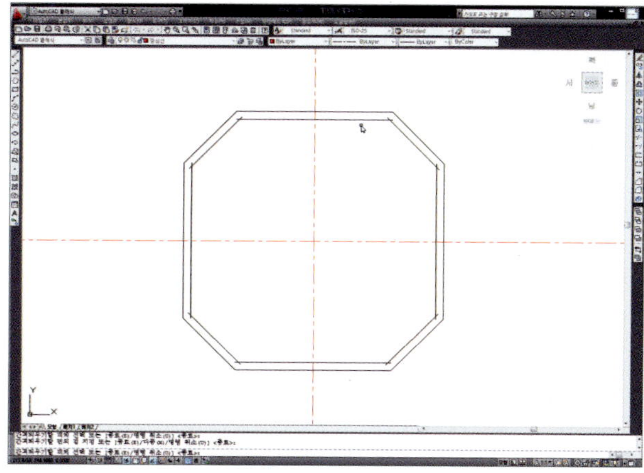

명령: **offset** [Enter]
현재 설정: 원본 지우기=아니오 도면층=원본 OFFSETGAPTYPE=0
간격띄우기 거리 지정 또는 [통과점(T)/지우기(E)/도면층(L)] 〈통과점〉: **3** [Enter] (거리값 입력)
간격띄우기할 객체 선택 또는 [종료(E)/명령취소(U)] 〈종료〉: **(사각형 모서리 선택)**
간격띄우기할 면의 점 지정 또는 [종료(E)/다중(M)/명령취소(U)] 〈나가기〉: **(사각형 안쪽 내부 지정)**

08_ window 선택법으로 오브젝트 모두를 선택한 후 교차된 offset 선들을 모두 정리해준다.

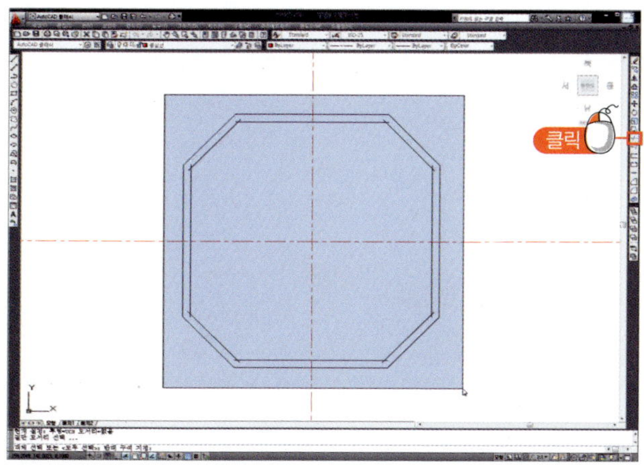
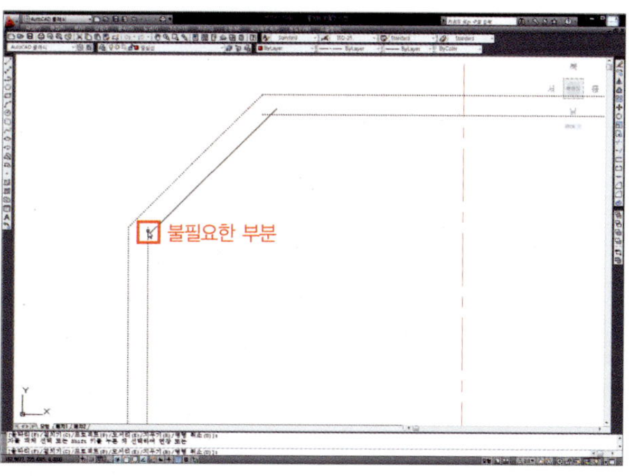

명령: **trim** [Enter]
현재 설정값: 투영=UCS 모서리=없음
객체 선택: **(window 선택 방법으로 모든 오브젝트를 선택)**
자를 객체 선택 또는 Shift 키를 누른 채 선택하여 연장 또는
[울타리(F)/걸치기(C)/프로젝트(P)/모서리(E)/지우기(R)/명령취소(U)]: **(불필요한 부분 제거)**

09_ trim 명령으로 정리한 각 모서리 부분을 line으로 연결시켜준다. 이때 객체 스냅 직교모드는 꺼 주도록 한다.

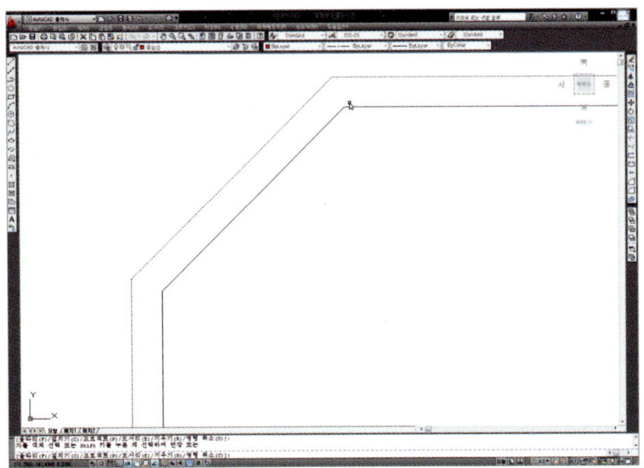 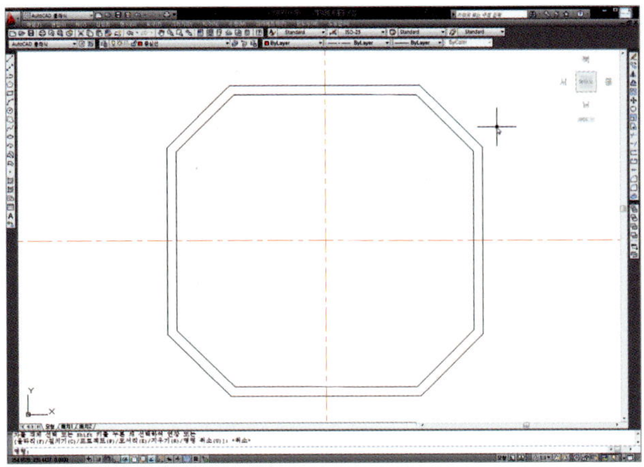

명령: line **Enter**
첫 번째 점 지정: **(외각 모서리 꼭짓점 선택)**
다음 점 지정 또는 [명령 취소(U)]: **(내부 모서리 꼭짓점 선택)**

10_ 시계의 중심으로부터 반지름 42mm 와 43mm 원 2개를 그려준다.

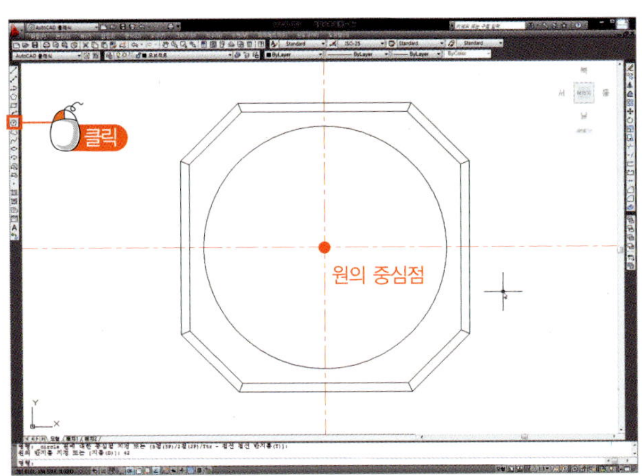

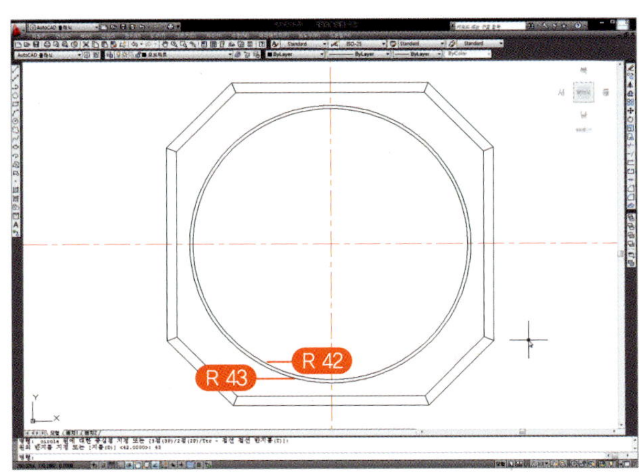

명령: circle **Enter**
원에 대한 중심점 지정 또는 [3P/2P/Ttr(접선 접선 반지름)]:
(원의 중심점 선택)
원의 반지름 지정 또는 [지름(D)]: **42** **Enter** (반지름 입력)

명령: circle **Enter**
원에 대한 중심점 지정 또는 [3P/2P/Ttr(접선 접선 반지름)]:
(원의 중심점 선택)
원의 반지름 지정 또는 [지름(D)]: **43** **Enter** (반지름 입력)

11_ 레이어를 중심선 레이어로 변경한 후 xline 명령으로 45도 각도의 중심선을 추가로 그려준다.

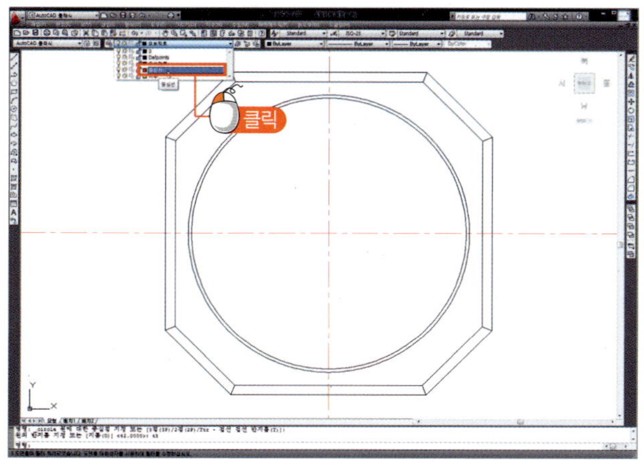
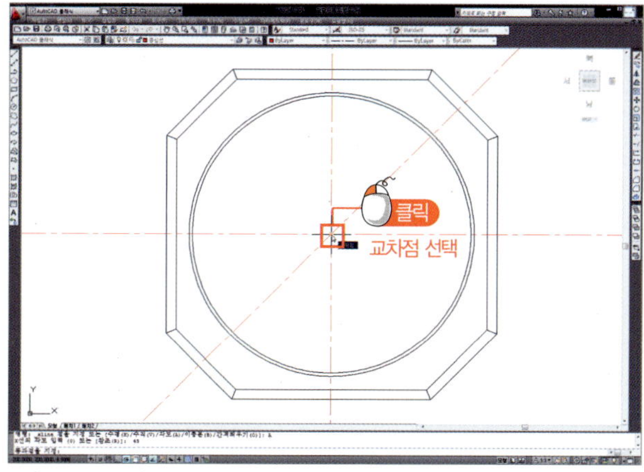

명령: **xline** `Enter`
점을 지정 또는 [수평(H)/수직(V)/각도(A)/이등분(B)/간격띄우기(O)]: **a** `Enter`
X선의 각도 입력 (0) 또는 [참조(R)]: **45** `Enter` (각도값 입력)
통과점 지정: **(2개 중심선의 교차점 선택)**

12_ 다시 레이어를 오브젝트 레이어로 변경한 후 line 명령으로 그림과 같이 45도 중심선과 교차된 좌측 하단 교차점을 찾아 20mm 아래로 내려준다.

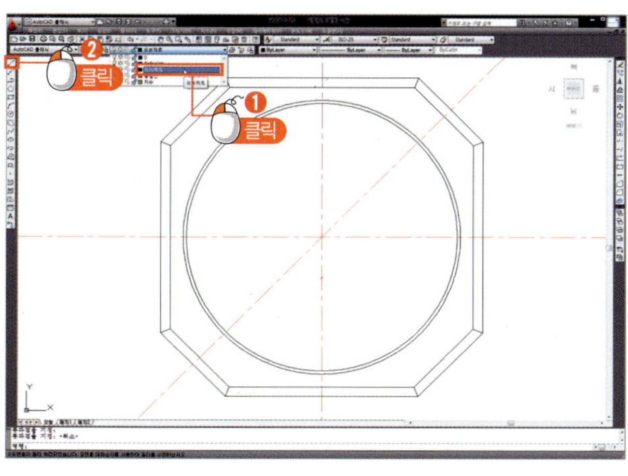
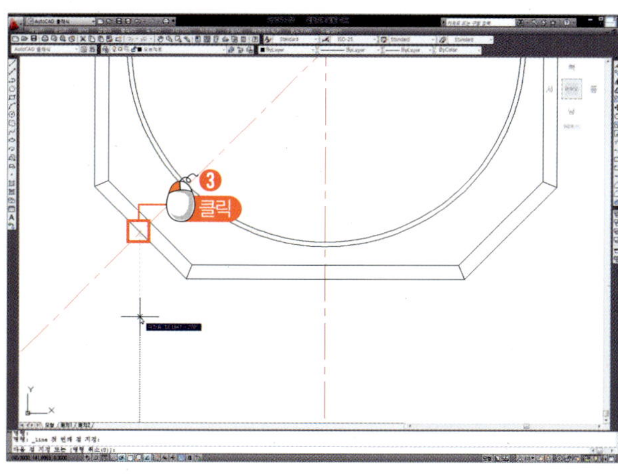

명령: **line** `Enter`
첫 번째 점 지정: **(45도 중심선과 교차된 좌측하단 교차점 선택)**
다음 점 지정 또는 [명령 취소(U)]: **20** `Enter` (거리값 입력)

13_ 그려진 직선을 mirror 명령으로 수직 중심선을 대칭으로 반대측에 미러시켜 1개를 더 만들어 준다.

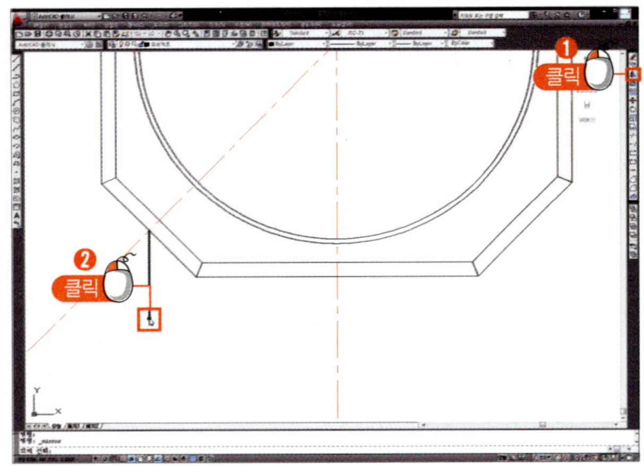
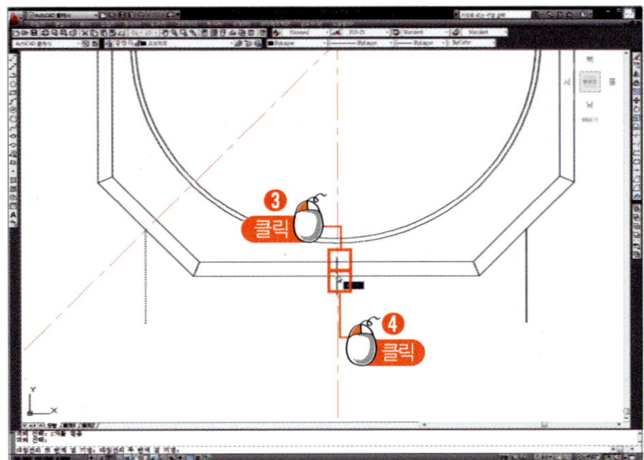

명령: **mirror** Enter
객체 선택: **(방금 그린 20mm 직선 선택)**
객체 선택: 1개를 찾음
객체 선택: Enter
대칭선의 첫 번째 점 지정: **(수직 중심선과 아래 모서리 교차점 선택)**
대칭선의 두 번째 점 지정: **(수직 중심선과 아래 모서리 중간점 선택)**
원본 객체를 지우시겠습니까? [예(Y)/아니오(N)] 〈N〉: Enter

14_ line 명령으로 mirror되어 만들어진 2개의 직선 끝점을 그림과 같이 연결해준다.

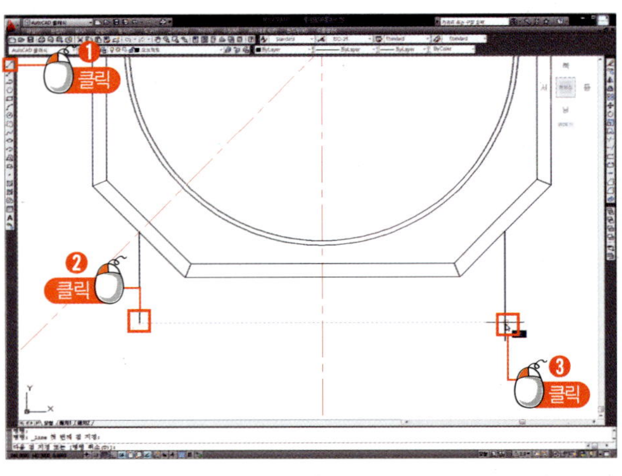
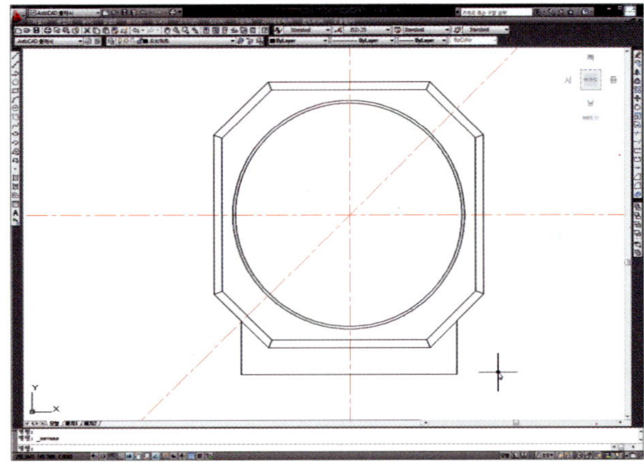

명령: **line** Enter
첫 번째 점 지정: **(직선의 끝점)**
다음 점 지정 또는 [명령 취소(U)]: **(mirror된 직선의 끝점)**

02→ 알람시계 평면도(Top View) 드로잉하기

이전 과정에서 작성해 놓은 정면도의 기본 치수를 기준으로 수직선들을 연장시켜 드로잉하면 평면도를 쉽게 그릴 수 있다.

01_ offset 명령으로 사각형 윗변 모서리를 선택하여 그림과 같이 60mm 만큼 위로 간격을 띄워준다.

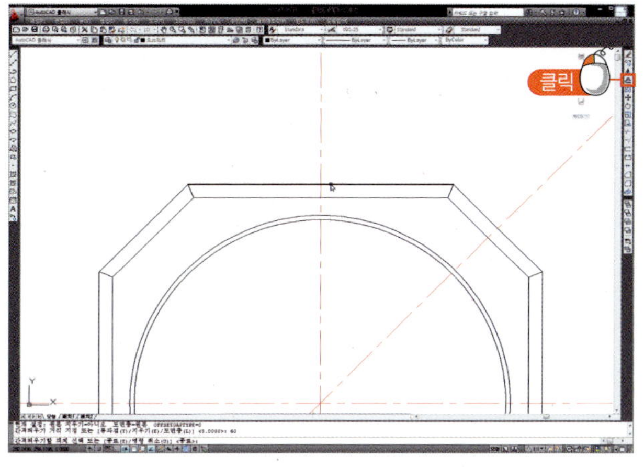
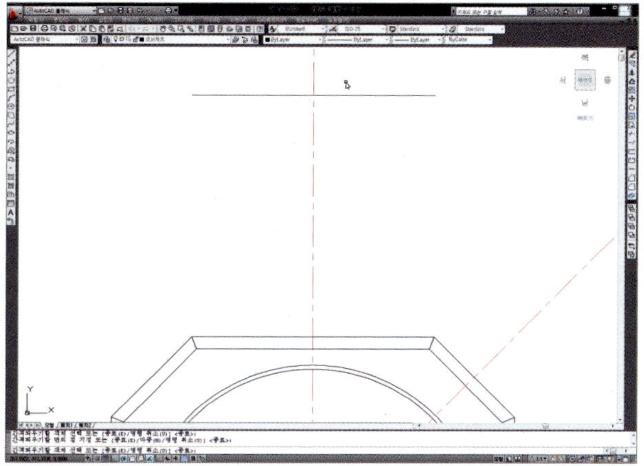

명령: **offset** Enter
현재 설정: 원본 지우기=아니오 도면층=원본 OFFSETGAPTYPE=0
간격띄우기 거리 지정 또는 [통과점(T)/지우기(E)/도면층(L)] 〈통과점〉: **3** Enter (거리값 입력)
간격띄우기할 객체 선택 또는 [종료(E)/명령취소(U)] 〈종료〉: **(사각형 모서리 선택)**
간격띄우기할 면의 점 지정 또는 [종료(E)/다중(M)/명령취소(U)] 〈나가기〉: **(사각형 안쪽 내부 지정)**

02_ 다시 한 번 offset 명령으로 옵셋된 직선을 그림과 같이 60mm 만큼 위로 간격을 띄워준다.

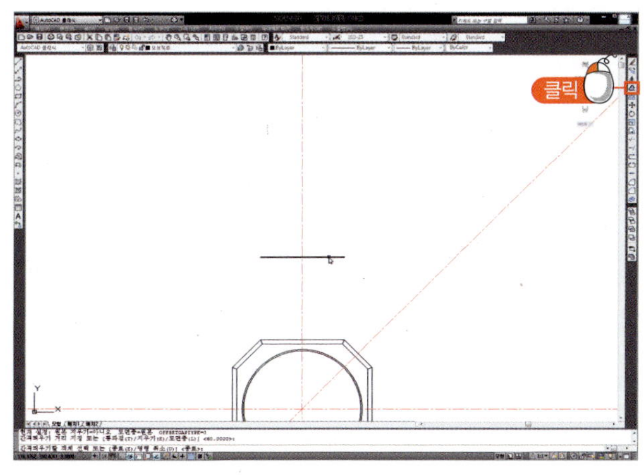
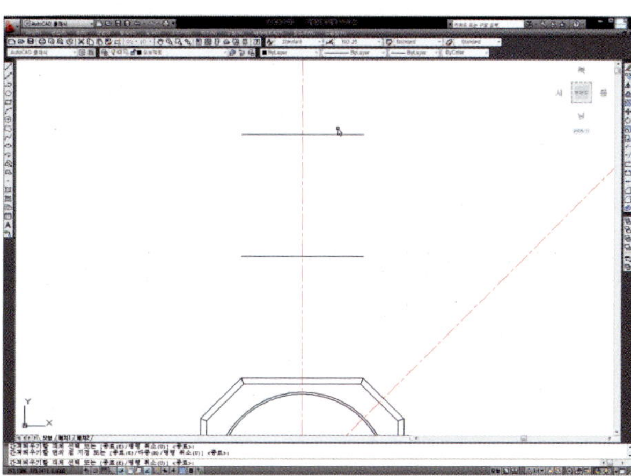

명령: **offset** Enter
현재 설정: 원본 지우기=아니오 도면층=원본 OFFSETGAPTYPE=0
간격띄우기 거리 지정 또는 [통과점(T)/지우기(E)/도면층(L)] 〈통과점〉: **3** Enter (거리값 입력)
간격띄우기할 객체 선택 또는 [종료(E)/명령취소(U)] 〈종료〉: **(사각형 모서리 선택)**
간격띄우기할 면의 점 지정 또는 [종료(E)/다중(M)/명령취소(U)] 〈나가기〉: **(사각형 안쪽 내부 지정)**

03_　line 명령으로 그림과 같이 시계 몸체 좌측 상단 꼭짓점을 시작으로 150mm만큼 수직선을 그려준다.

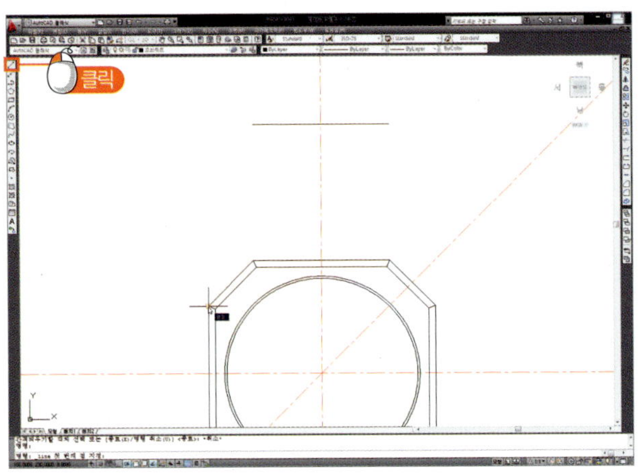
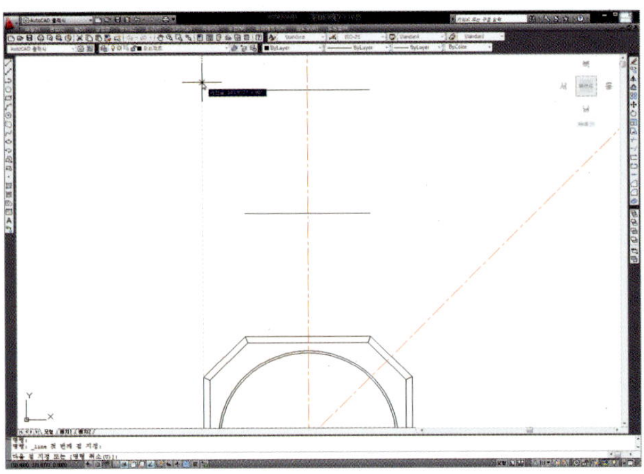

명령: line Enter
첫 번째 점 지정: **(시계 몸체 좌측 상단 꼭짓점 클릭)**
다음 점 지정 또는 [명령 취소(U)]: **150** Enter (거리값 입력)

04_　copy 명령을 이용하여 방금 그려진 수직선을 그림과 같이 정면도 시계 몸체 각 꼭짓점에 복사한다.

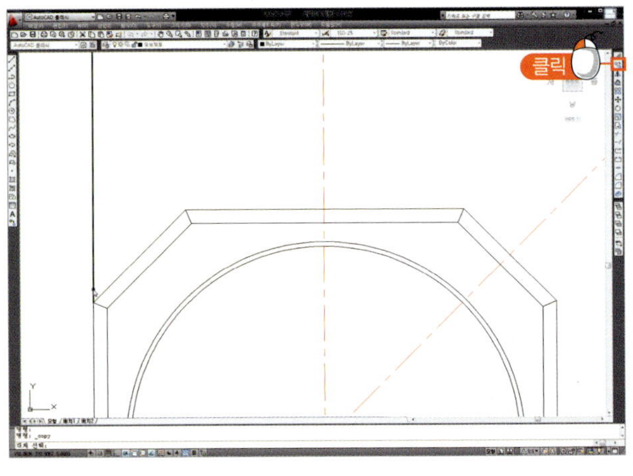

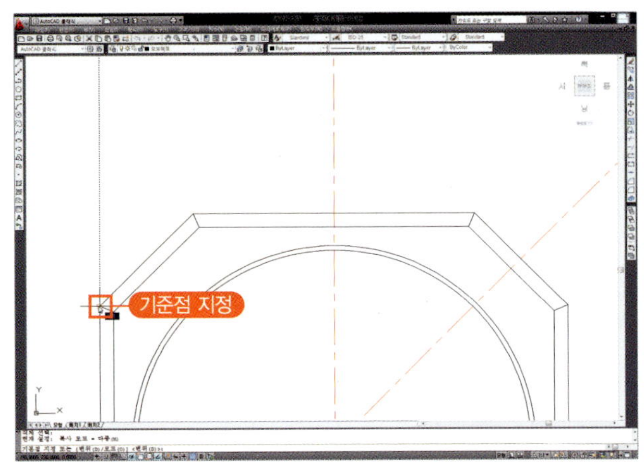

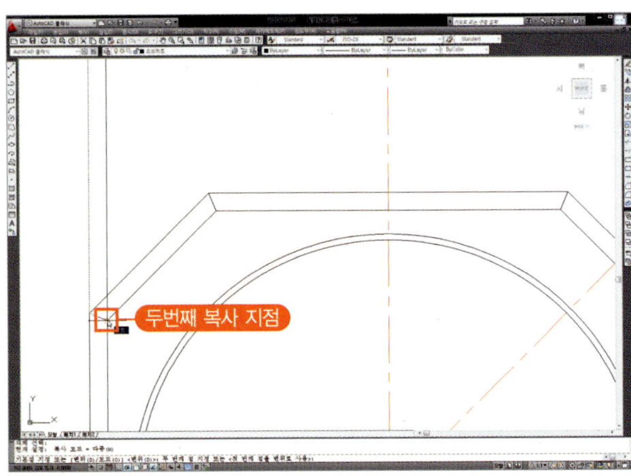

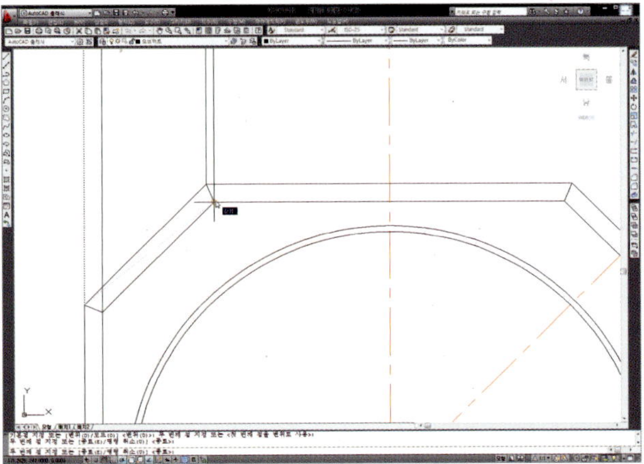

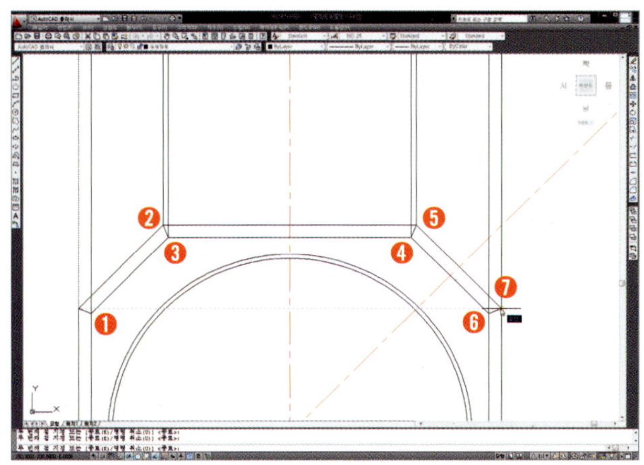 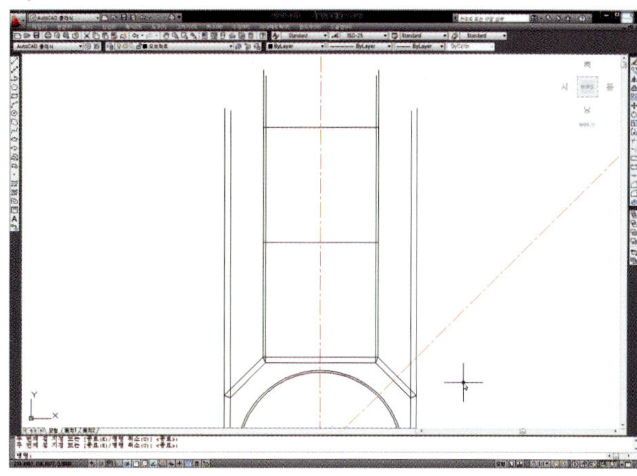

명령: **copy** `Enter`
객체 선택: **(방금 그려진 수직선 선택)**
기준점 지정 또는 [변위(D)] 〈변위〉: **(방금 그려진 수직선 하단 끝점 선택)**
두 번째 점 지정 또는 [종료(E)/명령취소(U)] 〈나가기〉: **(그림과 같이 2번 끝점 선택)**
두 번째 점 지정 또는 [종료(E)/명령취소(U)] 〈나가기〉: **(그림과 같이 3번 끝점 선택)**
두 번째 점 지정 또는 [종료(E)/명령취소(U)] 〈나가기〉: **(그림과 같이 4번 끝점 선택)**
두 번째 점 지정 또는 [종료(E)/명령취소(U)] 〈나가기〉: **(그림과 같이 5번 끝점 선택)**
두 번째 점 지정 또는 [종료(E)/명령취소(U)] 〈나가기〉: **(그림과 같이 6번 끝점 선택)**
두 번째 점 지정 또는 [종료(E)/명령취소(U)] 〈나가기〉: **(그림과 같이 7번 끝점 선택)**
두 번째 점 지정 또는 [종료(E)/명령취소(U)] 〈나가기〉: **(그림과 같이 8번 끝점 선택)**
두 번째 점 지정 또는 [종료(E)/명령취소(U)] 〈나가기〉: `Enter`

05_ extend 명령으로 이전에 옵셋시켰던 직선(평면도의 가로 크기)을 연장시켜준다.

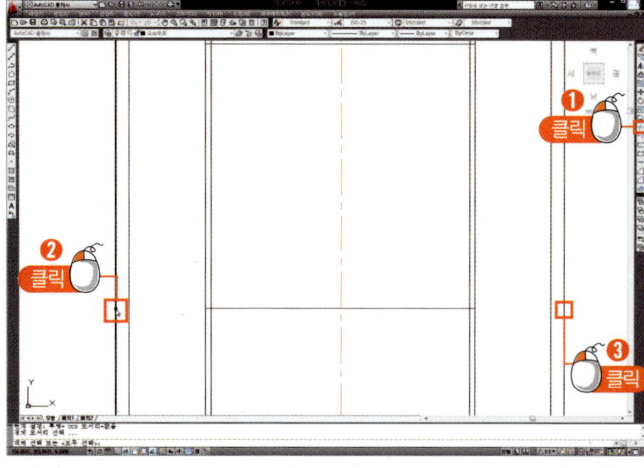

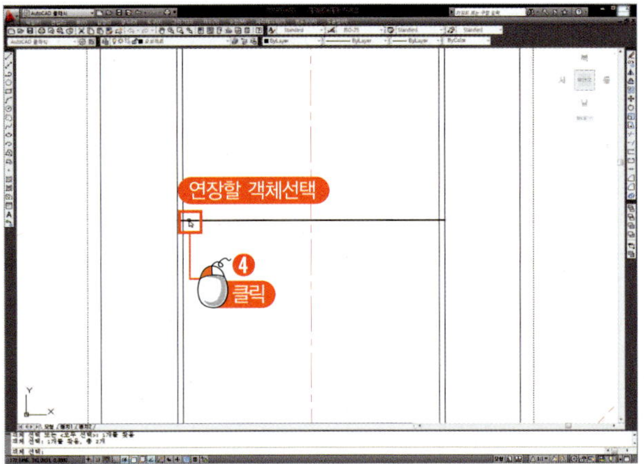

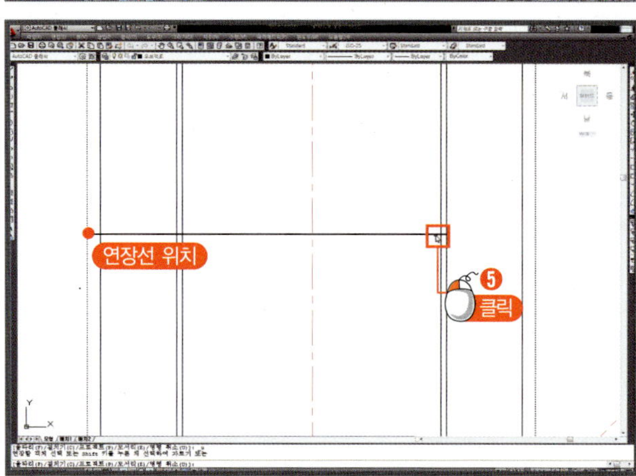

명령: **extend** `Enter`

현재 설정값: 투영= UCS 모서리=없음

경계 모서리 선택 ...

객체 선택 또는 〈모두 선택〉: **(가장 좌측에 놓인 수직선 선택)**

객체 선택: **(복사된 가장 우측에 놓인 수직선 선택)**

객체 선택: `Enter`

연장할 객체 선택 또는 Shift 키를 누른 채 선택하여 자르기 또는

[울타리(F)/걸치기(C)/프로젝트(P)/모서리(E)/명령취소(U)]: (그림과 같이 옵셋된 직선의 좌측 끝과 우측 끝을 차례대로 선택)

06_ 동일한 방법으로 위에 있는 옵셋된 직선(평면도의 가로 크기)도 좌우측으로 연장시켜준다.

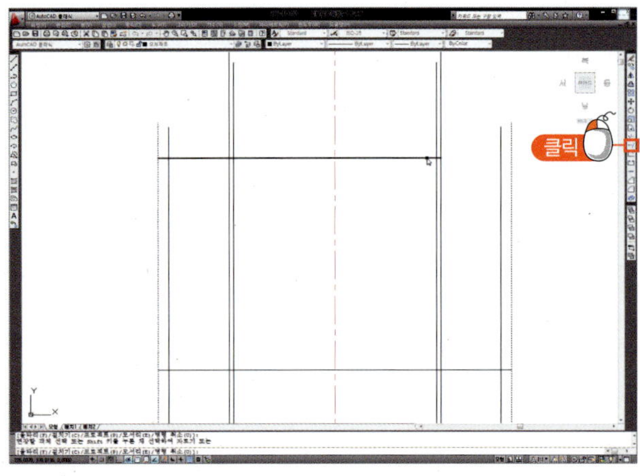

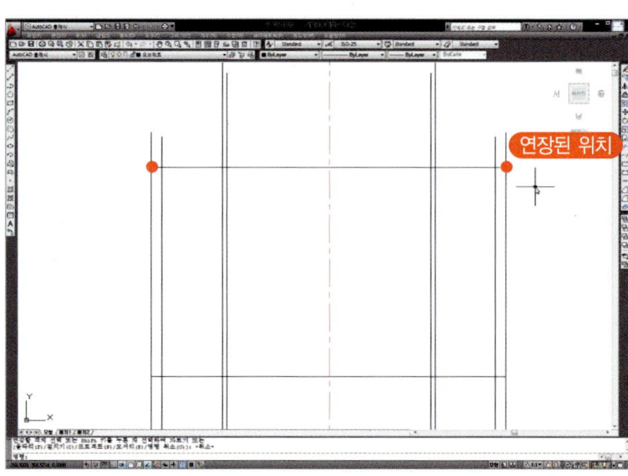

명령: **extend** Enter
현재 설정값: 투영= UCS 모서리=없음
경계 모서리 선택 ...
객체 선택 또는 〈모두 선택〉: **(가장 좌측에 놓인 수직선 선택)**
객체 선택: **(복사된 가장 우측에 놓인 수직선 선택)**
객체 선택: Enter
연장할 객체 선택 또는 Shift 키를 누른 채 선택하여 자르기 또는
[울타리(F)/걸치기(C)/프로젝트(P)/모서리(E)/명령취소(U)]: **(그림과 같이 옵셋된 직선의 좌측 끝과 우측 끝을 차례대로 선택)**

07_ trim 명령으로 연장된 직선과 교차된 수직선들을 그림과 같이 모두 정리해준다.

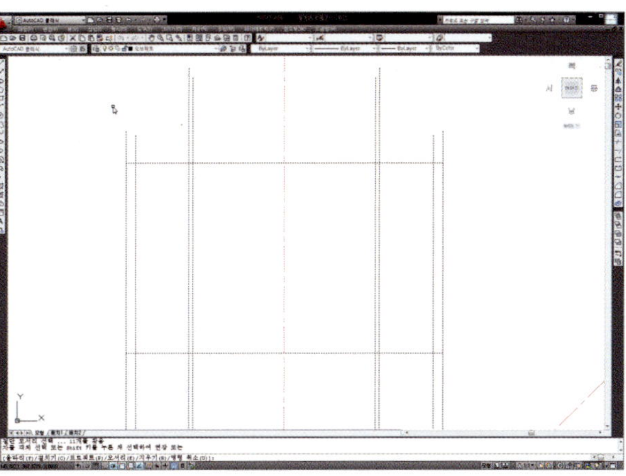

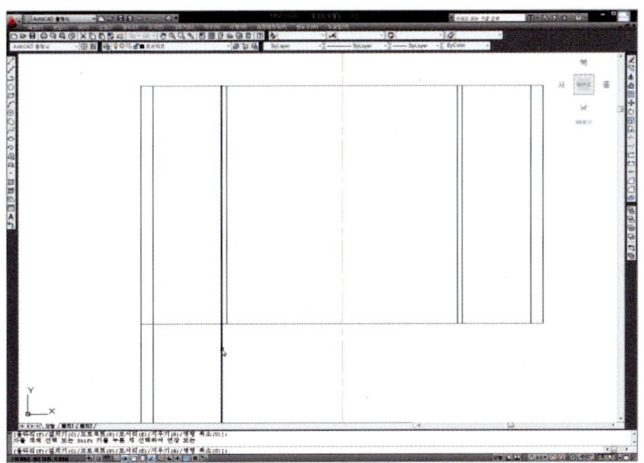

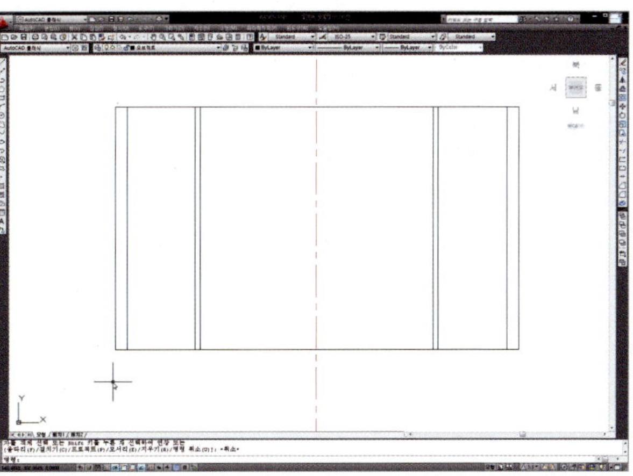

명령: **trim** Enter
현재 설정값: 투영=UCS 모서리=없음
객체 선택: (cross 선택 방법으로 모든 오브젝트를 선택)
자를 객체 선택 또는 Shift 키를 누른 채 선택하여 연장 또는
[울타리(F)/걸치기(C)/프로젝트(P)/모서리(E)/지우기(R)/명령취소(U)]: (불필요한 부분 제거)

08_ 레이어를 중심선 레이어로 변경한 후 xline 명령으로 수평으로 평면도의 중심선을 그려준다.

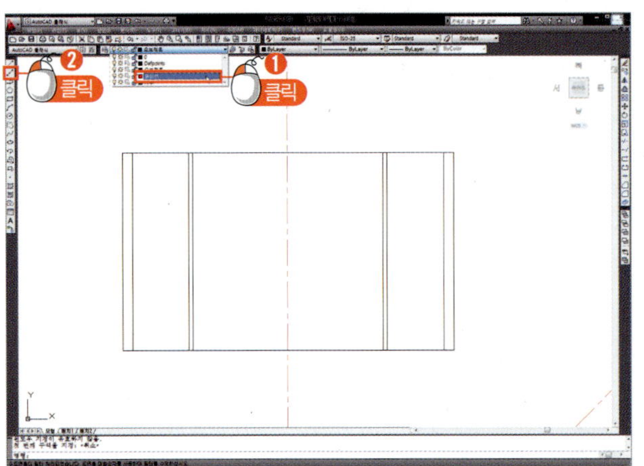
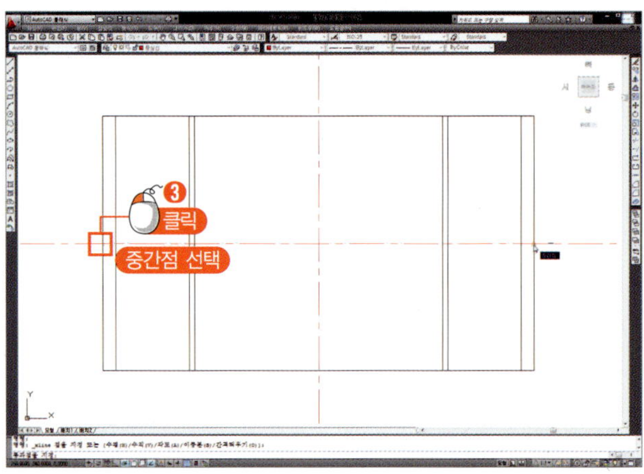

명령: **xline** `Enter`
점을 지정 또는 [수평(H)/수직(V)/각도(A)/이등분(B)/간격띄우기(O)]: **h** `Enter`
통과점 지정: **(평면도의 좌측 모서리 중간점 선택)**

09_ 다시 레이어를 오브젝트 레이어로 변경시킨 후 offset 명령으로 평면도 위, 아래 직선을 그림과 같이 5mm 간격 만큼 안쪽으로 각각 띄워준다.

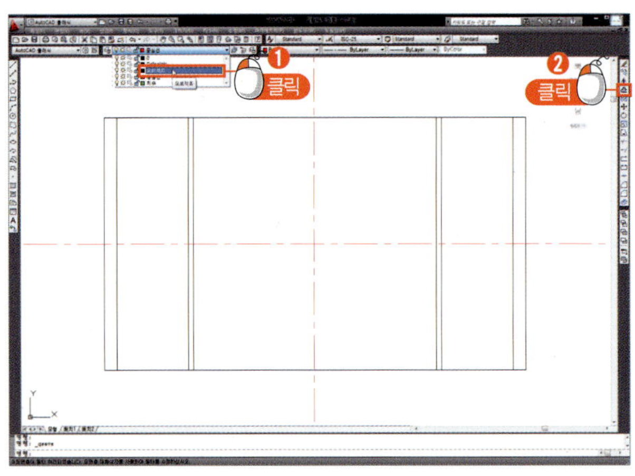
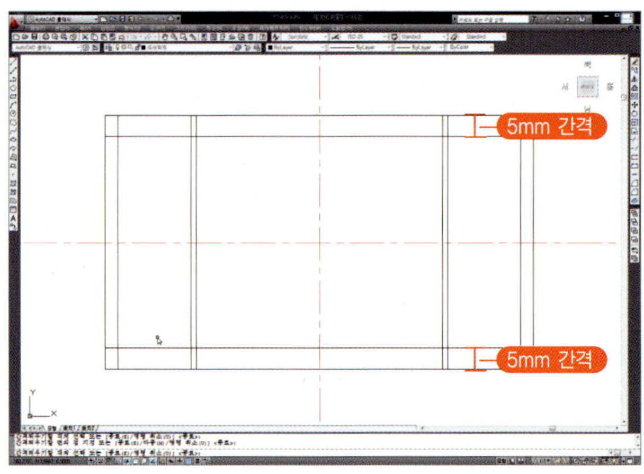

명령: **offset** `Enter`
현재 설정: 원본 지우기=아니오 도면층=원본 OFFSETGAPTYPE=0
간격띄우기 거리 지정 또는 [통과점(T)/지우기(E)/도면층(L)] 〈통과점〉: 5 `Enter` (거리값 입력)
간격띄우기할 객체 선택 또는 [종료(E)/명령취소(U)] 〈종료〉: **(평면도 아래 직선 선택)**
간격띄우기할 면의 점 지정 또는 [종료(E)/다중(M)/명령취소(U)] 〈나가기〉: **(평면도 안쪽 내부 선택)**
간격띄우기할 객체 선택 또는 [종료(E)/명령취소(U)] 〈종료〉: **(평면도 위 직선 선택)**
간격띄우기할 면의 점 지정 또는 [종료(E)/다중(M)/명령취소(U)] 〈나가기〉: **(평면도 안쪽 내부 선택)**

10_ 옵셋된 직선과 복사된 수직선이 교차된 교차점 부분을 그림과 같이 대각선으로 연결시켜준다.

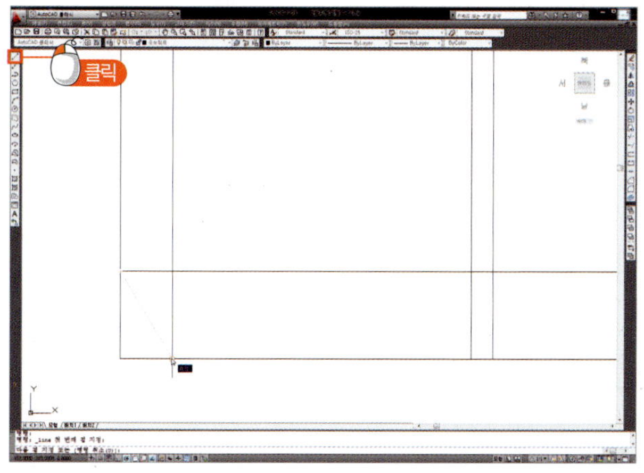
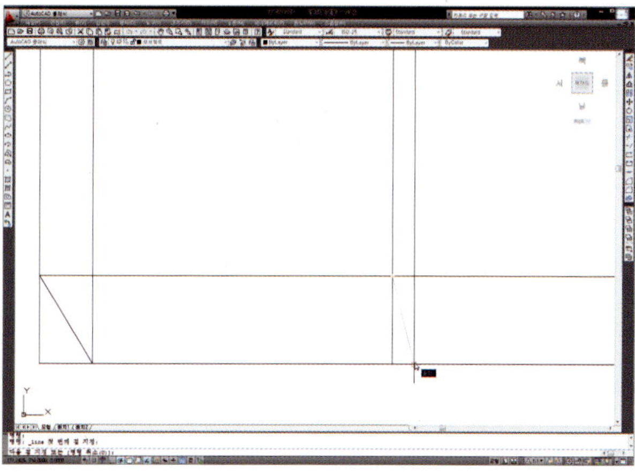
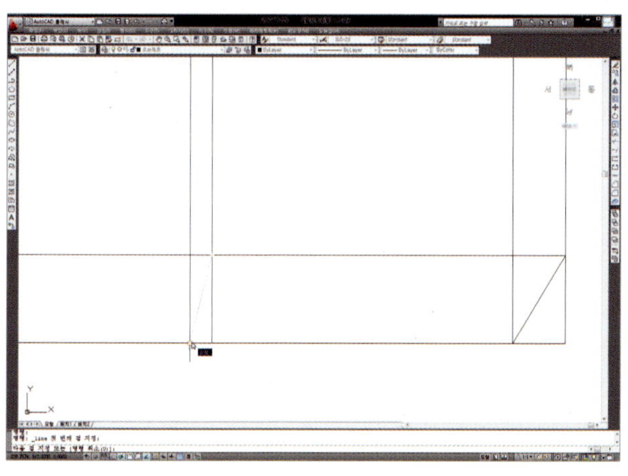
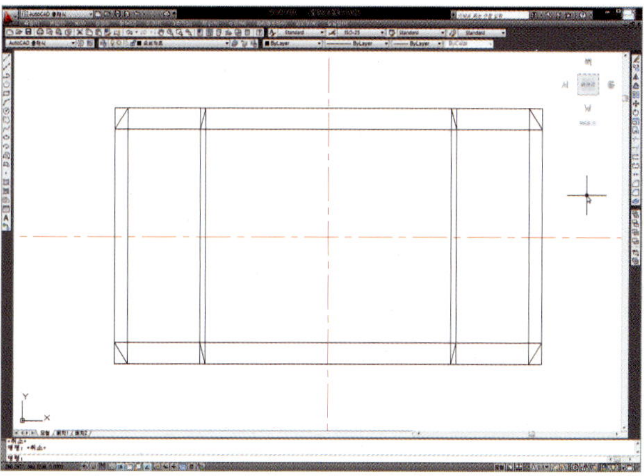

명령: line **Enter**
첫 번째 점 지정: **(직선과 교차된 수직선의 교차점 선택)**
다음 점 지정 또는 [명령 취소(U)]: **(직선과 교차된 수직선의 교차점 선택)**

11_ trim 명령으로 연장된 직선과 교차된 수직선들을 그림과 같이 모두 정리해준다.

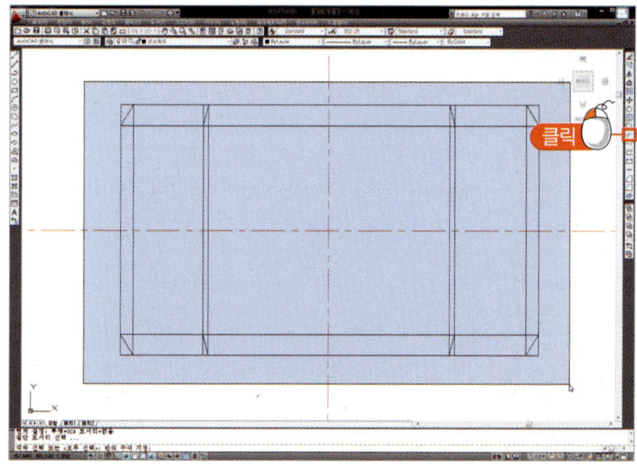
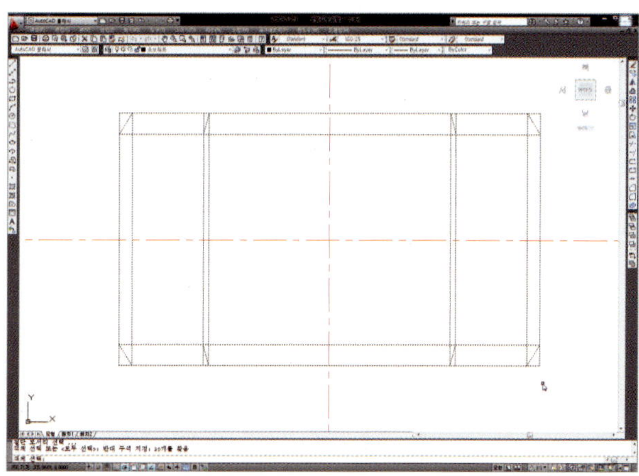

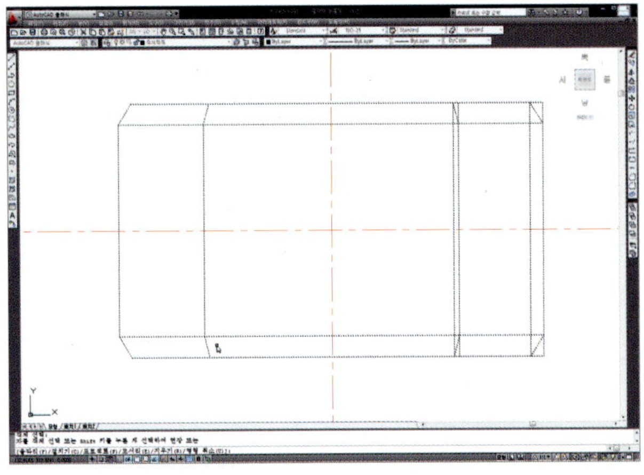 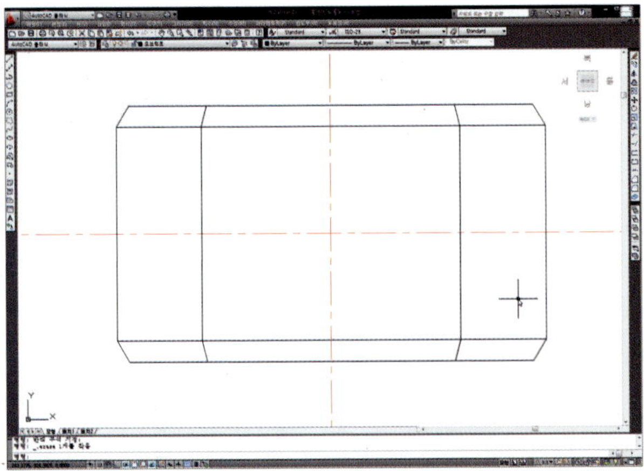

명령: trim **Enter**
현재 설정값: 투영=UCS 모서리=없음
객체 선택: **(window 선택법으로 모든 오브젝트를 선택)**
자를 객체 선택 또는 Shift키를 누른 채 선택하여 연장 또는
[울타리(F)/걸치기(C)/프로젝트(P)/모서리(E)/지우기(R)/명령취소(U)]: **(불필요한 부분 제거)**

12_ 키보드 **F8**(직교모드)키를 누르고 line 명령으로 정면도 내 원(R 42mm)의 좌, 우측 사분점을 찾아 수직으로 175mm 만큼 올려준다.

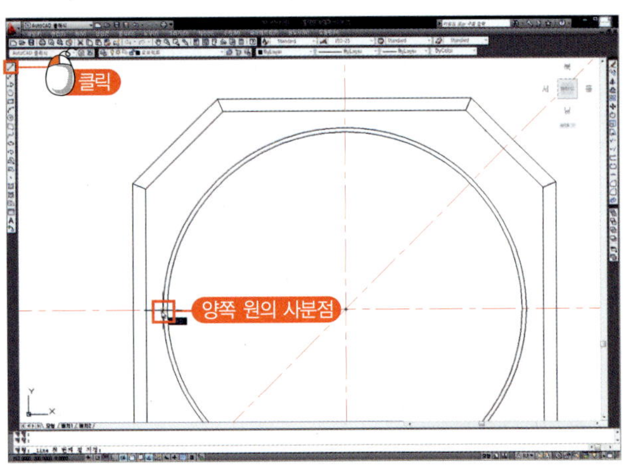

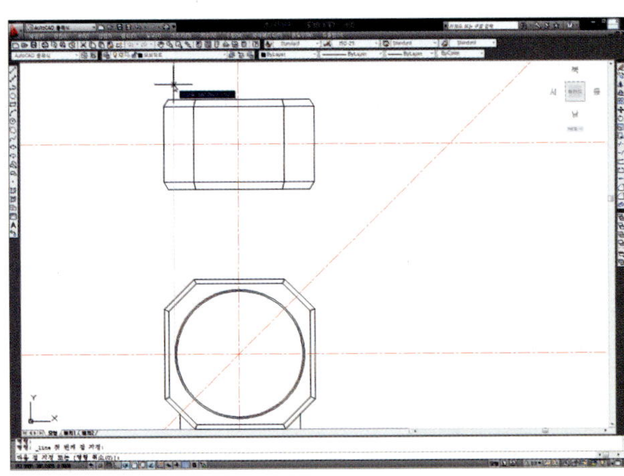

명령: line **Enter**
첫 번째 점 지정: **(R 42 원의 좌측 사분점 선택)**
다음 점 지정 또는 [명령 취소(U)]: **175** **Enter** (거리값 입력)

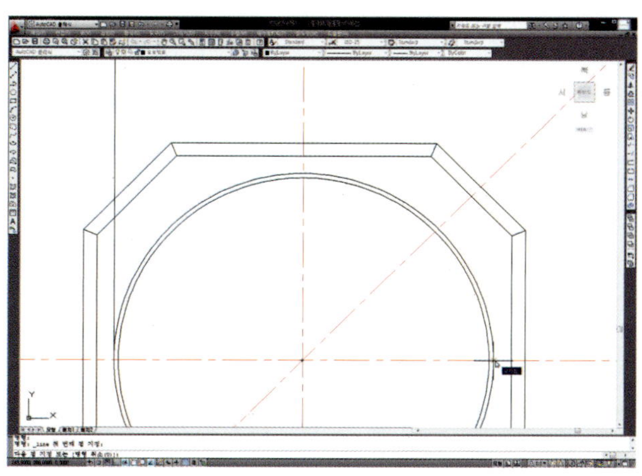

명령: line **Enter**

첫 번째 점 지정: **(R 42원의 우측 사분점 선택)**

다음 점 지정 또는 [명령 취소(U)]: **175** **Enter** (거리값 입력)

13_ 직교모드를 꺼준 상태에서 arc 명령을 실행하여 그림과 같이 2개의 교차점을 찾아 R 140의 원호를 그려준다.

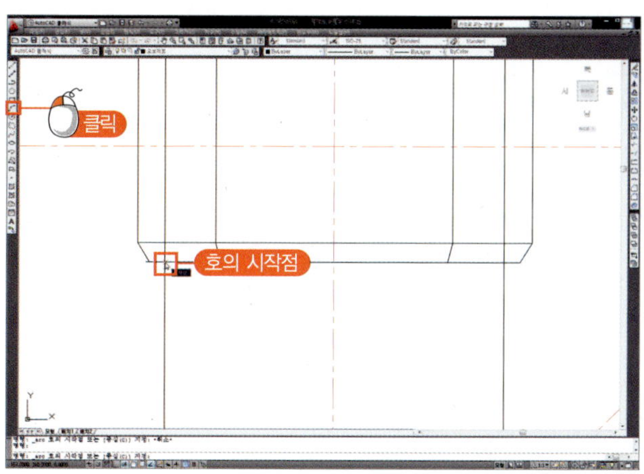

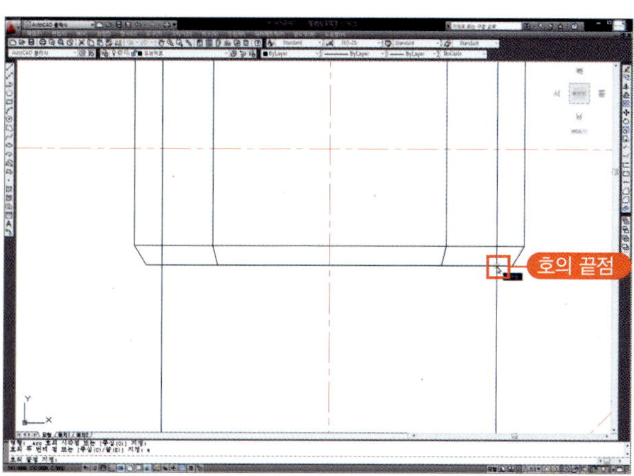

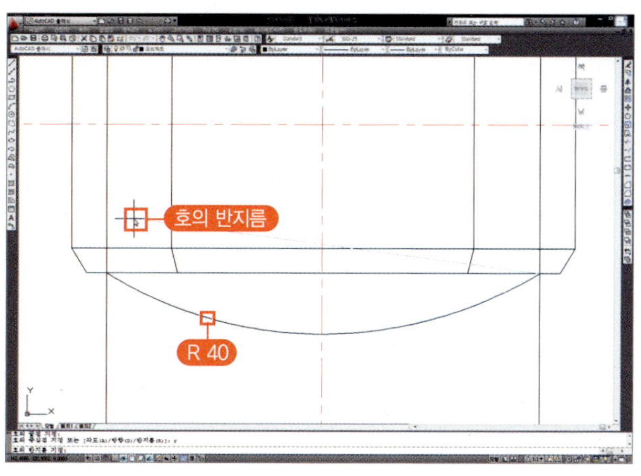

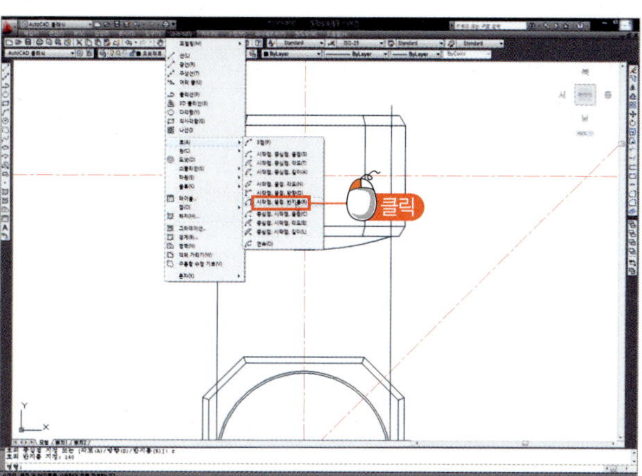

명령: **arc** Enter
호의 시작점 또는 [중심(C)] 지정: **(좌측 수직선과 직선의 교차점 선택)**
호의 두 번째 점 또는 [중심(C)/끝(E)] 지정: **e** Enter (끝 옵션 입력)
호의 끝점 지정: **(우측 수직선과 직선의 교차점 선택)**
호의 중심점 지정 또는 [각도(A)/방향(D)/반지름(R)]: **r** Enter (반지름 입력)
호의 반지름 지정: **140** Enter (반지름 입력)

Tip arc 명령은 여러 옵션이 다양하므로 직관적인 명령 실행을 위해 '메뉴 바: 그리기 〉 호(A)'로 직접 명령을 찾아 선택하는 방법이 초급자라면 더 편리할 수도 있다.

14_ 방금 그려진 원호를 mirror 명령을 이용해 수평 중심선을 대칭으로 반대측에 미러시켜 1개를 더 만들어준다.

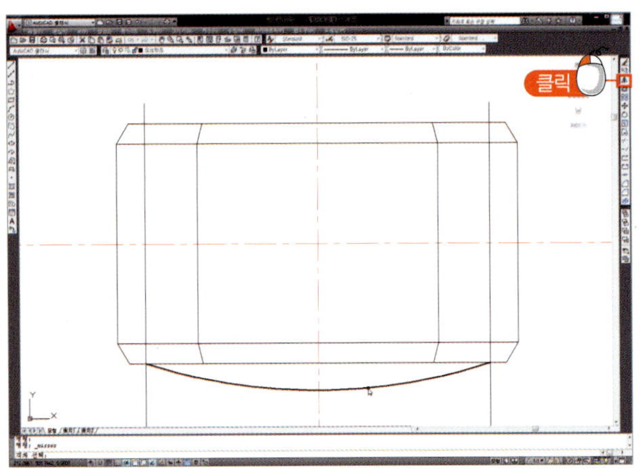

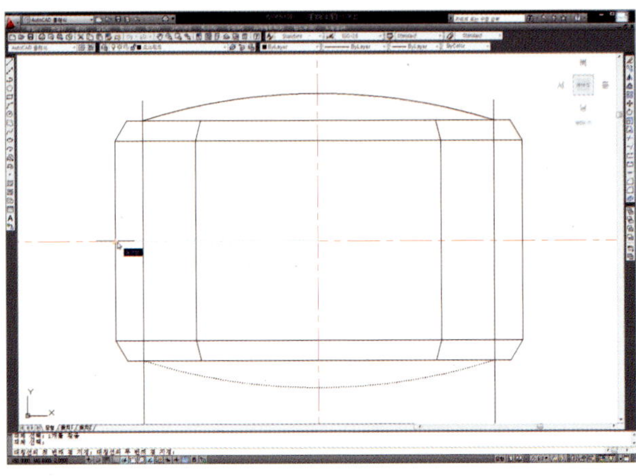

명령: **mirror** Enter
객체 선택: 1개를 찾음
객체 선택: **(방금 그린 원호 선택)**
대칭선의 첫 번째 점 지정: **(수평 중심선과 수직 중심선의 교차점 선택)**
대칭선의 두 번째 점 지정: **(수평 중심선과 시계 좌측 모서리 중간점 선택)**
원본 객체를 지우시겠습니까? [예(Y)/아니오(N)] 〈N〉: Enter

15_ 정면도 원에서부터 그려진 수직선 2개는 모두 선택하여 erase 명령으로 삭제하거나 키보드 Delete 키를 눌러 삭제시킨다.

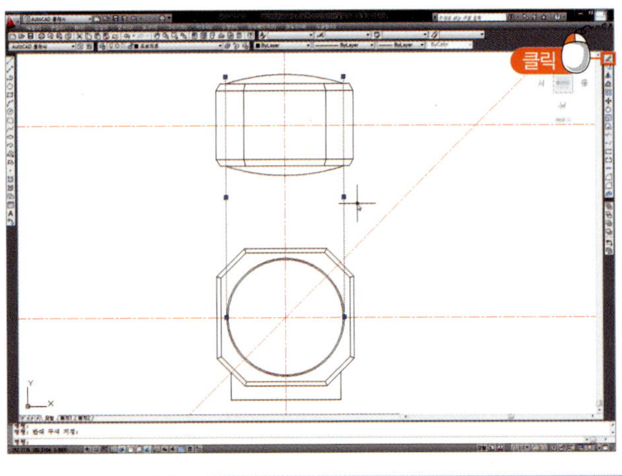

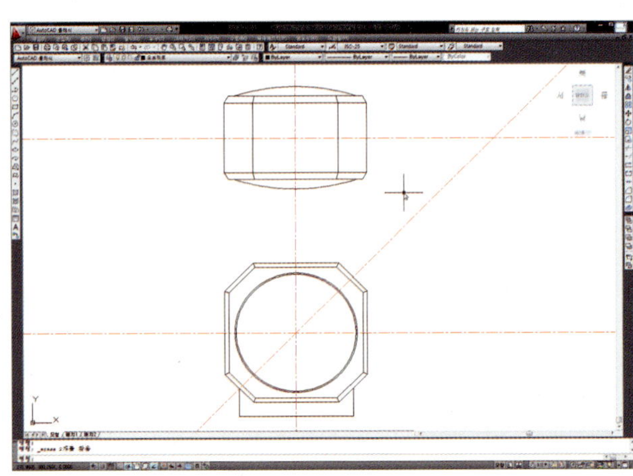

명령: **erase** Enter

03→ 알람시계 측면도(Side View) 드로잉하기

앞서서 완성된 정면도와 평면도를 기준으로 rotate 명령으로 90도 회전시켜 측면도를 완성해보자.

01_ 알람시계의 평면도와 측면도는 바닥 부분만 빼고는 모두 같은 형상이므로 완성된 평면도를 모두 선택하여, 그림과 같이 rotate 명령으로 90도 회전시켜 우측면에 배치해준다.

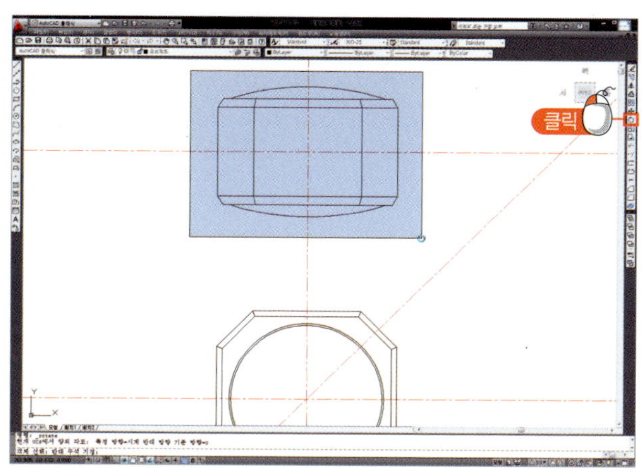

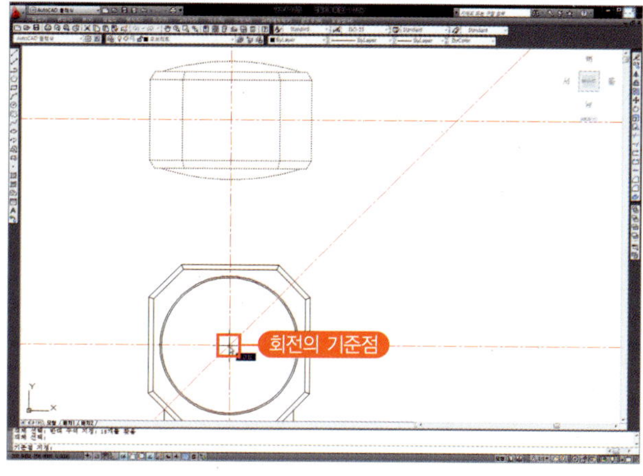

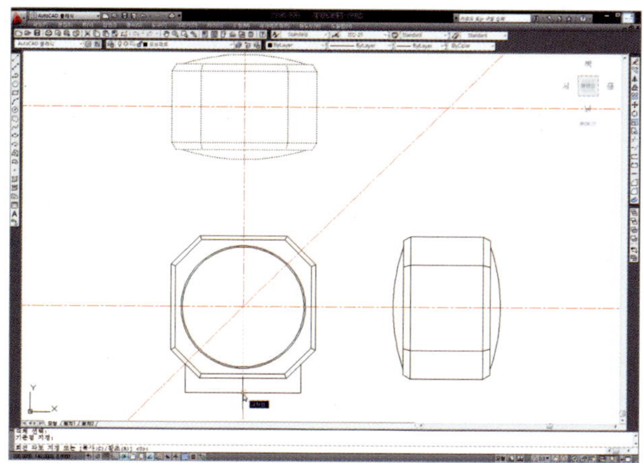

명령: rotate Enter
현재 UCS에서 양의 각도: 측정 방향=시계 반대 방향 기준 방향=0
객체 선택: (window 선택 방법으로 모든 오브젝트를 선택 후 Enter)
기준점 지정: (수직, 수평 중심선의 교차점 선택)
회전 각도 지정 또는 [복사(C)/참조(R)] 〈0〉: c Enter (복사 옵션 입력)
선택한 객체의 사본을 회전합니다.
회전 각도 지정 또는 [복사(C)/참조(R)] 〈0〉: -90 Enter (각도값 입력)

02_ 키보드 F8 (직교 모드)을 누르고 line명령으로 정면도 내 시계 받침대 좌측 상, 하단 끝점에서 수평선 2개를 그려 준다.

명령: line Enter
첫 번째 점 지정: (시계 받침대 우측 하단 끝점 선택)
다음 점 지정 또는 [명령 취소(U)]: 130 Enter (거리값 입력)

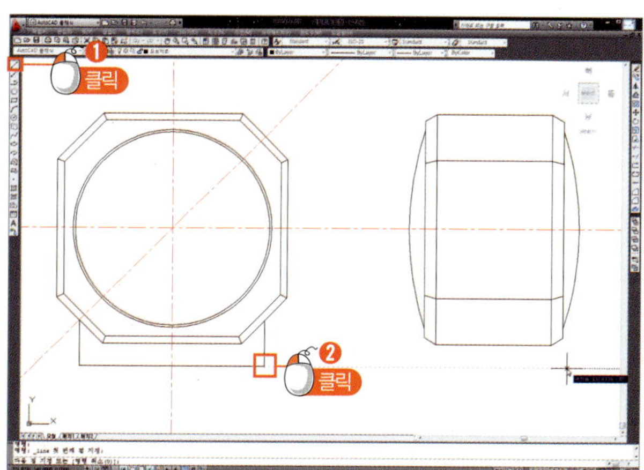

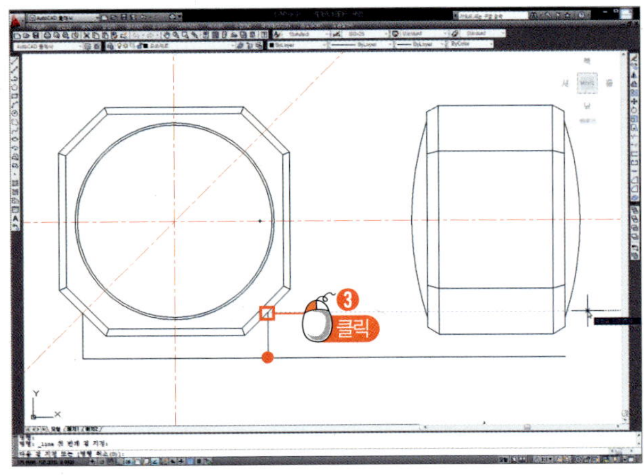

명령: line Enter
첫 번째 점 지정: **(시계 받침대 우측 상단 끝점 선택)**
다음 점 지정 또는 [명령 취소(U)]: **130** Enter (거리값 입력)

03_ offset 명령으로 그림과 같이 시계 좌측 모서리를 선택하여 5mm만큼 우측으로 띄워준다.

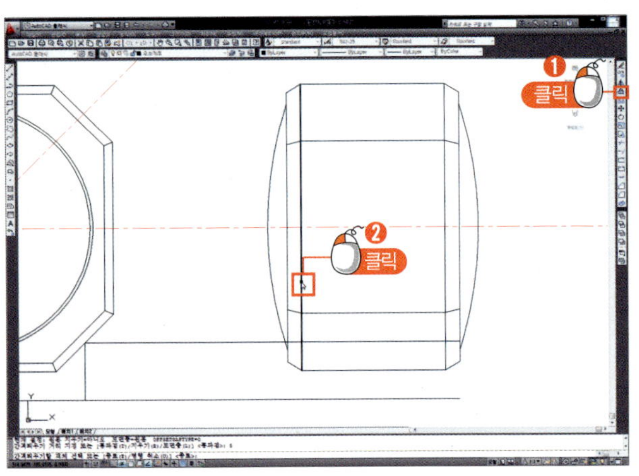

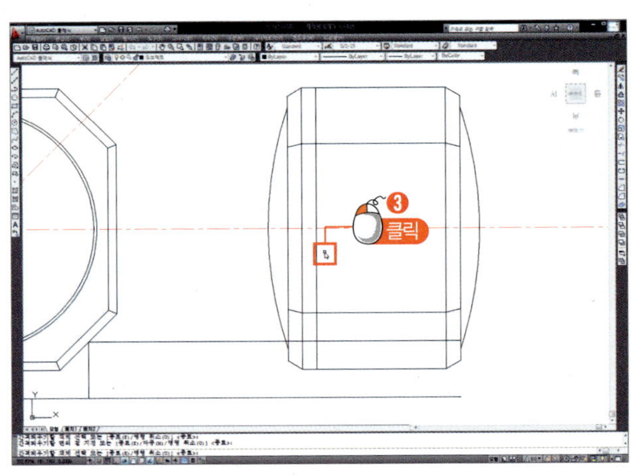

명령: **offset** Enter
현재 설정: 원본 지우기=아니오　도면층=원본　OFFSETGAPTYPE=0
간격띄우기 거리 지정 또는 [통과점(T)/지우기(E)/도면층(L)] 〈통과점〉: **5** Enter [거리값 입력]
간격띄우기할 객체 선택 또는 [종료(E)/명령취소(U)] 〈종료〉: **(시계 좌측 모서리 선택)**
간격띄우기할 면의 점 지정 또는 [종료(E)/다중(M)/명령취소(U)] 〈나가기〉: **(우측 내부 지정)**

04_ 같은 방법으로 그림과 같이 시계 우측 모서리를 선택하여 5mm만큼 좌측으로 띄워준다.

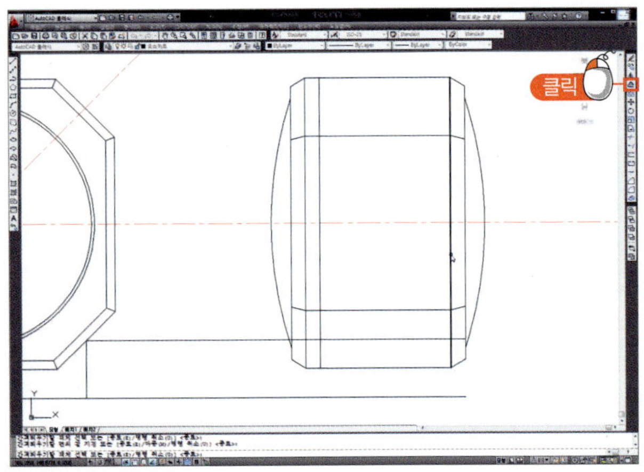

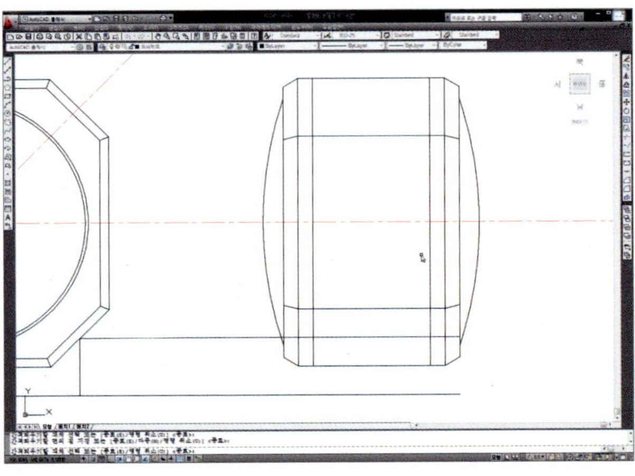

명령: **offset** `Enter`
현재 설정: 원본 지우기=아니오 도면층=원본 OFFSETGAPTYPE=0
간격띄우기 거리 지정 또는 [통과점(T)/지우기(E)/도면층(L)] 〈통과점〉: **5** `Enter` (거리값 입력)
간격띄우기할 객체 선택 또는 [종료(E)/명령취소(U)] 〈종료〉: **(시계 우측 모서리 선택)**
간격띄우기할 면의 점 지정 또는 [종료(E)/다중(M)/명령취소(U)] 〈나가기〉: **(좌측 내부 지정)**

05_ 다음은 extend 명령으로 방금 옵셋시켰던 2개의 수직선 하단부를 그림과 같이 시계 바닥선까지 연장시켜준다.

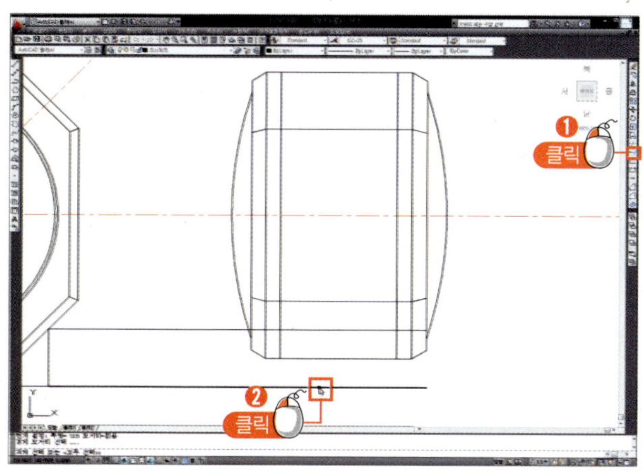

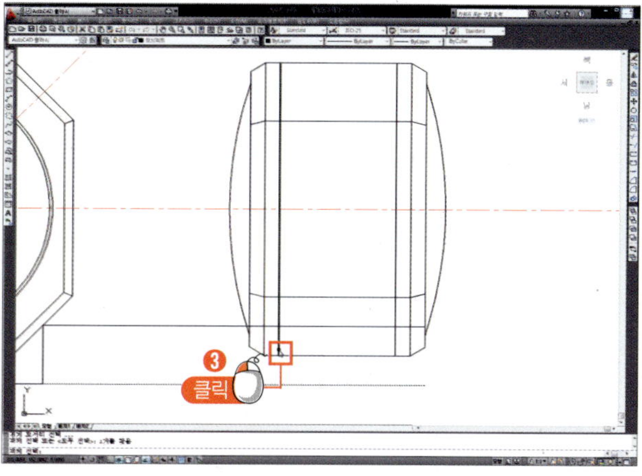

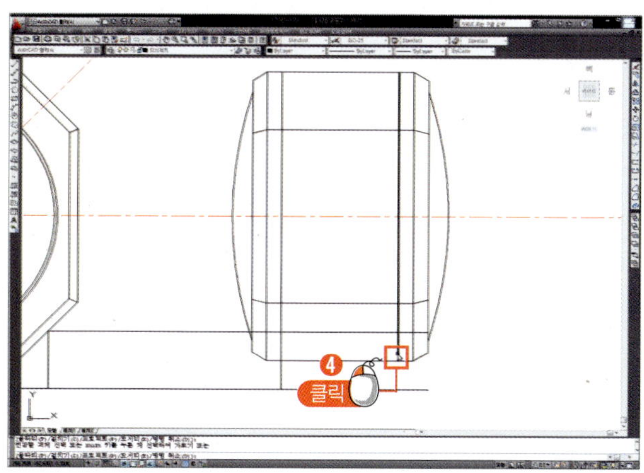

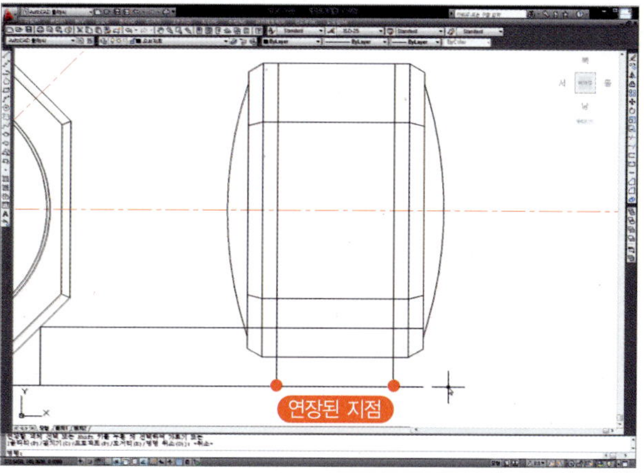

명령: **extend** `Enter`
현재 설정값: 투영= UCS 모서리=없음
경계 모서리 선택 ...
객체 선택 또는 〈모두 선택〉: **(정면도에서 연장된 시계 바닥선 선택)**
객체 선택: `Enter`
연장할 객체 선택 또는 Shift 키를 누른 채 선택하여 자르기 또는
[울타리(F)/걸치기(C)/프로젝트(P)/모서리(E)/명령취소(U)]: **(그림과 같이 옵셋된 수직선의 하단부 끝을 차례대로 2번 선택)**

06_ 연장된 직선과 교차된 수직선들을 trim 명령으로 그림과 같이 불필요한 부분들을 모두 잘라 정리해준다.

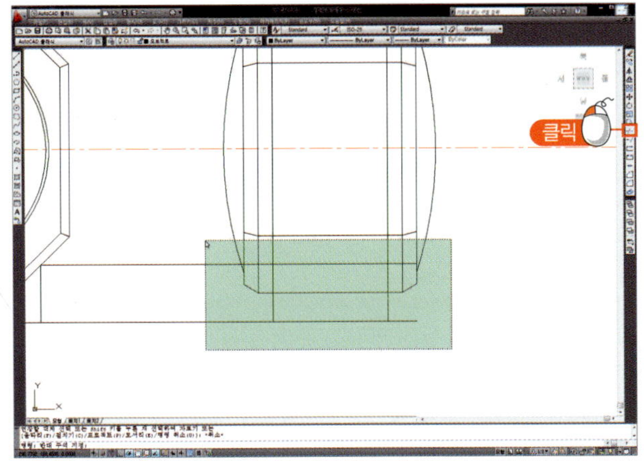

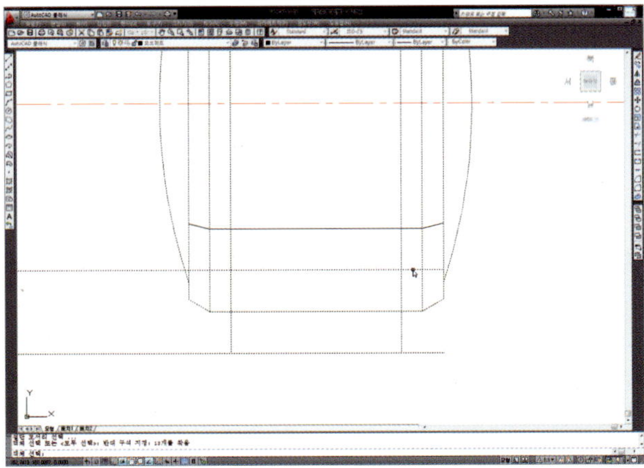

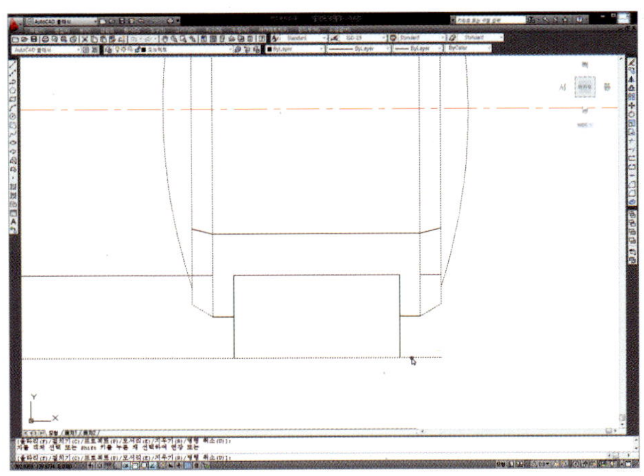

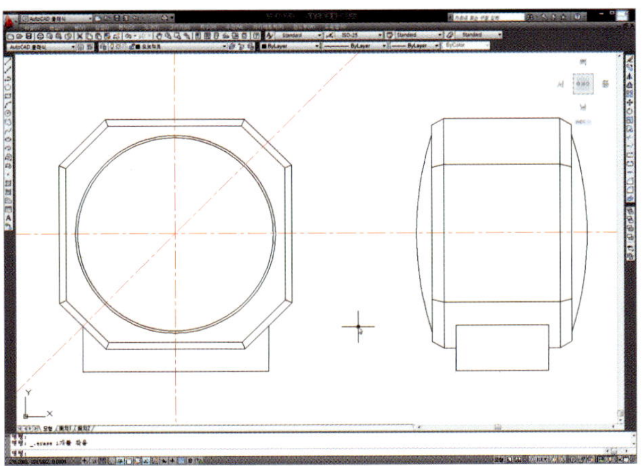

명령: **trim** [Enter]
현재 설정값: 투영=UCS 모서리=없음
객체 선택: **(cross 선택 방법으로 그림과 같이 잘라 줄 오브젝트를 선택)**
자를 객체 선택 또는 Shift 키를 누른 채 선택하여 연장 또는
[울타리(F)/걸치기(C)/프로젝트(P)/모서리(E)/지우기(R)/명령취소(U)]: **(불필요한 부분 제거)**

04 알람시계 배면도(Rear View) 드로잉하기

배면도는 정면도와 동일한 형상이므로 mirror 명령으로 대칭시켜 그려준다.

01_ cross 선택 방법으로 정면도와 중심선 모두를 선택하여, 그림과 같이 mirror명령으로 대칭시킨다.

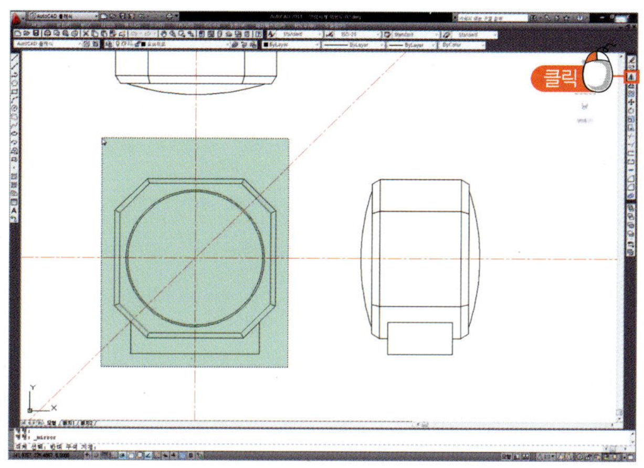

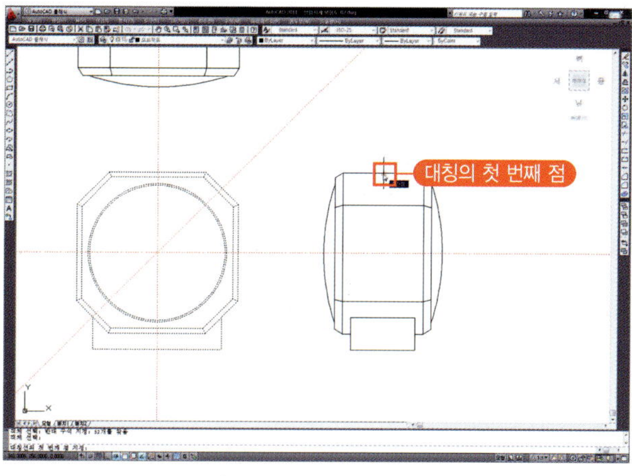

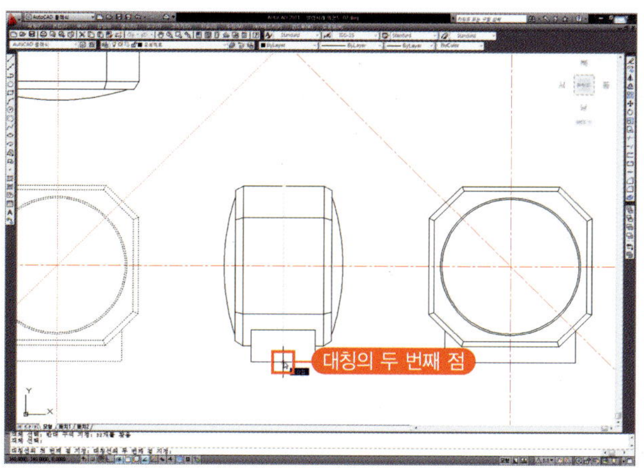

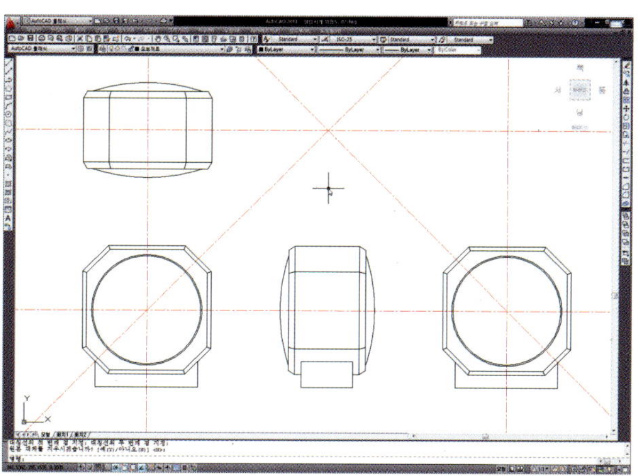

명령: **mirror** [Enter]
객체 선택: 1개를 찾음
객체 선택: **(cross 선택 방법으로 정면도와 중심선을 모두 선택)**
대칭선의 첫 번째 점 지정: **(우측면도 상단 중간점 선택)**
대칭선의 두 번째 점 지정: **(우측면도 바닥 하단 중간점 선택)**
원본 객체를 지우시겠습니까? [예(Y)/아니오(N)] 〈N〉: [Enter]

02_ circle 명령으로 배면도의 뒷커버 손잡이를 그려준다.

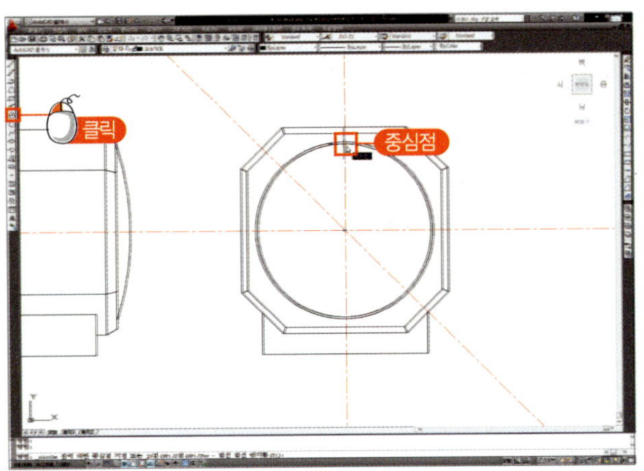

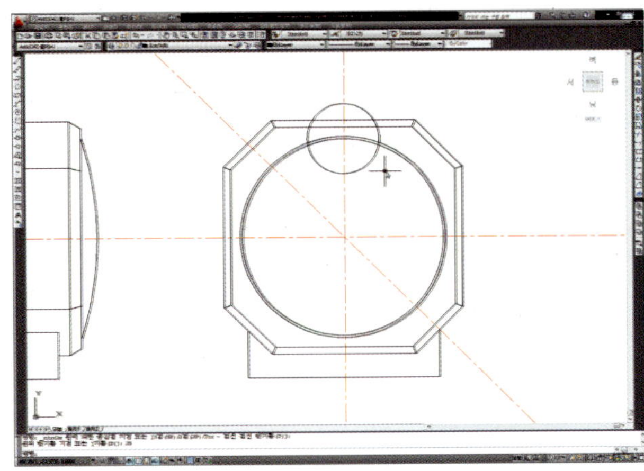

명령: **circle** Enter
원에 대한 중심점 지정 또는 [3P/2P/Ttr(접선 접선 반지름)]: **(중심점 클릭)**
원의 반지름 지정 또는 [지름(D)]: **15** Enter (반지름값 입력)

03_ 그림과 같이 offset 명령으로 방금 그린 원을 선택하여 0.5mm 만큼 원 외각지점으로 띄워준다.

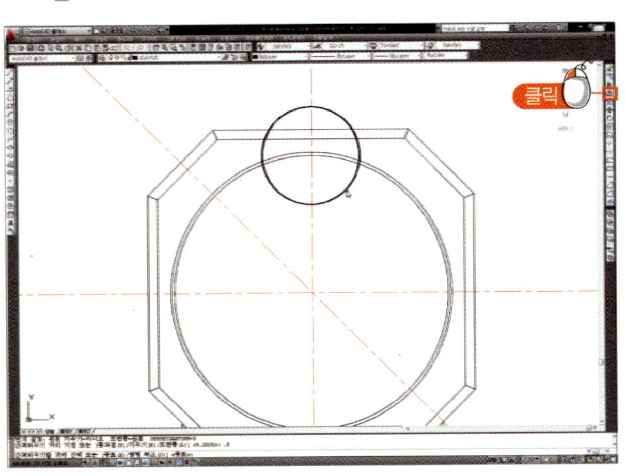

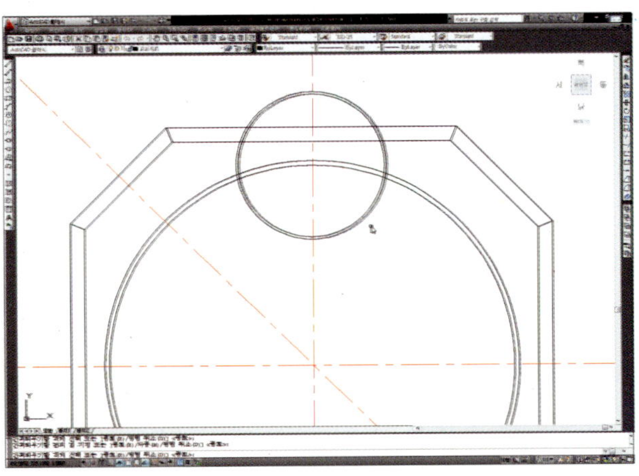

명령: **offset** Enter
현재 설정: 원본 지우기=아니오 도면층=원본 OFFSETGAPTYPE=0
간격띄우기 거리 지정 또는 [통과점(T)/지우기(E)/도면층(L)] 〈통과점〉: **0.5** Enter (거리값 입력)
간격띄우기할 객체 선택 또는 [종료(E)/명령취소(U)] 〈종료〉: **(방금 그린 원 선택)**
간격띄우기할 면의 점 지정 또는 [종료(E)/다중(M)/명령취소(U)] 〈나가기〉: **(원 외각쪽 지정)**

04_ trim 명령으로 그림과 같이 2개의 원과 주변 오브젝트를 선택하여 불필요한 부분들을 모두 잘라 정리해준다.

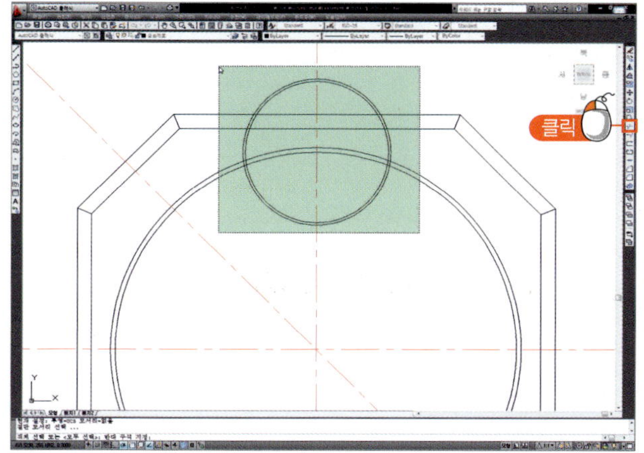

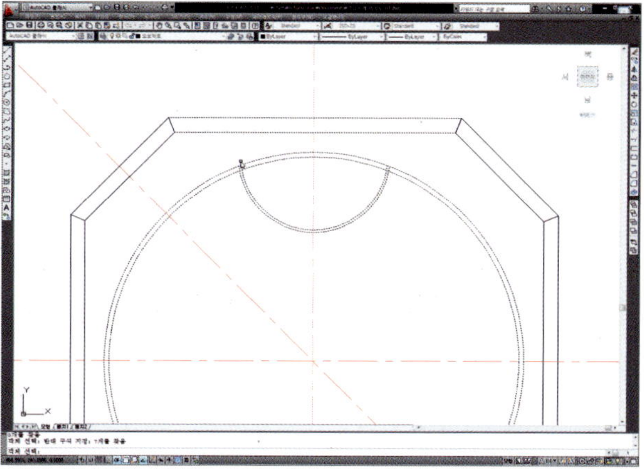

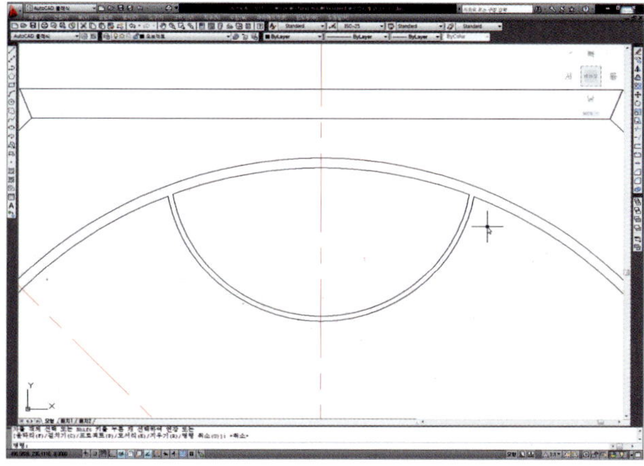

명령: **trim** Enter
현재 설정값: 투영=UCS 모서리=없음
객체 선택: **(cross 선택 방법으로 그림과 같이 오브젝트를 선택)**
자를 객체 선택 또는 Shift 키를 누른 채 선택하여 연장 또는
[울타리(F)/걸치기(C)/프로젝트(P)/모서리(E)/지우기(R)/명령취소(U)]: **(불필요한 부분 제거)**

05 → 알람 버튼 드로잉하기

알람시계가 4면도 도면 레이아웃 형식을 갖추며 기본 몸체가 작성되었다. 이제 시계에 들어가는 부속품 요소들을 드로잉할 것이다. 그 첫 단계로 알람 버튼을 드로잉해보자.

01_ 정면도를 기준으로 알람 버튼이 좌우측 경사면에 위치해 있으므로 평면도부터 알람시계를 그려주도록 한다. 먼저 copy 명령으로 45도 중심선을 정면도 경사면 양 끝점에 그림과 같이 복사한다.

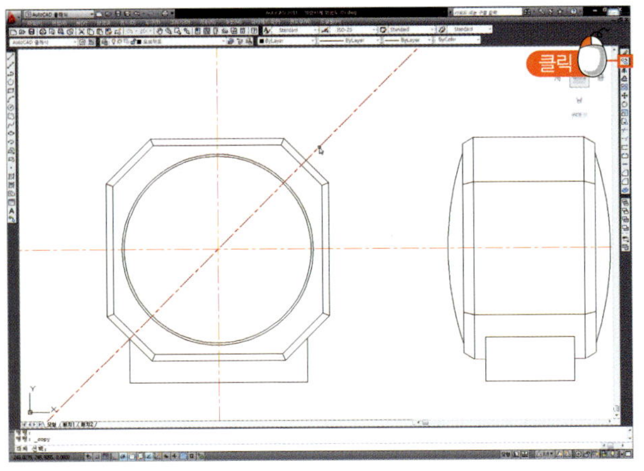
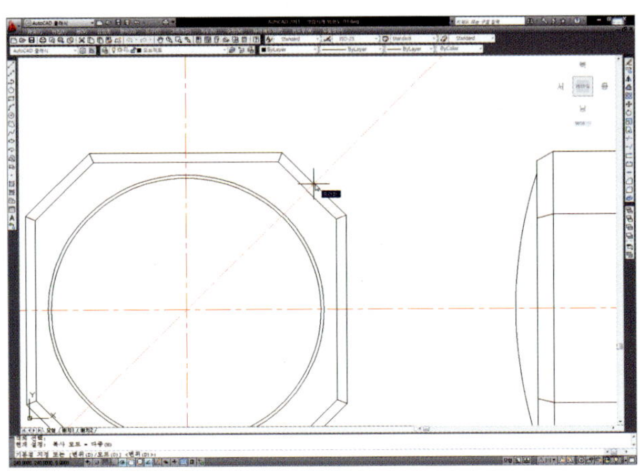
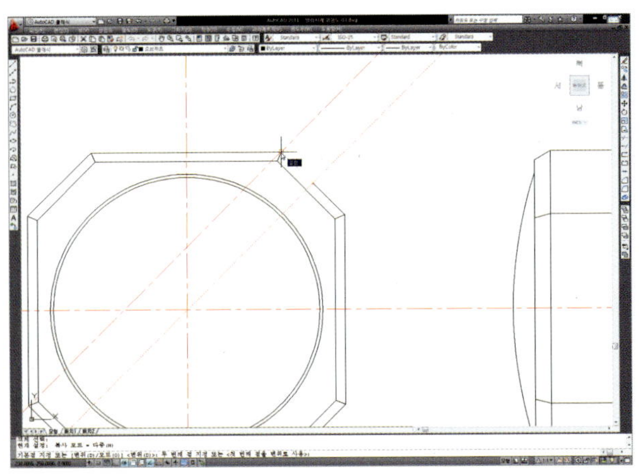
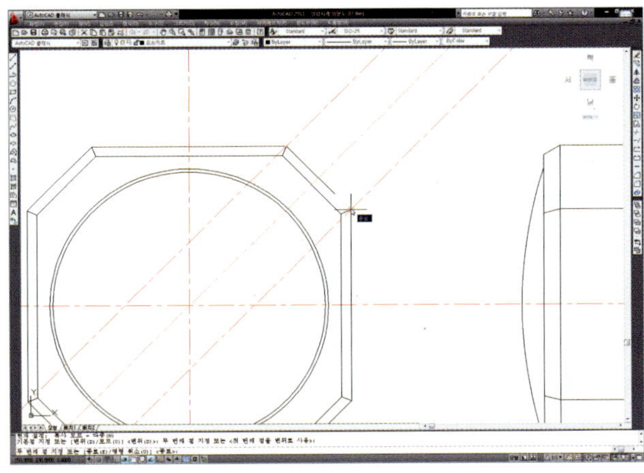

명령: **copy** Enter
객체 선택: **(45도 중심선 선택 후 Enter)**
객체 선택: 1개를 찾음
객체 선택: Enter
기준점 지정 또는 [변위(D)] ⟨변위⟩: **(45도 중심선과 경사면의 중간점 선택)**
두 번째 점 지정 또는 [종료(E)/명령취소(U)] ⟨나가기⟩: **(경사면의 상단 끝점 선택)**
두 번째 점 지정 또는 [종료(E)/명령취소(U)] ⟨나가기⟩: **(경사면의 하단 끝점 선택)**

02_ 다음은 중심선 레이어로 변경하고 '풀다운 메뉴: 그리기 〉 호(A) 〉 중심점, 시작점, 끝점(C)' 을 선택해 그림과 같이 지정된 중심점, 시작점, 끝점을 찾아 시계 반대 방향으로 원호를 그려준다.

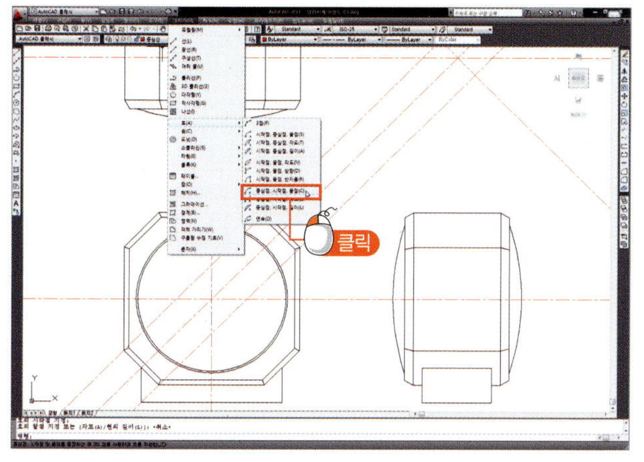

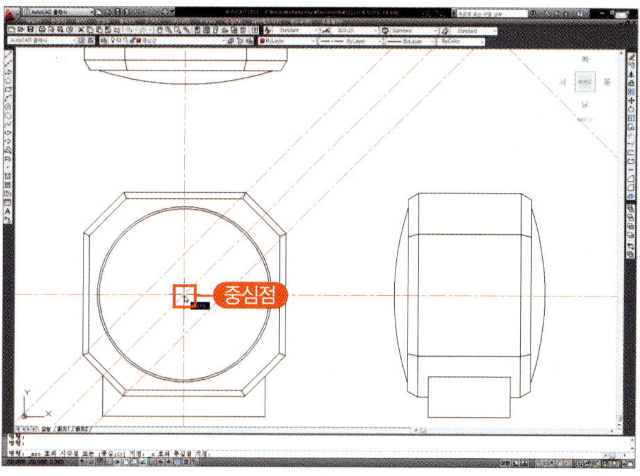

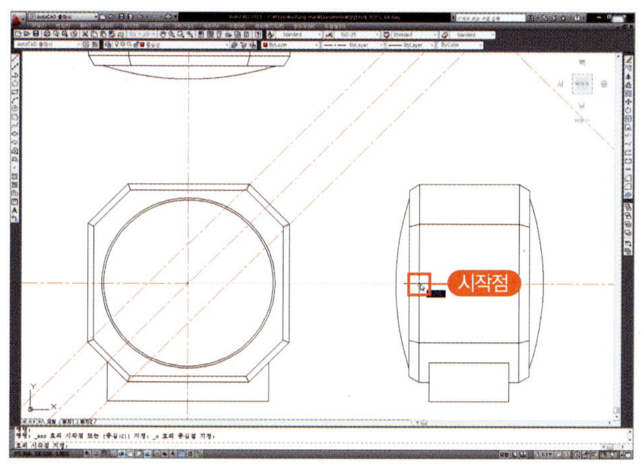

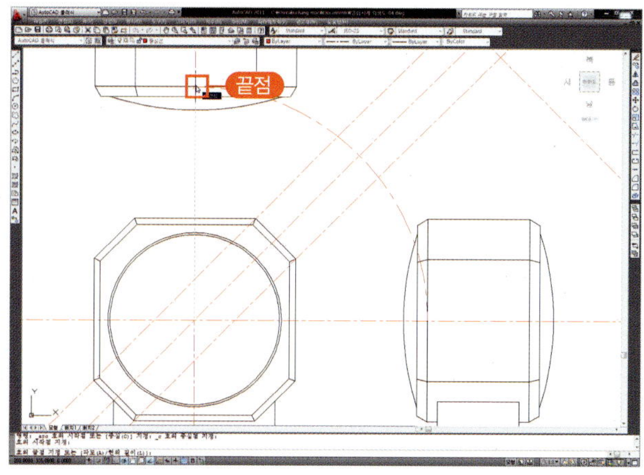

명령: arc [Enter]
호의 시작점 또는 [중심(C)] 지정: **(알람시계 정면도 원의 중심 선택)**
호의 두 번째 점 또는 [중심(C)/끝(E)] 지정: **(알람시계 측면도 왼쪽 수직선의 중간점 선택)**
호의 끝점 지정: **(알람시계 평면도 아래쪽 수평선의 중간점 선택)**

03_ 같은 방법으로 아래 그림을 참고하여 중심점, 시작점, 끝점을 찾아 시계 반대 방향으로 원호를 한 번 더 그려준다.

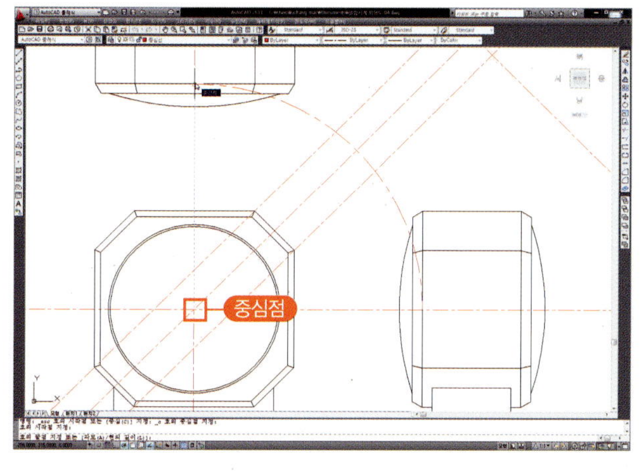

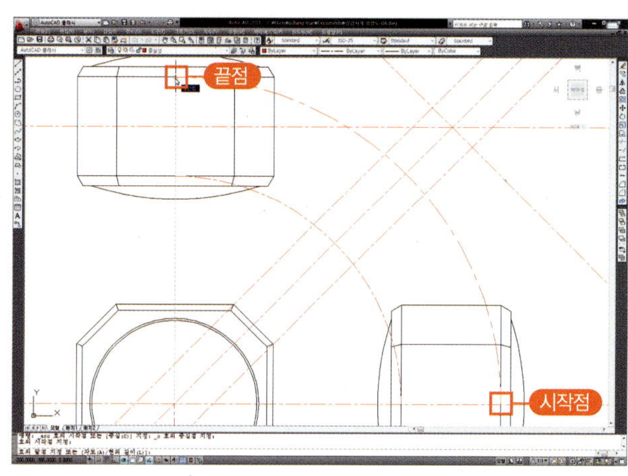

04_ 이어서 다시 오브젝트 레이어로 변경한 다음 line 명령으로 그림과 같이 방금 그린 원호와 45도 구성선의 교차점을 찾아 4개의 꼭짓점을 이어준다.

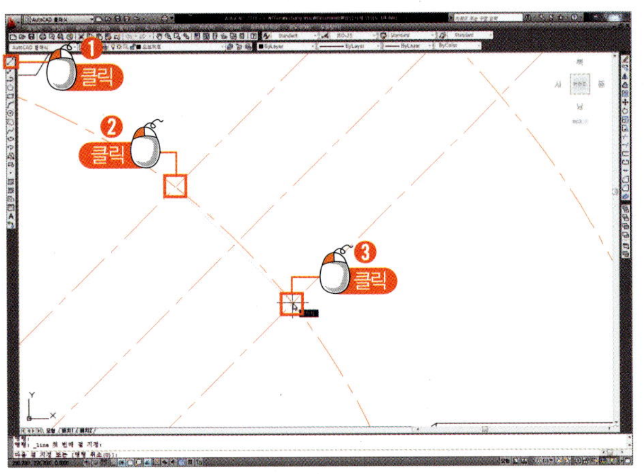

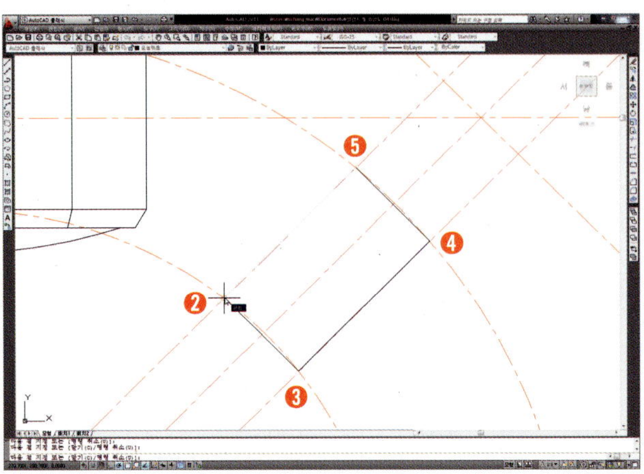

명령: **line** `Enter`
첫 번째 점 지정: **(원호와 45도 구성선의 첫 번째 교차점 선택)**
다음 점 지정 또는 [명령 취소(U)]: **(원호와 45도 구성선의 두 번째 교차점 선택)**
다음 점 지정 또는 [명령 취소(U)]: **(원호와 45도 구성선의 세 번째 교차점 선택)**
다음 점 지정 또는 [명령 취소(U)]: **(원호와 45도 구성선의 네 번째 교차점 선택)**
다음 점 지정 또는 [닫기(C) / 명령취소(U)]: **c** `Enter` (닫기 옵션 선택)

05_ 현재 보이는 평면도 4개의 모서리 모두를 offset 명령으로 거리 값 5mm 만큼 그림과 같이 안쪽으로 띄워준다.

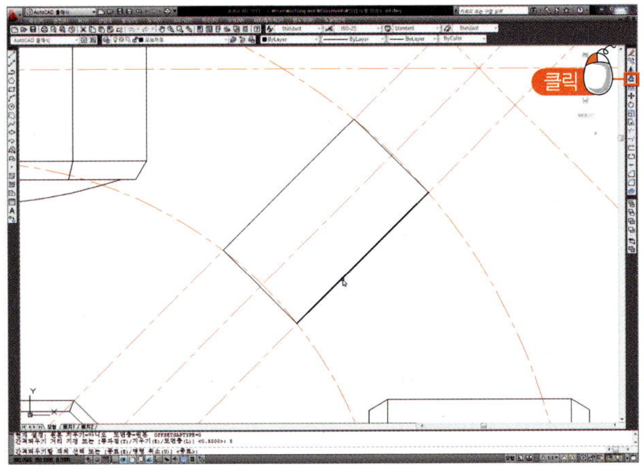

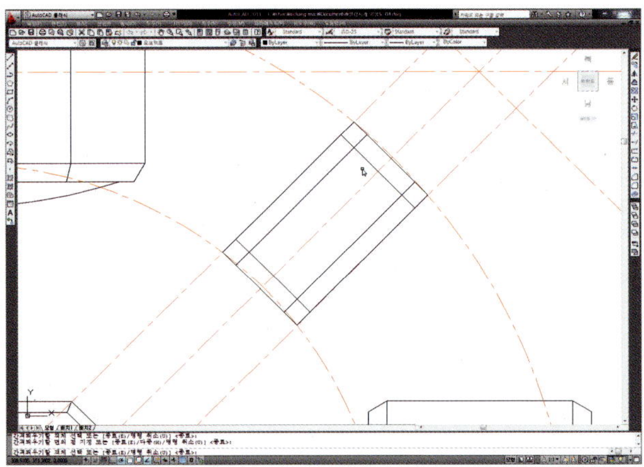

명령: **offset** `Enter`
현재 설정: 원본 지우기=아니오 도면층=원본 OFFSETGAPTYPE=0
간격띄우기 거리 지정 또는 [통과점(T)/지우기(E)/도면층(L)] 〈통과점〉: **5** `Enter` (거리값 입력)
간격띄우기할 객체 선택 또는 [종료(E)/명령취소(U)] 〈종료〉: **(평면도 4개 모서리 선택)**
간격띄우기할 면의 점 지정 또는 [종료(E)/다중(M)/명령취소(U)] 〈나가기〉: **(평면도 내부 안쪽 지정)**

06_ circle 명령의 3P 옵션으로 옵셋된 사각 모서리에 들어가는 원을 그려준다.

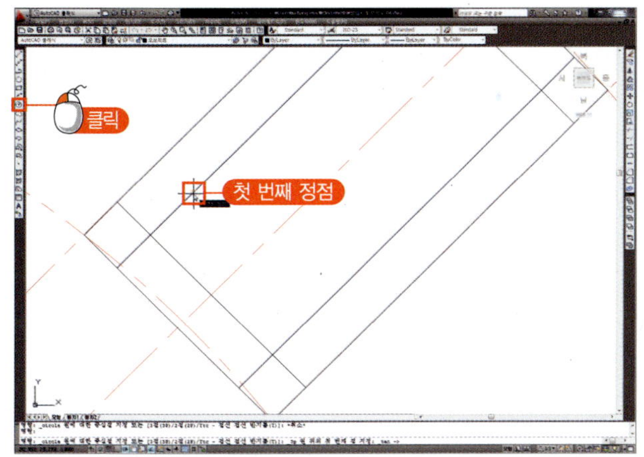

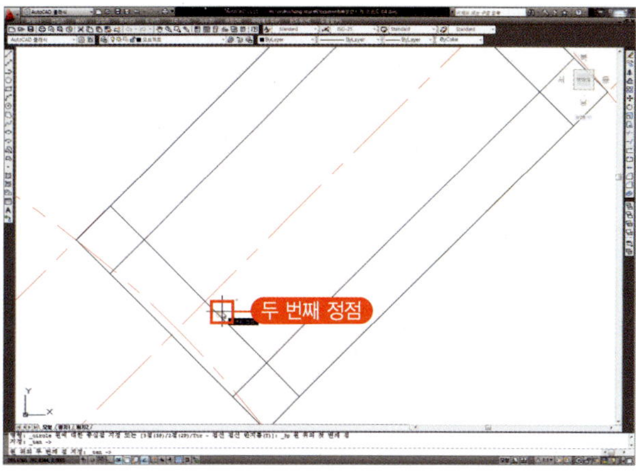

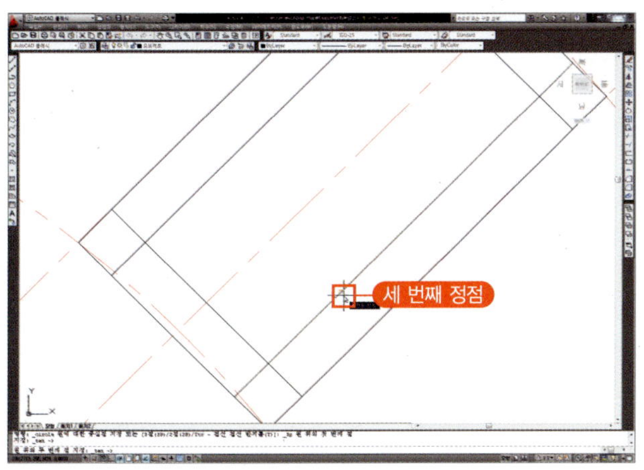

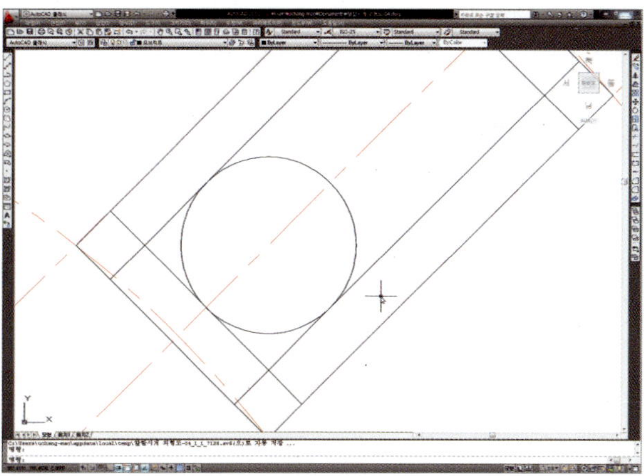

명령: **circle** `Enter`
원에 대한 중심점 지정 또는 [3P/2P/Ttr(접선 접선 반지름)]: **3p** `Enter`
원 위의 첫 번째 점 지정: **tan** `Enter`
원 위의 첫 번째 점 지정: TAN → (첫 번째 모서리 접점 선택)
원 위의 두 번째 점 지정: **tan** `Enter`
원 위의 두 번째 점 지정: TAN → (두 번째 모서리 접점 선택)
원 위의 세 번째 점 지정: **tan** `Enter`
원 위의 세 번째 점 지정: TAN → (세 번째 모서리 접점 선택)

07_ 동일한 방법으로 'circle 명령 〉 3P 옵션'으로 그림과 같이 원을 하나 더 그려준다.

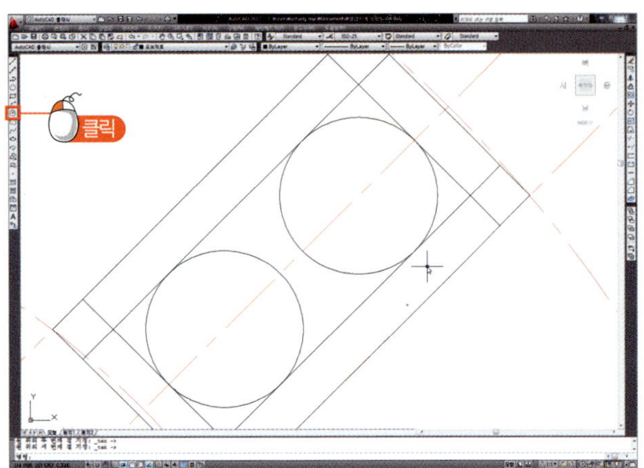

명령: **circle** `Enter`
원에 대한 중심점 지정 또는 [3P/2P/Ttr(접선 접선 반지름)]: **3p** `Enter`
원 위의 첫 번째 점 지정: **tan** `Enter`
원 위의 첫 번째 점 지정: TAN → (첫 번째 모서리 접점 선택)
원 위의 두 번째 점 지정: **tan** `Enter`
원 위의 두 번째 점 지정: TAN → (두 번째 모서리 접점 선택)
원 위의 세 번째 점 지정: **tan** `Enter`
원 위의 세 번째 점 지정: TAN → (세 번째 모서리 접점 선택)

08_ 3P 옵션으로 그린 원 3개와 교차된 직선들을 trim 명령으로 그림과 같이 불필요한 부분들을 잘라 정리해준다.

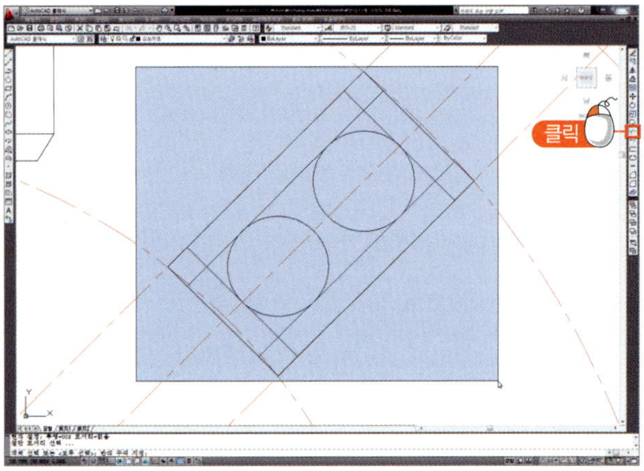

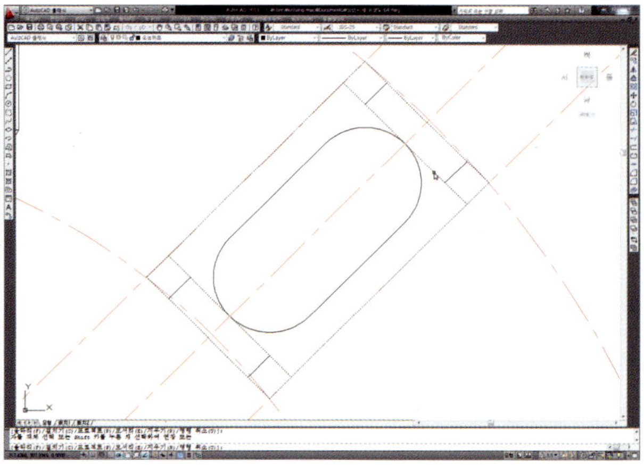

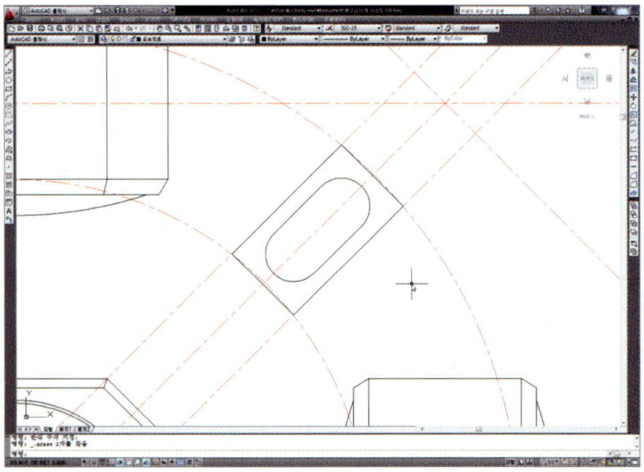

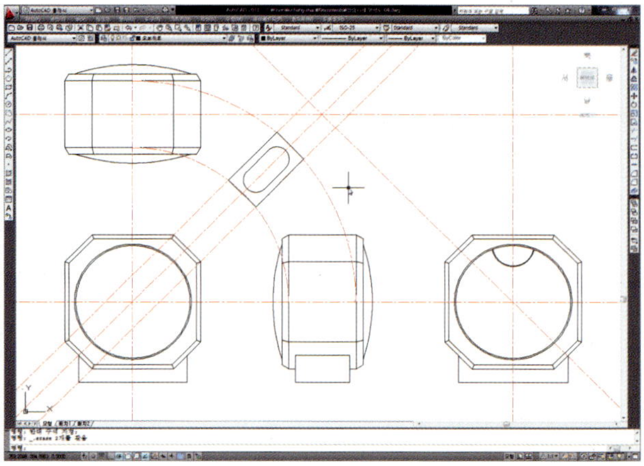

명령: **trim** `Enter`
현재 설정값: 투영=UCS 모서리=없음
객체 선택: **(window 선택 방법으로 오브젝트 선택)**
자를 객체 선택 또는 Shift 키를 누른 채 선택하여 연장 또는
[울타리(F)/걸치기(C)/프로젝트(P)/모서리(E)/지우기(R)/명령취소(U)]: **(불필요한 부분 제거)**

> **Tip** 알람시계 모서리의 경사진 부분과 같이 경사면이 있는 제품의 표현은 일반 정투상법만으로는 도면을 표현하기 어려우므로 이런 경우, 부투상 도법을 이용하여 경사면의 상세도면을 나타낸다. 즉 부투상 도법은 경사진 면을 부투상시켜 경사선을 만들고 여기에 평면도를 작성하는 도법이다.

09_ 완성된 평면도를 기준으로 알람 버튼의 정면도를 그려보자. offset 명령으로 4mm 거리만큼 그림과 같이 경사면 외각쪽으로 띄워준다.

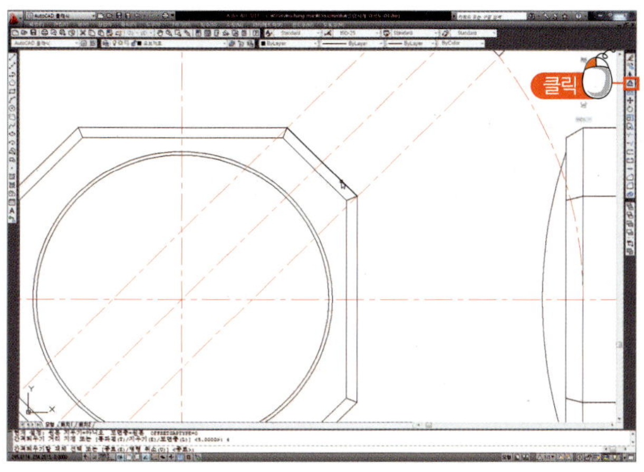

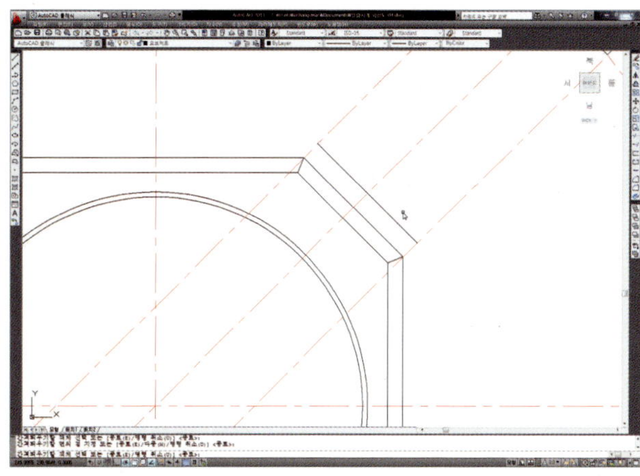

명령: **offset** Enter
현재 설정: 원본 지우기=아니오 도면층=원본 OFFSETGAPTYPE=0
간격띄우기 거리 지정 또는 [통과점(T)/지우기(E)/도면층(L)] 〈통과점〉: **4** Enter (거리값 입력)
간격띄우기할 객체 선택 또는 [종료(E)/명령취소(U)] 〈종료〉: **(정면도 우측 경사 모서리 선택)**
간격띄우기할 면의 점 지정 또는 [종료(E)/다중(M)/명령취소(U)] 〈나가기〉: **(정면도 우측 경사 모서리 외각쪽 지정)**

10_ 그림과 같이 평면도상에 그려진 알람 버튼 호의 끝점에서 정면도 경사면의 수직점까지 line 명령으로 선을 연장시켜준다.

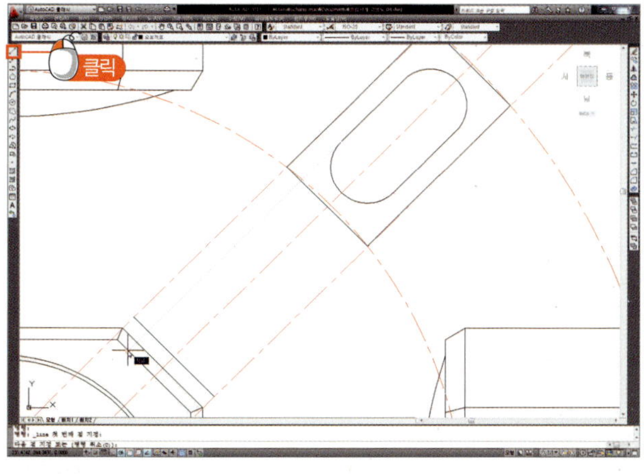

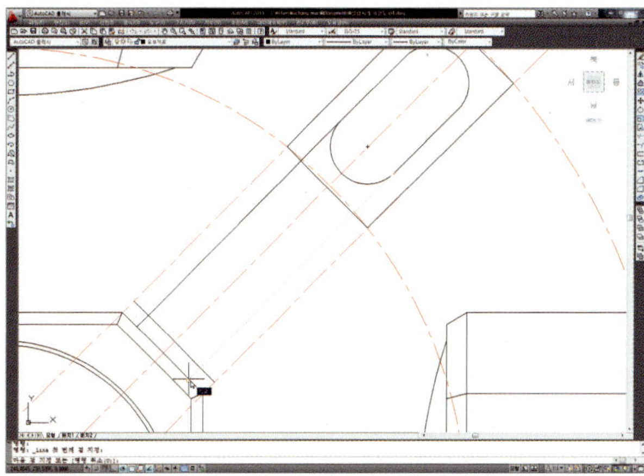

명령: **line** Enter
첫 번째 점 지정: **(평면도 상에 그려진 알람 버튼 호의 끝점 선택)**
다음 점 지정 또는 [명령 취소(U)]: **(정면도 경사면의 수직점 선택)**

11_ 옵셋된 선과 교차된 연장 직선을 모두 선택하여 trim 명령으로 불필요한 부분들을 잘라 정리해준다.

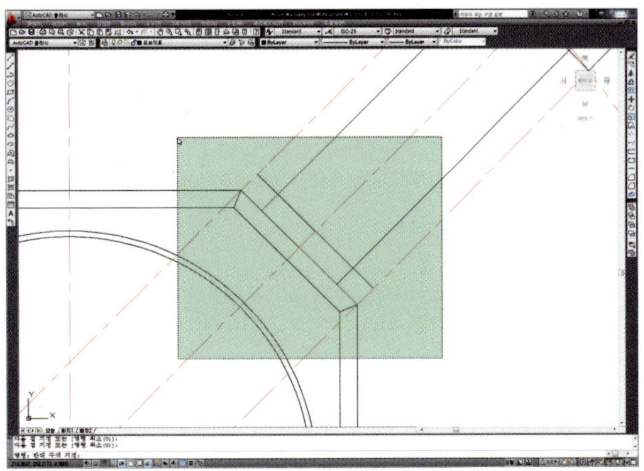 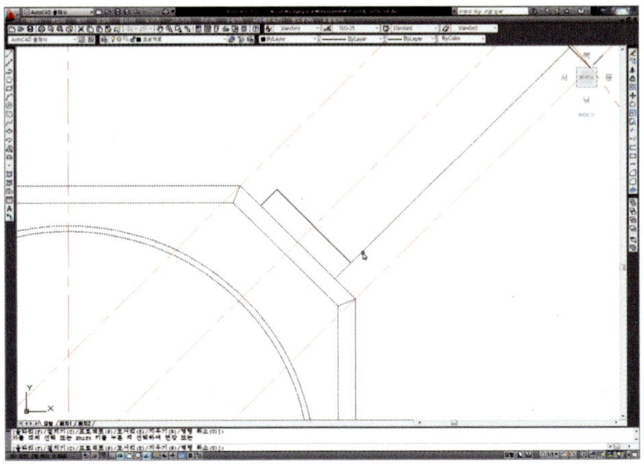

명령: **trim** Enter
현재 설정값: 투영=UCS 모서리=없음
객체 선택: **(cross 선택 방법으로 선택 후** Enter**)**
자를 객체 선택 또는 Shift 키를 누른 채 선택하여 연장 또는
[울타리(F)/걸치기(C)/프로젝트(P)/모서리(E)/지우기(R)/명령취소(U)]: **(불필요한 부분을 자르기)**

12_ 정리된 알람 버튼 형상을 window 선택 방법으로 선택하여 그림과 같이 mirror명령으로 반대측으로 대칭시켜준다.

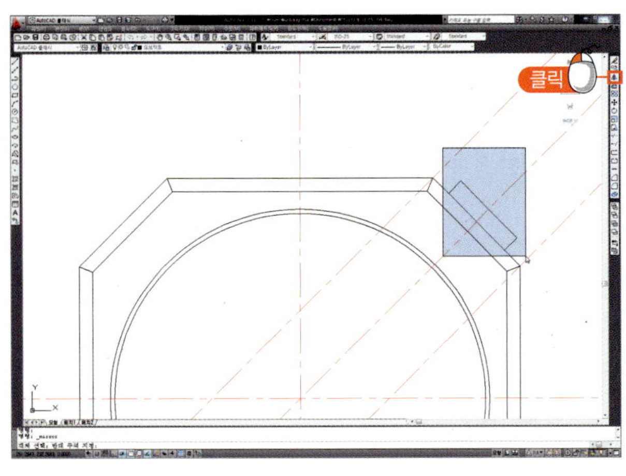

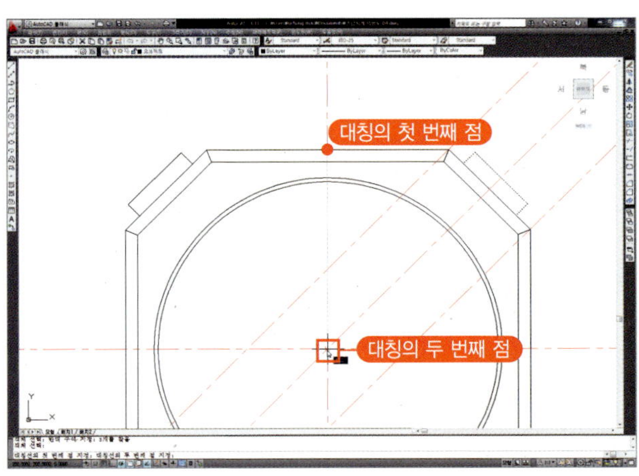

명령: **mirror** Enter
객체 선택: **(window 선택 방법으로 완성된 알람 버튼 선택)**
대칭선의 첫 번째 점 지정: **(정면도 상단 모서리 중간점 선택)**
대칭선의 두 번째 점 지정: **(교차된 중심선 중간점 선택)**
원본 객체를 지우시겠습니까? [예(Y)/아니오(N)] 〈N〉: Enter

13_ 키보드 Ctrl 버튼을 누른 상태에서 알람 버튼 좌, 우측 모두를 선택하여 그림과 같이 측면도의 중간점을 대칭으로 배면도에 MIRROR시켜준다.

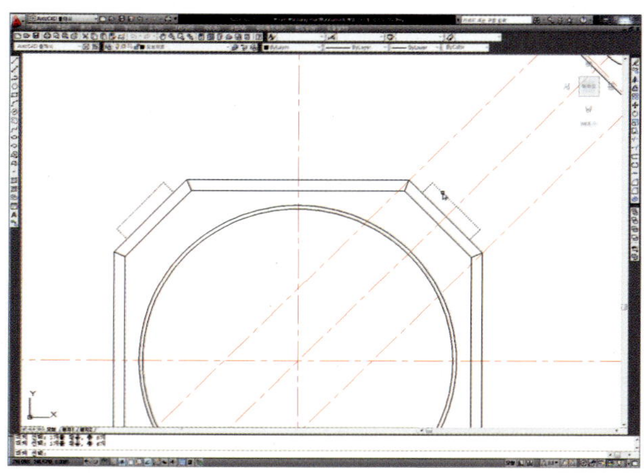
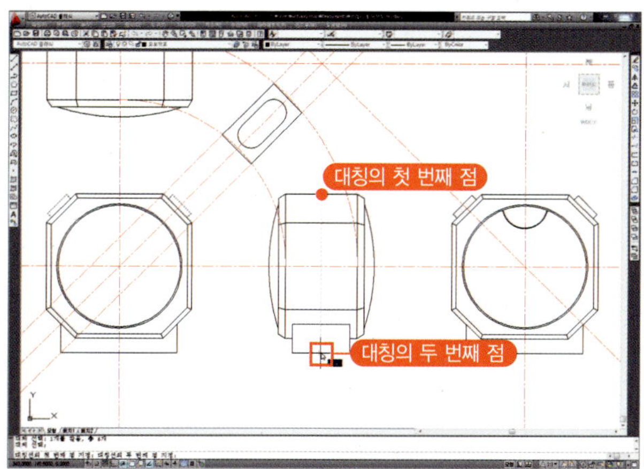

명령: **mirror** Enter
객체 선택: 1개를 찾음
객체 선택: (Ctrl **키를 누른 상태에서 알람 버튼 좌, 우측 선택**)
대칭선의 첫 번째 점 지정: (**측면도 상단 모서리 중간점 선택**)
대칭선의 두 번째 점 지정: (**측면도 하단 모서리 중간점 선택**)
원본 객체를 지우시겠습니까? [예(Y)/아니오(N)] ⟨N⟩: Enter

14_ line 명령으로 그림과 같이 정면도 알람 버튼 좌측 상단 교차점을 시작으로 150mm만큼 수직선을 그려준다.

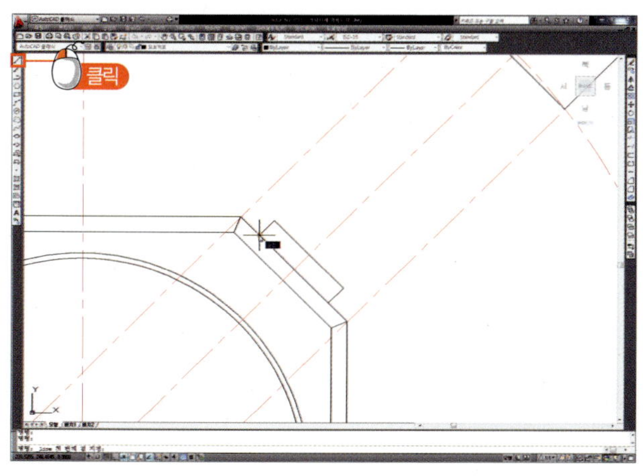

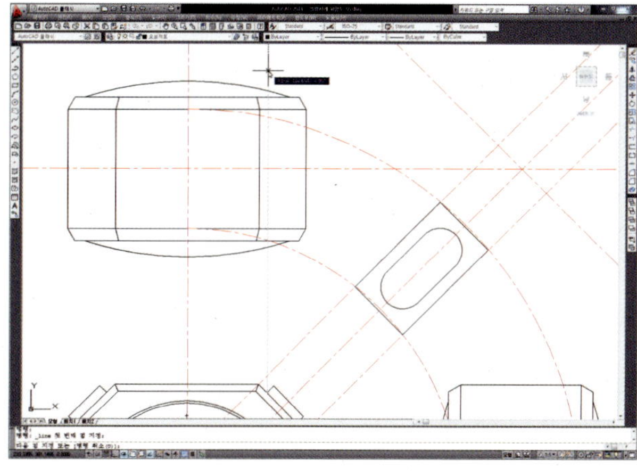

명령: **line** Enter
첫 번째 점 지정: (**알람 버튼 좌측 상단 교차점 선택**)
다음 점 지정 또는 [명령 취소(U)]: **150** Enter (거리값 입력)

15_ copy 명령을 이용하여 방금 그린 수직선을 그림과 같이 정면도 알람 버튼의 각 꼭짓점에서 복사한다.

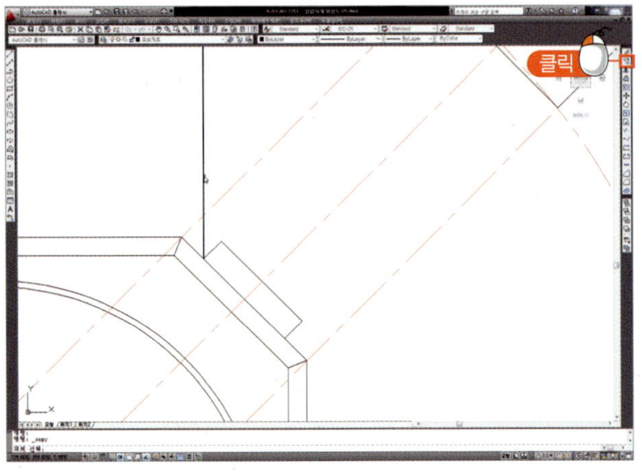
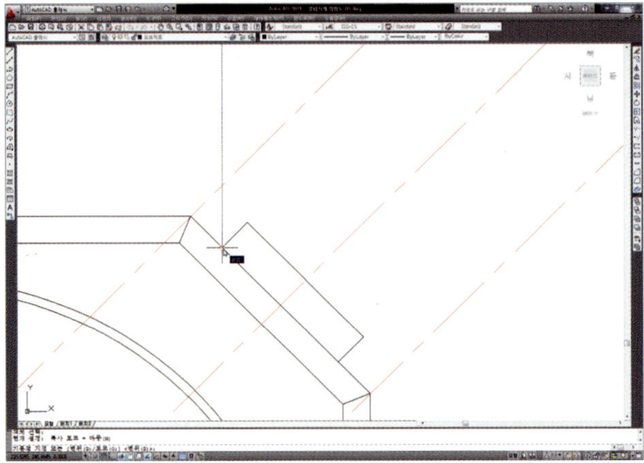
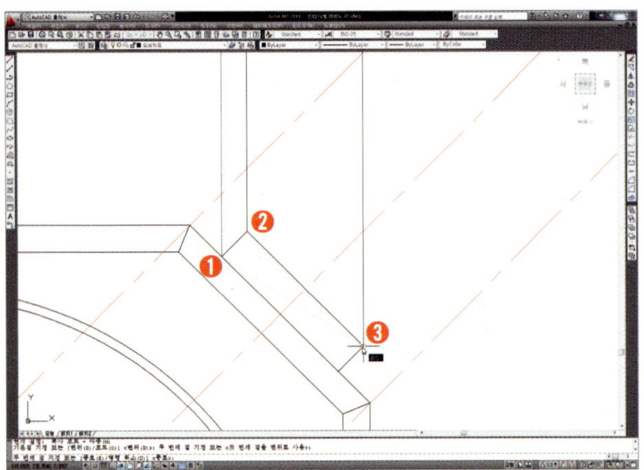
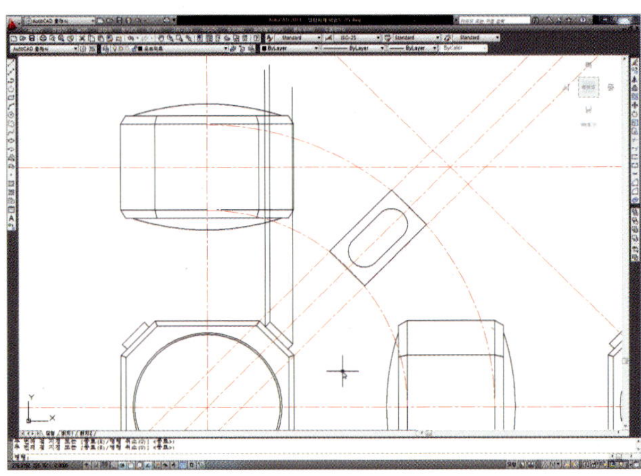

명령: **copy** Enter
객체 선택: **방금 그려진 수직선 선택**
기준점 지정 또는 [변위(D)] 〈변위〉: **(방금 그려진 수직선 하단 1번 끝점 선택)**
두 번째 점 지정 또는 [종료(E)/명령취소(U)] 〈나가기〉: **(2번 끝점 선택)**
두 번째 점 지정 또는 [종료(E)/명령취소(U)] 〈나가기〉: **(3번 끝점 선택)**
두 번째 점 지정 또는 [종료(E)/명령취소(U)] 〈나가기〉: Enter

16_ offset 명령으로 거리 값 5mm만큼 평면도 상, 하단 모서리를 안쪽으로 띄워준다.

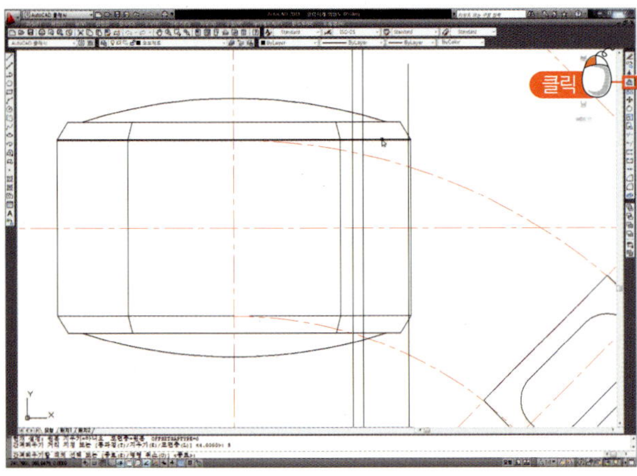
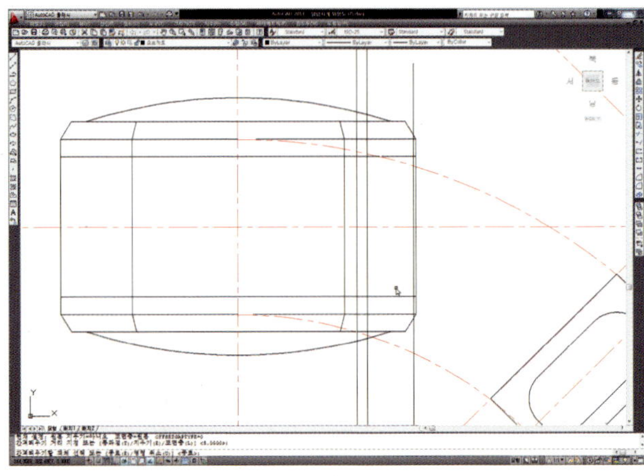

명령: **offset** `Enter`
현재 설정: 원본 지우기=아니오 도면층=원본 OFFSETGAPTYPE=0
간격띄우기 거리 지정 또는 [통과점(T)/지우기(E)/도면층(L)] 〈통과점〉: 5 `Enter` (거리값 입력)
간격띄우기할 객체 선택 또는 [종료(E)/명령취소(U)] 〈종료〉: **(평면도 상, 하단 모서리 선택)**
간격띄우기할 면의 점 지정 또는 [종료(E)/다중(M)/명령취소(U)] 〈나가기〉: **(평면도 내부 안쪽 선택)**

17_ 옵셋된 직선과 연장된 수직선 안에 'circle 명령 〉 3P' 옵션으로 원의 접점을 찾아 그림과 같이 원을 그려준다.

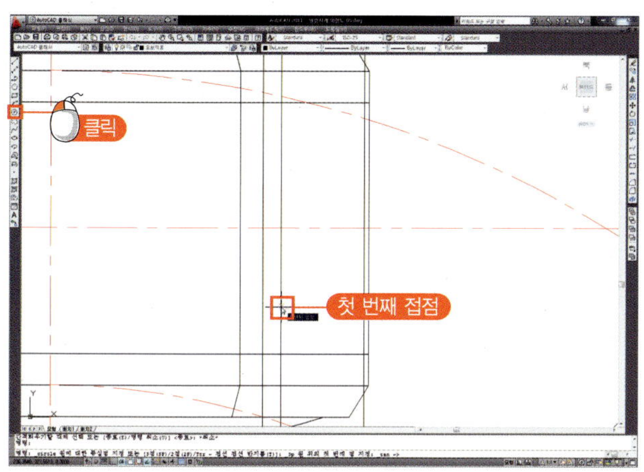

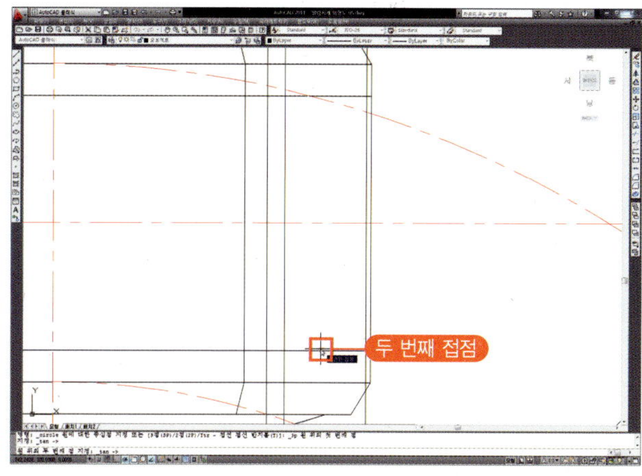

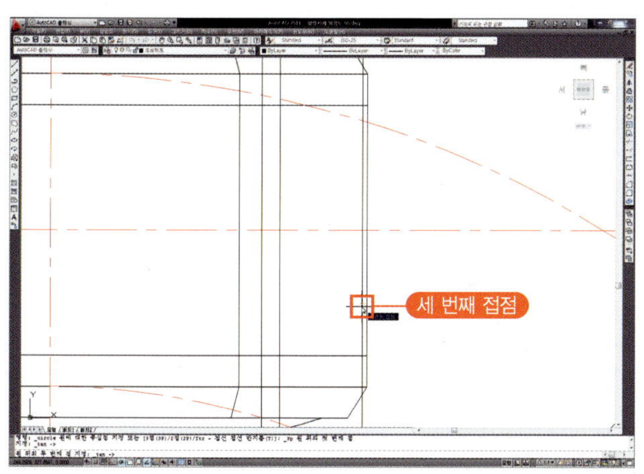

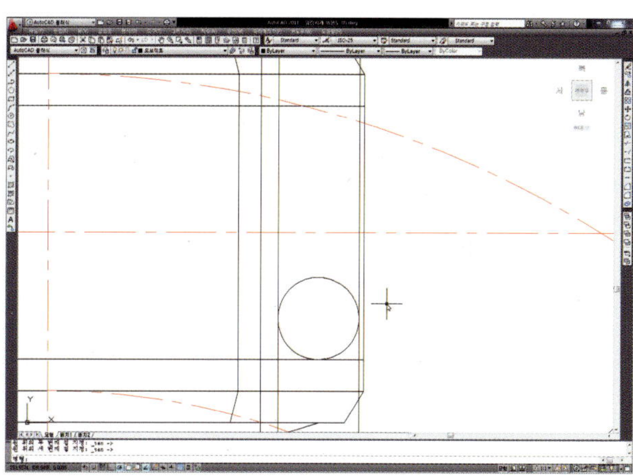

명령: **circle** `Enter`
원에 대한 중심점 지정 또는 [3P/2P/Ttr(접선 접선 반지름)]: 3p `Enter`
원 위의 첫 번째 점 지정: tan `Enter`
원 위의 첫 번째 점 지정: TAN → (첫 번째 모서리 접점 선택)
원 위의 두 번째 점 지정: tan `Enter`
원 위의 두 번째 점 지정: TAN → (두 번째 모서리 접점 선택)
원 위의 세 번째 점 지정: tan `Enter`
원 위의 세 번째 점 지정: TAN → (세 번째 모서리 접점 선택)

18_ 같은 방법으로 위쪽 부분도 '円circle 명령 〉 3P 옵션'으로 원의 접점을 찾아 그림과 같이 한 번 더 원을 그려 준다.

명령: **circle** Enter
원에 대한 중심점 지정 또는 [3P/2P/Ttr(접선 접선 반지름)]: **3p** Enter
원 위의 첫 번째 점 지정: **tan** Enter
원 위의 첫 번째 점 지정: TAN → **(첫 번째 모서리 접점 선택)**
원 위의 두 번째 점 지정: **tan** Enter
원 위의 두 번째 점 지정: TAN → **(두 번째 모서리 접점 선택)**
원 위의 세 번째 점 지정: **tan** Enter
원 위의 세 번째 점 지정: TAN → **(세 번째 모서리 접점 선택)**

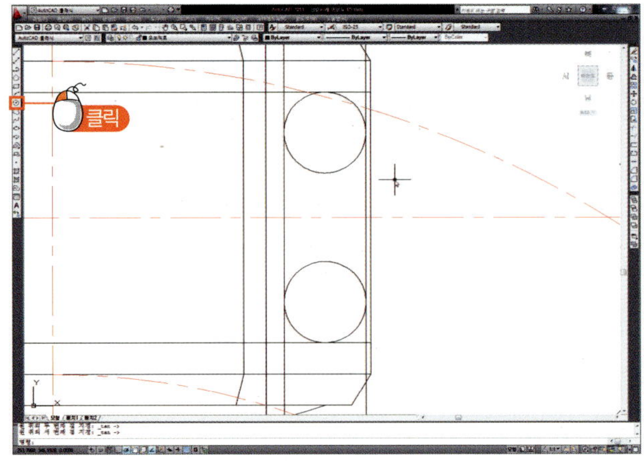

19_ 방금 그려진 3P 접점 원 2개를 모두 선택하여 그림과 같이 좌측으로 평행하게 복사한다.

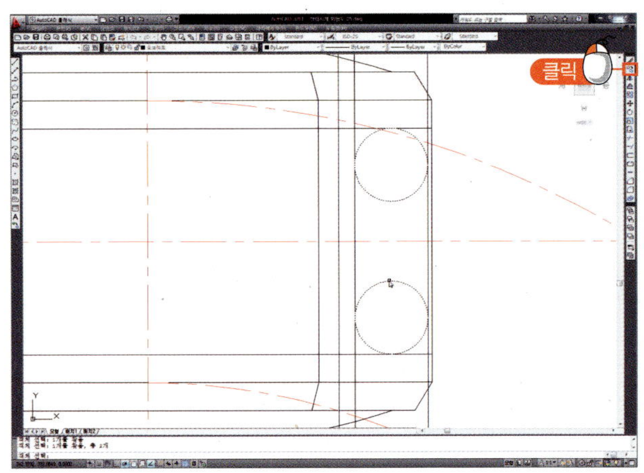

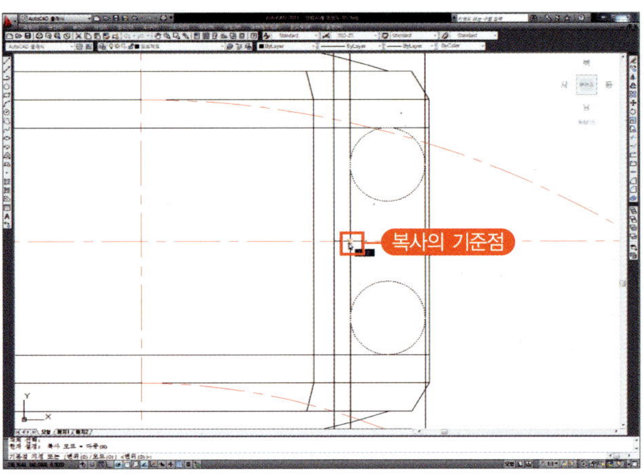

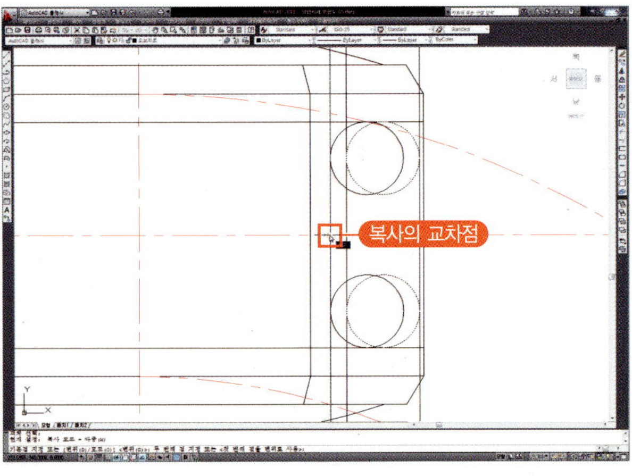

명령: **copy** Enter
객체 선택: **(방금 그려진 접점 원 2개 선택)**
기준점 지정 또는 [변위(D)] 〈변위〉: **(1번 교차점 선택)**
두 번째 점 지정 또는 [종료(E)/명령취소(U)] 〈나가기〉: **(2번 교차점 선택)**
두 번째 점 지정 또는 [종료(E)/명령취소(U)] 〈나가기〉: Enter

20_ trim 명령으로 3P 접점으로 그린 원 2개와 교차된 직선들의 불필요한 부분들을 잘라 정리해준다.

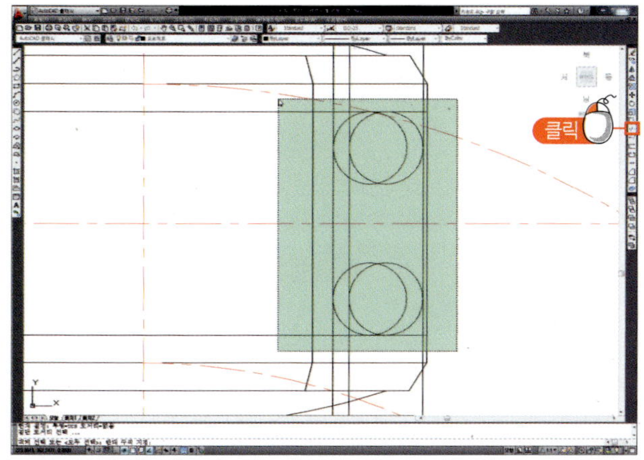

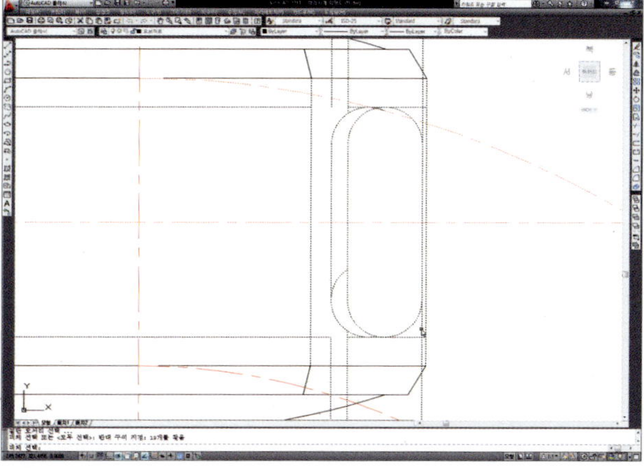

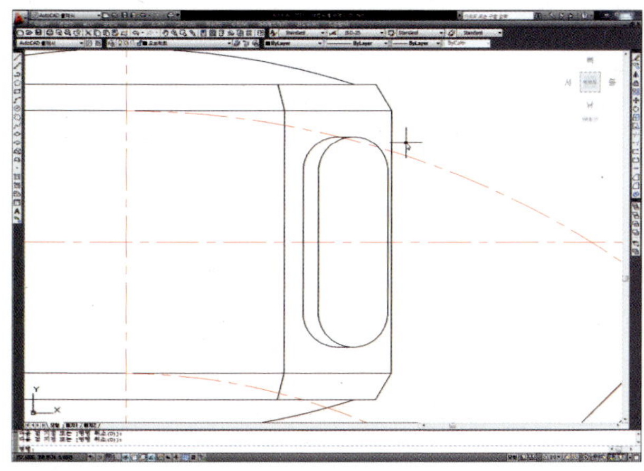

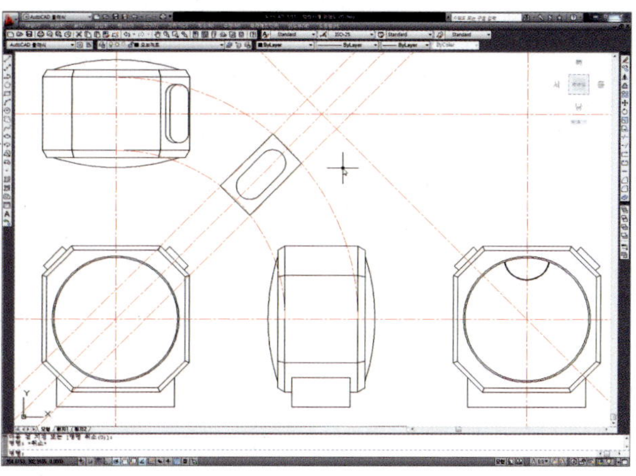

명령: **trim** Enter
현재 설정값: 투영=UCS 모서리=없음
객체 선택: **(cross 선택 방법으로 선택 후** Enter**)**
자를 객체 선택 또는 Shift 키를 누른 채 선택하여 연장 또는
[울타리(F)/걸치기(C)/프로젝트(P)/모서리(E)/지우기(R)/명령취소(U)]: **(불필요한 부분 제거)**

21_ 평면도상의 알람 버튼 형상을 window 선택하여, 그림과 같이 mirror명령으로 반대측으로 대칭시켜 준다.

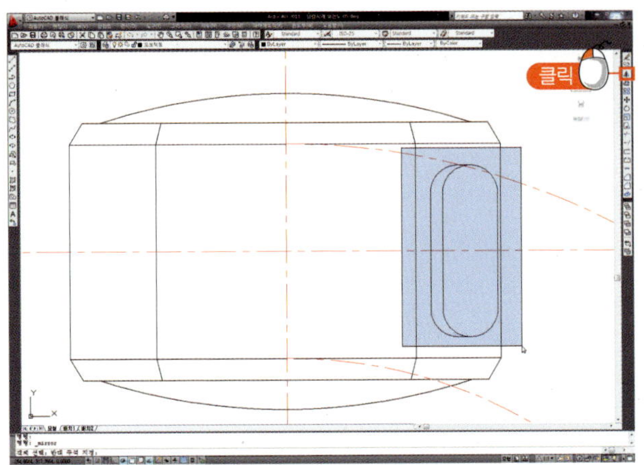

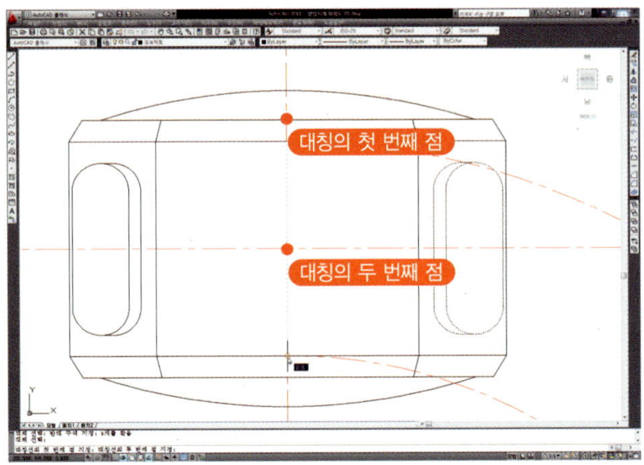

명령: mirror Enter
객체 선택: 1개를 찾음
객체 선택: (Window 선택 방법으로 완성된 알람 버튼 선택)
대칭선의 첫 번째 점 지정: (평면도 상단 모서리 중간점 선택)
대칭선의 두 번째 점 지정: (교차된 중심선 중간점 선택)
원본 객체를 지우시겠습니까? [예(Y)/아니오(N)] ⟨N⟩: Enter

22_ 평면도상의 알람 버튼 좌측 형상을 선택하여, 그림과 같이 측면도로 −90도 rotate시켜 복사해준다.

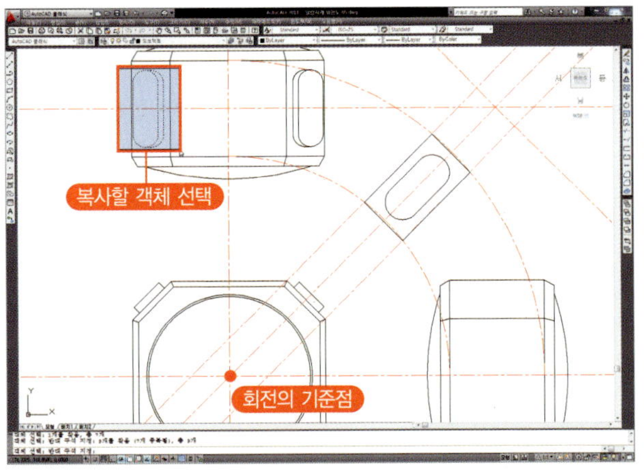

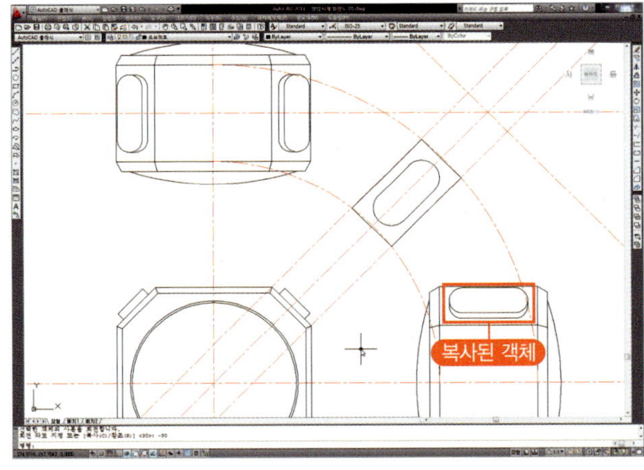

명령: rotate Enter
현재 UCS에서 양의 각도: 측정 방향=시계 반대 방향 기준 방향=0
객체 선택: (window 선택 방법으로 완성된 알람 버튼 좌측 형상 선택)
기준점 지정: (정면도상의 중심선의 교차점 선택)
회전 각도 지정 또는 [복사(C)/참조(R)] ⟨0⟩: c Enter (복사 옵션 입력)
선택한 객체의 사본을 회전합니다.
회전 각도 지정 또는 [복사(C)/참조(R)] ⟨0⟩: −90 Enter (각도 입력)

06 → 시계 바늘 드로잉하기

두 번째 디테일 요소 작성 단계로 시계 바늘을 드로잉해보자.

01_ 알람시계 정면도에서 그림과 같이 원을 선택하여 offset 명령으로 거리 값 3mm만큼 원 안쪽으로 띄워준다.

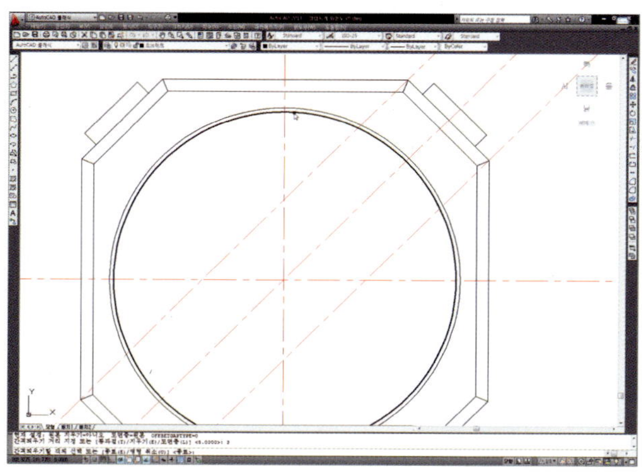
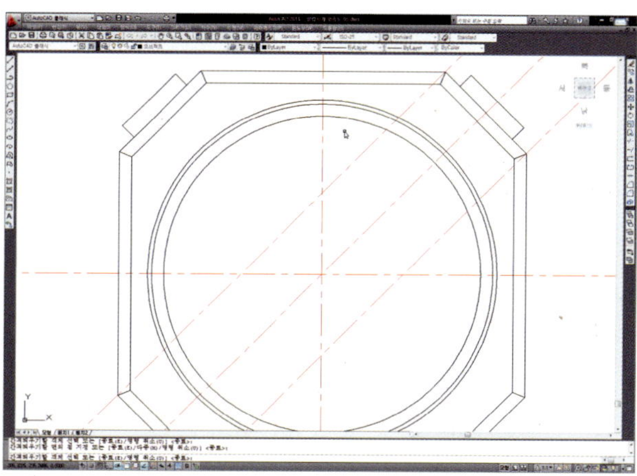

명령: **offset** Enter
현재 설정: 원본 지우기=아니오 도면층=원본 OFFSETGAPTYPE=0
간격띄우기 거리 지정 또는 [통과점(T)/지우기(E)/도면층(L)] 〈통과점〉: **3** Enter (거리값 입력)
간격띄우기할 객체 선택 또는 [종료(E)/명령취소(U)] 〈종료〉: **(원 선택)**
간격띄우기할 면의 점 지정 또는 [종료(E)/다중(M)/명령취소(U)] 〈나가기〉: **(원 안쪽 선택)**

02_ 다음에는 옵셋된 원과 수직 중심선의 교차점을 중심으로 하는 반지름 2mm 원을 그림과 같이 그려준다.

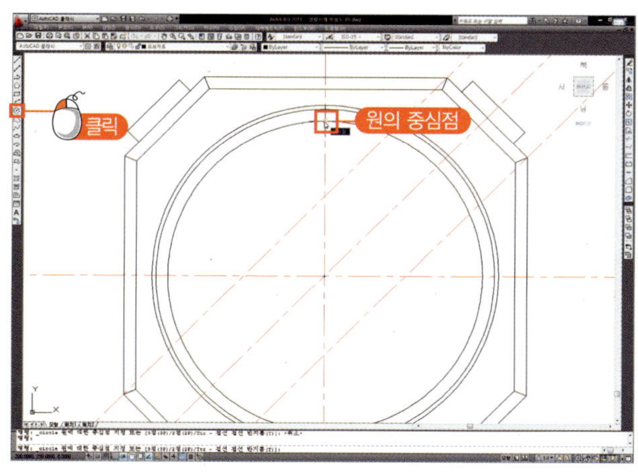

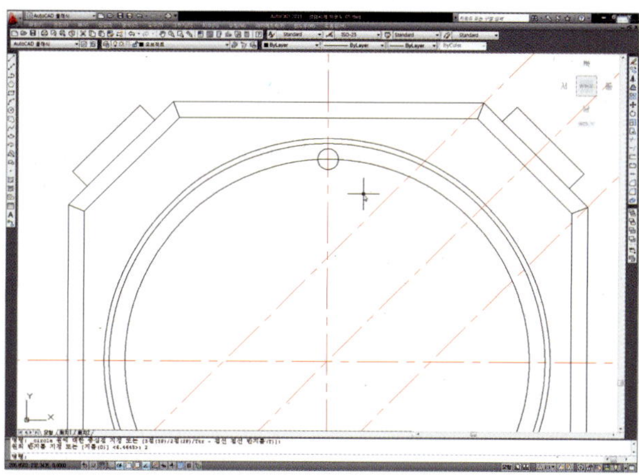

명령: **circle** Enter
원에 대한 중심점 지정 또는 [3P/2P/Ttr(접선 접선 반지름)]: **(옵셋된 원과 수직 중심선의 교차점 선택)**
원의 반지름 지정 또는 [지름(D)]: **2** Enter (반지름 입력)

03_ array 명령을 이용하여 방금 그린 원을 360도 회전시키며 12개의 시간 표시로 원형 배열시켜준다. 배열 명령 팝업창이 나오면 객체 선택 아이콘을 클릭하여 배열하고자 하는 원(R 2mm)을 선택한 후 **Enter** 키를 누른다.

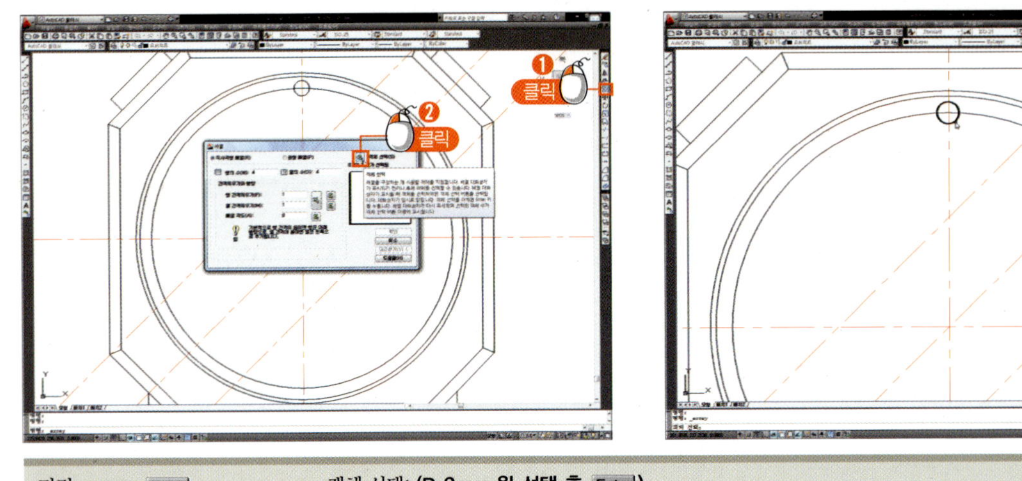

명령: **array** **Enter**   객체 선택: **(R 2mm 원 선택 후 Enter)**

04_ 다시 한 번 배열 명령 팝업창이 나오면 원형 배열의 중심점을 찾아야 하므로 중심점 아이콘을 클릭하여 그림과 같이 원의 두 중심선의 교차점을 찾아준다.

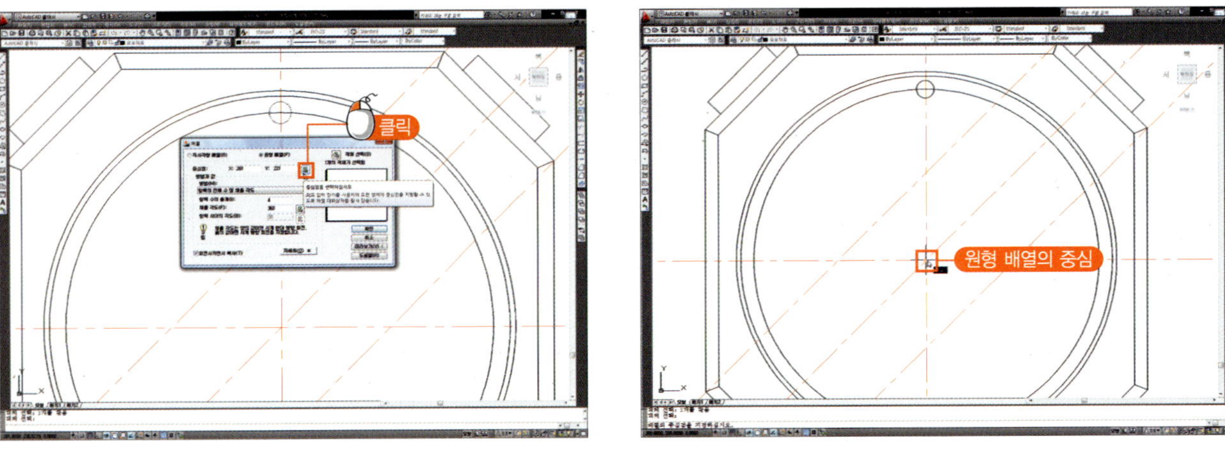

05_ 마지막으로 배열 명령 팝업 창이 나오면 배열 항목 수 12, 채울 각도 360으로 조정한 후 확인 버튼을 눌러 마무리한다.

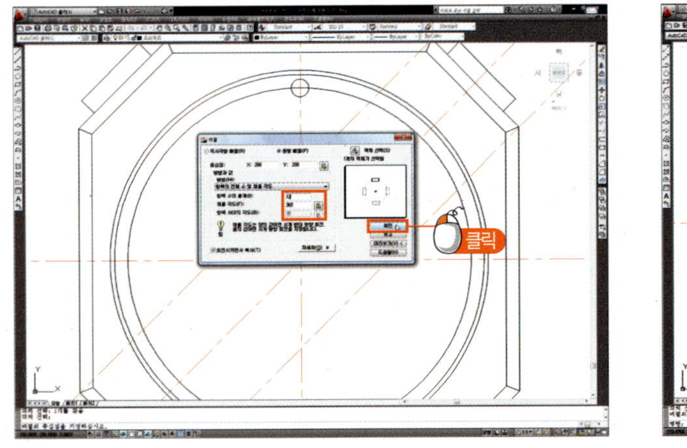

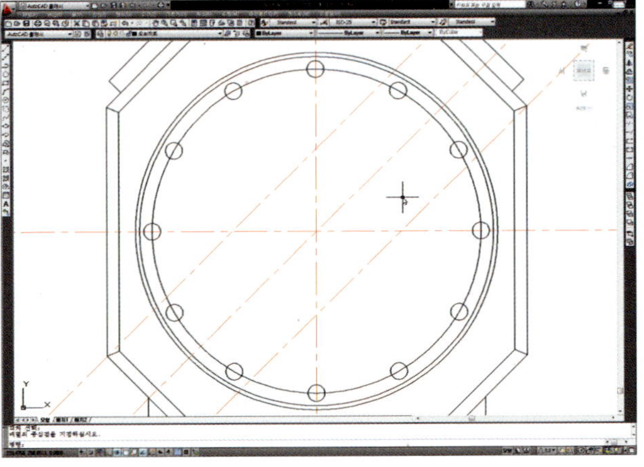

06_ 그림과 같이 옵셋된 원은 더 이상 필요치 않으므로 선택한 후 키보드 Delete 키를 눌러 삭제한다.

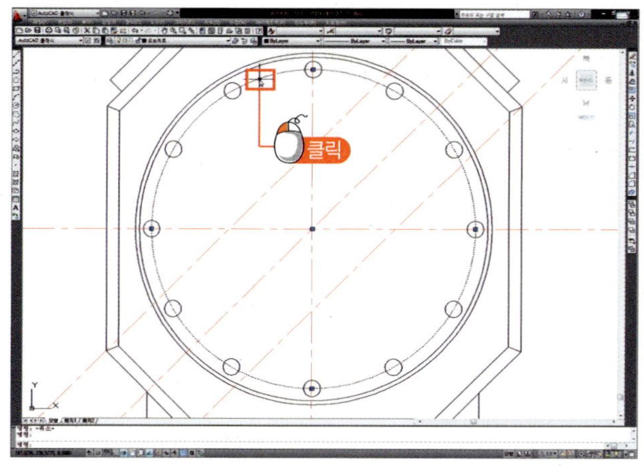
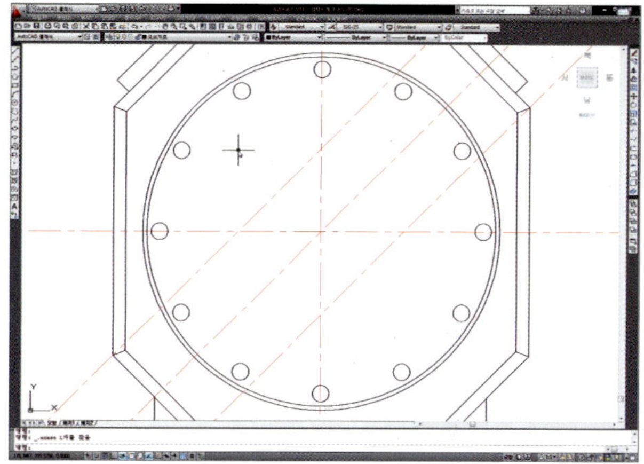

명령: **erase** Enter

07_ 시침, 분침, 초침의 중심 자리가 될 원을 그려 주기 위해 현재 정면도 시계 원형의 중심점을 시작으로 반지름 0.5mm, 2mm, 3mm 원을 차례대로 그려준다.

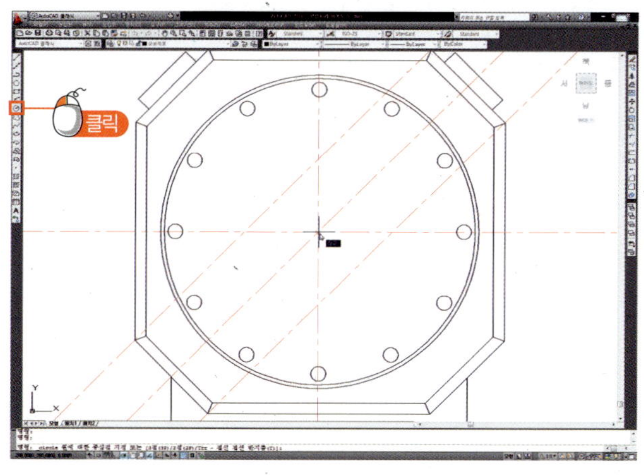
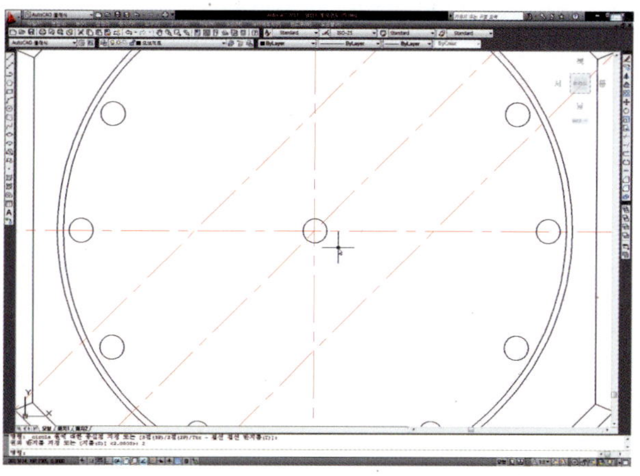

명령: **circle** Enter
원에 대한 중심점 지정 또는 [3P/2P/Ttr(접선 접선 반지름)]: **(시계 원형의 중심점 선택)**
원의 반지름 지정 또는 [지름(D)]: **0.5** Enter (반지름 입력)

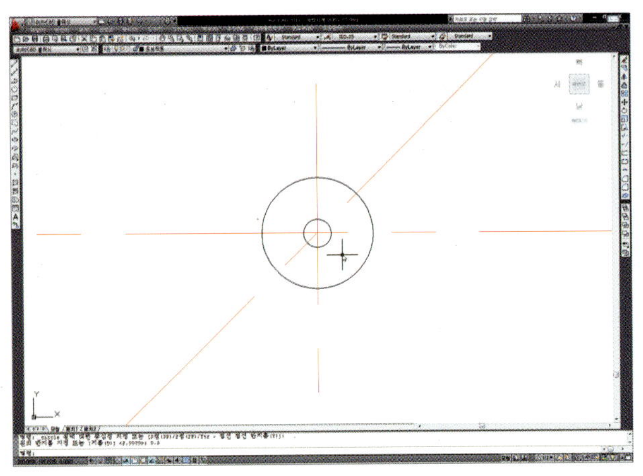

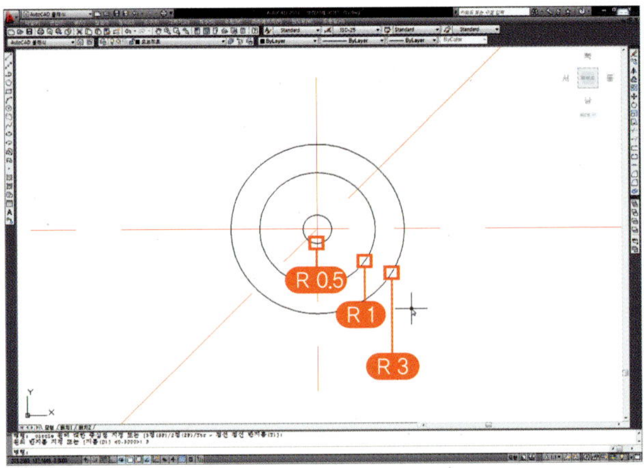

명령: circle Enter

원에 대한 중심점 지정 또는 [3P/2P/Ttr(접선 접선 반지름)]:
(시계 원형의 중심점 선택)

원의 반지름 지정 또는 [지름(D)]: **2** Enter (반지름 입력)

명령: circle Enter

원에 대한 중심점 지정 또는 [3P/2P/Ttr(접선 접선 반지름)]:
(시계 원형의 중심점 선택)

원의 반지름 지정 또는 [지름(D)]: **3** Enter (반지름 입력)

06_ 다음은 시침부터 형상을 그려주기 위해 시침 원을 copy 명령으로 그림과 같이 복사한다.

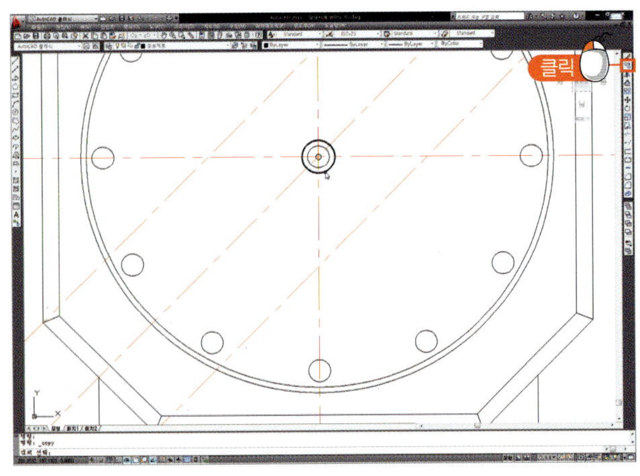

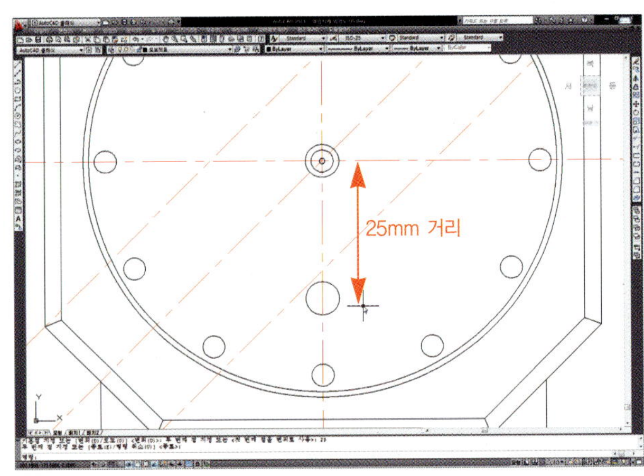

명령: copy Enter

객체 선택: **(시침 R 3 원 선택)**

객체 선택: 1개를 찾음

객체 선택: Enter

기준점 지정 또는 [변위(D)] 〈변위〉: **(시침 원의 중심점 선택)**

두 번째 점 지정 또는 [종료(E)/명령취소(U)] 〈나가기〉: **(거리값 아래로 25 입력 후 Enter)**

07_ 시침 원과 복사된 시침 원의 각각의 사분점 스냅을 찾아 line 명령으로 연결해준다. 이때 원의 좌, 우측 모두 연결한다.

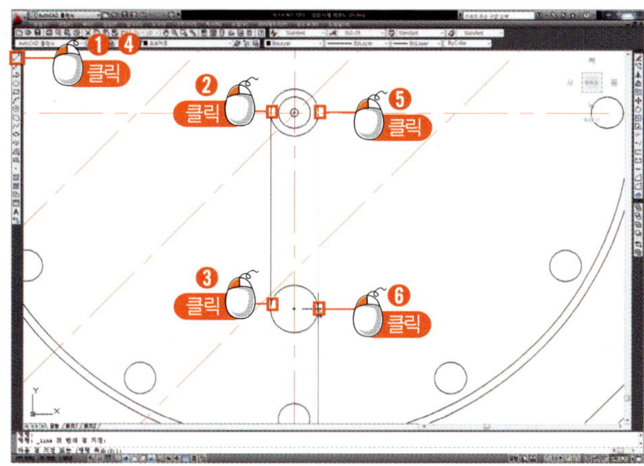

명령: **line** Enter
첫 번째 점 지정: **(시계 중심 시침 원의 좌측 사분점 선택)**
다음 점 지정 또는 [명령 취소(U)]: **(복사된 시침 원의 좌측 사분점 선택)**

명령: **line** Enter
첫 번째 점 지정: **(시계 중심 시침 원의 우측 사분점 선택)**
다음 점 지정 또는 [명령 취소(U)]: **(복사된 시침 원의 우측 사분점 선택)**

08_ 연결된 직선과 시침 원을 모두 선택하여 trim 명령으로 그림과 같이 불필요한 부분들을 잘라 정리해준다.

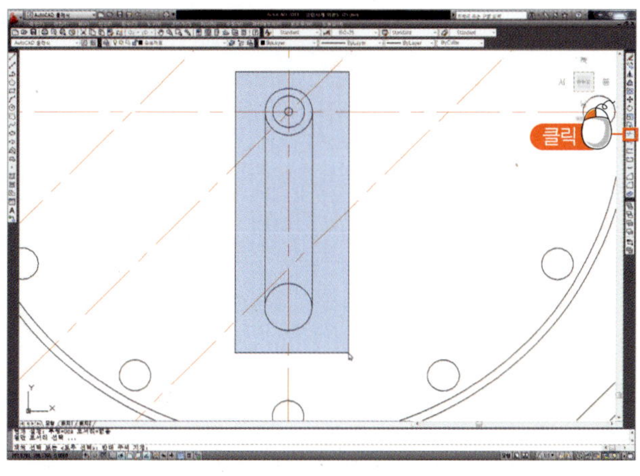
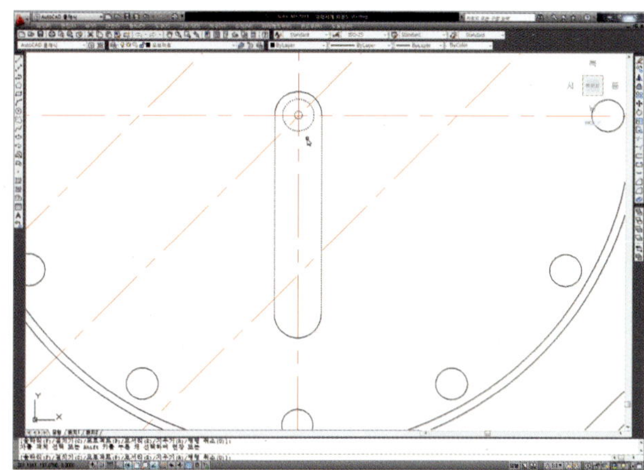

명령: **trim** Enter
현재 설정값: 투영=UCS 모서리=없음
객체 선택: **(window 선택 방법으로 선택)**
자를 객체 선택 또는 Shift 키를 누른 채 선택하여 연장 또는
[울타리(F)/걸치기(C)/프로젝트(P)/모서리(E)/지우기(R)/명령취소(U)]: **(불필요한 부분 제거)**

09_ 시침 형상과 동일한 방법으로 분침 원(R 2mm)도 copy 명령을 이용해 우측으로 복사한다.

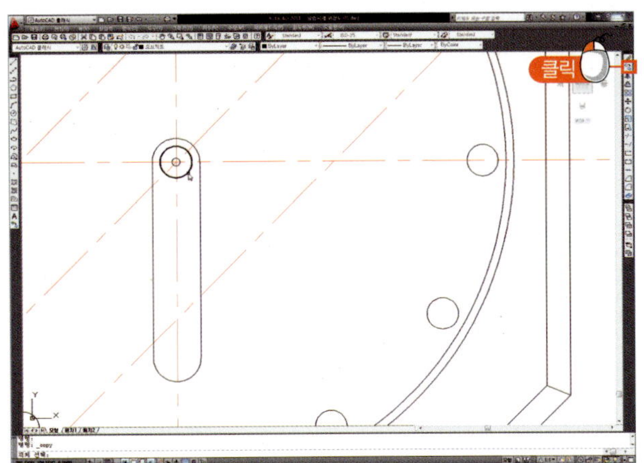

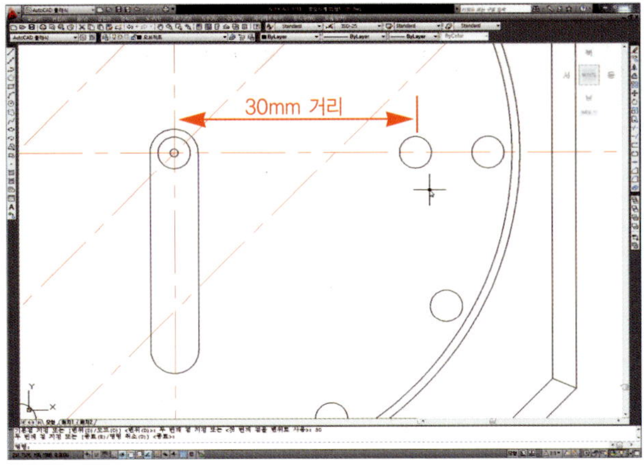

명령: copy `Enter`
객체 선택: **(분침 원(R2mm) 선택)**
객체 선택: 1개를 찾음
객체 선택: `Enter`
기준점 지정 또는 [변위(D)] 〈변위〉: **(분침 원의 중심점 선택)**
두 번째 점 지정 또는 [종료(E)/명령취소(U)] 〈나가기〉: **(우측으로 30(거리값) 입력 후 `Enter`)**

10_ 시침 형상과 동일한 방법으로 분침 원과 복사된 분침 원의 각각의 사분점 스냅을 찾아 line 명령으로 연결해 준다.

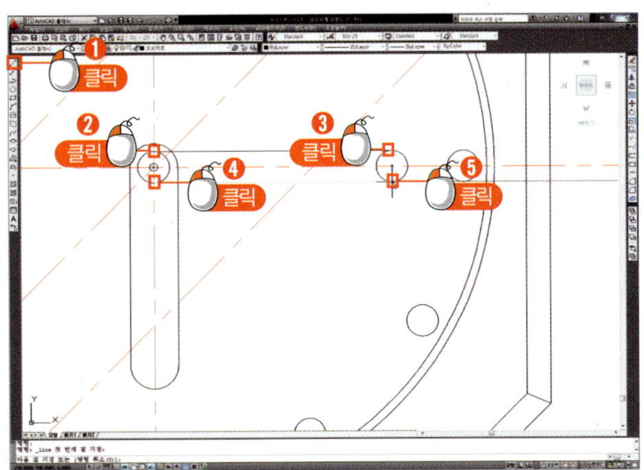

명령: line `Enter`
첫 번째 점 지정: **(시계 중심 시침 원의 상측 사분점 선택)**
다음 점 지정 또는 [명령 취소(U)]: **(복사된 시침 원의 상측 사분점 선택)**

명령: line `Enter`
첫 번째 점 지정: **(시계 중심 시침 원의 하측 사분점 선택)**
다음 점 지정 또는 [명령 취소(U)]: **(복사된 시침 원의 하측 사분점 선택)**

11_ 연결된 직선과 분침 원을 모두 선택하여 trim 명령으로 그림과 같이 불필요한 부분들을 잘라 정리해준다.

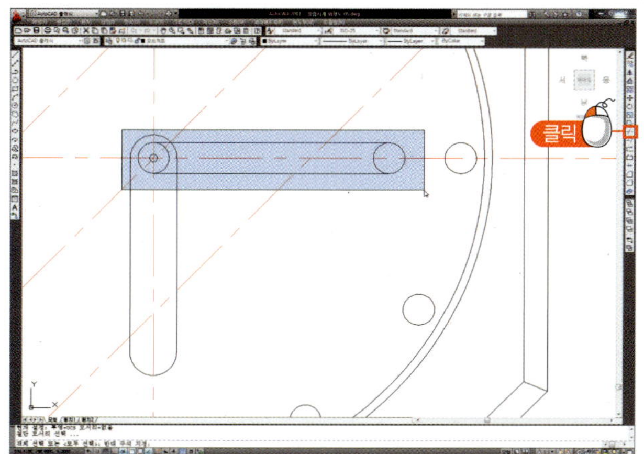
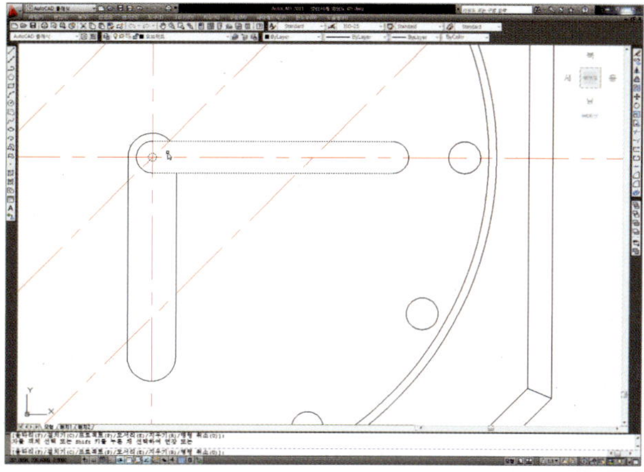

명령: **trim** Enter
현재 설정값: 투영=UCS 모서리=없음
객체 선택: **(window 선택 방법으로 선택)**
자를 객체 선택 또는 Shift 키를 누른 채 선택하여 연장 또는
[울타리(F)/걸치기(C)/프로젝트(P)/모서리(E)/지우기(R)/명령취소(U)]: **(불필요한 부분 제거)**

12_ 마지막으로 시침 형상과 동일한 방법으로 초침 원(R 0.5mm)도 copy 명령으로 그림과 같이 위로 복사한다.

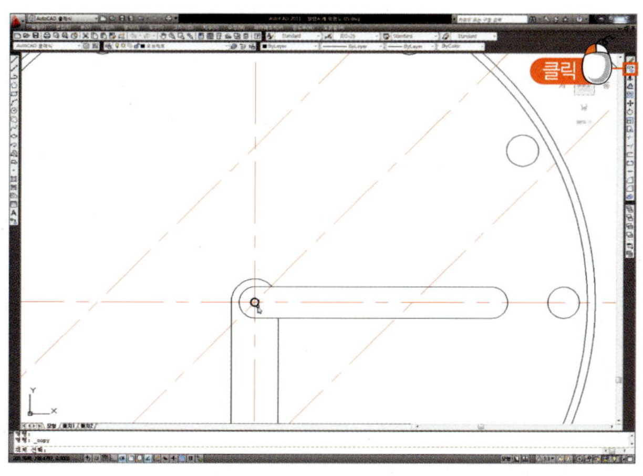
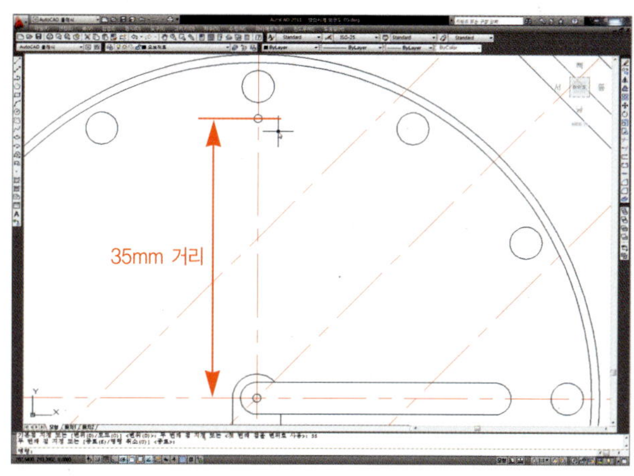

명령: **copy** Enter
객체 선택: **(분침 원 R 0.5mm 선택)**
기준점 지정 또는 [변위(D)] 〈변위〉: **(초침 원의 중심점 선택)**
두 번째 점 지정 또는 [종료(E)/명령취소(U)] 〈나가기〉: **(거리 값 위로 35 입력 후** Enter**)**

13_ 이전과 동일한 방법으로 사분점 스냅을 찾아 직선을 연결하고 시계 초침 오브젝트를 모두 선택하여 45도 회전시켜준다.

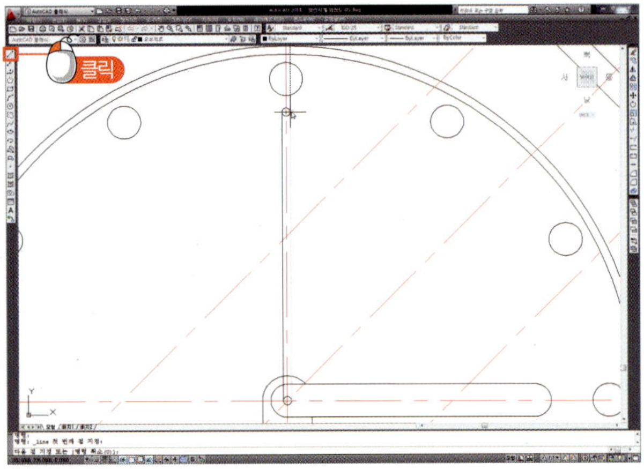

명령: line `Enter`
첫 번째 점 지정: **(시계 중심 초침 원의 좌우측 사분점 선택)**
다음 점 지정 또는 [명령 취소(U)]: **(복사된 초침 원의 좌우측 사분점 선택)**

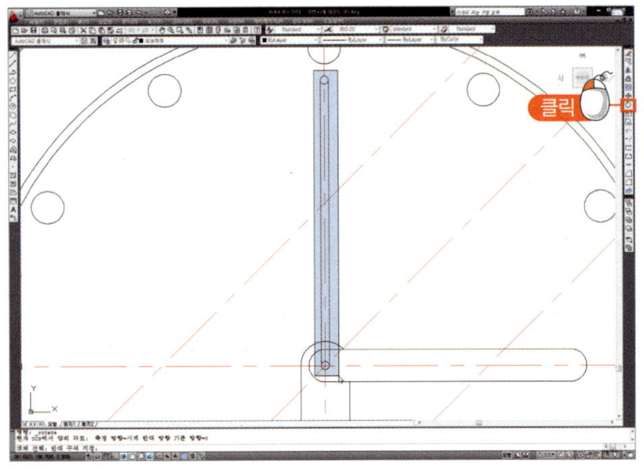

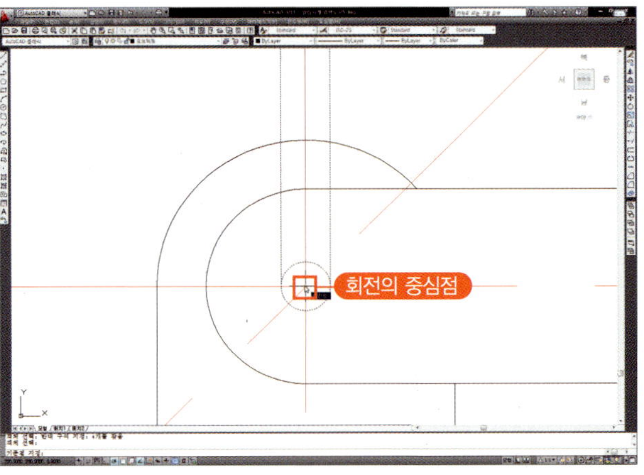

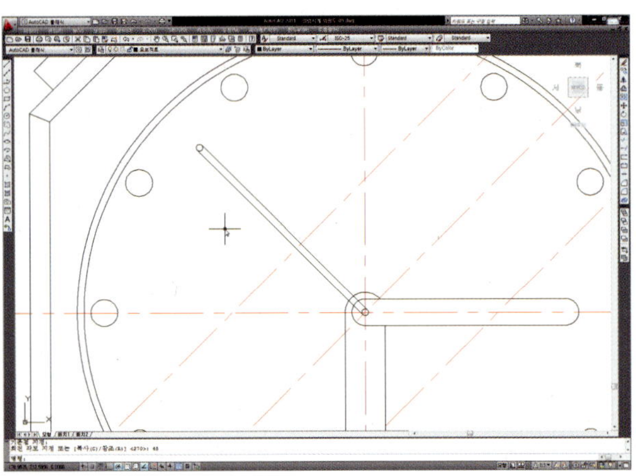

명령: rotate `Enter`
현재 UCS에서 양의 각도: 측정 방향=시계 반대 방향 기준 방향=0
객체 선택: **(window 선택 방법으로 오브젝트 선택 후 `Enter`)**
기준점 지정: **(초침 원의 중심점 선택)**
회전 각도 지정 또는 [복사(C)/참조(R)] ⟨0⟩: **45** `Enter` (각도 입력)

14_ 연결된 직선과 분침 원을 모두 선택하여 trim 명령으로 그림과 같이 불필요한 부분들을 잘라 정리해준다.

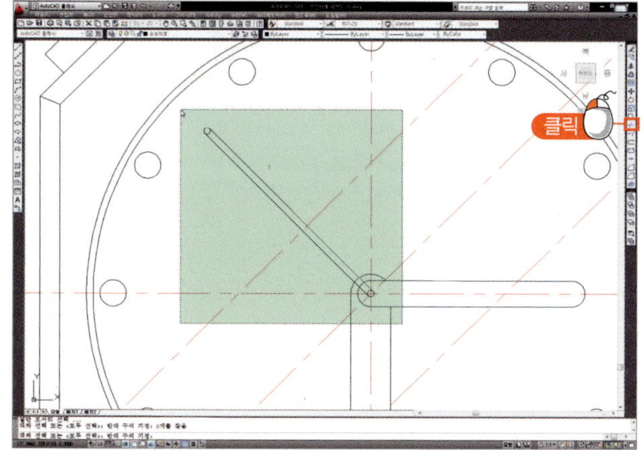

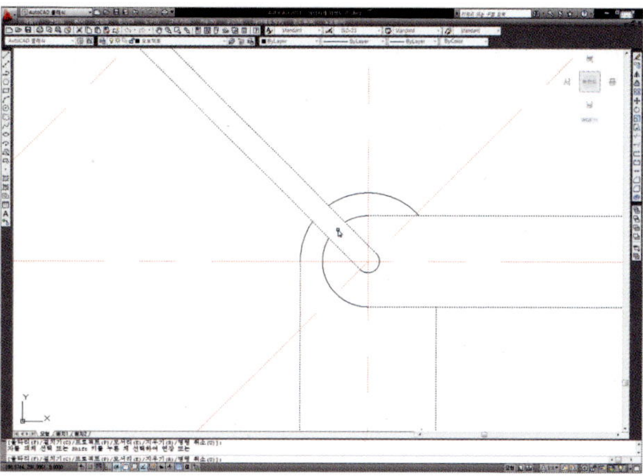

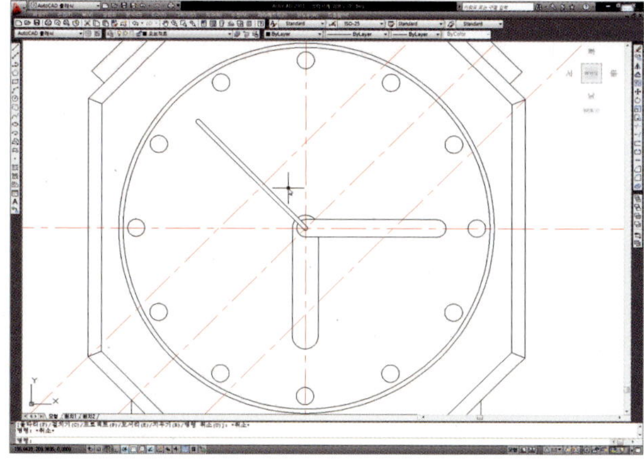

명령: **trim** `Enter`
현재 설정값: 투영=UCS 모서리=없음
객체 선택: **(cross 선택 방법으로 선택 후 `Enter`)**
자를 객체 선택 또는 Shift 키를 누른 채 선택하여 연장 또는
[울타리(F)/걸치기(C)/프로젝트(P)/모서리(E)/지우기(R)/명령취소(U)]: **(불필요한 부분 제거)**

15_ 알람시계 도면 정리 단계로 정면도, 측면도, 배면도상에서 보이는 시계 받침대 모서리를 fillet 명령으로 그림과 같이 부드럽게 마무리 해준다.

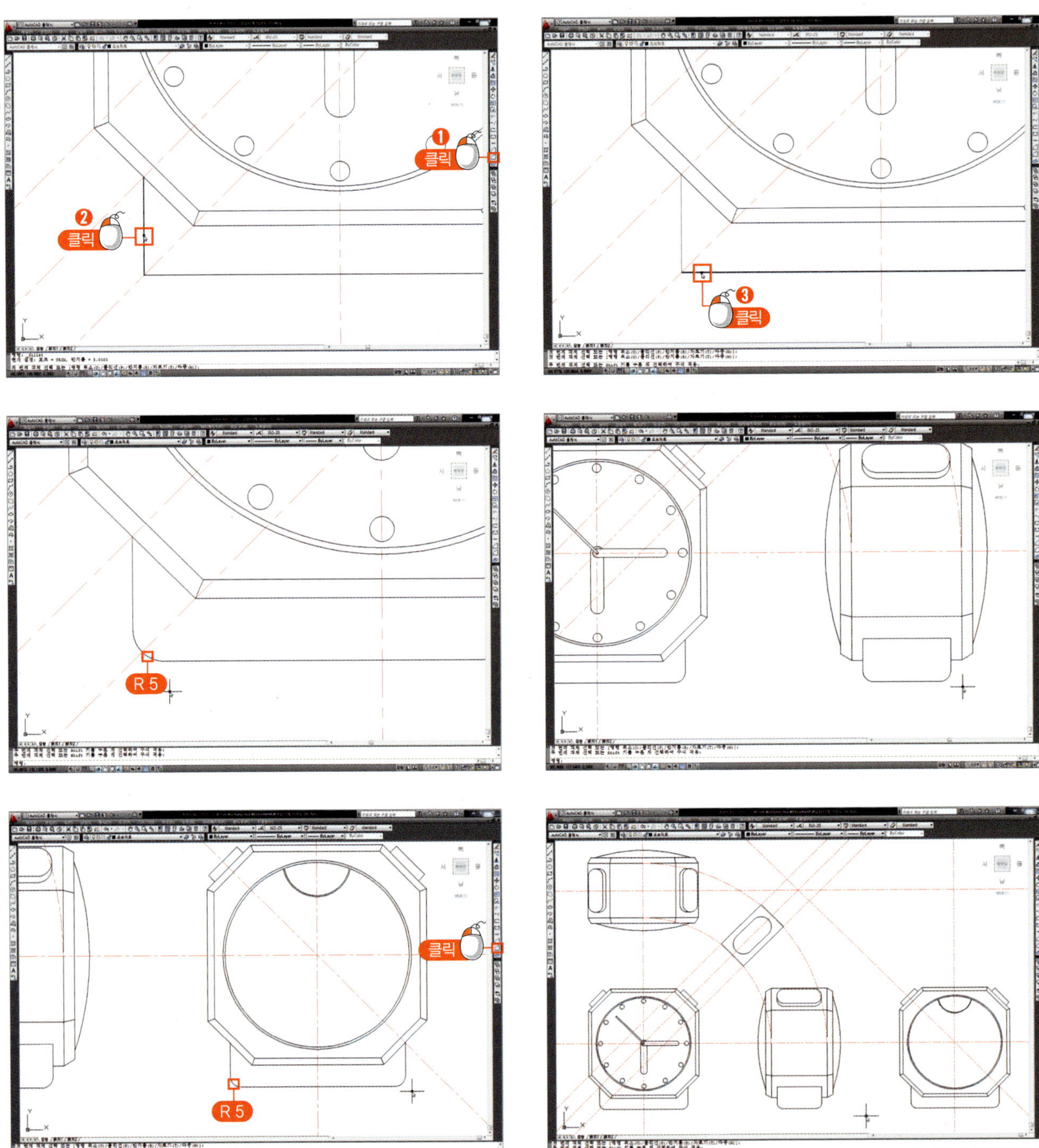

명령: **fillet** `Enter`
현재 설정값: 모드 = trim, 반지름 = 0.0000
첫 번째 객체 선택 또는 [명령취소(U)/폴리선(P)/반지름(R)/자르기(T)/다중(M)]: **r** `Enter` (반지름 옵션 입력)
모깎기 반지름 지정 〈0.0000〉: **5** `Enter` (반지름 값 입력)
첫 번째 객체 선택 또는 [명령취소(U)/폴리선(P)/반지름(R)/자르기(T)/다중(M)]: **(받침대 좌측 모서리 선택)**
두 번째 객체 선택 또는 Shift 키를 누른 채 선택하여 구석 적용: **(받침대 바닥 모서리 선택)**

16_ 이번에는 도면 데커레이션 과정으로 배면도 원 형상 안에 'ALARM CLOCK' 이란 문구의 텍스트를 넣어 보자. 먼저 텍스트 기입 위치를 지정한다.

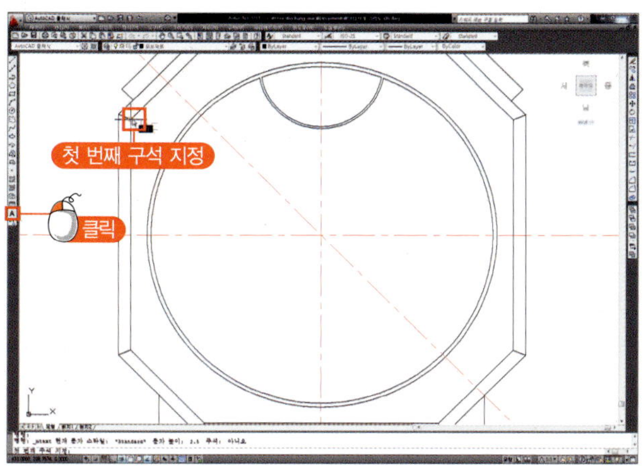
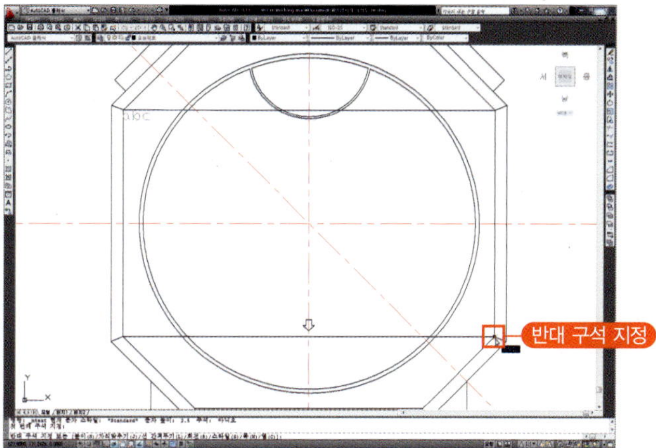

텍스트 기입 위치를 지정한 후 문자 형식 팝업창이 나오면 'ALARM CLOCK' 을 입력하고 '서체-Verdana, 크기-6, 여러 줄 문자 자리 맞추기(중간 중심)'로 설정한 후 확인 버튼을 클릭하여 텍스트 입력을 마무리한다.

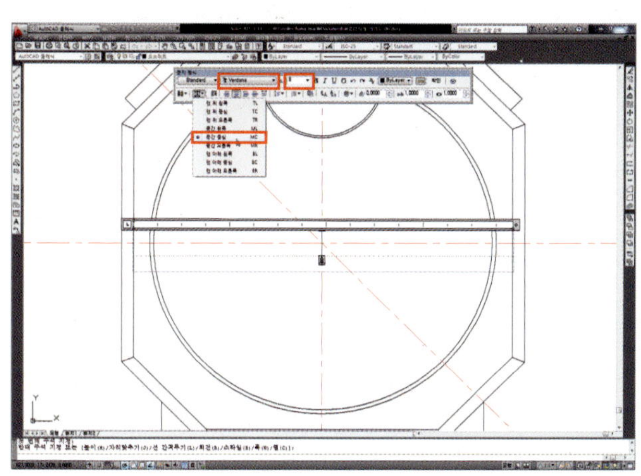
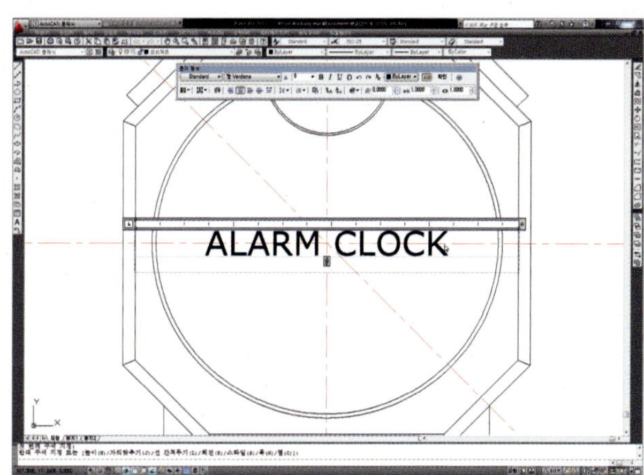

명령: **mtext** Enter
현재 문자 스타일: "Standard" 문자 높이: 2.5
첫 번째 구석 지정: **(시계 좌측 모서리 상단 끝점 클릭)**
반대 구석 지정 또는 [높이(H)/자리맞추기(J)/선 간격두기(L)/회전(R)/스타일(S)/폭(W)]: **(시계 우측 모서리 하단 끝점 클릭)**

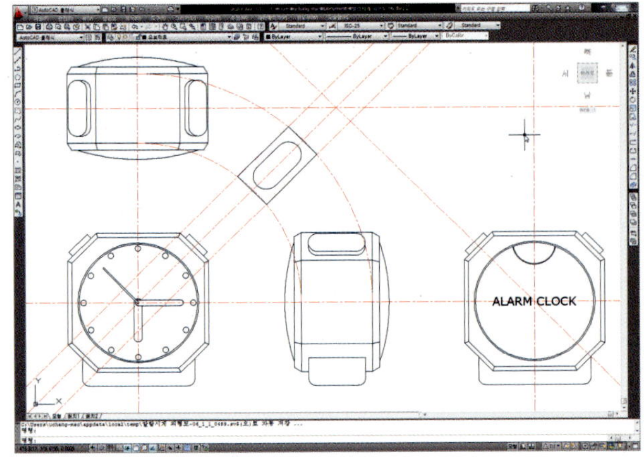

배면도 중심 원 가운데 텍스트가 기입되었음을 알 수 있다.

17_ 마지막으로 trim 명령과 erase 명령으로 그림과 같이 중심선을 정리해준 다음 도면 표시양식에 따라 면도별 도면표시 기호를 넣어 준다.

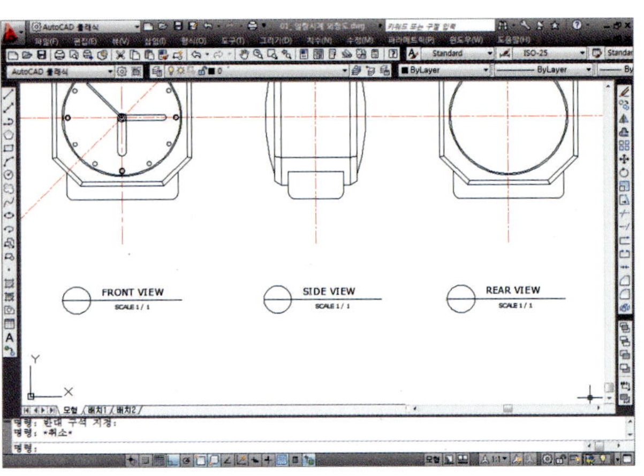

18_ 현재 레이어를 치수 레이어로 변경한 후 각 면도에 치수를 기입한 후 알람시계 외형도를 모두 마치도록 한다.

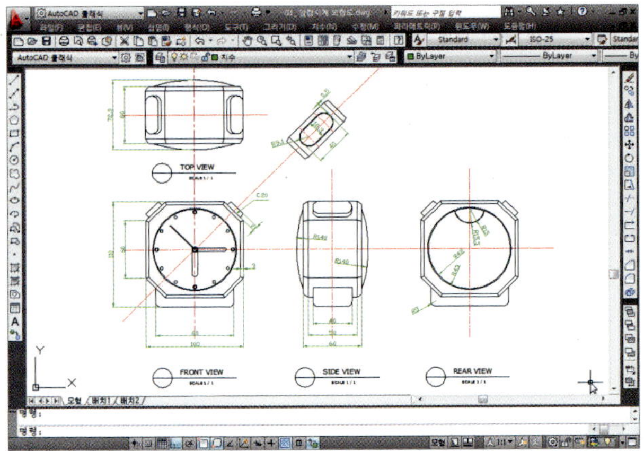

2 주방기구(양수냄비) 외형도 및 단면도 드로잉하기

이번 단계에서는 주방기구로 많이 활용하고 있는 양수 냄비를 드로잉할 것이다. 양수 냄비의 외형도와 함께 반 단면도의 형상까지 드로잉하면서 외형도와 단면도의 차이점을 느껴보도록 한다.
예제 그림은 평면도와 정면도 상의 중심선을 대칭으로 왼쪽은 외형도의 표현된 도면이며, 오른쪽은 단면도의 표현된 도면이다. 지금부터 차분히 설명하는 내용에 따라 직접 드로잉해보자.

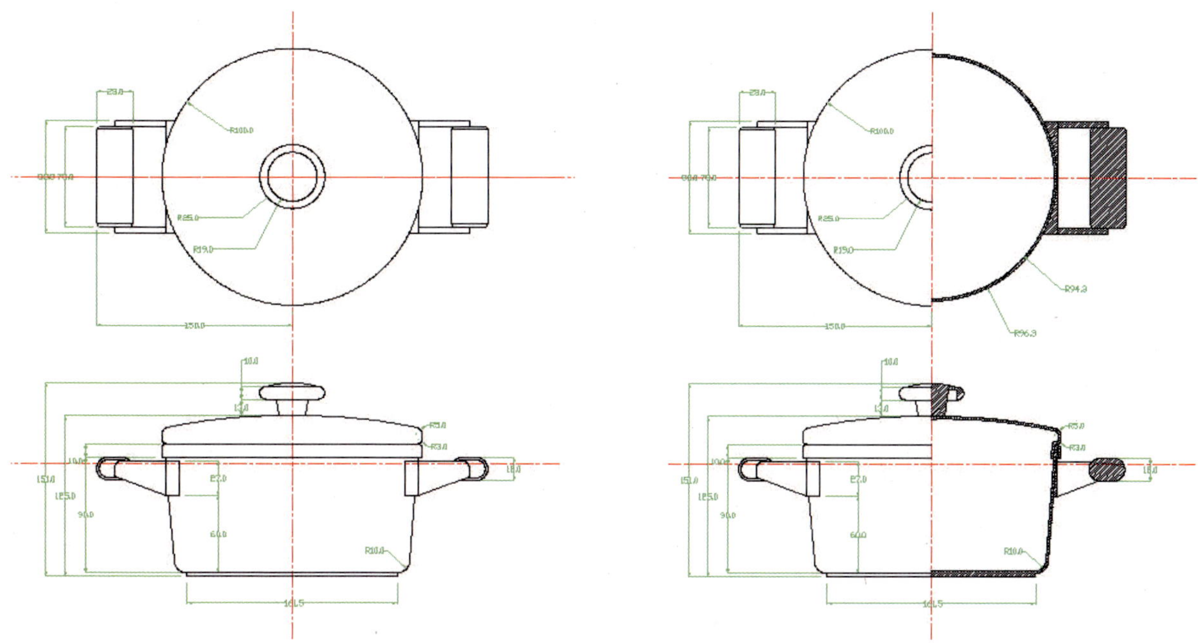

01 → 양수 냄비의 평면도 기본 레이아웃 작성하기

01_ 양수 냄비 도면이 그려질 모형 공간의 도면영역을 X=550, Y=550으로 설정한다.

명령: **limits** Enter
모형 공간 한계 재설정:
왼쪽 아래 구석 지정 또는 [켜기(ON)/끄기(OFF)] 〈0.0000,0.0000〉: Enter
오른쪽 위 구석 지정 〈420.0000,297.0000〉: **550,550** Enter

02_ 도면영역 설정을 마친 후 반드시 zoom 명령으로 전체 화면 상태에서 드로잉을 시작한다.

명령: **zoom** Enter
윈도우 구석을 지정, 축척 비율 (nX 또는 nXP)을 입력, 또는
[전체(A)/중심(C)/동적(D)/범위(E)/이전(P)/축척(S)/윈도우(W)/객체(O)] 〈실시간〉: **A** Enter

03_ 이전 알람시계 도면과 같이 드로잉을 시작하기 전 도면에 사용될 3개의 레이어를 추가시키고, 색상과 선 종류를 그림과 같이 변경한다.

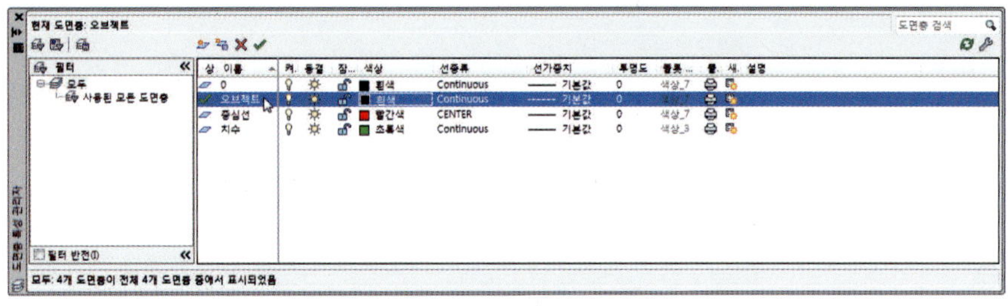

- 오브젝트 레이어(색상: 검정색, 선 종류 : Continuous)
- 중심선 레이어(색상: 빨강색, 선 종류 : CENTER)
- 치수선 레이어(색상: 초록색, 선 종류 : Continuous)

명령: layer Enter

04_ 오브젝트 레이어로 변경시킨 후 circle 명령으로 반지름이 100mm인 원을 그려 평면도상의 냄비의 전체 크기를 잡아준다.

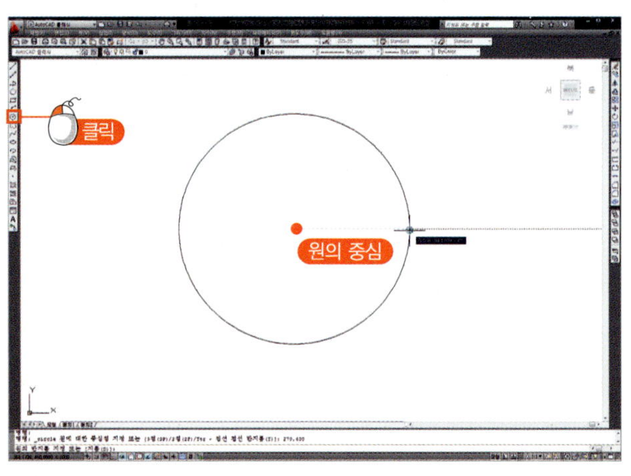

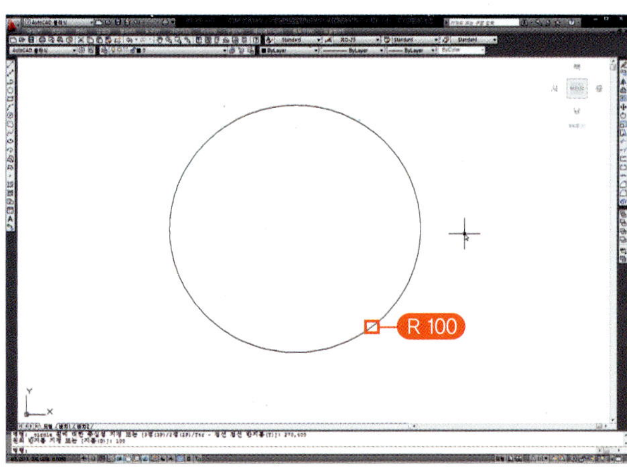

명령: circle Enter
원에 대한 중심점 지정 또는 [3P/2P/Ttr(접선 접선 반지름)]: **270,400** Enter (절대좌표 입력)
원의 반지름 지정 또는 [지름(D)]: **100** Enter (반지름 입력)

05_ 레이어를 중심선 레이어로 변경한 후 xline 명령으로 수직, 수평으로 원의 중심선을 그려준다.

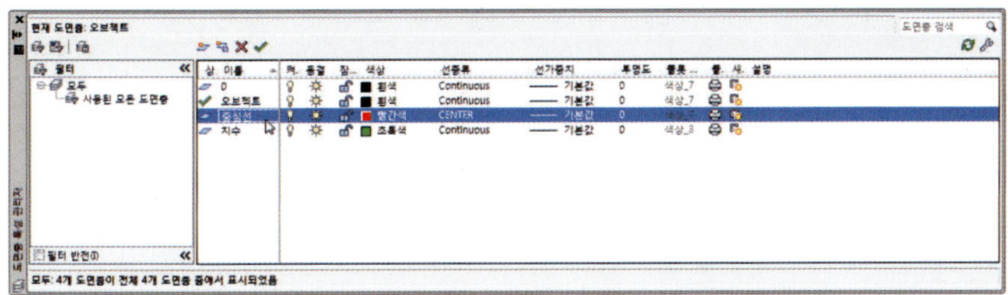

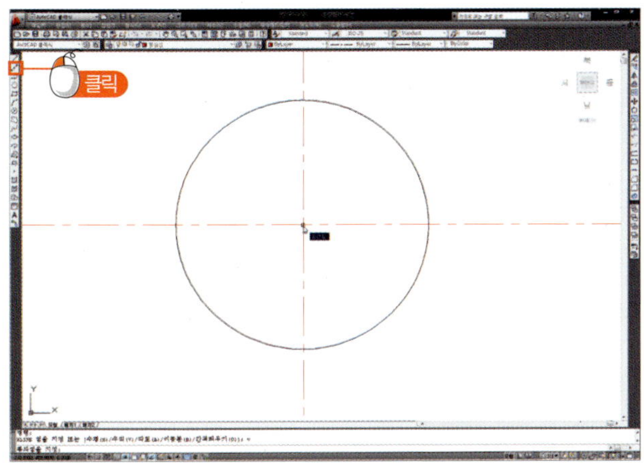

명령: **xline** Enter
점을 지정 또는 [수평(H)/수직(V)/각도(A)/이등분(B)/간격띄우기(O)]:
h Enter
통과점 지정: **(원의 중심점 선택)**

명령: **xline** Enter
점을 지정 또는 [수평(H)/수직(V)/각도(A)/이등분(B)/간격띄우기(O)]:
v Enter
통과점 지정: **(원의 중심점 선택)**

06_ 다시 레이어를 오브젝트 레이어로 변경한 후 원의 중심에서 반지름 20mm, 25mm 원 2개를 그림과 같이 그려준다.

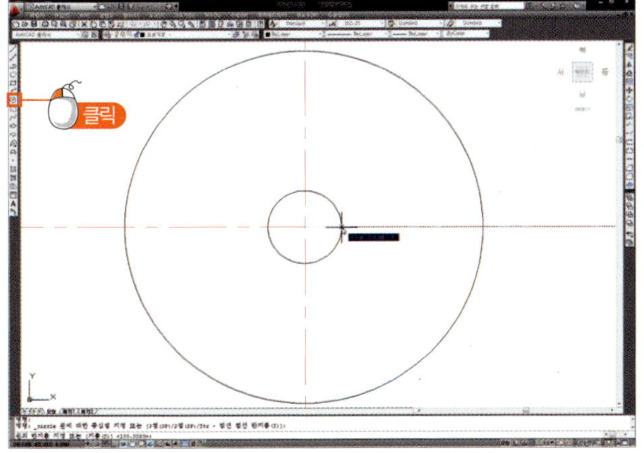

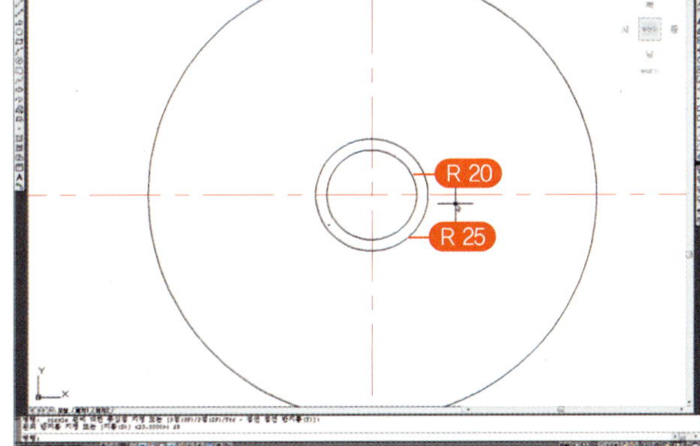

명령: **circle** Enter
원에 대한 중심점 지정 또는 [3P/2P/Ttr(접선 접선 반지름)]:
(중심선 교차점 선택)
원의 반지름 지정 또는 [지름(D)]: **20** Enter (반지름 입력)

명령: **circle** Enter
원에 대한 중심점 지정 또는 [3P/2P/Ttr(접선 접선 반지름)]:
(중심선 교차점 선택)
원의 반지름 지정 또는 [지름(D)]: **25** Enter (반지름 입력)

07_ line 명령으로 원의 위, 아래 사분점을 찾아 수직으로 연결해준다.

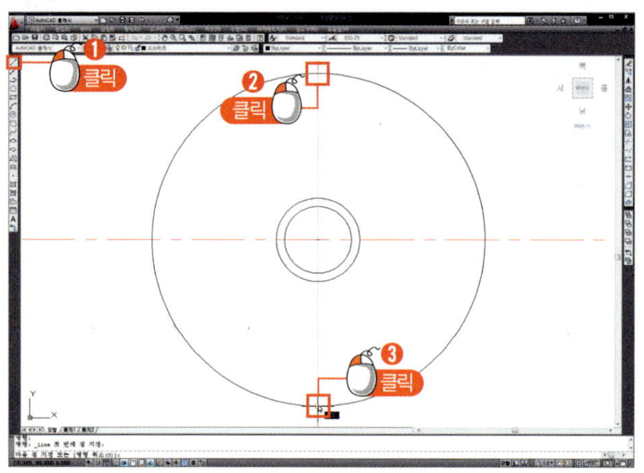
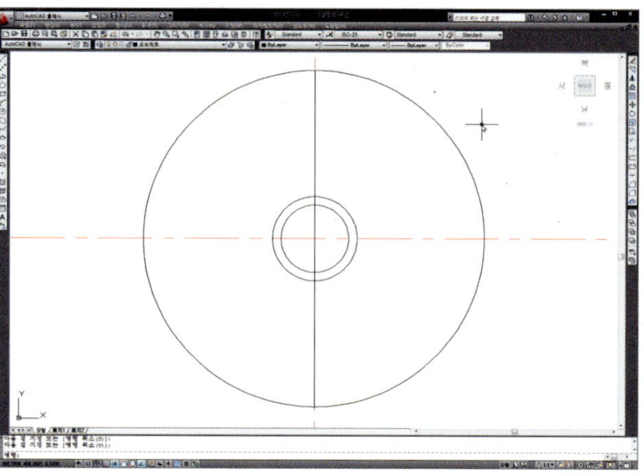

명령: line [Enter]
첫 번째 점 지정: **(원 상단 사분점 선택)**
다음 점 지정 또는 [명령 취소(U)]: **(원 하단 사분점 선택)**

08_ move 명령으로 방금 그린 수직선을 왼쪽 방향으로 150mm만큼 수평 이동시킨다.

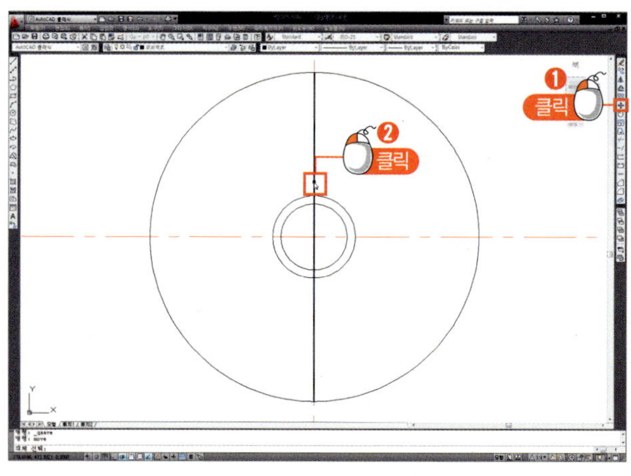

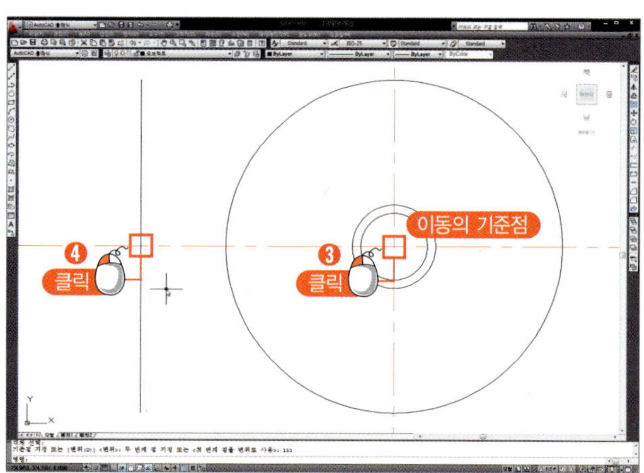

명령: move [Enter]
객체 선택: **(방금 그린 수직선 선택)**
객체 선택: 1개를 찾음
객체 선택: [Enter]
기준점 지정 또는 [변위(D)] 〈변위〉: **(해당 수직선 선택 후 드래그하여 왼쪽으로 이동)**
두 번째 점 지정 또는 〈첫 번째 점을 변위로 사용〉: **150** [Enter] (거리값 입력)

09_ 이번에는 이동시킨 수직선을 선택하여 offset 명령으로 28mm 간격으로 띄워준다.

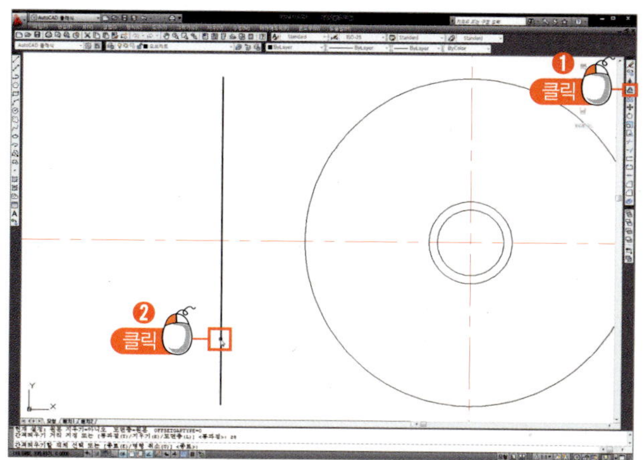
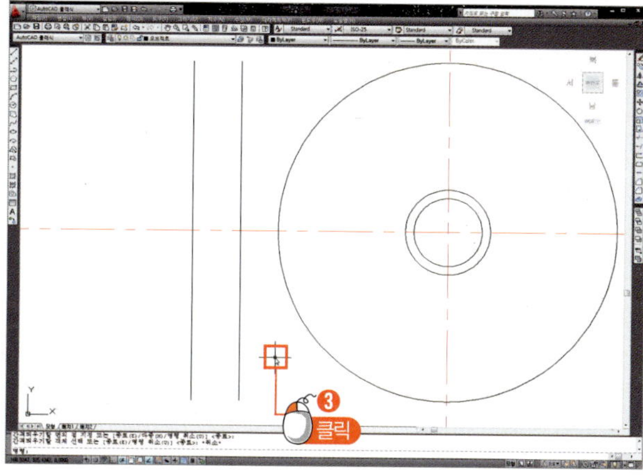

명령: **offset** Enter
현재 설정: 원본 지우기=아니오 도면층=원본 OFFSETGAPTYPE=0
간격띄우기 거리 지정 또는 [통과점(T)/지우기(E)/도면층(L)] 〈통과점〉: **28** Enter (거리값 입력)
간격띄우기할 객체 선택 또는 [종료(E)/명령취소(U)] 〈종료〉: **(이동시킨 수직선 선택)**
간격띄우기할 면의 점 지정 또는 [종료(E)/다중(M)/명령취소(U)] 〈나가기〉: **(수직선 우측 방향 지정)**

10_ 동일한 방법으로 옵셋시킨 수직선을 한 번 더 선택하여 25mm 간격만큼 우측으로 띄워준다.

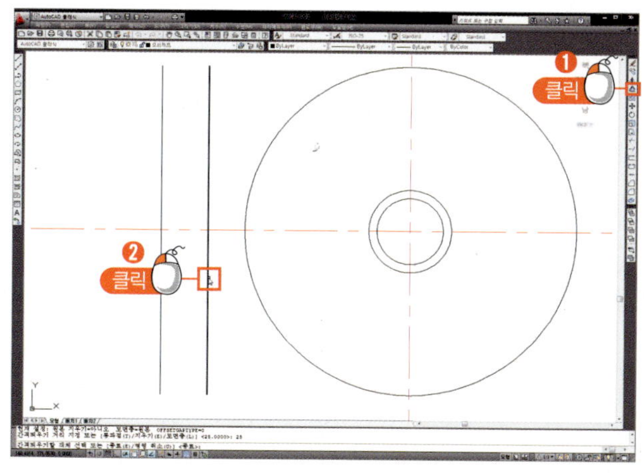
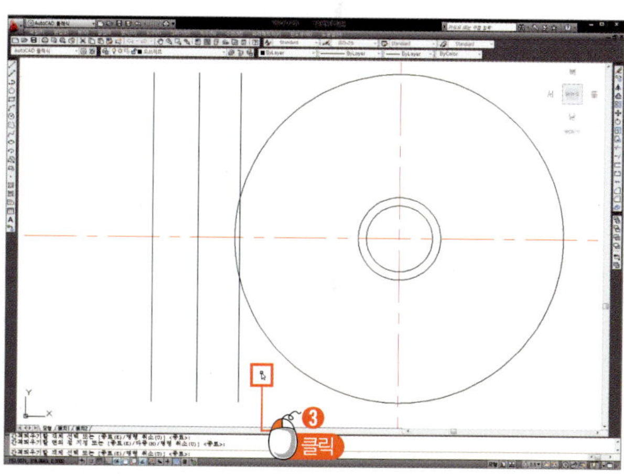

명령: **offset** Enter
현재 설정: 원본 지우기=아니오 도면층=원본 OFFSETGAPTYPE=0
간격띄우기 거리 지정 또는 [통과점(T)/지우기(E)/도면층(L)] 〈통과점〉: **28** Enter (거리값 입력)
간격띄우기할 객체 선택 또는 [종료(E)/명령취소(U)] 〈종료〉: **(이동시킨 수직선 선택)**
간격띄우기할 면의 점 지정 또는 [종료(E)/다중(M)/명령취소(U)] 〈나가기〉: **(수직선 우측 방향 클릭)**

11_ line 명령으로 그림과 같이 수평선을 그린다.

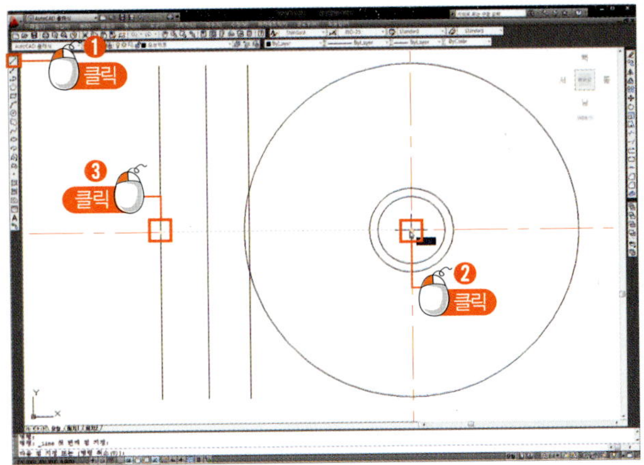

명령: **line** [Enter]
첫 번째 점 지정: **(원 좌측 사분점 클릭)**
다음 점 지정 또는 [명령 취소(U)]: **(원 우측 사분점 클릭)**

12_ move 명령으로 방금 그린 수평선을 선택하여 위쪽 방향으로 44mm만큼 수직 이동시켜준다.

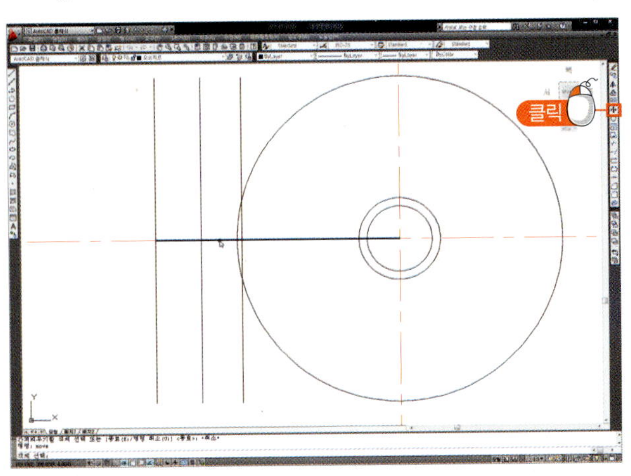
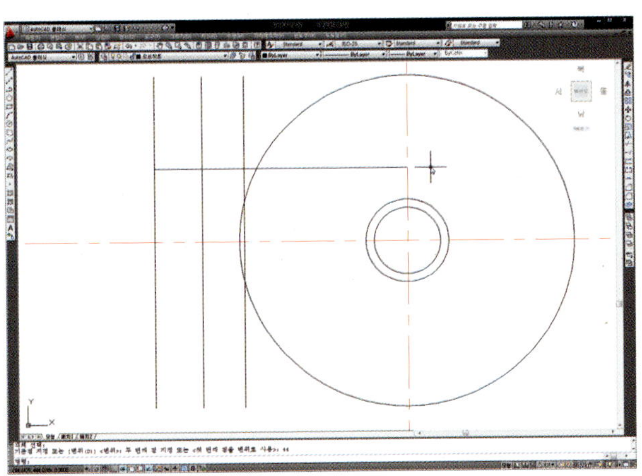

명령: **move** [Enter]
객체 선택: **(방금 그린 수평선 선택)**
객체 선택: 1개를 찾음
객체 선택: [Enter]
기준점 지정 또는 [변위(D)] 〈변위〉: **(해당 수평선을 선택 후 드래그하여 위쪽으로 이동)**
두 번째 점 지정 또는 〈첫 번째 점을 변위로 사용〉: **44** [Enter] (거리값 입력)

13_ 이동시킨 수평선을 선택하여 offset 명령으로 5mm 간격으로 선 아래로 띄워준다.

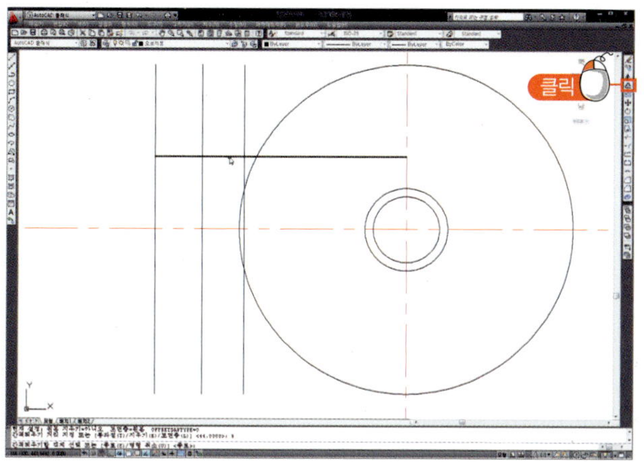 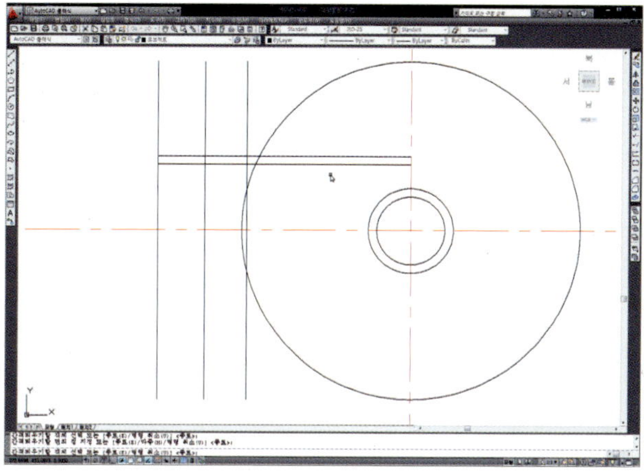

명령: **offset** Enter
현재 설정: 원본 지우기=아니오 도면층=원본 OFFSETGAPTYPE=0
간격띄우기 거리 지정 또는 [통과점(T)/지우기(E)/도면층(L)] 〈통과점〉: **5** Enter (거리값 입력)
간격띄우기할 객체 선택 또는 [종료(E)/명령취소(U)] 〈종료〉: **(이동시킨 수평선 선택)**
간격띄우기할 면의 점 지정 또는 [종료(E)/다중(M)/명령취소(U)] 〈나가기〉: **(수평선 아래 방향 지정)**

14_ cross 선택하여 교차된 오브젝트들을 그림과 같이 trim 명령으로 모두 정리해준다.

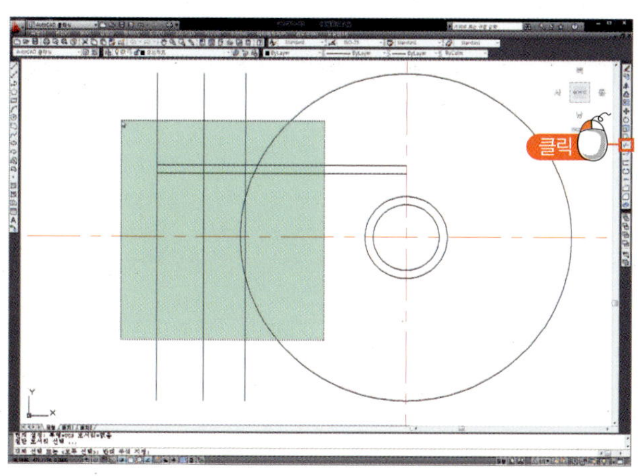 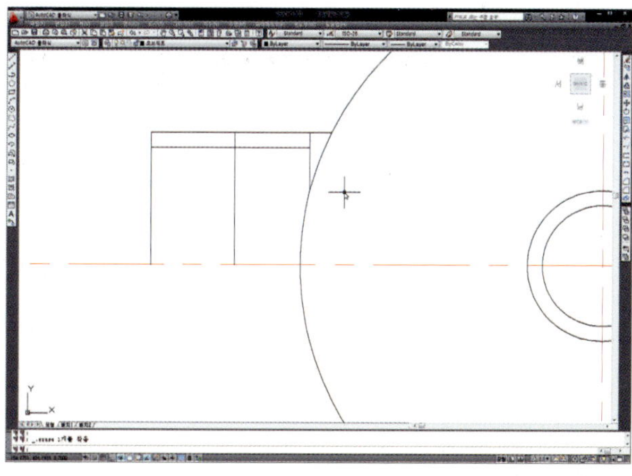

명령: **trim** Enter
현재 설정값: 투영=UCS 모서리=없음
객체 선택: **(cross 선택 방법으로 모든 오브젝트를 선택)**
자를 객체 선택 또는 Shift 키를 누른 채 선택하여 연장 또는
[울타리(F)/걸치기(C)/프로젝트(P)/모서리(E)/지우기(R)/명령취소(U)]: **(불필요한 부분 제거)**

15_ 다음은 offset 명령으로 냄비 손잡이 가장 좌측 직선을 선택하여 14mm 간격만큼 우측으로 띄워준다.

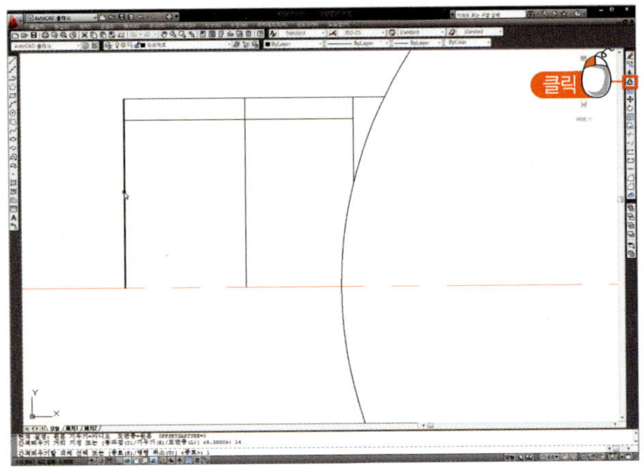

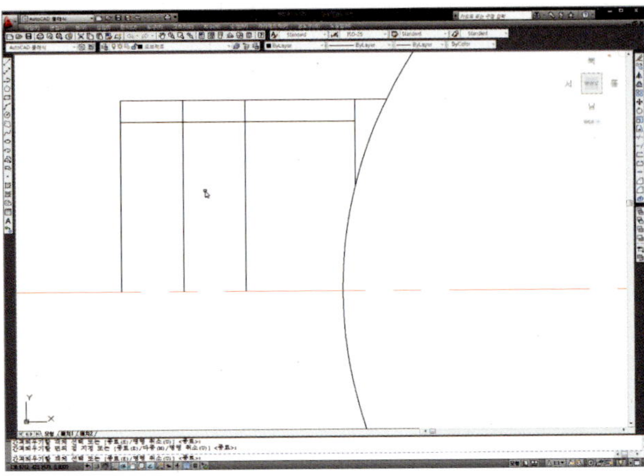

명령: **offset** `Enter`
현재 설정: 원본 지우기=아니오 도면층=원본 OFFSETGAPTYPE=0
간격띄우기 거리 지정 또는 [통과점(T)/지우기(E)/도면층(L)] 〈통과점〉: **14** `Enter` (거리값 입력)
간격띄우기할 객체 선택 또는 [종료(E)/명령취소(U)] 〈종료〉: **(냄비 손잡이 가장 좌측 직선을 선택)**
간격띄우기할 면의 점 지정 또는 [종료(E)/다중(M)/명령취소(U)] 〈나가기〉: **(직선 우측 방향 지정)**

16_ 다시 한 번 offset 명령으로 그림과 같이 손잡이 사각형 3개의 모서리를 선택하여 각각 2mm 간격만큼 사각형 안쪽으로 띄워준다.

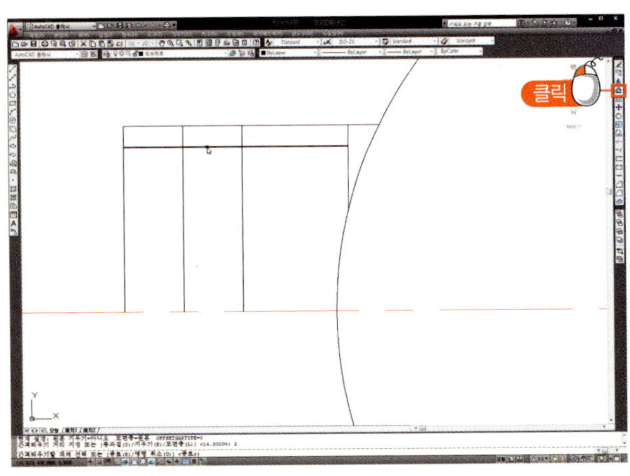

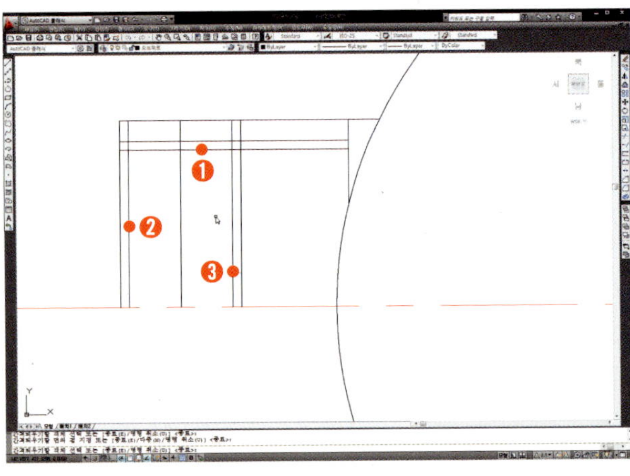

명령: **offset** `Enter`
현재 설정: 원본 지우기=아니오 도면층=원본 OFFSETGAPTYPE=0
간격띄우기 거리 지정 또는 [통과점(T)/지우기(E)/도면층(L)] 〈통과점〉: **2** `Enter` (거리값 입력)
간격띄우기할 객체 선택 또는 [종료(E)/명령취소(U)] 〈종료〉: **(사각형 손잡이 3개 모서리 선택)**
간격띄우기할 면의 점 지정 또는 [종료(E)/다중(M)/명령취소(U)] 〈나가기〉: **(사각형 안쪽 방향 클릭)**

17_ 그림과 같이 line 명령으로 옵셋되어 만들어진 손잡이 사각형 모서리 부분을 대각선으로 연결시켜 준다.

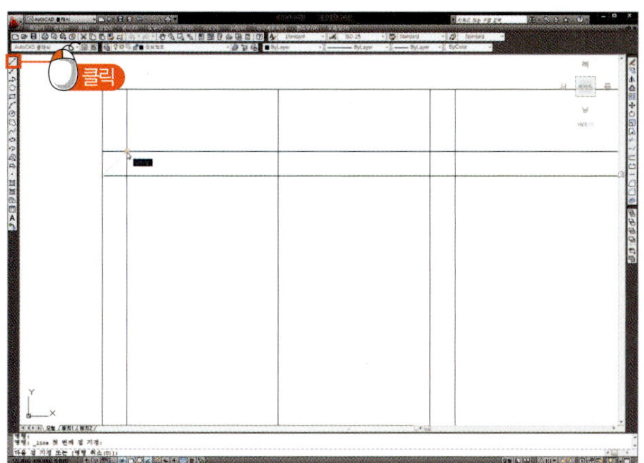
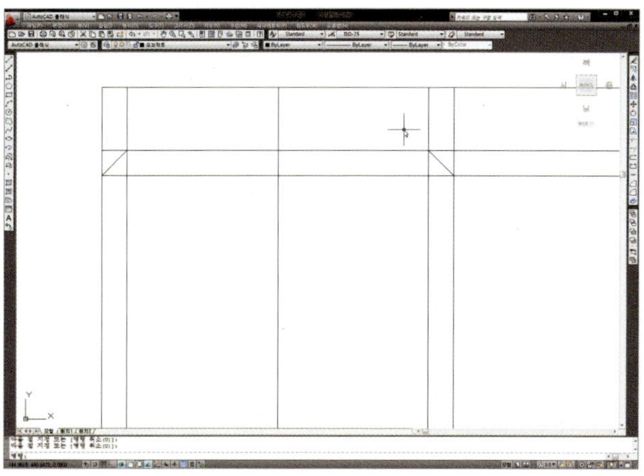

명령: **line** [Enter]
첫 번째 점 지정: **(좌측 옵셋된 직선의 교차점 클릭)**
다음 점 지정 또는 [명령 취소(U)]: **(우측 옵셋된 직선의 교차점 클릭)**

18_ 다음은 trim 명령으로 cross 선택하여 교차된 오브젝트들을 그림과 같이 모두 정리해준다.

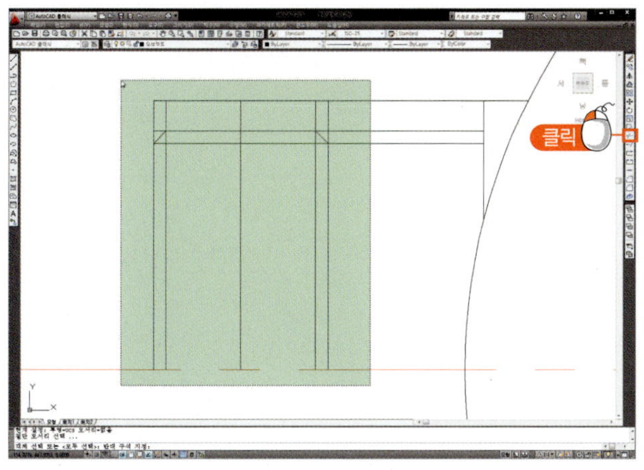
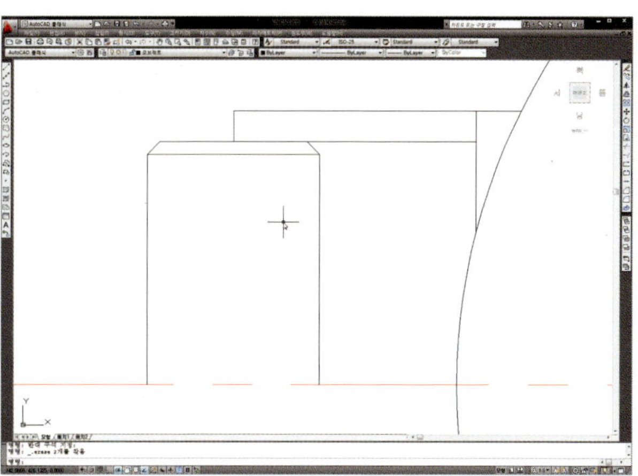

명령: **trim** [Enter]
현재 설정값: 투영=UCS 모서리=없음
객체 선택: **(cross 선택 방법으로 모든 오브젝트를 선택)**
자를 객체 선택 또는 Shift 키를 누른 채 선택하여 연장 또는
[울타리(F)/걸치기(C)/프로젝트(P)/모서리(E)/지우기(R)/명령취소(U)]: **(불필요한 부분 제거)**

19_ trim된 손잡이 형상을 window 선택 방법으로 선택하여, 그림과 같이 mirror하여 아래 측으로 반전시켜준다.

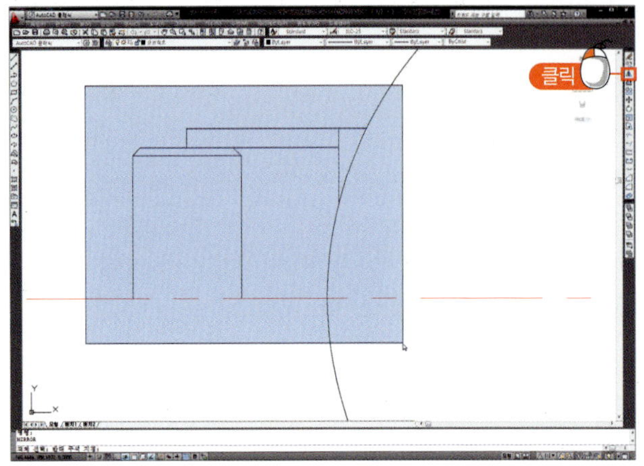

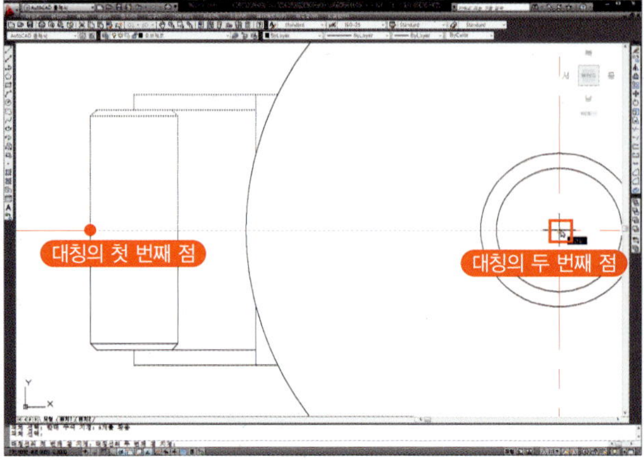

명령: mirror `Enter`
객체 선택: **window 선택 방법으로 정리된 손잡이 선택** (그림참조)
대칭선의 첫 번째 점 지정: **손잡이 좌측 모서리 중간점 선택** (그림참조)
대칭선의 두 번째 점 지정: **냄비뚜껑 원의 사분점 선택** (그림참조)
원본 객체를 지우시겠습니까? [예(Y)/아니오(N)] 〈N〉: `Enter`

20_ 다시 한 번 반전된 손잡이 오브젝트 모두를 선택하여 그림과 같이 MIRROR 하여 우측으로 반전시켜 준다.

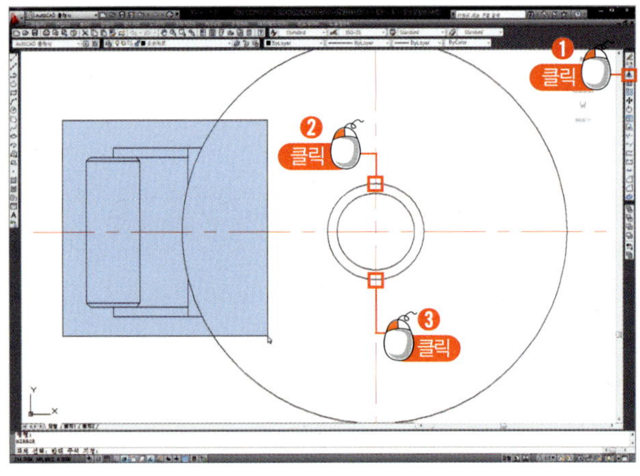

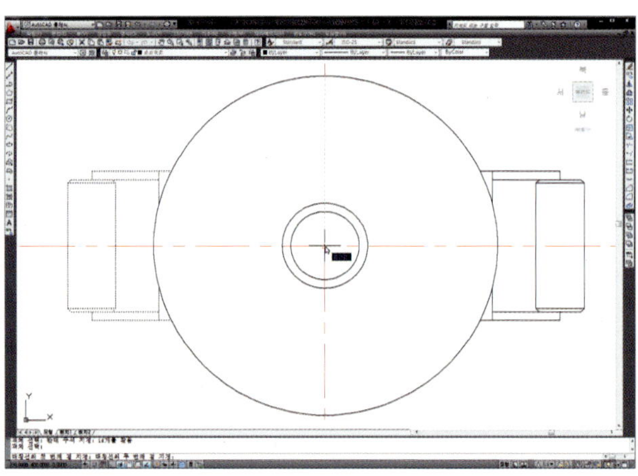

명령: mirror `Enter`
객체 선택: **window 선택 방법으로 미러된 손잡이 선택** (그림참조)
대칭선의 첫 번째 점 지정: **클릭 2** (그림참조)
대칭선의 두 번째 점 지정: **클릭 3** (그림참조)
원본 객체를 지우시겠습니까? [예(Y)/아니오(N)] 〈N〉: `Enter`

02 → 양수냄비의 정면도 몸체 외형도 그리기

01_ line 명령으로 그림과 같이 냄비뚜껑 좌측 사분점을 시작으로 350mm만큼 수직선을 그려주고 직선의 하단끝점에서부터 수평선을 다시 한 번 그려준다.

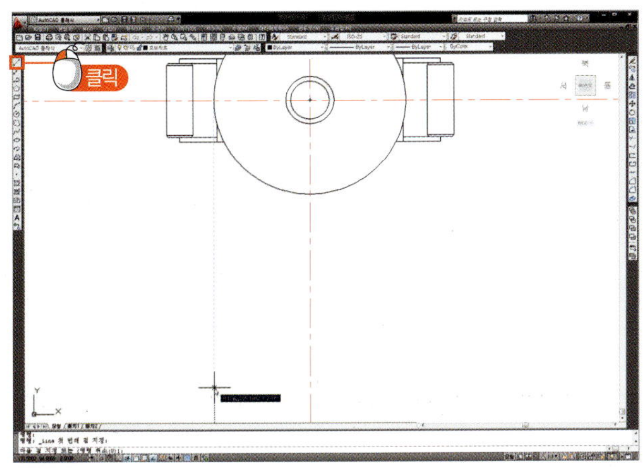
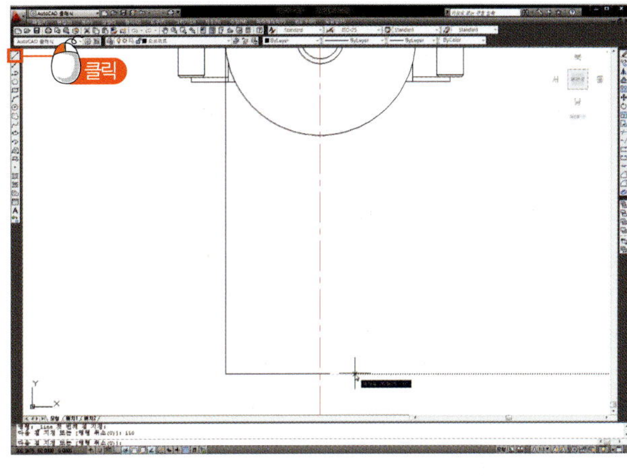

명령: **line** Enter
첫 번째 점 지정: **(냄비 뚜껑 좌측 사분점 선택)**
다음 점 지정 또는 [명령 취소(U)]: **350** Enter (거리값 입력)

명령: **line** Enter
첫 번째 점 지정: **(수직선의 하단 끝점 선택)**
다음 점 지정 또는 [명령 취소(U)]: **110** Enter (거리값 입력)

02_ offset 명령으로 수평선을 선택하여 그림과 같이 위쪽 방향으로 90mm, 10mm, 12mm만큼 띄워준다.

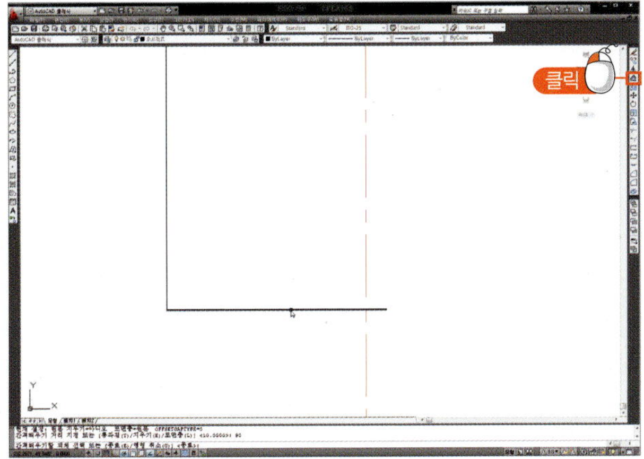
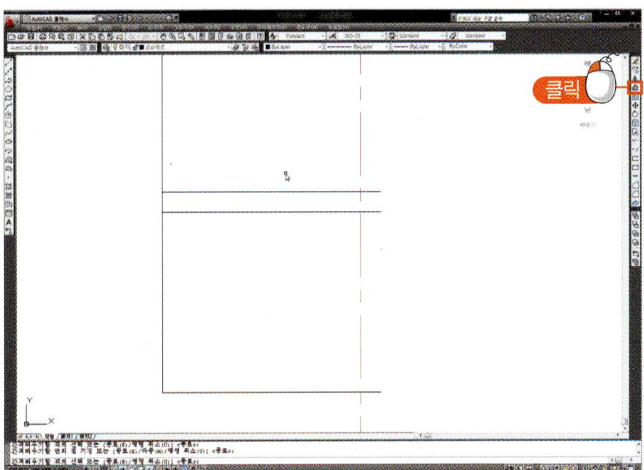

명령: **offset** Enter
현재 설정: 원본 지우기=아니오 도면층=원본 OFFSETGAPTYPE=0
간격띄우기 거리 지정 또는 [통과점(T)/지우기(E)/도면층(L)] 〈통과점〉: **90** Enter (거리값 입력)
간격띄우기할 객체 선택 또는 [종료(E)/명령취소(U)] 〈종료〉: **(수평선 선택)**
간격띄우기할 면의 점 지정 또는 [종료(E)/다중(M)/명령취소(U)] 〈나가기〉: **(수평선 상단 위쪽 클릭)**

명령: **offset** Enter
현재 설정: 원본 지우기=아니오 도면층=원본 OFFSETGAPTYPE=0
간격띄우기 거리 지정 또는 [통과점(T)/지우기(E)/도면층(L)] 〈통과점〉: **10** Enter **(거리값 입력)**
간격띄우기할 객체 선택 또는 [종료(E)/명령취소(U)] 〈종료〉: **(옵셋된 수평선 선택)**
간격띄우기할 면의 점 지정 또는 [종료(E)/다중(M)/명령취소(U)] 〈나가기〉: **(수평선 상단 위쪽 클릭)**

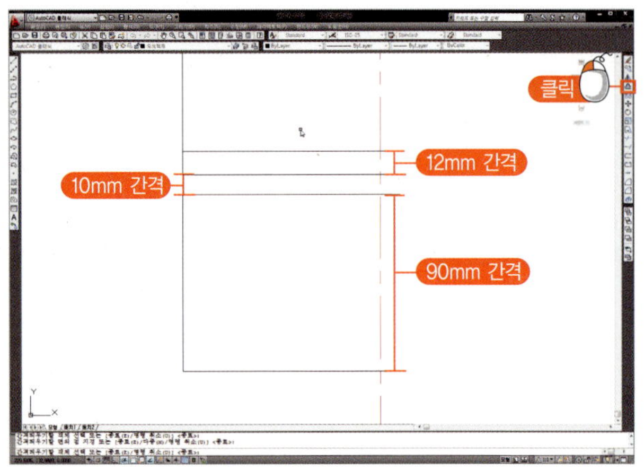

명령: **offset** Enter

현재 설정: 원본 지우기=아니오 도면층=원본 OFFSETGAPTYPE=0

간격띄우기 거리 지정 또는 [통과점(T)/지우기(E)/도면층(L)] 〈통과점
〉: **12** Enter (거리값 입력)

간격띄우기할 객체 선택 또는 [종료(E)/명령취소(U)] 〈종료〉: **(옵셋된
수평선 선택)**

간격띄우기할 면의 점 지정 또는 [종료(E)/다중(M)/명령취소(U)] 〈나
가기〉: **(수평선 상단 위쪽 클릭)**

03_ 그림과 같이 좌측 수직선을 선택하여 우측 방향으로 3mm, 7mm만큼 간격을 띄워준다.

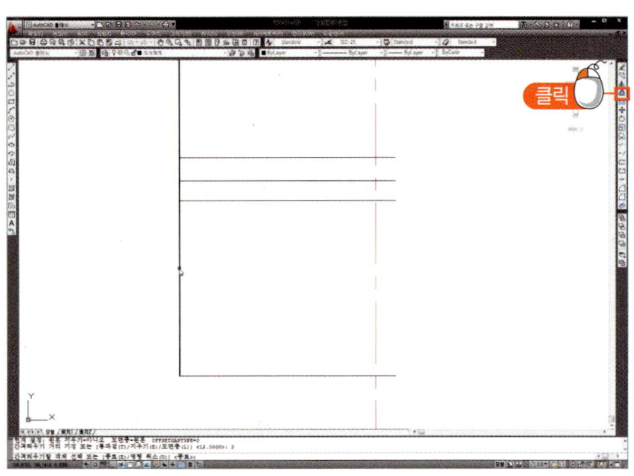

명령: **offset** Enter

현재 설정: 원본 지우기=아니오 도면층=원본 OFFSETGAPTYPE=0

간격띄우기 거리 지정 또는 [통과점(T)/지우기(E)/도면층(L)] 〈통과점
〉: **3** Enter (거리값 입력)

간격띄우기할 객체 선택 또는 [종료(E)/명령취소(U)] 〈종료〉: **(좌측 수
직선 선택)**

간격띄우기할 면의 점 지정 또는 [종료(E)/다중(M)/명령취소(U)] 〈나
가기〉: **(수직선 우측 클릭)**

명령: **offset** Enter

현재 설정: 원본 지우기=아니오 도면층=원본 OFFSETGAPTYPE=0

간격띄우기 거리 지정 또는 [통과점(T)/지우기(E)/도면층(L)] 〈통과점
〉: **7** Enter (거리값 입력)

간격띄우기할 객체 선택 또는 [종료(E)/명령취소(U)] 〈종료〉: **(옵셋된
수직선 선택)**

간격띄우기할 면의 점 지정 또는 [종료(E)/다중(M)/명령취소(U)] 〈나
가기〉: **(수직선 우측 클릭)**

04_ line 명령을 이용하여 그림과 같이 교차된 직선의 교차점 2개를 찾아 이어준다.

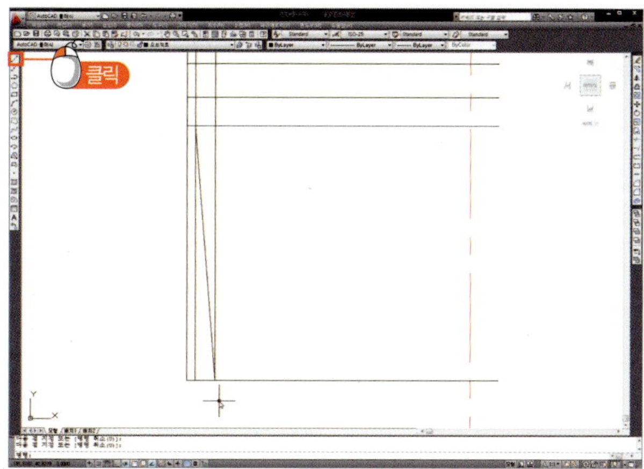

> 명령: **line** Enter
> 첫 번째 점 지정: **(교차된 직선의 상단 교차점 선택)**
> 다음 점 지정 또는 [명령 취소(U)]: **(교차된 직선의 하단 교차점 선택)**

05_ trim 명령으로 교차된 수직선들을 그림과 같이 모두 정리해준다.

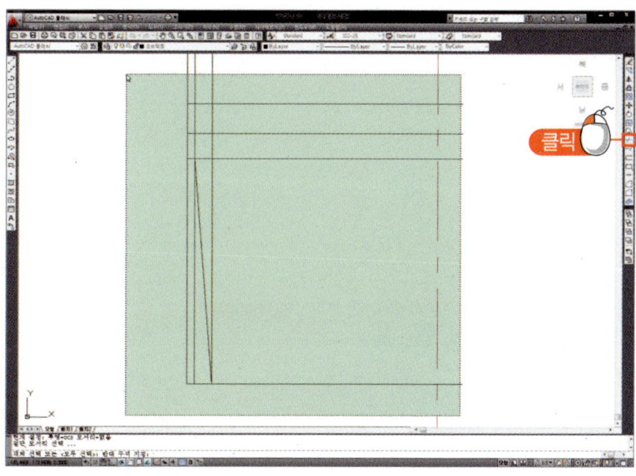

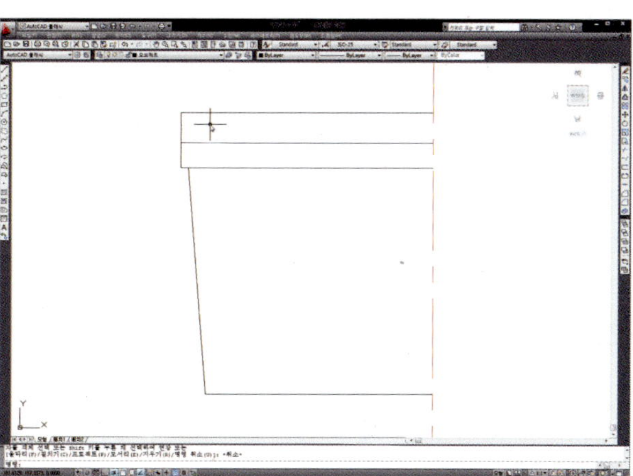

> 명령: **trim** Enter
> 현재 설정값: 투영=UCS 모서리=없음
> 객체 선택: **(cross 선택 방법으로 모든 오브젝트를 선택 Enter)**
> 자를 객체 선택 또는 Shift 키를 누른 채 선택하여 연장 또는
> [울타리(F)/걸치기(C)/프로젝트(P)/모서리(E)/지우기(R)/명령취소(U)]: **(불필요한 부분 제거)**

06_ 그림과 같이 화면 상단의 수평선을 선택하여 10mm만큼 위쪽 방향으로 offset시켜 준다.

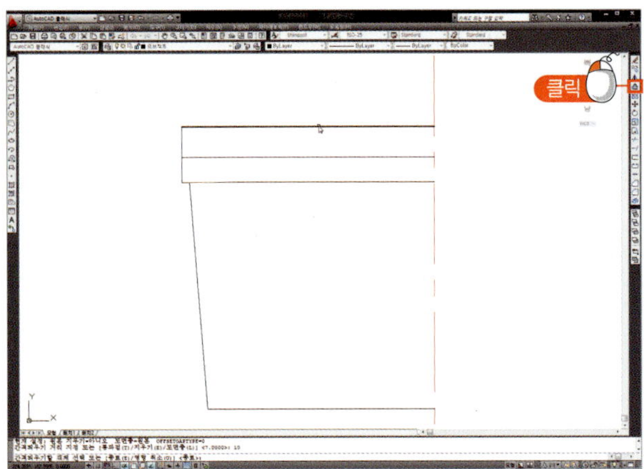
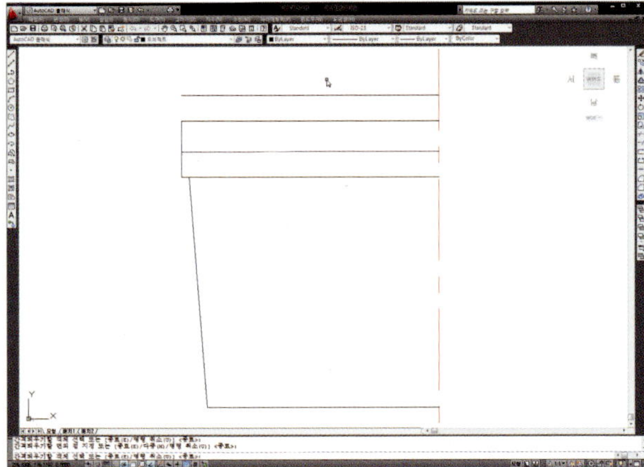

명령: **offset** [Enter]
현재 설정: 원본 지우기=아니오 도면층=원본 OFFSETGAPTYPE=0
간격띄우기 거리 지정 또는 [통과점(T)/지우기(E)/도면층(L)] 〈통과점〉: **10** [Enter] (거리값 입력)
간격띄우기할 객체 선택 또는 [종료(E)/명령취소(U)] 〈종료〉: **(상단 수평선 선택)**
간격띄우기할 면의 점 지정 또는 [종료(E)/다중(M)/명령취소(U)] 〈나가기〉: **(수평선 상단 클릭)**

07_ 다음은 arc 명령(시작점, 끝점, 반지름) 옵션을 실행하여 그림과 같이 400mm 값의 반지름을 갖는 원호를 그려 준다.

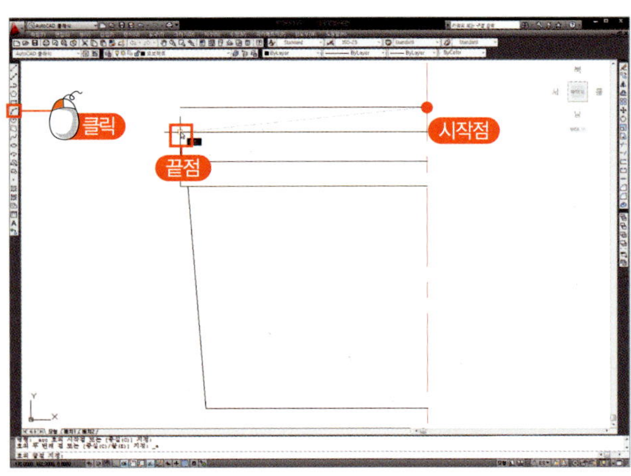

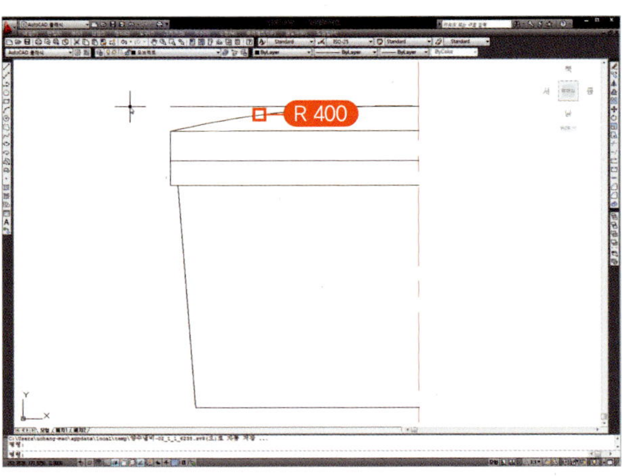

명령: **arc** [Enter]
호의 시작점 또는 [중심(C)] 지정: **(옵셋시킨 직선의 우측 끝점 선택)**
호의 두 번째 점 또는 [중심(C)/끝(E)] 지정: **e** [Enter] (끝 옵션 입력)
호의 끝점 지정: **(좌측 수직선의 상단 끝점 선택)**
호의 중심점 지정 또는 [각도(A)/방향(D)/반지름(R)]: **r** [Enter] (반지름 옵션 입력)
호의 반지름 지정: **400** [Enter] (반지름값 입력)

08_ 이전 단계에서 옵셋시킨 수평선을 선택한 후 Delete 키를 눌러 삭제한다.

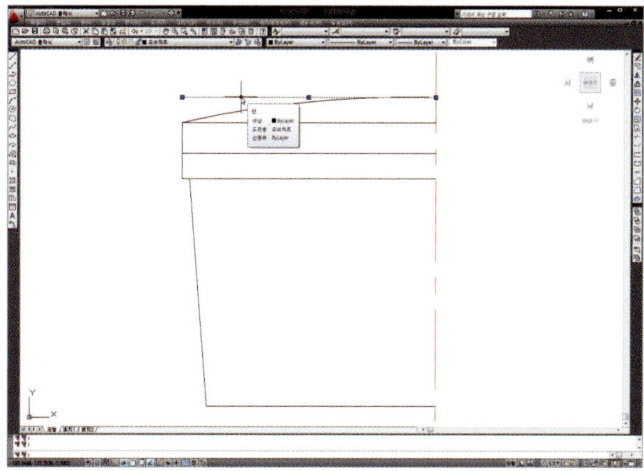

명령: **erase** Enter

09_ fillet 명령으로 냄비 뚜껑의 좌측 모서리 부분을 5mm 반지름 값으로 부드럽게 마무리하고 그림과 같이 교차되어 있던 직선은 삭제한다.

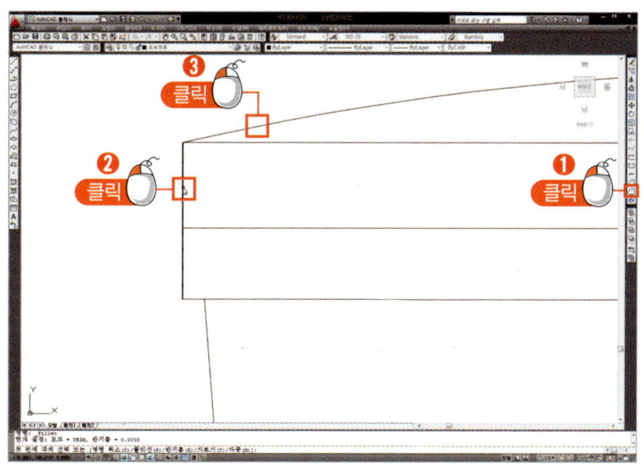

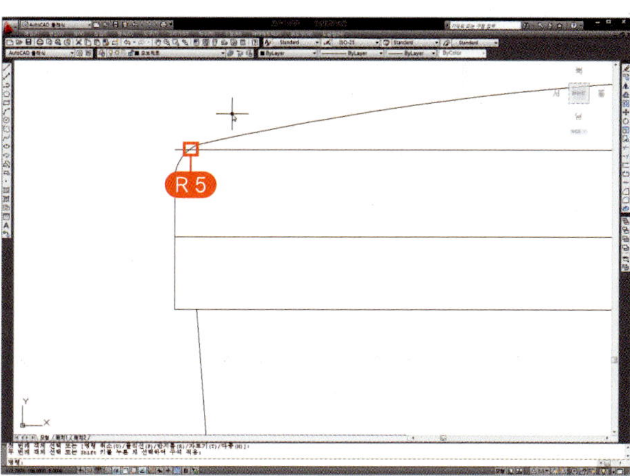

명령: **fillet** Enter
현재 설정값: 모드 = trim, 반지름 = 0.0000
첫 번째 객체 선택 또는 [명령취소(U)/폴리선(P)/반지름(R)/자르기(T)/다중(M)]: **r** Enter (반지름 옵션 입력)
모깎기 반지름 지정 〈0.0000〉: **5** Enter (반지름값 입력)
첫 번째 객체 선택 또는 [명령취소(U)/폴리선(P)/반지름(R)/자르기(T)/다중(M)]: **(뚜껑 상단 원호 선택)**
두 번째 객체 선택 또는 Shift 키를 누른 채 선택하여 구석 적용: **(뚜껑 좌측 모서리 선택)**

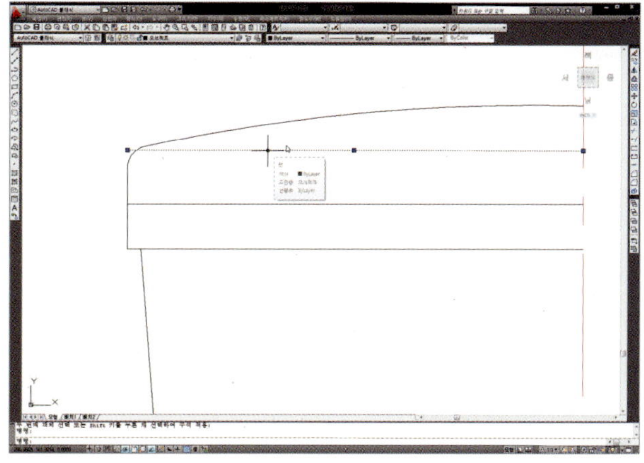

명령: **erase** Enter

10_ 냄비 뚜껑과 몸체의 경계를 만들어주기 위해 그림과 같이 직선을 선택한 후 0.5mm만큼 위쪽 방향으로 offset 시켜 준다.

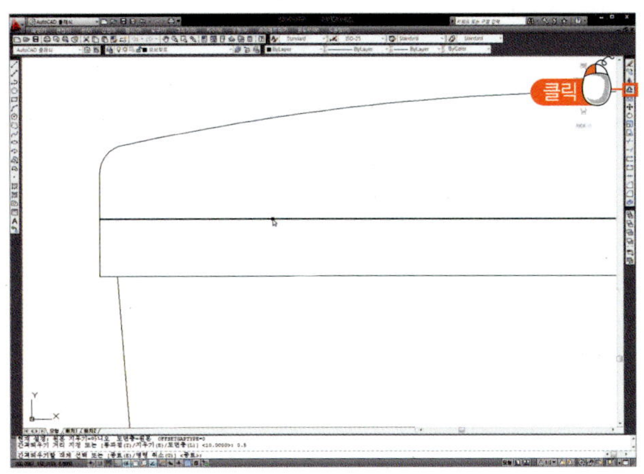
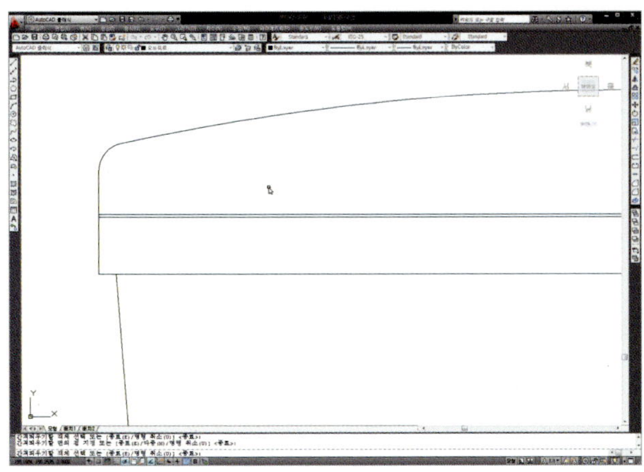

명령: **offset** `Enter`
현재 설정: 원본 지우기=아니오 도면층=원본 OFFSETGAPTYPE=0
간격띄우기 거리 지정 또는 [통과점(T)/지우기(E)/도면층(L)] 〈통과점〉: **0.5** `Enter` (거리값 입력)
간격띄우기할 객체 선택 또는 [종료(E)/명령취소(U)] 〈종료〉: **(직선 선택)**
간격띄우기할 면의 점 지정 또는 [종료(E)/다중(M)/명령취소(U)] 〈나가기〉: **(직선 상단 클릭)**

11_ trim 명령으로 옵셋된 수평선과 좌측 수직선이 만나는 교차점 부분을 그림과 같이 정리해준다.

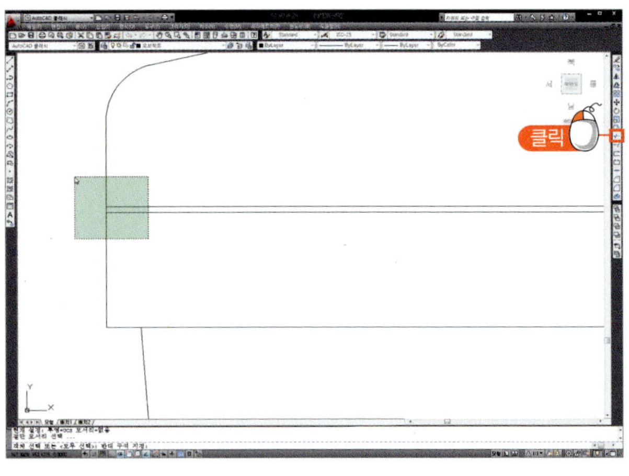
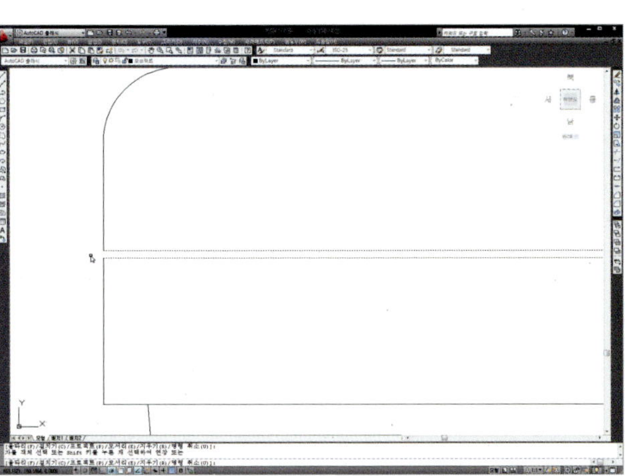

명령: **trim** `Enter`
현재 설정값: 투영=UCS 모서리=없음
객체 선택: **(cross 선택 방법으로 모든 오브젝트 선택 후 `Enter`)**
자를 객체 선택 또는 Shift 키를 누른 채 선택하여 연장 또는
[울타리(F)/걸치기(C)/프로젝트(P)/모서리(E)/지우기(R)/명령취소(U)]: **(불필요한 부분 제거)**

12_ fillet 명령으로 냄비 뚜껑의 좌측 하단 모서리와 분리된 몸체 좌측 상단 모서리 부분을 3mm 반지름 값으로 부드럽게 마무리 해준다.

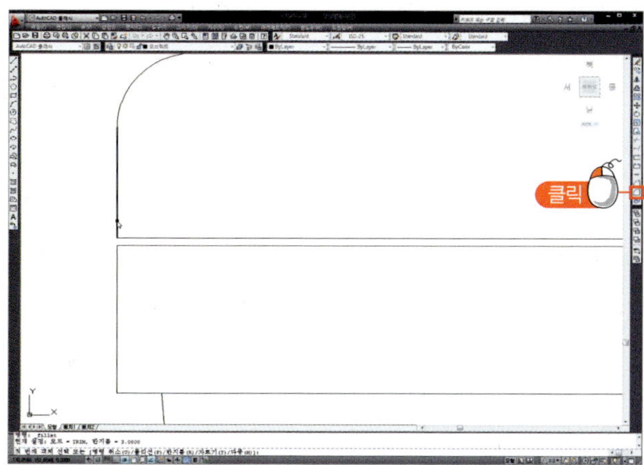

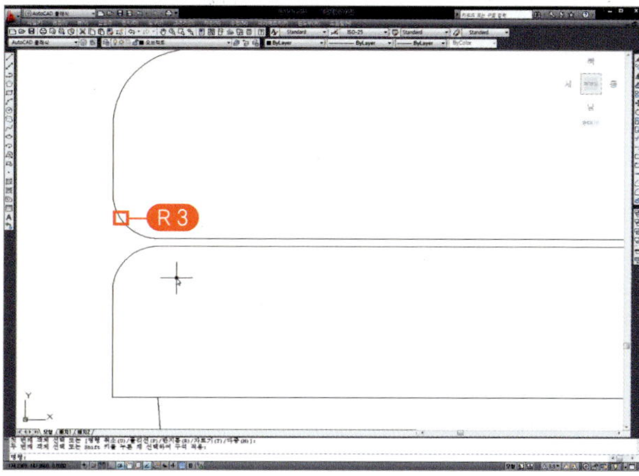

명령: **fillet** Enter
현재 설정값: 모드 = trim, 반지름 = 0.0000
첫 번째 객체 선택 또는 [명령취소(U)/폴리선(P)/반지름(R)/자르기(T)/다중(M)]: **r** Enter (반지름 옵션 입력)
모깎기 반지름 지정 〈0.0000〉: **3** Enter (반지름값 입력)
첫 번째 객체 선택 또는 [명령취소(U)/폴리선(P)/반지름(R)/자르기(T)/다중(M)]: **(옵셋된 직선 선택)**
두 번째 객체 선택 또는 Shift 키를 누른 채 선택하여 구석 적용: **(뚜껑 좌측 모서리 선택)**

13_ 다시 한 번 fillet 명령으로 냄비 몸체 좌측 하단 모서리 부분도 5mm 반지름 값으로 부드럽게 마무리한다.

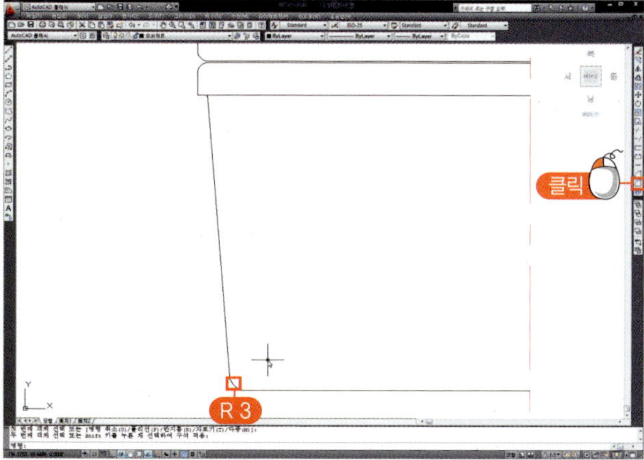

명령: **fillet** Enter
현재 설정값: 모드 = trim, 반지름 = 0.0000
첫 번째 객체 선택 또는 [명령취소(U)/폴리선(P)/반지름(R)/자르기(T)/다중(M)]: **r** Enter (반지름 옵션 입력)
모깎기 반지름 지정 〈0.0000〉: **5** Enter (반지름값 입력)
첫 번째 객체 선택 또는 [명령취소(U)/폴리선(P)/반지름(R)/자르기(T)/다중(M)]: **(냄비 몸체 좌측 직선 선택)**
두 번째 객체 선택 또는 Shift 키를 누른 채 선택하여 구석 적용: **(냄비 몸체 하단 직선 선택)**

03 → 양수냄비 몸체의 좌우 손잡이 작성하기

양수냄비의 외형도 몸체 형상이 완성되었다. 다음 단계로 냄비의 뚜껑 손잡이와 좌우측 양 손잡이도 함께 그려보도록
한다.

01 _ 평면도 상에서 보이는 좌측 손잡이 끝 모서리를 기준으로 line을 내려 그림과 같이 정면도 상의 손잡이 위치를
잡아준다.

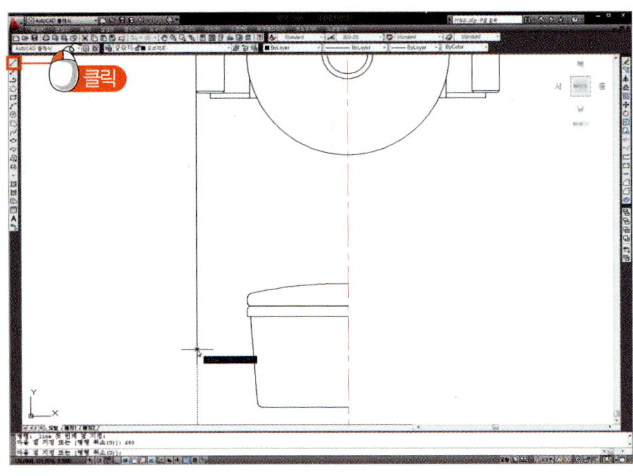
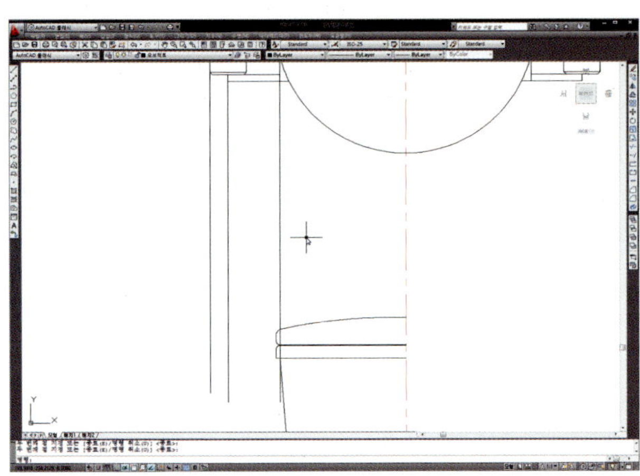

명령: line `Enter`
첫 번째 점 지정: **(평면도 냄비 손잡이 좌측 모서리 끝점 선택)**
다음 점 지정 또는 [명령 취소(U)]: **250** `Enter` (거리값 입력)

02 _ 그림과 같이 지정된 위치까지 extend 명령으로 직선을 연장시킨다.

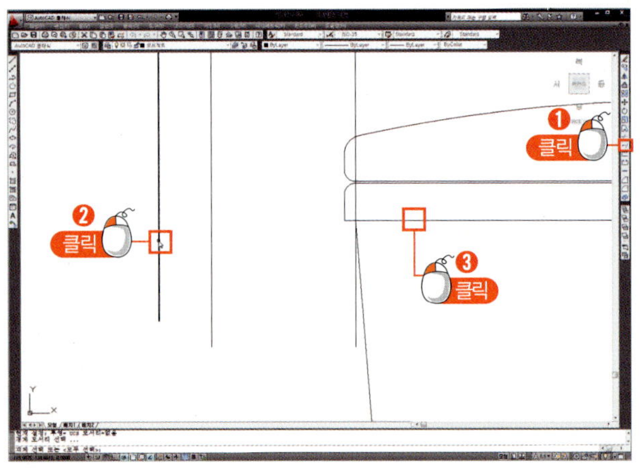

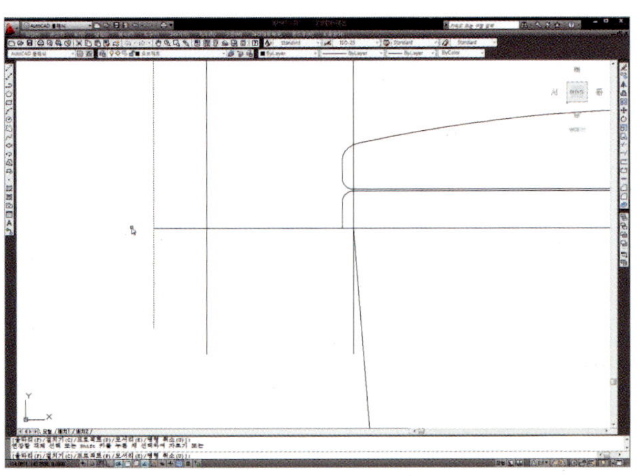

명령: extend `Enter`
현재 설정값: 투영= UCS 모서리=없음
경계 모서리 선택 ...
객체 선택: **(화면 좌측 수직선 선택 후 `Enter`)**
연장할 객체 선택 또는 Shift 키를 누른 채 선택하여 자르기 또는
[울타리(F)/걸치기(C)/프로젝트(P)/모서리(E)/명령취소(U)]: **(몸체 하단 수평선의 좌측 끝 선택)**

03_ 연장시킨 수평선을 선택한 후 3mm, 12mm, 3mm, 12mm만큼 아래쪽 방향으로 차례대로 offset시킨다.

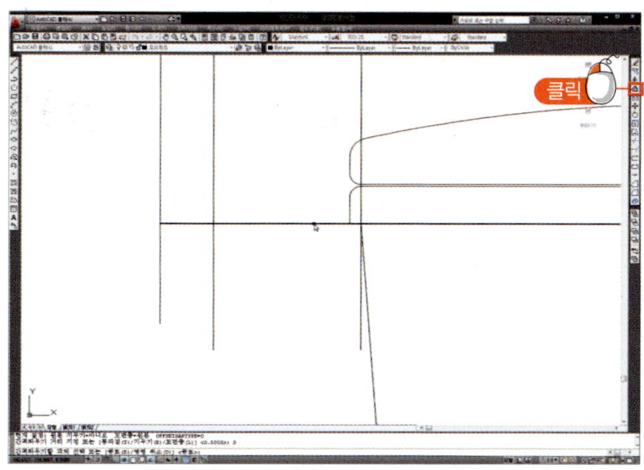

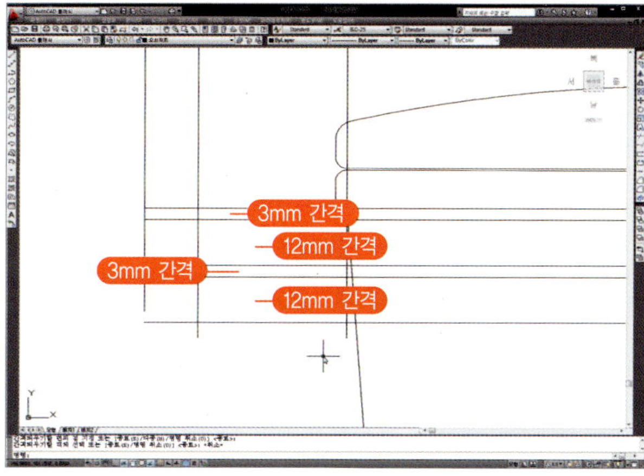

명령: **offset** Enter
현재 설정: 원본 지우기=아니오 도면층=원본 OFFSETGAPTYPE=0
간격띄우기 거리 지정 또는 [통과점(T)/지우기(E)/도면층(L)] 〈통과점〉: **(3mm, 12mm, 3mm, 12mm만큼 차례대로 OFFSET)**
간격띄우기할 객체 선택 또는 [종료(E)/명령취소(U)] 〈종료〉: **(연장시킨 직선 선택)**
간격띄우기할 면의 점 지정 또는 [종료(E)/다중(M)/명령취소(U)] 〈나가기〉: **(직선 아래쪽 방향으로 클릭)**

04_ 그림과 같이 수직선을 선택한 후 우측으로 10mm만큼 다시 한 번 offset시킨다.

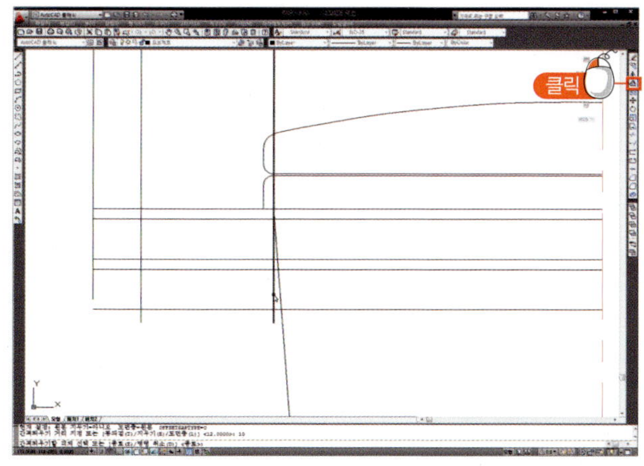

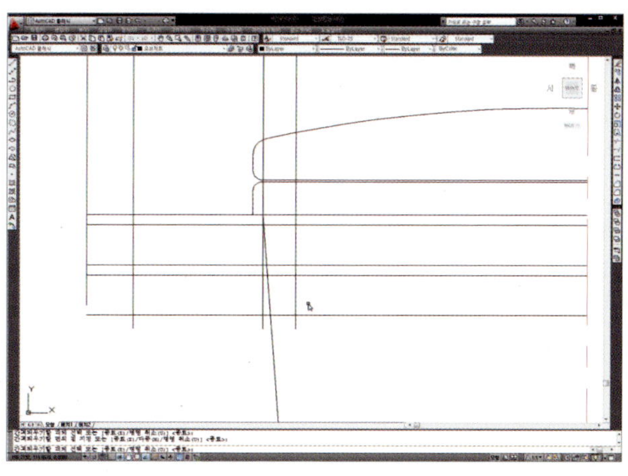

명령: **offset** Enter
현재 설정: 원본 지우기=아니오 도면층=원본 OFFSETGAPTYPE=0
간격띄우기 거리 지정 또는 [통과점(T)/지우기(E)/도면층(L)] 〈통과점〉: **10** Enter (거리값 입력)
간격띄우기할 객체 선택 또는 [종료(E)/명령취소(U)] 〈종료〉: **(수직선 선택)**
간격띄우기할 면의 점 지정 또는 [종료(E)/다중(M)/명령취소(U)] 〈나가기〉: **(수직선 우측 방향 클릭)**

05_ line 명령을 이용하여 그림과 같이 2개의 교차점
을 찾아 서로 이어준다.

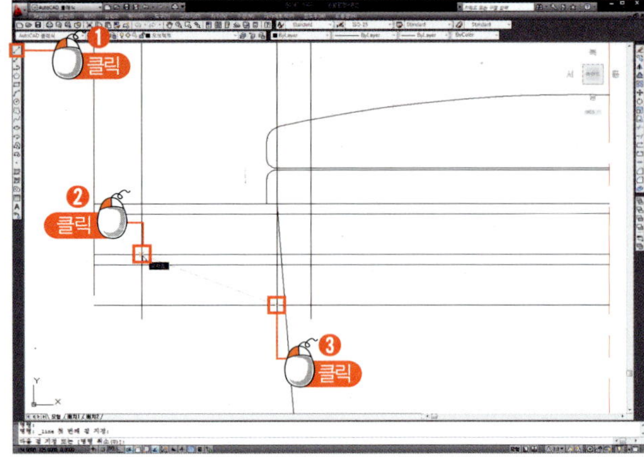

명령: line Enter
첫 번째 점 지정: **(교차된 직선의 상단 교차점 선택)**
다음 점 지정 또는 [명령 취소(U)]: **(교차된 직선의 하단 교차점 선택)**

06_ 옵셋되어 교차된 수직선들을 trim 명령으로 그림과 같이 모두 정리한다.

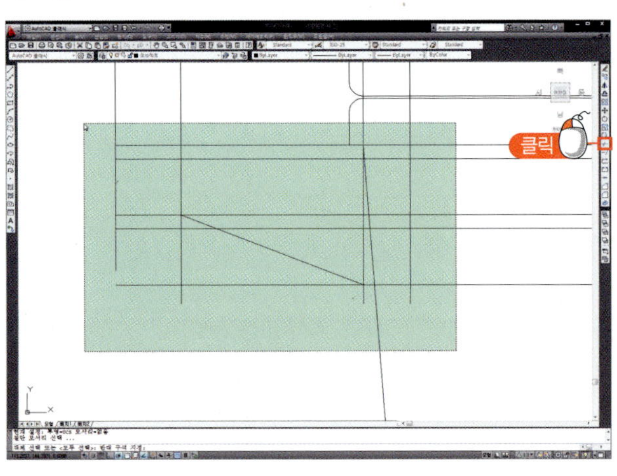

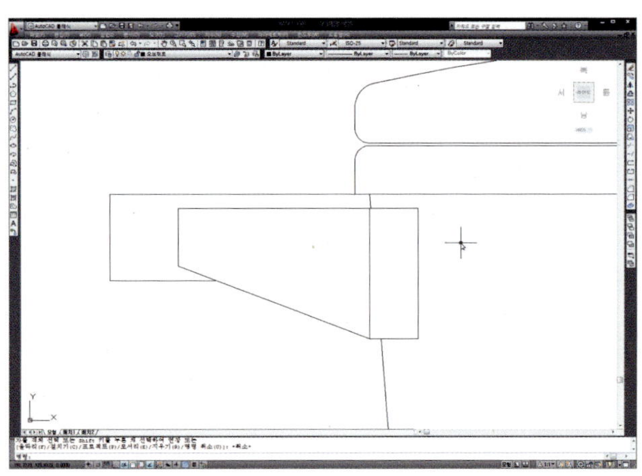

명령: trim Enter
현재 설정값: 투영=UCS 모서리=없음
객체 선택: **(cross 선택 방법으로 모든 오브젝트를 선택 후 Enter)**
자를 객체 선택 또는 Shift 키를 누른 채 선택하여 연장 또는
[울타리(F)/걸치기(C)/프로젝트(P)/모서리(E)/지우기(R)/명령취소(U)]: **(불필요한 부분 제거)**

07_ 그림과 같이 수직선을 선택한 후 우측으로 28mm만큼 한 번 더 offset시킨다.

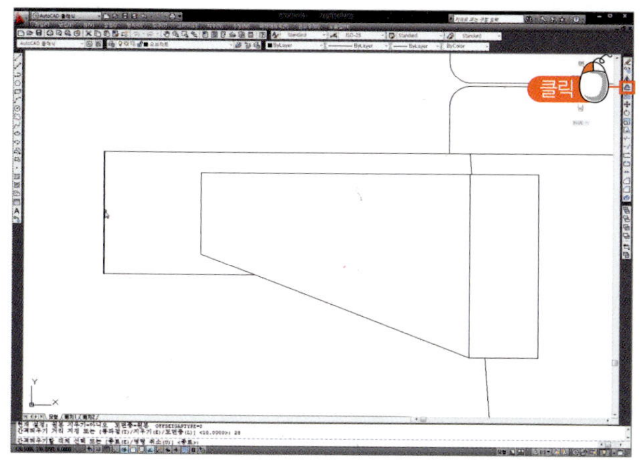
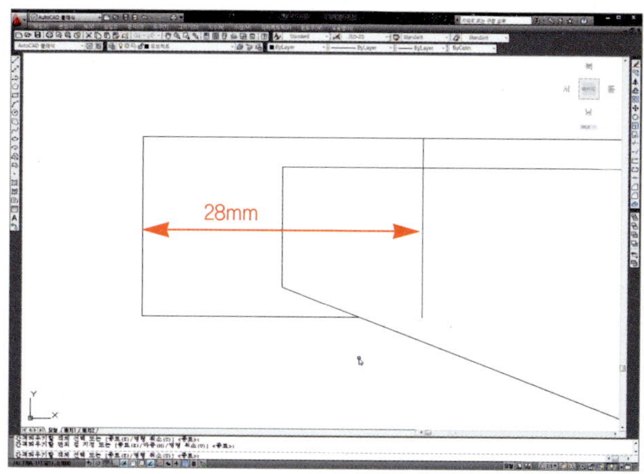

명령: **offset** [Enter]
현재 설정: 원본 지우기=아니오 도면층=원본 OFFSETGAPTYPE=0
간격띄우기 거리 지정 또는 [통과점(T)/지우기(E)/도면층(L)] 〈통과점〉: **28** [Enter] (거리값 입력)
간격띄우기할 객체 선택 또는 [종료(E)/명령취소(U)] 〈종료〉: **(수직선 선택)**
간격띄우기할 면의 점 지정 또는 [종료(E)/다중(M)/명령취소(U)] 〈나가기〉: **(수직선 우측 방향 클릭)**

08_ 옵셋된 사각접점 부분에 들어갈 원을 그리기 위해 'circle 명령 〉 3p' 옵션으로 그림과 같이 2개의 접점 원을 그려준다.

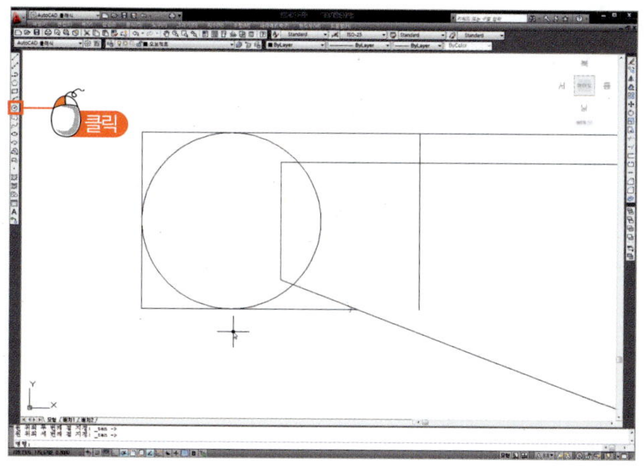
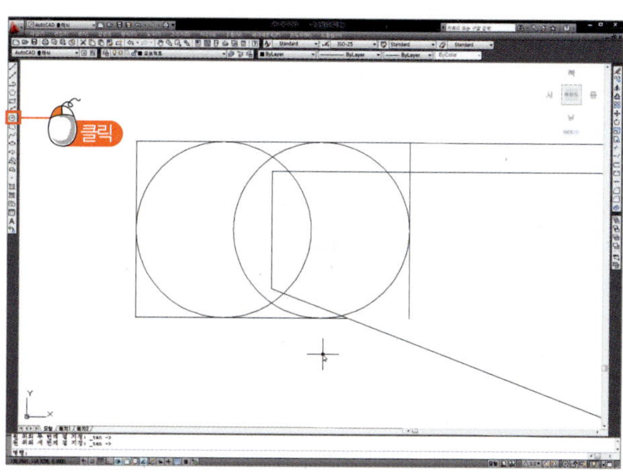

명령: **circle** [Enter]
원에 대한 중심점 지정 또는 [3P/2P/Ttr(접선 접선 반지름)]: **3p** [Enter]
위의 첫 번째 점 지정: **tan** [Enter]
위의 첫 번째 점 지정: TAN → **(첫 번째 모서리 접점 선택)**
원 위의 두 번째 점 지정: **tan** [Enter]
원 위의 두 번째 점 지정: TAN → **(두 번째 모서리 접점 선택)**
원 위의 세 번째 점 지정: **tan** [Enter]
원 위의 세 번째 점 지정: TAN → **(세 번째 모서리 접점 선택)**

09_ 원과 접점으로 만난 직선들을 trim 명령으로 그림과 같이 모두 정리해준다.

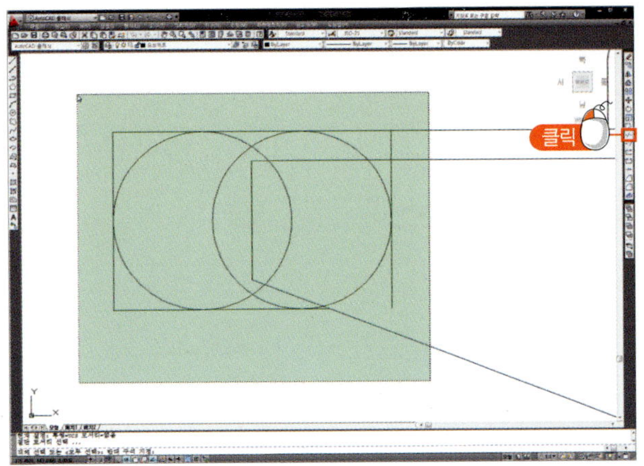 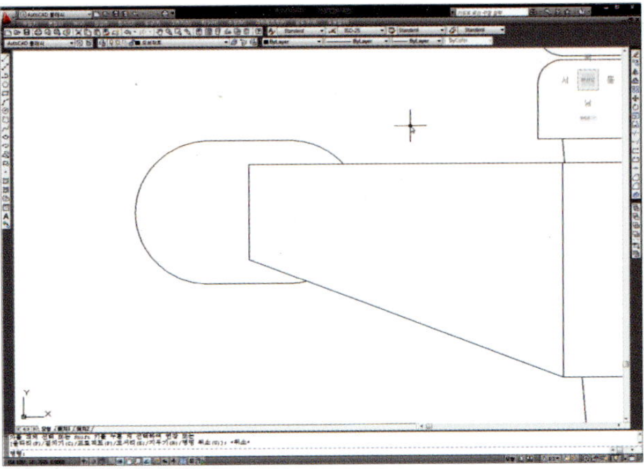

명령: **trim** Enter
현재 설정값: 투영=UCS 모서리=없음
객체 선택: **(cross 선택 방법으로 모든 오브젝트를 선택 후 Enter)**
자를 객체 선택 또는 Shift 키를 누른 채 선택하여 연장 또는
[울타리(F)/걸치기(C)/프로젝트(P)/모서리(E)/지우기(R)/명령취소(U)]: **(원과 접점으로 만난 직선들 중 불필요한 부분 제거)**

10_ 완성된 냄비 손잡이 형상을 모두 선택한 후 손잡이 안쪽으로 2mm만큼 offset시켜 주고 trim 명령으로 교차된 선들을 그림과 같이 정리한다.

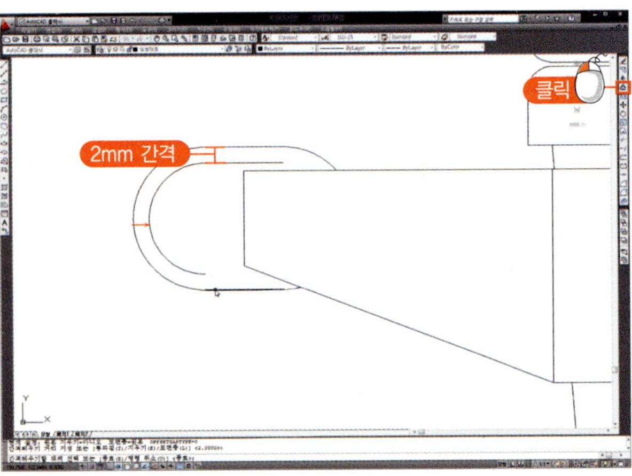

명령: **offset** Enter
현재 설정: 원본 지우기=아니오 도면층=원본 OFFSETGAPTYPE=0
간격띄우기 거리 지정 또는 [통과점(T)/지우기(E)/도면층(L)] 〈통과점〉: **2** Enter (거리값 입력)
간격띄우기할 객체 선택 또는 [종료(E)/명령취소(U)] 〈종료〉: **(손잡이 형상 오브젝트 선택)**
간격띄우기할 면의 점 지정 또는 [종료(E)/다중(M)/명령취소(U)] 〈나가기〉: **(손잡이 안쪽으로 지정)**

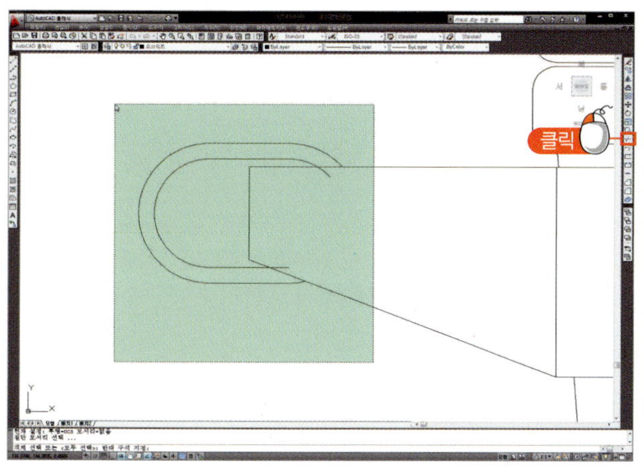 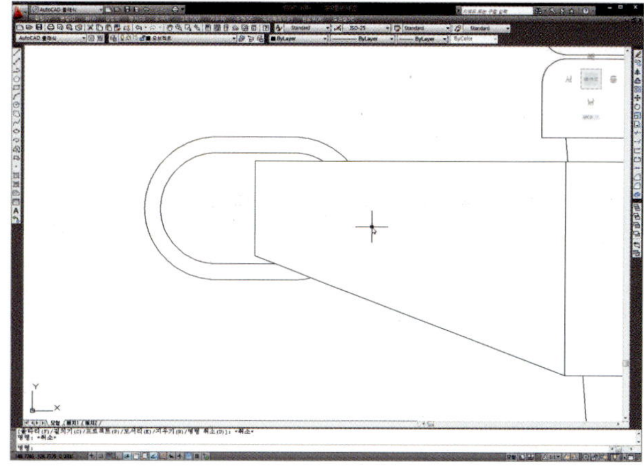

명령: **trim** Enter
현재 설정값: 투영=UCS 모서리=없음
객체 선택: **(cross 선택 방법으로 모든 오브젝트를 선택** Enter**)**
자를 객체 선택 또는 Shift 키를 누른 채 선택하여 연장 또는
[울타리(F)/걸치기(C)/프로젝트(P)/모서리(E)/지우기(R)/명령취소(U)]: **(교차된 불필요한 부분 제거)**

11_ fillet 명령으로 손잡이 가이드 상단 모서리 부분을 5mm 반지름 값으로 부드럽게 마무리한다.

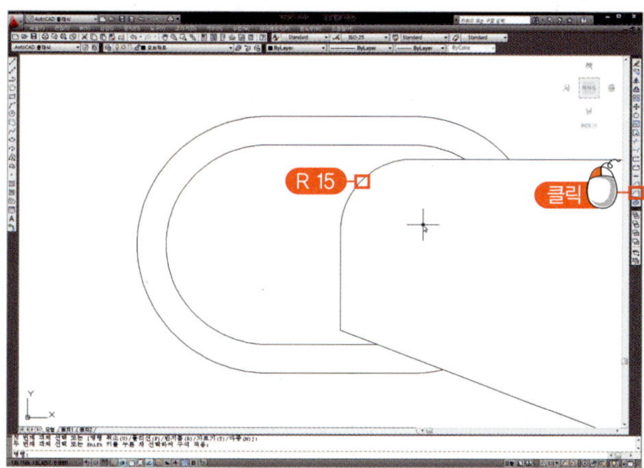

명령: **fillet** Enter
현재 설정값: 모드 = trim, 반지름 = 0.0000
첫 번째 객체 선택 또는 [명령취소(U)/폴리선(P)/반지름(R)/자르기(T)/다중(M)]: **r** Enter (반지름 옵션 입력)
모깎기 반지름 지정 〈0.0000〉: **5** Enter (반지름값 입력)
첫 번째 객체 선택 또는 [명령취소(U)/폴리선(P)/반지름(R)/자르기(T)/다중(M)]: **(손잡이 가이드 좌측 직선 선택)**
두 번째 객체 선택 또는 Shift 키를 누른 채 선택하여 구석 적용: **(손잡이 가이드 상단 직선 선택)**

04 → 양수냄비의 뚜껑 손잡이 작성하기

01_ 이전 과정과 동일하게 평면도에서 line을 내려 그림과 같이 정면도상의 뚜껑 손잡이 위치를 잡아준다.

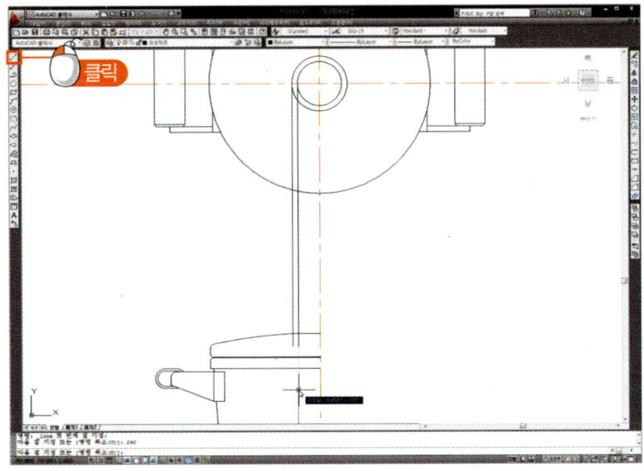

명령: **line** Enter
첫 번째 점 지정: **(정면도 뚜껑 손잡이 좌측 사분점 선택)**
다음 점 지정 또는 [명령 취소(U)]: **240** Enter (거리값 입력)

02_ offset 명령으로 수평선을 선택하여 그림과 같이 위쪽 방향으로 45mm, 10mm, 3mm 만큼 차례대로 띄워준다.

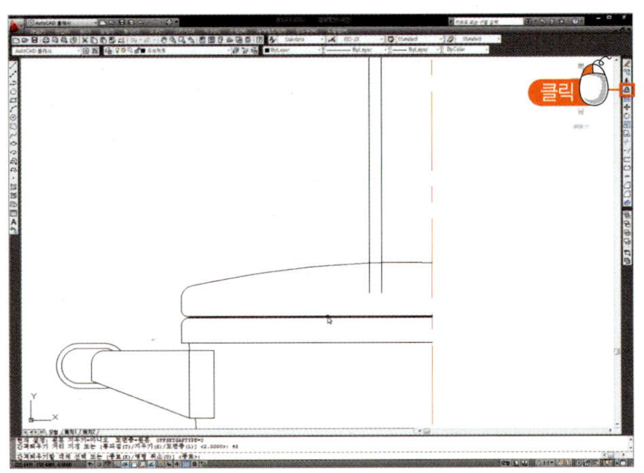

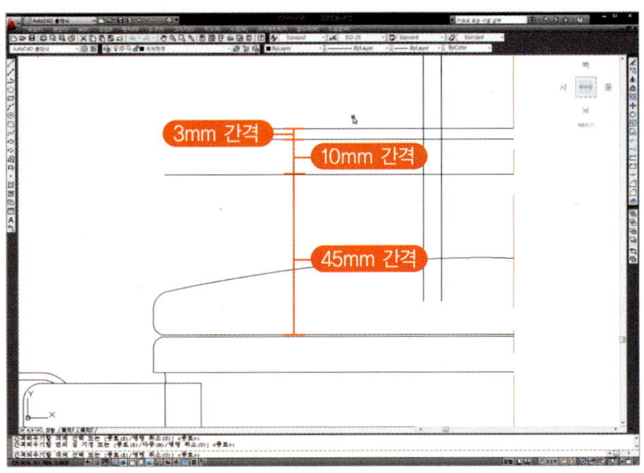

명령: **offset** Enter
현재 설정: 원본 지우기=아니오 도면층=원본 OFFSETGAPTYPE=0
간격띄우기 거리 지정 또는 [통과점(T)/지우기(E)/도면층(L)] 〈통과점〉: **(45mm, 10mm, 3mm만큼 차례대로 offset)**
간격띄우기할 객체 선택 또는 [종료(E)/명령취소(U)] 〈종료〉: **(수평선 선택)**
간격띄우기할 면의 점 지정 또는 [종료(E)/다중(M)/명령취소(U)] 〈나가기〉: **(수평선 위쪽 방향 클릭)**

03_ 그림과 같이 수직선을 선택하여 우측 방향으로 7mm, 2mm 만큼 차례대로 띄워준다.

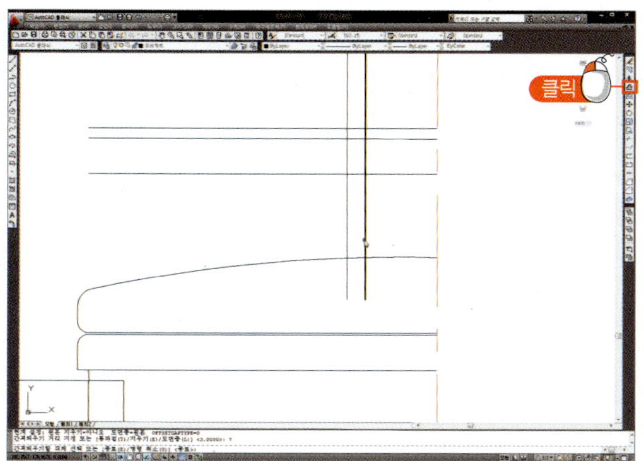

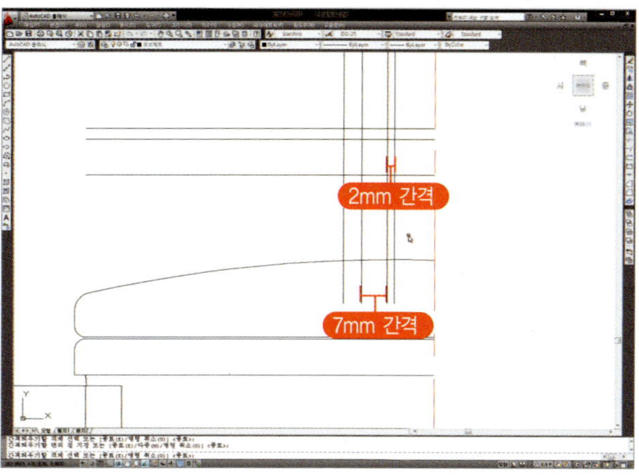

명령: **offset** [Enter]
현재 설정: 원본 지우기=아니오 도면층=원본 OFFSETGAPTYPE=0
간격띄우기 거리 지정 또는 [통과점(T)/지우기(E)/도면층(L)] 〈통과점〉: **(7mm, 2mm 만큼 차례대로 offset)**
간격띄우기할 객체 선택 또는 [종료(E)/명령취소(U)] 〈종료〉: **(수직선 선택)**
간격띄우기할 면의 점 지정 또는 [종료(E)/다중(M)/명령취소(U)] 〈나가기〉: **(수직선 우측 방향 클릭)**

04_ 방금 옵셋된 직선과 교차된 교차점 2개를 찾아 line 명령으로 이어준다.

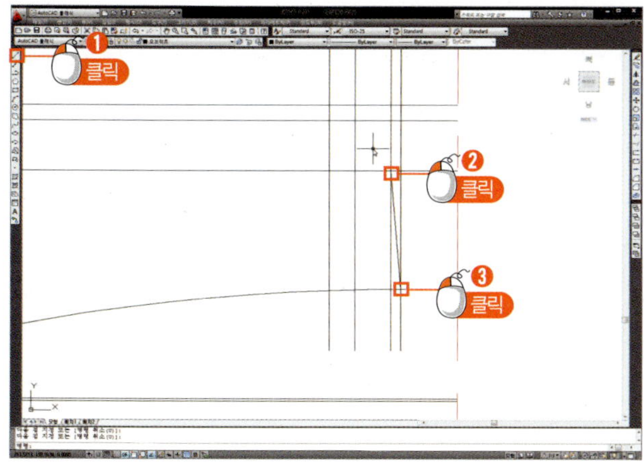

명령: **line** [Enter]
첫 번째 점 지정: **(교차된 직선의 상단 교차점 선택)**
다음 점 지정 또는 [명령 취소(U)]: **(교차된 직선의 하단 교차점 선택)**

05_ trim 명령으로 교차된 수직선들을 그림과 같이 모두 정리해준다.

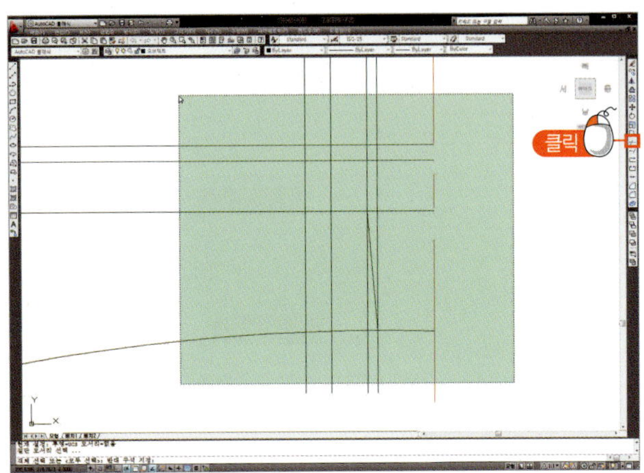

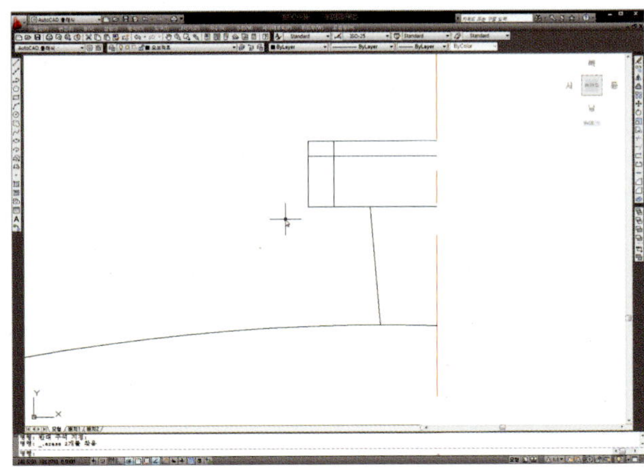

명령: **trim** `Enter`
현재 설정값: 투영=UCS 모서리=없음
객체 선택: **(cross 선택 방법으로 모든 오브젝트를 선택 후 `Enter`)**
자를 객체 선택 또는 Shift 키를 누른 채 선택하여 연장 또는
[울타리(F)/걸치기(C)/프로젝트(P)/모서리(E)/지우기(R)/명령취소(U)]: **(교차된 수직선들의 불필요한 부분 제거)**

06_ ‘circle 명령 > 3p’ 옵션으로 그림과 같이 접점 원을 그려주고 arc 명령(시작점, 끝점, 반지름) 옵션을 실행하여 80mm 값의 반지름을 갖는 원호를 그려준다.

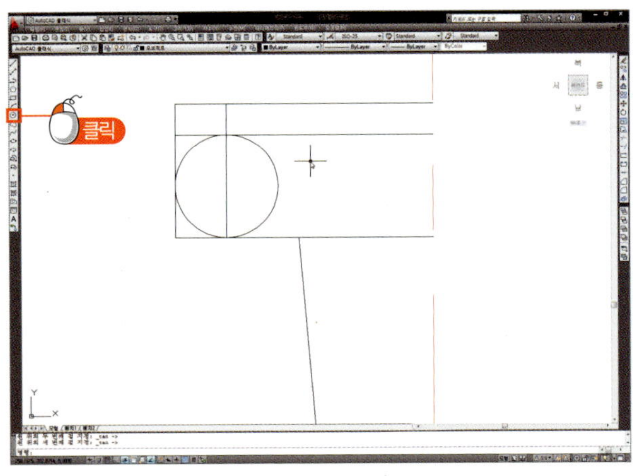

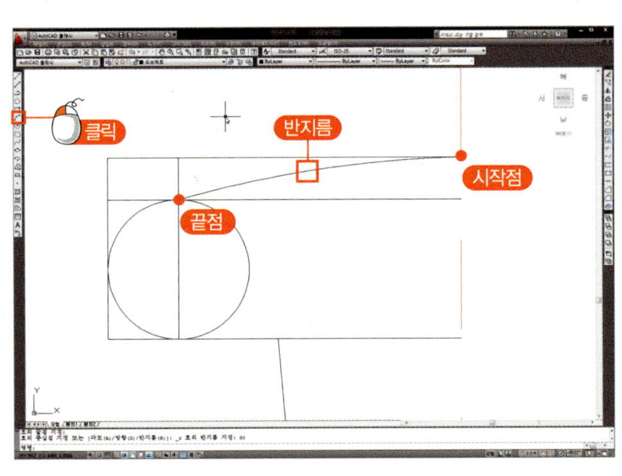

명령: **circle** `Enter`
원에 대한 중심점 지정 또는 [3P/2P/Ttr(접선 접선 반지름)]: **3p** `Enter`
위의 첫 번째 점 지정: **tan** `Enter`
위의 첫 번째 점 지정: TAN → **(첫 번째 모서리 접점 선택)**
원 위의 두 번째 점 지정: **tan** `Enter`
원 위의 두 번째 점 지정: TAN → **(두 번째 모서리 접점 선택)**
원 위의 세 번째 점 지정: **tan** `Enter`
원 위의 세 번째 점 지정: TAN → **(세 번째 모서리 접점 선택)**

명령: **arc** `Enter`
호의 시작점 또는 [중심(C)] 지정: **(옵셋시킨 직선의 우측 끝점 선택)**
호의 두 번째 점 또는 [중심(C)/끝(E)] 지정: **e** `Enter` (끝 옵션 입력)
호의 끝점 지정: **(좌측 수직선의 상단 교차점 선택)**
호의 중심점 지정 또는 [각도(A)/방향(D)/반지름(R)]: **r** `Enter` (반지름 옵션 입력)
호의 반지름 지정: **80** `Enter` (반지름값 입력)

07_ trim 명령으로 교차된 수직선들을 그림과 같이 모두 정리해준다.

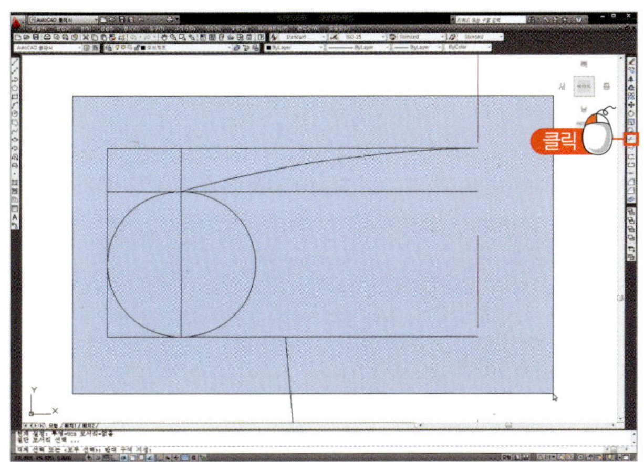
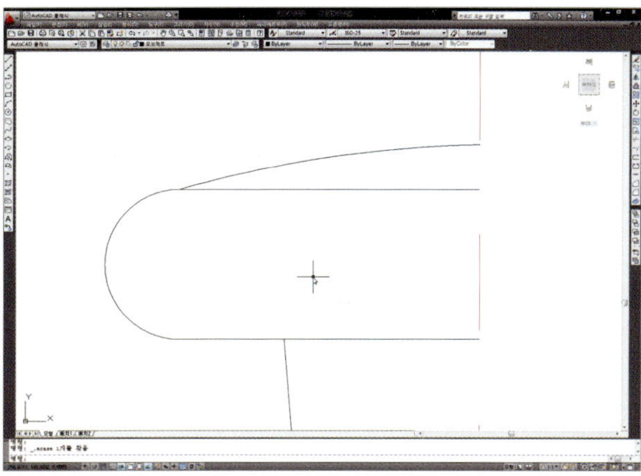

명령: **trim** `Enter`
현재 설정값: 투영=UCS 모서리=없음
객체 선택: **(cross 선택 방법으로 모든 오브젝트를 선택 후 `Enter`)**
자를 객체 선택 또는 Shift 키를 누른 채 선택하여 연장 또는
[울타리(F)/걸치기(C)/프로젝트(P)/모서리(E)/지우기(R)/명령취소(U)]: **(원과 호와 교차된 직선들 중 불필요한 부분 제거)**

08_ 냄비 하단 바닥 부분을 그려주기 위해 offset 명령으로 하단 수평선을 선택하여 그림과 같이 아래쪽 방향으로 3mm만큼 띄워준다.

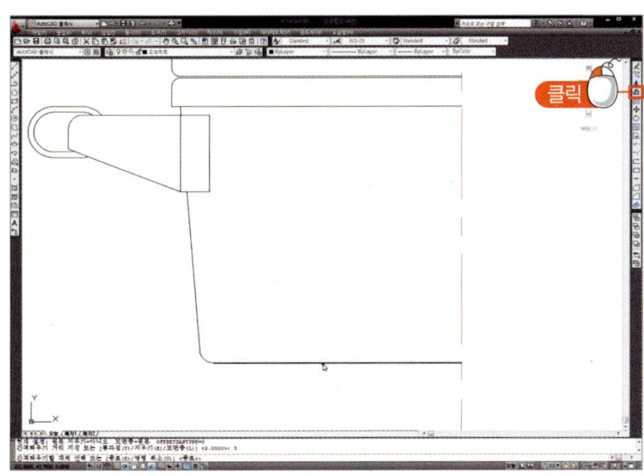
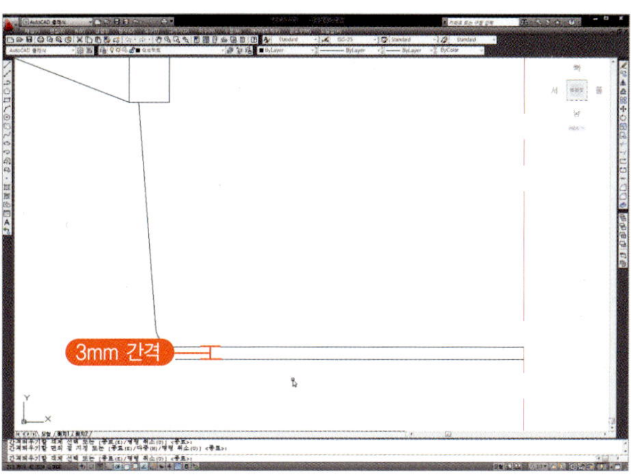

명령: **offset** `Enter`
현재 설정: 원본 지우기=아니오 도면층=원본 OFFSETGAPTYPE=0
간격띄우기 거리 지정 또는 [통과점(T)/지우기(E)/도면층(L)] 〈통과점〉: **3** `Enter` (거리값 입력)
간격띄우기할 객체 선택 또는 [종료(E)/명령취소(U)] 〈종료〉: **(하단 수평선 선택)**
간격띄우기할 면의 점 지정 또는 [종료(E)/다중(M)/명령취소(U)] 〈나가기〉: **(수평선 아래측 방향 클릭)**

09_ 방금 옵셋된 직선의 좌측 끝점을 찾아 line 명령으로 이어준다.

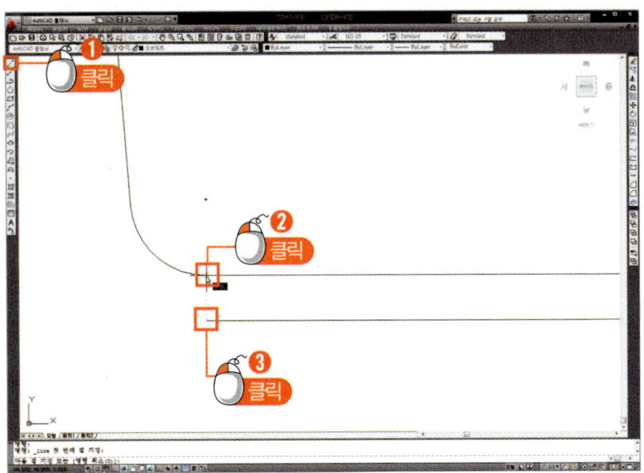

명령: line [Enter]
첫 번째 점 지정: **(직선의 끝점 선택)**
다음 점 지정 또는 [명령 취소(U)]: **(옵셋된 직선의 끝점 선택)**

10_ 반만 그려진 냄비의 외형 오브젝트를 모두 선택한 후, 그림과 같이 우측으로 반전(mirror)시켜 전체 몸체 형상을 완성한다.

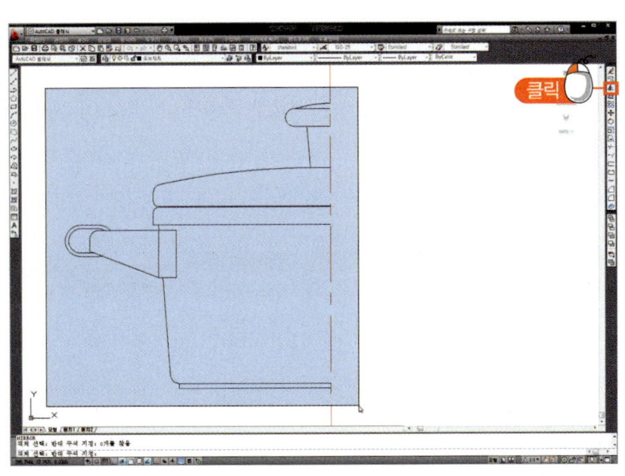

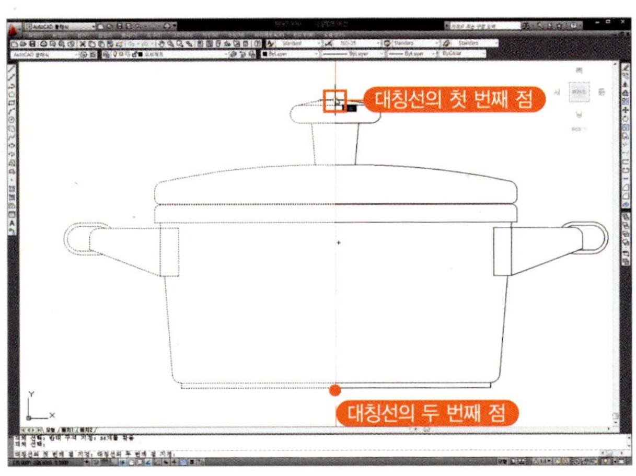

명령: mirror [Enter]
객체 선택: **(wndow 선택 방법으로 반쪽 외형 몸체 선택)**
대칭선의 첫 번째 점 지정: **(냄비 뚜껑 상단 원호의 우측 끝점 선택)**
대칭선의 두 번째 점 지정: **(냄비 몸체 하단 직선의 우측 끝점 선택)**
원본 객체를 지우시겠습니까? [예(Y)/아니오(N)] ⟨N⟩: [Enter]

11_ 완성된 양수 냄비 외형도의 전체 모습을 확인하기 위하여 'zoom 명령 > 전체(A)' 옵션으로 전체화면으로 전환해준다.

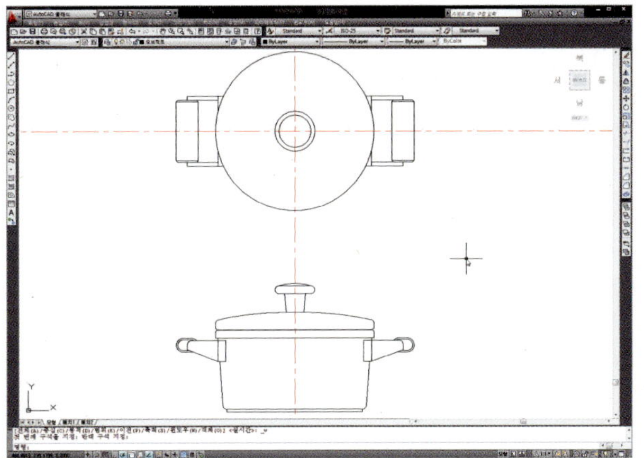

명령: **zoom** Enter
윈도우 구석을 지정, 축척 비율 (nX 또는 nXP)을 입력, 또는
[전체(A)/중심(C)/동적(D)/범위(E)/이전(P)/축척(S)/윈도우(W)/객체(O)] ⟨실시간⟩: **A** Enter

05→ 양수냄비 정면도 수직 중심을 가르는 반단면도 작성하기

그림에서 지시하는 화살표의 방향과 같이 양수냄비 평면도상의 수평 중심선을 기준으로 냄비의 내부 구조를 나타내는 반단면도를 표현해보자.

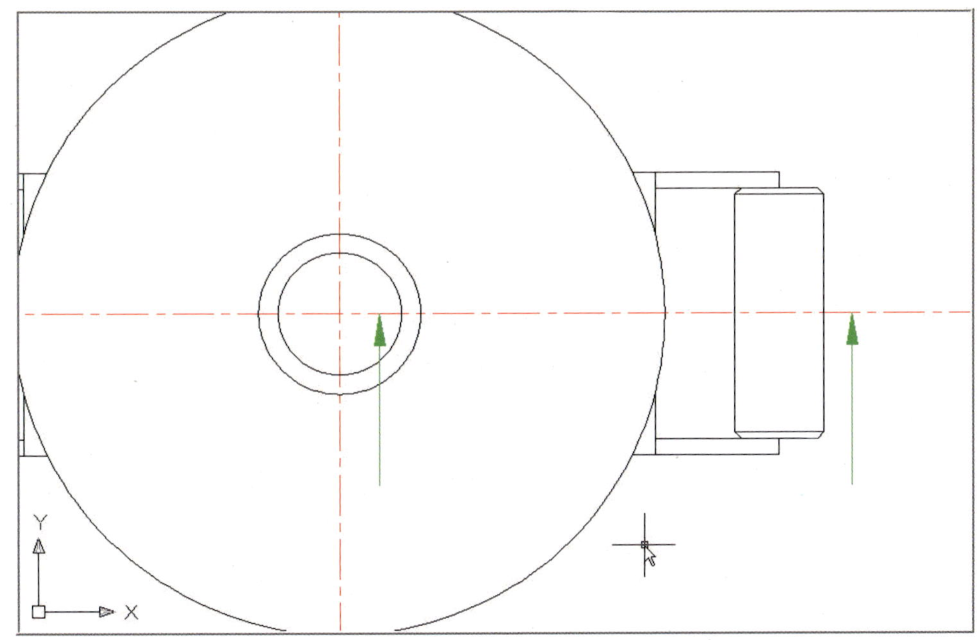

> **Tip** 디자인 도면은 제품의 형태를 외형뿐 아니라 내부의 형태도 표시해야 한다. 제품의 내부형상 및 구조가 어떻게 이루어졌는지 보여주기 위해 일정 위치를 절단 또는 파단한 것으로 가상하고 내부를 보이는 것처럼 그리면 외형선만으로 뚜렷한 상태를 나타낼 수 있다. 이러한 도면을 단면도라고 한다.

01_ 양수냄비의 표면 두께를 잡아주기 위해 offset 명령으로 그림과 같이 몸체 및 뚜껑 외형선을 선택하여 냄비 안쪽으로 2mm (두께)만큼 띄워준다.

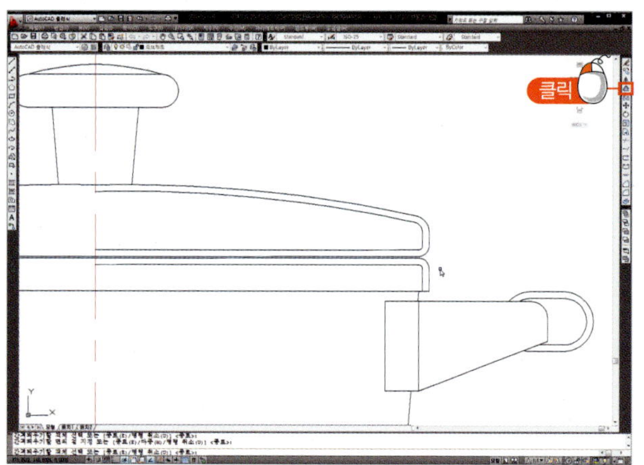

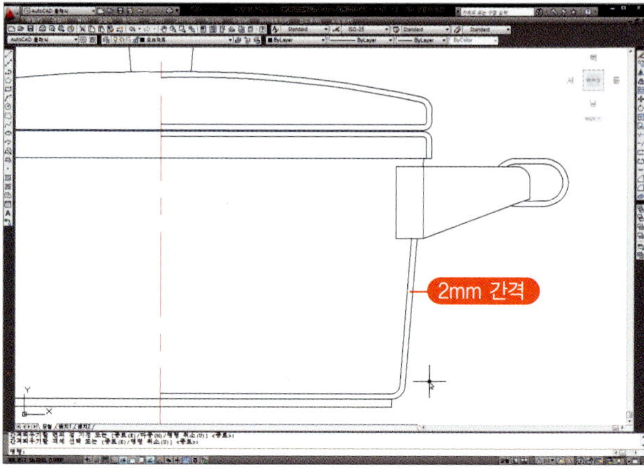

명령: **offset** Enter
현재 설정: 원본 지우기=아니오 도면층=원본 OFFSETGAPTYPE=0
간격띄우기 거리 지정 또는 [통과점(T)/지우기(E)/도면층(L)] 〈통과점〉: **2** Enter (거리값 입력)
간격띄우기할 객체 선택 또는 [종료(E)/명령취소(U)] 〈종료〉: **(몸체 및 뚜껑 외형선 선택)**
간격띄우기할 면의 점 지정 또는 [종료(E)/다중(M)/명령취소(U)] 〈나가기〉: **(몸체 및 뚜껑 외형선 안쪽 클릭)**

02_ extend 명령으로 그림과 같이 몸체 우측 단면선을 연장시켜준다.

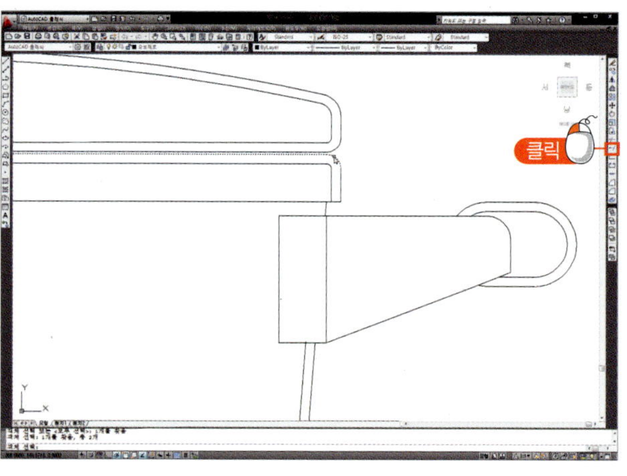

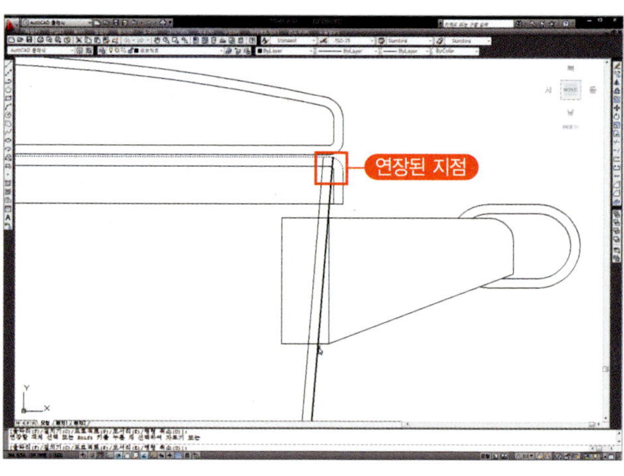

명령: **extend** Enter
현재 설정값: 투영= UCS 모서리=없음
경계 모서리 선택 ...
객체 선택: **(몸체 상단 외형선 선택 후** Enter**)**
연장할 객체 선택 또는 Shift 키를 누른 채 선택하여 자르기 또는
[울타리(F)/걸치기(C)/프로젝트(P)/모서리(E)/명령취소(U)]: **(몸체 우측 단면선 선택)**

03_ 옵셋되어 교차된 단면선 모두를 선택하여 trim 명령으로 그림과 같이 정리해준다.

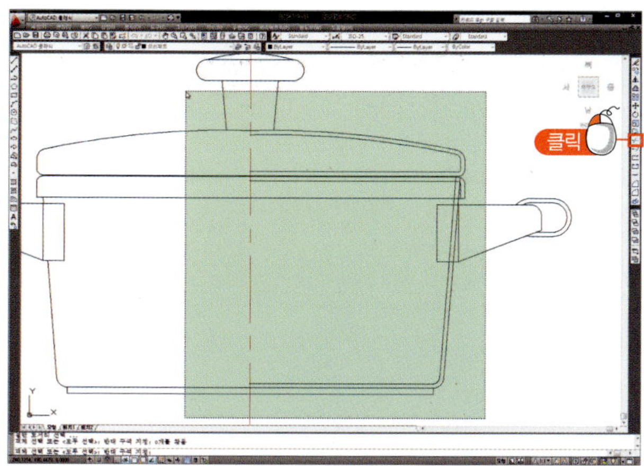
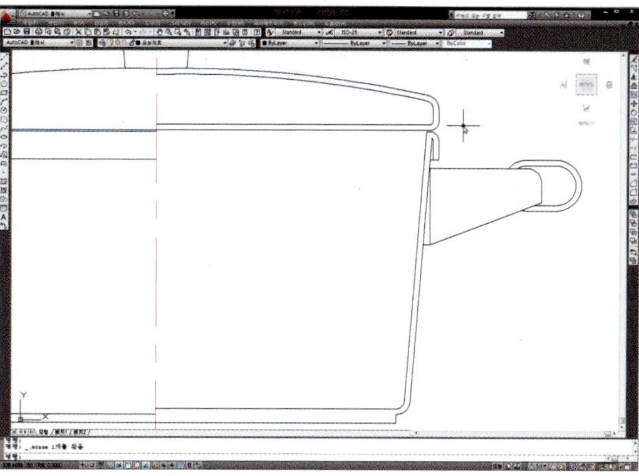

명령: trim **Enter**
현재 설정값: 투영=UCS 모서리=없음
객체 선택: **(cross 선택 방법으로 오브젝트를 선택 Enter)**
자를 객체 선택 또는 Shift 키를 누른 채 선택하여 연장 또는
[울타리(F)/걸치기(C)/프로젝트(P)/모서리(E)/지우기(R)/명령취소(U)]: **(교차된 단면선의 불필요한 부분 제거)**

04_ 그림과 같이 단면 좌측선을 선택하여 좌측 방향으로 0.5mm, 2mm만큼 차례대로 간격을 띄워준다.

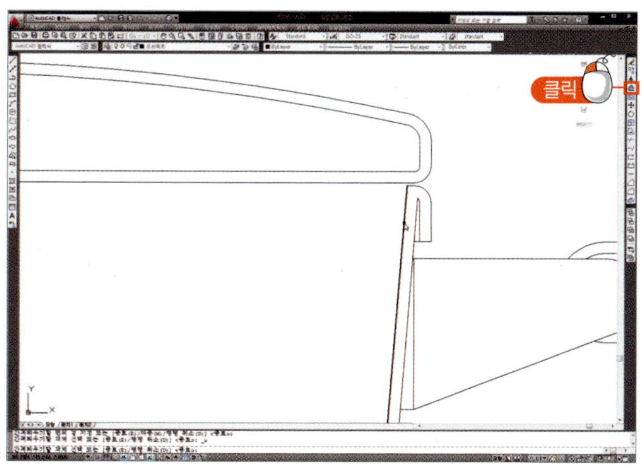
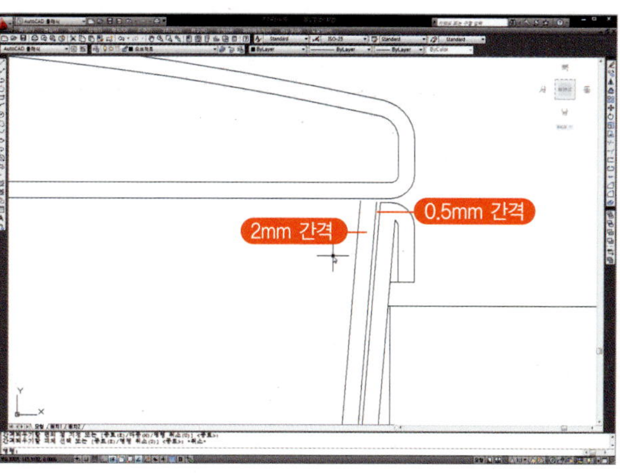

명령: offset **Enter**
현재 설정: 원본 지우기=아니오 도면층=원본 OFFSETGAPTYPE=0
간격띄우기 거리 지정 또는 [통과점(T)/지우기(E)/도면층(L)] 〈통과점〉: **(0.5mm, 2mm만큼 차례대로)**
간격띄우기할 객체 선택 또는 [종료(E)/명령취소(U)] 〈종료〉: **(단면 좌측 선을 선택)**
간격띄우기할 면의 점 지정 또는 [종료(E)/다중(M)/명령취소(U)] 〈나가기〉: **(단면선 좌측 방향 클릭)**

05_ 다음은 뚜껑의 내부구조 표현을 위해 extend 명령으로 그림과 같이 연장시킬 위치까지 몸체 우측 단면선을 연장시켜준다.

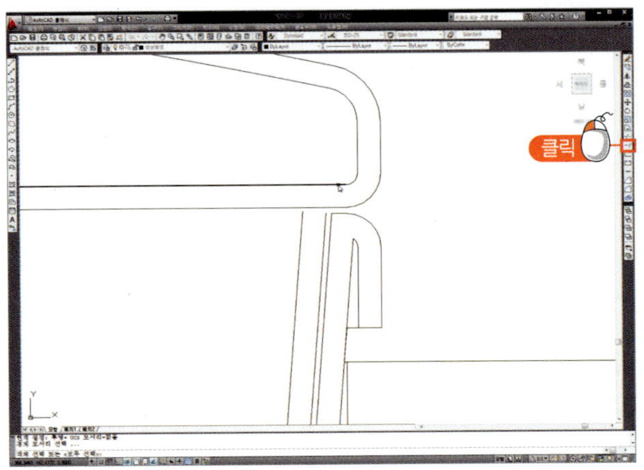

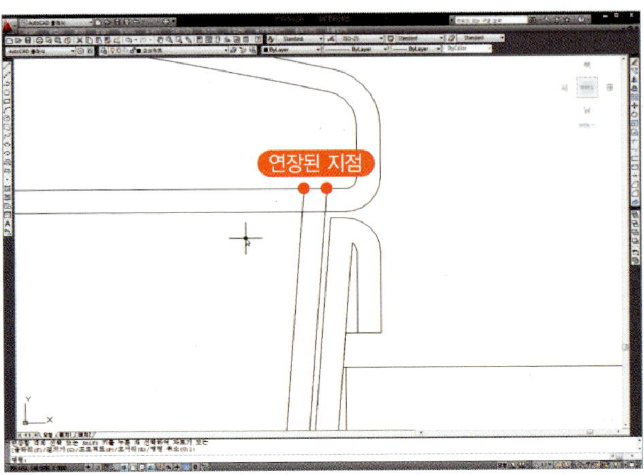

명령: **extend** Enter
현재 설정값: 투영= UCS 모서리=없음
경계 모서리 선택 ...
객체 선택: **(뚜껑 하단 외형선 선택 후 Enter)**
연장할 객체 선택 또는 Shift 키를 누른 채 선택하여 자르기 또는
[울타리(F)/걸치기(C)/프로젝트(P)/모서리(E)/명령취소(U)]: **(몸체 우측 단면선 선택)**

06_ 다시 한 번 extend 명령으로 그림과 같이 연장시킬 위치까지 몸체 측면 수평선을 연장시켜준다.

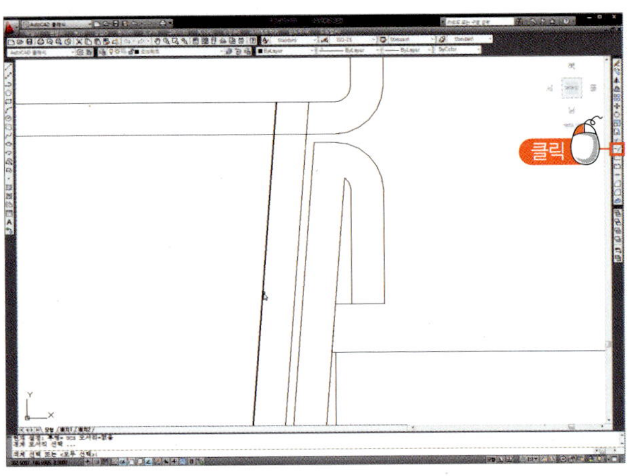

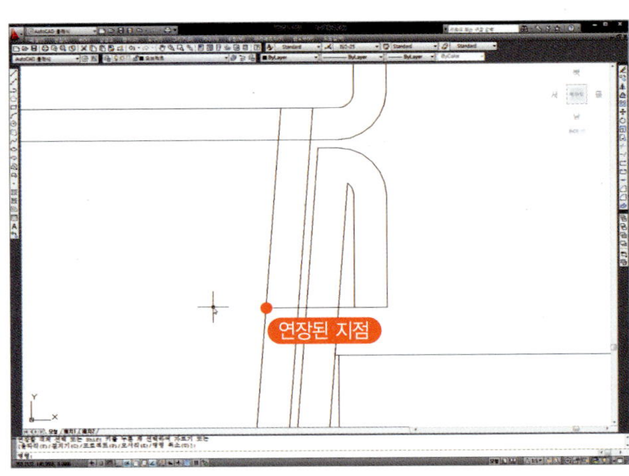

명령: **extend** Enter
현재 설정값: 투영= UCS 모서리=없음
경계 모서리 선택 ...
객체 선택: **(연장시킨 좌측 단면선 선택 후 Enter)**
연장할 객체 선택 또는 Shift 키를 누른 채 선택하여 자르기 또는
[울타리(F)/걸치기(C)/프로젝트(P)/모서리(E)/명령취소(U)]: **(몸체 측면 수평선 선택)**

07_ 옵셋되고 연장되어 교차된 단면선 모두를 선택하여 trim 명령으로 그림과 같이 정리해준다.

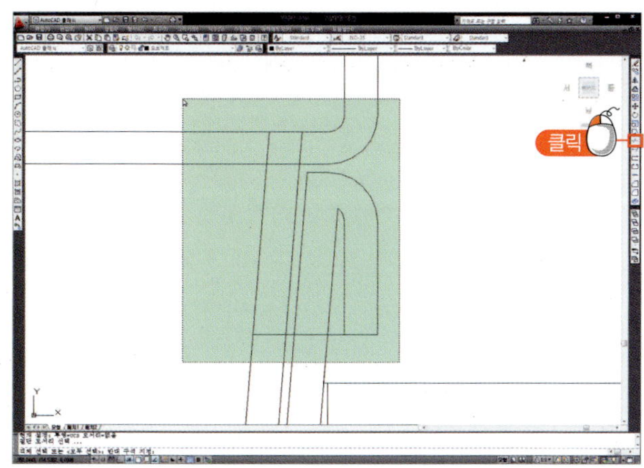

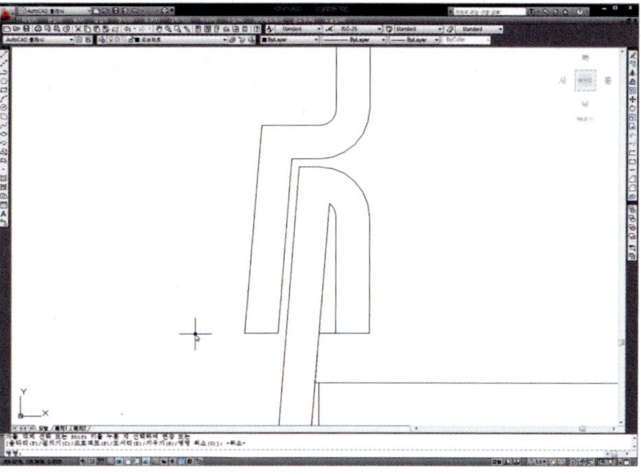

명령: **trim** Enter
현재 설정값: 투영=UCS 모서리=없음
객체 선택: **(cross 선택 방법으로 오브젝트를 선택** Enter**)**
자를 객체 선택 또는 Shift 키를 누른 채 선택하여 연장 또는
[울타리(F)/걸치기(C)/프로젝트(P)/모서리(E)/지우기(R)/명령취소(U)]: **(불필요한 부분 제거)**

08_ 그림과 같이 trim으로 정리된 단면선의 날카로운 모서리 부분을 fillet 명령으로 0.5mm, 1mm와 2mm 반지름 값으로 부드럽게 마무리 해준다.

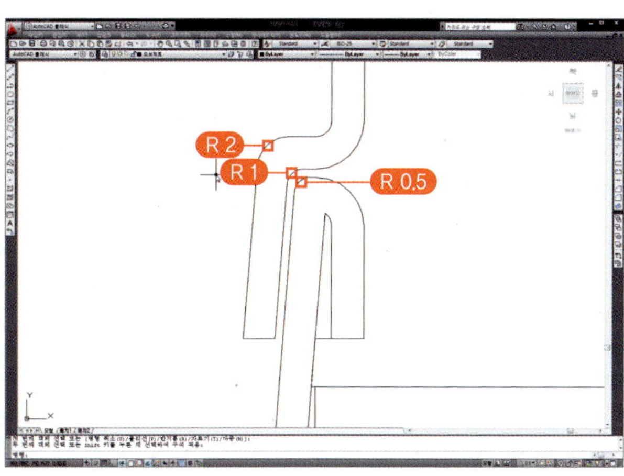

명령: **fillet** Enter

09_ 다음은 냄비 우측 손잡이의 단면 형상을 표현해 보도록 하자. 먼저 그림과 같이 두 개의 잘려진 호를 선택하여 삭제해준다.

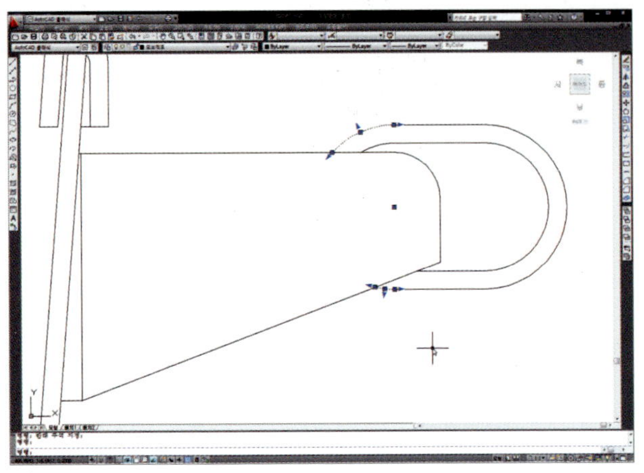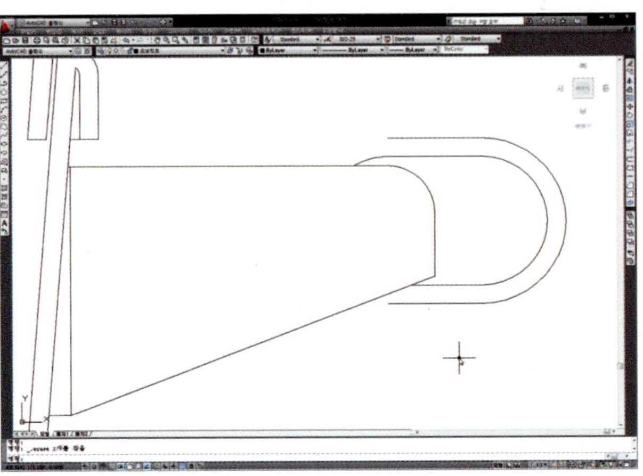

명령: **erase** `Enter`

10_ 손잡이의 절단된 단면형상을 표현하기 위해 mirror 명령으로 화면 우측 반원을 선택하여 좌측으로 반전시켜 준다.

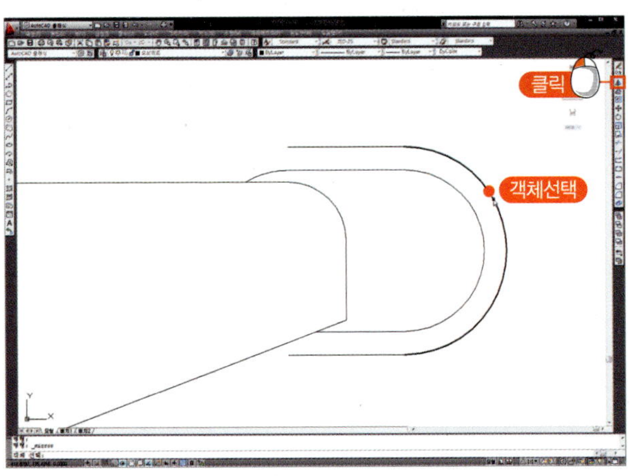

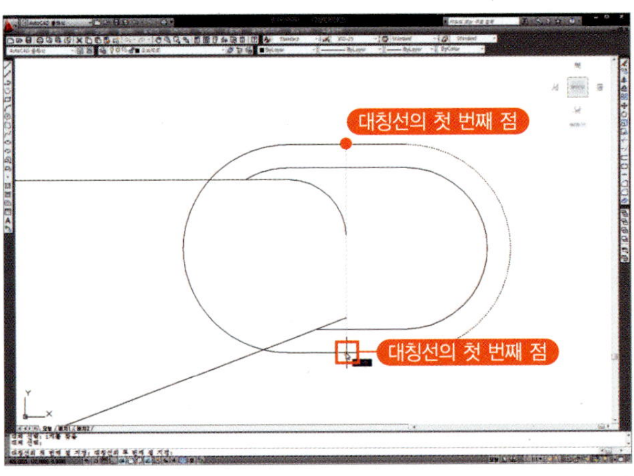

명령: **mirror** `Enter`
객체 선택: **(화면 우측 반원 선택)**
대칭선의 첫 번째 점 지정: **(손잡이 상단 중간점 선택)**
대칭선의 두 번째 점 지정: **(손잡이 하단 중간점 선택)**
원본 객체를 지우시겠습니까? [예(Y)/아니오(N)] ⟨N⟩: `Enter`

11_ 미러시킨 반원과 교차된 단면선 모두를 선택하여 trim 명령으로 그림과 같이 정리해준다.

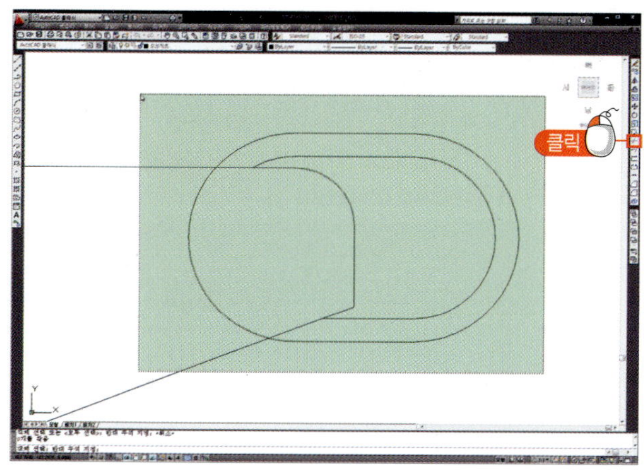 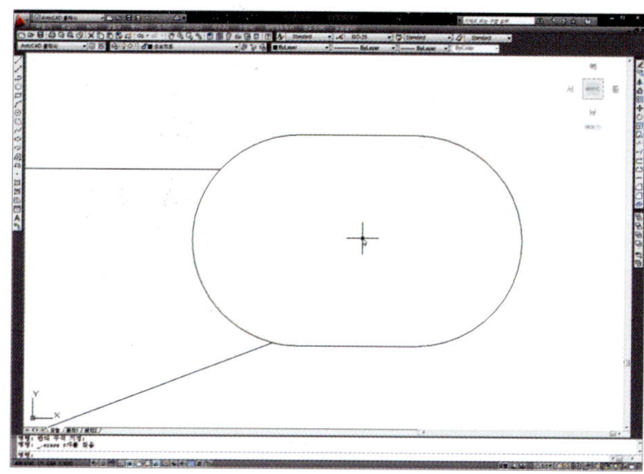

명령: **trim** Enter
현재 설정값: 투영=UCS 모서리=없음
객체 선택: **(cross 선택 방법으로 오브젝트 선택 후 Enter)**
자를 객체 선택 또는 Shift 키를 누른 채 선택하여 연장 또는
[울타리(F)/걸치기(C)/프로젝트(P)/모서리(E)/지우기(R)/명령취소(U)]: **(불필요한 부분 제거)**

12_ 마지막으로 뚜껑 손잡이의 단면 형상을 표현해 보도록 하자. offset 명령으로 그림과 같이 뚜껑 외형선을 선택하여 아래쪽 방향으로 2mm(두께)만큼 띄워준다.

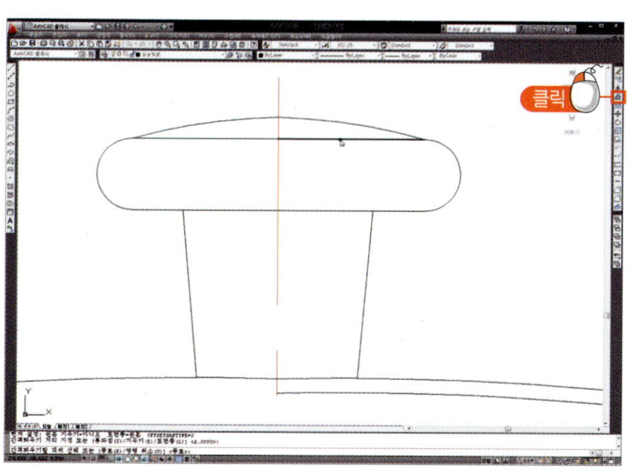 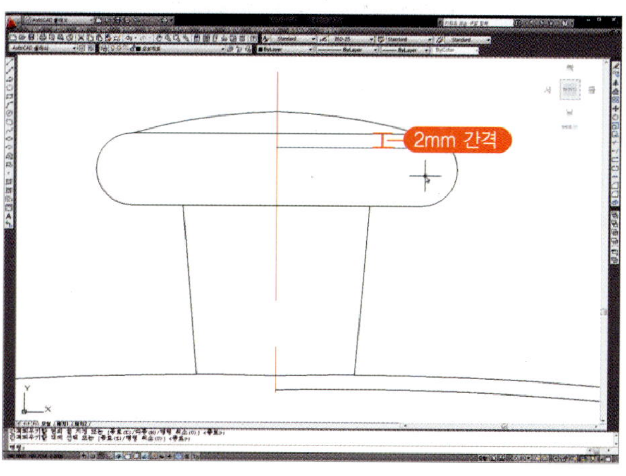

명령: **offset** Enter
현재 설정: 원본 지우기=아니오 도면층=원본 OFFSETGAPTYPE=0
간격띄우기 거리 지정 또는 [통과점(T)/지우기(E)/도면층(L)] 〈통과점〉: **2** Enter (거리값 입력)
간격띄우기할 객체 선택 또는 [종료(E)/명령취소(U)] 〈종료〉: **(뚜껑 외형선 선택)**
간격띄우기할 면의 점 지정 또는 [종료(E)/다중(M)/명령취소(U)] 〈나가기〉: **(뚜껑 외형선 아래쪽 지정)**

13_ 그림과 같이 extend 명령으로 몸체 우측 단면선을 연장시켜준다.

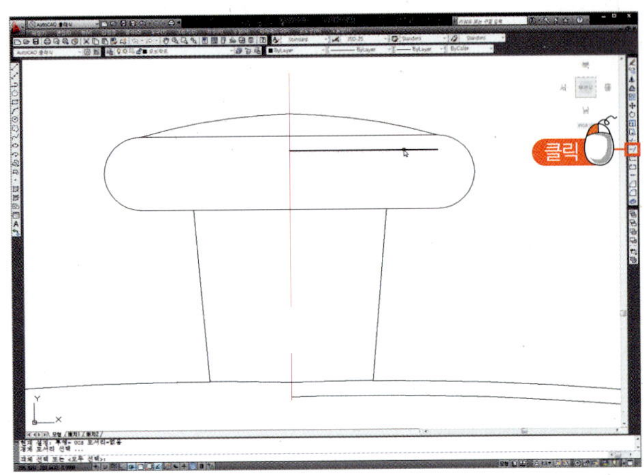

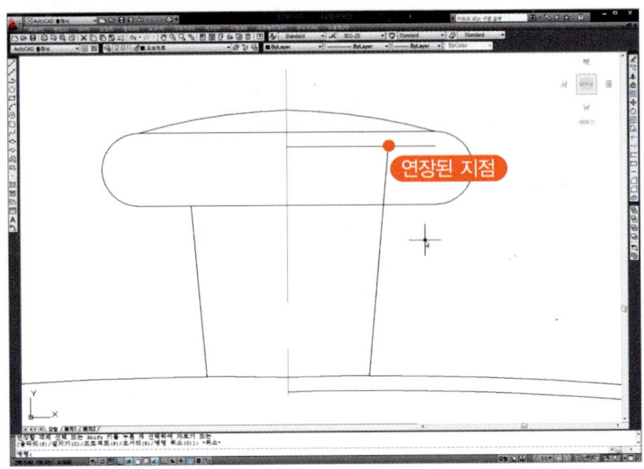

명령: **extend** Enter
현재 설정값: 투영= UCS 모서리=없음
경계 모서리 선택 …
객체 선택: **(뚜껑 상단 외형선 선택 후 Enter)**
연장할 객체 선택 또는 Shift 키를 누른 채 선택하여 자르기 또는
[울타리(F)/걸치기(C)/프로젝트(P)/모서리(E)/명령취소(U)]: **(뚜껑 하단 우측 외형선 선택)**

14_ line 명령을 이용하여 그림과 같이 옵셋된 직선 우측 끝점에서 아래로 10m만큼 내려준다.

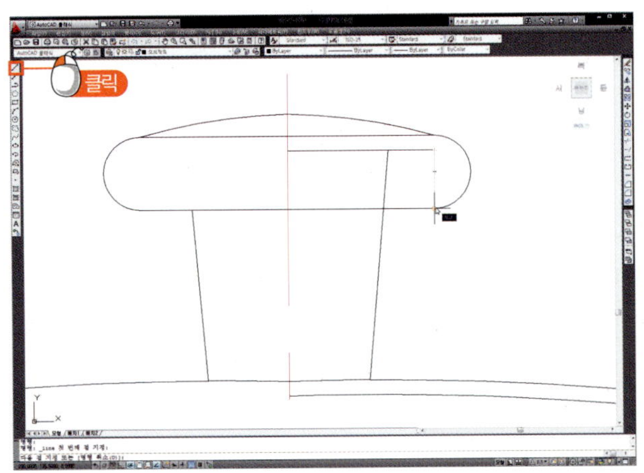

명령: **line** Enter
첫 번째 점 지정: **(옵셋된 직선 우측 끝점 선택)**
다음 점 지정 또는 [명령 취소(U)]: **10** Enter (거리값 입력)

15_ 지금까지 교차된 단면선 모두를 선택하여 trim 명령으로 그림과 같이 정리해준다.

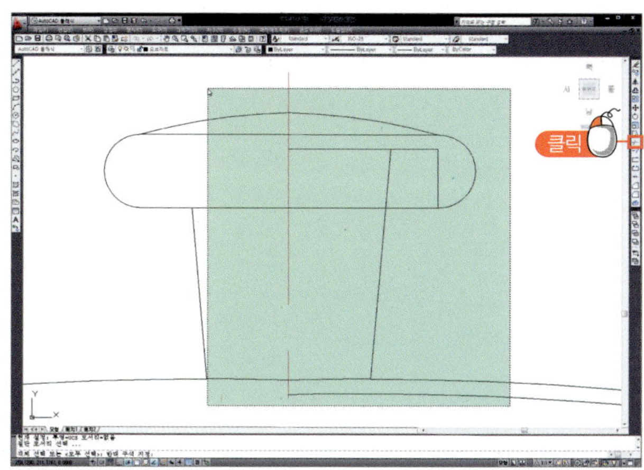
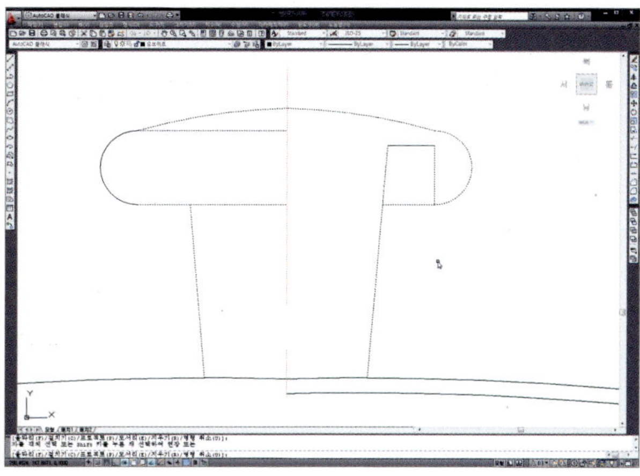

명령: **trim** Enter

현재 설정값: 투영=UCS 모서리=없음

객체 선택: **(cross 선택 방법으로 오브젝트 후 선택** Enter**)**

자를 객체 선택 또는 Shift 키를 누른 채 선택하여 연장 또는

[울타리(F)/걸치기(C)/프로젝트(P)/모서리(E)/지우기(R)/명령취소(U)]: **(교차된 단면선의 불필요한 부분 자르기)**

16_ 정면도상의 반단면도 형상이 완성되었다. 마우스 버튼을 이용해 화면 상태를 실시간 초점 이동과 줌 윈도우 기능으로 확대하여 자세히 살펴보도록 한다.

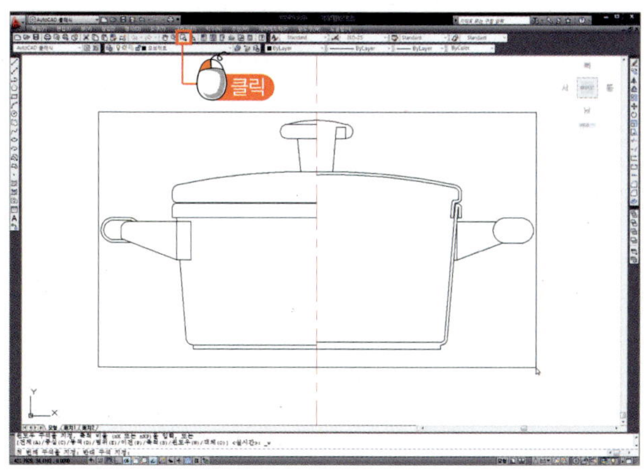
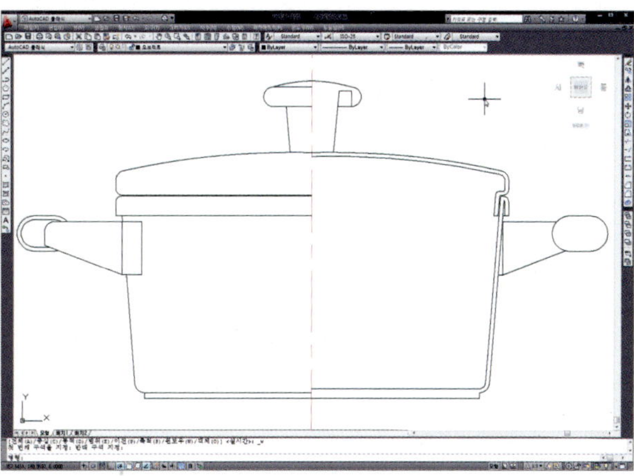

06 → 양수냄비 평면도 수직 중심을 가르는 반단면도 작성하기

이전 단면도 작성과 동일하게 그림에서 지시하는 화살표의 방향을 정면도상의 절단면으로 삼고 내부 구조를 나타내는 반단면도를 표현해보자.

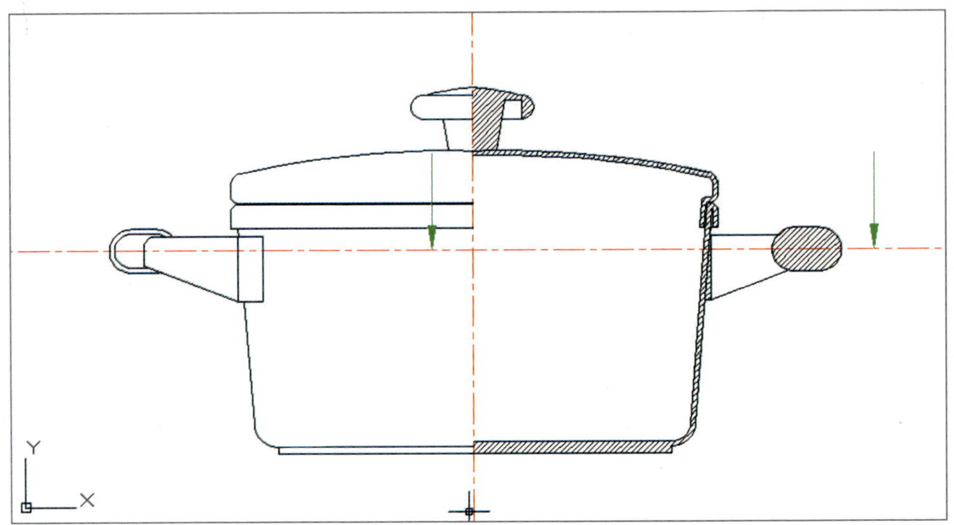

01_ 레이어를 중심선 레이어로 변경한 후 xline 명령으로 그림과 같이 우측 손잡이의 사분점을 찾아 중심선을 그려준다.

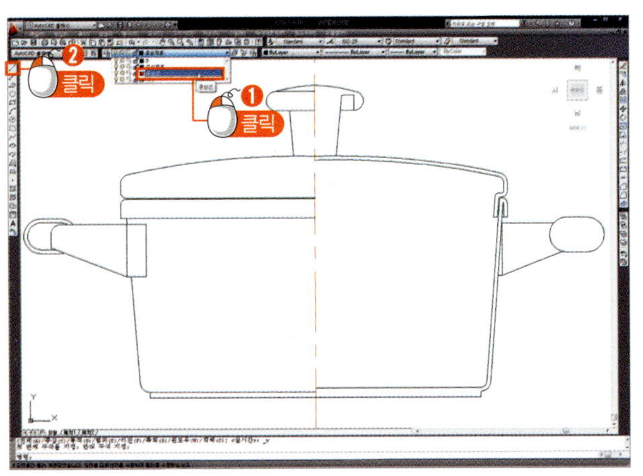

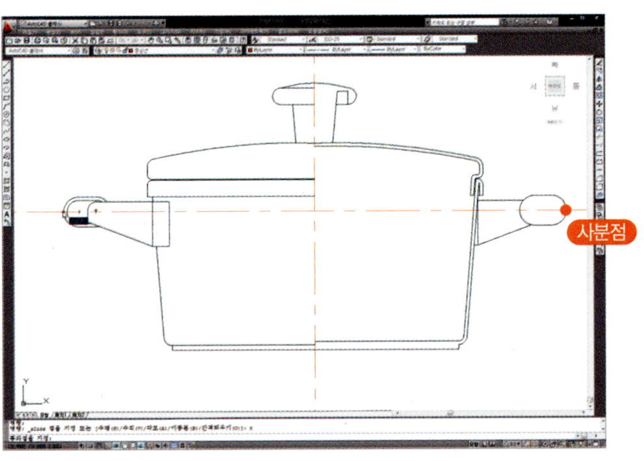

명령: **xline** Enter
점을 지정 또는 [수평(H)/수직(V)/각도(A)/이등분(B)/간격띄우기(O)]: **h** Enter
통과점 지정: **(냄비 우측 손잡이의 사분점 선택)**

02_ 다시 레이어를 기본 레이어로 변경한 후 line 명령으로 그림과 같이 중심선과 단면선의 교차점을 시작점으로 하는 직선을 그려준다.

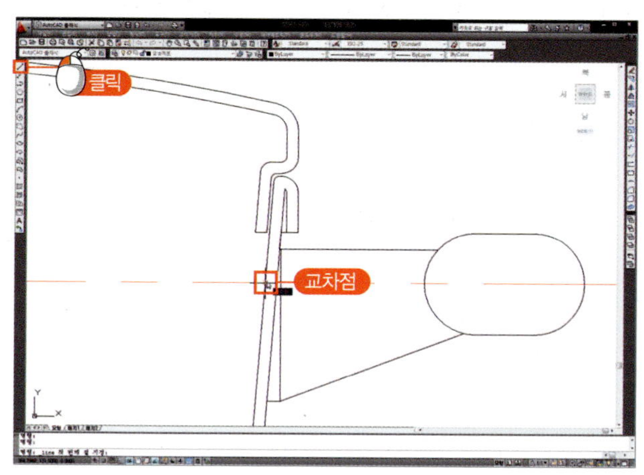

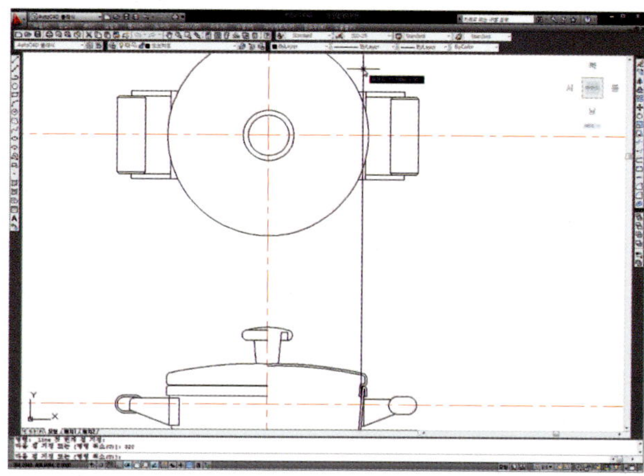

명령: line Enter
첫 번째 점 지정: **(중심선과 단면선의 교차점 선택)**
다음 점 지정 또는 [명령 취소(U)]: 320 Enter (거리값 입력)

03_ 냄비뚜껑의 중심점을 시작으로 방금 그려 올린 직선과 중심선의 교차점까지 원을 그려준다.

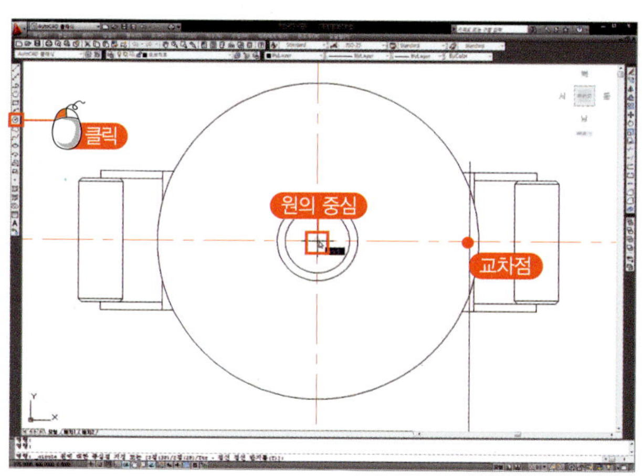

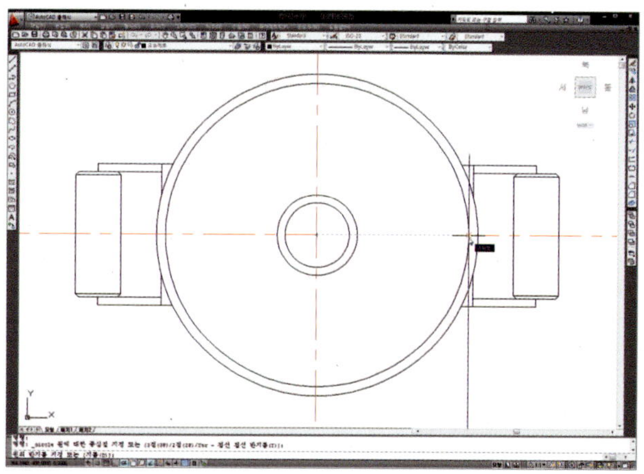

명령: circle Enter
원에 대한 중심점 지정 또는 [3P/2P/Ttr(접선 접선 반지름)]: **(냄비뚜껑의 중심점 선택)**
원의 반지름 지정 또는 [지름(D)]: **(방금 그려 올린 직선과 중심선의 교차점 클릭)**

04_ offset 명령으로 방금 그린 원을 선택하여 원 안쪽 방향으로 2mm(단면 두께)만큼 띄워준다.

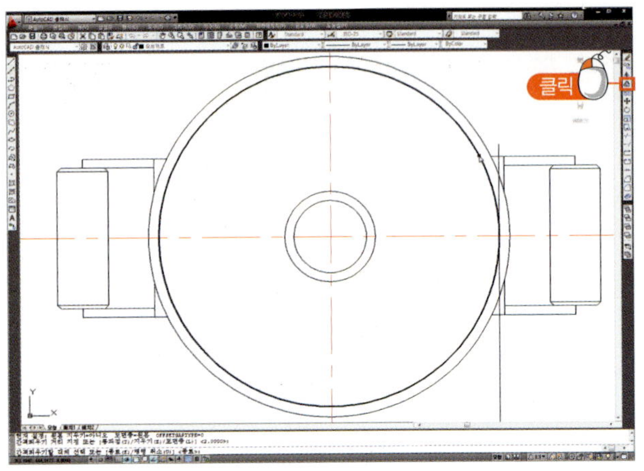

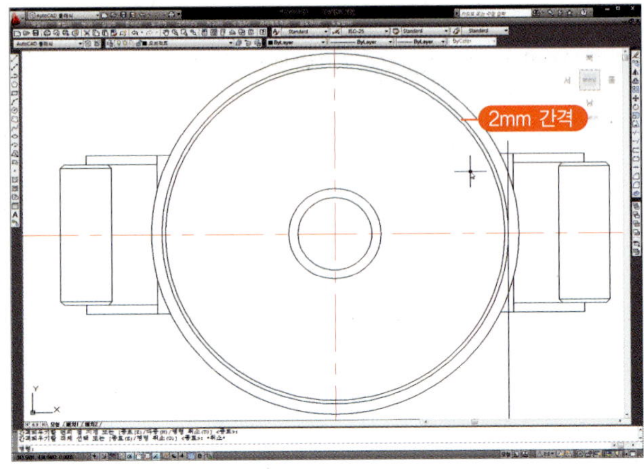

명령: **offset** Enter
현재 설정: 원본 지우기=아니오 도면층=원본 OFFSETGAPTYPE=0
간격띄우기 거리 지정 또는 [통과점(T)/지우기(E)/도면층(L)] 〈통과점〉: **2** Enter (거리값 입력)
간격띄우기할 객체 선택 또는 [종료(E)/명령취소(U)] 〈종료〉: **(방금 그린 원 선택)**
간격띄우기할 면의 점 지정 또는 [종료(E)/다중(M)/명령취소(U)] 〈나가기〉: **(원 안쪽 방향 클릭)**

05_ 그림과 같이 이전 과정에서 그려 준 직선을 선택하고 Delete 키를 이용하여 삭제한다.

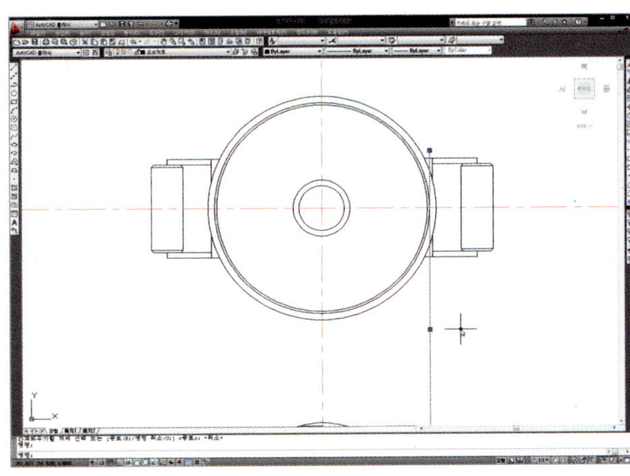

명령: **erase** Enter

06_ extend 명령으로 그림과 같이 우측 손잡이 직선을 연장시켜준다.

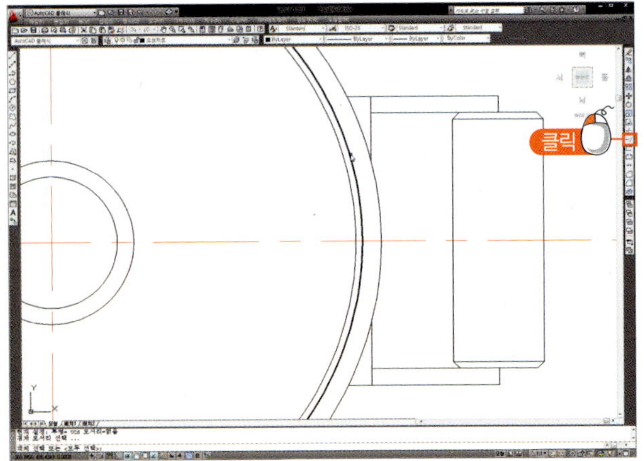

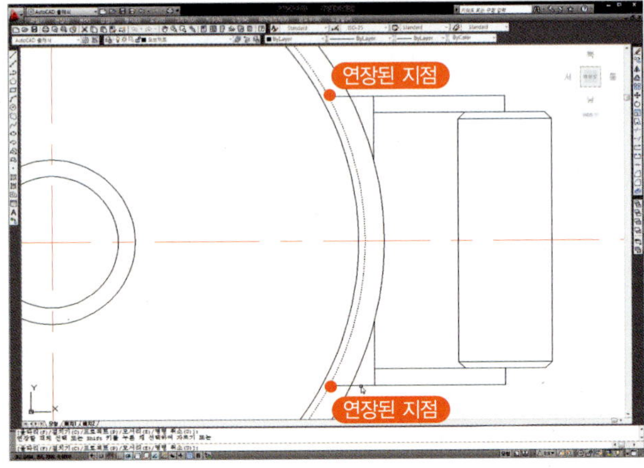

> 명령: **extend** `Enter`
> 현재 설정값: 투영= UCS 모서리=없음
> 경계 모서리 선택 ...
> 객체 선택: **(단면 원 선택 후 `Enter`)**
> 연장할 객체 선택 또는 Shift 키를 누른 채 선택하여 자르기 또는
> [울타리(F)/걸치기(C)/프로젝트(P)/모서리(E)/명령취소(U)]: **(우측 손잡이 직선 선택)**

07_ line 명령으로 그림과 같이 손잡이 이음 부분 끊어진 두 끝점을 서로 이어준다.

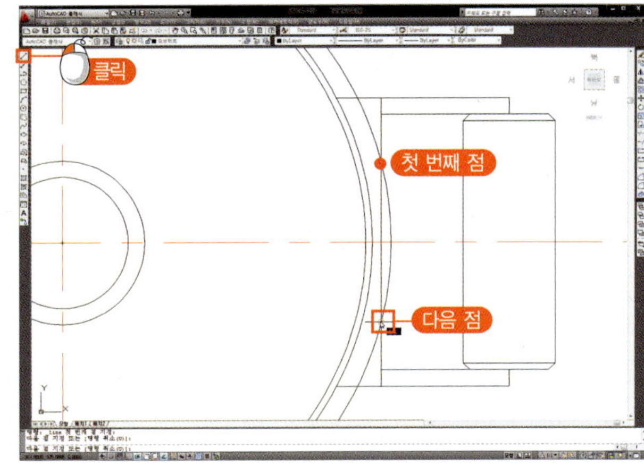

> 명령: **line** `Enter`
> 첫 번째 점 지정: **(손잡이 이음부분 상단 끝점 선택)**
> 다음 점 지정 또는 [명령 취소(U)]: **(손잡이 이음 부분 하단 끝점 선택)**

08_ 그림과 같이 교차된 단면선 모두를 선택하여 trim 명령으로 정리해준다.

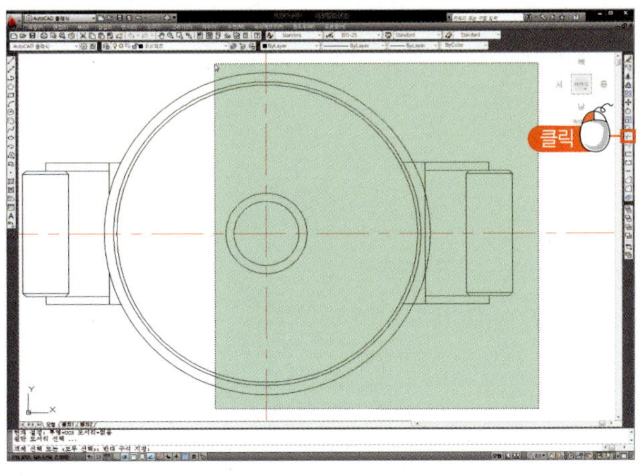

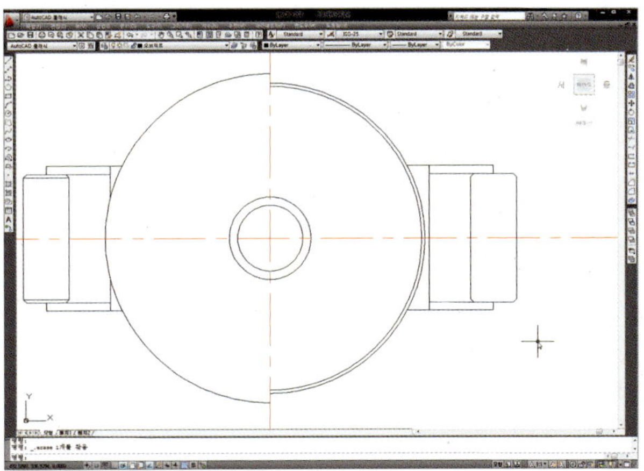

> 명령: **trim** `Enter`
> 현재 설정값: 투영=UCS 모서리=없음
> 객체 선택: **(cross 선택 방법으로 오브젝트 선택 후 `Enter`)**
> 자를 객체 선택 또는 Shift 키를 누른 채 선택하여 연장 또는
> [울타리(F)/걸치기(C)/프로젝트(P)/모서리(E)/지우기(R)/명령취소(U)]: **(불필요한 부분 제거)**

09_ 단면 표현의 구분을 주기위해 'hatch 명령 〉 ansi 31(빗금 패턴)'을 넣어 단면 내부를 채워준다.
해치 명령 팝업창이 나오면 해치할 경계 부분을 선택하기 위해 추가 선택점 아이콘을 클릭한 후 심볼 형상의 내부 점
을 모두 찾아준다.

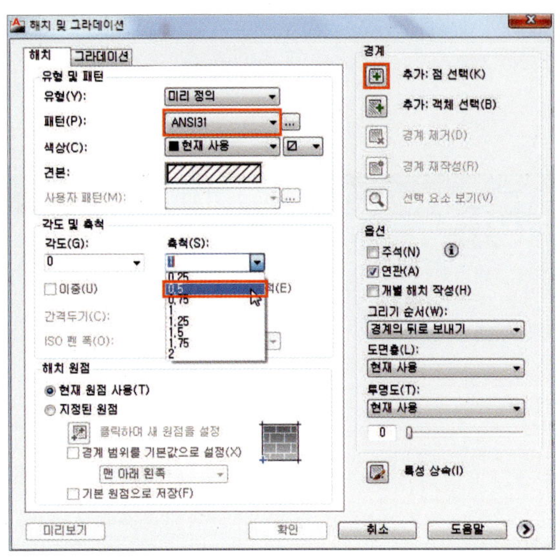
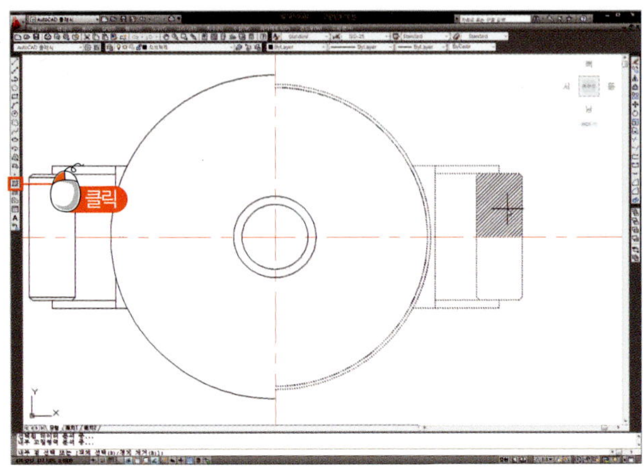

다시 해치 명령 팝업창이 나오면 패턴 항목에서 ansi 31로 변경하고 축척을 0.5000로 설정한 후 확인 버튼을 눌러 해
치를 마무리한다.

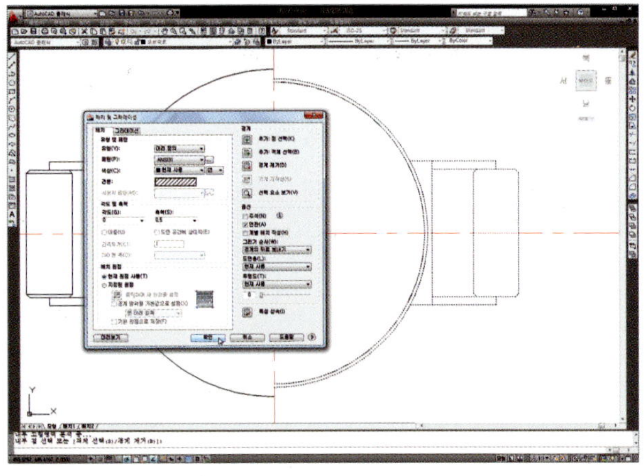
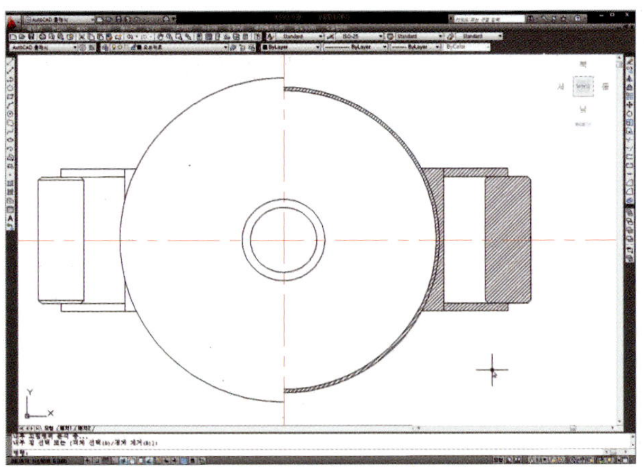

명령: **bhatch** Enter
내부 점 선택 또는 [객체/ 선택(S)경계 제거(B)]: **(단면 내부 클릭 후 Enter)**

10_ 정면도 상의 반단면도 형상도 동일하게 단면 표현의 구분을 주기 위해 'hatch 명령 > ansi 31 (빗금 패턴)'을 넣어 단면 내부를 채워준다.

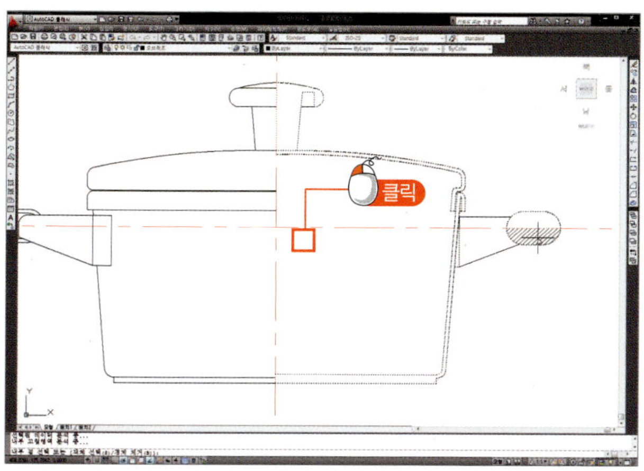

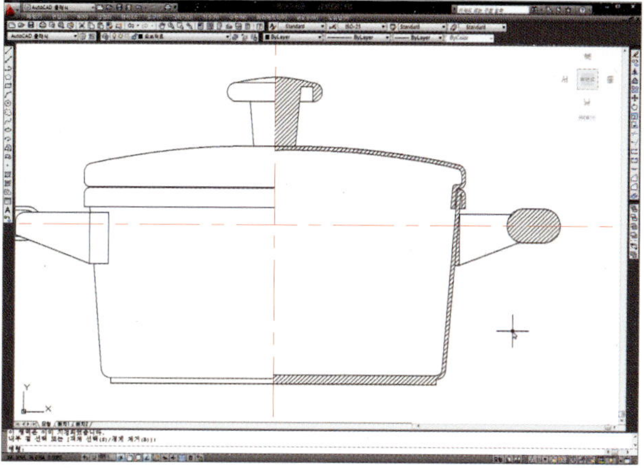

명령: **bhatch** Enter
내부 점 선택 또는 [객체 선택(S)/경계 제거(B)]: **(단면 내부 클릭 후 Enter)**

11_ 평면도 및 정면도 상의 반단면도가 완성되었다. 줌 윈도우 기능으로 확대하여 단면 표현에 있어 빠진 부분이 없는지 다시 한 번 확인해 보도록 한다.

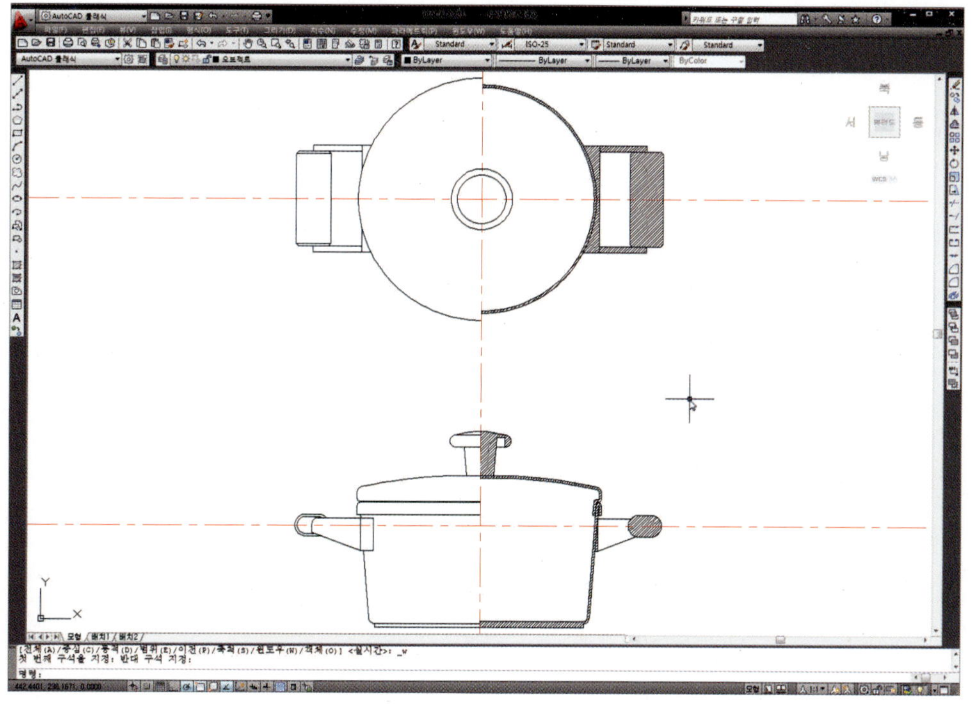

실무에 활용되는 제품디자인 도면작성 사례 따라하기

이번 파트에서는 본격적으로 실제 제품도면을 어떻게 작성하는지 배우게 됩니다. 알람 시계와 주방기구(양수냄비)의 외형도면과 단면도를 단계별로 직접 따라함으로써 현업에서 도면작성이 이루어지는 방법을 이해하며 체득할 수 있습니다.

MP3 플레이어 디자인 도면작성

CHAPTER 01

지금부터는 이전의 기초도면 작성 방법처럼 하나하나의 명령 해설에 따른 따라하기 식의 과정에서 벗어나 보다 실무적인 실습 과정를 전개하도록 한다. 따라서 이전에 배웠던 기초 도면작성 요령을 베이스로 이번 장에서 다루는 실습 내용을 통해 자신의 도면작성 능력을 실무위주로 더욱 심화시켜 보자.

이번 과정부터는 실무도면의 진행과정 중심으로 소개되며, 메뉴 설명과 작성 요령에 대한 설명이 생략될 것이다. 따라서 자세한 도면의 내용(도면영역 및 치수값)은 예제 파일(MP3 플레이어 도면작성)을 참고하기 바란다.

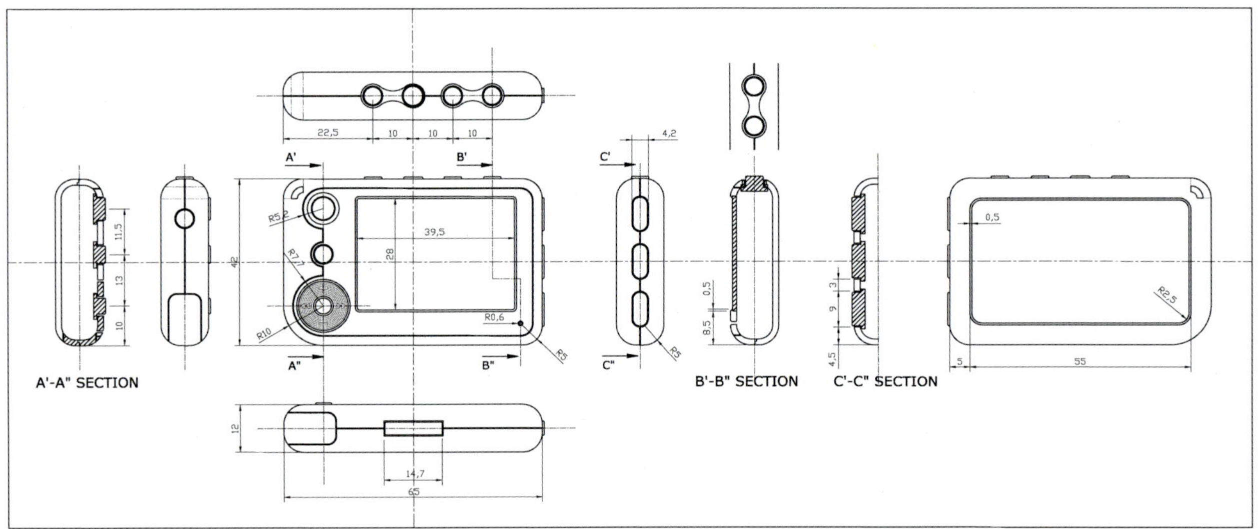

01_ 적절한 도면배치를 위해 도면영역을 지정한 후 오브젝트 가상선 레이어를 활용하여 전체적인 도면 레이아웃을 검토해본다.

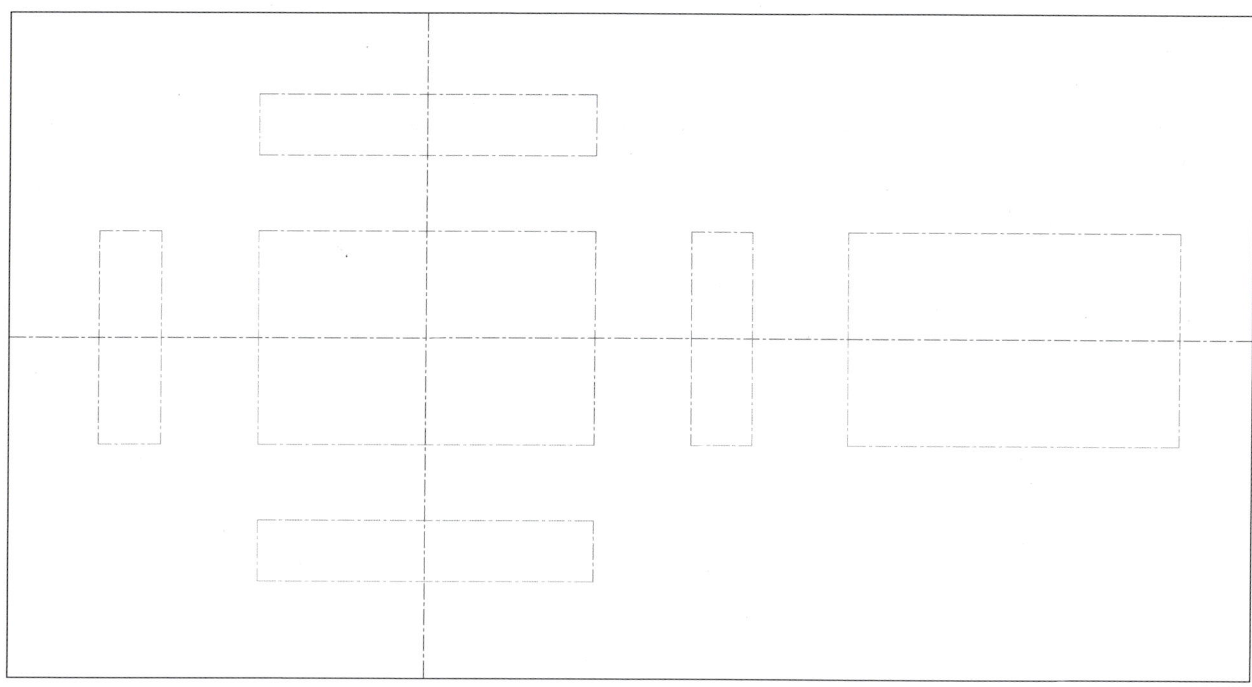

02_ 도면의 레이아웃이 정리되면 line 명령으로 6면도별 제품의 외형부터 전체적으로 작성하며 각각의 parting line까지 표현해준다.

03_ 다음은 offset 명령으로 그림과 같이 정면도 배면도에 직선 간격을 띄워준다.

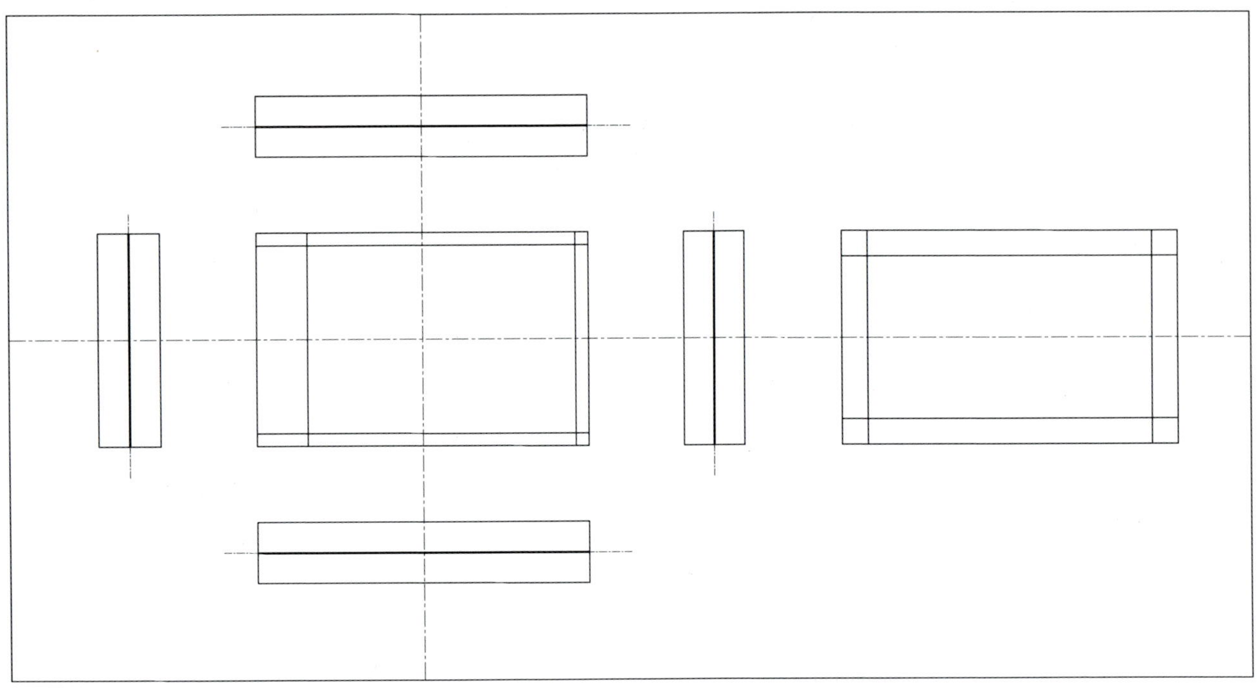

04_ 같은 방법으로 한 번 더 offset 명령으로 그림과 같이 정면도에 직선 간격을 띄워준다.

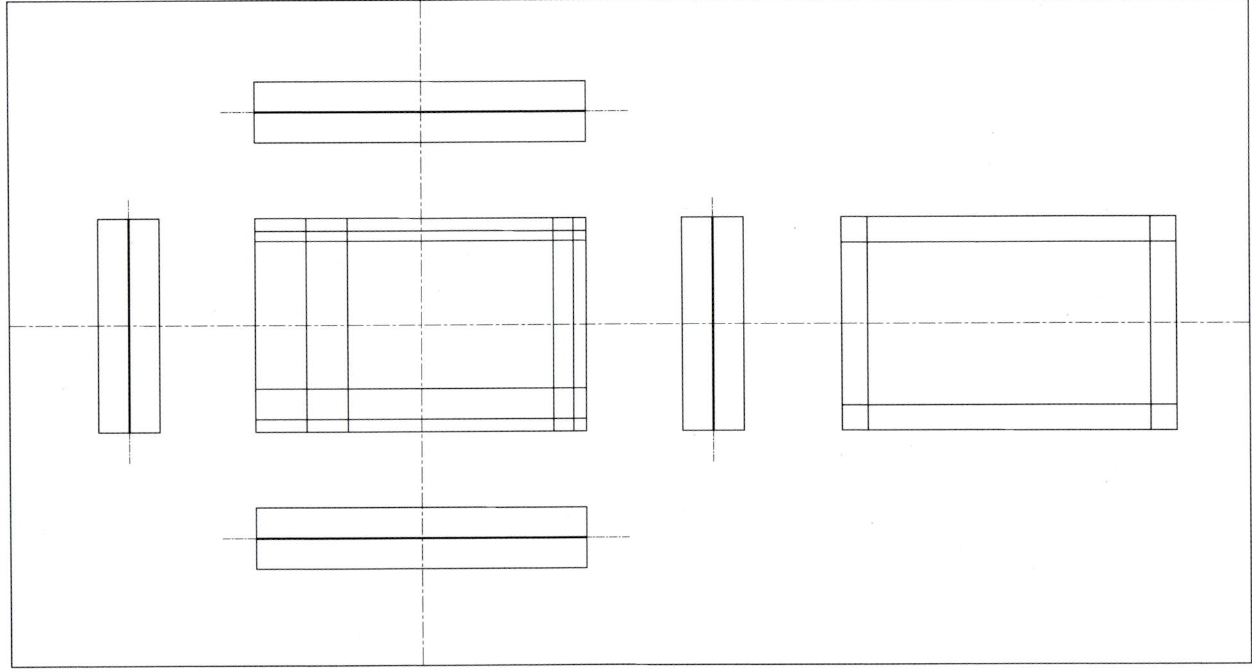

05_ trim 명령으로 옵셋 된 선들을 그림과 같이 정리하고, fillet 명령으로 정면도 좌측 하단 모서리를 R 10값 만큼 깎아준다.

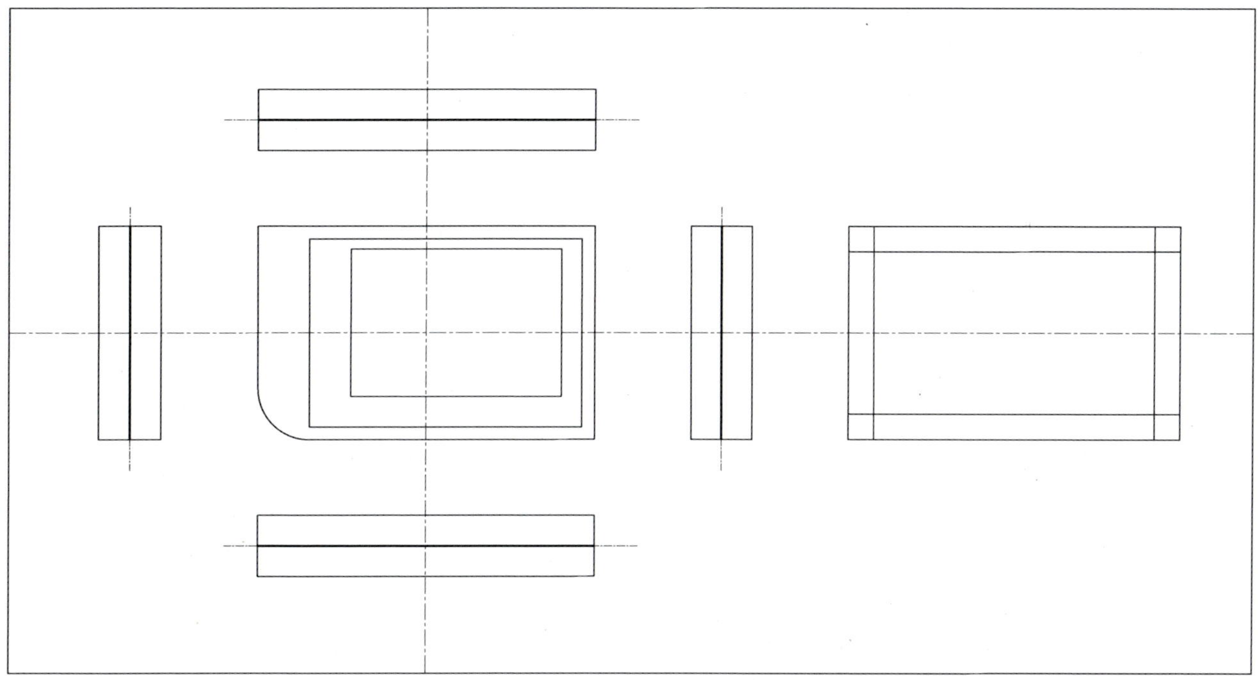

06_ 정면도 전면 LCD 및 LCD 데코 패널 그리고 기능 버튼들 외형 표현을 위해 circle과 line 명령으로 그림과 같이 작성한다.

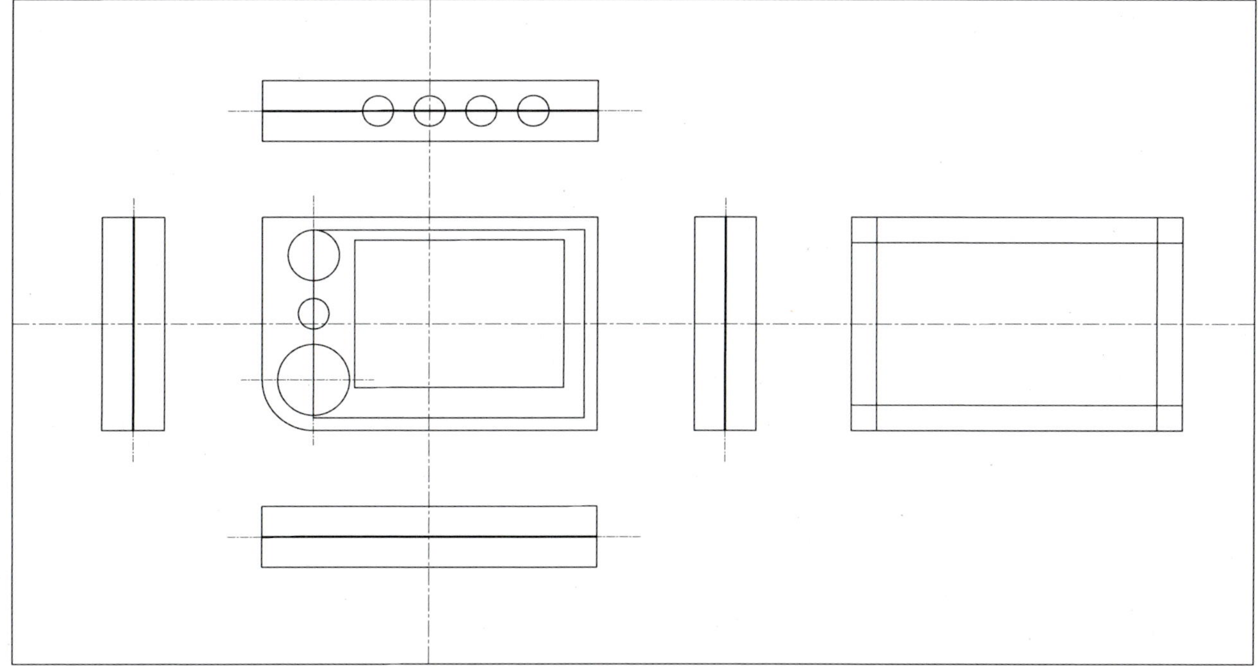

07_　정면도뿐 아니라 다른 면에서도 보이는 MP3 플레이어의 기능 버튼들도 그림과 같이 작성해준다.

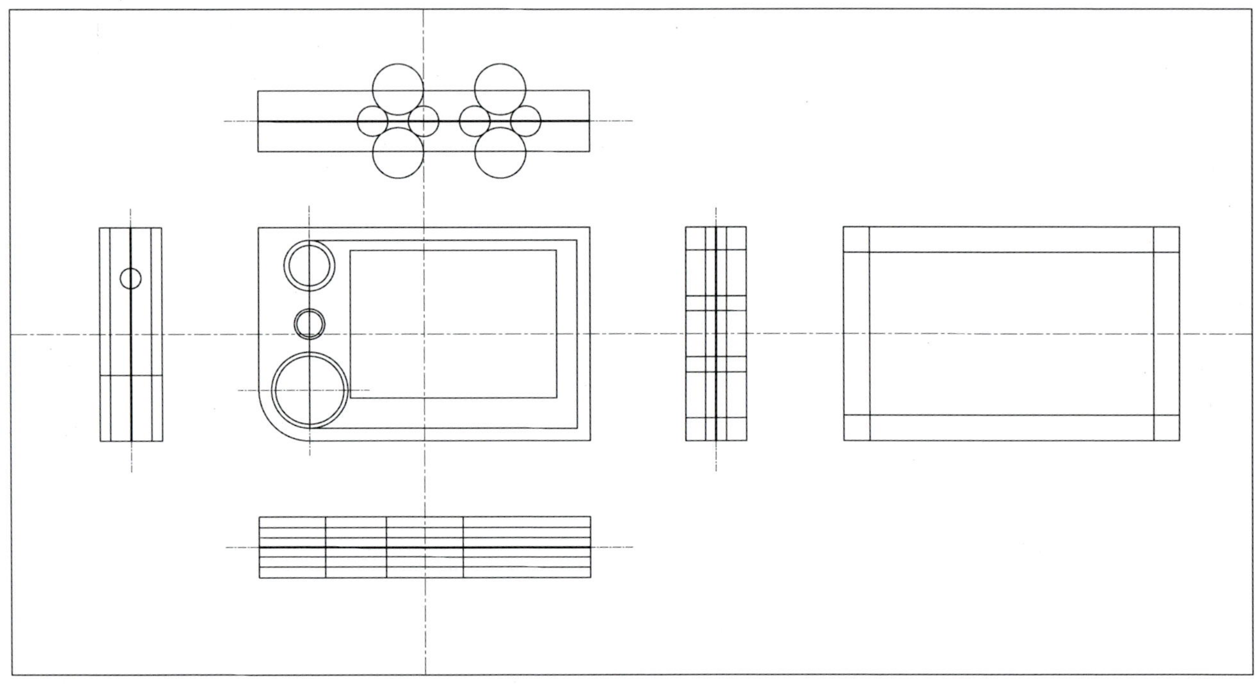

08_　다시 한 번 도면의 표기된 선 정리를 위해 trim 명령으로 그림과 같이 각각의 기능 버튼 주변을 정리해준다.

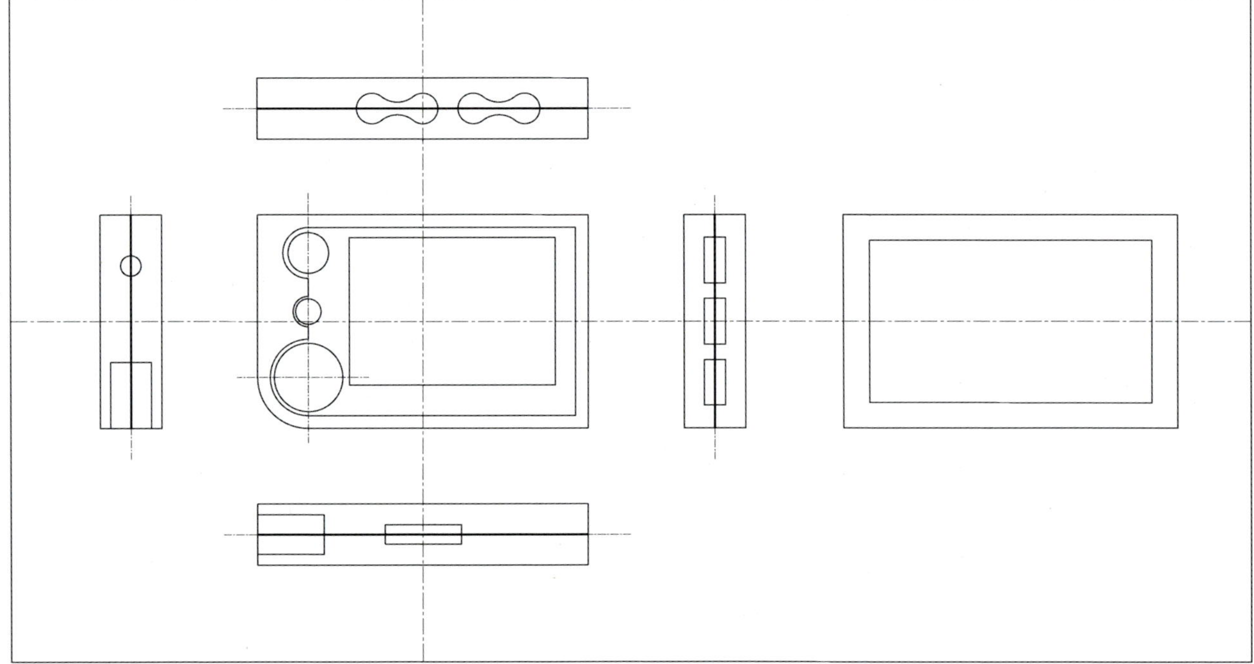

09_ fillet 명령으로 6면도 상의 MP3 플레이어 외형 모서리 부분을 모깎기하여 전체 외형 라인을 정리해준다.

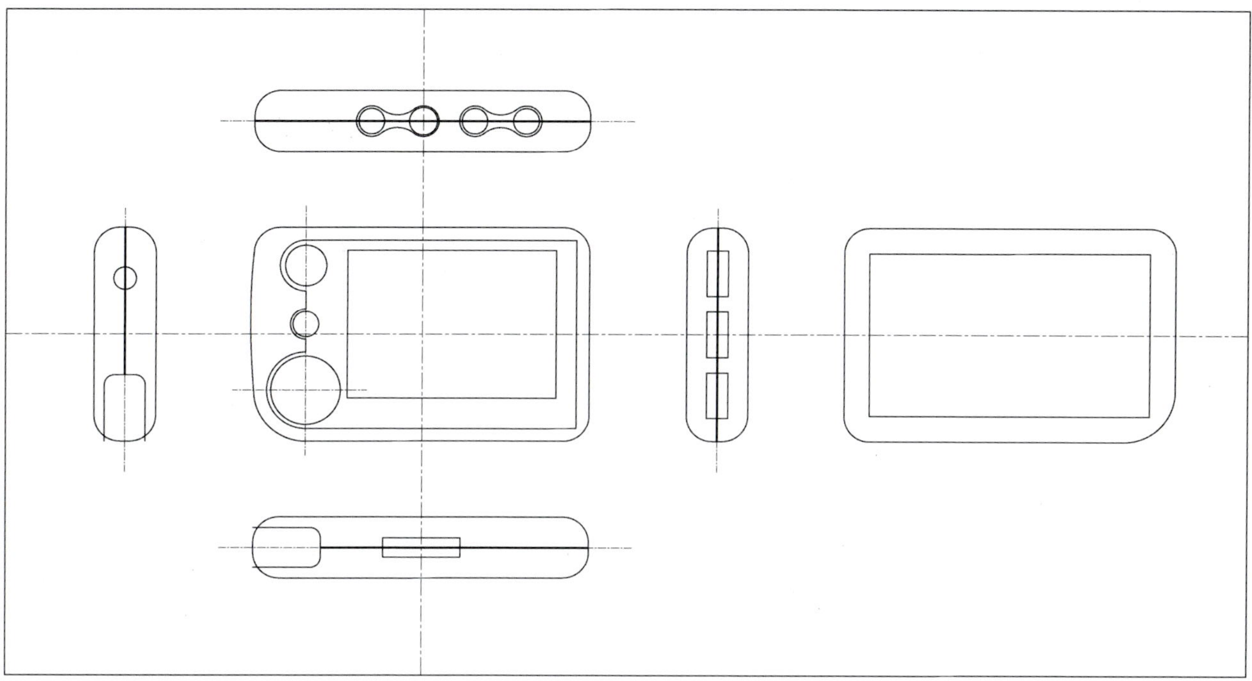

10_ 다음은 평면도와 우측면도 상의 기능 버튼 형상들의 표현을 parting gap을 구분하여 작성해준다.

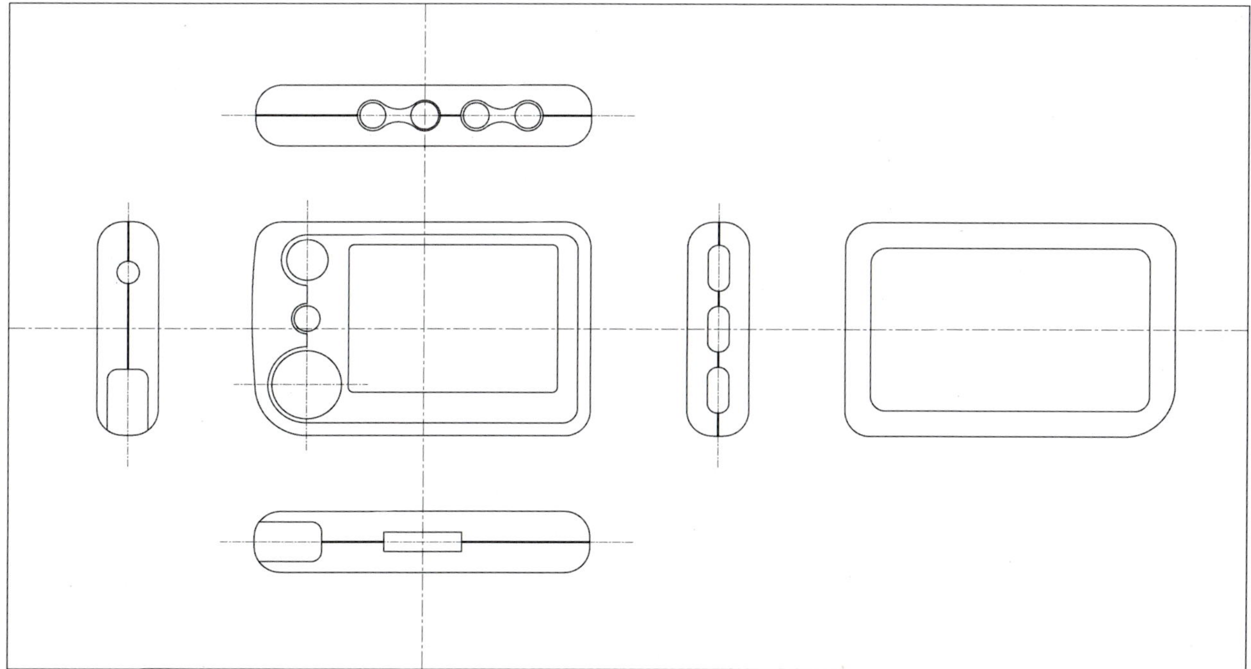

11_ 정면도 전면 LCD 데코 패널 부분과 주변 기능 버튼 등의 표현도 parting gap을 구분하여 작성해주고 정면도 우측 하단의 4방향 버튼의 재질 표현도 함께 작성해준다.

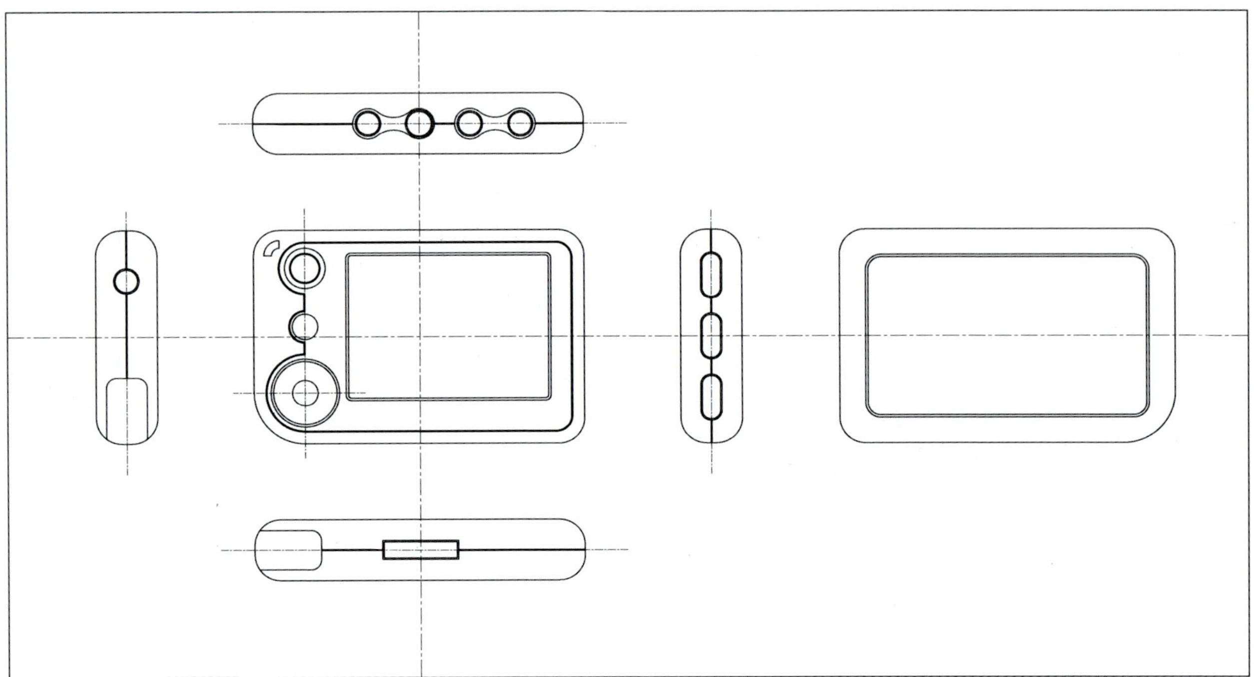

12_ 6면도 상에서 보이는 기능 버튼들의 표현을 일관성 있게 배치하기 위해 그림과 같이 직선을 연장시켜 각각의 버튼 위치를 잡아준다.

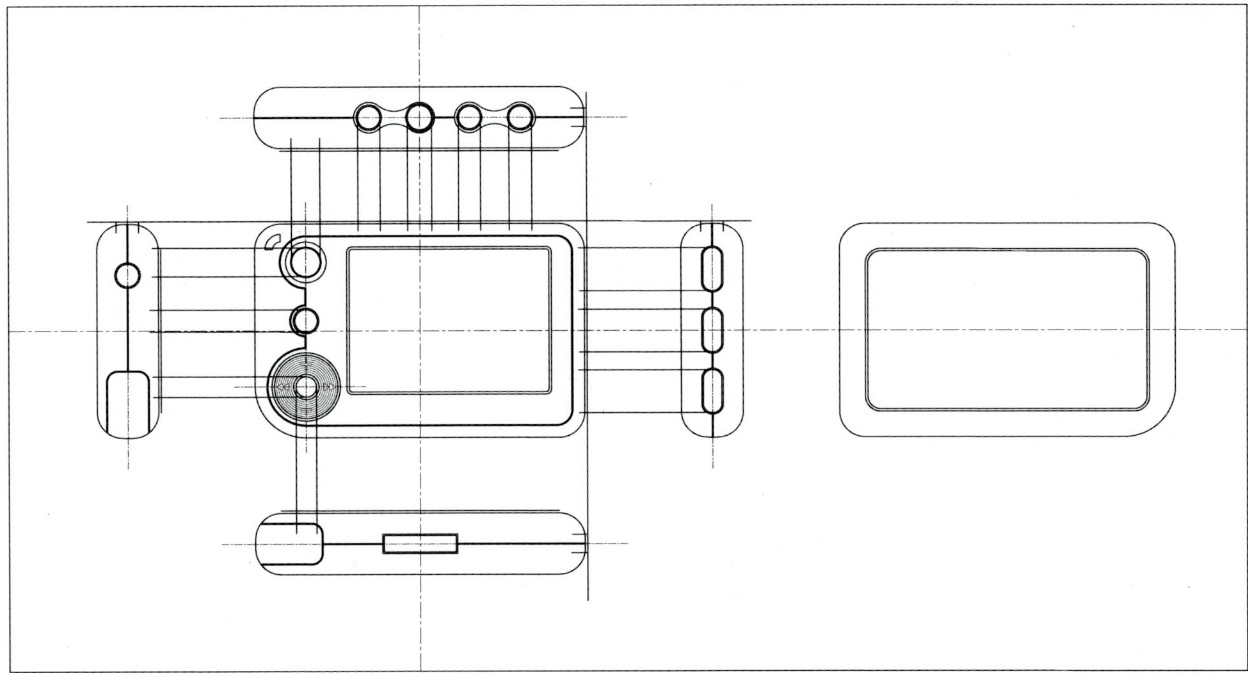

13_ trim 명령으로 6면도 상의 버튼 형상을 표현하기 위해 연장시킨 직선들을 모두 정리해준다.

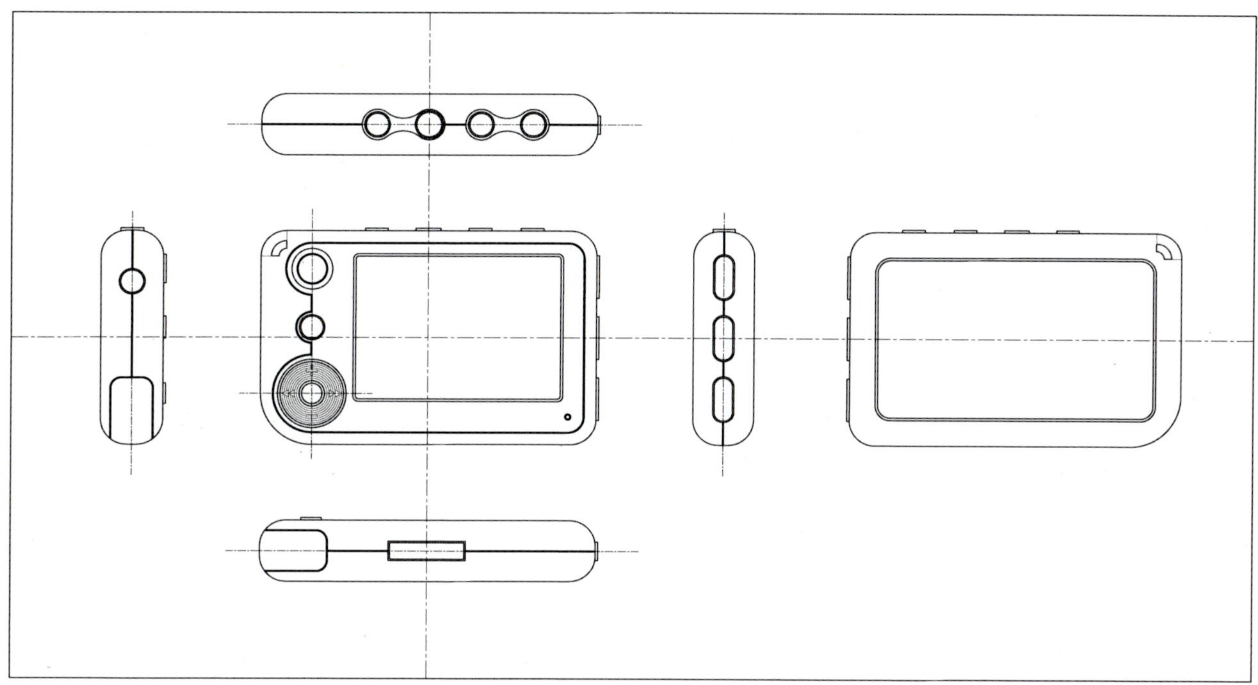

14_ 다음은 MP3 플레이어의 본체 및 각 기능 버튼의 단면 표현을 위해 그림과 같이 단면이 필요한 형상 위치에 절단 표시 기호를 넣어준다.

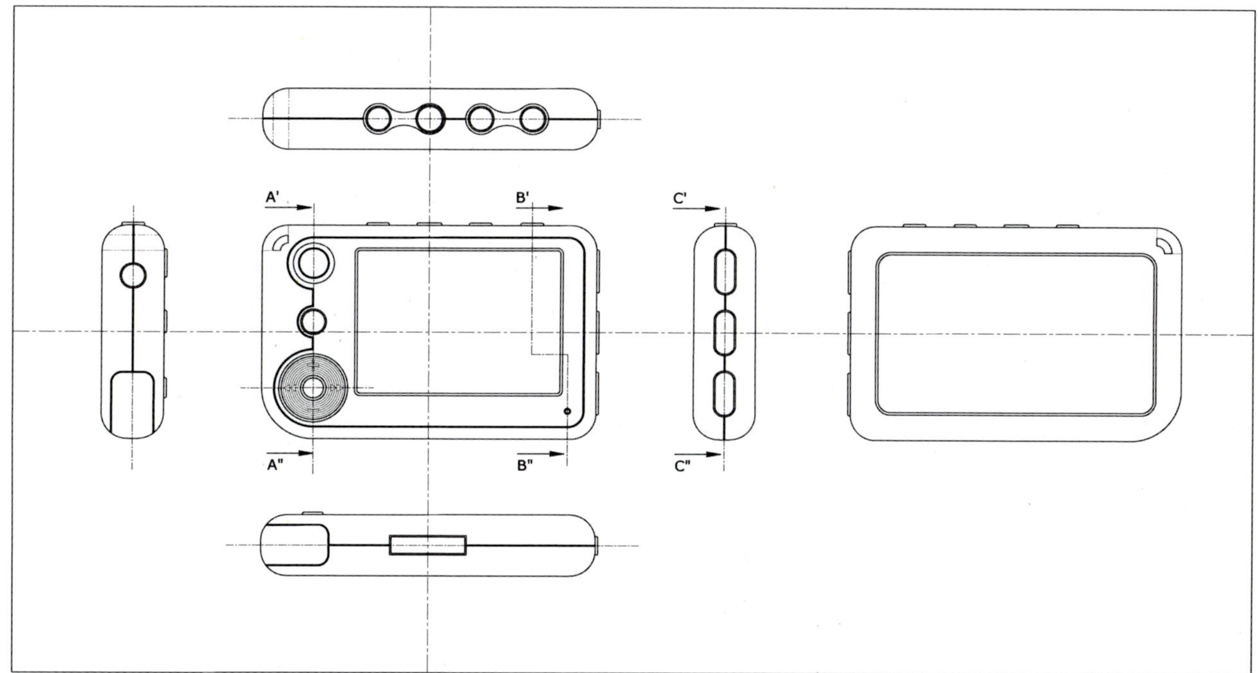

15_ 절단 기호에 따른 각 단면도의 위치를 가상선 레이어를 활용하여 적절히 배치한 후 전체 레이아웃을 다시 잡아 주도록 한다.

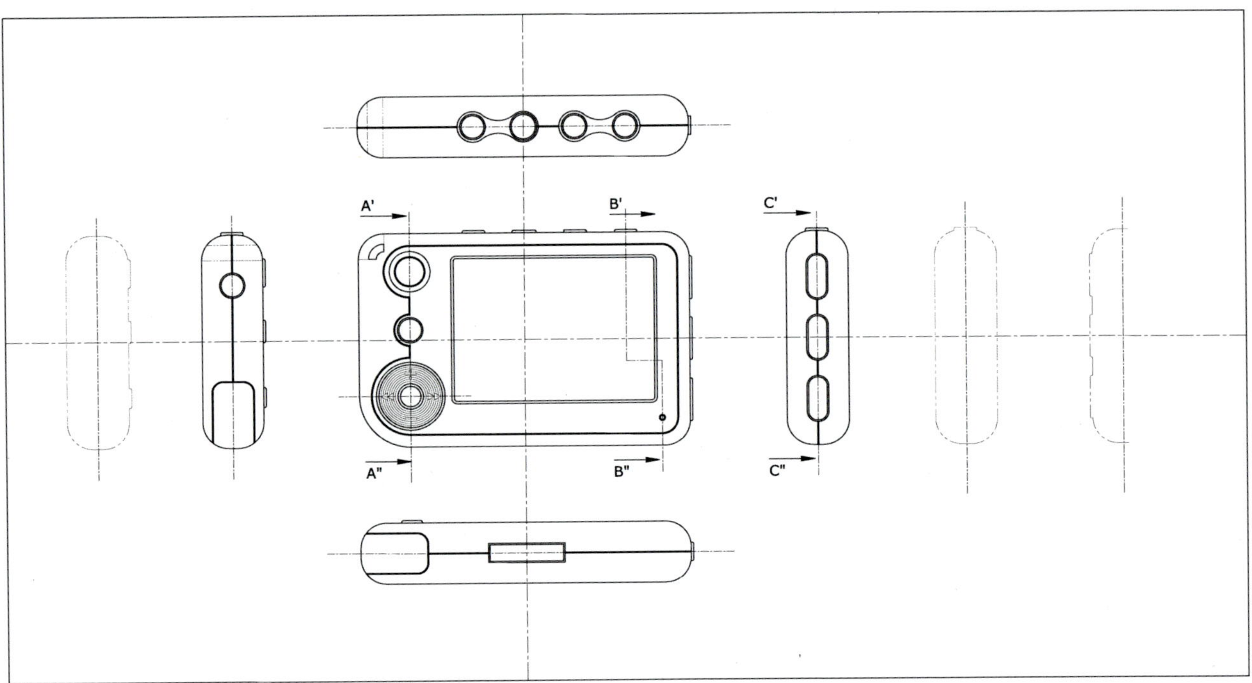

16_ 각 단면도의 위치를 정돈한 후 각 단면 내부의 재질 두께 표현을 위해 offset 명령으로 단면의 두께를 만들어 준다.

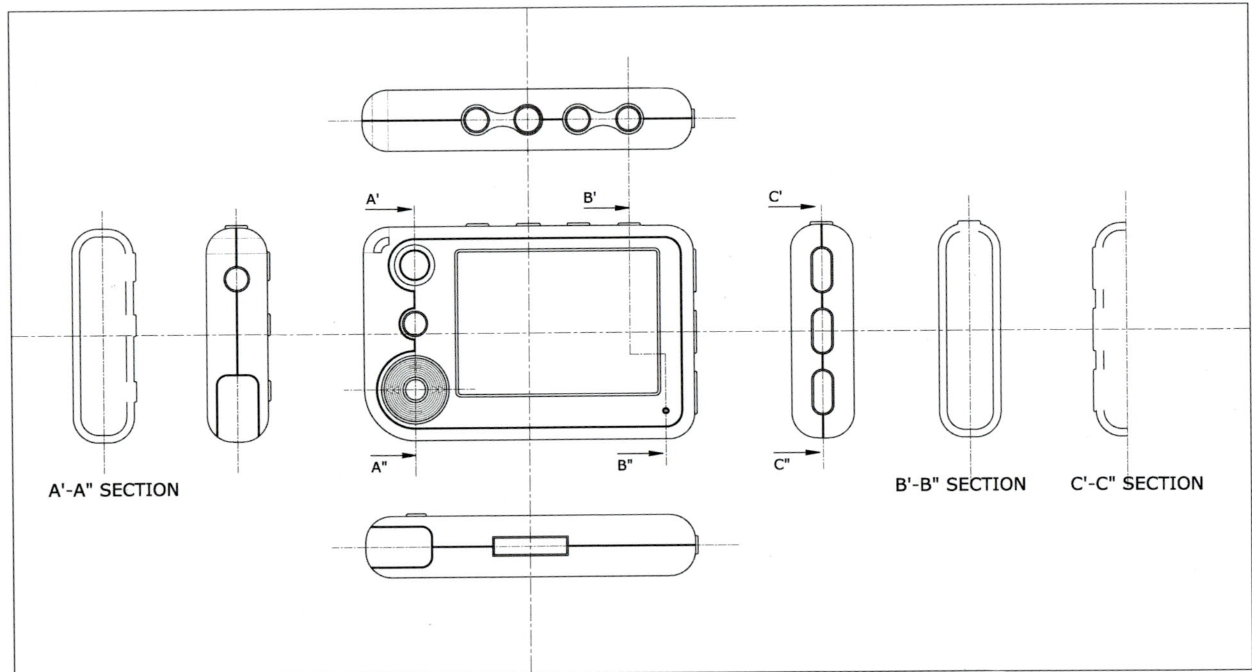

17_ 먼저 A′−A″ 절단면의 형상을 표현하기 위해 정면도 상의 버튼을 기준으로 직선을 연장하여 단면 내부의 구조를 이해하기 쉽게 작성한다.

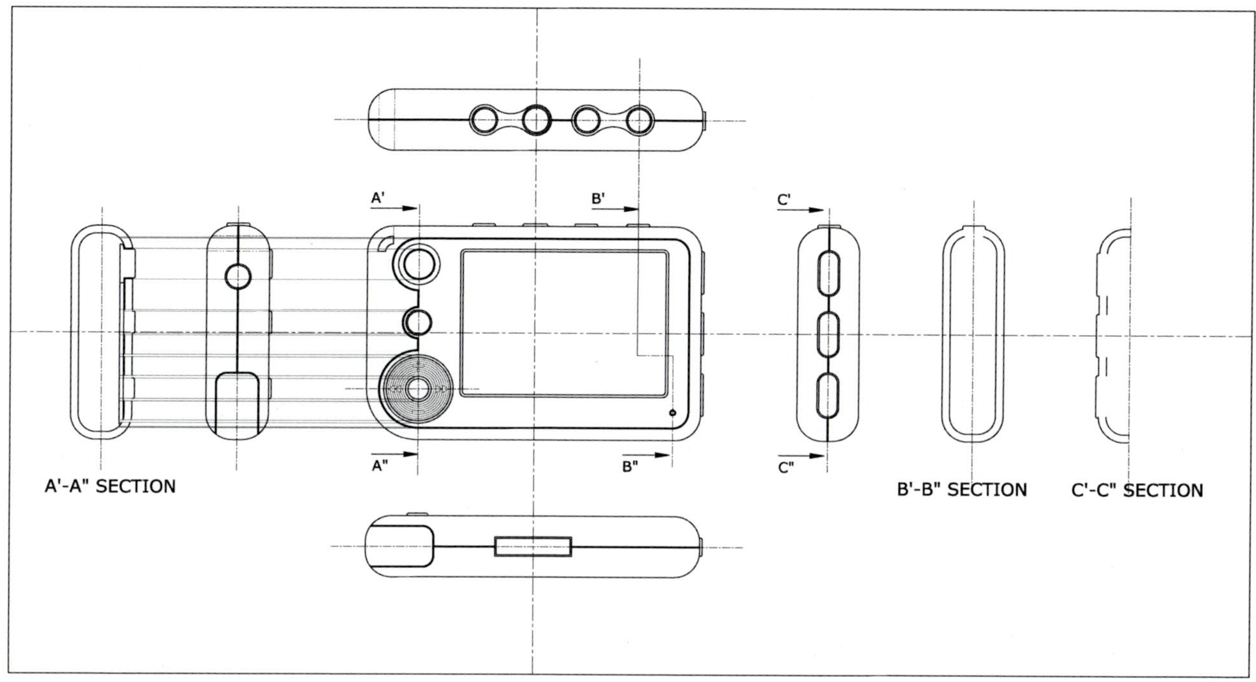

18_ 같은 방법으로 B′−B″ 절단면의 형상을 표현하기 위해 정면도와 평면도를 기준으로 그림과 같이 직선을 연장하여 단면 내부의 구조를 이해하기 쉽게 작성하도록 한다.

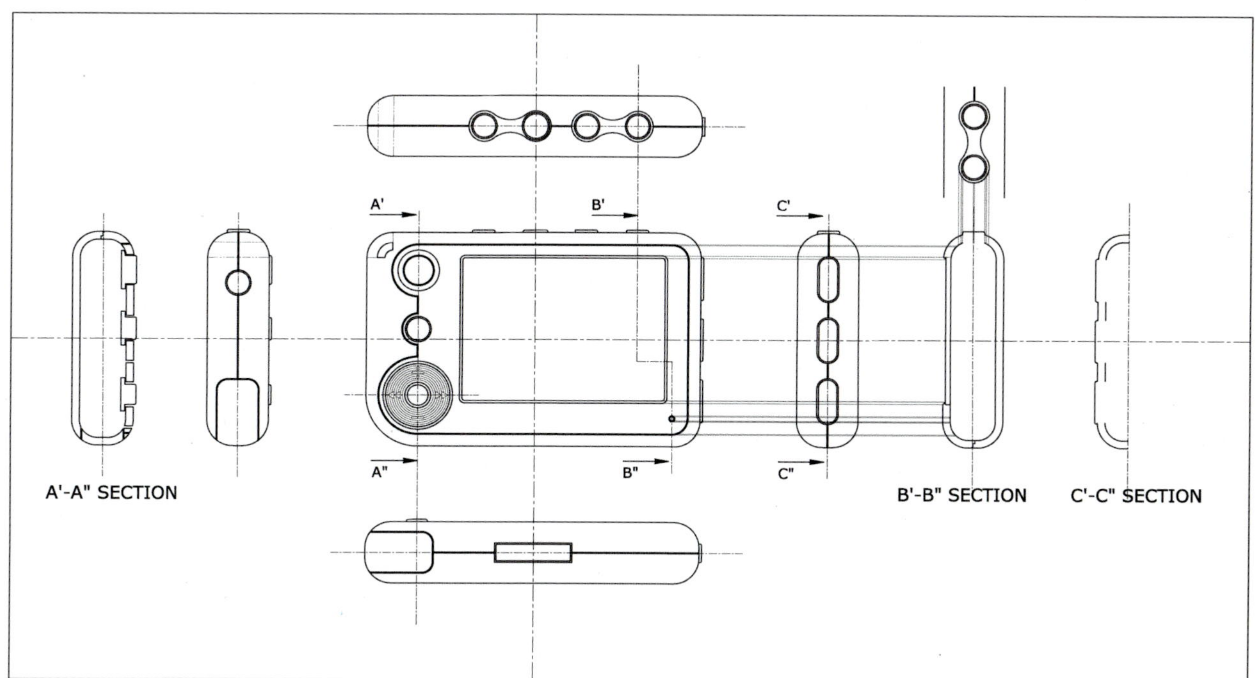

19_ 그림과 같이 trim 명령으로 작성된 단면도 주변 선들을 정리한 후 정면도 및 평면도상의 단면 형상이 제대로 표현되었는지 검토해본다.

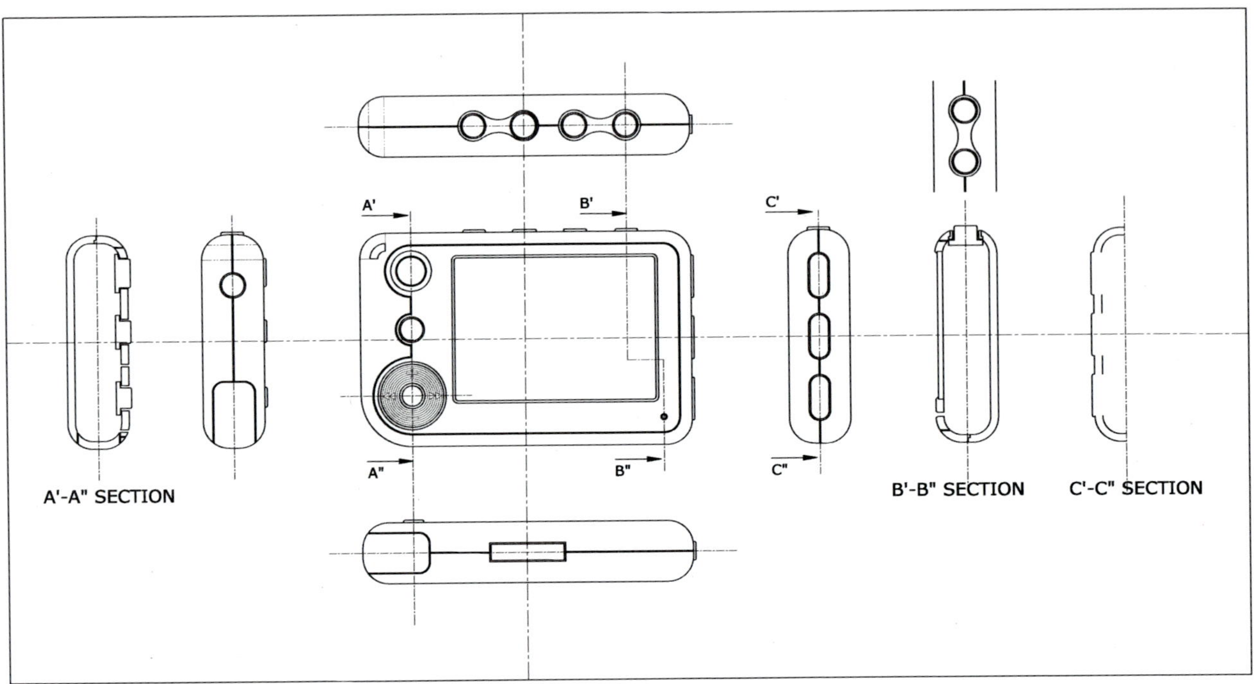

20_ 마지막으로 *C' – C"* 절단면의 형상을 표현하기 위해 우측면도 기능 버튼 위치를 기준으로 그림과 같이 직선을 연장하여 단면 내부의 구조를 이해하기 쉽게 작성하도록 한다.

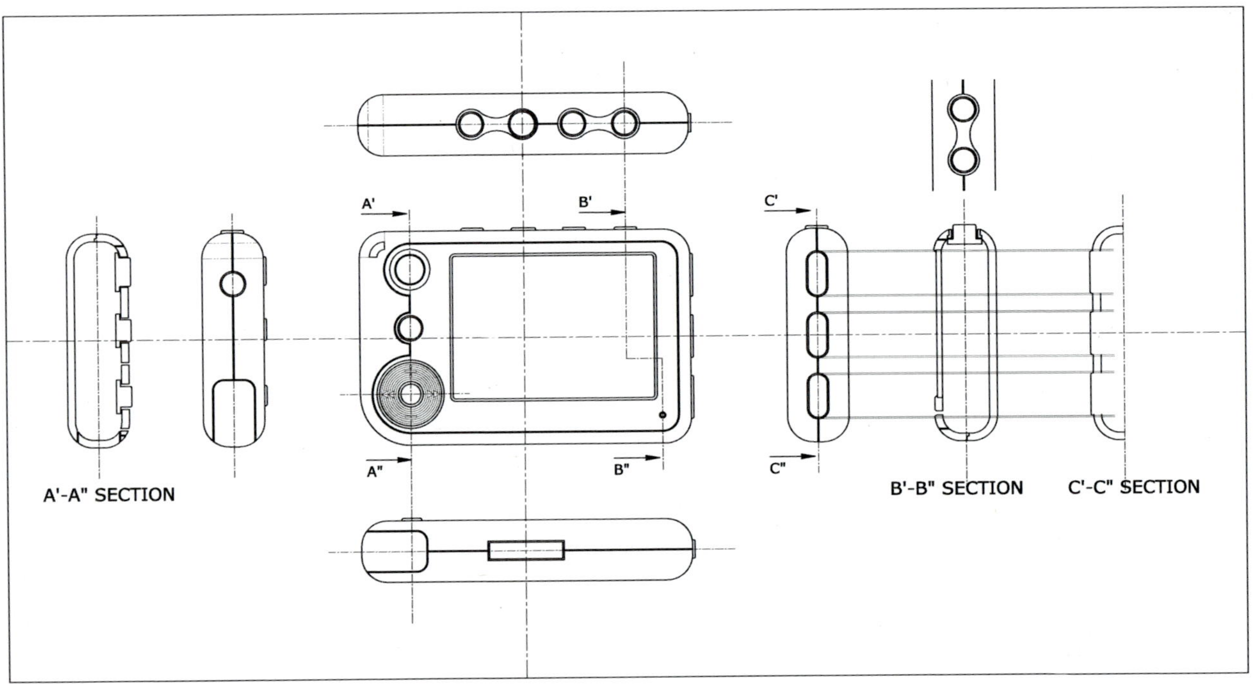

21_ 다시 한 번 trim 명령으로 작성된 단면도 주변 선들을 정리한 후 우측면도 상의 단면 형상이 제대로 표현되었는지 검토해본다.

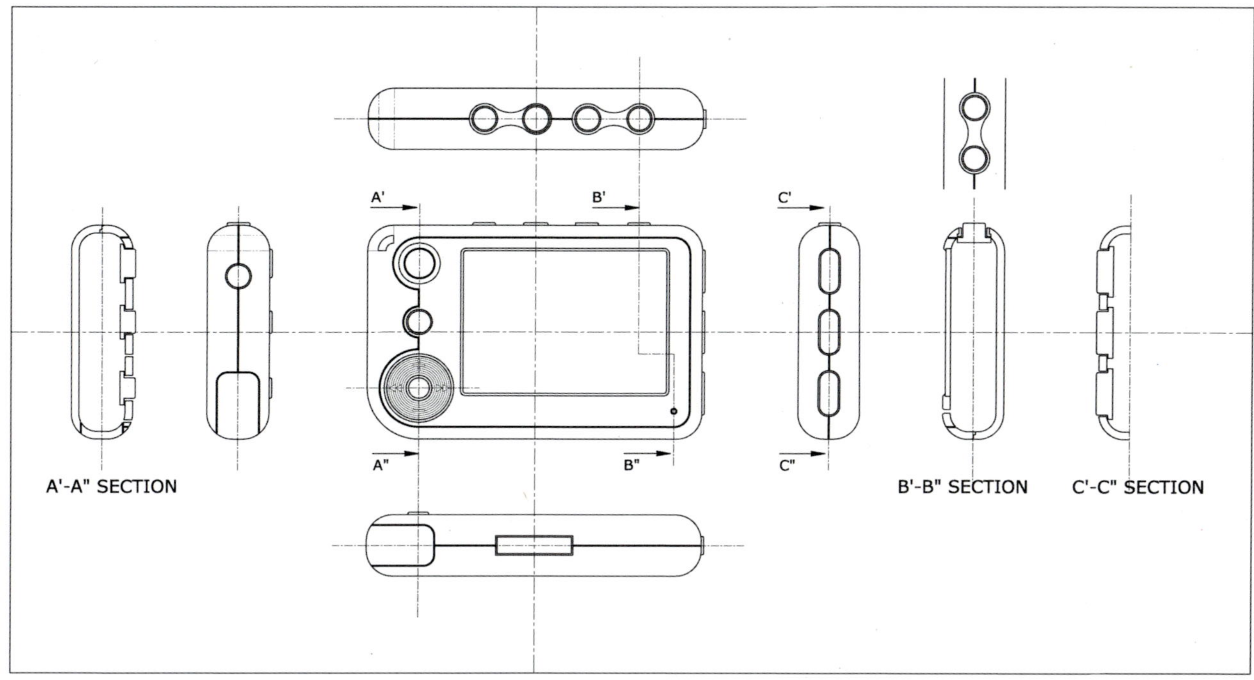

22_ MP3 플레이어 도면이 완성되면 hatch 명령으로 절단면 표시를 그림과 같이 넣어주고 각각의 면도별 치수 값을 기입한 다음 도면 작성을 마무리한다.

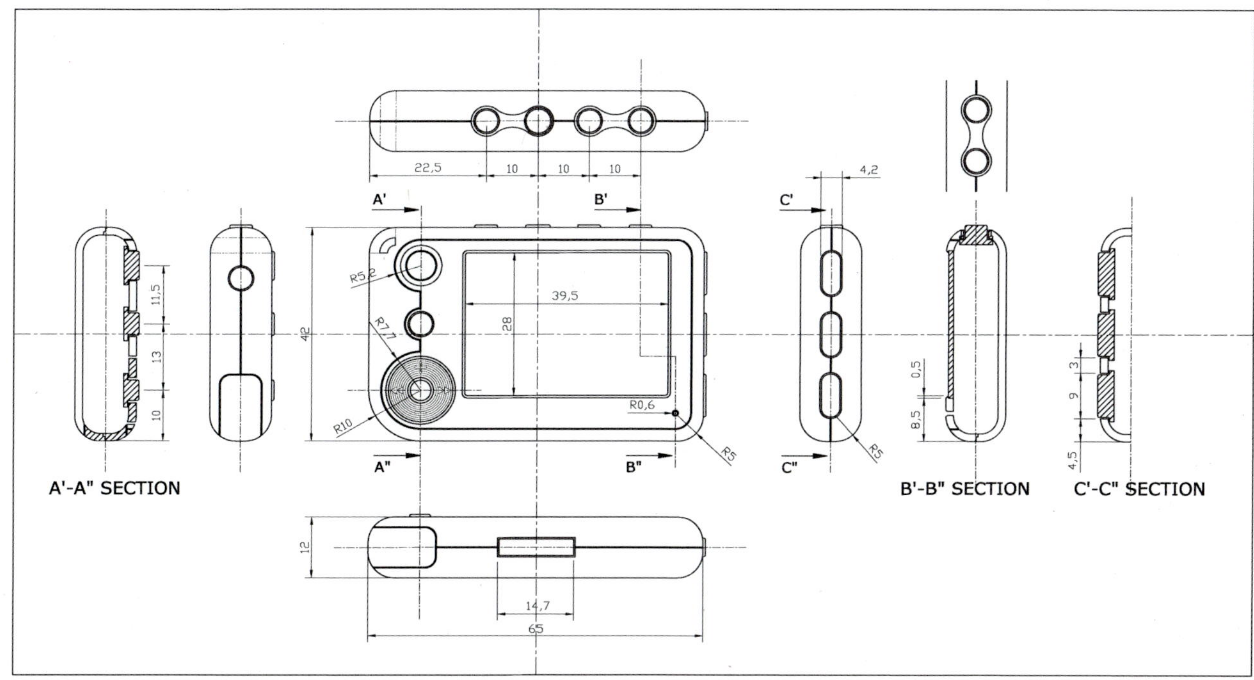

LCD 모니터 디자인 도면작성

CHAPTER 02

이번 과정은 LCD모니터 도면 4면도 과정으로 단순한 사각 형태가 중심이지만 모니터 본체, 거치대, 스텐드로 이어지는 구조에 대한 표현이 알기 쉽게 설명되도록 단면도까지 작성해 보도록 한다.

이번 과정도 계속해서 실무도면의 심화학습 과정이며, 메뉴 설명과 작성요령에 대한 설명이 생략될 것이다. 따라서 자세한 도면의 내용(도면영역 및 치수값)은 예제 파일(LCD 모니터 도면작성)을 참고하기 바란다.

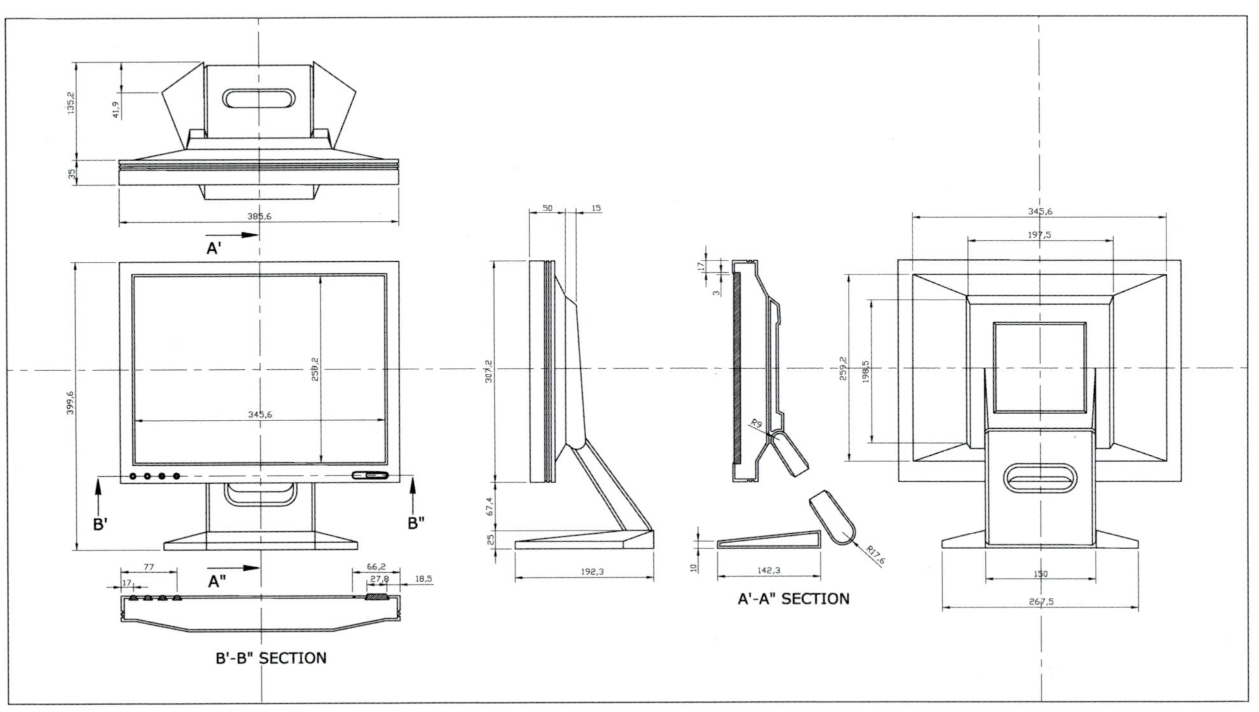

01_ 적절한 도면배치를 위해 도면영역을 지정한 후 오브젝트 가상선 레이어를 활용하여 전체적인 도면 레이아웃을 검토해본다.

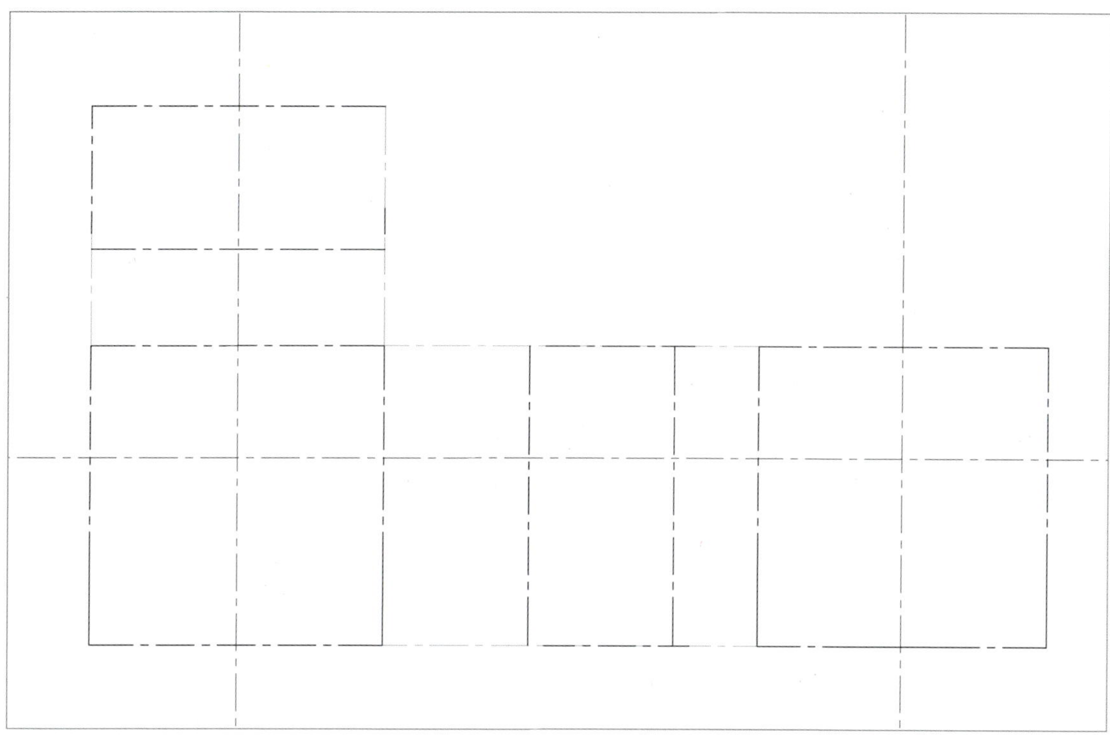

02_ 도면의 레이아웃이 정리되면 line 명령으로 4면도별 제품의 외형부터 직선을 연장시켜 전체적인 가이드 형상을 작성해준다.

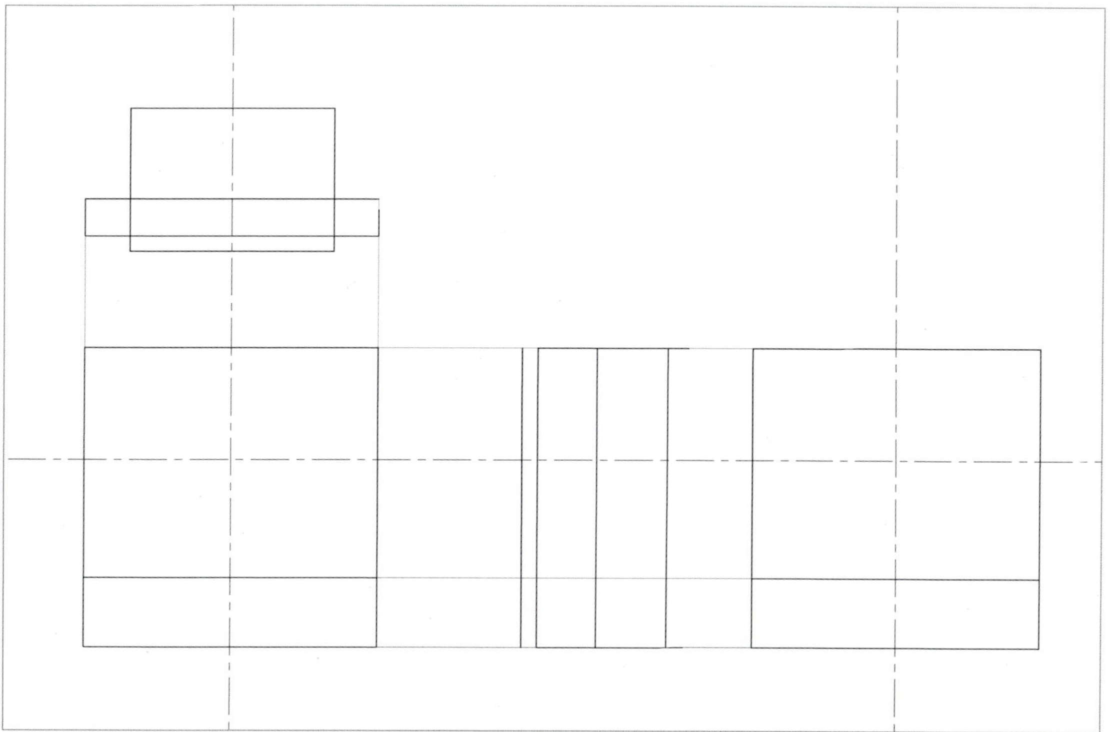

03_ offset 명령으로 정면도와 평면도의 LCD모니터의 구조별 비례를 잡은 후, 우측면도를 작성하기 위해 그림과 같이 평면도를 90도 회전하여 배치한다.

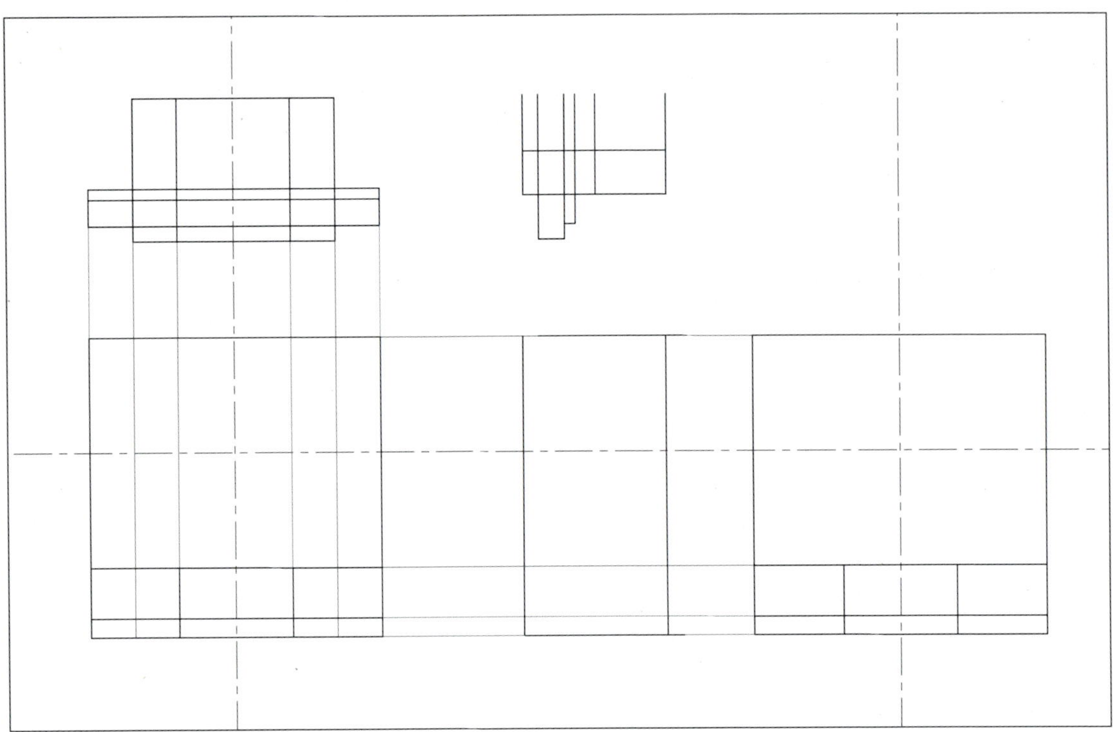

04_ 그림과 같이 90도 회전된 평면도를 기준으로 우측면도의 구조 비례를 잡기 위해 직선을 연장해준다.

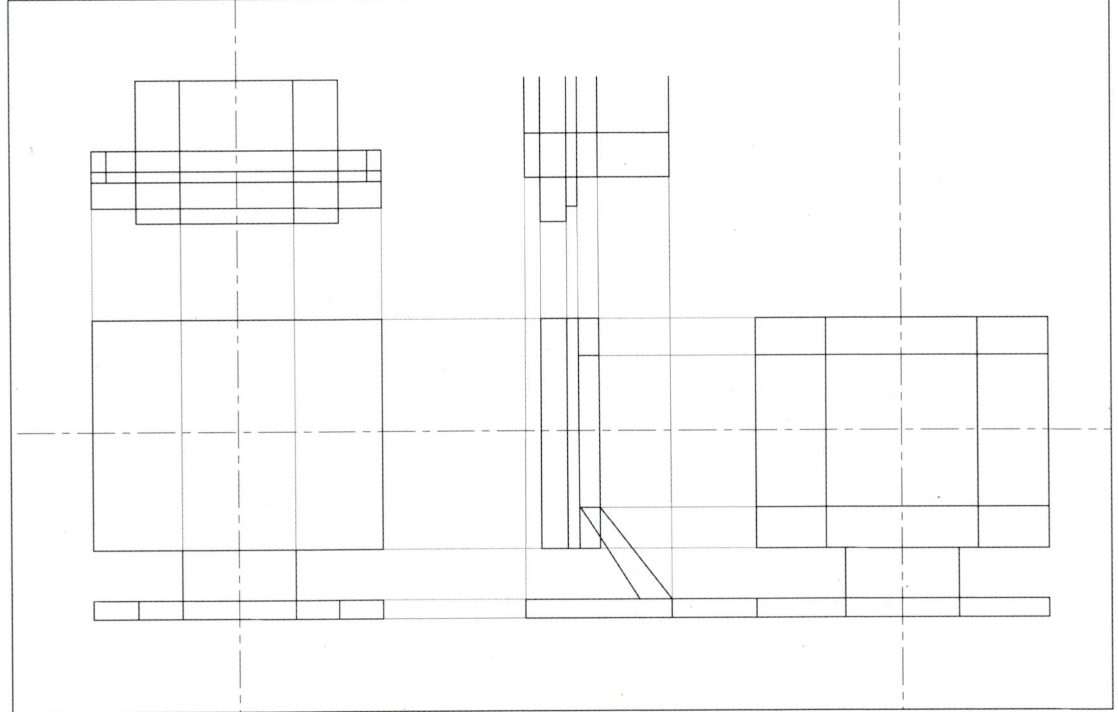

05_ trim 명령으로 옵셋된 직선들을 그림과 같이 정리하고, 각 도면별 형상을 보다 구체화시킨다.

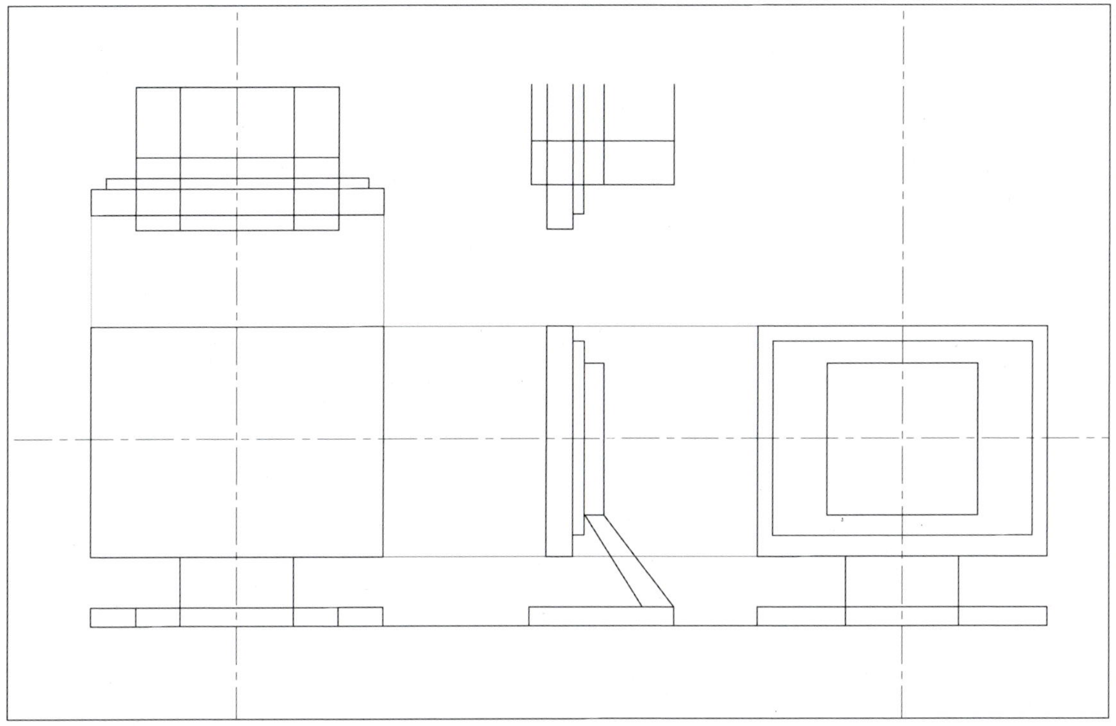

06_ 정면도 전면 LCD 및 우측면도의 모니터 힌지 부분과 배면도의 뒷부분의 형상까지 전체 작성 과정을 균일하게 맞춰 나간다.

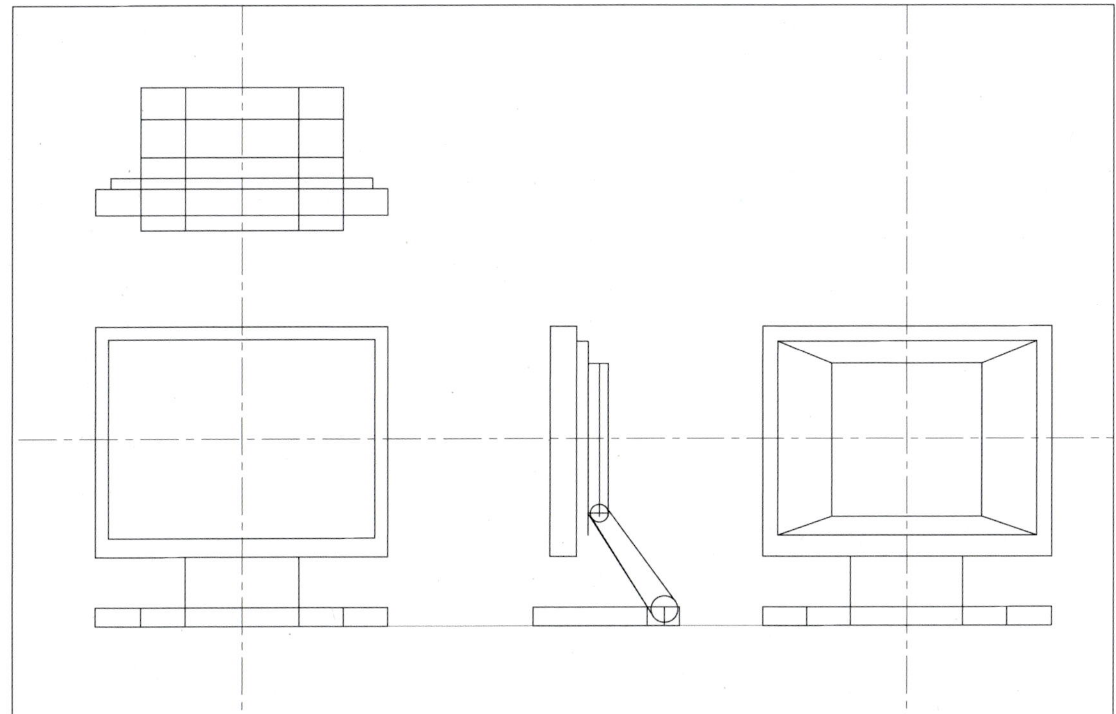

07_ 같은 과정으로 평면도 상의 바닥 스탠드 형상 및 정면도, 우측면도, 배면도 상의 스탠드 형상도 함께 정리해준다.

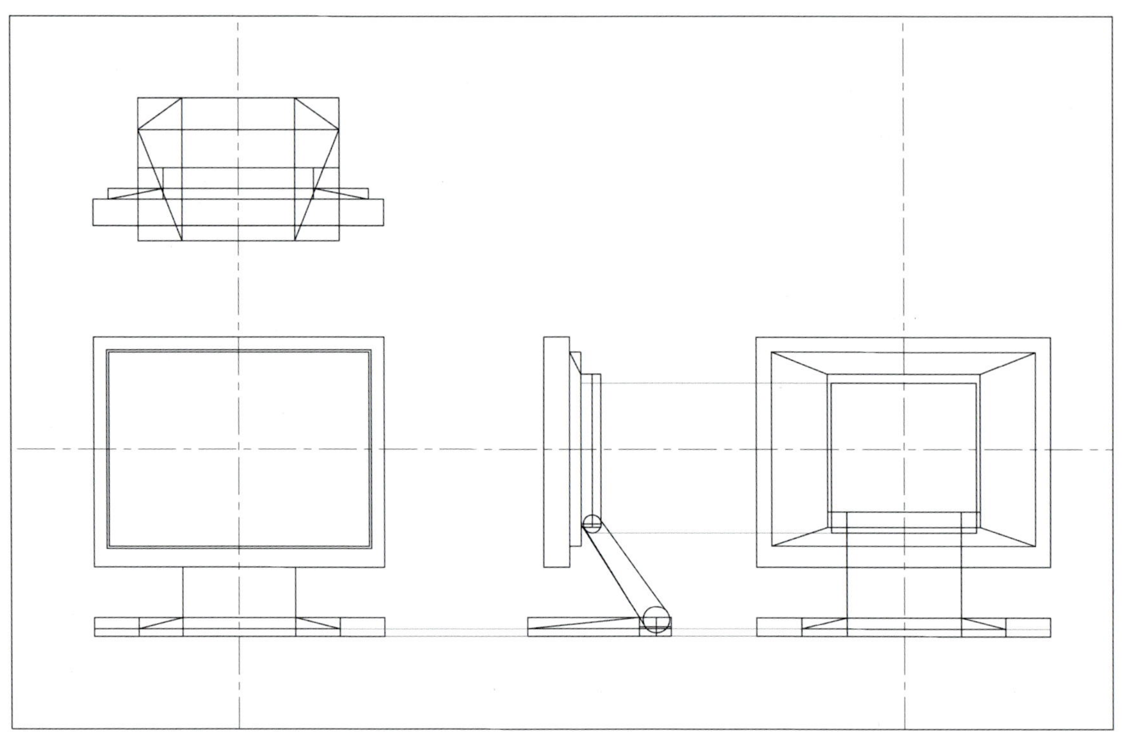

08_ 다시 한 번 trim 명령으로 각각의 요소별 구조 주변을 정리해준다.

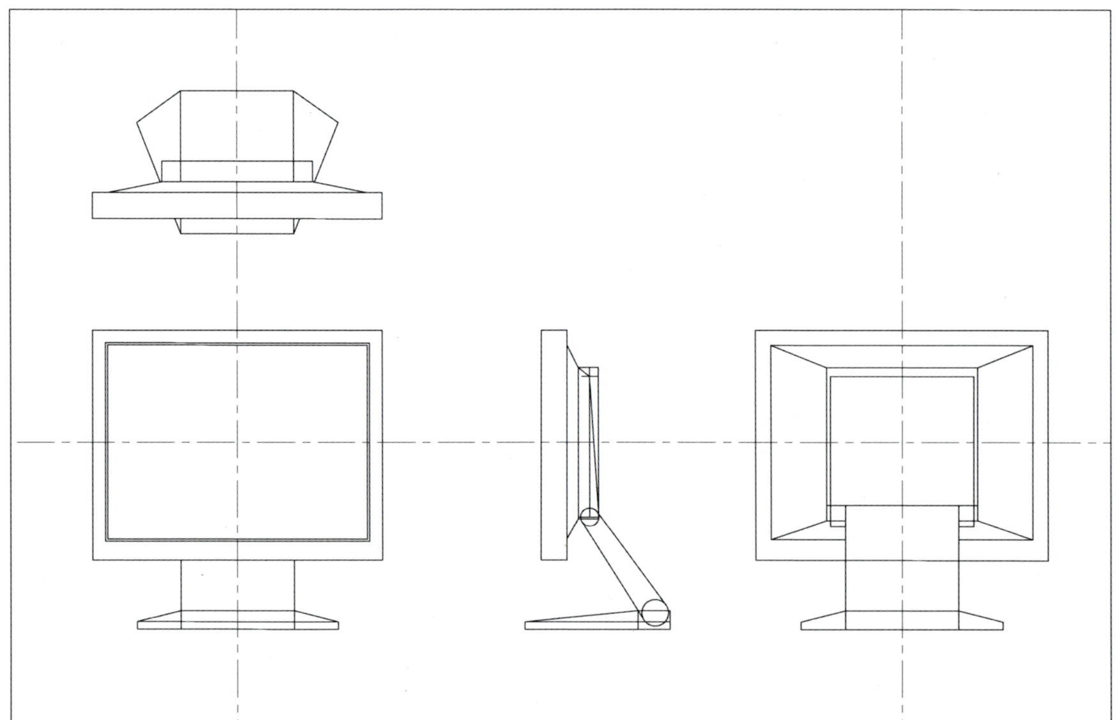

09_ 계속해서 평면도와 측면도의 LCD 액정 외각프레임의 데코레이션 표현과 배면도 상의 경첩(hinge) 부분도 좀 더 구체화시킨다.

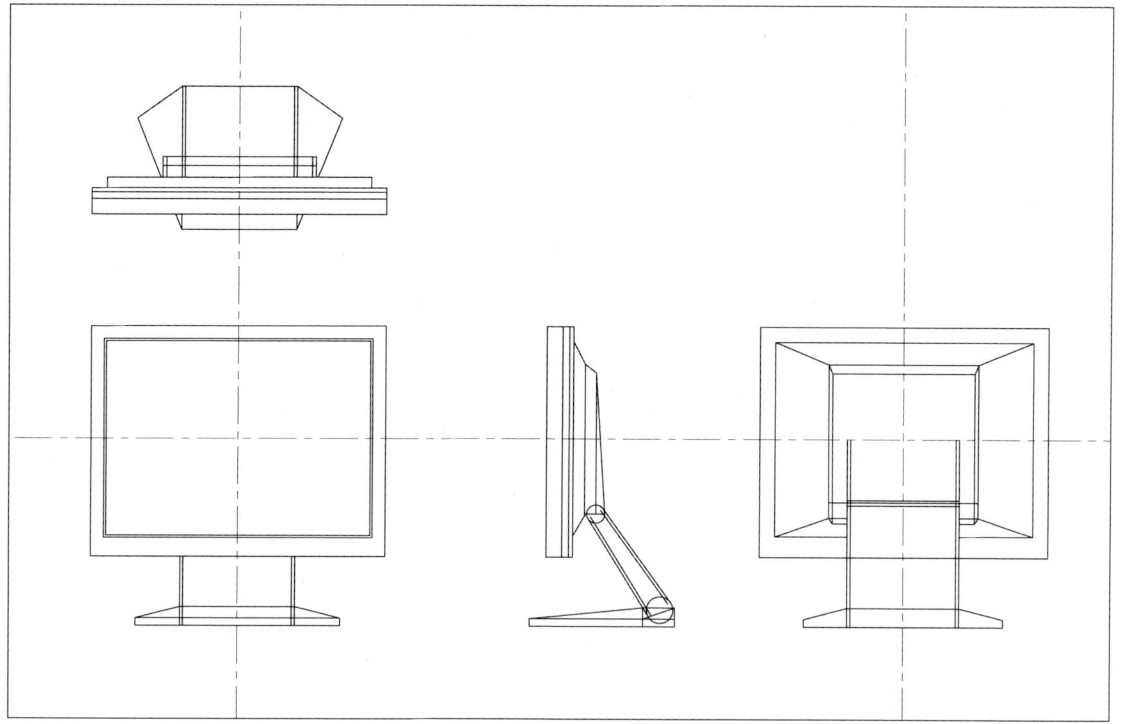

10_ 다음은 평면도와 배면도 상에서 모니터 케이블이 통과될 가로 통로를 만들어주기 위해 그림과 같이 작성한다.

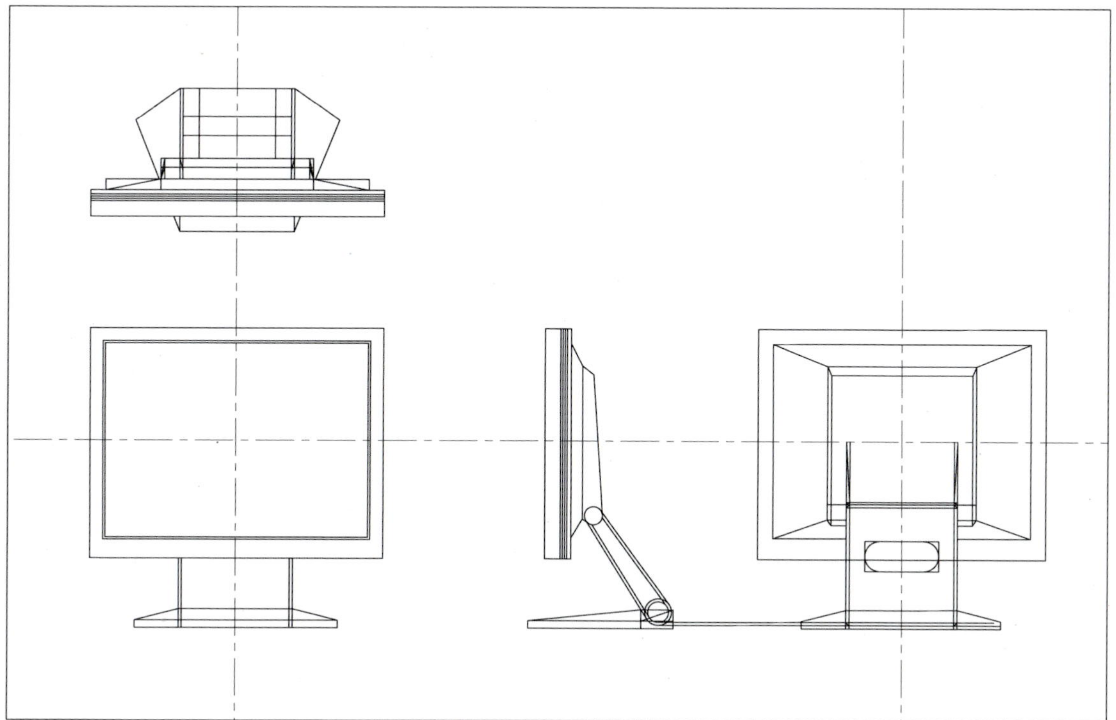

11_ 다시 한 번 trim 명령으로 우측면도 힌지 부분과 같이 모니터의 각 면도별 형상들을 정리해주도록 한다.

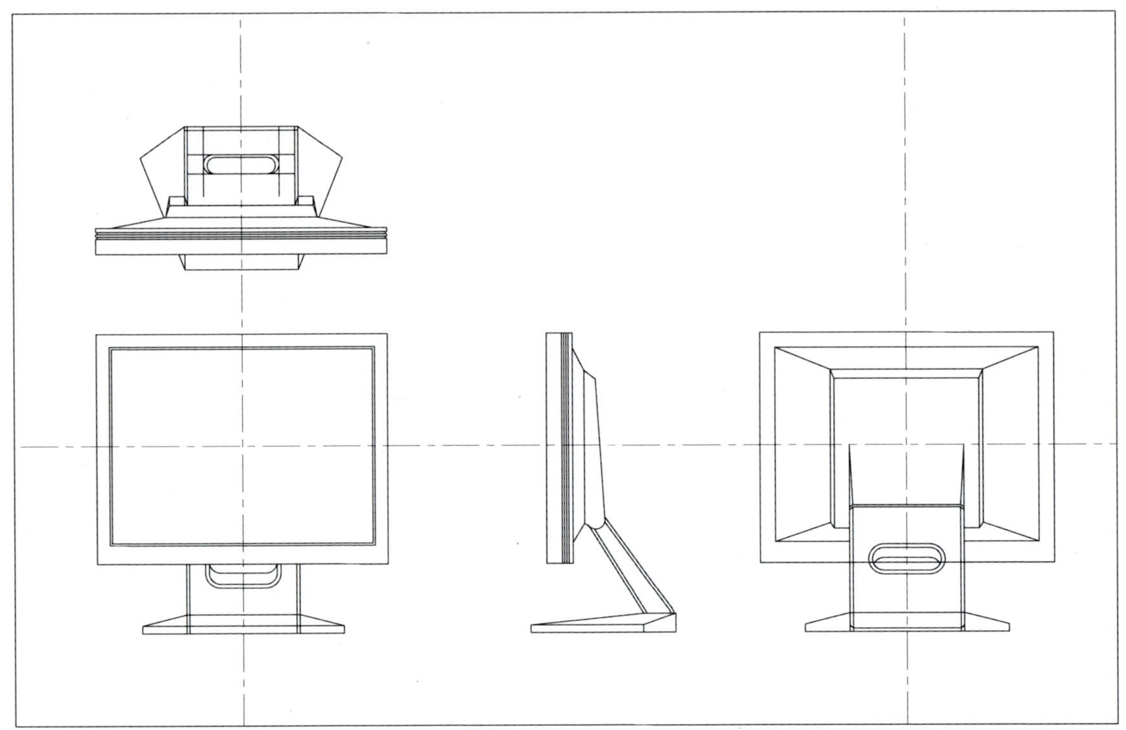

12_ 빠진 부분 없이 4면도의 전체적인 구조 및 형상들이 각 면도별로 제 위치가 맞는지 확인해 보도록 한다.

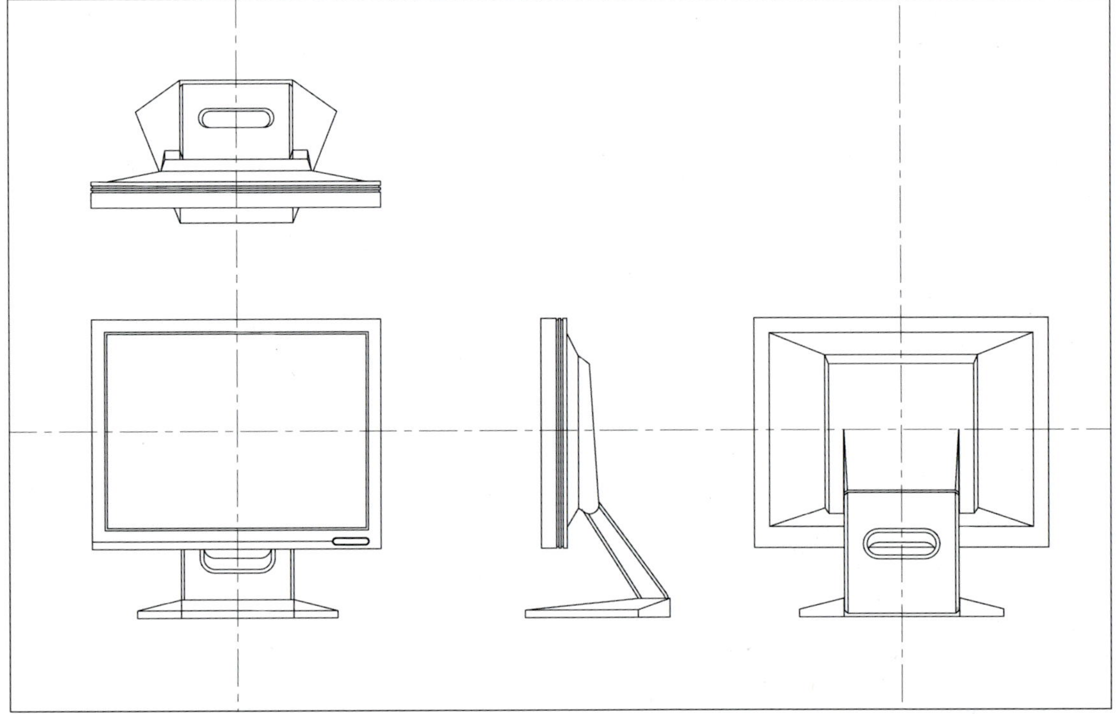

13_ 마지막으로 모니터의 파워 버튼 및 보조 기능 버튼을 정면도에 배치해 주고 전체 도면작성 과정을 마무리한다.

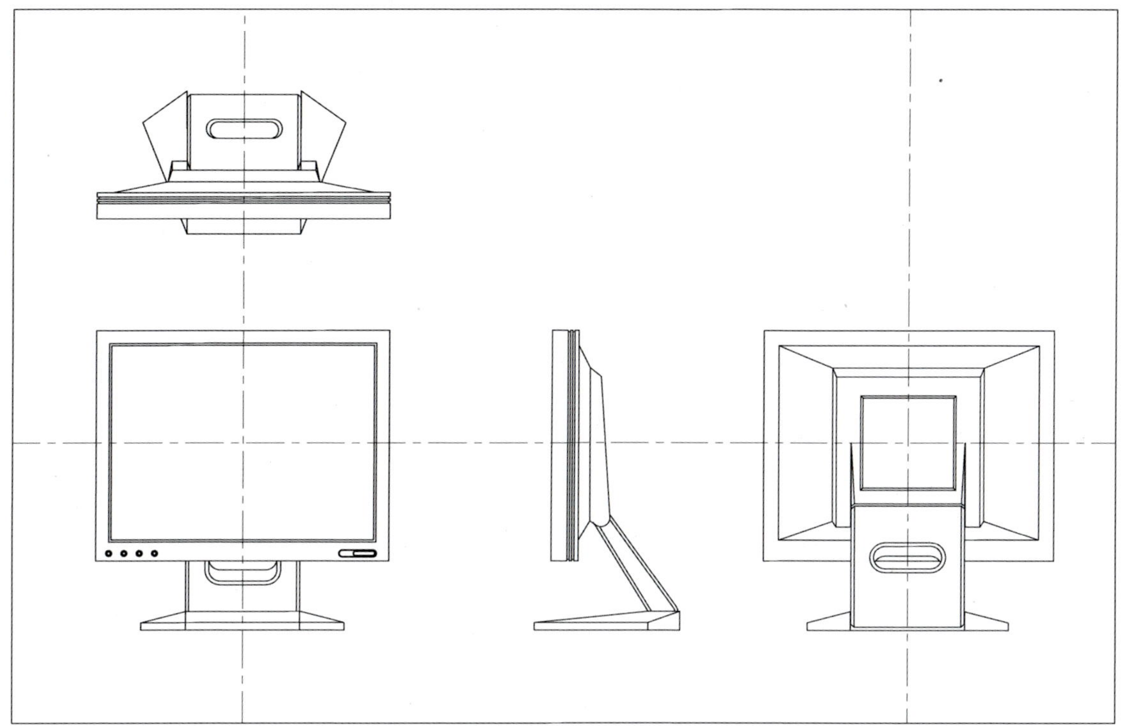

14_ 다음은 LCD 모니터의 액정 및 경첩(hinge) 구조 그리고 보조 기능 버튼의 절단면 표현을 위해 그림과 같이 단면이 필요한 위치에 절단 표시 기호를 기입해준다.

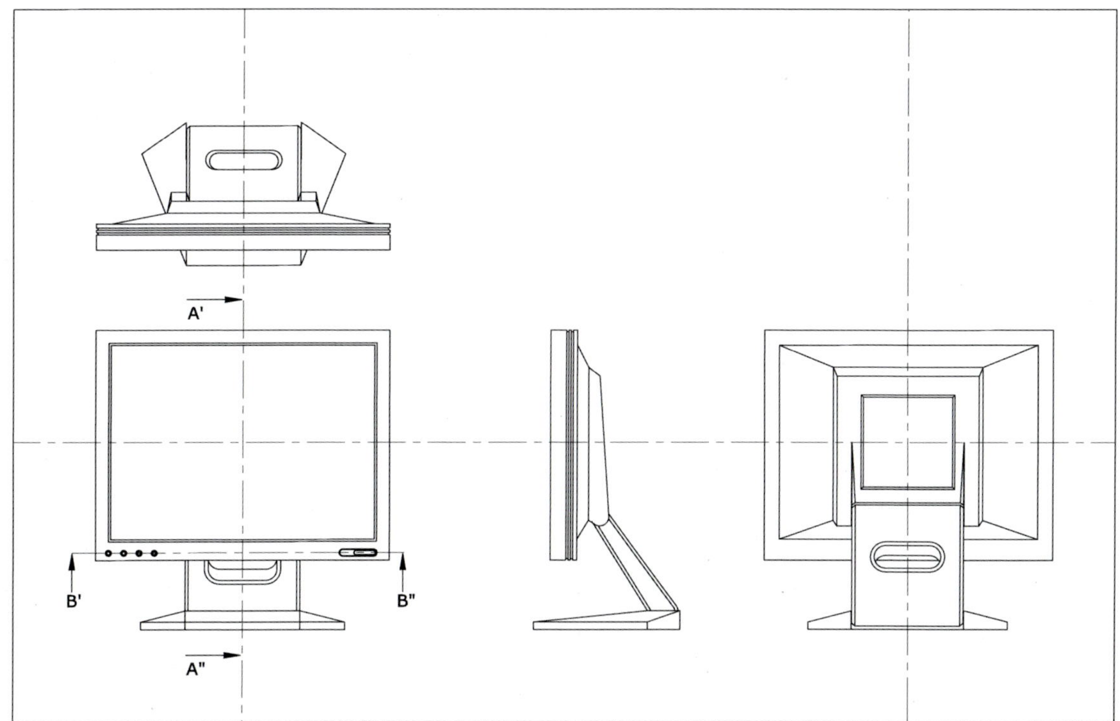

15_ 절단 기호에 따른 각 단면도의 위치를 가상선 레이어를 활용하여 적절히 배치한 후 전체 레이아웃을 다시 잡아준다.

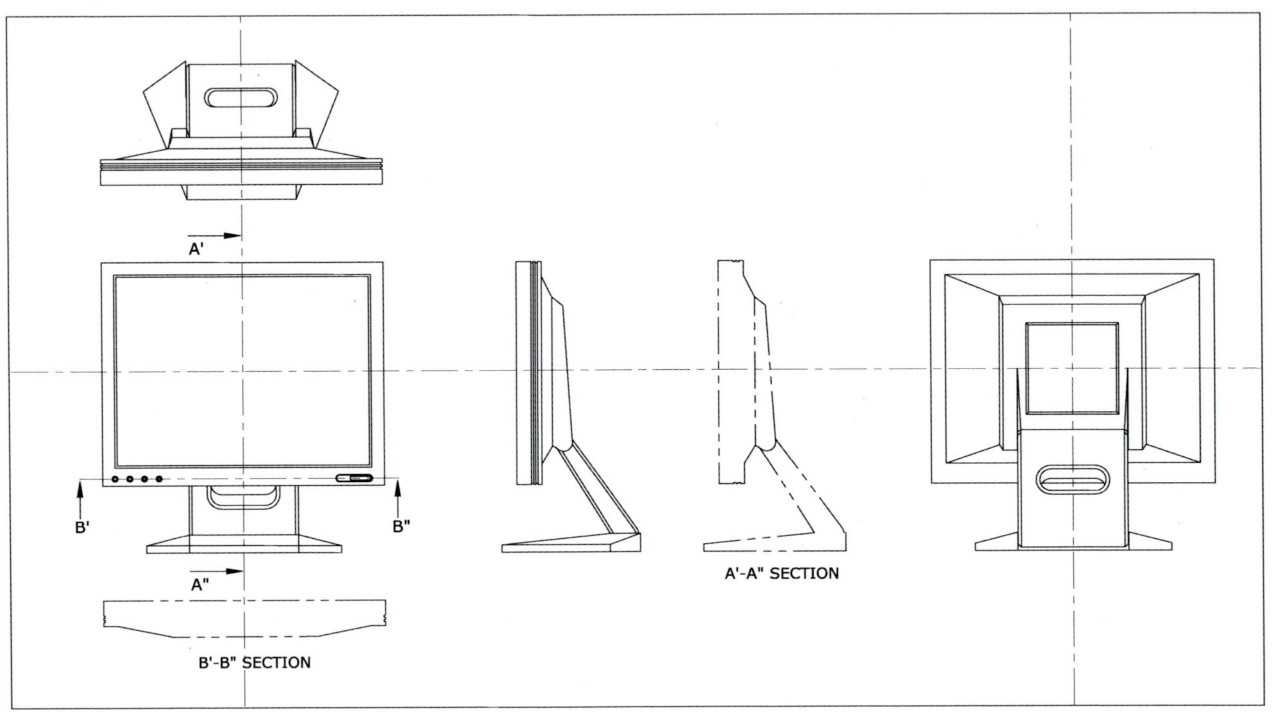

16_ 각 단면도의 위치를 정돈 한 후 각 단면 내부의 재질 두께 표현을 위해 offset 명령으로 단면의 두께를 만들어준다.

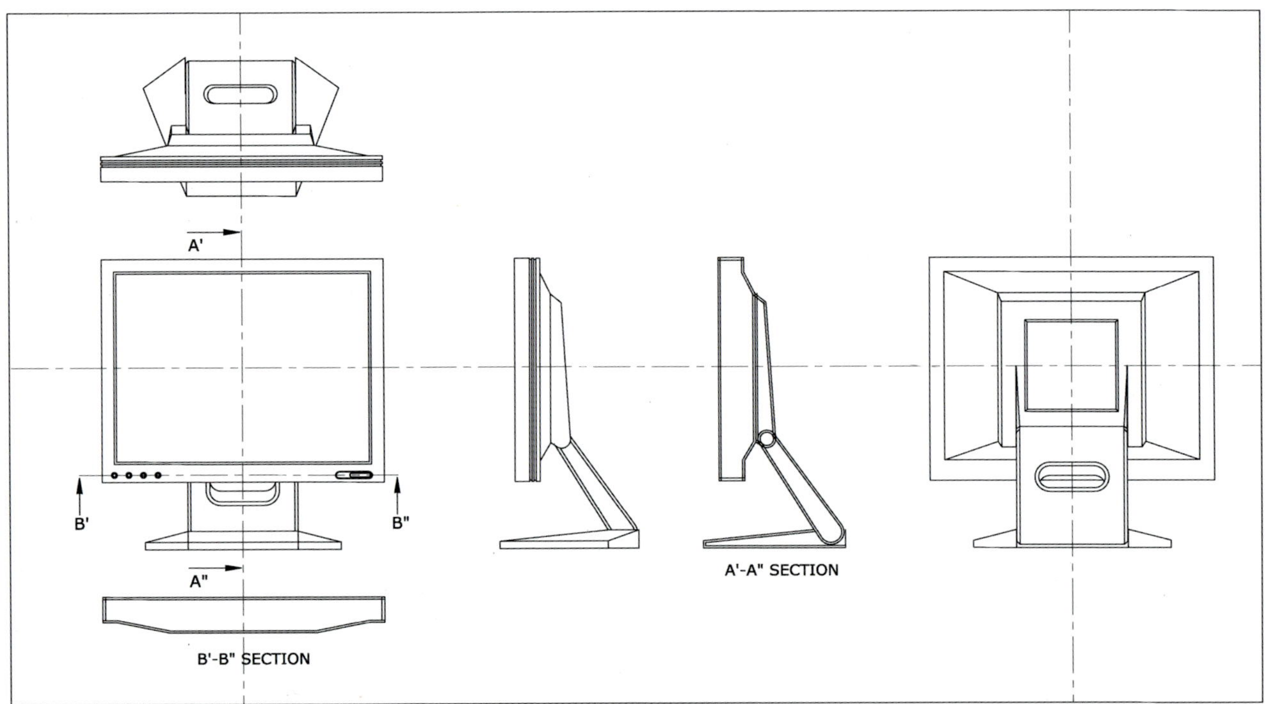

17_ 먼저 A′－A″ 절단면의 형상을 표현하기 위해 정면도 상의 베젤 프레임과 배면도상의 후면형상을 기준으로 직선을 연장하여 우측면도의 절단면 내부 구조를 이해하기 쉽게 작성하도록 한다.

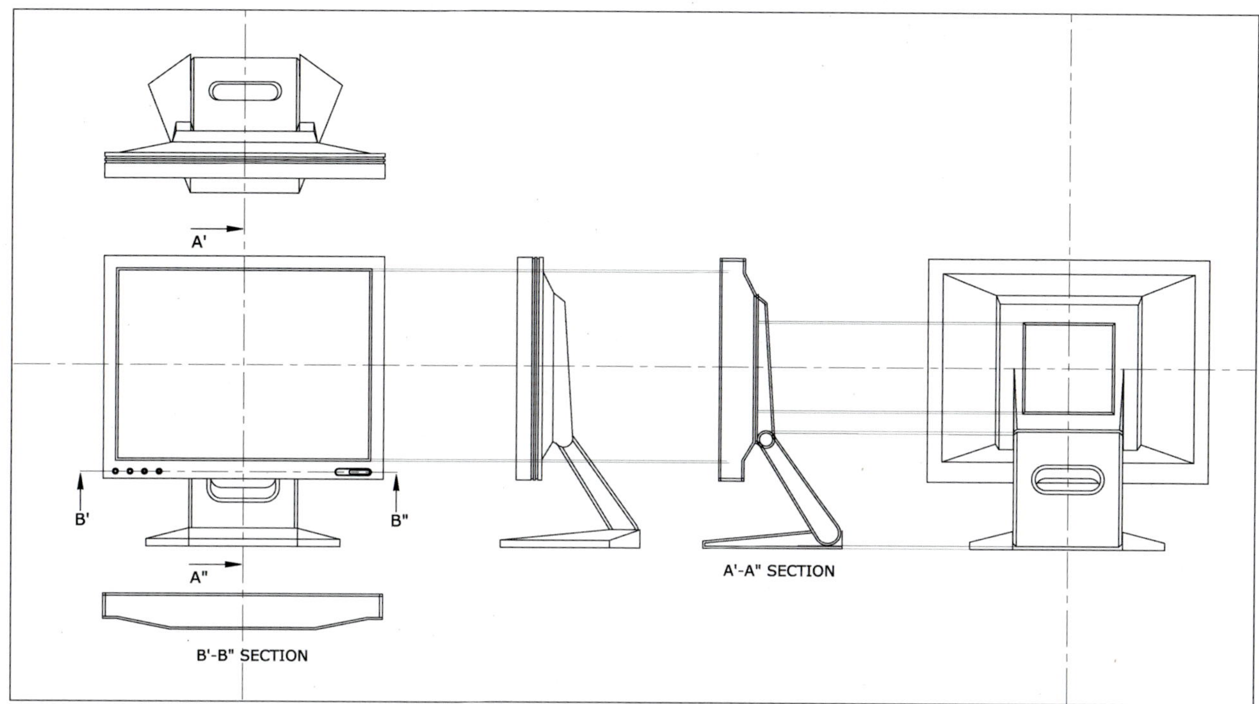

18_ 참고로 단면도 작성에 있어서 평면도의 형상을 복사하여 그림과 같이 90도 회전시켜 절단면 위치를 잡아주는 것이 좋다.

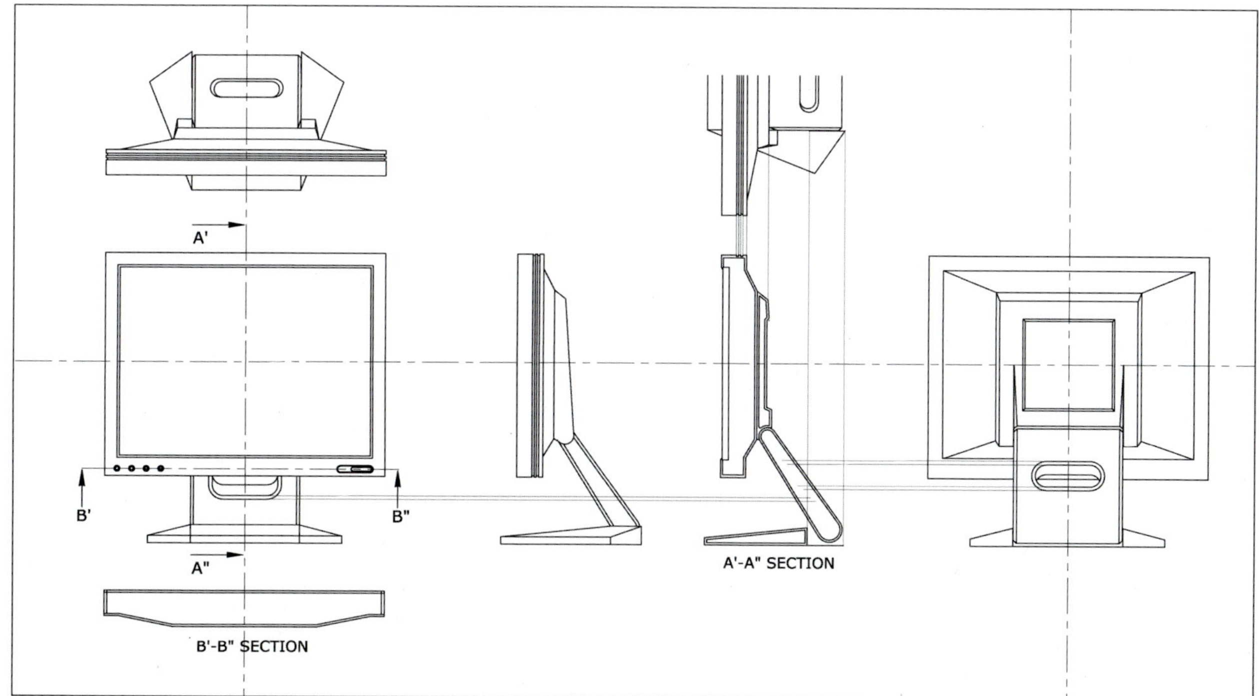

19_ 그림과 같이 trim 명령으로 작성된 단면도 주변 선들을 정리한 후 정면도 및 평면도상의 단면 형상이 절단 방향 기호의 표시대로 맞게 표현되었는지 검토해본다.

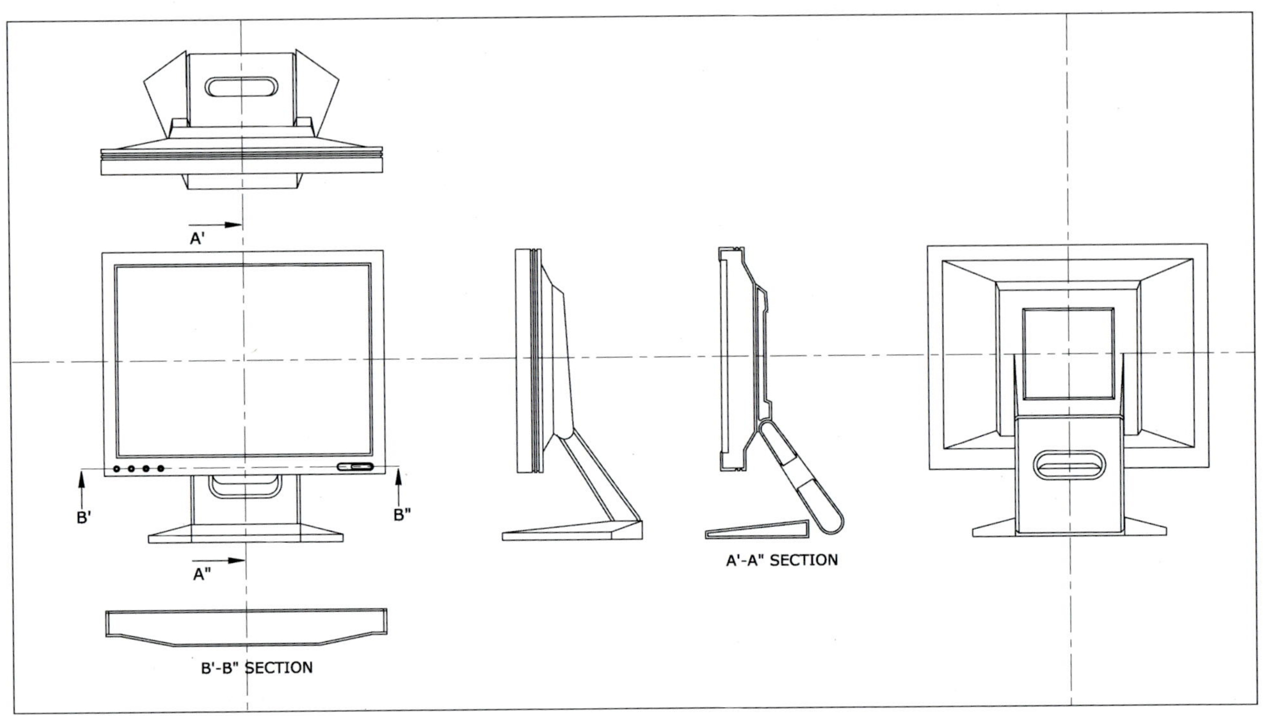

20_ 같은 방법으로 B′ – B″의 보조 기능 버튼의 절단면의 형상을 표현하기 위해 정면도를 기준으로 그림과 같이 직선을 연장하여 단면 내부의 구조를 이해하기 쉽게 작성한다.

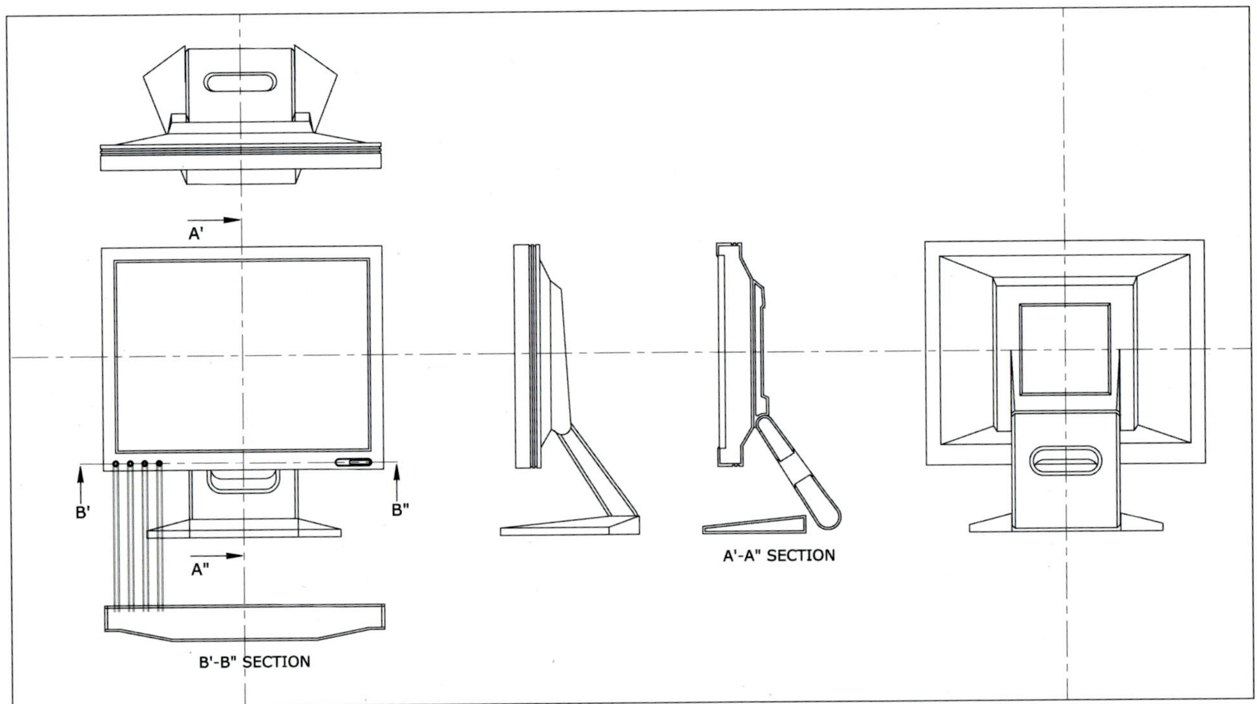

21_ trim 명령으로 작성된 보조 기능 버튼의 단면 주변 선들을 정리한 후, 파워 버튼도 같은 방법으로 단면 표현을 위해 그림과 같이 직선을 연장시켜준다.

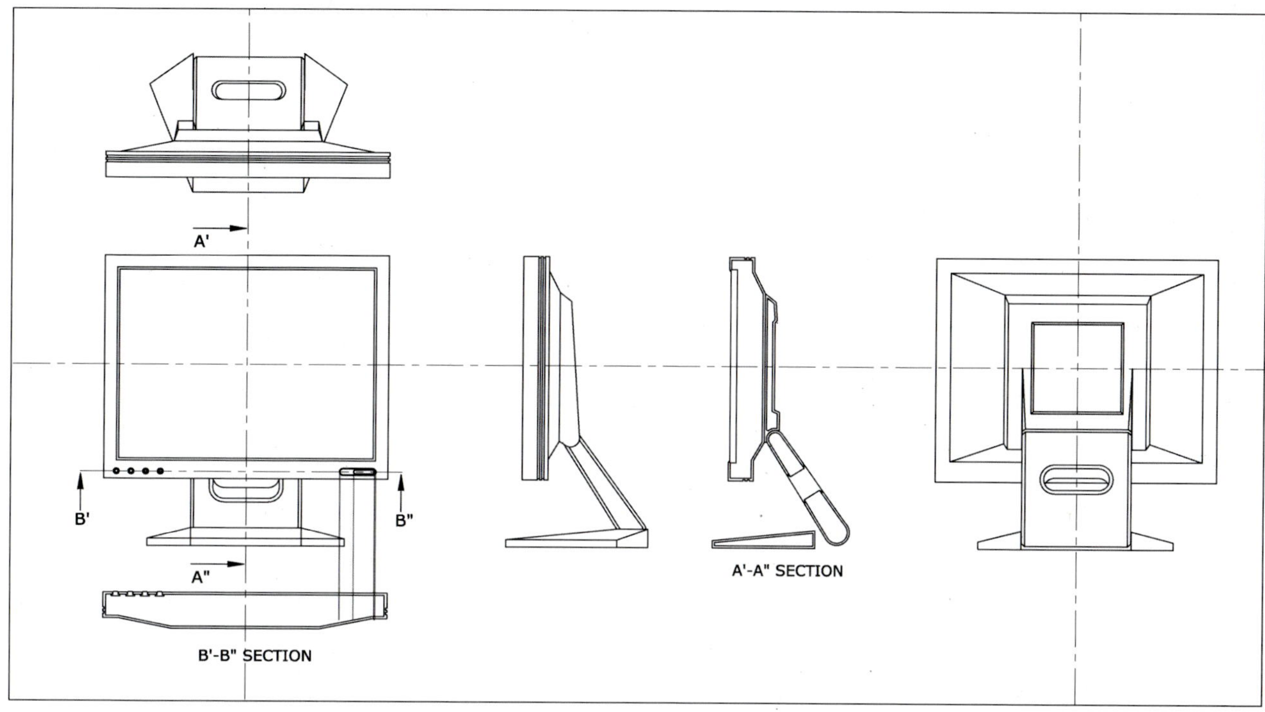

22_ 기본 4면도에서 최종 단면도까지 LCD 도면이 모두 완성되면 hatch 명령으로 절단면 표시를 넣어 주고 각각의 면도별 치수값을 기입한 다음 도면작성을 마무리한다.

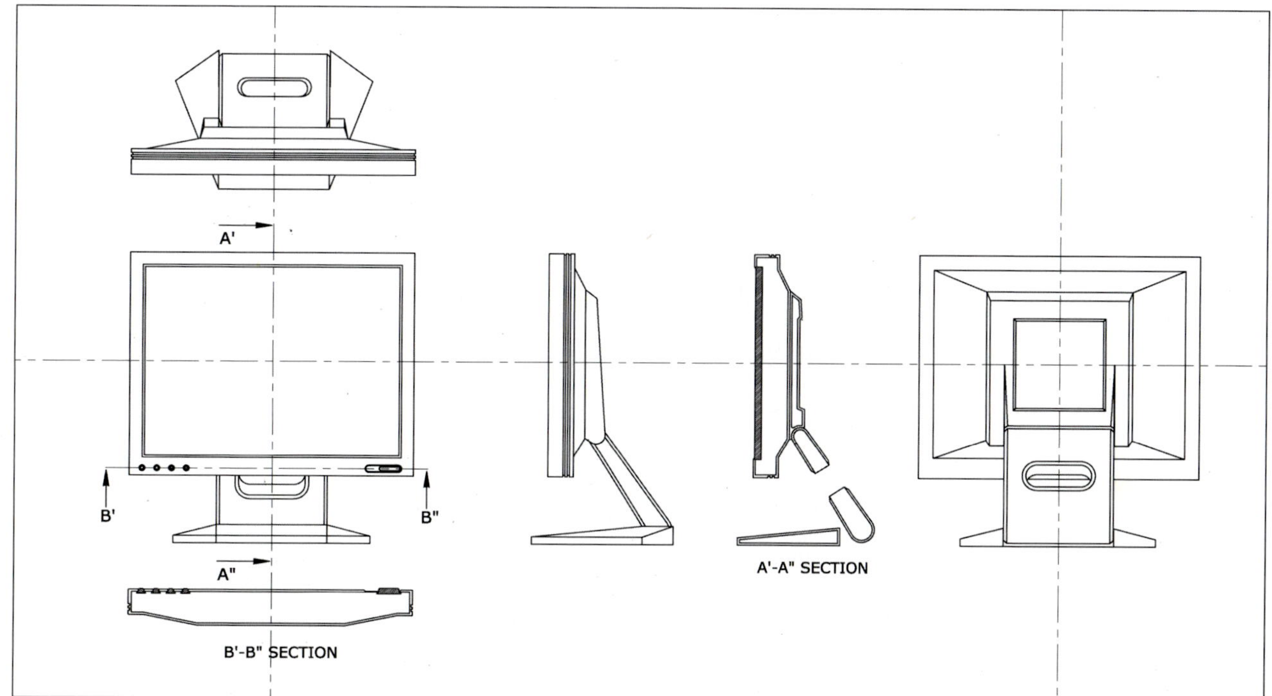

실무에 활용되는
도면예제와
오토캐드 응용사례

필자가 제품디자인 프로젝트를 수행하면서 디자인한 다양한 분야의 제품 도면들이 수록되어 있습니다. 앞에서 실무예제 따라하기를 성실하게 마친 사용자라면 지금부터 수록된 완성된 실무도면들을 자세히 살펴보고 주어진 치수에 따라 하나씩 그려보면서 실무경험을 간접적으로 체험해보기 바랍니다.

오토캐드로 드로잉 된 디자인 도면을 다른 용도로 활용함에 있어서 또 하나의 강점은 포토샵 프로그램으로 작업 라인을 불러와 모니터 상에서 디자이너가 직관적으로 렌더링을 할 수 있다는 것입니다. 최근 디자인 전문회사 또는 대기업 실무 디자이너들은 이러한 포토샵 렌더링 과정을 초기 디자인 시안에 대한 프레젠테이션 판넬 제작 방법으로 많이 활용되고 있습니다.

CHAPTER 01 실무에 활용되는 도면예제

1 GPS 교통안전 단말기 DRAWING

실무도면 〉 01_GPS 교통안전 단말기.dwg − 01

GPS 인공위성을 통한 자동차의 위치를 실시간으로 파악하여 교통안전,
위험지역 등을 음성으로 경고해주는 단말기로, 운전자의 안전운전을 유도하는 텔레매틱스 시스템이다.

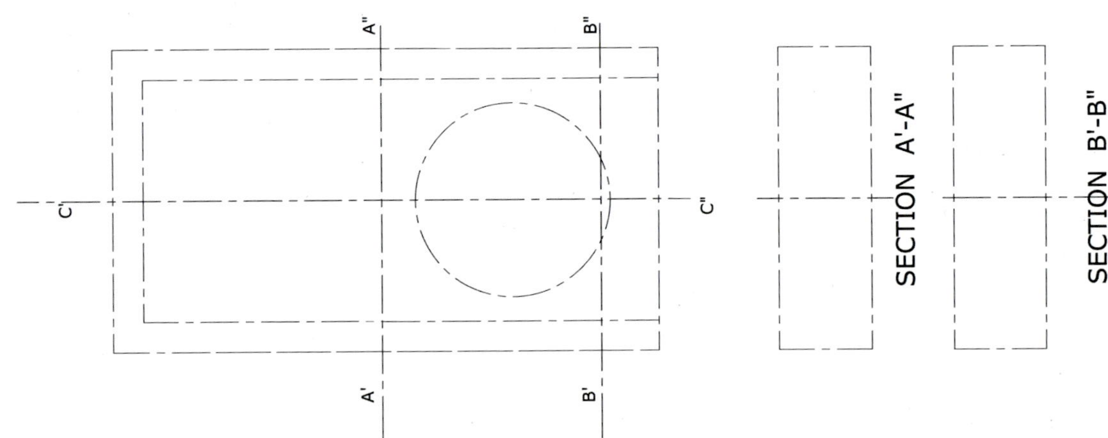

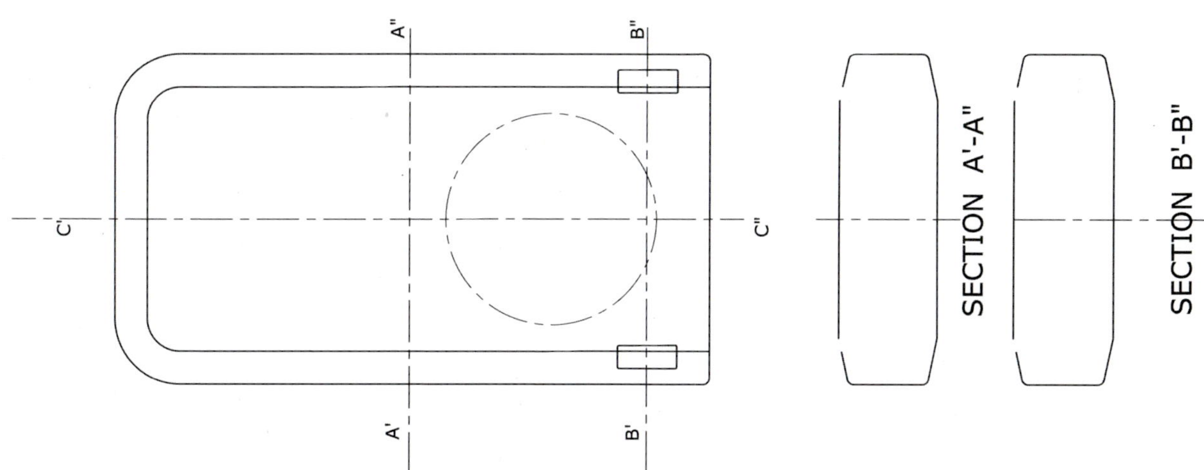

SECTION A'-A"

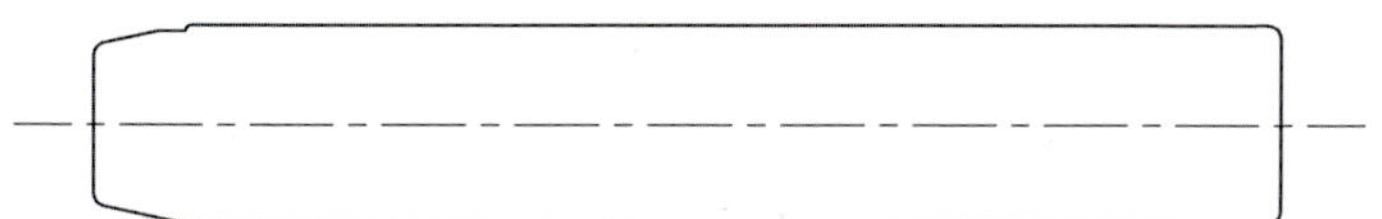

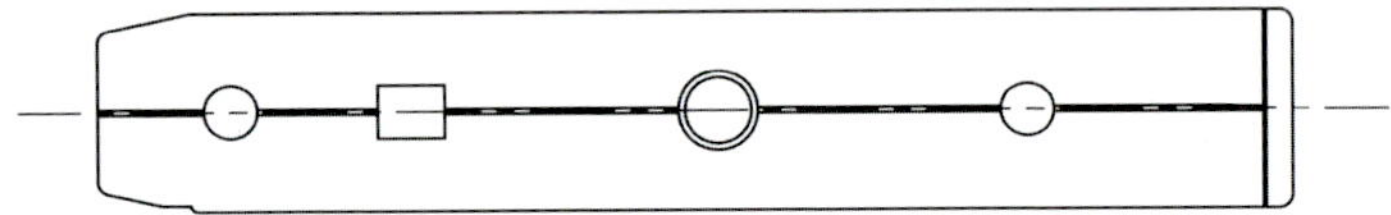

SECTION C'-C"

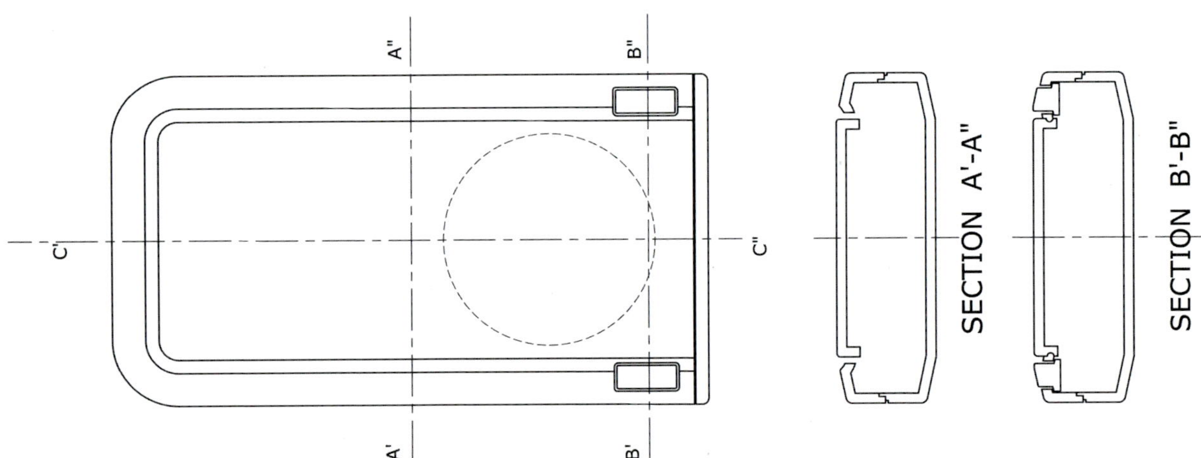

A"
B"
C'
C"
A'
B'
SECTION A'-A"
SECTION B'-B"

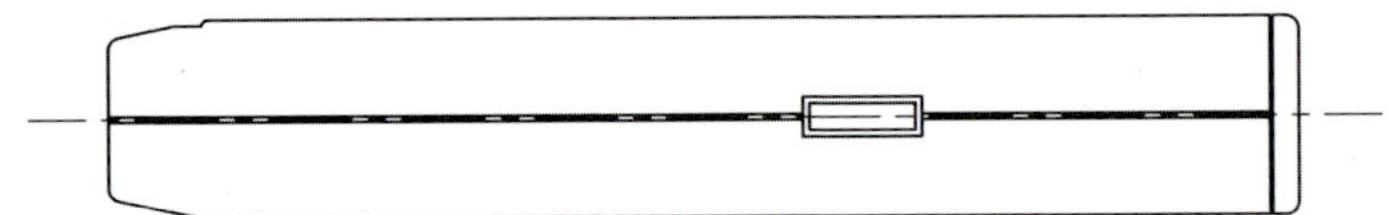

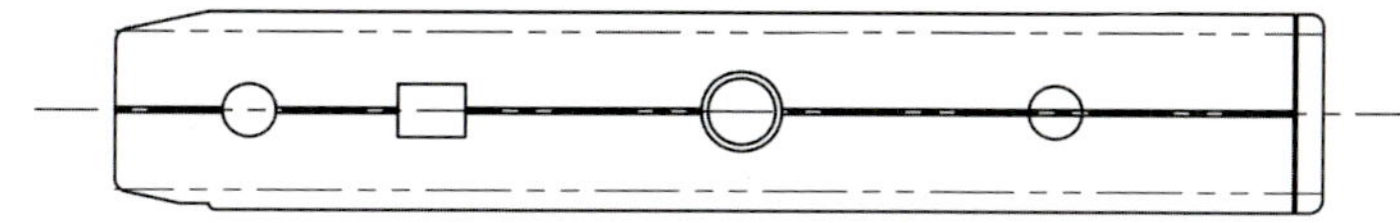

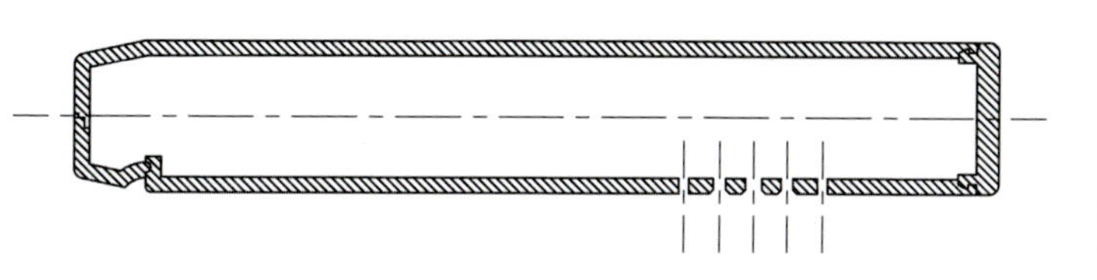

SECTION C'-C"

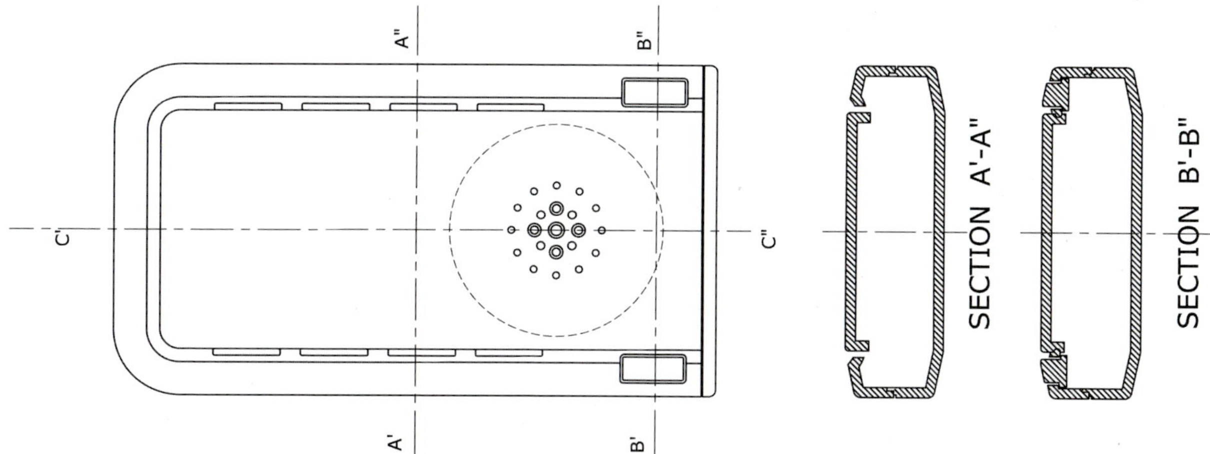

A"
B"
C'
C"
A'
B'
SECTION A'-A"
SECTION B'-B"

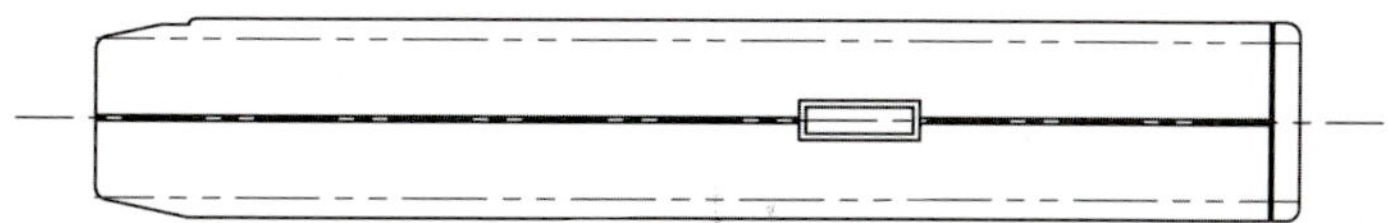

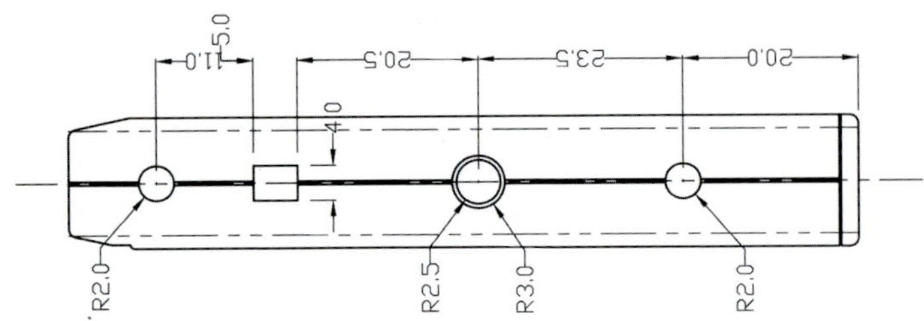

5.0
11.0
20.5
23.5
20.0
4.0
R2.0
R2.5
R3.0
R2.0

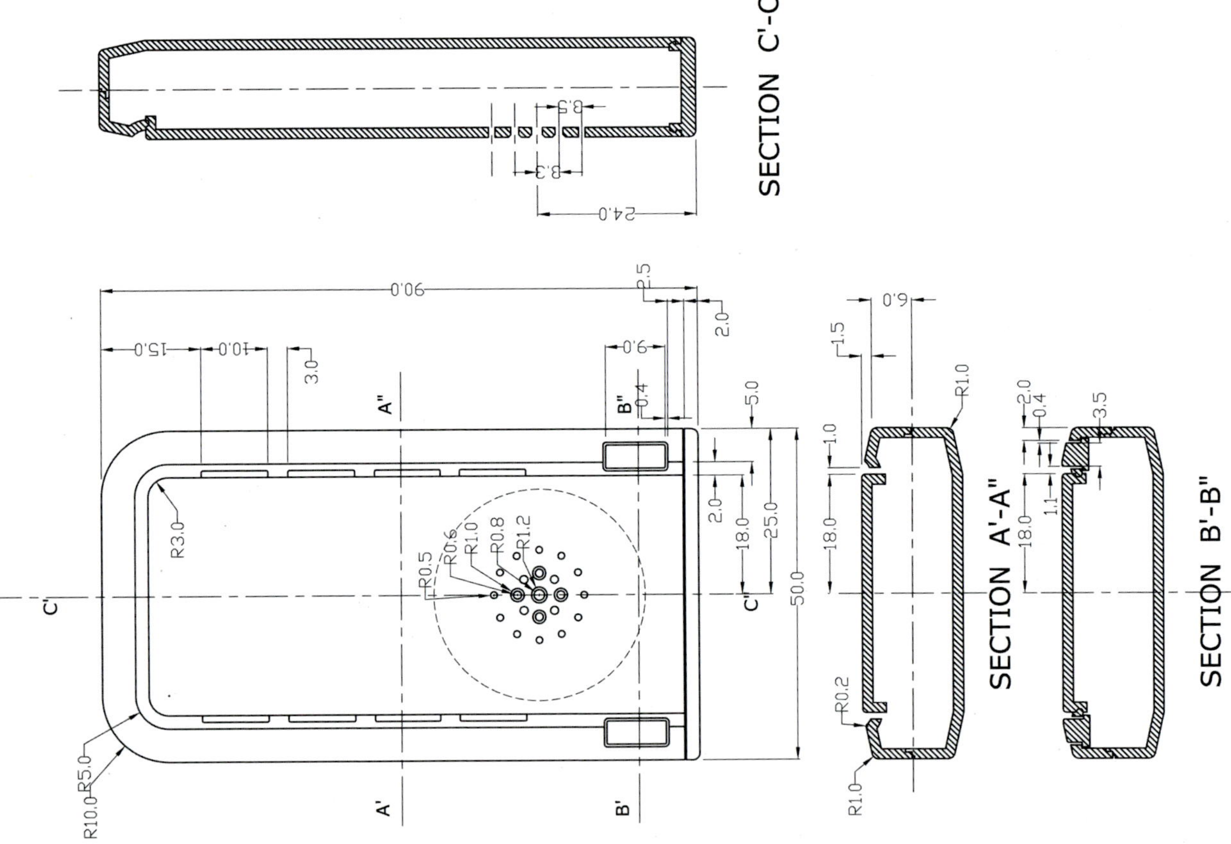

SECTION C'-C"
8.5
8.3
24.0
90.0
2.5
2.0
9.0
5.0
2.0
15.0
10.0
3.0
A"
B"
0.4
18.0
25.0
50.0
R3.0
R0.5
R0.6
R1.0
R0.8
R1.2
C'
C"
R10.0
R5.0
A'
B'
6.0
R1.0
1.5
1.0
18.0
R0.2
R1.0
SECTION A'-A"
2.0
0.4
1.1
3.5
18.0
SECTION B'-B"

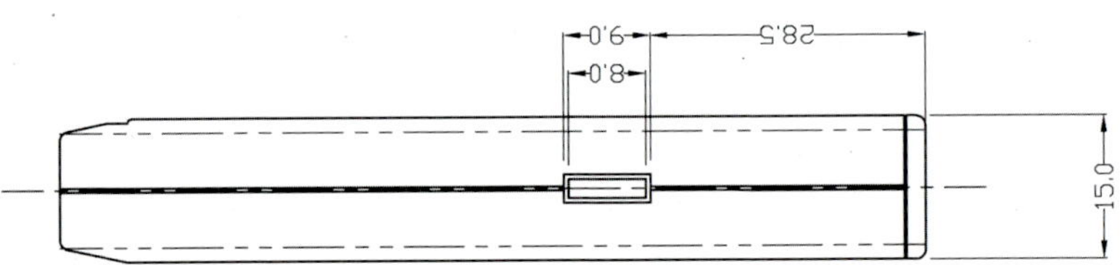

9.0
8.0
28.5
15.0

2 CAR NAVIGATION DRAWING

실무도면 〉 02_CAR NAVIGATION.dwg – 01

GPS 인공위성을 통한 초행길 지리정보 및 교통정보 안내 등 다양한 텔레매틱스 정보를 데이터베이스화하여 운전자에게 교통정보를 실시간 제공하는 내비게이션 시스템이다.

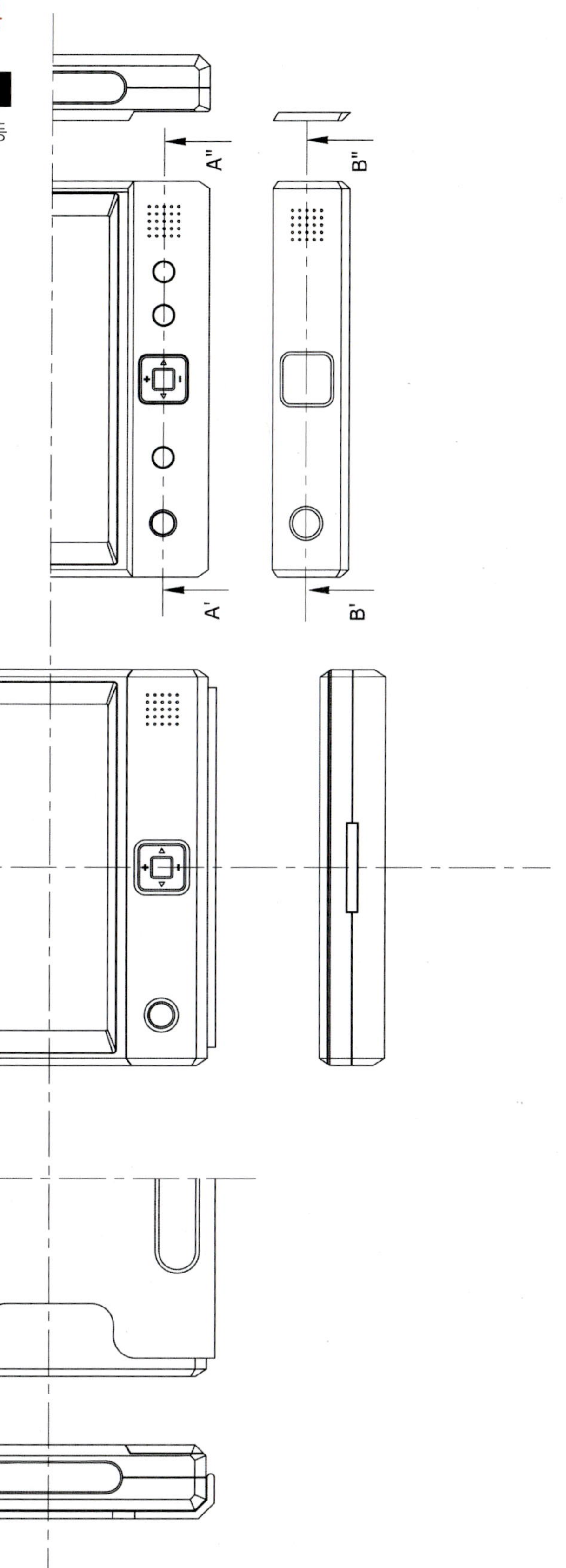

실무도면 〉 02_CAR NAVIGATION.dwg - 02

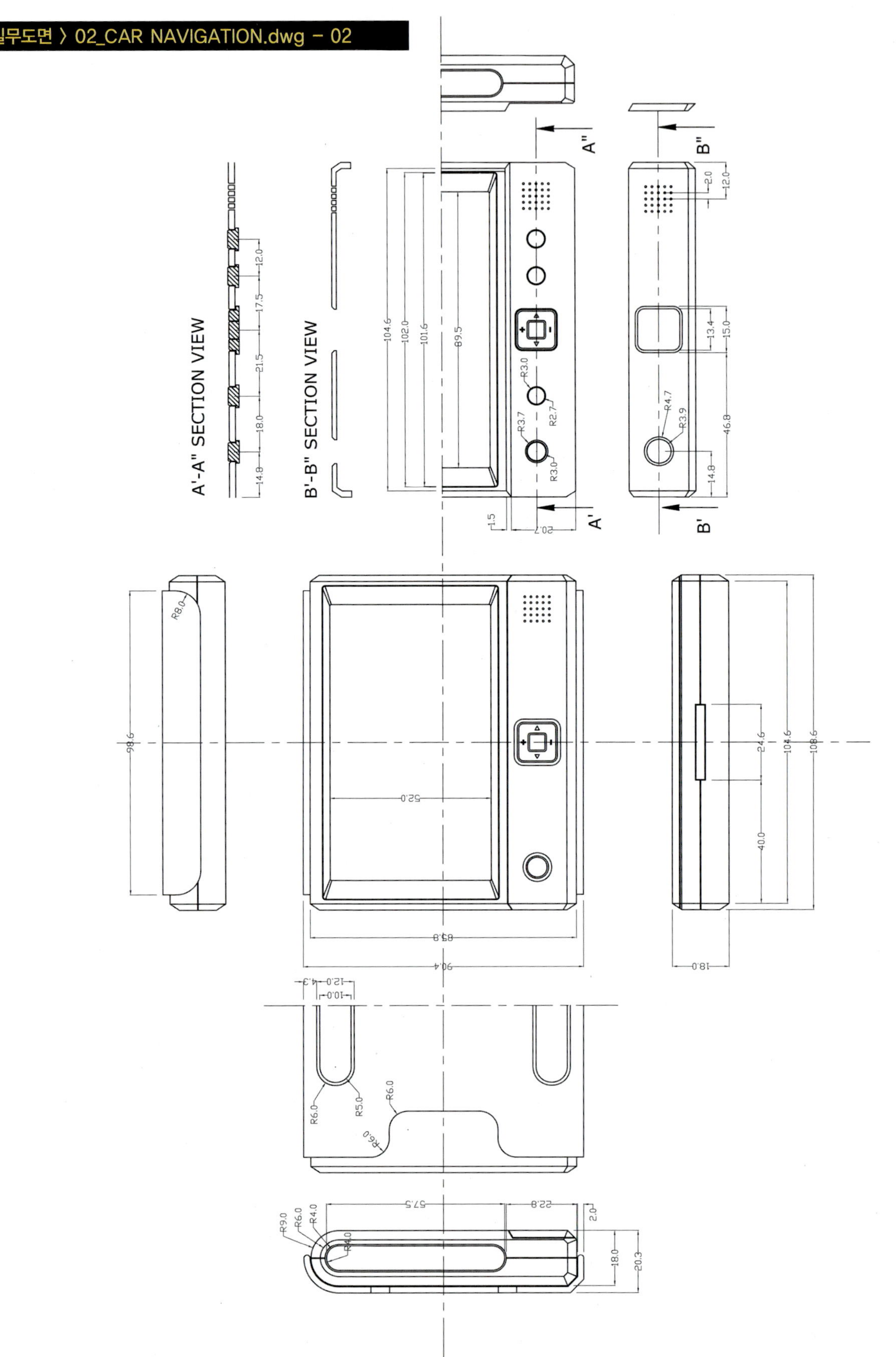

3　KARAOKE DVD PLAYER DRAWING

실무도면 〉 03_KARAOKE DVD PLAYER.dwg − 01

일반 DVD 플레이 기능에 노래방 기능을 접목시킨 복합형
디지털 엔터테인먼트 AV 시스템을 지향하는
새로운 DVD 플레이어 제품이다.

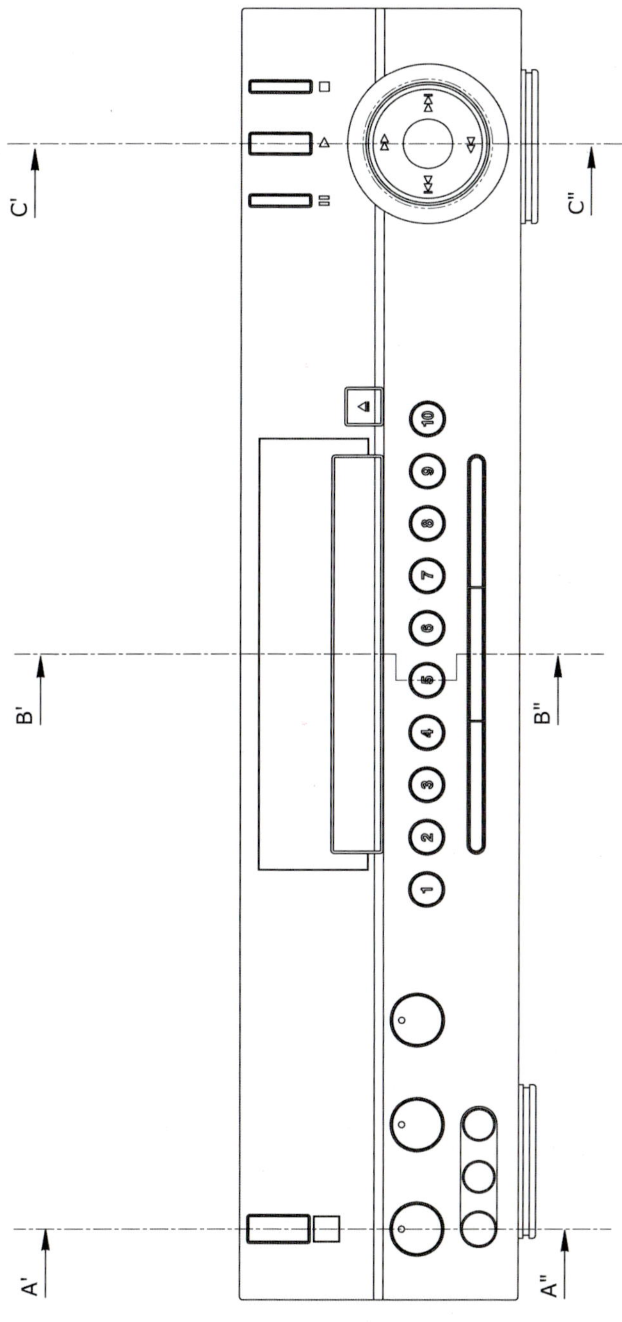

실무도면 〉 03_KARAOKE DVD PLAYER.dwg - 02

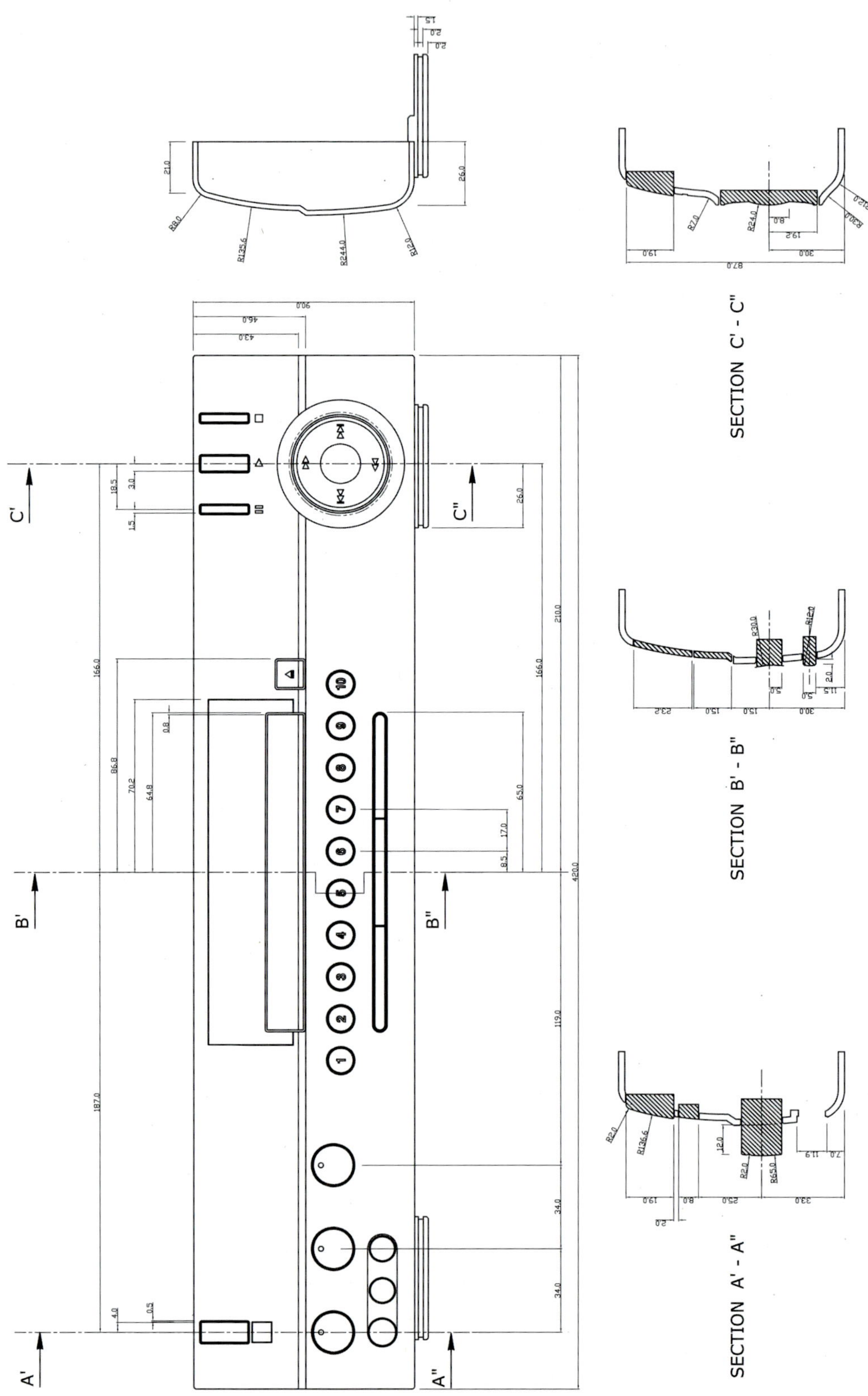

4 SETTOP BOX REMOCON DRAWING

실무도면 〉 04_SETTOP BOX REMOCON.dwg − 01

디지털 위성방송 및 케이블 방송 시청 시 셋톱박스와 연동하여
다양한 TV 프로그램을 제어하는 다기능 통합 리모트 컨트롤러이다.

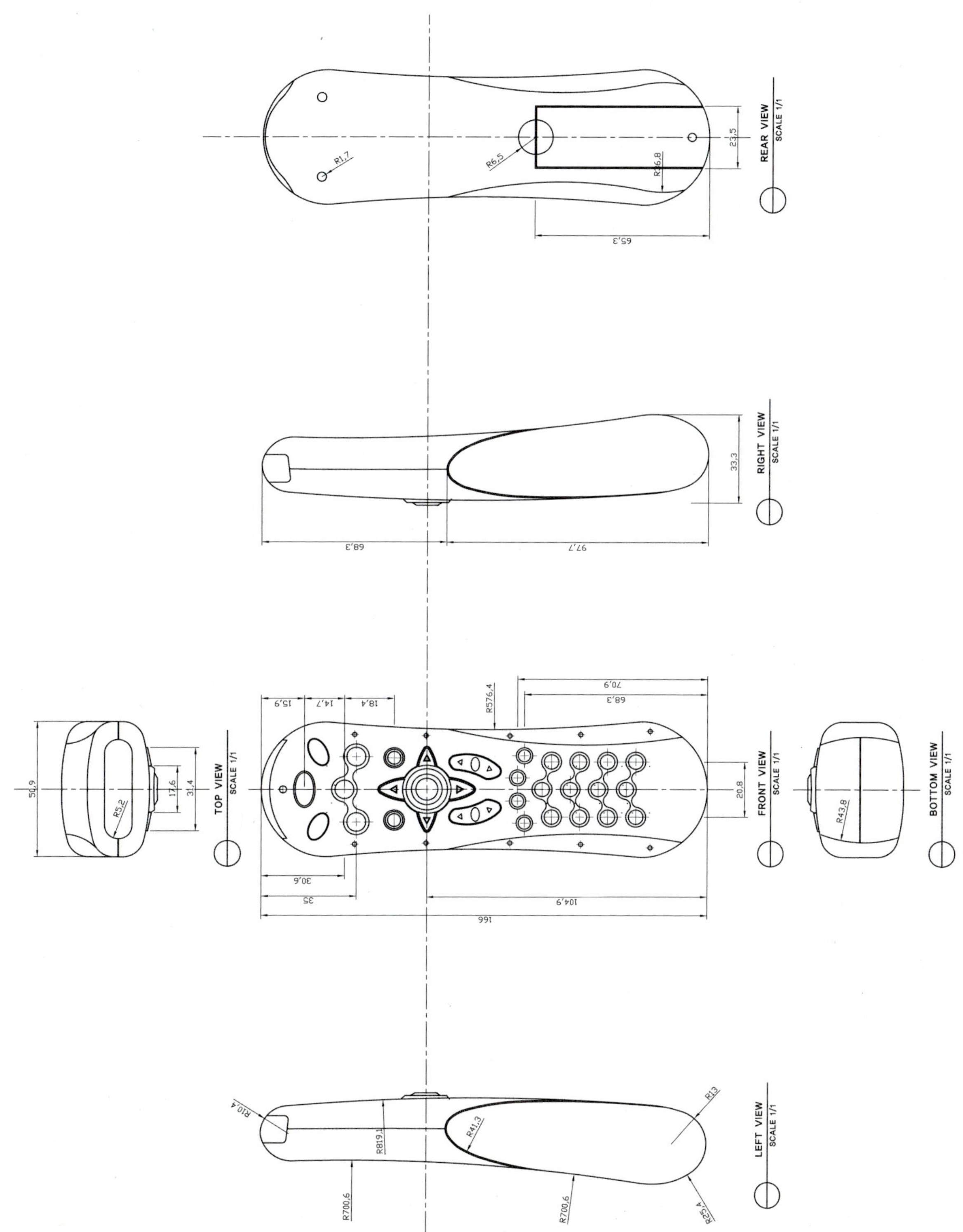

실무도면 〉 04_SETTOP BOX REMOCON.dwg − 02

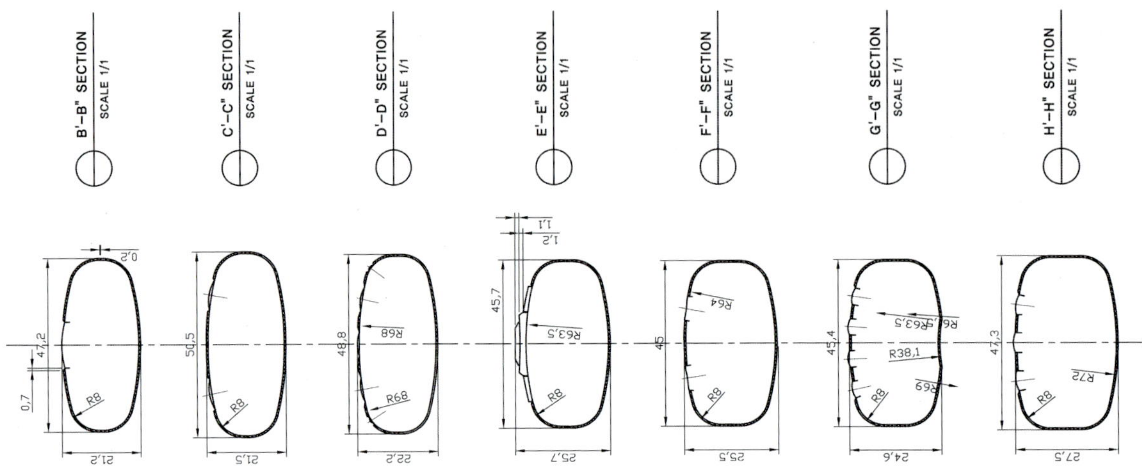

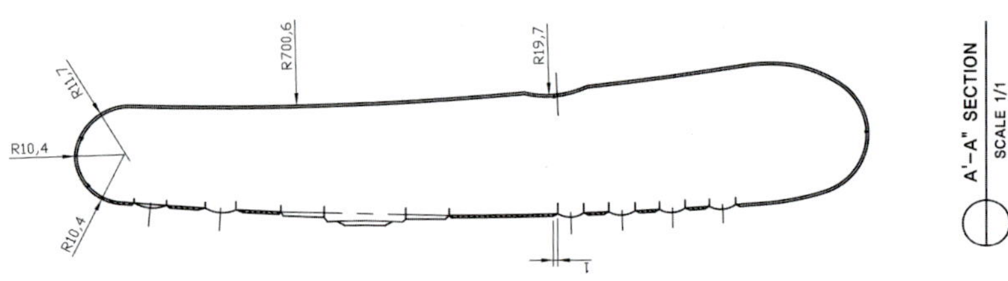

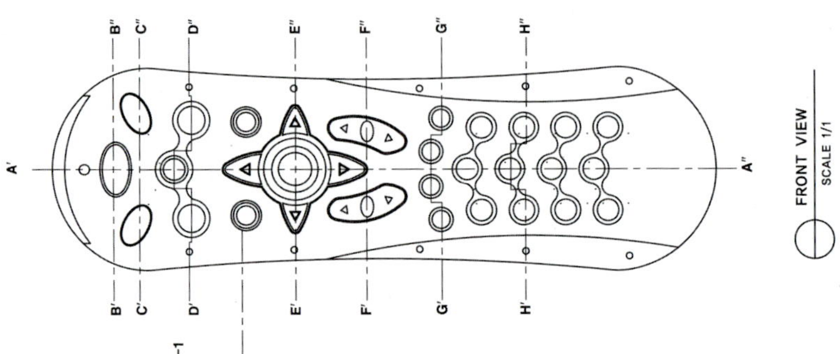

실무도면 〉 04_SETTOP BOX REMOCON.dwg − 03

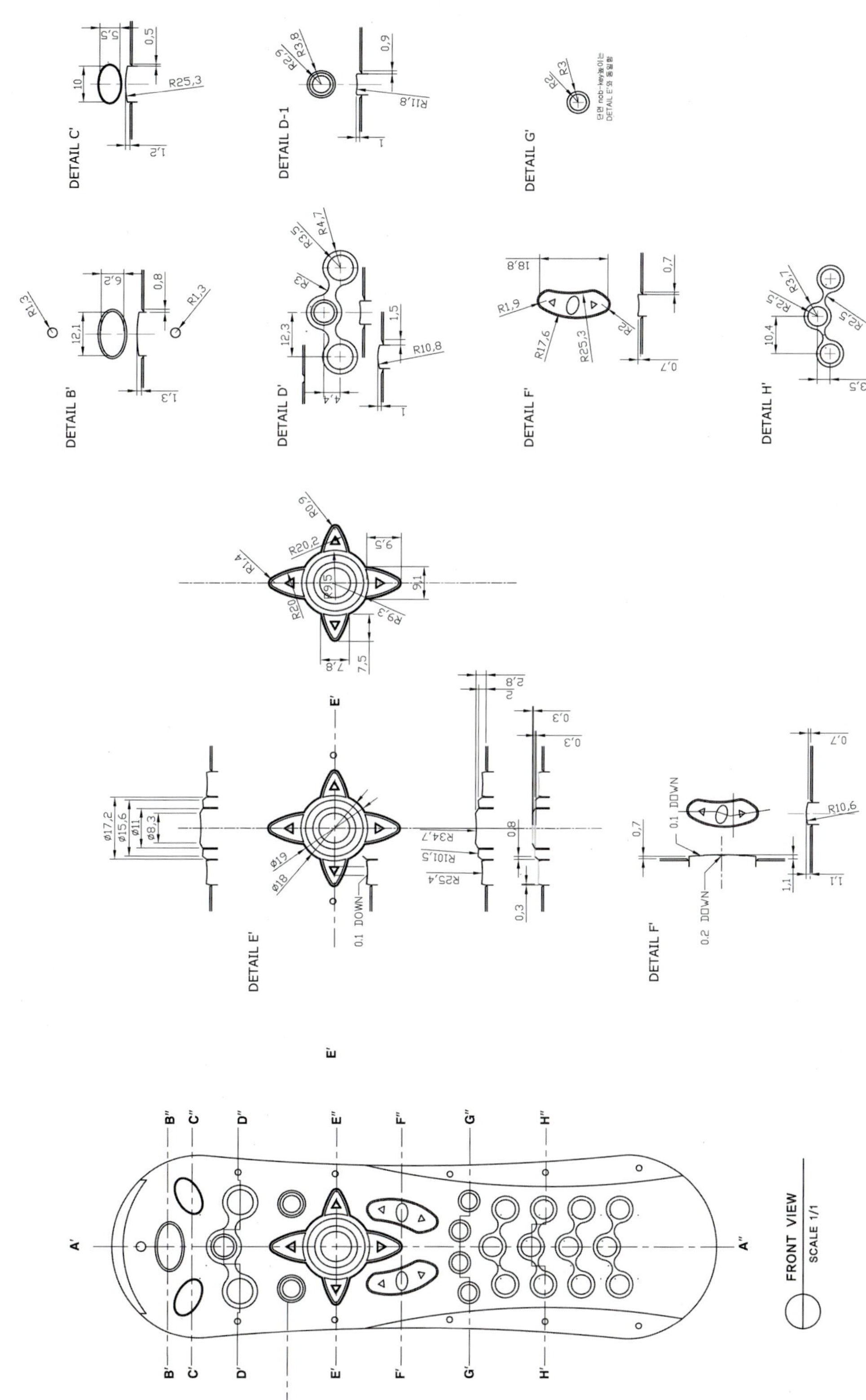
DETAIL C'
DETAIL D-1
DETAIL G'
DETAIL B'
DETAIL D'
DETAIL F'
DETAIL H'
DETAIL E'
DETAIL F'
FRONT VIEW
SCALE 1/1

5 PDA SMART PHONE DRAWING

PDA 기능과 CDMA 통신기술이 융합된 디지털 컨버전스 기기이며 개인 일정관리 및 휴대폰 기능과 인터넷 검색 및 메일 확인이 가능한 제품이다.

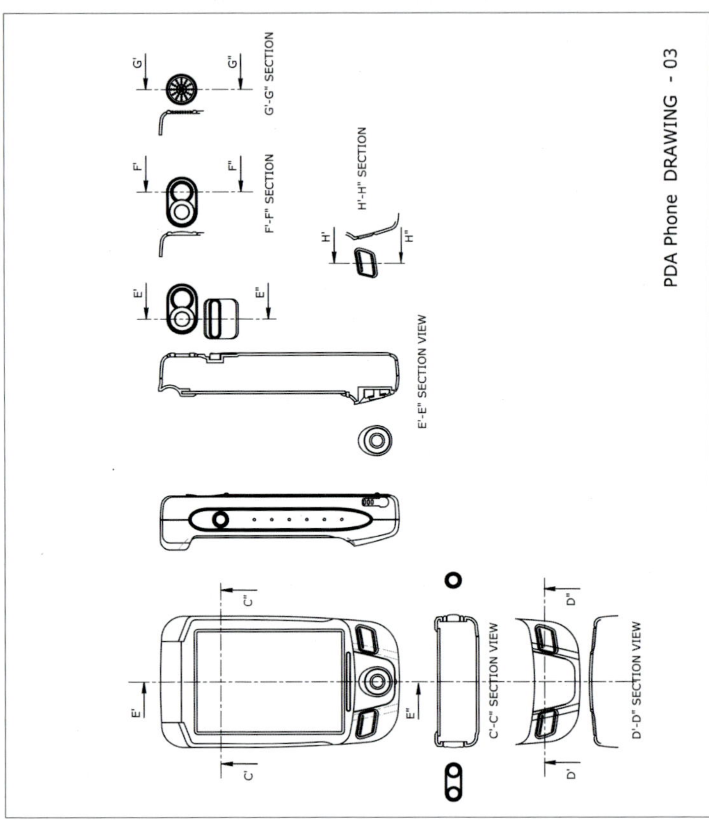

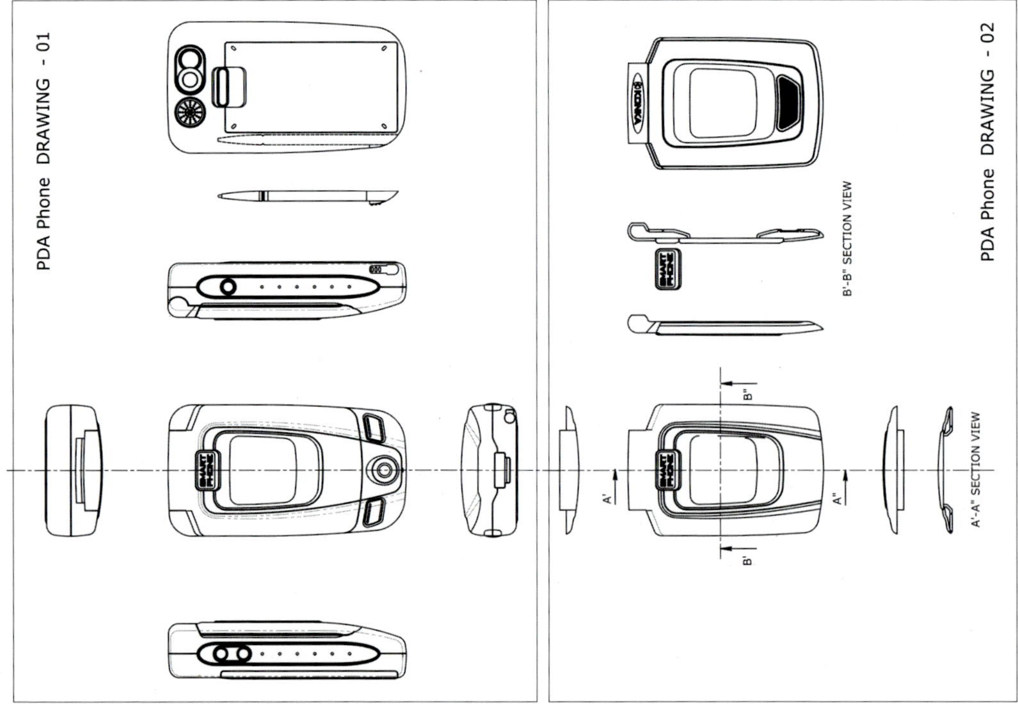

실무도면 〉 05_PDA SMART PHONE.dwg – 02

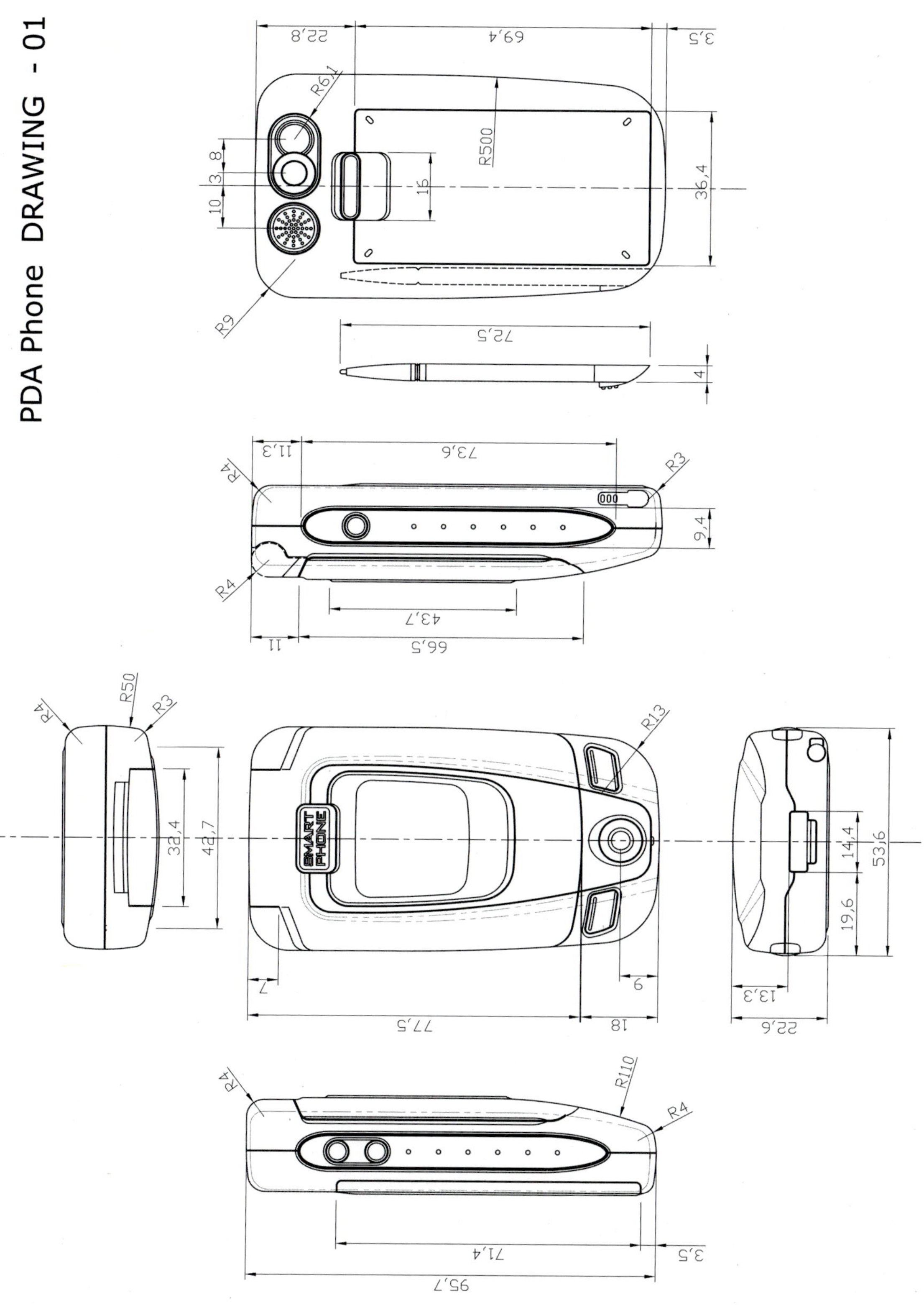

PDA Phone DRAWING - 01

PDA Phone DRAWING - 02

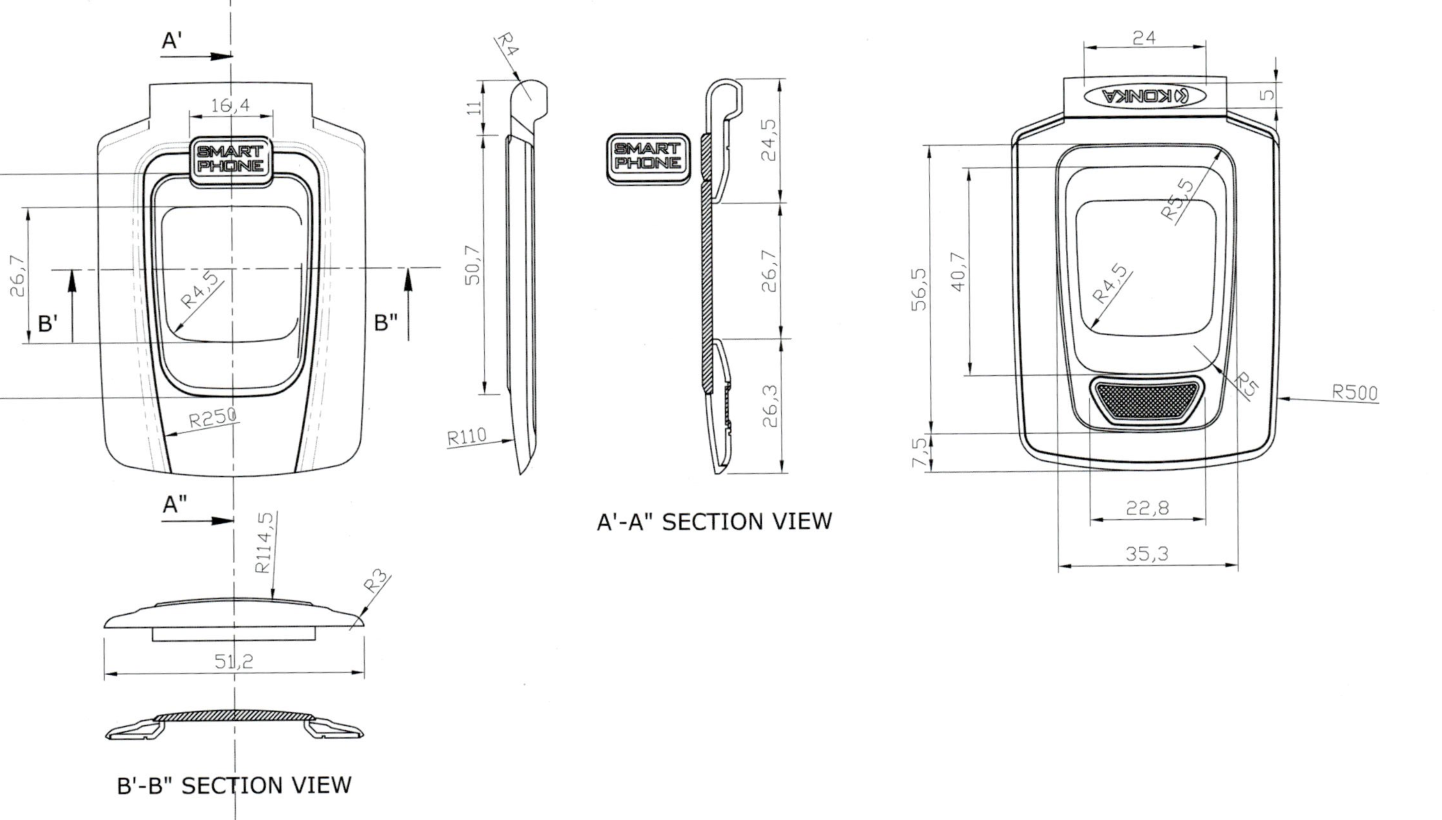

실무도면 〉 05_PDA SMART PHONE.dwg - 04

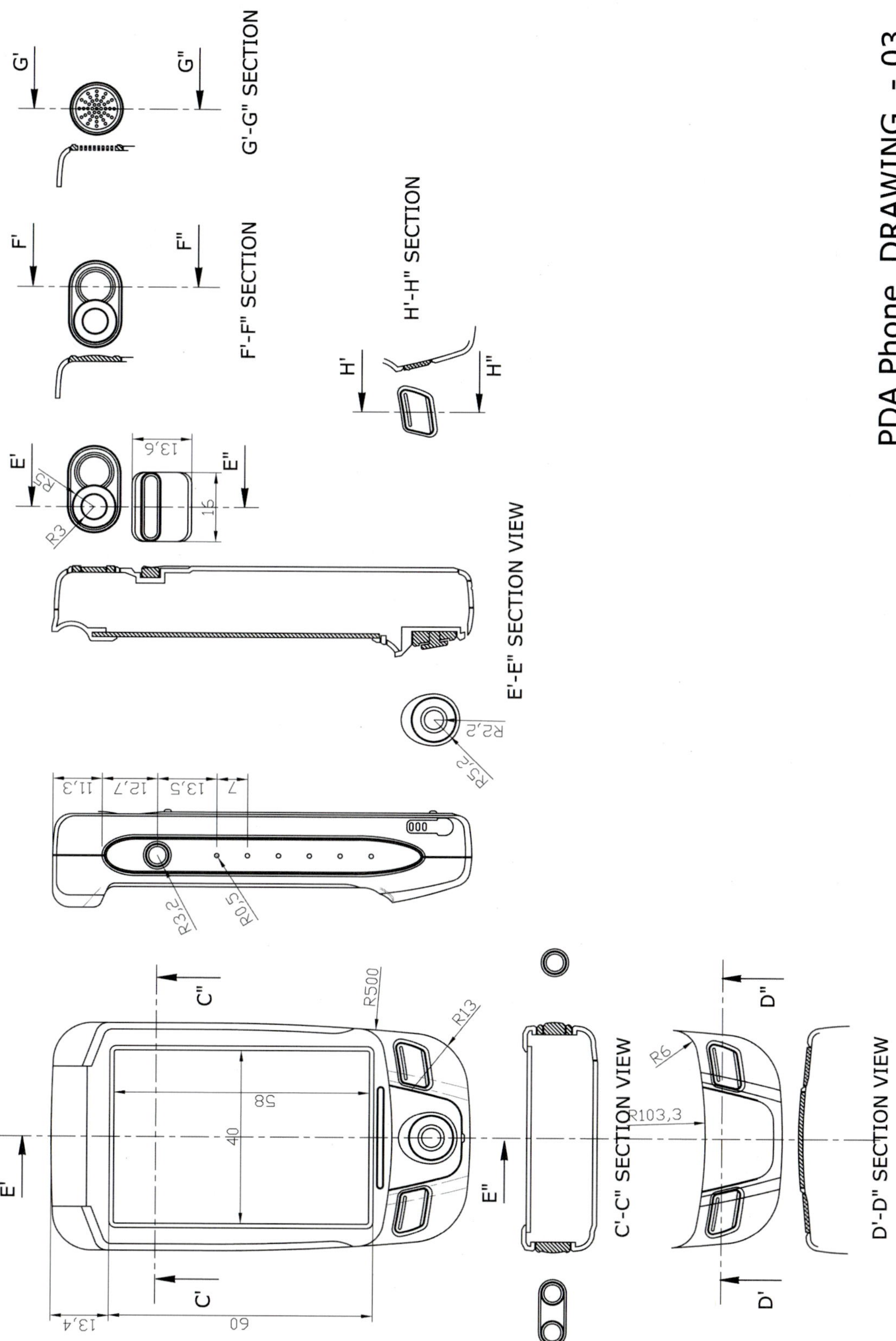

PDA Phone DRAWING - 03
G'-G" SECTION
F'-F" SECTION
H'-H" SECTION
E'-E" SECTION VIEW
C'-C" SECTION VIEW
D'-D" SECTION VIEW

6 MOBILE PHONE DRAWING

카메라와 MP3 기능이 융합된 모바일 폰이며, 폴더 오픈 타입과 전문 LCS 및 스피커가 내장된 사용자의 편의를 두루 갖춘 제품이다.

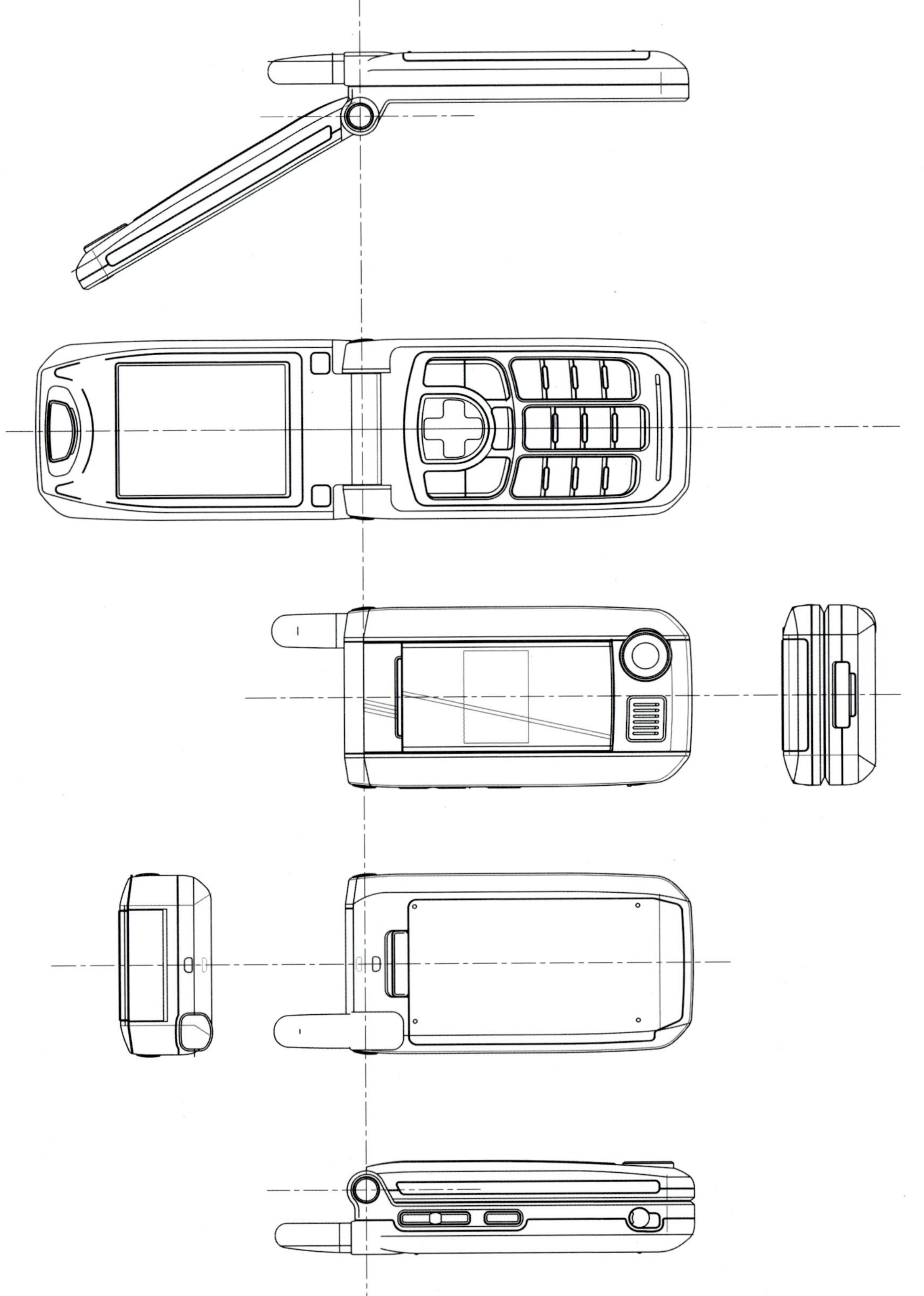

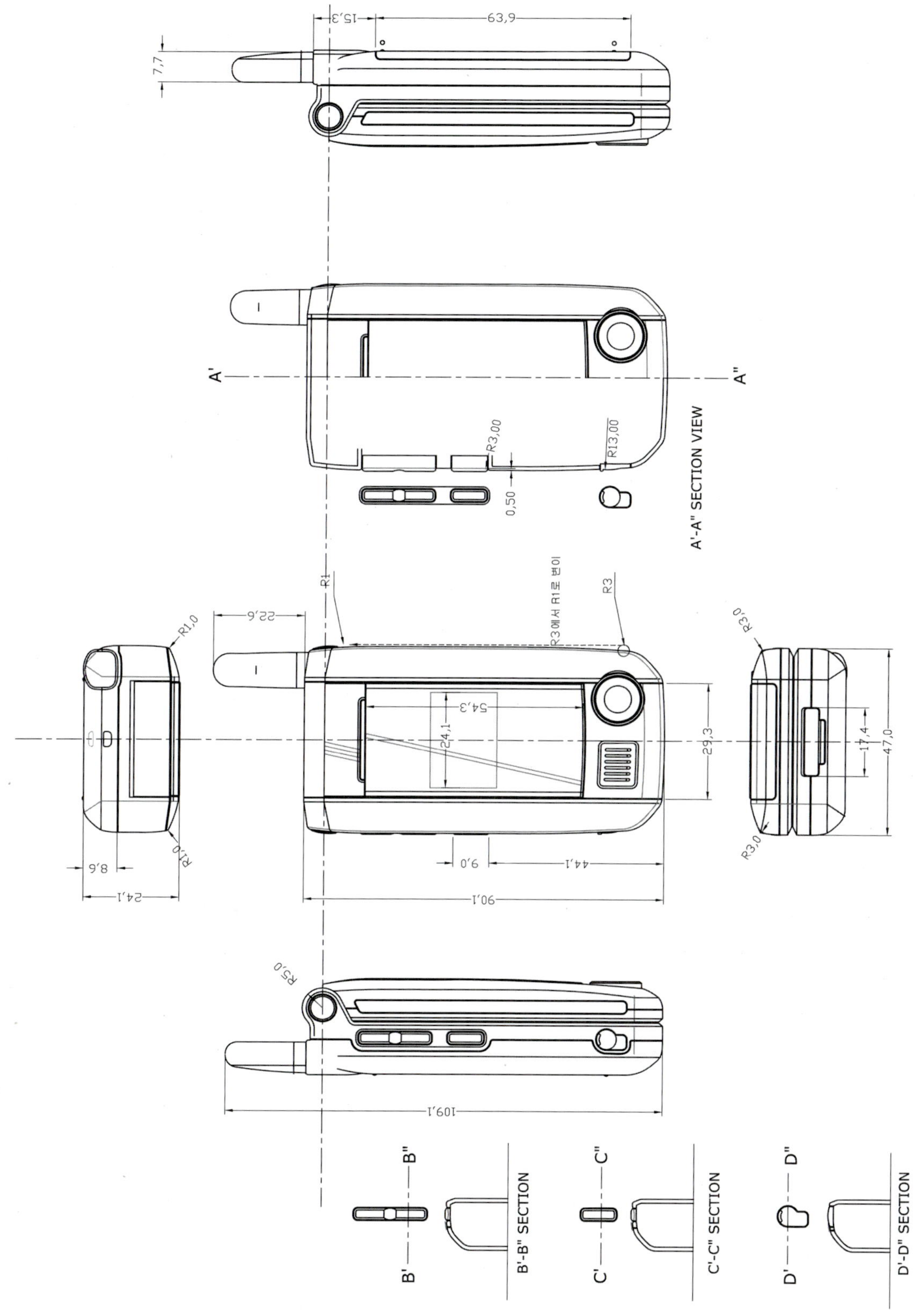
15,3
63,9
7,7
A'
A"
R3,00
R13,00
0,50
A'-A" SECTION VIEW
R1,0
22,6
R1
R3에서 R1로 변이
R3
R3,0
54,3
24,1
29,3
17,4
47,0
R3,0
8,6
R1,0
24,1
9,0
44,1
90,1
R5,0
109,1
B'
B"
B'-B" SECTION
C'
C"
C'-C" SECTION
D'
D"
D'-D" SECTION

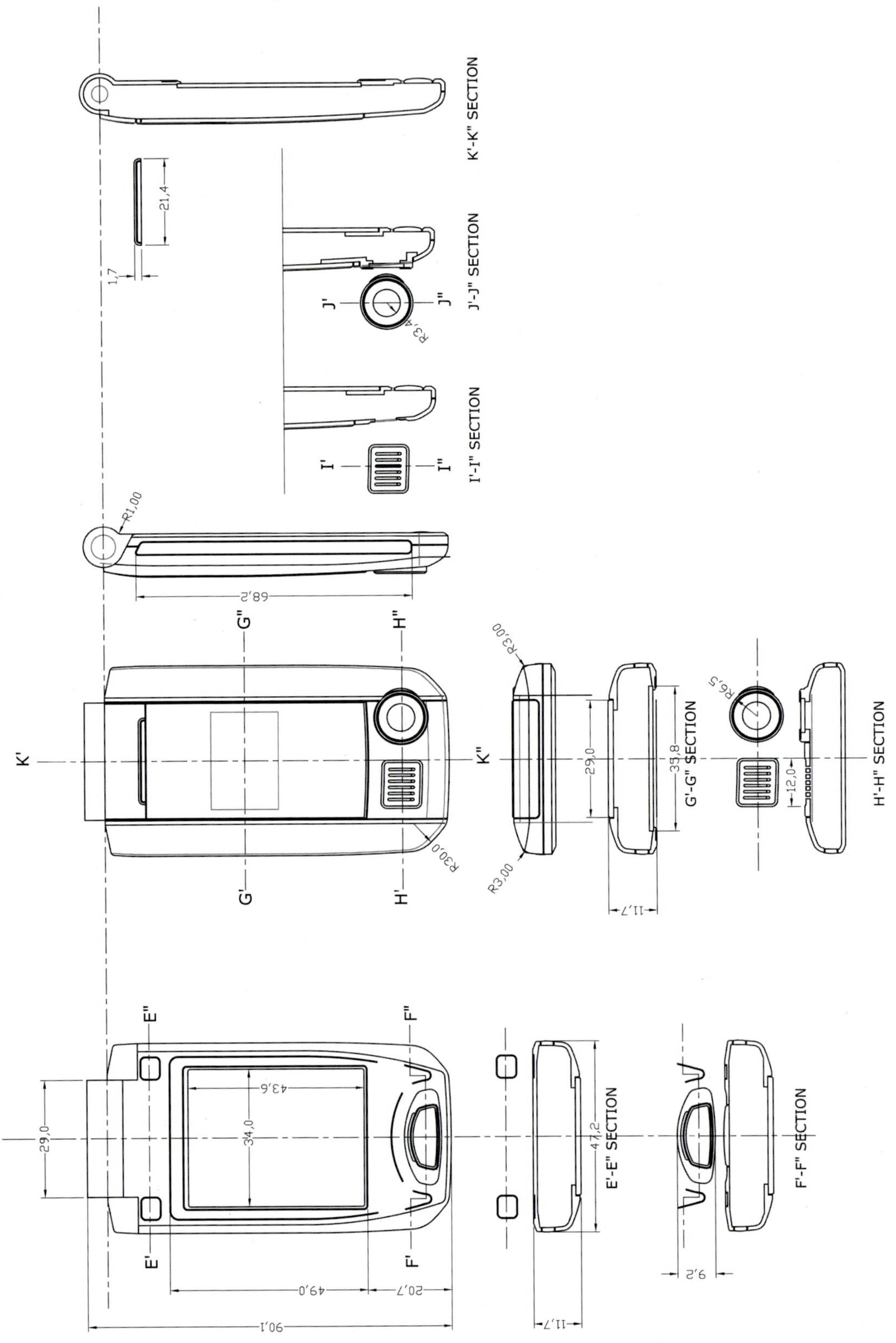
K'-K" SECTION
J'-J" SECTION
I'-I" SECTION
G'-G" SECTION
H'-H" SECTION
E'-E" SECTION
F'-F" SECTION
K'
K"
G'
G"
H'
H"
E'
E"
F'
F"
I'
I"
J'
J"
21,4
1,7
68,2
R1,00
R3,4
R3,00
R6,5
29,0
35,8
12,0
11,7
43,6
34,0
29,0
47,2
49,0
20,7
90,1
11,7
9,2

실무도면 〉 06_MOBILE PHONE.dwg – 04

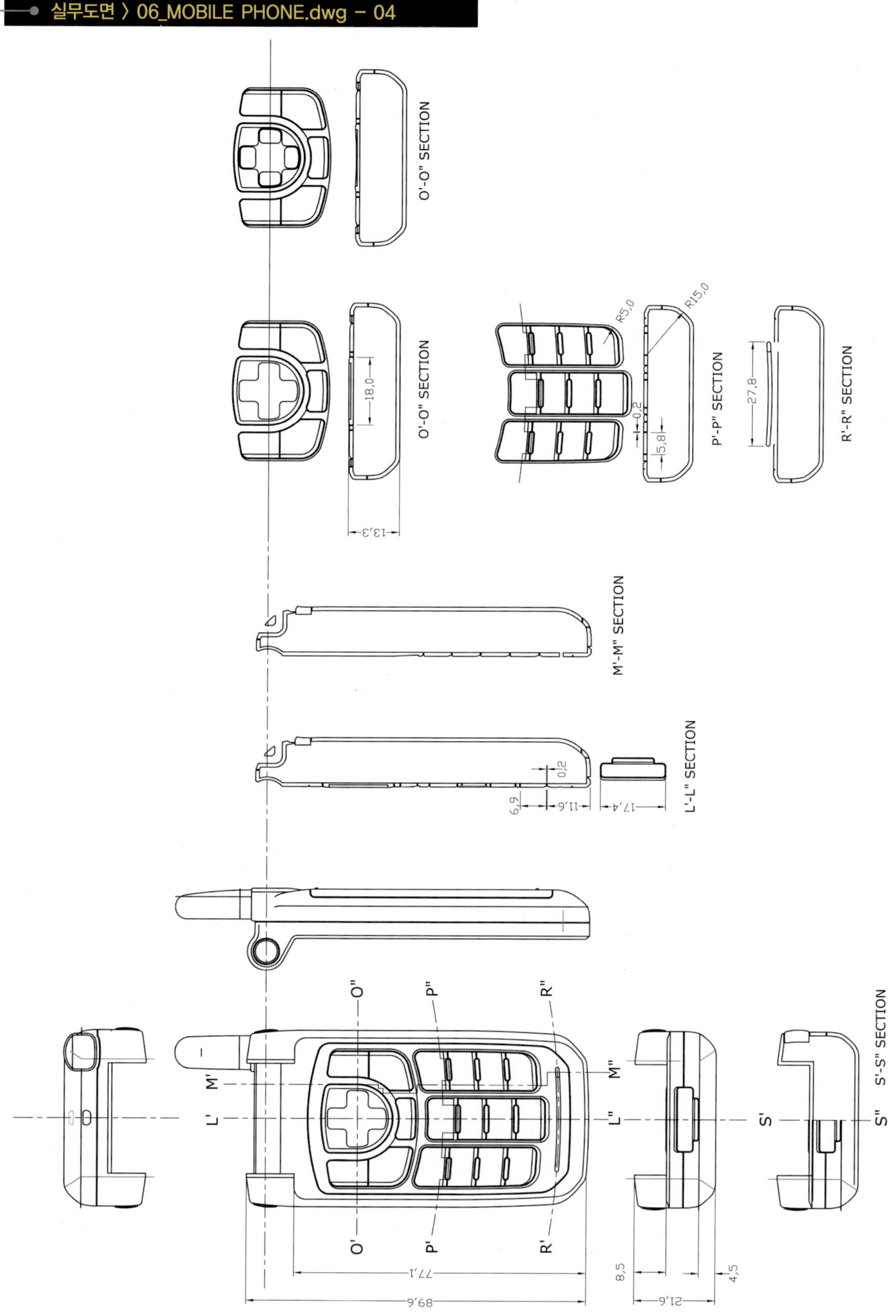
O'-O" SECTION
O'-O" SECTION
P'-P" SECTION
R'-R" SECTION
M'-M" SECTION
L'-L" SECTION
S'-S" SECTION
R5.0
R15.0
27.8
18.0
13.3
5.8
0.2
0.2
6.9
11.6
17.4
77.1
89.6
8.5
21.6
4.5
O'
P'
R'
O"
P"
R"
M'
L'
M"
L"
S'
S"

CHAPTER
02

AutoCAD 작성도면
포토샵 제품렌더링에 활용하기

1 3.5인치 디스켓 드로잉 및 포토샵 렌더링

● AutoCAD 도면작성 과정

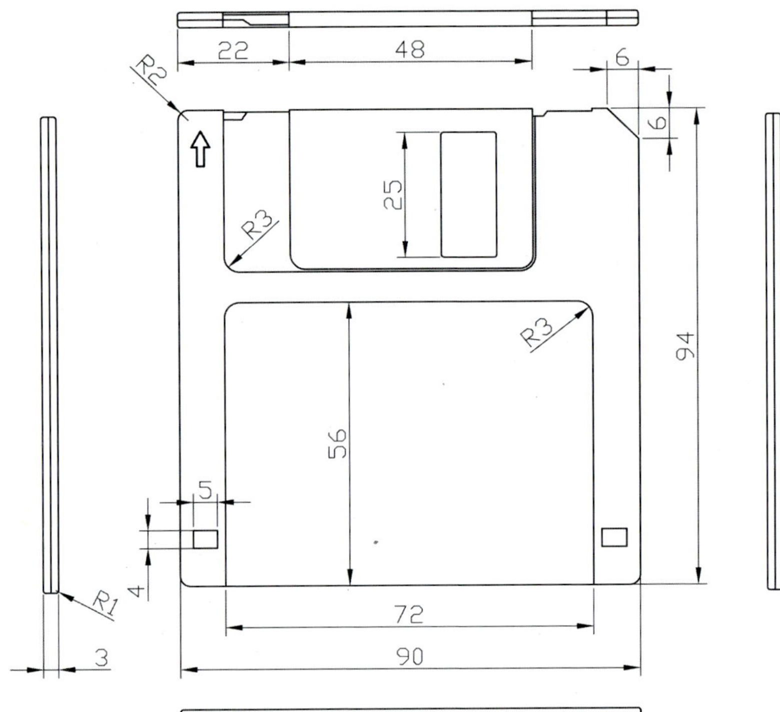

● 포토샵을 활용한 렌더링 과정

2 2.8인치 PMP(Portable Multimedia Player) 드로잉 및 포토샵 렌더링

● AutoCAD 도면작성 과정　　　　　　　　　　　　**포토샵을 활용한 렌더링 과정 ●**

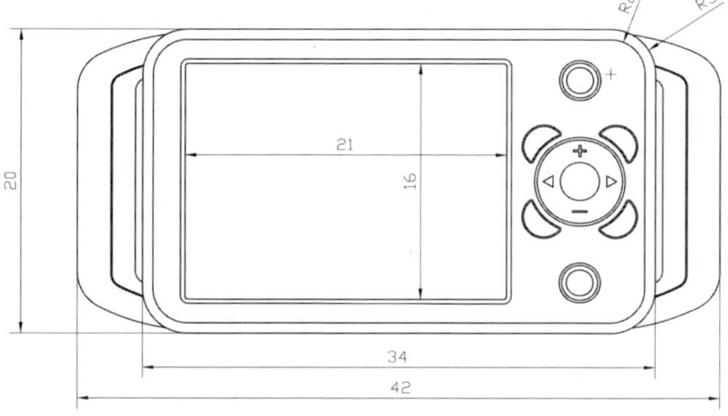

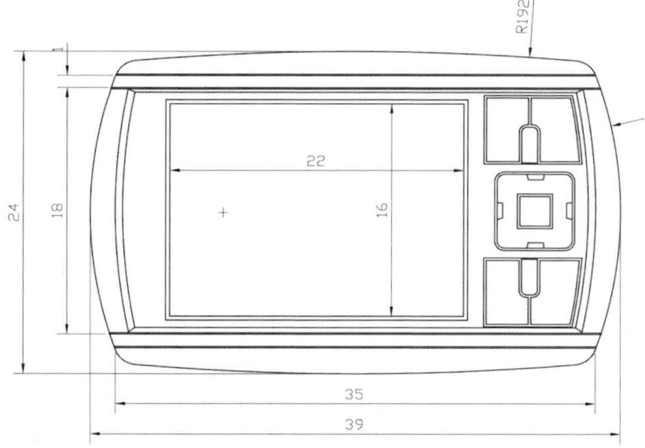

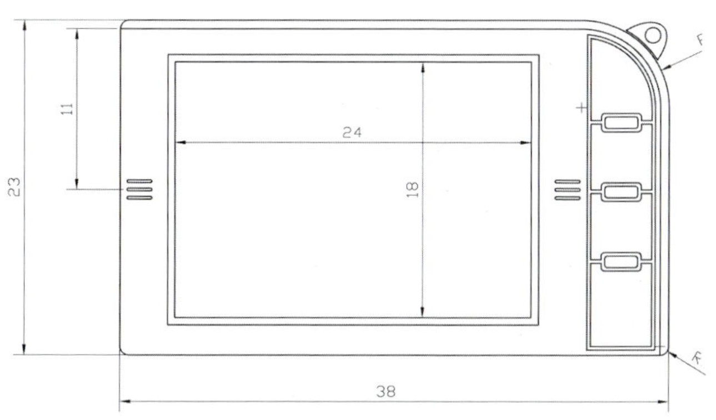

3 DVD Player 드로잉 및 포토샵 렌더링

AutoCAD 도면작성 과정

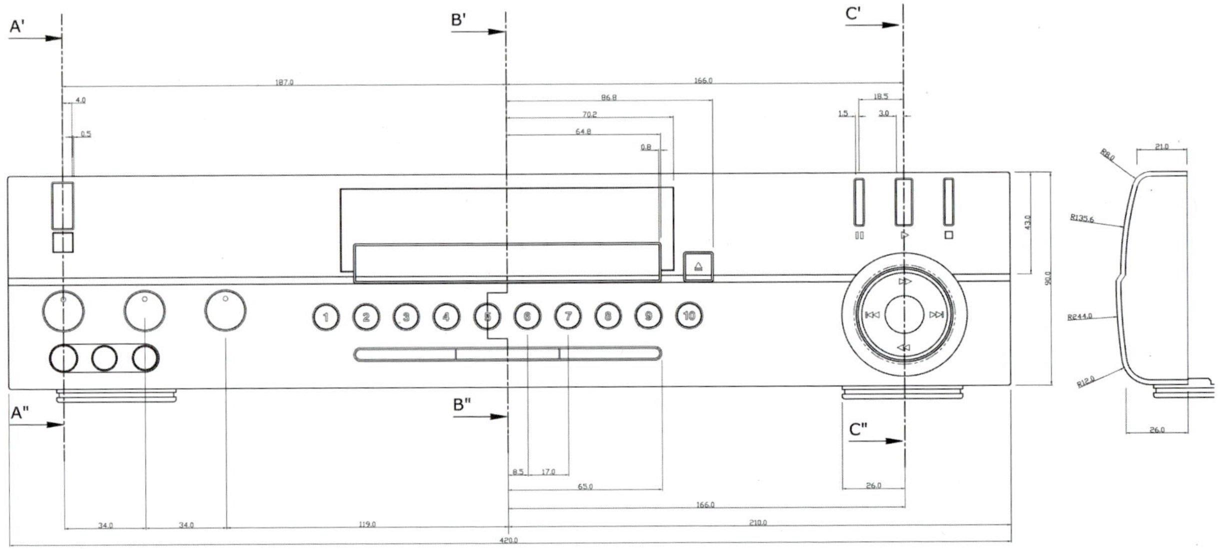

포토샵을 활용한 렌더링 과정

4 7인치 내비게이션 드로잉 및 포토샵 렌더링

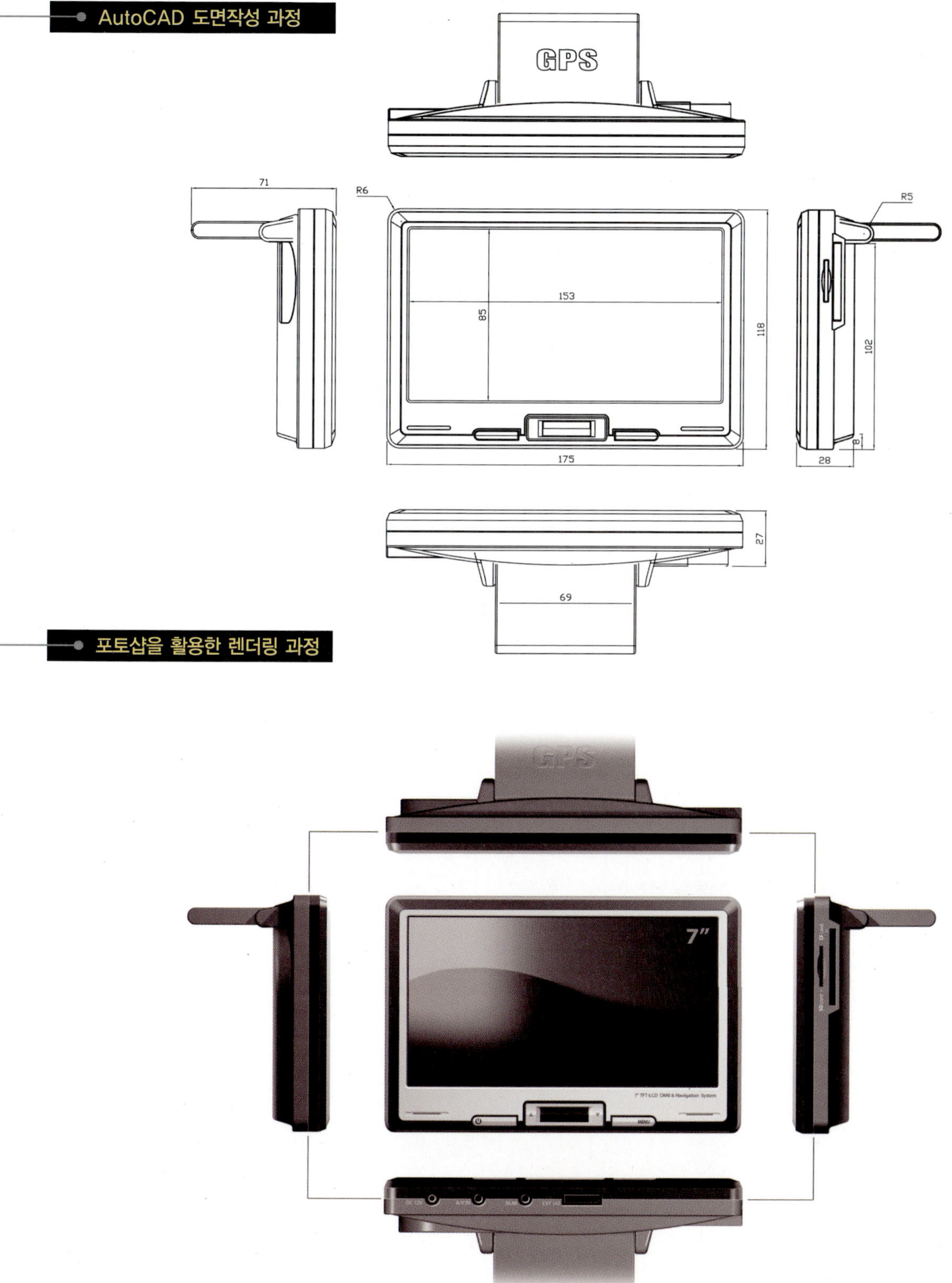

5 리모컨 드로잉 및 포토샵 렌더링

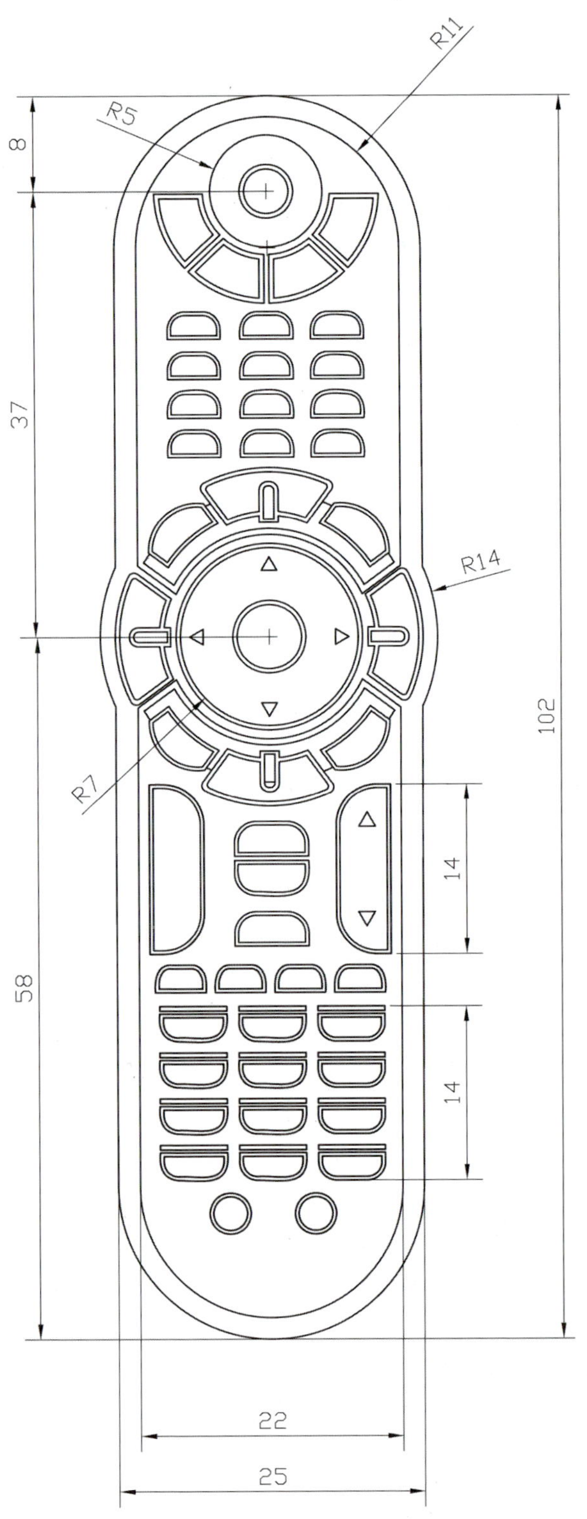

6 GPS단말기 드로잉 및 포토샵 렌더링

AutoCAD 도면작성 과정

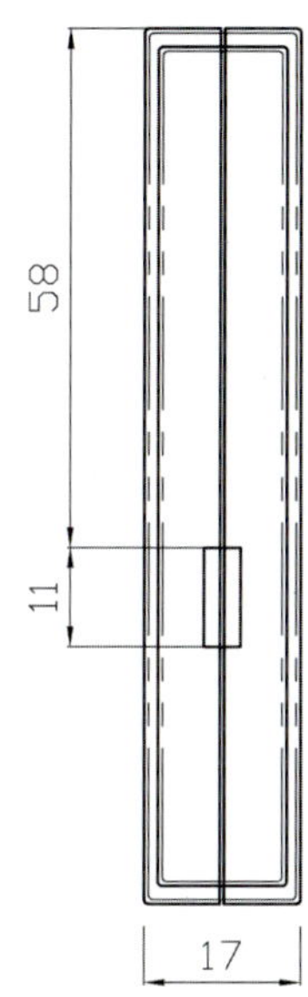
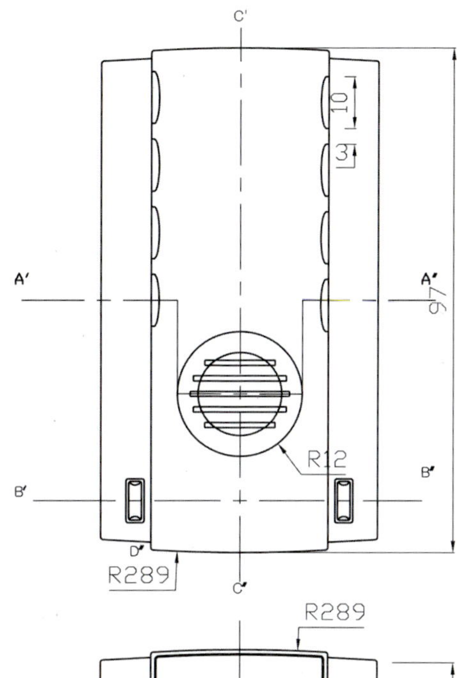

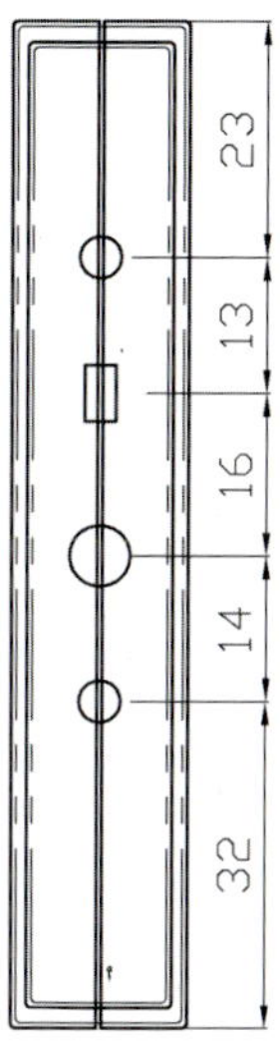

포토샵을 활용한 렌더링 과정

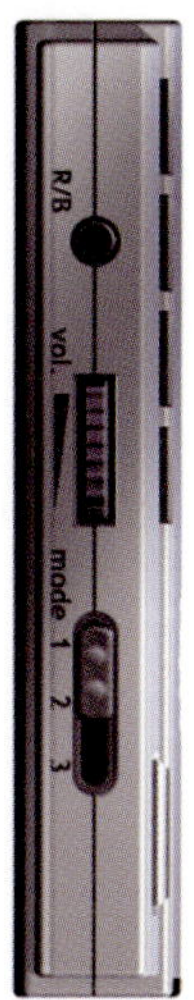

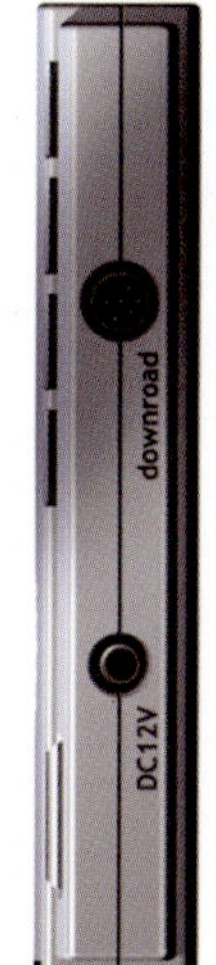

Index

AutoCAD & 제품디자인

AutoCAD & 제품디자인

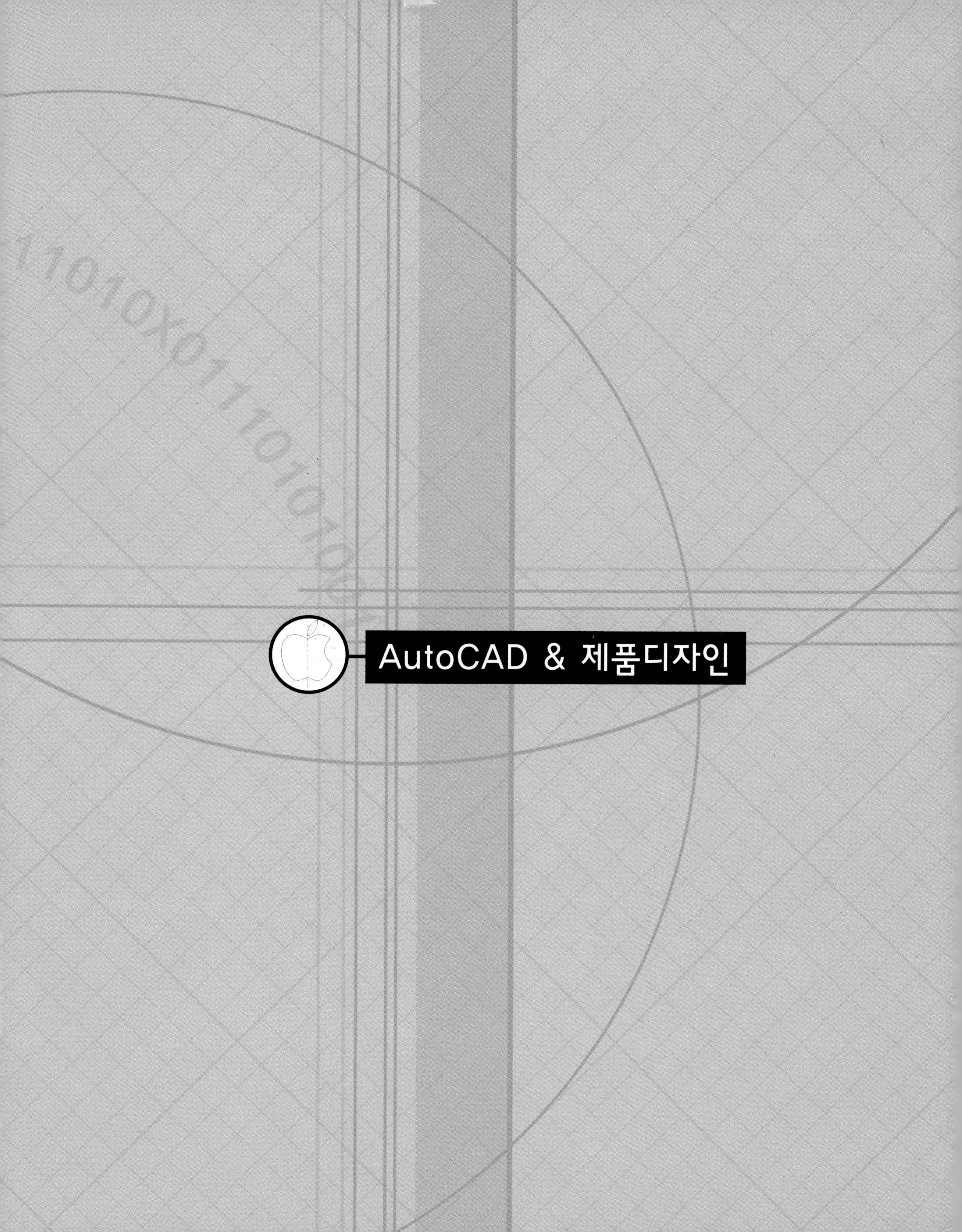

AutoCAD & 제품디자인

AutoCAD & 제품디자인